प्रकाशक
स्वामी शुद्धिदानन्द
अध्यक्ष, अद्वैत आश्रम
मायावती, चम्पावत, उत्तराखण्ड, हिमालय
कोलकाता स्थित प्रकाशन केन्द्र द्वारा प्रकाशित
Email: mail@advaitaashrama.org
Website: www.advaitaashrama.org

प्रथम संस्करण, १९६३
द्वादश पुनर्मुद्रण, मई २०१९
2M2C

ISBN 978-81-7505-155-3 (अजिल्द सेट)
ISBN 978-81-7505-165-2 (अजिल्द खंड १०)
ISBN 978-81-7505-166-9 (सजिल्द सेट)
ISBN 978-81-7505-176-8 (सजिल्द खंड १०)

मुद्रक
ट्रायो प्रोसेस
कोलकाता ७०० ०१४

विवेकानन्द साहित्य

दशम खंड

अद्वैत आश्रम
(प्रकाशन विभाग)
५ डिही एण्टाली रोड • कोलकाता ७०००१४

विषय-सूची

व्याख्यान, प्रवचन एवं कक्षालाप-९

(विविध विषय)

कोलम्बो में, जनवरी १८९७

शासन में भारतीयों की कोई आवाज़ नहीं, उनका कोई स्थान नहीं—
ऽ तीस करोड़ गुलाम—और कुछ नहीं! भारतवासी की औसत आय डेढ़
तिमास है। अधिकांश जन-समुदाय की जीवन-चर्या उपवासों की कहानी
ज़रा सी आय कम होने पर लाखों काल-कवलित हो जाते हैं। छोटे से अकाल
र्थ है मृत्यु। इसलिए, जब मेरी दृष्टि उस ओर जाती है, तो मुझे दिखायी
ा है नाश, असाध्य नाश।

पर हमें यह भी विदित है कि हिन्दू जाति ने कभी धन को श्रेय नहीं माना। उन्हें खूब प्राप्त हुआ,—दूसरे राष्ट्रों से कहीं अधिक धन उन्हें मिला, पर हिन्दू जाति ने धन को कभी श्रेय नहीं माना। युगों तक भारत शक्तिशाली बना रहा, पर तो भी शक्ति उसका श्रेय नहीं बनी, कभी उसने अपनी शक्ति का उपयोग अपने देश के बाहर किसी पर विजय प्राप्त करने में नहीं किया। वह अपनी सीमाओं से सन्तुष्ट रहा, इसलिए कभी भी उसने किसीसे युद्ध नहीं किया, उसने कभी भी साम्राज्यवादी गौरव को महत्त्व नहीं दिया। धन और शक्ति इस जाति के आदर्श कभी न बन सके।

तो फिर? उसका मार्ग उचित था अथवा अनुचित—यह प्रश्न प्रस्तुत नहीं है, वरन् बात यह है कि यही एक ऐसा राष्ट्र है, मानव-वंशों में एक ऐसी जाति है, जिसने श्रद्धापूर्वक सदैव यही विश्वास किया कि यह जीवन वास्तविक नहीं। सत्य तो ईश्वर है, और इसलिए दुःख और सुख में उसीको पकड़े रहें। अपने अधःपतन के बीच भी उसने धर्म को प्रथम स्थान दिया है। हिन्दू का खाना धार्मिक, उसका पीना धार्मिक, उसकी नींद धार्मिक, उसकी चाल-ढाल धार्मिक, उसके विवाहादि धार्मिक, यहाँ तक कि उसकी चोरी करने की प्रेरणा भी धार्मिक होती है।

क्या तुमने अन्यत्र भी ऐसा देश देखा है? यदि वहाँ एक डाकुओं के गिरोह की ज़रूरत होगी, तो उसका नेता एक धार्मिक तत्त्व गढ़कर उसका प्रचार करेगा, उसकी कुछ खोखली सी आध्यात्मिक पृष्ठभूमि रचेगा और फिर उद्‌घोष करेगा कि परमात्मा तक पहुँचने का यही सबसे सुस्पष्ट और शीघ्रगामी मार्ग है। तभी लोग उसके अनुचर बनेंगे—अन्यथा नहीं। इसका एक ही कारण है और वह यह है कि इस जाति की सजीवता, इस देश का ध्येय धर्म है, और क्योंकि धर्म पर अभी आघात नहीं हुआ, अतः यह जाति जीवित है।

रोम की ओर देखो। रोम का ध्येय था साम्राज्य-लिप्सा—शक्ति-विस्तार। और ज्यों ही उस पर आघात हुआ नहीं कि रोम छिन्न-भिन्न हो गया, विलीन हो गया। यूनान की प्रेरणा थी बुद्धि। ज्यों ही उस पर आघात हुआ नहीं कि यूनान की इतिश्री हो गयी। और वर्तमान युग में स्पेन इत्यादि वर्तमान देशों का भी यही

विवेकानन्द
अपने ही प्र
वे हैं केवल
रुपया प्र
है, औ
का
पड़

मेरा जीवन त

(२७ जनवरी, १९०० ई० को पॅसाडेना के शेक्सपिय

देवियो और सज्जनो ! आज प्रातःकाल का विषय रोचक होते हुए भी यह विषय बहुत विशाल और कुछ रूखा

अभी अभी तुम्हारे अध्यक्ष महोदय एवं अन्य देवियों और अनुरोध किया है कि मैं अपने कार्य के बारे में उनसे कुछ निवेदन लोगों में से कुछ को भले ही रुचिकर जान पड़े, किन्तु मेरे लिए वैसा न पूछो तो मैं स्वयं समझ नहीं पाता कि उसका वर्णन किस प्रकार करूँ, क्यो जीवन में इस विषय पर बोलने का यह मेरा पहला ही अवसर है।

अपने स्वल्प ढंग से, जो कुछ भी मैं करता रहा हूँ, उसको समझाने के लिए तुमको कल्पना द्वारा भारत ले चलूंगा। विषय के सभी ब्योरों और सूक्ष्म विवरणों में जाने का समय नहीं है, और न एक विदेशी जाति की सभी जटिलताओं को इस अल्प समय में समझ पाना तुम्हारे लिए सम्भव है। इतना कहना ही पर्याप्त होगा कि मैं कम से कम भारत की एक लघु रूपरेखा तुम्हारे सम्मुख प्रस्तुत करने का प्रयास करूंगा।

भारत खँडहरों में ढेर हुई पड़ी एक विशाल इमारत के सदृश है। पहले देखने पर आशा की कोई किरण नहीं मिलती। वह एक विगत और भग्नावशिष्ट राष्ट्र है। पर थोड़ा और रुको, रुककर देखो, जान पड़ेगा कि इनके परे कुछ और भी है। सत्य यह है कि वह तत्त्व, वह आदर्श, मनुष्य जिसकी बाह्य व्यंजना मात्र है, जब तक कुण्ठित अथवा नष्ट-भ्रष्ट नहीं हो जाता, तब तक मनुष्य भी निर्जीव नहीं होता, तब तक उसके लिए आशा भी अस्त नहीं होती। यदि तुम्हारे कोट को कोई बीसों बार चुरा ले, तो क्या उससे तुम्हारा अस्तित्व भी शेष हो जायगा ? तुम नवीन कोट बनवा लोगे—कोट तुम्हारा अनिवार्य अंग नहीं। सारांश यह कि यदि किसी धनी व्यक्ति की चोरी हो जाय, तो उसकी जीवनी शक्ति का अंत नहीं हो जाता, उसे मृत्यु नहीं कहा जा सकता। मनुष्य तो जीता ही रहेगा।

इस सिद्धान्त के आधार पर खड़े होकर आओ, हम अवलोकन करें और देखें—अब भारत राजनीतिक शक्ति नहीं, आज वह दासता में बँधी हुई एक जाति है।

मेरा जीवन तथा ध्येय

(२७ जनवरी, १९०० ई० को पॅसाडेना के शेक्सपियर क्लब में दिया हुआ भाषण)

देवियो और सज्जनो! आज प्रातःकाल का विषय वेदान्त दर्शन था, किन्तु रोचक होते हुए भी यह विषय बहुत विशाल और कुछ रूखा सा है।

अभी अभी तुम्हारे अध्यक्ष महोदय एवं अन्य देवियों और सज्जनों ने मुझसे अनुरोध किया है कि मैं अपने कार्य के बारे में उनसे कुछ निवेदन करूँ। यह तुम लोगों में से कुछ को भले ही रुचिकर जान पड़े, किन्तु मेरे लिए वैसा नहीं है। सच पूछो तो मैं स्वयं समझ नहीं पाता कि उसका वर्णन किस प्रकार करूँ, क्योंकि अपने जीवन में इस विषय पर बोलने का यह मेरा पहला ही अवसर है।

अपने स्वल्प ढंग से, जो कुछ भी मैं करता रहा हूँ, उसको समझाने के लिए मैं तुमको कल्पना द्वारा भारत ले चलूँगा। विषय के सभी ब्योरों और सूक्ष्म विवरणों में जाने का समय नहीं है, और न एक विदेशी जाति की सभी जटिलताओं को इस अल्प समय में समझ पाना तुम्हारे लिए सम्भव है। इतना कहना ही पर्याप्त होगा कि मैं कम से कम भारत की एक लघु रूपरेखा तुम्हारे सम्मुख प्रस्तुत करने का प्रयास करूँगा।

भारत खँडहरों में ढेर हुई पड़ी एक विशाल इमारत के सदृश है। पहले देखने पर आशा की कोई किरण नहीं मिलती। वह एक विगत और भग्नावशिष्ट राष्ट्र है। पर थोड़ा और रुको, रुककर देखो, जान पड़ेगा कि इनके परे कुछ और भी है। सत्य यह है कि वह तत्त्व, वह आदर्श, मनुष्य जिसकी बाह्य व्यंजना मात्र है, जब तक कुण्ठित अथवा नष्ट-भ्रष्ट नहीं हो जाता, तब तक मनुष्य भी निर्जीव नहीं होता, तब तक उसके लिए आशा भी अस्त नहीं होती। यदि तुम्हारे कोट को कोई बीसों बार चुरा ले, तो क्या उससे तुम्हारा अस्तित्व भी शेष हो जायगा? तुम नवीन कोट बनवा लोगे—कोट तुम्हारा अनिवार्य अंग नहीं। सारांश यह कि यदि किसी धनी व्यक्ति की चोरी हो जाय, तो उसकी जीवनी शक्ति का अंत नहीं हो जाता, उसे मृत्यु नहीं कहा जा सकता। मनुष्य तो जीता ही रहेगा।

इस सिद्धान्त के आधार पर खड़े होकर आओ, हम अवलोकन करें और देखें—अब भारत राजनीतिक शक्ति नहीं, आज वह दासता में बँधी हुई एक जाति है।

अपने ही प्रशासन में भारतीयों की कोई आवाज़ नहीं, उनका कोई स्थान नहीं—वे हैं केवल तीस करोड़ ग़ुलाम—और कुछ नहीं! भारतवासी की औसत आय डेढ़ रुपया प्रतिमास है। अधिकांश जन-समुदाय की जीवन-चर्या उपवासों की कहानी है, और ज़रा सी आय कम होने पर लाखों काल-कवलित हो जाते हैं। छोटे से अकाल का अर्थ है मृत्यु। इसलिए, जब मेरी दृष्टि उस ओर जाती है, तो मुझे दिखायी पड़ता है नाश, असाध्य नाश।

पर हमें यह भी विदित है कि हिन्दू जाति ने कभी धन को श्रेय नहीं माना। धन उन्हें ख़ूब प्राप्त हुआ,—दूसरे राष्ट्रों से कहीं अधिक धन उन्हें मिला, पर हिन्दू जाति ने धन को कभी श्रेय नहीं माना। युगों तक भारत शक्तिशाली बना रहा, पर तो भी शक्ति उसका श्रेय नहीं बनी, कभी उसने अपनी शक्ति का उपयोग अपने देश के बाहर किसी पर विजय प्राप्त करने में नहीं किया। वह अपनी सीमाओं से सन्तुष्ट रहा, इसलिए कभी भी उसने किसीसे युद्ध नहीं किया, उसने कभी भी साम्राज्यवादी गौरव को महत्त्व नहीं दिया। धन और शक्ति इस जाति के आदर्श कभी न बन सके।

तो फिर? उसका मार्ग उचित था अथवा अनुचित—यह प्रश्न प्रस्तुत नहीं है, वरन् बात यह है कि यही एक ऐसा राष्ट्र है, मानव-वंशों में एक ऐसी जाति है, जिसने श्रद्धापूर्वक सदैव यही विश्वास किया कि यह जीवन वास्तविक नहीं। सत्य तो ईश्वर है, और इसलिए दुःख और सुख में उसीको पकड़े रहें। अपने अधःपतन के बीच भी उसने धर्म को प्रथम स्थान दिया है। हिन्दू का खाना धार्मिक, उसका पीना धार्मिक, उसकी नींद धार्मिक, उसकी चाल-ढाल धार्मिक, उसके विवाहादि धार्मिक, यहाँ तक कि उसकी चोरी करने की प्रेरणा भी धार्मिक होती है।

क्या तुमने अन्यत्र भी ऐसा देश देखा है? यदि वहाँ एक डाकुओं के गिरोह की ज़रूरत होगी, तो उसका नेता एक धार्मिक तत्त्व गढ़कर उसका प्रचार करेगा, उसकी कुछ खोखली सी आध्यात्मिक पृष्ठभूमि रचेगा और फिर उद्घोष करेगा कि परमात्मा तक पहुँचने का यही सबसे सुस्पष्ट और शीघ्रगामी मार्ग है। तभी लोग उसके अनुचर बनेंगे—अन्यथा नहीं। इसका एक ही कारण है और वह यह है कि इस जाति की सजीवता, इस देश का ध्येय धर्म है, और क्योंकि धर्म पर अभी आघात नहीं हुआ, अतः यह जाति जीवित है।

रोम की ओर देखो। रोम का ध्येय था साम्राज्य-लिप्सा—शक्ति-विस्तार। और ज्यों ही उस पर आघात हुआ नहीं कि रोम छिन्न-भिन्न हो गया, विलीन हो गया। यूनान की प्रेरणा थी बुद्धि। ज्यों ही उस पर आघात हुआ नहीं कि यूनान की इतिश्री हो गयी। और वर्तमान युग में स्पेन इत्यादि वर्तमान देशों का भी यही

हाल हुआ है। हर एक राष्ट्र का विश्व के लिए एक ध्येय होता है, और जब तक वह ध्येय आक्रान्त नहीं होता, तब तक वह राष्ट्र जीवित रहता है—चाहे जो संकट क्यों न आये। पर ज्यों ही वह ध्येय नष्ट हुआ कि राष्ट्र भी ढह जाता है।

भारत की वह सजीवता अभी भी आक्रान्त नहीं हुई है। उन्होंने उसका त्याग नहीं किया है, वह आज भी बलशाली है—अंधविश्वासों के बावजूद भी। वहाँ भयानक अंधविश्वास हैं, उनमें से कुछ अत्यन्त जघन्य एवं घृणास्पद—चिन्ता न करो उनकी। पर राष्ट्रीय जीवन-धारा—जाति का ध्येय अभी भी जीवित है।

भारतीय राष्ट्र कभी बलशाली, दूसरों को पराजित करनेवाला राष्ट्र नहीं बनेगा—कभी नहीं। वह कभी भी राजनीतिक शक्ति नहीं बन सकेगा; ऐसी शक्ति बनना उसका व्यवसाय ही नहीं—राष्ट्रों की संगीत-संगति में भारत इस प्रकार का स्वर कभी दे ही नहीं सकेगा। पर आख़िर भारत का स्वर होगा क्या? वह स्वर होगा ईश्वर, केवल ईश्वर का। भारत उससे कठोर मृत्यु की तरह चिपटा हुआ है। इसीलिए वहाँ अभी आशा है।

अतः इस विश्लेषण के उपरान्त यह निष्कर्ष निकलता है कि ये तमाम विभीषिकाएँ, ये सारे दैन्य-दारिद्र्य और दुःख विशेष महत्त्व के नहीं—भारत-पुरुष अभी भी जीवित है, और इसलिए आशा है।

वहाँ सारे देश में तुमको धार्मिक क्रियाशीलता का बाहुल्य दिखायी पड़ेगा। मुझे ऐसा एक भी वर्ष स्मरण नहीं, जब कि भारत में अनेक नवीन संप्रदाय उत्पन्न न हुए हों। जितनी ही उद्दाम धारा होगी, उतने ही उसमें भँवर और चक्र उत्पन्न होंगे—यह स्वाभाविक है। इन सम्प्रदायों को क्षय का सूचक नहीं समझा जा सकता, वे जीवन के चिह्न हैं। होने दो इन संप्रदायों की संख्या में वृद्धि—इतनी वृद्धि कि हममें से प्रत्येक व्यक्ति ही एक सम्प्रदाय हो जाय, हर एक व्यक्ति। इस विषय को लेकर कलह करने की आवश्यकता ही क्या है?

अब तुम अपने देश को ही लो। (किसी आलोचना की दृष्टि से नहीं)। यहाँ के सामाजिक क़ानून, यहाँ की राजनीतिक संस्थाएँ, यहाँ की हर एक चीज़ का निर्माण इसी दृष्टि से हुआ है कि मानव की लौकिक यात्रा सरलतापूर्वक सम्पन्न हो जाय। जब तक वह जीवित है, तब तक ख़ूब सुखपूर्वक जीवन-यापन करे। अपने राजमार्गों की ओर देखो, कितने स्वच्छ हैं वे सब! तुम्हारे सौन्दर्यशाली नगर! और इसके अतिरिक्त वे तमाम साधन, जिनसे धन को निरन्तर द्विगुणित किया जाता है। जीवन के सुखोपभोग करने के कितने ही रास्ते! पर यदि तुम्हारे देश में कोई व्यक्ति इस वृक्ष के नीचे बैठ जाय और कहने लगे कि मैं तो यहीं पर आसन मारकर ध्यान लगाऊँगा, काम नहीं करूँगा, तो उसे कारागृह जाना होगा। देखा

तुमने ? उसके लिए जीवन में कोई अवसर नहीं। मनुष्य तभी इस समाज में रह सकता है, जब कि वह समाज की पाँत में एकरस होकर काम किया करे। प्रस्तुत जीवन में आनंदोपभोग की इस घुड़दौड़ में हर एक आदमी को शामिल होना पड़ता है, अन्यथा वह मर जाता है।

अब हम ज़रा भारत की ओर चलें। वहाँ यदि कोई व्यक्ति कहे कि मैं उस पर्वत की चोटी पर जाकर बैठूँगा और अपने शेष जीवन भर अपनी नाक की नोक को देखते रहना चाहता हूँ, तो हर आदमी यही कहता है, 'जाओ, शुभमस्तु!' उसे कुछ कहने की ज़रूरत नहीं। किसीने उसे कपड़ा ला दिया और वह संतुष्ट हो गया। पर यदि कोई व्यक्ति आकर कहे कि 'देखो, मैं इस ज़िन्दगी के कुछ ऐशो-आराम लूटना चाहता हूँ', तो शायद उसके लिए सब द्वार बन्द ही मिलेंगे।

मेरा कहना है कि दोनों देशों की धारणाएँ भ्रमात्मक हैं। मुझे कोई कारण नहीं दिखता कि कोई व्यक्ति यहाँ आसन लगाकर त्राटक बाँधे तब तक क्यों न बैठा रहे, जब तक कि उसकी इच्छा हो। क्यों वह भी वही करता रहे, जो अधिकांश जन-समुदाय किया करता है? मुझे तो कोई उचित कारण नहीं दिखायी देता।

उसी प्रकार मैं यह समझ नहीं पाता कि भारत में क्यों मानव इस जीवन की सामग्रियाँ न पाये, धनोपार्जन न करे? लेकिन, तुम जानते हो, वहाँ से करोड़ों को इसके विरुद्ध दृष्टिकोण को स्वीकार करने के लिए आतंकित कर विवश किया जाता है। वहाँ के ऋषियों की यह निरंकुशता है! यह निरंकुशता है महात्माओं की, यह निरंकुशता है अध्यात्मवादियों की, यह निरंकुशता है बुद्धिवादियों की, यह निरंकुशता है ज्ञानियों की। और ज्ञानियों की निरंकुशता, याद रखो, अज्ञानियों की निरंकुशता से कहीं अधिक प्रबल होती है। जब पंडित और ज्ञानवान अपने मतों को औरों पर लादना प्रारम्भ कर देते हैं, तो वे बाधाओं और बन्धनों को रचने के ऐसे लाखों उपाय सोच लेते हैं, जिनको तोड़ने की शक्ति अज्ञानियों में नहीं होती।

मैं अब यह कहना चाहता हूँ कि इसे एकदम रोक दिया जाय। लाखों-करोड़ों का होम करके एक बड़ा आध्यात्मिक दिग्गज पैदा किया जाने का कोई अर्थ नहीं है। यदि हम ऐसा समाज निर्माण करें, जिसमें एक ऐसा आध्यात्मिक दिग्गज भी हो और सारे अन्य लोग भी सुखी हों, तो वह ठीक है। पर अगर करोड़ों को पीसकर एक ऐसा दिग्गज बनाया गया, तो यह अन्याय है। अधिक उचित तो यह होगा कि सारे संसार के परित्राण के लिए एक व्यक्ति कष्ट झेले।

किसी राष्ट्र में यदि तुमको कुछ कार्य करना है, तो उसी राष्ट्र की विधियों को अपनाना होगा। हर आदमी को उसीकी भाषा में बतलाना होगा। अगर तुमको अमेरिका या इंग्लैण्ड में धर्म का उपदेश देना है, तो तुमको राजनीतिक विधियों के

माध्यम से काम करना होगा—संस्थाएँ बनानी होंगी, समितियाँ गढ़नी होंगी, वोट देने की व्यवस्था करनी होगी, बैलेट के डिब्बे बनाने होंगे, सभापति चुनना होगा—इत्यादि—क्योंकि पाश्चात्य जातियों की यही विधि और यही भाषा है। पर यहाँ भारत में यदि तुमको राजनीति की ही बात कहनी है, तो धर्म की भाषा को माध्यम बनाना होगा। तुमको इस प्रकार कुछ कहना होगा—'जो आदमी प्रतिदिन सबेरे अपना घर साफ़ करता है, उसे इतना पुण्य प्राप्त होता है, उसे मरने पर स्वर्ग मिलता है, वह भगवान् में लीन हो जाता है।' जब तक तुम इस प्रकार उनसे न कहो, वे तुम्हारी बात समझेंगे ही नहीं। यह प्रश्न केवल भाषा का है। बात जो की जाती है, वह तो एक ही है। हर जाति के साथ यही बात है। परन्तु प्रत्येक जाति के हृदय को स्पर्श करने के लिए तुमको उसीकी भाषा में बोलना पड़ेगा। और यह ठीक भी है। हमें इसमें बुरा न मानना चाहिए।

जिस संप्रदाय का मैं हूँ, उसे संन्यासी की संज्ञा दी जाती है। इस शब्द का अर्थ है—'विरक्त'—जिसने संसार छोड़ दिया हो, यह संप्रदाय बहुत बहुत प्राचीन है। गौतम बुद्ध जो ईसा के ५६० वर्ष पूर्व आविर्भूत हुए, वे भी इसी संप्रदाय में थे। वे इसके सुधारक मात्र थे। इतना प्राचीन है वह! संसार के प्राचीनतम ग्रंथ वेद में भी इसका उल्लेख है। प्राचीन भारत का यह नियम था कि प्रत्येक पुरुष और स्त्री अपने जीवन की संध्या के निकट सामाजिक जीवन को त्यागकर केवल अपने मोक्ष और परमात्मा के चिन्तन में संलग्न रहे। यह सब उस महान् घटना का स्वागत करने की तैयारी है, जिसे मृत्यु कहते हैं। इसलिए उस प्राचीन युग में वृद्धजन संन्यासी हो जाया करते थे। बाद में युवकों ने भी संसार त्यागना आरम्भ किया। युवकों में शक्ति-बाहुल्य रहता है, इसलिए वे एक वृक्ष के नीचे बैठकर सदा-सर्वदा अपनी मृत्यु के चिंतन में ही ध्यान लगाये न रह सके, वे यहाँ-वहाँ जाकर उपदेश देने और नये नये सम्प्रदायों का निर्माण करने लगे। इसी प्रकार युवा बुद्ध ने वह महान् सुधार आरम्भ किया। यदि वे जरा-जर्जरित होते, तो वे उस नासाग्र पर दृष्टि रखते और शांतिपूर्वक मर जाते।

यह सम्प्रदाय कोई धर्म संघ—चर्च—नहीं है और न इसके अनुयायी पुरोहित होते हैं। पुरोहितों और संन्यासियों में मौलिक भेद है। भारत के अन्य व्यवसायों की भाँति पुरोहिती भी सामाजिक जीवन का एक पैतृक व्यवसाय है। पुरोहित का पुत्र उसी प्रकार पुरोहित बन जाता है, जिस प्रकार बढ़ई का पुत्र बढ़ई अथवा लोहार का बेटा लोहार। पुरोहित को विवाह-सूत्र में भी बँधना पड़ता है। हिन्दू का मत है कि पत्नी के बिना पुरुष अधूरा है। अविवाहित पुरुष को धार्मिक कृत्य करने का अधिकार नहीं।

संन्यासियों के पास सम्पत्ति नहीं होती, वे विवाह नहीं करते। उनके ऊपर कोई समाज-व्यवस्था नहीं। एकमात्र बन्धन जो उन पर व्यापता है, वह है गुरु और शिष्य का आपसी सम्बन्ध—और कुछ नहीं। और यह भारत की अपनी निजी विशेषता है। गुरु कोई ऐसा व्यक्ति नहीं, जो बस कहीं से आकर मुझे शिक्षा दे देता है और उसके बदले में मैं उसे कुछ धन देता हूँ और बात खत्म हो जाती है। भारत में यह गुरु-शिष्य-सम्बन्ध वैसी ही प्रथा है, जैसे पुत्र का गोद लेना। गुरु पिता से भी बढ़कर है और मैं सचमुच गुरु का पुत्र हूँ—हर तरह से उनका पुत्र। पिता से भी बढ़कर मैं उनकी आज्ञा का अनुचर हूँ, उनसे बढ़कर वे मेरे सम्मान्य हैं—और वह इसलिए कि जहाँ मेरे पिता ने मुझे केवल यह शरीर मात्र दिया, मेरे गुरु ने मुझे मेरी मुक्ति का मार्ग प्रदर्शित किया और इसलिए वे पिता से बढ़कर हैं। मेरा अपने गुरु के प्रति यह सम्मान जीवन-व्यापी होता है, मेरा प्रेम चिरजीवी होता है। बस एकमात्र यही सम्बन्ध है, जो बच रहता है। मैं इसी प्रकार अपने शिष्यों को ग्रहण करता हूँ। कभी कभी तो गुरु एकदम नवयुवक होता है और शिष्य कहीं अधिक बूढ़ा। पर चिन्ता नहीं, बूढ़ा पुत्र बनता है और मुझे 'पिता' शब्द से सम्बोधन करता है और मुझे भी उसे पुत्र अथवा पुत्री कहकर पुकारना पड़ता है।

एक समय की बात है कि मुझे एक वृद्ध शिक्षक मिले—वे बिल्कुल विचित्र थे। उन महाशय को बौद्धिक पाण्डित्य में कुछ चाव न था, क्वचित् ही वे पुस्तकें देखते या उनका मनन करते। पर जब वे कम उम्र के ही थे; तभी से उनके मन में सत्य का सीधा साक्षात्कार कर लेने की बड़ी उग्र आकांक्षा समा गयी। पहले-पहल उन्होंने अपने ही धर्म पर प्रयोग किया। फिर उनके मन में आया कि नहीं, और भी धर्मों के सत्य को पाया जाय। इस उद्देश्य से एक के बाद एक धर्मों का वे अनुष्ठान करते चले। उस समय तक तो जो कुछ उनसे कहा जाता, वे ध्यानपूर्वक करते और तब तक उस सम्प्रदायविशेष में रहते, जब तक कि उस सम्प्रदाय के विशिष्ट आदर्श का साक्षात्कार न कर लेते। फिर कुछ वर्षों के बाद दूसरे सम्प्रदाय की साधना में लग जाते। जब वे सारे सम्प्रदायों का अनुभव कर चुके, तब वे इस निष्कर्ष तक पहुँचे कि ये समस्त ठीक हैं। किसीमें भी वे दोष न देख सके, हर सम्प्रदाय एक ऐसा मार्ग है, जिससे लोग एक निश्चित केन्द्र पर ही पहुँचते हैं। और तब उन्होंने घोषणा की, 'यह कितने गौरव की बात है कि यहाँ इतने अधिक मार्ग हैं, क्योंकि यदि केवल एक ही मार्ग होता, तो शायद वह केवल एक ही व्यक्ति के अनुकूल होता। इतने अधिक मार्ग होने से हर एक व्यक्ति को 'सत्य' तक पहुँच सकने का अधिक से अधिक अवसर सुलभ है। यदि मैं एक भाषा के माध्यम से नहीं सीख सकता, तो मुझे दूसरी भाषा आजमानी चाहिए।' और इस तरह उन्होंने प्रत्येक धर्म को आशीष दिया।

मैं जिन विचारों का सन्देश देना चाहता हूँ, वे सब उनके विचारों को प्रतिध्वनित करने की मेरी अपनी चेष्टा है। इसमें मेरा अपना निजी कोई भी मौलिक विचार नहीं; हाँ, जो कुछ असत्य अथवा बुरा है, वह अवश्य मेरा ही है। पर हर ऐसा शब्द, जिसे मैं तुम्हारे सामने कहता हूँ और जो सत्य एवं शुभ है, केवल उन्हींकी वाणी को झंकार देने का प्रयत्न मात्र है। प्रोफ़ेसर मैक्समूलर द्वारा लिखित उनके जीवन-चरित्र को तुम पढ़ो।[१]

बस उन्हींके चरणों में मुझे ये विचार प्राप्त हुए। मेरे साथ और भी अनेक नवयुवक थे। मैं केवल बालक ही था। मेरी उम्र रही होगी सोलह वर्ष की, कुछ और तो मुझसे भी छोटे थे और कुछ बड़े भी थे——लगभग एक दर्जन रहे होंगे, हम सब। और हम सबने बैठकर यह निश्चय किया कि हमें इस आदर्श का प्रसार करना है। और चल पड़े हम लोग——न केवल उस आदर्श का प्रसार करने के लिए, बल्कि उसे और भी व्यावहारिक रूप देने के लिए। तात्पर्य यह कि हमें दिखलाना था हिन्दुओं की आध्यात्मिकता, बौद्धों की जीव-दया, ईसाइयों की क्रियाशीलता, एवं मुस्लिमों का बन्धुत्व,——और ये सब अपने व्यावहारिक जीवन के माध्यम द्वारा। हमने निश्चय किया, 'हम एक सार्वभौम धर्म का निर्माण करेंगे——अभी और यहाँ ही। हम रुकेंगे नहीं।'

हमारे गुरु एक वृद्धजन थे, जो एक सिक्का भी कभी हाथ से नहीं छूते थे। बस जो कुछ थोड़ा सा भोजन दिया जाता था, वे उसे ही ले लेते थे, और कुछ गज़ कपड़ा——अधिक कुछ नहीं। उन्हें और कुछ स्वीकार करने के लिए कोई प्रेरित ही न कर पाता था। इन तमाम अनोखे विचारों से युक्त होने पर भी वे बड़े अनुशासन-कठोर थे, क्योंकि इसीने उन्हें मुक्त किया था। भारत का संन्यासी आज राजा का मित्र है, उसके साथ भोजन करता है, तो कल वह भिखारी के साथ है और तरु-तले सो जाता है। उसे प्रत्येक व्यक्ति से सम्पर्क स्थापित करना है, उसे सदैव चलते ही रहना है। कहते हैं——'लुढ़कते पत्थर पर काई कहाँ ?' अपने जीवन के गत चौदह वर्षों में कभी भी मैं एक स्थान पर एक साथ तीन माह से अधिक रुका नहीं, सदा भ्रमण ही करता रहा। हम सबके सब यही करते हैं।

इन मुट्ठी भर युवकों ने इन विचारों को और उनसे निकलनेवाले सभी व्यावहारिक निष्कर्षों को अपनाया। सार्वभौमिक धर्म, दीनों से सहानुभूति और

---

१. अंग्रेजी भाषा में लिखित 'रामकृष्ण : हिज लाइफ़ ऐण्ड सेइंग्स' जो पहले १८९६ में लन्दन से प्रकाशित हुई और जिसका पुनर्मुद्रण १९५१ में अद्वैत आश्रम ने किया।

ऐसी ही बातें, जो सिद्धान्ततः बड़ी अच्छी हैं, पर जिन्हें चरितार्थ करना आवश्यक था। उसीका बीड़ा इन्होंने उठाया।

तब वह दुःख का दिन आया, जब हमारे वृद्ध गुरुदेव ने महासमाधि ली। हमसे जितना बना, हमने उनकी सेवा-शुश्रूषा की। हमारे कोई मित्र न थे। सुनता भी कौन, हम कुछ विचित्र सी विचारधारा के छोकरों की बात? कोई नहीं। कम से कम भारत में तो छोकरों की कोई वक़त नहीं। ज़रा सोचो——बारह लड़के लोगों को विशाल महान् सिद्धान्त सुनायें, और कहें कि वे इन विचारों को जीवन में चरितार्थ करने के लिए कृतसंकल्प हैं! हाँ, सभी ने हँसी की, हँसी करते करते वे गम्भीर हो गये——हमारे पीछे पड़ गये——उत्पीड़न करने लगे। बालकों के माता-पिता हमें क्रोध से धिक्कारने लगे, और ज्यों ज्यों लोगों ने हमारी खिल्ली उड़ायी, त्यों त्यों हम और भी दृढ़ होते गये।

तब इसके बाद एक भयंकर समय आया, मेरे लिए और मेरे अन्य बालक मित्रों के लिए भी। पर मुझ पर तो और भी भीषण दुर्भाग्य छा गया था! एक ओर थे मेरी माता और भ्रातागण। मेरे पिता जी का अवसान हो गया और हम लोग असहाय, निर्धन रह गये, इतने निर्धन कि हमेशा फ़ाक़ाकशी की नौबत आ गयी। कुटुम्ब की एकमात्र आशा मैं था, जो थोड़ा कमाकर कुछ सहायता पहुँचा सकता। मैं दो दुनियाओं की सन्धि पर खड़ा था। एक ओर था मेरी माता और भाइयों के भूखों मरने का दृश्य, और दूसरी ओर थे इन महान् पुरुष के विचार, जिनसे——मेरा खयाल था——भारत का ही नहीं, सारे विश्व का कल्याण हो सकता है और इसलिए जिनका प्रचार करना, जिन्हें कार्यान्वित करना अनिवार्य था। इस तरह मेरे मन में महीनों यह संघर्ष चलता रहा। कभी तो मैं छः छः, सात सात दिन और रात निरन्तर प्रार्थना करता रहता। कैसी वेदना थी वह! मानो मैं जीवित ही नरक में था। कुटुम्ब के नैसर्गिक बन्धन और मोह मुझे अपनी ओर खींच रहे थे——मेरा बाल्य हृदय भला कैसे अपने इतने सगों का दर्द देखते रहता? फिर दूसरी ओर कोई सहानुभूति करनेवाला भी नहीं था! बालक की कल्पनाओं से सहानुभूति करता भी कौन, ऐसी कल्पनाएँ जिनसे औरों को तकलीफ़ ही होती? मुझसे भला किसकी सहानुभूति होती?——किसीकी नहीं——सिवा एक के।

उस एक की सहानुभूति ने मुझे आशीष दिया, मुझमें आशा जगायी। वह स्त्री थी। हमारे गुरुदेव——ये महासंन्यासी——बाल्यावस्था में ही विवाहित हो गये थे। युवा होने पर जब उनकी धर्मप्रवणता अपनी चरम सीमा पर थी, वे आये एक दिन अपनी पत्नी को देखने। बाल्यावस्था में विवाह हो जाने के उपरान्त युवावस्था तक उन्हें परस्पर मेल-मिलाप करने का अवसर क्वचित् ही मिला था। पर जब वे बड़े

हो चुके, तो आये एक दिन अपनी पत्नी के पास, और बोले, "देखो, मैं तुम्हारा पति हूँ, इस देह पर तुम्हारा अधिकार है। पर मैं कामुक जीवन बिता नहीं सकता, यद्यपि मैंने तुमसे ब्याह कर लिया है। मैं अब सब कुछ तुम्हारे फ़ैसले पर छोड़ता हूँ।" उन्होंने रोते हुए कहा, "प्रभु तुम्हें आशीष दें। क्या तुम्हारी यह धारणा है कि मैं तुम्हें अधःपतित करनेवाली स्त्री हूँ? बन सकेगा तो मैं तुम्हारी सहायक ही होऊँगी। जाओ, अपने कार्य में अग्रसर होओ।"

ऐसी स्त्री थीं वे! पति अग्रसर होते गये और अन्त में संन्यासी बन गये, अपनी राह पर बढ़ते गये और यहाँ पत्नी अपने ही स्थान से उन्हें सहायता पहुँचाती रहीं, जहाँ तक बन सका, वहाँ तक। और बाद में जब वे पुरुष आध्यात्मिक दिग्गज बन गये, तब वे आयीं। सचमुच में वे ही उनकी प्रथम शिष्या हुईं और उन्होंने अपना शेष जीवन उनकी देह की सुरक्षा और सेवा करने में बिताया। उन्हें तो कभी यह पता भी न चला कि वे जी रहे हैं, मर रहे हैं अथवा कुछ और। बोलते बोलते कई बार तो ऐसे भावाविष्ट हो जाते कि जलते अंगारों पर बैठने पर भी उन्हें कोई ख़याल न होता! हाँ, जलते अंगारों पर!! अपने शरीर की ऐसी सुधि उन्हें भूल जाती।

तो, वे ही एक ऐसी देवी थीं, जिन्हें उन बालकों की विचारधारा से कुछ सहानुभूति थी। लेकिन उनके पास शक्ति ही क्या थी, वे तो हम लोगों से भी निर्धन थीं। पर चिन्ता नहीं—हम लोग तो धारा में कूद पड़े थे। मेरा विश्वास था कि इन विचारों से भारत अधिक ज्ञानोद्भासित होगा तथा भारत के सिवा और भी अनेक देशों और जातियों का उससे कल्याण हो सकेगा। तभी यह अनुभव हुआ कि इन विचारों का नाश होने देने के बदले तो कहीं यह श्रेयस्कर है कि कुछ मुट्ठी भर लोग स्वयं अपने को मिटाते रहें! क्या बिगड़ जायगा यदि एक माँ न रही, यदि दो भाई मर गये तो? यह तो बलिदान है, यह तो करना ही होगा। बिना बलिदान के कोई भी महत् कार्य सिद्ध नहीं हो सकता। कलेजे को बाहर निकालना होगा और निकालकर पूजा की वेदी पर उसे लहूलुहान चढ़ा देना होगा। तभी कुछ महान् की उपलब्धि होती है। और भी कोई दूसरा मार्ग है क्या? अभी तक तो किसीको मिला नहीं। मैं तुम सब लोगों से यही प्रश्न करता हूँ। कितना मूल्य चुकाना पड़ा है किसी सफल कार्य का? कैसी वेदना—कैसी पीड़ा! प्रत्येक सफल क्रिया के पीछे कैसी भयानक यातना की कहानी है! हर जीवन में ही! तुम तो उसे जानते हो, तुममें से प्रत्येक व्यक्ति।

और बस इसी तरह हम लोग, हम बालकों का समूह चलता गया—बढ़ता गया। हमारे निकट के लोगों ने चारों ओर से हमें जो दिया, वह थी गाली और ठोकर। द्वार द्वार पर हमें भोजन की भिक्षा माँगनी पड़ी, कहीं हमें दुत्कार मिली तो

कहीं घुड़की। किस्सा यह कि सब अनाप-शनाप ही हमें दिया गया। यहाँ एक टुकड़ा मिला, तो वहाँ दूसरा। आख़िर हमें एक घर भी मिल गया—टूटा-फूटा, खँडहर, जिसमें रहते थे फुफकारते काले नाग। पर हमें उसे लेना ही पड़ा—सबसे सस्ता जो था न! हम उसमें गये और जाकर वहाँ रहे।

इस तरह कुछ वर्ष काटे, सारे भारत का भ्रमण किया और यही कोशिश की कि हमारे विचार और आदर्श को एक निश्चित स्वरूप प्राप्त हो जाय। दस वर्ष बीत गये—प्रकाश की किरण न दिखी। और भी दस वर्ष बीते! हज़ारों बार निराशा आयी। पर इन सबके बीच हरदम आशा की एक किरण बनी रही, और वह था हम लोगों का उत्कट पारस्परिक सहयोग, हमारा आपसी प्रेम। आज मेरे साथ लगभग सौ साथी हैं—स्त्री और पुरुष। वे ऐसे हैं कि यदि मैं एक बार शैतान भी बन जाऊँ, तो भी वे ढाढ़स बँधाते हुए कहेंगे, 'अरे अभी हम हैं! हम तुम्हें कभी भी न छोड़ेंगे!' और सचमुच यह बड़ा सौभाग्य है। सुख में, दु:ख में, अकाल में, दर्द में, क़ब्र में, स्वर्ग में, नरक में जो मेरा साथ न छोड़े, सचमुच वही मेरा मित्र है। ऐसी मैत्री क्या हँसी-मज़ाक़ है? ऐसी मैत्री से तो मानव को मोक्ष तक मिल सकता है। यदि इस प्रकार हम प्रेम कर सकें, तो उससे मोक्ष प्राप्त होता है। यदि ऐसी भक्ति आ जाय, तो वही सारी ध्यान-धारणाओं का सार है। तुमको किसी देवता का पूजन करने की ज़रूरत नहीं, यदि इस दुनिया में तुममें वह भक्ति है, वह श्रद्धा है, वह शक्ति है, वह प्रेम है। और उन मुसीबत के दिनों में वही बात हम सबमें थी, और उसीके बल पर हिमालय से कन्याकुमारी तथा सिन्धु से ब्रह्मपुत्र तक हमने भ्रमण किया।

इन युवकों का समूह भ्रमण करता रहा। शनैः शनैः लोगों का ध्यान हमारी ओर खिंचा; ९० प्रतिशत उसमें विरोधी थे, बहुत ही अल्पांश सहायक था। हम लोगों की एक सबसे बड़ी कमी थी और वह यह कि हम सब युवा थे, निर्धन थे और युवकों की सारी अनम्रता हममें मौजूद थी। जिसको जीवन में ख़ुद अपनी राह बनाकर चलना पड़ता है, वह थोड़ा अविनीत हो ही जाता है; उसे कोमल, नम्र और मिष्टभाषी बनने का अधिक अवकाश कहाँ? 'मेरे सज्जनो, मेरी देवियो' इत्यादि सम्बोधनों का उसे अवसर कहाँ? जीवन में तुमने सदैव यह देखा होगा। वह तो एक अनगढ़ हीरा है, उसमें चिकनी पालिश नहीं। वह मामूली सी डिबिया में एक रत्न है।

और हम लोग ऐसे थे। 'समझौता नहीं करेंगे', यही हमारा मूलमन्त्र था। 'यह आदर्श है और इसे चरितार्थ करना ही होगा। यदि हमें राजा भी मिले, तो भी हम उससे अपनी बात कहे बिना न रहेंगे, भले ही हमें प्राणदण्ड क्यों न दिया

जाय ! और यदि कृषक मिला, तो उससे भी यही कहेंगे।' अतः हमारा विरोध होना स्वाभाविक था।

पर ध्यान रखो, जीवन का यही अनुभव है। यदि सचमुच तुम पर-हित के लिए कटिबद्ध हो, तो सारा ब्रह्माण्ड भले ही तुम्हारा विरोध करे, तुम्हारा बाल भी बाँका न होगा। यदि तुम निःस्वार्थ और हृदय के सच्चे हो, तो तुम्हारे अन्तर में निहित परमात्मा की शक्ति के समक्ष, ये सारी विघ्न-बाधाएँ क्षार क्षार हो जायँगी। वे युवक बस ऐसे ही थे। प्रकृति की गोद से पवित्रता और ताजगी लिये हुए शिशुओं के समान थे। हमारे गुरुदेव ने कहा, "मैं प्रभु की वेदी पर उन्हीं फूलों को चढ़ाना चाहता हूँ, जिनकी सुगन्ध अभी तक किसीने नहीं ली, जिन्हें अपनी अँगुलियों से किसीने स्पर्श नहीं किया।" उन महात्मा के ये शब्द हमें जीवन देते रहे। उन्होंने कलकत्ता की गलियों से समेटे हुए इन बालकों के जीवन की सारी भावी रूप-रेखा देख ली थी। जब वे कहते, "देखना इस लड़के को, उस लड़के को—आगे चलकर क्या होगा वह," तब लोग उन पर हँसते थे। पर उनकी आस्था और विश्वास अडिग था। कहते, "यह तो मुझसे माँ (जगन्माता) ने कहा है। मैं निर्बल हूँ सही, पर जब वह ऐसा कहती है—उससे भूल हो नहीं सकती—तो अवश्य ऐसा ही होगा।"

इस तरह चलता रहा। दस साल बीत गये, पर प्रकाश न मिला। इधर स्वास्थ्य दिन पर दिन क्षीण होता चला। शरीर पर इनका असर हुए बिना नहीं रह सकता : कभी रात के नौ बजे एक बार खा लिया, तो कभी सबेरे आठ बजे ही एक बार खाकर रह गये, तो दूसरी बार दो रोज के बाद खाया—तीसरी बार तीन रोज़ के बाद—और हर बार नितान्त रूखा-सूखा, शुष्क, नीरस भोजन ! अधिकांश समय पैदल ही चलते, बर्फ़ीली चोटियों पर चढ़ते, कभी कभी तो दस दस मील पहाड़ पर चढ़ते ही जाते—केवल इसलिए कि एक बार का भोजन मिल जाय। बतलाओ भला, भिखारी को कौन अपना अच्छा भोजन देता है ? फिर सूखी रोटी ही भारत में उनका भोजन है और कई बार तो वे सूखी रोटियाँ बीस बीस, तीस तीस दिन के लिए इकट्ठी करके रख ली जाती हैं और जब वे ईंट की तरह कड़ी हो जाती हैं, तब उनसे षड्रस व्यंजन का उपभोग सम्पन्न होता है ! एक बार का भोजन पाने के लिए मुझे द्वार द्वार भीख माँगते फिरना पड़ता था। और फिर रोटी ऐसी कड़ी कि खाते खाते मुँह से लहू बहने लगता था। सच कहूँ, वैसी रोटी से तुम अपने दाँत तोड़ सकते हो। मैं तो रोटी को एक पात्र में रख देता और उसमें नदी का पानी उड़ेल देता था। इस तरह महीनों गुज़ारने पड़े, निश्चय ही इन सबका प्रभाव स्वास्थ्य पर पड़ रहा था।

फिर मैंने सोचा कि भारत को तो अब देख लिया—चलो अब किसी और देश को आज़माया जाय। उसी समय तुम्हारी धर्म-महासभा होनेवाली थी और वहाँ भारत से किसीको भेजना था। मैं तो एक खानाबदोश सा था, पर मैंने कहा, "यदि मुझे भेजा जाय, तो मैं जाऊँगा। मेरा कुछ बिगड़ता तो है नहीं, और अगर बिगड़े भी, तो मुझे परवाह नहीं।" पैसा जुटा सकना बड़ा कठिन था। पर बड़ी खटपट के बाद रुपया इकट्ठा हुआ और वह भी मेरे किराये मात्र का। और बस, मैं यहाँ आ गया—दो एक महीने पहले ही। क्या करता—न किसीसे जान, न पहचान। बस सड़कों पर यहाँ-वहाँ भटकने लगा।

अन्त में धर्म-महासभा का उद्घाटन हुआ और मुझे बड़े सदय मित्र मिले, जिन्होंने मेरी ख़ूब सहायता की। मैंने थोड़ा परिश्रम किया, धन जमा किया और दो पत्र निकाले। इसके बाद मैं इंग्लैण्ड गया और वहाँ भी काम किया। साथ ही साथ अमेरिका में भी भारत के हित का कार्य साधता रहा।

भारत विषयक मेरी योजना का जो विकास और केन्द्रीकरण हुआ है, वह इस प्रकार है : मैं कह चुका हूँ कि संन्यासी लोग वहाँ किस प्रकार जीवन यापन करते हैं, किस प्रकार द्वार द्वार भीख माँगने जाते हैं और बिना किसी शुल्क के धर्म को उन तक पहुँचाते हैं। बहुत हुआ तो बदले में एक रोटी का टुकड़ा ले लिया। यही कारण है कि भारत का अदने से अदना व्यक्ति भी धर्म की ऐसी उच्च प्रेरणाएँ अपने साथ रखता है। यह सब इन्हीं संन्यासियों के कार्य का फल है। तुम उससे प्रश्न करो, "अंग्रेज़ लोग कौन हैं?"—उसे पता नहीं। शायद उत्तर मिल जाय, "वे उन राक्षसों की सन्तान हैं, जिनका वर्णन उन ग्रन्थों में है। है न यही?" "तुम्हारा शासक कौन है?" "हमें पता नहीं।" "शासन क्या है?" "हमें पता नहीं।" पर तत्त्वज्ञान वे जानते हैं। जो उनकी असली कमज़ोरी है, वह है इस पार्थिव जीवन सम्बन्धी व्यावहारिक बौद्धिक शिक्षा का अभाव। ये कोटि कोटि मानव इस संसार से परे के जीवन के लिए सदा प्रस्तुत रहते हैं—और यही क्या उनके लिए पर्याप्त नहीं? नहीं, कदापि नहीं। उन्हें कहीं अच्छे रोटी के टुकड़े की ज़रूरत है, उनकी देह को कहीं अच्छे कपड़े के टुकड़े की आवश्यकता है। विकट समस्या यही है कि यह अच्छा रोटी का टुकड़ा और अच्छा कपड़ा इन गये-बीते कोटि कोटि मानवों को प्राप्त हो कहाँ से?

पहले मैं तुमसे कह दूँ कि उन लोगों के लिए बड़ी आशा है, क्योंकि वे संसार में सबसे अधिक नम्र व्यक्ति हैं। पर कायर अथवा भीरु नहीं। जब उन्हें लड़ना होता है, तो दैत्यों की भाँति लड़ते हैं। अंग्रेज़ों के सर्वोत्तम सैनिक भारत के किसानों से ही भर्ती किये गये हैं। मृत्यु का उनके सामने कोई महत्त्व नहीं। उनका मत

है—"बीसों बार तो मेरी मौत हो चुकी और सैकड़ों बार अभी मौत होनी है। इससे क्या ?" पीछे हटना उन्हें नहीं आता। भावुकता के वे क़ायल नहीं, पर योद्धा वे उच्चतम कोटि के हैं।

स्वभाव से खेती उन्हें प्यारी है। तुम उन्हें लूट लो, उनको क़त्ल कर दो, उन पर कर लगा दो, तुम उनके साथ कुछ भी करो, पर जब तक तुम उन्हें अपने धर्म-पालन की स्वतन्त्रता देते हो, तब तक वे बड़े नम्र बने रहेंगे, बड़े ही शान्त और चुप। वे कभी औरों के धर्म से नहीं भिड़ते। 'हमारे देवताओं की पूजा करने की हमें स्वतन्त्रता दो, फिर चाहे हमसे और सब कुछ छीन लो'—यही उनका रुख़ है। अँग्रेज़ों ने जब उस मर्मस्थल को छुआ, तो प्रारम्भ हो गया उपद्रव ! सन् ५७ की ग़दर का यही सच्चा कारण था—वे धार्मिक दमन सह न सके। मुस्लिम सरकारें बस इसीलिए उड़ा दी गयीं कि उन्होंने भारत के धर्म को छूने की चेष्टा की।

यह अगर छोड़ दो, तो वे बड़े शान्तिप्रिय, अवाचाल, नम्र और सर्वोपरि, दुर्व्यसनों से दूर होते हैं। उनमें मादक-पेय का अभाव उन्हें किसी भी देश की साधारण जनता से बहुत ऊँचा उठा देता है। भारत के दरिद्रों के जीवन की उत्त-मता की तुलना तुम अपने देश की बस्तियों के जीवन से नहीं कर सकते। बस्ती का अर्थ निस्सन्देह दरिद्रता है, पर भारत में दरिद्रता के मानी पाप, गन्दगी, व्यभिचार और दुर्व्यसन तो कभी नहीं होते। अन्य देशों में व्यवस्था ही ऐसी है कि केवल व्यभिचारी और आलसी लोग ही दरिद्र बने रहें। यहाँ दरिद्रता का कारण ही नहीं, जब तक कि मनुष्य निपट मूढ़ अथवा मक्कार न हो, ऐसा मूढ़ जिसे नागरिक जीवन के ऐश्वर्य का मोह हो। ऐसे लोग गाँव में कभी न जायँगे। उनका कहना है, 'हम तो जीवन के मनोरंजनों, रँगरेलियों के बीच रहते हैं, भोजन हमें दिया ही जाना चाहिए।' पर हमारे देश की बात ऐसी नहीं। वहाँ के दरिद्र सबेरे से दिन डूबे तक पसीना बहाते हैं और अन्त में कोई अन्य व्यक्ति आकर उनके हाथ से उनकी रोटी छीन ले जाता है—उनके बच्चे भूखे तड़पते रहते हैं। भारत में करोड़ों टन गेहूँ पैदा किया जाता है, पर शायद ही एक दाना ग़रीब के मुँह में जाता हो ! वे तो ऐसे निकृष्ट अन्न पर पलते हैं, जिसे तुम अपनी चिड़ियों को भी न खिलाओ।

सचमुच ऐसा कोई कारण नहीं कि इतने अच्छे, इतने पवित्र लोगों को ऐसी मुसीबतें झेलनी पड़ें—ये बेचारे ग़रीब ! हम बहुत सुनते हैं इन कोटि कोटि दीन-दुःखियों की दुःखभरी कहानियाँ, वहाँ की पतिता स्त्रियों के दर्द-भरे क़िस्से। पर कोई तो आये उनका दुःख दूर करने, उनका दर्द बँटाने ! बस मुख से कहते

भर हैं, 'तुम्हारा दुःख, तुम्हारा दर्द तभी दूर हो सकता है, जब तुम वह न रहो जो कि आज हो। हिन्दुओं को मदद देना व्यर्थ है।' ऐसा कहनेवाले जातियों के इतिहास को नहीं जानते। भारत उस दिन बचेगा ही कहाँ, जिस दिन उसकी प्राणदायिनी शक्तियों का अन्त हो जायगा—जिस दिन वहाँ के निवासी अपना धर्म बदल देंगे, जिस दिन वे अपनी संस्थाओं का रूपान्तर कर देंगे! उस दिन तो वह जाति ही विलीन हो जायगी, तब तुम सहायता करोगे किसकी?

एक बात और भी हम सबको सीख लेनी है—और वह यह कि हम सचमुच में किसीको सहायता नहीं दे सकते। हम एक दूसरे के लिए भला क्या कर सकते हैं? तुम अपने जीवन में बढ़ते जाते हो और मैं अपने जीवन में। अधिक से अधिक यह सम्भव है कि मैं तुमको थोड़ा सा सहारा देकर आगे बढ़ा दूँ, जिससे अन्ततोगत्वा तुम भी अपनी मंजिल पर पहुँच जाओ—इस पूरी जानकारी के साथ कि सारी दुनिया का गंतव्य एक ही है—राहें अलग अलग। यह वृद्धि क्रमिक होती है। ऐसी कोई राष्ट्रीय सभ्यता नहीं, जिसे पूर्ण कहा जा सके। सभ्यता को थोड़ा सा सहारा दे दो, और वह अपने गंतव्य तक पहुँच जायगी। उसे बदलने का प्रयास न करो। छीन लो किसी देश से उसकी संस्थाएँ, उसके रीति-रिवाज़, उसके चाल-चलन, फिर बच ही क्या रहेगा भला? इन्हीं तन्तुओं से तो राष्ट्र बँधा रहता है।

पर तभी विदेशी पण्डित महोदय आते हैं और कहते हैं, "देखो, इन हज़ारों वर्षों की संस्थाओं और रीतियों को तुम तिलांजलि दो और गले लगाओ हमारे इस नये मूढ़ता के टीन-पाट (tin pot) को और मौज करो।" यह सब मूर्खता है!

हमें आपस में मदद तो करनी होगी, पर एक क़दम इसके भी आगे जाना होगा। मदद करने में सबसे अधिक ज़रूरी यह है कि हम स्वार्थ के परे हो जायँ। 'मैं तुम्हें तभी सहायता दूँगा, जब तुम मेरे कहने के अनुसार बर्ताव करोगे, अन्यथा नहीं।' क्या यह सहायता है?

और इसलिए यदि हिन्दू तुम्हें आध्यात्मिक सहायता पहुँचाना चाहता है, तो वह पूर्ण निरपेक्ष, सम्पूर्ण निःस्वार्थ बनकर ही अग्रसर होगा। मैंने दिया और बस, बात वहीं ख़त्म हो गयी—मुझसे दूर चली गयी। मेरा दिमाग़, मेरी शक्ति, मेरा सर्वस्व जो कुछ भी देना था, मैंने दे दिया—इसलिए दे दिया कि देना था, और बस। मैंने देखा है, जो दुनिया के आधे लोगों को लूटकर अपना घर भरते हैं, वे 'बुतपरस्त के धर्मपरिवर्तन' के लिए बीस हज़ार डॉलरों का दान देते हैं! किसलिए? बुतपरस्त के सुधार के लिए अथवा अपनी ही आत्मा के उत्कर्ष के लिए? ज़रा सोचो तो सही!

और पापों के प्रतिशोध का देवता अपना काम कर रहा है। हम अपनी ही आँखों में धूल झोंकना चाहते हैं। पर हमारे हृदय में वह परम सत्य—परमात्मा विद्यमान है। वह कभी नहीं भूलता। उसे हम धोखा नहीं दे सकते। उसकी आँखों में धूल नहीं डाली जा सकती। जहाँ कहीं सच्ची दानशीलता की प्रेरणा मौजूद है, उसका असर तो होगा ही—चाहे वह हज़ार वर्षों के बाद ही क्यों न हो। भले ही रुकावट डालो, पर वह जाग उठेगा, और उल्कापात की तरह ज़ोर से उमड़ पड़ेगा। हर ऐसी प्रेरणा, जिसका उद्देश्य स्वार्थपूर्ण है, स्वार्थ-प्रेरित है, अपने लक्ष्य पर कभी न पहुँच सकेगी—भले ही तुम सारे अखबारों को उसकी चमकीली तारीफ़ों से रँग डालो, भले ही विराट् जनसमूहों को तुम उसका जयजयकार करने के लिए खड़ा कर दो।

मैं इस पर गर्व नहीं कर रहा हूँ। पर देखो, मैं कह रहा था उन बालकों की कहानी। आज भारत में ऐसा गाँव नहीं, ऐसा पुरुष नहीं, ऐसी नारी नहीं, जिसे उनके कार्य का पता न हो, जिसका आशीर्वाद उन पर न बरसता हो। देश में ऐसा अकाल नहीं, जिसकी दाढ़ में घुसकर ये बालक रक्षा का काम न करें, अधिक से अधिक लोगों को न बचायें। और वही लोगों के हृदय को बेधता है। दुनिया उसे जान जाती है। इसीलिए जब कभी सम्भव हो, सहायता करो, पर अपने उद्देश्य का ध्यान रखो। अगर वह स्वार्थ है, तो न औरों को उससे लाभ होगा न तुमको ही। यदि वह स्वार्थ-शून्य है, तो जिसको दी जा रही है, उसके लिए कल्याणप्रद होगी, और तुम्हारे ऊपर भी अमोघ आशीर्वादों की वर्षा करेगी। यह बात उतनी ही निश्चित है, जितना कि तुम्हारा जीवित होना। प्रभु को धोखा नहीं दिया जा सकता; कर्म के नियम को धोखे में नहीं डाला जा सकता।

अतः मेरी योजना है, भारत के इस जनता-समूह तक पहुँचने की। मान लो, इन तमाम ग़रीबों के लिए तुमने पाठशालाएँ खोल भी दीं, तो भी उनको शिक्षित करना सम्भव न होगा। कैसे होगा? चार बरस का बालक तुम्हारी पाठशाला में जाने की अपेक्षा अपने हल-बखर की ओर जाना अधिक पसन्द करेगा। वह तुम्हारी पाठशाला न जा सकेगा। यह असम्भव है। आत्मरक्षा निसर्ग की पहली जन्मजात-प्रवृत्ति है। पर यदि पहाड़ मुहम्मद के पास नहीं जाता, तो मुहम्मद पहाड़ के पास पहुँच सकता है। मैं कहता हूँ कि शिक्षा स्वयं दरवाज़े दरवाज़े क्यों न जाय? यदि खेतिहर का लड़का शिक्षा तक नहीं पहुँच पाता, तो उससे हल के पास, या कारखाने में अथवा जहाँ भी हो, वहीं क्यों न भेंट की जाय? जाओ उसीके साथ—उसकी परछाईं के समान। ये जो हज़ारों और लाखों की संख्या में संन्यासी हैं, जो जनता को आध्यात्मिक भूमिका पर शिक्षा प्रदान कर रहे हैं,

वे क्यों न बौद्धिक भूमिका पर भी शिक्षा प्रदान करें ? क्यों न वे जनता से कुछ इतिहास तथा अन्यान्य विषय की बातें करें ? हमारे कान ही हमारे सबसे प्रभावशाली शिक्षक हैं। हमारे जीवन के सर्वोत्तम सिद्धान्त वे ही हैं, जो हमने कानों से अपनी माताओं से सुने थे। पुस्तकें तो बाद में आयीं। पुस्तकीय ज्ञान की भला क्या बिसात ? कानों के जरिये ही हमें सर्जनात्मक सिद्धान्तों की उपलब्धि होती है। फिर, ज्यों ज्यों उनकी दिलचस्पी बढ़ने लगेगी, वे तुम्हारी पुस्तकों के भी पास आने लगेंगे। पर पहले उसी तरह चलने दो—मेरा यही विचार है।

मैं यह बता देना चाहता हूँ कि मैं इन संन्यासी सम्प्रदायों में बहुत अधिक विश्वासी नहीं। उनमें महान् गुण हैं, और उनमें दोष भी महान् हैं। संन्यासियों और गृहस्थों के बीच पूर्ण सन्तुलन अपेक्षित है। लेकिन भारत की सारी शक्ति संन्यासी सम्प्रदायों ने हथिया ली है। हम उच्चतम शक्ति का प्रतिनिधित्व करते हैं। संन्यासी राजकुमार से भी बढ़कर है। भारत का ऐसा कोई सम्राट् नहीं, जो गैरिक वस्त्रधारी संन्यासी के समक्ष आसन ग्रहण करे—वह अपना आसन छोड़कर खड़ा ही रहता है। इतनी अधिक शक्ति, फिर वह कितने ही अच्छे लोगों के हाथ में क्यों न हो, अच्छी नहीं—यद्यपि मैं मानता हूँ कि लोगों की सुरक्षा इन संन्यासी सम्प्रदायों के द्वारा पर्याप्त मात्रा में हुई है। ये संन्यासी पुरोहित-प्रपंच और ज्ञान के बीच में खड़े हुए हैं। सुधार और ज्ञान के ये केन्द्र हैं। इनका वही स्थान है, जो यहूदियों में पैग़म्बरों का था। पैग़म्बर सदा पुरोहितों के विरुद्ध प्रचार करते रहे, कुसंस्कारों को निकाल भगाने की प्रेरणा देते रहे। बस, यही हाल भारत में हुआ। जो भी हो, पर इतनी शक्ति वहाँ ठीक नहीं, इससे भी अच्छी रीतियों का अनुसन्धान किया जाना चाहिए। पर कार्य उसी मार्ग से किया जा सकता है, जिसमें बाधाएँ सबसे कम हों। भारत की सारी राष्ट्रीय आत्मा संन्यास पर ही केन्द्रित है। तुम भारत में जाओ और गृहस्थ के रूप में कोई धर्म-सन्देश कहो। हिन्दू मुँह फेरकर चले जायँगे। पर यदि तुमने संसार त्याग दिया है, तब तो वे कहेंगे, "हाँ, यह ठीक है, उन्होंने संसार तज दिया है। वे सच्चे हैं; वे वही करना चाहते हैं, जो कहते हैं।" मेरे कहने का अभिप्राय यह है कि यह एक प्रचण्ड शक्ति का सूचक है। और हमें जो करना है, वह यह कि हम इसका रूपान्तर कर दें—उसे दूसरा आकार दे दें। परिव्राजक संन्यासियों के हाथों में सन्निहित यह अपरिमित शक्ति रूपान्तरित हो जानी चाहिए, जिससे जनसमूह उद्‌बुद्ध हो, उन्नत हो।

इस तरह काग़ज़ों पर तो हमने अच्छी योजना तैयार कर ली, पर साथ ही मैंने उसे आदर्शवाद के क्षेत्र से ग्रहण किया था। तब तक मेरी योजना शिथिल

और आदर्श के रूप में थी। पर समय की गति के साथ वह स्थिर और सुस्पष्ट होती गयी। उसको सक्रिय बनाते समय मुझे उसके दोष आदि दिखायी पड़ने लगे।

भौतिक भूमिका पर उसे क्रियान्वित करते हुए मैंने क्या खोज की? पहले, हमें ऐसे केन्द्रों की ज़रूरत है, जहाँ संन्यासियों को ऐसी शिक्षा की रीतियों से अवगत कराने की व्यवस्था हो सके। उदाहरणार्थ, मैं अपने एक मनुष्य को केमरा लेकर बाहर भेज देता हूँ—पर इसके पहले उसके बारे में सिखा देना भी तो आवश्यक है। तुम देखोगे कि भारत का हर आदमी बिल्कुल निरक्षर है, इसलिए शिक्षा देने के लिए विशाल केन्द्रों की ज़रूरत है। और इन सबका तात्पर्य क्या हुआ?—धन! आदर्श की भूमिका पर से तुम दैनिक कार्य-प्रणाली पर उतर आते हो। मैंने तुम्हारे देश में चार वर्ष श्रम किया और इंग्लैण्ड में दो वर्ष। और मैं कृतज्ञ हूँ कि कुछ मित्रों ने मुझे सहारा देकर बचा लिया। आज की मण्डली में उनमें से एक उपस्थित हैं। कुछ अमेरिकी और अंग्रेज़ी मित्र मेरे साथ भारत भी गये और हमारा कार्य बड़े ही प्रारंभिक रूप में आरम्भ हुआ। कुछ अंग्रेज़ आये और सम्प्रदाय में सम्मिलित हुए। एक बेचारे ने तो बड़ा परिश्रम किया और भारत में उसका देहान्त हो गया। वहाँ अभी एक अंग्रेज़ सज्जन और देवी हैं, जिन्होंने अवकाश ग्रहण किया है। उनके पास कुछ साधन हैं। उन्होंने हिमालय में एक केन्द्र का सूत्रपात किया है और वे बालकों को शिक्षा देते हैं। मैंने उनके ज़िम्मे अपना एक पत्र—'प्रबुद्ध भारत' दे दिया है, जिसकी एक प्रति मेज़ पर रखी हुई है। वहाँ पर वे लोग जनता को शिक्षा देते तथा उनके बीच कार्य करते हैं। मेरा एक केन्द्र कलकत्ता में है। स्वभावतः राजधानी से ही सारे आन्दोलन प्रारम्भ होते हैं, क्योंकि राजधानी ही तो राष्ट्र का हृदय है। सारा रक्त पहले हृदय में ही आता है और वहाँ से सब जगह वितरित होता है। अतः सारा धन, सारी विचारधाराएँ, सारी शिक्षा, सारी आध्यात्मिकता पहले राजधानी में ही पहुँचेगी और फिर वहाँ से सर्वत्र प्रसारित होगी।

मुझे यह बताते हर्ष होता है कि हमने प्रगल्भ रूप में प्रारम्भ कर दिया है। ठीक इसी तरह मैं नारियों के लिए भी आयोजना करना चाहता हूँ। मेरा सिद्धान्त है कि प्रत्येक अपनी सहायता आप करता है। मेरी सहायता तो दूर की सहायता है। भारतीय स्त्रियाँ हैं, अंग्रेज़ स्त्रियाँ हैं और मुझे आशा है, अमेरिकी स्त्रियाँ भी इस कार्य को हाथ में लेने के लिए आगे आयेंगी। उनके आरम्भ करते ही मैं अपना हाथ अलग कर लूँगा। नारी पर पुरुष क्यों शासन करे? तथैव, पुरुष पर नारी क्यों शासन करे? प्रत्येक स्वतंत्र है। यदि कोई बन्धन है, तो वह है प्रेम का। नारियाँ स्वयं अपने भाग्य का विधान कर लेंगी—पुरुष जो कुछ उनके लिए कर सकते

हैं, उससे कहीं उत्तम रूप से। यह समस्या नारी के प्रति अनौचित्य, वह केवल इसलिए कि पुरुषों ने स्त्रियों के भाग्य-विधान का दायित्व ले लिया। और मैं ऐसी ग़लती के साथ प्रारम्भ नहीं करना चाहता, क्योंकि यही ग़लती फिर समय के साथ बड़ी होती जायगी—इतनी बड़ी कि अन्ततोगत्वा उसके अनुपात को सँभाल सकना असम्भव हो जायगा। अतः यदि स्त्रियों के कार्य में पुरुषों को लगाने की भूल मैंने की, तो स्त्रियाँ कभी भी उससे मुक्त न हो सकेंगी—वह एक रस्म ही बन जायगी। पर मुझे एक बार अवसर मिला है। मैंने तुमको अपने गुरुदेव की धर्मपत्नी की बात बतायी है। हमारी उन पर अटूट श्रद्धा है। वे कभी भी हम पर शासन नहीं करतीं। अतः यह मार्ग पूर्णतः सुरक्षित है।

कार्य के इस अंश को अभी सम्पन्न होना है।

अवतार

ईसा ईश्वर थे--सगुण ईश्वर, मानव के रूप में। उन्होंने अपने आपको विविध रूपों में अनेक बार प्रकट किया और इन रूपों की ही तुम उपासना कर सकते हो। ईश्वर को उसके निरुपाधिक रूप में पूजा नहीं जाता। ऐसे ईश्वर की पूजा अर्थहीन होगी। हमें इसलिए ईसा को, ईश्वर के मानवीय अवतार को पूजना चाहिए। तुम ईश्वर के अवतार की अपेक्षा उच्चतर अन्य किसीकी उपासना नहीं कर सकते। ईसा से भिन्न ईश्वर की पूजा तुम जितना शीघ्र छोड़ दो, उतना ही अच्छा। जिस येहोवा की तुमने सृष्टि की, उससे सुन्दर ईसा की तुलना करो। जब जब तुम ईसा से परे परमेश्वर बनाने का प्रयत्न करते हो, तब तब तुम समस्त वस्तु को नष्ट कर डालते हो। केवल ईश्वर ही ईश्वर की पूजा कर सकता है। यह मनुष्य के हाथ की बात नहीं। और उस ईश्वर के सर्वसाधारण रूपों से परे उसकी पूजा का कोई भी मानवीय प्रयत्न खतरे से खाली नहीं होगा। यदि तुम मुक्ति चाहते हो, तो ईसा के निकट रहो; तुम जिस किसी ईश्वर की कल्पना करते हो, वह उससे ऊँचा है। यदि तुम सोचते हो कि ईसा मनुष्य थे, उनकी पूजा मत करो; परन्तु जैसे ही तुम्हें यह ज्ञान हो जाय कि वह ईश्वर थे, उनकी पूजा करो। जो यह कहते हैं कि वे मनुष्य थे और उसके बाद उनकी पूजा करते हैं, वे पाखंडी हैं; तुम्हारे लिए कोई मध्यम मार्ग नहीं है; तुम्हें उसकी पूरी शक्ति लेनी चाहिए। 'जिसने पुत्र को देखा, उसने पिता को देखा'; और पुत्र को देखे बिना पिता के दर्शन असंभव हैं। यह केवल शब्दाडंबर है, फेनिल दर्शन है और सपने हैं और निरी कपोल-कल्पना है। परन्तु यदि तुम आध्यात्मिक जीवन के ऊपर अधिकार चाहते हो, तो ईसा के रूप में अभिव्यक्त ईश्वर के सन्निकट रहो।

दार्शनिक दृष्टि से बुद्ध या ईसा जैसा कोई मनुष्य नहीं था; हमने उनके रूप में ईश्वर को देखा। क़ुरान में, मुहम्मद बार बार कहते हैं कि ईसा को सूली पर नहीं चढ़ाया गया, वह केवल उसका रूपक है, ईसा को कोई भी क्रूसित नहीं कर सकता।

दार्शनिक धर्म की निम्नतम भूमिका द्वैतवाद है, और उच्चतम त्रयात्मक है। प्रकृति और जीवात्मा में ईश्वर बसा हुआ है, और इसीको हम ईश्वर, प्रकृति और आत्मा की त्रयी के रूप में देखते हैं। साथ ही तुम्हें इस बात की भी झलक

मिलती है कि ये तीनों एक ही के तीन परिणाम हैं। जिस प्रकार से यह शरीर आत्मा का बाह्यावरण है, आत्मा भी ईश्वर का शरीर है। जैसे मैं प्रकृति की आत्मा हूँ; उसी प्रकार ईश्वर आत्मा की आत्मा है। तुम्हीं वह केन्द्र हो, जिसमें से तुम वह सारी प्रकृति देखते हो, जिसमें तुम भी हो। यह प्रकृति, आत्मा और ईश्वर सब मिलाकर एक व्यक्ति बनते हैं, जो यह विश्व है। इसलिए वे एक इकाई हैं; फिर वे साथ ही भिन्न भी हैं। फिर एक दूसरे प्रकार की त्रयी है, जो कि ईसाई त्रयी (ट्रिनिटी) जैसी है। ईश्वर परम या निरुपाधिक है। हम ईश्वर को उसके निरुपाधिक रूप में देख नहीं सकते। उसके विषय में हम केवल 'नेति, नेति' कह सकते हैं। फिर भी ईश्वर के निकटतम सामीप्य के रूप में कुछ गुण हम पा सकते हैं। प्रथम है उसका अस्तित्व (सत्), दूसरा है उसका ज्ञान (चित्), तीसरा है आनंद---ये तुम्हारे पिता, पुत्र और पवित्र आत्मा (Holy Ghost) के बहुत कुछ सदृश हैं। पिता वह सत् है, जिसमें से सब वस्तुएं निर्मित होती हैं; पुत्र वह ज्ञान है। ईसा में ईश्वर अभिव्यक्त होता है। ईसा से भी पहले ईश्वर सर्वत्र था---जीव मात्र में था। परंतु ईसा में हम 'उसके' सम्बन्ध में सचेतन होते हैं। यही परमेश्वर है। तीसरी बात है आनंद---पवित्र आत्मा। ज्योंही यह ज्ञान प्राप्त हो जाता है, तुमको आनंद मिलता है। ज्यों ही तुम अपने भीतर ईसा को पाने लगते हो, आनंद मिलता है; और वही तीनों को एक बनाता है।

जीवन और मृत्यु के नियम–१

(ओकलैंड में मार्च ७, १९०० ई० को दिये हुए व्याख्यान का विवरण; साथ में 'ओकलैंड ट्रिब्यून' पत्रिका की संपादकीय टिप्पणी भी है)

स्वामी विवेकानंद ने कल शाम को 'जीवन और मृत्यु के नियम' विषय पर एक व्याख्यान दिया। स्वामी जी ने कहा :

'इस जीवन-मरण से कैसे मुक्त हों—स्वर्ग में कैसे जायँ, यह प्रश्न नहीं है, परंतु स्वर्ग में जाने से कैसे बचें—यही हर हिन्दू की खोज का लक्ष्य है।'

स्वामी जी ने यह भी कहा कि कोई वस्तु अकेली नहीं है—प्रत्येक वस्तु अनंत कार्य-कारण परंपरा का अंश है। यदि मनुष्य से भी उच्चतर कोई सत्ता है, तो उसे भी इन नियमों का पालन करना पड़ता है। जीवन से ही जीवन निकलता है, विचार से विचार, जड़-द्रव्य से जड़-द्रव्य। किसी विश्व की सृष्टि केवल जड़-द्रव्य से नहीं की जा सकती। वह तो सदा से रहा है। यदि मानव प्राणी सीधे प्रकृति से इस जगत् में आता, तो वह बिना किसी संस्कार के आता; परंतु हम इस तरह से नहीं जनमते; इसका अर्थ है कि हमारी सृष्टि नयी नहीं है। यदि मानवीय आत्माएँ शून्य से उत्पन्न होतीं, तो उन्हें शून्य में पुनः लौटने से रोकनेवाला क्या है? यदि हम भविष्य में सदा विद्यमान रहनेवाले हों, तो अतीत में भी हम सदा विद्यमान रहते आये होंगे।

हिंदू का यह विश्वास है कि आत्मा न मन है, न शरीर। कौन सी वस्तु स्थायी रहती है—कौन सी वस्तु कह सकती है, "मैं मैं हूँ"? शरीर नहीं। चूंकि वह सदा बदलता रहता है; मन भी नहीं, जो शरीर से भी जल्दी बदलता है, थोड़े से क्षणों के लिए भी जिसके वे ही विचार नहीं रहते। ऐसी कोई सदा रहनेवाली एक पहचान होनी चाहिए—मनुष्य के लिए ऐसा कुछ, जैसे कि नदी के किनारे हों—ऐसे किनारे जो बदलते नहीं और जिनके स्थायित्व के बिना हमें सदा गतिमान प्रवाह की चेतना नहीं होगी। शरीर के पीछे, मन के पीछे ऐसी कोई चीज़—आत्मा—ज़रूर होगी, जो मनुष्य को एकीकृत रखती है। मन केवल एक सूक्ष्म साधन है, जिसके माध्यम से आत्मा—स्वामी—शरीर पर क्रियाशील है। भारत में जब मनुष्य मरता है, तो हम कहते हैं, उसने देह त्याग दिया; तुम लोग

कहते हो, उसने आत्मा त्याग दी (गिव अप दि गोस्ट)। हिंदू विश्वास करते हैं कि मनुष्य एक आत्मा है, जिसके शरीर भी होता है। पश्चिम के लोग विश्वास करते हैं कि वह एक शरीर है, जिसके आत्मा होती है।

जो कुछ विषमता है, उसे मृत्यु आत्मसात् कर लेती है। आत्मा एकात्मक तत्त्व है; वह किसी अन्य वस्तु से बनी हुई नहीं है। और इसलिए वह मर नहीं सकती। अपने स्वभाव से ही आत्मा अमर है। शरीर, मन और आत्मा नियमों के चक्र पर घूम रहे हैं—कोई बच नहीं सकता। हम उसी तरह से इन नियमों से अलग नहीं हो सकते। उनसे ऊपर नहीं उठ सकते, जैसे ग्रह-नक्षत्र या सूर्य—यह सब एक नियमों का विश्व है। कर्म का नियम यह है कि प्रत्येक कार्य का आज नहीं तो कल, देर-सबेर परिणाम होता ही है। वह मिस्र का बीज जो कि एक मृत 'ममी' के हाथ से लिया गया और ५,००० वर्षों बाद बोने से फिर अंकुरित हुआ, वैसे ही मानवीय कर्मों का अनन्त प्रभाव होता है। कर्म कर्म को उत्पन्न किये बिना मर नहीं सकता। अब, यदि कर्म अस्तित्व के इस धरातल पर ही अभीष्ट फल उत्पन्न कर सकते हैं, तो इसका अर्थ यह है कि हम सबको कार्य-कारण परंपरा के वृत्त को पूरा करना ही होगा। यही पुनर्जन्म का सिद्धान्त है। हम नियमों के दास हैं, आचरण के दास हैं, तृष्णा, क्षुधा-तृषा जैसी हज़ारों चीज़ों के दास हैं। जीवन से भागकर ही हम दासता से मुक्ति की ओर भाग सकेंगे। केवल ईश्वर ही मुक्त है। ईश्वर और मुक्ति एक और अभिन्न हैं।

जीवन और मृत्यु के नियम–२

प्रकृति में सभी व्यापार नियमानुसार होते हैं। कोई अपवाद नहीं है। मन और बाह्य प्रकृति की प्रत्येक वस्तु नियम से नियंत्रित और शासित है।

आन्तरिक और बाह्य प्रकृति, मन और जड़-द्रव्य, देश-काल में हैं और कार्य-कारण के नियम से बँधे हैं।

मन की स्वतंत्रता एक भ्रम है। जब मन कर्म-नियम से बँधा है, तो वह मुक्त कैसे हो सकता है?

कर्म का नियम कार्य-कारण का नियम है।

हमें मुक्त होना चाहिए। हम मुक्त हैं; उसे जानना हमारा काम है। हमें सारी दासता छोड़ देनी चाहिए, सब प्रकार के सारे बंधन छोड़ देने चाहिए। हमें न केवल इस पृथ्वी से और पृथ्वी की हर वस्तु और हर जीव से अपना बंधन छोड़ना चाहिए, वरन् स्वर्ग और सुख की कल्पनाएँ भी छोड़ देनी चाहिए।

हम पृथ्वी से बँधे हैं वासना से, और ईश्वर, स्वर्ग और देवदूतों से भी बँधे हैं। दास तो दास ही रहता है, चाहे वह मनुष्य का हो, ईश्वर या देवदूतों का हो।

स्वर्ग की कल्पना नष्ट होनी चाहिए। मरण के बाद ऐसे स्वर्ग की कल्पना, जहाँ अच्छे लोग अनन्त सुख का जीवन व्यतीत करते हैं, एक खोखला स्वप्न है, उसमें किंचित् भी तत्त्व या अर्थ नहीं है। जहाँ भी सुख है, वहाँ दुःख कभी न कभी आता ही है। जहाँ जहाँ भोग है, वहाँ पीड़ा भी है। यह बिल्कुल निश्चित है कि प्रत्येक क्रिया की प्रतिक्रिया भी किसी न किसी प्रकार होती ही है।

स्वतंत्रता की कल्पना ही मुक्ति की सच्ची कल्पना है—हर वस्तु से स्वतंत्रता, संवेदनाओं से स्वतंत्रता, चाहे वे सुख की हों या दुःख की, शुभ से और अशुभ से भी।

बल्कि इससे भी अधिक। हमें मृत्यु से मुक्त होना चाहिए। और मृत्यु से मुक्त होने के लिए हमें जीवन से मुक्त होना चाहिए। जीवन केवल मृत्यु का सपना है। जहाँ जीवन है, वहाँ मृत्यु है; इसलिए मृत्यु से मुक्त होना हो तो जीवन से दूर होना चाहिए।

हम सदा मुक्त हैं, यदि हम केवल इस पर विश्वास भर करें, केवल पर्याप्त श्रद्धा। तुम आत्मा हो, मुक्त और शाश्वत, चिर मुक्त, चिर पवित्र। अभीष्ट श्रद्धा रखो और क्षण भर में तुम मुक्त हो जाओगे।

हर वस्तु देश, काल, कार्य-कारण से बँधी है। आत्मा सब देश, सब काल, सब कार्य-कारणों से परे है। जो बँधी है, वह प्रकृति है, आत्मा नहीं।

इसलिए अपनी मुक्ति घोषित करो और जो हो, वह बनो—सदा मुक्त, सदा पवित्र।

देश, काल, कार्य-कारण को हम माया कहते हैं।

पुनर्जन्म

(मेम्फ़िस में, १९ जनवरी, १८९४ ई० को दिया हुआ भाषण। 'अपील-एवलांश' में प्रकाशित)

पगड़ी एवं पीत वस्त्रधारी संन्यासी स्वामी विव कानन्द¹ ने थर्ड स्ट्रीट में स्थित 'ला सैलेट अकादमी' में पर्याप्त संख्या में एकत्र गुणग्राही श्रोताओं के सम्मुख पुनः भाषण दिया।

विषय था 'आत्मा का जन्मान्तर अथवा पुनर्जन्म'। सम्भवतः 'विव कानन्द' और विषयों की अपेक्षा इस विषय पर बोलते हुए अधिक जोरदार प्रतीत हुए, ऐसा कहा जा सकता है। पूर्वीय जातियों में पुनर्जन्म एक बड़ा व्यापक रूप से मान्य विश्वास है और वे देश-विदेश सभी जगह इसका प्रतिपादन करने के लिए सतत प्रस्तुत रहते हैं। जैसा कि कानन्द (विवेकानन्द) ने कहा :

"तुम लोगों में से बहुत से लोग यह नहीं जानते कि यह समस्त प्राचीन धर्मों का एक प्राचीनतम धार्मिक सिद्धान्त है। यह फ़ैरीसियों (यहूदी कर्मकाण्डियों), यहूदियों और ईसाई धर्म-संघ के प्राचीन आचार्यों को विदित था और अरब-निवासियों का यह सामान्य विश्वास था। यह अब भी हिन्दुओं और बौद्धों में अवशिष्ट है।

"विज्ञान, जो शक्तियों का चिन्तन मात्र है, के युग के आगमन के पूर्व तक यही दशा रही। अब तुम इस सिद्धान्त को नैतिकता के लिए विनाशकारी मानते हो। इस तर्क तथा उसके तार्किक एवं दार्शनिक रूपों का पूर्ण सर्वेक्षण करने के लिए हमें समस्त पृष्ठभूमि को देखना होगा। हम सभी लोग इस विश्व के एक नैतिकतापूर्ण शासक में विश्वास करते हैं, फिर भी प्रकृति हमारे सामने न्याय के बजाय अन्याय प्रकट करती है। एक मनुष्य अच्छी से अच्छी परिस्थितियों में जन्म लेता है। आजीवन उसे अनुकूल परिस्थितियाँ उपलब्ध रहती हैं। वे

---

१. उन दिनों अमेरिकन समाचारपत्रों में विवेकानन्द का नाम विभिन्न रूपों में लिखा जाता था और विवरण अधिकांशतः विषय की नवीनता के कारण अशुद्ध होते थे। स०

सब उसके लिए सुख और श्रेयस् प्रदान करनेवाली होती हैं। दूसरा जन्म लेता है और प्रत्येक पग पर उसका जीवन उसके पड़ोसी से भिन्न होता है। वह भ्रष्ट जीवन बिताता हुआ समाज-बहिष्कृत होकर मरता है। सुख के वितरण में इतनी निष्पक्षता (पक्षपात?) क्यों है?

"पुनर्जन्म का सिद्धान्त तुम्हारे सामान्य विश्वासों के असंगत स्वर का समाधान करता है। अनैतिक बनाने के बजाय यह मत हमें न्याय का भाव प्रदान करता है। तुममें से कुछ कहते हैं:'यह ईश्वर की इच्छा है'। यह कोई उत्तर नहीं हुआ। यह अवैज्ञानिक है। प्रत्येक बात का कोई कारण होता है। समस्त कारण और सम्पूर्ण कार्य-कारण-सिद्धान्त ईश्वर पर छोड़कर हम उसे एक अनैतिक प्राणी बना देते हैं। किन्तु भौतिकवाद उतना ही असंगत है, जितना कि दूसरा। जहाँ तक हम समझते हैं, प्रत्यक्ष-बोध (कार्य-कारण?) सभी वस्तुओं में सन्निहित है। अतएव, इन कारणों से आत्मा के जन्मान्तर का सिद्धान्त आवश्यक है। यहाँ हम सभी जन्म लेते हैं। क्या यह प्रथम सृष्टि है? क्या सृष्टि शून्य से उत्पन्न होनेवाली वस्तु है? पूर्ण रूप से विश्लेषण करने पर यह वाक्य निरर्थक सिद्ध होता है। यह सब सृष्टि नहीं, अपितु अभिव्यक्ति है।

"कोई चीज उस कारण का कार्य नहीं हो सकती है, जिसका अस्तित्व ही न हो। यदि मैं अपनी अँगुली आग पर रखता हूँ, तो साथ साथ जलने की क्रिया होती है और मैं जानता हूँ कि जलने का कारण है, मेरा अपनी अँगुली को आग के सम्पर्क में रखना। जहाँ तक प्रकृति की बात है, कभी ऐसा समय नहीं था, जब कि प्रकृति का अस्तित्व न रहा हो, क्योंकि कारण का अस्तित्व सदैव था। परन्तु तर्क के लिए मान लो कि एक ऐसा समय था, जब अस्तित्व नहीं था। तब यह सब पदार्थ-समूह कहाँ था? किसी नयी वस्तु की सृष्टि के लिए विश्व में उतनी ही अधिक और शक्ति को जोड़ना होगा। यह असम्भव है। पुरानी वस्तुओं की पुनर्रचना हो सकती है, किन्तु विश्व में किसी चीज़ को जोड़ा नहीं जा सकता।

"पुनर्जन्म के सिद्धान्त के समर्थन में कोई गणितीय व्याख्या नहीं की जा सकती। तर्कशास्त्र के अनुसार कल्पना एवं परिकल्पना के ऊपर विश्वास नहीं करना चाहिए। परन्तु मेरा मत है कि जीवन के तथ्य की व्याख्या के लिए मानवीय मस्तिष्क द्वारा इससे बढ़कर कोई दूसरी परिकल्पना कभी नहीं प्रस्तुत की गयी।

"मिनियापोलिस नगर से रवाना होनेवाली एक गाड़ी पर मेरे साथ एक विचित्र घटना हुई। गाड़ी पर एक ग्वाला था। वह नीली नाक की नस्ल का प्रेसबिटेरियन और ग्राम्य प्रकार का व्यक्ति था। उसने आकर मुझसे पूछा कि मैं कहाँ का रहनेवाला हूँ। मैंने भारत बताया। 'आप कौन हैं?' उसने कहा।

मैंने उत्तर दिया 'हिन्दू'। तब उसने कहा, 'तुम अवश्य ही नरक में जाओगे।' मैंने उसे इस सिद्धान्त के बारे में बताया और मेरी व्याख्या के बाद उसने कहा कि मेरा इसमें सदैव विश्वास रहा है, क्योंकि उसने बताया कि एक दिन जब वह एक लकड़ी के कुंदे को चीर रहा था, उसकी बहन उसके कपड़े पहनकर आयी और बोली कि वह पहले पुरुष थी। इसी कारण वह आत्मा के जन्मान्तर में विश्वास रखता था। इस सिद्धान्त का समग्र आधार है: यदि किसी आदमी के कार्य अच्छे हैं तो, वह अवश्य ही उच्च कोटि का जन्म लेगा और यही बात विपरीत क्रम से भी होगी।

"इस सिद्धान्त में एक दूसरी सुन्दरता भी है—वह हमें नैतिक प्रेरणा प्रदान करता है। जो हुआ सो हुआ। वह कहता है, 'आह, और अच्छे ढंग से कार्य किया जाता !' अपनी अँगुली आग में न डालो। प्रत्येक क्षण एक नया अवसर है।"

विव कानन्द इसी प्रकार कुछ समय तक बोलते रहे और बार बार लोगों ने करतल-ध्वनि की।

स्वामी विव कानन्द 'ला सैलेट अकादमी' में 'भारत के रीति-रिवाज' पर आज शाम को ४ बजे पुनः भाषण देंगे।

आत्मा और प्रकृति

धर्म का अर्थ है, आत्मा को आत्मा के रूप में उपलब्ध करना, न कि जड़-द्रव्य के रूप में।

धर्म एक विकास है। हर एक को उसका अनुभव स्वयं करना चाहिए। ईसाई विश्वास करते है कि ईसा ने मनुष्यों के परित्राण के लिए प्राण दिये। तुम्हारे लिए यह एक सिद्धान्त में विश्वास करना है। और इस विश्वास से ही तुम्हारी मुक्ति होती है। प्रत्येक व्यक्ति अपनी इच्छानुसार कोई भी सिद्धान्त मान सकता है या किसी भी सिद्धान्त को नहीं मान सकता है। ईसा किसी समय-विशेष में थे या नहीं, इससे तुम्हारे लिए क्या अन्तर पड़ता है? तुमको इससे क्या लेना-देना है कि मूसा ने जलती हुई झाड़ी में ईश्वर के दर्शन किये? मूसा ने जलती झाड़ी में ईश्वर-दर्शन किये, उसका अर्थ यह तो नहीं हो जाता कि तुमने दर्शन किये। यदि इसका अर्थ यही हो, तो मूसा ने खाया इतना काफ़ी है कि तुमको खाना बन्द कर देना चाहिए। पहली बात उतना ही अर्थ रखती है, जितना दूसरी। प्राचीन महान् आध्यात्मिक व्यक्तियों के जीवन से हमें कोई लाभ नहीं होता, सिवा इसके कि हम उन्हींकी तरह कार्य करने के लिए प्रेरित हों, धर्म का अनुभव स्वयं करें। ईसा या मूसा या और किसीने जो कुछ किया, उससे हमें कोई मदद नही मिलती, केवल आगे बढ़ने की प्रेरणा मिलती है।

प्रत्येक का अपना एक विशेष स्वभाव होता है। उसी तरह वह चलता है और उसी तरह उसे स्वतंत्रता का मार्ग मिलता है। तुम्हारे गुरु को तुम्हें यह बतलाने में समर्थ होना चाहिए कि प्रकृति में कौन सा विशेष मार्ग तुम्हारे लिए उचित है और उसी पर तुम्हें ले जाना चाहिए। तुम्हारा चेहरा देखकर ही गुरु को यह जान लेना चाहिए कि तुम किस पथ के हो और उसी पर तुम्हें अग्रसर कर देना चाहिए। तुम्हें दूसरे के मार्ग पर कभी नहीं जाना चाहिए, चूँकि वह उसका पथ है, तुम्हारा नहीं। जब वह मार्ग मिल जाता है, तो तुम्हें हाथ बाँधे रहने के अतिरिक्त कुछ करना नहीं रह जाता, वह ज्वार तुम्हें मुक्ति तक ले जायगा। इसलिए जब तुम्हें वह मिले, उससे विचलित न हो। तुम्हारा मार्ग तुम्हारे लिए सर्वोत्तम है, परन्तु इससे यह सिद्ध नहीं होता कि औरों के लिए भी वह सर्वोत्तम है।

सच्चे अध्यात्मवादी आत्मा को आत्मा की तरह देखते हैं। उसे जड़-द्रव्य नहीं मानते। आत्मा से ही प्रकृति परिचालित होती है, वही प्रकृति के मध्य सत्य है। इसलिए कर्म प्रकृति में है, आत्मा में नहीं। आत्मा सदा समरस, अपरिवर्तित, अनन्त रहती है। आत्मा और जड़-द्रव्य वस्तुतः एक ही हैं; परन्तु आत्मा आत्मतया कभी जड़-द्रव्य नहीं बनती; और न जड़-द्रव्य कभी आत्मा बनता है।

आत्मा कभी क्रिया नहीं करती। वह क्यों करे ? वह केवल है, और उतना ही काफ़ी है। वह शुद्ध और परम अस्तित्व है, और क्रिया की उसे आवश्यकता नहीं।

तुम नियम से आबद्ध नहीं हो। वह तुम्हारी प्रकृति में है। मन प्रकृति में है और नियम से बँधा है। सारी प्रकृति नियम से बँधी है, अपनी ही क्रिया के नियम से; और यह नियम कभी भंग नहीं किया जा सकता। यदि तुम प्रकृति का नियम भंग कर सको, तो एक क्षण में सारी प्रकृति नष्ट हो जाय। फिर प्रकृति ही न रहे। जो मुक्ति पाता है, प्रकृति का नियम तोड़ता है। उसके लिए प्रकृति पीछे हट जाती है और प्रकृति की शक्ति उस पर नहीं रहती। प्रत्येक व्यक्ति नियम को भंग करेगा, केवल एक बार और सदा के लिए; और इस प्रकार उसका प्रकृति के साथ संघर्ष समाप्त हो जायगा।

सरकारें, समाज आदि सापेक्ष बुराइयाँ हैं। सभी समाज दोषयुक्त सिद्धान्तों पर आधारित हैं। ज्यों ही तुम अपने को एक संगठन में विन्यस्त करते हो, तुम उस संगठन के बाहर के हर व्यक्ति से घृणा करने लगते हो। किसी भी संगठन में सम्मिलित होने का अर्थ है, अपने आप पर बंधन लगाना, अपनी स्वतंत्रता को सीमित करना। सर्वोत्तम शुभ उच्चतम स्वतंत्रता है। हमारा उद्देश्य होना चाहिए, इस स्वतंत्रता की ओर व्यक्ति को बढ़ने की अनुमति देना। जितना अधिक शुभ होगा, उतने ही कम कृत्रिम नियम होंगे। ऐसे नियम नियम ही नहीं। यदि कोई नियम होता, तो वह तोड़ा नहीं जा सकता। सचाई यह है कि ये तथा-कथित नियम तोड़े जाते हैं। इससे यह स्पष्ट होता है कि ये नियम नहीं हैं। नियम वही है, जो तोड़ा न जा सके।

जब कभी तुम एक विचार का दमन करते हो, वह केवल दमन के द्वारा संचित सारी शक्ति के साथ अवसर मिलते ही क्षण भर में पुनः उछल आने के लिए ही कमानी की कुंडली की तरह दबकर दृष्टि से ओझल हो जाता है; और इस प्रकार से कुछ ही क्षणों में वह इतना सब कर डालता है, जिसे करने में वैसे उसे बड़ा समय लगता !

सुख के प्रत्येक तोले के साथ सेर भर दुःख भी आता है। वस्तुतः वही शक्ति है, जो एक समय सुख बनकर व्यक्त होती है, और दूसरे समय पर दुःख बनकर।

ज्यों ही संवेदनाओं की एक सरणि समाप्त हुई, त्यों ही दूसरी शुरू हो जाती है। परन्तु कुछ अधिक विकसित व्यक्तियों में, एक-दो नहीं, एक साथ सैकड़ों विभिन्न विचार एक ही समय सक्रिय रूप से काम कर सकते हैं।

मन अपने ही ढंग की प्रक्रिया है। मन की क्रिया का अर्थ है सर्जन। विचार के पीछे चलते हैं शब्द, और शब्द के पीछे रूप। मन आत्मा को प्रतिबिंबित कर सके, इसके लिए मानसिक और भौतिक दोनों ही प्रकार की सर्जना का समाप्त हो जाना अनिवार्य है।

सृष्टि-रचनावाद का सिद्धान्त

यह कल्पना कि प्रकृति के सारे व्यवस्थित विन्यासों में विश्व के स्रष्टा की कोई पूर्व-योजना (या परिकल्पना) दिखायी देती है, शिशुशाला के बच्चों को परमेश्वर के सौन्दर्य, शक्ति और महिमा को दिखाने के लिए अच्छा पाठ है, जिसके द्वारा वे धर्म के क्षेत्र में ईश्वर की दर्शनसम्मत धारणा तक क्रमशः बढ़ सकें। परन्तु इससे अधिक इसका कोई महत्त्व नहीं, और यह एकदम तर्कहीन जान पड़ती है। यदि ईश्वर को सर्वशक्तिमान माना जाय, तो दार्शनिक विचार के नाते इसकी कोई भित्ति या आधार नहीं।

यदि प्रकृति विश्व के निर्माण में परमेश्वर की शक्ति का प्रमाण है, तो इस कार्य में पूर्व-योजना मानना भी उस ईश्वर की कमज़ोरी सिद्ध करना है। यदि ईश्वर सर्वशक्तिमान है, तो उसे पूर्व-योजना की क्या आवश्यकता? कोई भी कार्य करने के लिए उसे रूपरेखा क्यों चाहिए? उसे तो सिर्फ़ इच्छा भर करनी है, और वह पूरी हो जा सकती है। कोई प्रश्न, कोई रूपरेखा, कोई योजना प्रकृति में ईश्वर की नहीं चाहिए।

यह भौतिक जगत् मनुष्य की सीमित चेतना का परिणाम है। जब मनुष्य अपने देवत्व को जान लेता है, तो सब जड़-द्रव्य, सब प्रकृति, जैसा कि हम उसे जानते हैं, समाप्त हो जाते हैं।

इस भौतिक जगत् का, जैसा कि हम उसे जानते हैं, सर्वसाक्षिन् की चेतना में कोई स्थान नहीं, किसी भी उद्देश्य की पूर्ति के लिए वह आवश्यक नहीं। यदि ऐसा कोई पूर्वोद्देश्य होता, तो परमेश्वर विश्व से सीमित हो जाता। यह कहना कि प्रकृति उसीकी अनुमति से अस्तित्ववान है, यह अर्थ नहीं रखता कि उस परमेश्वर के लिए मनुष्य को पूर्ण बनाने के लिए या अन्य किसी कारण से यह प्रकृति आवश्यक है।

यह सृष्टि मनुष्य की आवश्यकता के लिए है, ईश्वर की नहीं। इस विश्व की योजना में ईश्वर की कोई पूर्व-योजना नहीं। यदि वह सर्वशक्तिमान है, तो वह हो ही कैसे सकती है? कोई भी काम करने के लिए उसे कोई पूर्व-योजना, परिकल्पना, या कारण-विशेष की क्या आवश्यकता है? यह कहना कि ऐसी योजना है, उसे सीमित करना है और उसे अपने सर्वशक्तिमान स्वरूप से वंचित करना है।

उदाहरण के लिए, यदि तुम किसी बड़ी चौड़ी नदी के पास आओ, इतनी चौड़ी कि बिना पुल बनाये तुम उसे पार ही न कर सको, तो यह तथ्य कि तुमको पुल बनाना पड़ेगा और उसके बिना तुम नदी के पार नहीं जा सकते, तुम्हारी सीमा, तुम्हारी कमज़ोरी दिखायेगा, यद्यपि पुल बनाने की योग्यता तुम्हारी शक्ति भी व्यक्त करेगी। यदि तुम सीमित न होते या सहज उड़ सकते या उस पार कूद सकते, तो तुमको पुल बनाने की ज़रूरत नहीं होती; और सिर्फ़ अपनी शक्ति दिखाने के लिए पुल बनाना भी पुनः एक प्रकार की कमज़ोरी होती, चूंकि उससे और कोई गुण नहीं, केवल तुम्हारा अहंकार प्रकट होता।

अद्वैत और द्वैत मूलतः एक ही हैं। अन्तर केवल अभिव्यंजना का है। जैसे द्वैतवादी परम पिता और परम पुत्र को दो मानते हैं; अद्वैतवादी दोनों को एक ही समझते हैं। द्वैत प्रकृति में, रूप में है और अद्वैत शुद्ध अध्यात्म उसके साररूप में है।

त्याग और वैराग्य का भाव सभी धर्मों में है और वह परमेश्वर तक पहुँचने का एक साधन माना गया है।

तुलनात्मक धर्म-विज्ञान

(जनवरी २१, १८९४ ई० का मेम्फ़िस में दिया हुआ व्याख्यान : 'अपील-एवलांश' की रिपोर्ट के आधार पर)

तरुण यहूदी संघ के (यंग मैन्स हिब्रू एसोसिएशन) हॉल में स्वामी विवेकानन्द ने कल रात 'तुलनात्मक धर्म-विज्ञान' पर एक भाषण दिया। यह व्याख्यानमाला का सर्वोत्कृष्ट भाषण था और निस्सन्देह उससे नगर के लोगों में इस विद्वान् के प्रति व्यापक प्रशंसा-भाव जाग्रत हुआ।

अब तक विवेकानन्द किसी न किसी दानार्थी विषय (या संस्था) के निमित्त व्याख्यान देते रहे हैं और यह निश्चित रूप से कहा जा सकता है कि उनके द्वारा उनको आर्थिक सहायता प्राप्त हुई है। लेकिन कल रात, उन्होंने अपने ही निमित्त भाषण दिया। यह भाषण विवेकानन्द के श्री हू ल० ब्रिकले नामक एक घनिष्ठ मित्र और बहुत अच्छे प्रशंसक ने आयोजित किया था और उन्होंने ही सारा खर्च वहन किया। इस सुविख्यात पूर्वी व्यक्ति को सुनने, इस नगर में अन्तिम बार दो सौ के क़रीब लोग कल रात उस हॉल में आये थे।

अपने व्याख्यान के विषय के सम्बन्ध में पहला प्रश्न जो वक्ता ने प्रतिस्थापित किया, वह था : 'जैसा विभिन्न मतवादों की मान्यता है, धर्मों में क्या वैसा कोई अन्तर है ?'

उन्होंने कहा कि अब कोई अन्तर नहीं हैं, और वे सब धर्मों द्वारा की हुई प्रगति का सिंहावलोकन करके उनकी प्रस्तुत स्थिति पर पुनः आ गये। उन्होंने दिखाया कि परमेश्वर की कल्पना के विषय में आदिवासी मनुष्य में भी ऐसा मत-भेद अवश्य रहा होगा। परन्तु ज्यों ज्यों संसार की नैतिक और बौद्धिक प्रगति क्रमशः होती गयी, भेद अधिकाधिक अस्पष्ट होते गये। यहाँ तक कि अन्त में वह पूरी तरह मिट गये, और अब एक ही सर्वव्यापी सिद्धान्त बच रहा—और वह है परम अस्तित्व का।

वक्ता ने कहा, "कोई जंगली आदमी भी ऐसा नहीं मिलता, जो किसी न किसी प्रकार के ईश्वर में विश्वास न करता हो।"

"आधुनिक विज्ञान यह नहीं कहता कि वह इसे ज्ञान का प्रकटन मानता है या नहीं। वन्य जातियों में प्रेम अधिक नहीं होता। वे त्रास में रहते हैं। उनकी

अन्धविश्वासभरी कल्पना में कोई ऐसी आसुरी शक्ति या दुष्टात्मा का चित्र रहता है, जिसके सामने वे डर और आतंक से काँपते रहते हैं। जो चीज़ उस आदिवासी को प्रिय है, वही उस दुष्ट शक्ति को भी प्रसन्न करेगी, ऐसा वह मानता है। जो कुछ उसे तृप्त करता है, वही उस आत्मा के कोप को भी शान्त करता होगा। इसी उद्देश्य से वह अपने साथी वनवासी के विरुद्ध भी काम करता है।"

इसके बाद वक्ता ने ऐतिहासिक तथ्यों को प्रस्तुत कर यह बताया कि यह वनवासी अपने पितरों की पूजा के बाद हाथी की पूजा करने लगा और बाद में झंझा-तूफ़ान और गर्जन के देवता पूजने लगा। तब संसार का धर्म बहुदेवतावाद था। "सूर्योदय का सौन्दर्य, सूर्यास्त की गरिमा, तारों से जड़ी रात के रहस्यमय रूप और घननाद और विद्युत् की विचित्रता ने इस आदिम मनुष्य को इतना अधिक प्रभावित किया कि वह उसे समझ नहीं सका, और उसने एक अन्य उच्चतर और शक्तिमान व्यक्ति की कल्पना की, जो उसकी आँखों के सामने एकत्र होनेवाली अनन्तताओं को संचालित करता है," विवेकानन्द ने कहा।

बाद में एक और युग आया—एकेश्वरवाद का युग। सभी देवता मानो एक में समाकर खो गये और उसे ईश्वरों का ईश्वर, इस विश्व का स्वामी माना गया। बाद में वक्ता ने इस काल तक आर्य जाति का इतिहास बताया, जहाँ उन्होंने कहा था : "हम परमेश्वर में जीते और चलते हैं। वही गति है।" इसके बाद एक और युग आया, जिसे दर्शन शास्त्र में 'सर्वेश्वरवाद का युग' कहा जाता है। इस जाति ने बहुदेवतावाद और एकेश्वरवाद को नहीं माना, और इस कल्पना को भी नहीं माना कि ईश्वर ही विश्व है, और कहा कि 'मेरी आत्मा की आत्मा ही वास्तविक सत् है। मेरी प्रकृति ही मेरा अस्तित्व है और वह मुझ पर अभिव्यक्त होगी।"

विवेकानन्द ने बाद में बौद्ध-धर्म की चर्चा की। उन्होंने कहा कि बौद्ध न तो ईश्वर के अस्तित्व को स्वीकार ही करते हैं, न अस्वीकार। इस विषय में जब बुद्ध से राय माँगी गयी, तो उन्होंने केवल यही कहा : "तुम दुःख देखते हो। तो उसे कम करने का यत्न करो।" बौद्ध के लिए दुःख सदा उपस्थित है, और समाज उसके अस्तित्व की मर्यादा निश्चित करता है। वक्ता ने कहा कि मुसलमान यहूदियों के प्राचीन व्यवस्थान और ईसाइयों के नव व्यवस्थान को मानते हैं। वे ईसाइयों को पसंद नहीं करते, क्योंकि वे नास्तिक हैं, और व्यक्ति-पूजा की शिक्षा देते हैं। मुहम्मद सदा अपने अनुयायियों से कहते थे कि मेरी एक तस्वीर भी अपने पास न रखो।

"दूसरा प्रश्न जो उठता है," उन्होंने कहा, "ये सब धर्म सच हैं, या कुछ धर्म सच हैं, कुछ झूठे हैं? पर सब धर्म एक ही निष्कर्ष पर पहुँचे हैं कि अस्तित्व निरुपाधिक या परम और अनंत है। एकता धर्म का उद्देश्य है। इस दृश्य जगत् का नानात्व जो सब ओर दिखायी देता है, इसी एकता की अनन्त विविधता है। धर्म के विश्लेषण से पता चलता है कि मनुष्य मिथ्या से सत्य की ओर नहीं जाता, परन्तु निम्नतर सत्य से उच्चतर सत्य की ओर जाता है।

"एक आदमी बहुत से आदमियों के पास एक कोट लेकर आता है। कुछ कहते हैं कि यह कोट उनके नहीं आता। अच्छा तुम चले जाओ; तुम कोट नहीं पहन सकते। किसी भी ईसाई पादरी से पूछो कि उसके सिद्धान्त और मतों से न मिलने-जुलनेवाले अन्य पन्थों को क्या हो गया है कि वे तुम्हारे सिद्धान्त और मतों के विरुद्ध हैं, तो वह उत्तर देगा: "ओह, वे ईसाई नहीं हैं।" परन्तु हमारे यहाँ इससे श्रेष्ठ शिक्षा दी जाती है। हमारा अपना स्वभाव, प्रेम और विज्ञान—हमें अधिक श्रेष्ठ शिक्षा देते हैं। नदी में उठनेवाली लहरियों को हटा दो, पानी रुककर सड़ने लगेगा। मतभेदों को नष्ट कर डालो और विचार मर जायँगे। गति आवश्यक है। विचार मन की गति है, और जब वे रुक जाते हैं, तो मृत्यु शुरू हो जाती है।

"यदि किसी पानी के गिलास की तली में हवा का एक साधारण कण भी रख दो, तो वह ऊपर के अनन्त वातावरण से मिलने के लिए कितना संघर्ष करता है। आत्मा की भी वही दशा है। वह भी छटपटा रही है अपना शुद्धस्वरूप प्राप्त करने के लिए और अपने भौतिक शरीर से मुक्त होने के लिए। वह अपना अनन्त विस्तार पुनः प्राप्त करना चाहती है। सब जगह यही होता है। ईसाइयों, बौद्धों, मुसलमानों, अज्ञेयवादियों या पुरोहितों में आत्मा निरंतर छटपटाती रहती है। एक नदी पर्वत के चक्रिल उत्संगों से होकर हज़ारों मील बहती है, तब जाकर समुद्र को मिलती है और एक आदमी वहाँ खड़ा होकर कहता है कि 'ओ नदी, तुम वापस जाओ और नये सिरे से शुरू करो, कोई और अधिक सीधा रास्ता अपनाओ!" ऐसा आदमी मूर्ख है। तुम वह नदी हो, जो ज़ायन (zion) की ऊँचाइयों से बहती आ रही है। मैं हिमालय की ऊँची चोटियों से बहता आ रहा हूँ। मैं तुमसे नहीं कहता, वापस जाओ और मेरी ही तरह नीचे आओ। तुम ग़लत हो। पर यह ग़लत से अधिक मूर्खता होगी। अपने विश्वासों से चिपटे रहो। सत्य कभी नहीं नष्ट होता, पुस्तकें चाहे नष्ट हो जायँ, राष्ट्र चकनाचूर हो जायँ, लेकिन सत्य सुरक्षित रहता है, जिसे कुछ लोग पुनः उठाते हैं और समाज को देते हैं, और वह परमेश्वर का महान् अविच्छिन्न साक्षात्कार सिद्ध होता है।

धार्मिक एकता-सम्मेलन

(२४ सितम्बर, १८९३ ई० के 'शिकागो संडे हेराल्ड' में प्रकाशित एक भाषण की रिपोर्ट)

स्वामी विवेकानन्द ने कहा, "इस सभा में जो कुछ कहा गया है, उस सबका सामान्य निष्कर्ष यह है कि मानवीय बंधुता सबसे अधिक अभीष्ट लक्ष्य है। एक ही ईश्वर की संतान होने के नाते यह बंधुता एक स्वाभाविक स्थिति है। इसके सम्बन्ध में बहुत कुछ कहा जा चुका है। अब, कुछ ऐसे भी सम्प्रदाय हैं, जो ईश्वर के अस्तित्व को—सगुण परमात्मा को—स्वीकार नहीं करते। यदि हम उन सम्प्रदायों की अवहेलना नहीं करना चाहते। उस दशा में हमारी बंधुता सार्वभौम न होगी। तो हमें अपने मंच को इतना विशाल बनाना होगा कि समस्त मानवता उसके अन्तर्गत समा सके। यहाँ कहा गया है कि हमें अपने भाइयों के साथ अच्छा व्यवहार करना चाहिए, क्योंकि प्रत्येक बुरे अथवा अधम कार्य की प्रतिक्रिया उसके कर्ता पर होती है। इसमें मुझे बनियागीरी की गंध मिलती है—पहले हम, बाद में हमारे भाई। मेरा विचार है कि चाहे हम ईश्वर के सार्वभौम पिता-भाव में विश्वास करें या न करें, हमें अपने बन्धुओं से प्रेम करना चाहिए, क्योंकि प्रत्येक धर्म और मत मानव को दिव्य मानता है और तुम्हें इसलिए उसे न सताना चाहिए कि तुम कहीं उसके भीतर के दिव्यत्व को चोट न पहुँचाओ।

कक्षालाप के संक्षिप्त विवरण

संगीत पर

ध्रुपद और खयाल आदि में एक विज्ञान है। किन्तु कीर्तन अर्थात् माथुर और विरह तथा ऐसी अन्य रचनाओं में ही सच्चा संगीत है—क्योंकि वहाँ भाव है। भाव ही आत्मा है, प्रत्येक वस्तु का रहस्य है। सामान्य लोगों के गीतों में कहीं अधिक संगीत है और उनका संग्रह होना अपेक्षित है। यदि ध्रुपद आदि के विज्ञान का कीर्तन के संगीत में प्रयोग किया जाय, तो इससे पूर्ण संगीत की निष्पत्ति होगी।

आहार पर

तुम दूसरों को मनुष्य बनने का उपदेश देते हो, पर उन्हें अच्छा भोजन नहीं दे सकते। मैं पिछले चार वर्षों से इस समस्या पर विचार कर रहा हूँ। क्या गेहूँ से पिटे हुए चावल (चिउड़ा) जैसी कोई चीज़ बनायी जा सकती है? मैं इस पर प्रयोग करना चाहता हूँ। तब हम प्रतिदिन एक भिन्न प्रकार का भोजन प्राप्त कर सकते हैं। पीने के जल के सम्बन्ध में मैंने एक छन्नी की खोज की जो हमारे देश के उपयुक्त हो सके। मुझे एक कड़ाही जैसा चीनी मिट्टी का बरतन मिला, जिससे पानी निकाला गया और सभी कीटाणु चीनी मिट्टी की कड़ाही में रह गये। किन्तु क्रमशः छन्नी स्वयं सभी प्रकार के कीटाणुओं का जमघट बन जायगी। सभी प्रकार की छन्नियों में यह खतरा रहता है। निरन्तर खोज करने के बाद एक उपाय विदित हुआ, जिससे पानी का अभिस्रावण किया गया और उसमें आक्सीजन लायी गयी। इसके बाद जल इतना शुद्ध हो गया कि इसके प्रयोग के फलस्वरूप स्वास्थ्य में सुधार सुनिश्चित है।

ईसा का पुनरागमन कब होगा ?

मैं ऐसी बातों पर विशेष ध्यान नहीं देता। मुझे तो सिद्धान्तों का विवेचन करना है। मुझे तो केवल इसी बात की शिक्षा देनी है कि ईश्वर बार बार आता है, वह भारत में कृष्ण राम और बुद्ध के रूप में आया और वह पुनः आयेगा।

यह प्रायः दिखाया जा सकता है कि प्रत्येक पाँच सौ वर्ष के पश्चात् दुनिया नीचे जाती है और एक महान् आध्यात्मिक लहर आती है और उस लहर के शिखर पर एक ईसा होता है।

समस्त संसार में एक बड़ा परिवर्तन होनेवाला है और यह एक चक्र है। लोग अनुभव करते हैं कि जीवन पकड़ से बाहर होता जा रहा है। वे किधर जायँगे? नीचे या ऊपर? निस्सन्देह, ऊपर। नीचे कैसे? खाई में कूद पड़ो। उसे अपने शरीर से, जीवन से पाट दो। जब तक तुम जीवित हो, दुनिया को नीचे क्यों जाने दो?

मनुष्य और ईसा में अन्तर

अभिव्यक्त प्राणियों में बहुत अन्तर होता है। अभिव्यक्त प्राणी के रूप में तुम ईसा कभी नहीं हो सकते। मिट्टी से एक मिट्टी का हाथी बना लो, उसी मिट्टी से एक मिट्टी का चूहा बना लो। उन्हें पानी में डाल दो—वे एक बन जाते हैं। मिट्टी के रूप में वे निरन्तर एक हैं, गढ़ी हुई वस्तुओं के रूप में वे निरन्तर भिन्न हैं। ब्रह्म ईश्वर तथा मनुष्य दोनों का उपादान है। पूर्ण सर्वव्यापी सत्ता के रूप में हम सब एक हैं, परन्तु वैयक्तिक प्राणियों के रूप में ईश्वर अनन्त स्वामी है और हम शाश्वत सेवक हैं।

तुम्हारे पास तीन चीजे हैं: (१) शरीर (२) मन (३) आत्मा। आत्मा इंद्रियातीत है। मन जन्म और मृत्यु का पात्र है और वही दशा शरीर की है। तुम वही आत्मा हो, पर बहुधा तुम सोचते हो कि तुम शरीर हो। जब मनुष्य कहता है, "मैं यहाँ हूँ", वह शरीर की बात सोचता है। फिर एक दूसरा क्षण आता है, जब तुम उच्चतम भूमिका में होते हो, तब तुम यह नहीं कहते, "मैं यहाँ हूँ।" किन्तु जब तुम्हें कोई गाली देता है अथवा शाप देता है और तुम रोष प्रकट नहीं करते, तब तुम आत्मा हो। "जब मैं सोचता हूँ कि मैं मन हूं, मैं उस अनन्त अग्नि की एक स्फुलिंग हूँ, जो तुम हो। जब मैं यह अनुभव करता हूँ कि मैं आत्मा हूँ, तुम और मैं एक हूँ"—यह एक प्रभु के भक्त का कथन है। क्या मन आत्मा से बढ़कर है?

ईश्वर तर्क नहीं करता, यदि तुम्हें ज्ञान हो, तो तर्क ही क्यों करो? यह एक दुर्बलता का चिह्न है कि हम कुछ तथ्यों को प्राप्त करने के लिए कीड़ों की भाँति रेंगते हैं, सिद्धान्तों की स्थापना करते हैं, और अंत में सारी रचना ढह जाती है। आत्मा मन और प्रत्येक वस्तु में प्रतिबिम्बित होती है। आत्मा का प्रकाश ही मन को संवेदनशील बनाता है। प्रत्येक वस्तु आत्मा की अभिव्यक्ति है, मन असंख्य दर्पण हैं। जिसे तुम प्रेम, भय, घृणा, पाप और पुण्य कहते हो, वे सब आत्मा के

प्रतिबिम्ब हैं, केवल जब प्रतिबिम्ब प्रदान करनेवाला बुरा है, तब प्रतिबिम्ब भी बुरा होगा।

क्या ईसा और बुद्ध एक हैं ?

यह मेरी अपनी कल्पना है कि वही बुद्ध ईसा हुए। बुद्ध ने भविष्यवाणी की थी, "मैं पाँच सौ वर्षों में पुनः आऊँगा और पाँच सौ वर्षों बाद ईसा आये। समस्त मानव प्रकृति की यह दो ज्योतियाँ हैं। दो मनुष्य हुए हैं—बुद्ध और ईसा। यह दो विराट् थे, महान् दिग्गज व्यक्तित्व, दो ईश्वर। समस्त संसार को वे आपस में बाँटे हुए हैं। संसार में जहाँ कहीं किंचित् भी ज्ञान है, लोग या तो बुद्ध अथवा ईसा के सामने सिर झुकाते हैं। उनके सदृश और अधिक व्यक्तियों का उत्पन्न होना कठिन है, पर मुझे आशा है कि वे आयेंगे। पाँच सौ वर्ष बाद मुहम्मद आये पाँच सौ वर्ष बाद प्रोटेस्टेण्ट लहर लेकर लूथर आये और अब पाँच सौ वर्ष फिर हो गये। कुछ हज़ार वर्षों में ईसा और बुद्ध जैसे व्यक्तियों का जन्म लेना एक बड़ी बात है। क्या ऐसे दो पर्याप्त नहीं हैं ? ईसा और बुद्ध ईश्वर थे, दूसरे सब पैग़म्बर थे। इन दोनों के जीवन का अध्ययन करो और उनमें प्रकट शान्ति की अभिव्यक्ति को देखो—शान्त और अविरोधी, अकिंचन एवं निःस्व भिक्षु, जेब में एक पाई भी न रखनेवाले, आजीवन तिरस्कृत, नास्तिक और मूर्ख कहे जानेवाले—और सोचो, मानव जाति पर उन्होंने कितना महान् आध्यात्मिक प्रभाव डाला है।

पाप से मोक्ष

अज्ञान से मुक्त होकर ही हम पाप से मुक्त हो सकते हैं। अज्ञान उसका कारण है, जिसका फल पाप है।

दिव्य माता के पास प्रत्यागमन

जब धाय बच्चे को बगीचे में ले जाती है और उसे खिलाती है, माँ उसे भीतर आने के लिए कहला सकती है। बच्चा खेल में मग्न है और कहता है, "मैं नहीं आऊँगा, खाने की मेरी इच्छा नहीं है।" थोड़ी ही देर में बच्चा अपने खेल से थक जाता है और कहता है, "मैं माँ के पास जाऊँगा।" धाय कहती है, "यह लो नयी गुड़िया।" पर बच्चा कहता है, "अब मुझे गुड़ियों की तनिक भी इच्छा नहीं है। मैं माँ के पास जाऊँगा।" जब तक वह चला नहीं जाता, रोता रहता है। हम सभी बच्चे हैं। ईश्वर माँ है। हम लोग धन, सम्पत्ति और इन सभी चीज़ों की खोज में डूबे हुए हैं; किन्तु एक समय ऐसा आयेगा, जब हम जाग उठेंगे; और

जब यह प्रकृति हमें और खिलौने देने का प्रयत्न करेगी तब हम कहेंगे, "नहीं, मैंने बहुत पाया, अब मैं ईश्वर के पास जाऊँगा।"

ईश्वर से भिन्न व्यक्तित्व नहीं

यदि हम ईश्वर से अभिन्न हैं और सदैव एक हैं, तो क्या हमारा कोई व्यक्तित्व नहीं है? हाँ, है; वह ईश्वर है। हमारा व्यक्तित्व परमात्मा है। तुम्हारा यह इस समय का व्यक्तित्व वास्तविक व्यक्तित्व नहीं है। तुम सच्चे व्यक्तित्व की ओर अग्रसर हो रहे हो। व्यक्तित्व का अर्थ है अविभाज्यता। जिस दशा में हम हैं, उस दशा को तुम व्यक्तित्व (अविभाज्यता) कैसे कह सकते हो? एक घंटे भर तुम एक ढंग से सोचते हो, दूसरे घंटे में दूसरे ढंग से और दो घंटे पश्चात् अन्य ढंग से। व्यक्तित्व तो वह है, जो बदलता नहीं है। यदि वर्तमान दशा शाश्वत काल तक बनी रहे, तो यह बड़ी भयावह स्थिति होगी। तब तो चोर सदैव चोर ही बना रहेगा और नीच नीच ही। यदि शिशु मरेगा, तो वह शिशु ही बना रहेगा। वास्तविक व्यक्तित्व तो वह है, जो कभी परिवर्तित नहीं होता है और न कभी परिवर्तित होगा ही और वह हमारे अन्तर में निवास करनेवाला ईश्वर है।

भाषा

भाषा का रहस्य है सरलता। भाषा सम्बन्धी मेरा आदर्श मेरे गुरुदेव की भाषा है, जो थी तो निन्तात बोल-चाल की भाषा, साथ ही महत्तम अभिव्यंजक भी। भाषा को अभीष्ट विचार को संप्रेषित करने में समर्थ होना चाहिए।

बंगला भाषा को इतने थोड़े समय में पूर्णता पर पहुँचा देने का प्रयास उसे शुष्क और लोचहीन बना देगा। वास्तव में इसमें क्रियापदों का अभाव सा है। माइकेल मधुसूदन दत्त ने अपनी कविता में इस दोष को दूर करने का प्रयत्न किया है। बंगाल के सबसे बड़े कवि कवि कंकण थे। संस्कृत में सर्वोत्कृष्ट गद्य पतंजलि का महाभाष्य है। उसकी भाषा जीवनप्रद है। हितोपदेश की भाषा भी बुरी नहीं, पर कादम्बरी की भाषा ह्रास का उदाहरण है।

बंगला भाषा का आदर्श संस्कृत न होकर पाली भाषा होना चाहिए, क्योंकि पाली बंगला से बहुत कुछ मिलती-जुलती है। पर बंगला में पारिभाषिक शब्दों को बताने अथवा उनका अनुवाद करने में संस्कृत शब्दों का व्यवहार उचित है। नये शब्दों के गढ़ने का भी प्रयत्न होना चाहिए। इसके लिए, यदि संस्कृत के कोष से पारिभाषिक शब्दों का संग्रह किया जाय, तो उससे बंगला भाषा के निर्माण में बड़ी सहायता मिलेगी।

कला (१)

यूनानी कला का रहस्य है प्रकृति के सूक्ष्मतम ब्योरों तक का अनुकरण करना, पर भारतीय कला का रहस्य है आदर्श की अभिव्यक्ति करना। यूनानी चित्रकार की समस्त शक्ति कदाचित् मांस के एक टुकड़े को चित्रित करने में ही व्यय हो जाती है, और वह उसमें इतना सफल होता है कि यदि कुत्ता उसे देख ले, तो उसे सचमुच का मांस समझकर खाने दौड़ आये। किंतु, इस प्रकार प्रकृति के अनुकरण में क्या गौरव है? कुत्ते के सामने यथार्थ मांस का एक टुकड़ा ही क्यों न डाल दिया जाय?

दूसरी ओर, आदर्श को—अतीन्द्रिय अवस्था को—अभिव्यक्त करने की भारतीय प्रवृत्ति भद्दे और कुरूप बिम्बों के चित्रण में विकृत हो गयी है। वास्तविक कला की उपमा लिली से दी जा सकती है, जो कि पृथ्वी से उत्पन्न होती है, उसीसे अपना खाद्य पदार्थ ग्रहण करती है, उसके संस्पर्श में रहती है, किन्तु फिर भी उससे ऊपर ही उठी रहती है। इसी प्रकार कला का भी प्रकृति से सम्पर्क होना चाहिए—क्योंकि यह सम्पर्क न रहने पर कला का अधःपतन हो जाता है—पर साथ ही कला का प्रकृति से ऊँचा उठा रहना भी आवश्यक है।

कला सौन्दर्य की अभिव्यक्ति है। प्रत्येक वस्तु कलापूर्ण होनी चाहिए।

वास्तु और साधारण इमारत में अन्तर यह है कि प्रथम एक भाव व्यक्त करता है, जब कि दूसरी आर्थिक सिद्धांतों पर निर्मित एक इमारत मात्र है। जड़ पदार्थ का महत्त्व भावों को व्यक्त कर सकने की उसकी क्षमता पर ही निर्भर है।

हमारे भगवान् श्री रामकृष्ण देव में कला-शक्ति का बड़ा उच्च विकास हुआ था, और वे कहा करते थे कि बिना इस शक्ति के कोई भी व्यक्ति यथार्थ आध्यात्मिक नहीं हो सकता।

कला (२)

कला में ध्यान प्रधान वस्तु पर केन्द्रित होना चाहिए। नाटक सब कलाओं में कठिनतम है। उसमें दो चीज़ों को सन्तुष्ट करना पड़ता है—पहले, कान; दूसरे, आँखें। दृश्य का चित्रण करने में, यदि एक ही चीज़ का अंकन हो जाय, तो काफ़ी है; परन्तु अनेक विषयों का चित्रांकन करके भी केन्द्रीय रस अक्षुण्ण रख पाना बहुत कठिन है। दूसरी मुश्किल चीज़ है मंच-व्यवस्था; यानी विविध वस्तुओं को इस तरह विन्यस्त करना कि केन्द्रीय रस अक्षुण्ण बना रहे।

रचनानुवाद : गद्य – ४

प्राच्य और पाश्चात्य

वर्तमान भारत का बाहरी चित्र

सलिल-विपुला उच्छ्वासमयी नदियाँ, नदी-तट पर नन्दन वन को लजानेवाले उपवन, उनके मध्य में अपूर्व कारीगरी युक्त रत्नखचित गगनस्पर्शी संगमर्मर के प्रासाद; और उनके पास ही सामने तथा पीछे गिरी हुई टूटी-फूटी झोपड़ियों का समूह; इतस्ततः जीर्णदेह छिन्नवस्त्र युगयुगान्तरीण नैराश्य-व्यंजक वदनवाले नर-नारी तथा बालक-बालिकाएँ; कहीं कहीं उसी प्रकार की कृश गायें, भैंसे और बैल, चारों ओर कूड़े का ढेर—यही है हमारा वर्तमान भारत!

अट्टालिकाओं से सटी हुई जीर्ण कुटियाँ, देवालयों के अहाते में कूड़े का ढेर, रेशमी वस्त्र पहने हुए धनियों के बग़ल में कौपीनधारी, प्रचुर अन्न से तृप्त व्यक्तियों के चारों ओर क्षुधाक्लान्त ज्योतिहीन चक्षुवाले कातर दृष्टि लगाये हुए लोग—यही है हमारी जन्मभूमि!

पाश्चात्य की दृष्टि में प्राच्य

हैज़े का भीषण आक्रमण, महामारी का उत्पात, मलेरिया का अस्थिमज्जा-चर्वण, अनशन, अधिक से अधिक आधा पेट भोजन, बीच बीच में महाकालस्वरूप दुर्भिक्ष का महोत्सव, रोगशोक का कुरुक्षेत्र, आशा-उद्यम-आनन्द एव उत्साह के कंकाल से परिप्लुत महाश्मशान और उसके मध्य में ध्यानमग्न मोक्षपरायण योगी—यूरोपीय पर्यटक यही देखते हैं।

तीस कोटि मानवाकार जीव—बहु शताब्दियों से स्वजाति-विजाति, स्वधर्मी-विधर्मी के दबाव से निपीड़ितप्राण, दाससुलभ परिश्रमसहिष्णु, दासवत् उद्यमहीन, आशाहीन, अतीतहीन, भविष्यत्विहीन, वर्तमान में किसी तरह केवल 'जीवित' रहने के इच्छुक, दासोचित ईर्ष्यापरायण, स्वजनोन्नति-असहिष्णु, हताशवत् श्रद्धाहीन, विश्वासहीन, शृगालवत् नीच-प्रतारणा-कुशल, स्वार्थपरता से परिपूर्ण, बलवानों के पद चूमनेवाले, अपने से दुर्बल के लिए यमस्वरूप, बलहीनों तथा आशाहीनों के समस्त क्षुद्र भीषण कुसंस्कारों से पूर्ण, नैतिक मेरुदण्डहीन, सड़े मांस

में बिलबिलानेवाले कीड़ों की तरह भारतीय शरीर में परिव्याप्त—अंग्रेज़ी सरकारी कर्मचारियों की दृष्टि में हमारा यही चित्र है।

प्राच्य की दृष्टि में पाश्चात्य

नवीन बल से मदोन्मत्त हिताहितबोधहीन, हिंस्रपशुवत् भयानक, स्त्रीजित, कामोन्मत्त, आपादमस्तक सुरासिक्त, आचारहीन, शौचहीन, जड़वादी, जड़सहाय, छल-बल और कौशल से परदेश-परधनापहरणपरायण, परलोक में विश्वासहीन, देहात्मवादी, देहपोषण मात्र ही है जिसका जीवन—भारतवासियों की दृष्टि में यही है पाश्चात्य असुर।

यह तो हुई दोनों पक्ष के बुद्धिहीन बाह्य दृष्टिवाले लोगों की बात। यूरोप-निवासी शीतल साफ़-सुथरी अट्टालिकाओंवाले नगरों में वास करते हैं, हमारे 'नेटिव' मुहल्लों की अपने देश के साफ़-सुथरे मुहल्लों से तुलना करते हैं। भारतवासियों का जो संसर्ग उन्हें होता है, वह केवल एक दल के लोगों का—जो शहर में नौकरी करते हैं। और दुःख-दारिद्रच तो सचमुच भारत जैसा पृथ्वी पर और कहीं नहीं है। मैला, कूड़ा-कर्कट तो चारों ओर पड़ा ही रहता है। यूरोपियनों के मन में, इस मैल, इस दासवृत्ति, इस नीचता के बीच कुछ अच्छे तत्त्व भी हो सकते हैं, ऐसा विश्वास नहीं होता। हम देखते हैं वे शौच नहीं करते, आचमन नहीं करते, कुछ भी खा लेते हैं, कुछ भी विचार नहीं करते, शराब पीकर औरतों को बग़ल में लेकर नाचते हैं—हे भगवन्, इस जाति में भी क्या कुछ सद्गुण हो सकता है!

दोनों दृष्टियाँ बाह्य दृष्टियाँ हैं, भीतर की बात वे समझ ही नहीं सकतीं। हम विदेशियों को अपने समाज में मिलने नहीं देते; उन्हें म्लेच्छ कहते हैं। वे भी देशी दास (नेटिव स्लेव) कहकर हमसे घृणा करते हैं।

प्रत्येक जाति के विभिन्न जीवनोद्देश्य

इन दोनों दृष्टियों में कुछ सत्य अवश्य है, किन्तु दोनों ही दल भीतर की असली बात नहीं देखते।

प्रत्येक मनुष्य में एक भाव विद्यमान रहता है; बाह्य मनुष्य उसी भाव का प्रकाश मात्र अर्थात् भाषा मात्र रहता है। इसी प्रकार प्रत्येक जाति में एक जातीय भाव है। यह भाव जगत् के लिए कार्य करता है; यह संसार की स्थिति के लिए आवश्यक है। जिस दिन इसकी आवश्यकता नहीं रहेगी, उसी दिन उस जाति अथवा व्यक्ति का नाश हो जायगा। इतने दुःख-दारिद्रच में भी बाहर का उत्पात

सहकर हम भारतवासी बचे हैं, इसका अर्थ यही है कि हमारा एक जातीय भाव है, जो इस समय भी जगत् के लिए आवश्यक है। यूरोपियनों में भी उसी प्रकार एक जातीय भाव है, जिसके न होने से संसार का काम नहीं चलेगा। इसीलिए वे आज इतने प्रबल हैं। बिल्कुल शक्तिहीन हो जाने से क्या मनुष्य बच सकता है? जाति तो व्यक्तियों की केवल समष्टि है। एकदम शक्तिहीन अथवा निष्कर्म होने से क्या जाति बची रहेगी? हज़ारों वर्ष के नाना प्रकार की विपत्तियों से जाति क्यों नहीं मरी? यदि हमारी रीति-नीति इतनी खराब होती, तो हम लोग इतने दिनों में नष्ट क्यों नहीं हो गये? विदेशी विजेताओं की चेष्टाओं में क्या क़सर रही है? तब भी सारे हिन्दू मरकर नष्ट क्यों नहीं हो गये? अन्यान्य असभ्य देशों में भी तो ऐसा ही हुआ है। भारतीय प्रदेश ऐसे मानव जनविहीन क्यों नहीं हो गये कि विदेशी उसी समय यहाँ आकर खेती-बारी करने लगते, जैसा कि आस्ट्रेलिया, अमेरिका तथा अफ़्रीका आदि में हुआ तथा हो रहा है? तब हे विदेशी, तुम अपने को जितना बलवान समझते हो, वह केवल कल्पना ही है; भारत में भी बल है, सार है, इसे पहले समझ लो। और यह भी समझो कि अब भी हमारे पास जगत् के सभ्यता-भण्डार में जोड़ने के लिए कुछ है, इसीलिए हम बचे हैं। इसे तुम लोग भी अच्छी तरह समझ लो, जो भीतर-बाहर से साहब बने बैठे हो तथा यह कहकर चिल्लाते घूमते हो: 'हम लोग नरपशु हैं, हे यूरोपवासी, तुम्हीं हमारा उद्धार करो।' और यह कहकर धूम मचाते हो कि ईसा मसीह आकर भारत में बैठे हैं। अजी, यहाँ ईसा मसीह भी नहीं आये, जिहोवा भी नहीं आये और न आयेंगे ही। वे इस समय अपना घर सँभाल रहे हैं, हमारे देश में आने का उन्हें अवसर नहीं है। इस देश में वही बूढ़े शिव जी बैठे हैं, यहाँ कालीमाई बलि खाती हैं और बंसीधारी बंसी बजाते हैं। यह बूढ़े शिव साँड़ पर सवार होकर भारत से एक ओर सुमात्रा, बोर्नियो, सेलिबिस, आस्ट्रेलिया, अमेरिका के किनारे तक डमरू बजाते हुए एक समय घूमे थे; दूसरी ओर तिब्बत, चीन, जापान, साइबेरिया पर्यन्त बूढ़े शिव ने अपने बैल को चराया था और अब भी चराते हैं। यह वही महाकाली हैं, जिनकी पूजा चीन-जापान में भी होती है, जिसे ईसा की माँ 'मेरी' समझकर ईसाई भी पूजा करते हैं। यह जो हिमालय पहाड़ है, उसके उत्तर में कैलास है, वहाँ बूढ़े शिव का प्रधान अड्डा है। उस कैलास को दस सिर और बीस हाथवाला रावण भी नहीं हिला सका, फिर उसे हिलाना क्या पादरी-सादरी का काम है? वे बूढ़े शिव डमरू बजायेंगे, महाकाली बलि खायेंगी और श्री कृष्ण बंसी बजायेंगे—यही इस देश में हमेशा होगा! यदि तुम्हें अच्छा नहीं लगता, तो हट जाओ। तुम दो-चार लोगों के लिए क्या सारे देश को अपना हाड़ जलाना होगा? इतनी बड़ी दुनिया तो पड़ी ही है,

कहीं दूसरी जगह जाकर क्यों नहीं चरते ? ऐसा तो कर ही नहीं सकोगे, साहस कहाँ है ? इस बूढ़े शिव का अन्न खायेंगे, नमकहरामी करेंगे, और ईसा की जय मनायेंगे। धिक्कार है ऐसे लोगों को, जो यूरोपियनों के सामने जाकर गिड़गिड़ाते हैं कि हम अति नीच हैं, हम बहुत क्षुद्र हैं, हमारा सब कुछ खराब है। पर हाँ, यह बात तुम्हारे लिए ठीक हो सकती है—तुम लोग अवश्य सत्यवादी हो; पर तुम 'अपने' भीतर सारे देश को क्यों जोड़ लेते हो ? ऐ भगवन्, यह किस देश की सभ्यता है ?

प्राच्य का उद्देश्य मुक्ति और पाश्चात्य का धर्म

पहले यह समझना होगा कि ऐसा कोई गुण नहीं है, जिस पर किसी जाति-विशेष का एकाधिकार हो; तब जिस प्रकार एक व्यक्ति में किसी किसी गुण की प्रधानता होती है, वैसा ही जाति के सम्बन्ध में भी होता है।

हमारे देश में मोक्ष-प्राप्ति की इच्छा प्रधान है, पाश्चात्य देश में धर्म की प्रधानता है। हम मुक्ति चाहते हैं, वे धर्म चाहते हैं। यहाँ 'धर्म' शब्द का व्यवहार मीमांसकों के अर्थ में हुआ है। धर्म क्या है ? धर्म वही है जो इस लोक और परलोक में सुख-भोग की प्रवृत्ति दे। धर्म क्रियामूलक होता है। वह मनुष्य को रात-दिन सुख के पीछे दौड़ाता है तथा सुख के लिए काम कराता है।

मोक्ष किसे कहते हैं ? मोक्ष वह है जो यह सिखाता है कि इस लोक का सुख भी गुलामी है तथा परलोक का सुख भी वही है। इस प्रकृति के नियम के बाहर न तो यह लोक है और न परलोक ही। यह तो ऐसा ही हुआ, जैसे लोहे की जंजीर के स्थान पर सोने की जंजीर हो। फिर दूसरी बात यह है कि सुख प्रकृति के नियमानुसार नाशवान है, वह अन्त तक नहीं ठहरेगा। अतएव मुक्ति की ही चेष्टा करनी चाहिए तथा मनुष्य को प्रकृति के बन्धन के परे जाना चाहिए, दासत्व में रहने से काम नहीं चलेगा। यह मोक्ष-मार्ग केवल भारत में है, अन्यत्र नहीं। इसलिए जो तुमने सुना है कि मुक्त पुरुष भारत में ही हैं, अन्यत्र नहीं, वह ठीक ही है। परन्तु साथ ही साथ यह भी ठीक है कि आगे चलकर कभी दूसरे देशों में भी ऐसे लोग होंगे और हमारे लिए यह आनन्द का विषय है।

'धर्म' के लोप के कारण भारत की अवनति

भारत में एक समय ऐसा था, जब कि यहाँ धर्म और मोक्ष का सामञ्जस्य था। उस समय यहाँ मोक्षाकांक्षी व्यास, शुक तथा सनकादि के साथ साथ धर्म के उपासक युधिष्ठिर, अर्जुन, दुर्योधन, भीष्म और कर्ण भी वर्तमान थे। बुद्धदेव के बाद धर्म की बिल्कुल उपेक्षा हुई तथा केवल मोक्षमार्ग ही प्रधान बन गया।

इसीलिए अग्निपुराण में रूपक की भाषा में कहा गया है कि जब गयासुर (बुद्ध) ने सभी को मोक्ष-मार्ग दिखलाकर जगत् का ध्वंस करने का उपक्रम किया था, तब देवताओं ने आकर छल किया तथा उसे सदा के लिए शान्त कर दिया। सच बात तो यह है कि देश की दुर्गति, जिसकी चर्चा हम यत्र-तत्र सुनते रहते हैं, उसका कारण इसी धर्म का अभाव है। यदि देश के सभी लोग मोक्ष-धर्म का अनुशीलन करने लगें, तब तो बहुत ही अच्छा हो, परन्तु वह तो होता नहीं, भोग न होने से त्याग नहीं होता, पहले भोग करो, तब त्याग होगा। नहीं तो देश के सब लोग साधु हो गये, न इधर के रहे, और न उधर के। जिस समय बौद्ध राज्य में एक एक मठ में एक एक लाख साधु हो गये थे, उस समय देश ठीक नाश होने की ओर अग्रसर हुआ था। बौद्ध, ईसाई, मुसलमान, जैन सभी का यह एक भ्रम है कि सभी के लिए एक क़ानून और एक नियम है। यह बिल्कुल ग़लत है; जाति और व्यक्ति के प्रकृति-भेद से शिक्षा-व्यवहार के नियम सभी अलग अलग हैं; बलपूर्वक उन्हें एक करने से क्या होगा? बौद्ध कहते हैं, मोक्ष के सदृश और क्या है; सब दुनिया मुक्ति-प्राप्ति की चेष्टा करे, तो क्या कभी ऐसा हो सकता है? तुम गृहस्थ हो, तुम्हारे लिए वे सब बातें बहुत आवश्यक नहीं हैं, तुम अपने धर्म का आचरण करो, हिन्दू शास्त्र यही कहते हैं। एक हाथ भी नहीं लाँघ सकते, लंका कैसे पार करोगे। क्या यह ठीक है? दो मनुष्यों का तो पेट भर नहीं सकते, दो आदमियों के साथ राय मिलाकर एक साधारण हितकर काम नहीं कर सकते, पर मोक्ष लेने दौड़ पड़े हो! हिन्दू शास्त्र कहते हैं कि धर्म की अपेक्षा मोक्ष अवश्य ही बहुत बड़ा है, किन्तु पहले धर्म करना होगा। बौद्धों ने इसी स्थान पर भ्रम में पड़कर अनेक उत्पात खड़े कर दिये। अहिंसा ठीक है, निश्चय ही बड़ी बात है; कहने में बात तो अच्छी है, पर शास्त्र कहते हैं, तुम गृहस्थ हो, तुम्हारे गाल पर यदि कोई एक थप्पड़ मारे, और यदि उसका जवाब तुम दस थप्पड़ों से न दो, तो तुम पाप करते हो।

---

१. गयासुर और बुद्धदेव के अभिन्नत्व के सम्बन्ध में स्वामी जी का विचार बाद में परिवर्तित हो गया था। उन्होंने देहत्याग के थोड़े दिन पूर्व वाराणसी से अपने एक शिष्य को जो पत्र (९ फ़रवरी, १९०२) लिख भेजा था, उसमें एक स्थान पर यह लिखा था:—

'अग्निपुराण में गयासुर का जो उल्लेख है, उसमें (जैसा डॉक्टर राजेन्द्रलाल मित्र का मत है) बुद्धदेव की ओर लक्ष्य नहीं किया गया है। वह पूर्व से प्रचलित सिर्फ़ एक क़िस्सा मात्र है। बुद्ध गयाशीर्ष पर्वत पर वास करने गये थे, इससे यह प्रमाणित होता है कि वह स्थान उनके पहले से ही था।'

आततायिनमायान्तम्[1] इत्यादि, हत्या करने के लिए यदि कोई आये, तो ऐसा ब्रह्म-वध भी पाप नहीं है, ऐसा मनुस्मृति में लिखा है। यह ठीक बात है, इसे भूलना न चाहिए। वीरभोग्या वसुन्धरा—वीर्य प्रकाशित करो, साम-दाम-दंड-भेद की नीति को प्रकाशित करो, पृथ्वी का भोग करो, तब तुम धार्मिक होगे। और गाली-गलौज सहकर चुपचाप घृणित जीवन बिताने से यहाँ नरक भोगना होगा और परलोक में भी वही होगा। यही शास्त्र का मत है। सबसे ठीक बात यह है कि स्वधर्म का अनुसरण करो। अन्याय मत करो, अत्याचार मत करो, यथासाध्य परोपकार करो। किन्तु गृहस्थ के लिए अन्याय सहना पाप है, उसी समय उसका बदला चुकाने की चेष्टा करनी होगी। बड़े उत्साह के साथ अर्थोपार्जन कर स्त्री तथा परिवार के दस प्राणियों का पालन करना होगा, दस हितकर बातें करनी होंगी। ऐसा न कर सकने पर तुम मनुष्य किस बात के? जब तुम गृहस्थ ही नहीं हो, फिर मोक्ष की तो बात ही क्या!!

धर्मानुष्ठान से चित्तशुद्धि

पहले ही कह चुका हूँ कि धर्म कार्यमूलक है। धार्मिक व्यक्ति का लक्षण है—सदा कर्मशीलता। इतना ही क्या, अनेक मीमांसकों का मत है कि वेद के जिस प्रसंग में कार्य करने के लिए नहीं कहा गया है, वह प्रसंग वेद का अंग ही नहीं है।

आम्नायस्य क्रियार्थत्वात् आनर्थक्यम् अतदर्थानाम्।
(जैमिनीसूत्र १।२।१)

'ॐकार का ध्यान करने से सब कामों की सिद्धि होती है, हरिनाम का जप करने से सब पापों का नाश होता है, शरणागत होने पर सब वस्तुओं की प्राप्ति होती है'। शास्त्र की ये सारी अच्छी बातें सत्य अवश्य हैं, किन्तु देखा जाता है कि लाखों मनुष्य ॐकार का जप करते हैं, हरिनाम लेने में पागल हो जाते हैं, रात-दिन 'प्रभु जो करे' ही कहते रहते हैं, पर उन्हें मिलता क्या है? तब समझना होगा कि किसका जप यथार्थ है? किसके मुँह में हरिनाम वज्रवत् अमोघ है? कौन सचमुच शरण

---

१. **गुरुं वा बालवृद्धौ वा ब्राह्मणं वा बहुश्रुतम्।**
आततायिनमायान्तं हन्यादेवाविचारयन्॥ मनु० ॥८।३५०॥

आततायी कौन है:—

अग्निदो गरदश्चैव शस्त्रोन्मत्तो धनापहः।
क्षेत्रदारहरश्चैतान् षड् विद्यादाततायिनः॥शुक्रनीति॥

में जा सकता है? वही जिसने कर्म द्वारा अपनी चित्तशुद्धि कर ली है, अर्थात् जो 'धार्मिक' है।

प्रत्येक जीव शक्ति-प्रकाश का एक एक केन्द्र है। पूर्व कर्मफल से जो शक्ति संचित हुई है, उसीको लेकर हम लोग जन्मे हैं। जब तक वह शक्ति कार्यरूप में प्रकाशित नहीं होती, तब तक कहो तो कौन स्थिर रहेगा, कौन भोग का नाश करेगा? तब दुःख-भोग की अपेक्षा क्या सुख-भोग अच्छा नहीं? कुकर्म की अपेक्षा क्या सुकर्म अच्छा नहीं? पूज्यपाद श्री रामप्रसाद[1] ने कहा है, 'अच्छी और बुरी दो बातें हैं, उनमें से अच्छी बातें करनी ही उचित है।'

मुमुक्षु और धर्मेच्छु के आदर्श की विभिन्नता

अब 'अच्छा' क्या है? मुक्ति चाहनेवालों का 'अच्छा' एक प्रकार का है और धर्म चाहनेवालों का 'अच्छा' दूसरे प्रकार का। गीता का उपदेश देनेवाले भगवान् ने इसे बड़ी अच्छी तरह समझाया है; इसी महासत्य के ऊपर हिन्दुओं का स्वधर्म और जाति-धर्म आदि निर्भर है।

अद्वेष्टा सर्वभूतानां मैत्रः करुण एव च।
(गीता १२।१३)

इत्यादि भगवद्वाक्य मुमुक्षुओं के लिए हैं। और—

क्लैब्यं मा स्म गमः पार्थ।
(गीता २।३)
तस्मात्त्वमुत्तिष्ठ यशो लभस्व।
(गीता ११।३३)

इत्यादि धर्म-प्राप्ति का मार्ग भगवान् ने दिखा दिया है। अवश्य ही काम करने पर कुछ न कुछ पाप होगा ही। मान लो कि पाप हुआ ही, तो क्या उपवास की अपेक्षा आधा पेट खाना अच्छा नहीं है? कुछ भी न करने की अपेक्षा, जड़वत् बनने की अपेक्षा कर्म करना क्या अच्छा नहीं है, भले ही उस कर्म में अच्छाई और बुराई का मिश्रण क्यों न हो? गाय झूठ नहीं बोलती, दीवाल चोरी नहीं करती,

---

१. श्री रामप्रसाद बंगाल के एक बड़े सन्त कवि थे। उनकी कविताएँ इतनी सजीव और भक्तिपूर्ण हैं कि बंगाल के एक छोटे किसान से लेकर बड़े बड़े विद्वान् तक के हृदय में उन कविताओं के पाठ से आनन्द का स्रोत उमड़ पड़ता है।

पर फिर भी वे गाय और दीवाल ही रह जाती हैं। मनुष्य चोरी करता है, झूठ बोलता है, फिर भी वही मनुष्य देवता हो जाता है। जिस अवस्था में सत्त्वगुण की प्रधानता होती है, उस अवस्था में मनुष्य निष्क्रिय हो जाता है तथा परम ध्यानावस्था को प्राप्त होता है। जिस अवस्था में रजोगुण की प्रधानता होती है, उस अवस्था में वह अच्छे-बुरे काम करता है तथा जिस अवस्था में तमोगुण की प्रधानता होती है, उस अवस्था में फिर वह निष्क्रिय, जड हो जाता है। कहो तो बाहर से यह कैसे जाना जा सकता है कि सत्त्वगुण की प्रधानता हुई है अथवा तमोगुण की? सुख-दुःख से परे हम क्रियाहीन, शान्त, सात्त्विक अवस्था में हैं अथवा शक्ति के अभाव से प्राणहीन, जड़वत् क्रियाहीन, महातामसिक अवस्था में पड़े हुए धीरे धीरे चुपचाप सड़ रहे हैं? इस प्रश्न का उत्तर दो और अपने मन से पूछो। इसका उत्तर ही क्या होगा? बस, फलेन परिचीयते। सत्त्व की प्रधानता में मनुष्य निष्क्रिय होता है, शान्त होता है, पर वह निष्क्रियता महाशक्ति के केन्द्रीभूत होने से होती है, वह शान्ति महावीर्य की जननी है। उस महापुरुष को फिर हम लोगों की तरह हाथ-पाँव डुलाकर काम नहीं करना पड़ता। केवल इच्छा होने से ही सारे काम सम्पूर्ण रूप से सम्पन्न हो जाते हैं। वह पुरुष सत्त्वगुण प्रधान ब्राह्मण है, सबका पूज्य है। 'मेरी पूजा करो', ऐसा कहते हुए क्या उसे दरवाज़े दरवाज़े घूमना पड़ता है? जगदम्बा उसके ललाट पर अपने हाथ से लिख देती है कि 'इस महापुरुष की सब लोग पूजा करो' और जगत् सिर नीचा करके इसे मान लेता है। वही व्यक्ति सचमुच 'मनुष्य' है।

अद्वेष्टा सर्वभूतानां मैत्रः करुण एव च।

और वे जो नाक-भौं सिकोड़कर पिनपिनाते-किटकिटाते हुए बातें करते हैं, सात दिन के उपासे गिरगिट की तरह जिनकी म्यूँ म्यूँ आवाज़ होती है, जो फटे-पुराने चिथड़े की तरह हैं, जो सौ सौ जूते खाने पर भी सिर नहीं उठाते, उन्हींमें निम्नतम श्रेणी का तमोगुण प्रकाशित होता है। यही मृत्यु का चिह्न है। वह सत्त्वगुण नहीं, सड़ी दुर्गन्ध है। अर्जुन भी इस अवस्था को प्राप्त हो रहे थे। इसीलिए तो भगवान् ने इतने विस्तृत रूप से गीता का उपदेश दिया। देखो तो, भगवान् के श्रीमुख से पहली कौन सी बात निकली —

क्लैब्यं मा स्म गमः पार्थ नैतत्त्वय्युपपद्यते।

और अन्त में —**तस्मात्त्वमुत्तिष्ठ यशो लभस्व।**

जैन, बौद्ध आदि के फेरे में पड़कर हम लोग तामसिक लोगों का अनुकरण कर रहे हैं। पिछले हज़ार वर्ष से सारा देश हरिनाम की ध्वनि से नभोमण्डल को परि-

पूर्ण कर रहा है, पर परमात्मा उस ओर कान ही नहीं देता। वह सुने भी क्यों? बेवक़ूफ़ों की बात जब मनुष्य ही नहीं सुनता, तब वह तो भगवान् है। अब गीता में कहे हुए भगवान् के वाक्यों को सुनना ही कर्तव्य है —

क्लैब्यं मा स्म गमः पार्थ और **तस्मात्त्वमुत्तिष्ठ यशो लभस्व।**

प्राच्य जाति ईसा और पाश्चात्य जाति कृष्ण के उपदेश का अनुसरण करती है

अब प्राच्य और पाश्चात्य की ओर आओ। पहले ही एक दुर्भाग्य की ओर ध्यान दो। यूरोपवासियों के देवता ईसा उपदेश देते हैं कि किसीसे वैर मत करो, यदि कोई तुम्हारे बायें गाल पर चपत मारे तो, उसके सामने दाहिना गाल भी घुमा दो, सारे काम-काज छोड़कर परलोक में जाने के लिए तैयार हो जाओ, क्योंकि दुनिया दो ही चार दिन में नष्ट हो जायगी। और हमारे इष्टदेव ने उपदेश दिया है कि खूब उत्साह से काम करो, शत्रु का नाश करो और दुनिया का भोग करो। किन्तु सब उलटा पुलटा हो गया है। यूरोपियनों ने ईसा की बात नहीं मानी। सदा महारजोगुणी, महाकार्यशील होकर बहुत उत्साह से देश-देशान्तरों के भोग और सुख का आनन्द लूटते हैं और हम लोग गठरी-मोटरी बाँधकर एक कोने में बैठ रात-दिन मृत्यु का ही आह्वान करते हैं और गाते रहते हैं —

नलिनीदलगतजलमतितरलं तद्वज्जीवितमतिशयचपलम्।[१]

अर्थात् 'कमल के पत्ते पर पड़ा हुआ जल जितना तरल है, हमारा जीवन भी उतना ही चपल है।' यम के भय से हमारी धमनियों का रक्त ठंडा पड़ जाता है और सारा शरीर काँपने लगता है। इसीसे यम को भी हम पर क्रोध हो गया है और उसने दुनिया भर के रोग हमारे देश में घुसा दिये हैं। गीता का उपदेश कहो किसने सुना? यूरोपियनों ने! ईसा की इच्छा के अनुसार कौन काम करता है? श्री कृष्ण के वंशज! इसे अच्छी तरह समझना होगा। मोक्ष-मार्ग का सर्वप्रथम उपदेश तो वेदों ने ही दिया था। उसके बाद बुद्ध को ही लो या ईसा को ही, सभी ने उसीसे लिया है। वे संन्यासी थे, इसलिए उनके कोई शत्रु नहीं थे और वे सबसे प्रेम करते थे —

---

१. श्री शंकराचार्यकृत 'मोहमुद्गर' ॥५॥

अद्वेष्टा सर्वभूतानां मैत्रः करुण एव च।

यही उन लोगों के लिए अच्छी बात थी। किन्तु बलपूर्वक सारी दुनिया को उस मोक्ष-मार्ग की ओर खींच ले जाने की चेष्टा किसलिए? क्या घिसने-रगड़ने से सुन्दरता और धरने-पकड़ने से कभी प्रेम होता है? जो मनुष्य मोक्ष नहीं चाहता, पाने के उपयुक्त भी नहीं है, उसके लिए कहो तो बुद्ध या ईसा ने क्या उपदेश दिया है?—कुछ भी नहीं। या तो तुम्हें मोक्ष मिलेगा या तुम्हारा सत्यानाश होगा, बस यही दो बातें हैं। मोक्ष के अतिरिक्त और सारी चेष्टाओं के मार्ग बन्द हैं। इस दुनिया का थोड़ा आनन्द लेने के लिए तुम्हारे पास कोई रास्ता ही नहीं है और क़दम क़दम पर आपद-विपद है। केवल वैदिक धर्म में ही धर्म, अर्थ, काम और मोक्ष—इन चारों वर्गों के साधन का उपाय है। बुद्ध ने हमारा सर्वनाश किया और ईसा ने ग्रीस और रोम का। इसके बाद भाग्यवश यूरोपवासी प्रोटेस्टेण्ट (protestant) हो गये। उन लोगों ने ईसा के धर्म को छोड़ दिया और एक गम्भीर साँस लेकर सन्तोष प्रकट किया। भारत में कुमारिल ने फिर कर्म-मार्ग चलाया। शंकर, रामानुज ने चारों वर्गों के समन्वयस्वरूप सनातन वैदिक धर्म का फिर प्रवर्तन किया। इस प्रकार देश के बचने का उपाय हुआ। परन्तु, भारत में तीस करोड़ लोग हैं; देर तो होगी ही। क्या तीस करोड़ लोगों को बोध एक दिन में हो सकता है?

बौद्ध धर्म और वैदिक धर्म का उद्देश्य एक ही है। पर बौद्ध धर्म के उपाय ठीक नहीं हैं। यदि उपाय ठीक होते, तो हमारा यह सर्वनाश कैसे होता? 'समय ने सब कराया'—क्या यह कहने से काम चल सकता है? समय क्या कार्य-कारण के सम्बन्ध को छोड़कर काम कर सकेगा?

स्वधर्म की रक्षा ही जातीय कल्याण का उपाय है

अतएव उद्देश्य एक होने पर भी उचित उपायों के अभाव के कारण बौद्धों ने भारत को रसातल में पहुँचा दिया। ऐसा कहने से सम्भवतः हमारे बौद्ध मित्रों को बुरा मालूम होगा, पर मैं लाचार हूँ, सत्य बात कही ही जायगी, परिणाम चाहे जो हो। वैदिक उपाय ही उचित और ठीक हैं। जाति-धर्म और स्वधर्म ही वैदिक धर्म और वैदिक समाज की भित्ति है। फिर मैं सम्भवतः अनेक मित्रों को कुपित कर रहा हूँ, जो कहते हैं कि इस देश के लोगों की खुशामद की जा रही है। इन लोगों से मैं एक बात पूछना चाहता हूँ कि इस देश के लोगों की खुशामद करके मुझे क्या लाभ होगा? यदि भूखों मर जाऊँ तो देश के लोग खाने के लिए एक मुट्ठी

अन्न भी नहीं देंगे, उलटे विदेशों से अकाल-पीड़ितों और अनाथों को खिलाने के लिए मैं जो माँग-जाँच लाया हूँ, उसे भी वे हड़पने का प्रत्यन करते हैं। यदि वे उसे नहीं पाते तो गाली-गलौज करते हैं! ऐ हमारे शिक्षित देशबन्धुओ, हमारे देश के लोग तो ऐसे ही हैं, फिर उनकी क्या खुशामद करें?' उनकी खुशामद से क्या मिलता है? उन्हें उन्माद हुआ है। पागलों को जो दवा खिलाने जायगा, उसे वे दो-चार लप्पड़-थप्पड़ देंगे ही। पर उन्हें सहकर भी जो उन्हें दवा खिलाता है, वही उनका सच्चा मित्र है।

यही 'जाति-धर्म', 'स्वधर्म' ही सब देशों की सामाजिक उन्नति का उपाय तथा मुक्ति का सोपान है। इस जाति-धर्म और स्वधर्म के नाश के साथ ही देश का अधःपतन हुआ है। किन्तु मँगलू-झँगलू राम जाति-धर्म, स्वधर्म का जो अर्थ समझते हैं, वह उलटा उत्पात है। झँगलू राम ने जाति-धर्म का अर्थ खाक़-पत्थर समझा है। वे अपने गाँव के आचार को ही सनातन वैदिक आचार समझते हैं। बस अपना स्वार्थ सिद्ध करते हैं और जहन्नुम में जाते हैं। मैं गुणगत जाति की बात न कर वंशगत---जन्मगत जाति की ही बातें कर रहा हूँ। यह मैं मानता हूँ कि गुणगत जाति ही पुरातन है; किन्तु दो-चार पीढ़ियों में गुण ही वंशगत हो जाते हैं। आक्रमण इसी प्राण-केन्द्र पर हुआ है, अन्यथा यह सर्वनाश कैसे हुआ?

संकरस्य च कर्ता स्यामुपहन्यामिमाः प्रजाः ।।

(गीता ३।२४)

अर्थात् 'मैं ही वर्णसंकरों को करनेवाला और इतने प्राणियों को नाश करनेवाला बनूंगा।' यह घोर वर्णसंकरता कैसे हो गयी? सफ़ेद रंग काला कैसे हुआ? सत्त्वगुण रजोगुणप्रधान तमोगुण कैसे हो गया?---आदि आदि बातें किसी दूसरे प्रसंग में कही जायँगी। इस समय तो यही समझना है कि यदि जाति-धर्म ठीक रहे, तो देश का अधःपतन नहीं होगा। यदि यह बात सत्य है, तो फिर हमारा अधःपतन कैसे हुआ? अवश्य ही जाति-धर्म उत्सन्न हो गया है। अतएव जिसे तुम लोग जाति-धर्म कहते हो, वह ठीक उसका उलटा है। पहले अपने पुराण और शास्त्रों को अच्छी तरह पढ़ो, तब समझ में आयेगा कि शास्त्रों में जिसे जाति-धर्म कहा गया है, उसका सर्वथा लोप हो गया है। तब वह फिर कैसे आयेगा, इसीकी चेष्टा करो। ऐसा होने ही से परम कल्याण निश्चित है। मैंने जो कुछ सीखा या समझा है, वही तुमसे स्पष्ट कह रहा हूँ। मैं तो तुम लोगों के कल्याणार्थ कोई विदेश से आया नहीं, जो कि तुम लोगों की बुरी रीति-नीतियों तक की हमें वैज्ञानिक व्याख्या करनी होगी। विदेशी बन्धुओं को क्या? थोड़ी वाहवाही ही उनके लिए यथेष्ट

है। तुम लोगों के मुँह में कालिख पोती जाने से वह कालिख मेरे मुँह पर भी लगती है—उन लोगों का क्या होता है?

जातीय जीवन की मूल भित्ति पर आघात का अवश्यम्भावी फल विप्लव या जातीय मृत्यु

मैं पहले ही कह चुका हूँ कि प्रत्येक जाति का एक जातीय उद्देश्य है। प्राकृतिक नियमों के अनुसार या महापुरुषों की प्रतिभा के बल से प्रत्येक जाति की रीति-नीति उस उद्देश्य को सफल करने के लिए उपयोगी है। प्रत्येक जाति के जीवन में इस उद्देश्य एवं उसके उपयोगी उपायस्वरूप आचार को छोड़कर और सब रीति-नीति व्यर्थ है। इन व्यर्थ की रीति-नीतियों के ह्रास या वृद्धि से कुछ विशेष बनता-बिगड़ता नहीं। किन्तु, यदि उस प्रधान उद्देश्य पर आघात होता है, तो वह जाति विनष्ट हो जाती है।

तुम लोगों ने अपनी बाल्यावस्था में एक क़िस्सा सुना होगा कि एक राक्षसी का प्राण एक पक्षी में था। उस पक्षी का नाश हुए बिना किसी भी प्रकार उस राक्षसी का नाश नहीं हो सकता था। यह भी ठीक वैसा ही है। तुम यह भी देखोगे कि जो अधिकार जातीय जीवन के लिए सर्वथा आवश्यक नहीं हैं, वे सब अधिकार नष्ट ही क्यों न हो जायँ, वह जाति इस पर कोई आपत्ति नहीं करेगी। किन्तु जिस समय यथार्थ जातीय जीवन पर आघात होता है, उस समय वह बड़े वेग से प्रतिघात करती है।

फ़्रांसीसी, अंग्रेज़ और हिन्दुओं के दृष्टान्त से उक्त तत्त्व का समर्थन

तीन वर्तमान जातियों की तुलना करो, जिनका इतिहास तुम थोड़ा-बहुत जानते हो—वे हैं फ़्रांसीसी, अंग्रेज़ और हिन्दू। राजनीतिक स्वाधीनता फ़्रांसीसी जातीय चरित्र का मेरुदण्ड है। फ़्रांसीसी प्रजा सब अत्याचारों को शान्त भाव से सहन करती है। करों के भार से पीस डालो, फिर भी वह चूँ तक न करेगी। सारे देश को ज़बरदस्ती सेना में भर्ती कर डालो, पर कोई आपत्ति न की जायगी। किन्तु जब कोई उनकी स्वाधीनता में हस्तक्षेप करता है, तब सारी जाति पागलों की तरह प्रतिघात करने को तत्पर हो जाती है। कोई व्यक्ति किसीके ऊपर ज़बरदस्ती अपना हुक़्म नहीं चला सकता, यही फ़्रांसीसियों के चरित्र का मूलमन्त्र है। ज्ञानी, मूर्ख, धनी, दरिद्र, उच्चवंशीय, नीच वंशज, सभी को राज्य के शासन और सामाजिक स्वाधीनता में समान अधिकार है। इसके ऊपर हाथ डालनेवाले को इसका फल भोगना ही पड़ेगा।

अंग्रेज़ों के चरित्र में व्यवसाय-बुद्धि तथा आदान-प्रदान की प्रधानता है। अंग्रेज़ों की मूल विशेषता है समान भाग, न्यायसंगत विभाजन। अंग्रेज़, राजा और कुलीन जाति के अधिकार को नतमस्तक होकर स्वीकार कर लेते हैं, परन्तु यदि गाँठ में से पैसा बाहर करना हो, तो वे हिसाब माँगते हैं। राजा है तो अच्छी बात है, उसका लोग आदर करेंगे; किन्तु यदि राजा रुपया चाहे, तो उसकी आवश्यकता और प्रयोजन के सम्बन्ध में हिसाब-किताब समझा-बूझा जायगा, तब कहीं देने की बारी आयेगी। राजा के प्रजा से बलपूर्वक रुपया इकट्ठा करने के कारण वहाँ विप्लव खड़ा हो गया; उन लोगों ने राजा को मार डाला।

हिन्दू कहते हैं कि राजनीतिक और सामाजिक स्वाधीनता बहुत अच्छी चीज़ है, किन्तु वास्तविक चीज आध्यात्मिक स्वाधीनता अर्थात् मुक्ति है। यही जातीय जीवन का उद्देश्य है। वैदिक, जैन, बौद्ध, द्वैत, विशिष्टाद्वैत और अद्वैत सभी इस सम्बन्ध में एकमत हैं। इसमें हाथ न लगाना—नहीं तो सर्वनाश हो जायगा। इसे छोड़कर और चाहे जो कुछ करो, हिन्दू चुप रहेंगे। लात मारो, 'काला' कहो, सर्वस्व छीन लो, इससे कुछ आता-जाता नहीं। किन्तु ज़रा इस दरवाज़े को छोड़ दो। यह देखो, वर्तमान काल में पठान लोग केवल आते-जाते रहे, कोई स्थिर होकर राज्य नहीं कर सका, क्योंकि हिन्दुओं के धर्म पर वे बराबर आघात करते रहे। परन्तु दूसरी ओर मुग़ल राज्य किस प्रकार सुदृढ़ प्रतिष्ठित तथा बलशाली हुआ—कारण यही है कि मुग़लों ने इस स्थान पर आघात नहीं किया। हिन्दू ही तो मुग़लों के सिंहासन के आधार थे। जहाँगीर, शाहजहाँ, दारा शिकोह आदि सभी की माताएँ हिन्दू थीं। और देखो, ज्यों ही भाग्यहीन औरंगज़ेब ने उस स्थान पर आघात किया, त्यों ही इतना बड़ा मुग़ल राज्य स्वप्न की तरह हवा हो गया। अंग्रेज़ों का यह सुदृढ़ सिंहासन किस चीज़ के ऊपर प्रतिष्ठित है? कारण यही है कि किसी भी अवस्था में अंग्रेज़ उस धर्म के ऊपर हस्तक्षेप नहीं करते। पादरी पुंगवों ने थोड़ा-बहुत हाथ डालकर ही तो सन् १८५७ में हंगामा उपस्थित किया था। अंग्रेज जब तक इसको अच्छी तरह समझते तथा इसका पालन करते रहेंगे, तब तक उनका राज्य बना रहेगा। विज्ञ बहुदर्शी अंग्रेज़ भी इस बात को समझते हैं। लार्ड राबर्ट्स की 'भारतवर्ष में ४१ वर्ष' नामक पुस्तक पढ़ देखो।

अब तुम समझ सकते हो कि उस राक्षसी का प्राण-पखेरू कहाँ है? वह धर्म में है। उसका नाश कोई नहीं कर सका, इसीलिए इतनी आपद-विपद को झेलते हुए भी हिन्दू जाति अभी तक बची है। अच्छा, एक भारतीय विद्वान् ने पूछा है कि इस राष्ट्र के प्राण को धर्म में ही रखने की ऐसी क्या आवश्यकता है? उसे सामाजिक या राजनीतिक स्वतंत्रता में क्यों न रखा जाय, जैसा कि दूसरे राष्ट्रों

में होता है। ऐसी बात कहना तो बड़ा सरल है। यदि तर्क करने के लिए यह मान लें कि धर्म-कर्म सब मिथ्या, झूठ हैं, तो क्या होगा, इस पर विचार करो। अग्नि तो एक ही होती है, पर प्रकाश विभिन्न होता है। उसी एक महाशक्ति का फ़ांसीसियों में राजनैतिक स्वाधीनता के रूप में, अंग्रेज़ों में वाणिज्य-विस्तार के रूप में, और हिन्दुओं के हृदय में मुक्ति-लाभ की इच्छा के रूप में विकास हुआ है। किन्तु इसी महाशक्ति की प्रेरणा से कई शताब्दियों से नाना प्रकार के सुख-दुःखों को झेलते हुए फ़ांसीसी और अंग्रेज़ी चरित्र गठित हुआ है और उसीकी प्रेरणा से लाखों शताब्दियों के आवर्तन में हिन्दुओं के जातीय चरित्र का विकास हुआ है। अब मैं जानना चाहता हूँ कि लाखों वर्षों के हमारे स्वभाव को छोड़ना सरल है अथवा सौ पचास वर्ष के तुम्हारे विदेशी स्वभाव को छोड़ना? अंग्रेज़ मार-काट आदि को भूलकर शान्त-शिष्ट बन धर्मप्राण क्यों नहीं हो जाते?

धर्म के अतिरिक्त और किसी दूसरी चीज़ से भारत के जातीय जीवन की प्रतिष्ठा असम्भव है

वास्तविक बात यह है कि जो नदी पहाड़ से एक हज़ार कोस नीचे उतर आयी हो, वह क्या फिर पहाड़ पर जायगी या जा सकेगी? यदि वह जाने की चेष्टा भी करे, तो परिणाम यही होगा कि इधर-उधर जाकर वह सूख जायगी। वह नदी चाहे जैसे हो समुद्र में जायगी ही, चाहे दो दिन पहले या दो दिन बाद, दो अच्छी जगहों में होकर अथवा दो गन्दी जगहों से गुज़रकर। यदि हमारे इस दस हज़ार वर्ष के जातीय जीवन में भूल हुई, तो इस समय अब तो और कोई उपाय है ही नहीं। इस समय यदि नये चरित्र का गठन किया जाय, तो मृत्यु की ही सम्भावना है।

मुझे क्षमा करो, यदि हम यह कहें कि यह सोचना कि हमारे राष्ट्रीय आदर्श में भूल रही है, निरी मूर्खता है। पहले अन्य देशों में जाओ—अपनी आँखों से देखकर, दूसरों की आँखों के सहारे नहीं—उनकी अवस्था और रहन-सहन का अध्ययन करो। और यदि मस्तिष्क हो, तो उन पर विचार करो, फिर अपने शास्त्रों और पुराने साहित्य को पढ़ो और समस्त भारत की यात्रा करो तथा विभिन्न प्रदेशों में रहनेवाले अधिवासियों के चाल-चलन, आचार-विचार का विस्तीर्ण दृष्टि और उन्नत मस्तिष्क से—बेवकूफ़ों की तरह नहीं—विचार करो; तब समझ सकोगे कि जाति अभी भी जीवित है, धुकधुकी चल रही है, केवल बेहोश हो गयी है। और देखोगे कि इस देश का प्राण धर्म है, भाषा धर्म है तथा भाव धर्म है। तुम्हारी राजनीति, समाजनीति, रास्ते की सफ़ाई, प्लेगनिवारण, दुर्भिक्ष-

पीड़ितों को अन्नदान आदि आदि चिरकाल से इस देश में जैसे हुआ है, वैसे ही होगा—अर्थात् धर्म के द्वारा यदि होगा तो होगा, अन्यथा नहीं। तुम्हारे रोने-चिल्लाने का कुछ भी असर न होगा।

शक्तिमान पुरुष ही सब समाजों का परिचालक है

इसके अतिरिक्त प्रत्येक देश में एक ही नियम है, वह यह कि थोड़े से शक्तिमान मनुष्य जो करते हैं, वही होता है। बाक़ी लोग केवल भेड़ियाधसान का ही अनुकरण करते हैं। मेरे मित्रो! मैंने तुम्हारी पार्लियामेन्ट (parliament), सेनेट (senate), वोट (vote), मेजारटी (majority), बैलट (ballot) आदि सब देखा है; शक्तिमान पुरुष जिस ओर चलने की इच्छा करते हैं, समाज को उसी ओर चलाते हैं, बाक़ी लोग भेड़ों की तरह उनका अनुकरण करते हैं। तो भारत में कौन शक्तिमान पुरुष है? वे ही जो धर्मवीर हैं। वे ही हमारे समाज को चलाते हैं, वे ही समाज की रीति-नीति में परिवर्तन की आवश्यकता होने पर उसे बदल देते हैं। हम चुपचाप सुनते हैं और उसे मानते हैं। किन्तु, यह तो हमारा सौभाग्य है कि बहुमत, वोट आदि के झमेले में नहीं पड़ना पड़ता।

पाश्चात्य देशों में राजनीति के नाम पर दिन में लूट

यह ठीक है कि वोट, बैलट आदि द्वारा प्रजा को एक प्रकार की जो शिक्षा मिलती है, उसे हम नहीं दे पाते; किन्तु राजनीति के नाम पर चोरों का जो दल देशवासियों का रक्त चूसकर समस्त यूरोपीय देशों का नाश करता है और स्वयं मोटा-ताज़ा बनता है, वह भी दल हमारे देश में नहीं है। घूस की वह धूम, वह दिन-दहाड़े लूट, जो पाश्चात्य देशों में होती है, यदि भारत में दिखायी पड़े, तो हताश होना पड़ेगा।

घर की जोरू बर्तन माँजे, गणिका लड्डू खाय।
गली गली है गोरस फिरता, मदिरा बैठि बिकाय॥

जिनके हाथ में रुपया है, वे राज्यशासन को अपनी मुट्ठी में रखते हैं, प्रजा को लूटते हैं और उसको चूसते हैं, उसके बाद उन्हें सिपाही बनाकर देश-देशान्तरों में मरने के लिए भेज देते हैं, जीत होने पर उन्हींका घर धन-धान्य से भरा जायगा, किन्तु प्रजा तो उसी जगह मार डाली गयी! मेरे मित्रो! तुम घबड़ाओ नहीं, आश्चर्य भी मत प्रकट करो!

एक बात पर विचारकर देखो, मनुष्य नियमों को बनाता है, या नियम मनुष्यों को बनाते हैं? मनुष्य रुपया पैदा करता है, या रुपया मनुष्यों को पैदा करता है? मनुष्य कीर्ति और नाम पैदा करता है, या कीर्ति और नाम मनुष्य पैदा करते हैं?

'मनुष्य' बनो

मेरे मित्रो! पहले मनुष्य बनो, तब तुम देखोगे कि वे सब बाक़ी चीज़ें स्वयं तुम्हारा अनुसरण करेंगी। परस्पर के घृणित द्वेषभाव को छोड़ो और सदुद्देश्य, सदुपाय, सत्साहस एवं सद्वीर्य का अवलम्बन करो। तुमने मनुष्य योनि में जन्म लिया है, तो अपनी कीर्ति यहीं छोड़ जाओ।

तुलसी आयो जगत् में, जगत् हँसे तुम रोय।
ऐसी करनी कर चलो, आप हँसे जग रोय॥

अगर ऐसा कर सको, तब तो तुम मनुष्य हो, अन्यथा तुम मनुष्य किस बात के?

पाश्चात्य जाति के गुणों को अपने साँचे में ढालकर लेना होगा

मेरे मित्रो! एक बात तुमको और समझ लेनी चाहिए। हमें अवश्य ही अन्यान्य जातियों से बहुत कुछ सीखना है। जो मनुष्य कहता है कि मुझे कुछ नहीं सीखना है, समझ लो कि वह मृत्यु की राह पर है। जो जाति कहती है कि हम सर्वज्ञ हैं, उसकी अवनति के दिन बहुत निकट हैं! जितने दिन जीना है, उतने दिन सीखना है। पर यह एक बात अवश्य ध्यान में रख लेने की है कि जो कुछ सीखना है, उसे अपने साँचे में ढाल लेना है। अपने असल तत्त्व को सदा बचाकर फिर बाक़ी चीज़ें सीखनी होंगी! खाना तो सब देशों में एक ही है, पर हम पैर समेट कर खाते हैं और यूरोपीय पैर लटकाकर खाते हैं। अब मान लो कि मैं उन्हींकी तरह खाना खाता हूँ, तो क्या मुझे भी उन्हींकी तरह टाँग लटकाकर बैठना पड़ेगा? ऐसा होने से तो निश्चय ही मेरी टाँग यम के गृह की ओर प्रस्थान करेगी! इस दुःख में जो प्राण जायगा, उसका क्या होगा? इसलिए हमें उनका भोजन पैर समेटकर ही खाना होगा। इसी प्रकार जो कुछ भी विदेशी बातें सीखनी होंगी, उन्हें अपनी बनाकर—पैर समेटकर—अपने वास्तविक जातीय चरित्र की रक्षा कर, तब सीखनी होंगी। मैं जानना चाहता हूँ कि क्या कपड़ा मनुष्य हो जाता है, अथवा मनुष्य कपड़ा पहनता है? शक्तिमान पुरुष चाहे जैसी ही

पोशाक क्यों न पहने, लोग उसका आदर करेंगे, पर मेरे जैसे अहमक़ को एक मोट धोबी का कपड़ा लेकर फिरने पर भी कोई नहीं पूछता।

अब यह भूमिका बहुत बड़ी हो गयी। पर इसे पढ़ लेने से दोनों जातियों की तुलना करना सरल हो जायगा। वे भी अच्छे हैं और हम भी अच्छे हैं। 'काको बन्दौ, काको निन्दौ, दोनों पल्ला भारो ?' हाँ, यह अवश्य है कि भले की भी श्रेणियाँ हैं।

हमारे विचार से तीन चीज़ों से मनुष्य का संगठन होता है—शरीर, मन और आत्मा। पहले शरीर की बात लो, जो सबसे बाहरी चीज़ है।

देखो, शरीर में कितना भेद है—नाक, मुँह, गढ़न, लम्बाई, चौड़ाई, रंग, केश आदि में कितनी विभिन्नताएँ हैं।

वर्णभेद का कारण

आधुनिक पण्डितों का विचार है कि रंग की भिन्नता वर्ण-संकरता से उपस्थित होती है। गर्म देश और ठण्डे देश के भेद से कुछ भिन्नता ज़रूर होती है; किन्तु काले और गोरे का असली कारण पैतृक है। बहुत ठण्डे देशों में भी काले रंग की जातियाँ देखी जाती हैं एवं अत्यन्त उष्ण प्रदेश में भी ख़ूब गोरी जाति बसती है। कनाडानिवासी अमेरिका के आदिम मनुष्य और उत्तरीय ध्रुव प्रदेश की इस्कीमो जाति काली है तथा विषुवत्‌रेखा के पास बोर्नियो, सेलेबीज़ आदि टापुओं में बसनेवाले आदिम निवासी गौरांग हैं।

आर्य जाति

हिन्दू शास्त्रकारों के मत से हिन्दुओं के भीतर ब्राह्मण, क्षत्रिय, वैश्य ये तीन वर्ण, और चीन, हूण, दरद, पह्लव, यवन एवं खश, ये भारत के बाहर की सारी जातियाँ आर्य हैं। शास्त्रों की चीन जाति तथा वर्तमान चीननिवासी एक ही नहीं हैं। वे लोग तो उस समय अपने को 'चीनी' कहते भी नहीं थे। चीन नामक एक बड़ी जाति काश्मीर के उत्तर-पूर्व भाग में थी। दरद जाति वहाँ रहती थी, जहाँ इस समय भारत और अफ़गानिस्तान के बीच में पहाड़ी जातियाँ अभी भी रहती हैं। प्राचीन चीन जाति के १०–२० वंशज इस समय भी हैं। दरद स्थान अभी भी विद्यमान है। राजतरंगिणी नामक काश्मीर के इतिहास में बार बार दरद राज्य की प्रभुता का परिचय मिलता है। हूण नामक प्राचीन जाति ने बहुत दिनों तक भारत के उत्तर-पश्चिम भाग में राज्य किया था। इस समय तिब्बती अपने को हूण कहते हैं, किन्तु जान पड़ता है कि वे हियून हैं।

मनु द्वारा उल्लिखित हूण आधुनिक तिब्बती तो हैं नहीं, किन्तु यह हो सकता है कि आर्य, हूण एवं मध्य एशिया से आयी हुई किसी मुग़ल जाति के संमिश्रण से ही वर्तमान तिब्बतियों की उत्पत्ति हुई हो।

प्रजावैलस्की एवं ड्यूक्ड अलियाँ नामक रूसी और फ्रांसीसी पर्यटकों के मत से, तिब्बत के स्थान स्थान पर इस समय भी आर्यों जैसी मुँह-नाकवाली जाति देखने को मिलती है। यूनानियों को लोग यवन कहते थे। इस नाम के ऊपर वाद-विवाद हो चुका है। अनेक का मत है कि यवन नाम 'योनिया' (Ionia) नामक स्थान के रहनेवाले यूनानियों के लिए पहले-पहल व्यवहृत हुआ था। इसलिए महाराज अशोक की लेखमाला में योन नाम से यूनानी जाति को सम्बोधित किया गया है। इसके बाद योन शब्द से संस्कृत यवन शब्द की उत्पत्ति हुई। हमारे देश के किसी किसी पुरातत्त्ववेत्ता के मत से यवन शब्द यूनानियों का वाचक नहीं है। किन्तु ये सभी मत भ्रामक हैं। यवन शब्द ही आदि शब्द है, क्योंकि केवल हिन्दू ही यूनानियों को यवन कहते थे ऐसा नहीं, वरन् प्राचीन मिस्रनिवासी एवं बेबिलोनियानिवासी भी यूनानियों को यवन कहते थे। पहलव शब्द से प्राचीन पारसी लोगों का, जो पहलवी भाषा बोलते थे, बोध होता है। खश शब्द इस समय भी अर्ध सभ्य पहाड़ी देशवासी आर्य जाति के लिए प्रयुक्त होता है। हिमालय प्रदेश में यह शब्द इसी अर्थ में इस समय भी व्यवहृत होता है। इस प्रकार वर्तमान यूरोपीय खश जाति के वंशज हैं अर्थात् जो सब आर्य जातियाँ प्राचीन काल में असभ्य अवस्था में थीं, वे सब खश थीं।

आर्य जाति का गठन और वर्ण

आधुनिक पण्डितों के मत से आर्यों का सफ़ेद गुलाबी रंग था, काले या लाल बाल थे, आँख और नाक सीधी थी। माथे की गढ़न, केश के रंग आदि में कुछ भिन्नता थी। दूसरी काली जातियों के साथ संमिश्रण से रंग काला हो जाता था। इनके मत से हिमालय के पश्चिम प्रान्त में रहनेवाली दो-चार जातियाँ पूरी आर्य हैं, अन्य सब मिश्रित जाति हो गयी हैं, नहीं तो काला रंग कैसे हो जाता ? किन्तु यूरोपीय विद्वानों को जान लेना चाहिए कि इस समय भी दक्षिण भारत में ऐसे अनेक लड़के पैदा होते हैं, जिनके केश लाल होते हैं, किन्तु दो-चार वर्षों के बाद फिर काले हो जाते हैं, एवं हिमालय में बहुतों के केश लाल एवं आँखें नीली अथवा भूरी होती हैं।

हिन्दू और आर्य

पण्डितों को इस विषय पर विवाद करने दो। हिन्दू ही अपने को बहुत दिनों से आर्य कहते आ रहे हैं। शुद्ध हो अथवा मिश्रित, हिन्दुओं का ही नाम आर्य है।

यदि यूरोपीय काला होने से हमें पसन्द नहीं करते हैं, तो कोई दूसरा नाम रख लेने दो, इसमें हमारा क्या बिगड़ता है?

प्राच्य और पाश्चात्य की साधारण भिन्नताएँ

चाहे गोरे हों अथवा काले, दुनिया की सब जातियों की अपेक्षा यह हिन्दुओं की जाति अधिक सुन्दर और सुश्रीसम्पन्न है। यह बात मैं अपनी जाति की बड़ाई करने के लिए नहीं कह रहा हूँ, प्रत्युत् यह जगत् प्रसिद्ध बात है। इस देश में प्रति सैकड़ा जितने स्त्री-पुरुष सुन्दर हैं, उतने और कहाँ हैं? इसके बाद विचार कर देखो, दूसरे देशों में सुन्दर बनने में जो लगता है, उसकी अपेक्षा हमारे देश में कितना कम लगता है; कारण यह है कि हमारा शरीर अधिकांश खुला रहता है। दूसरे देशों में कपड़े-लत्ते से ढककर कुरूपता को बदलकर सुन्दरता बनाने की चेष्टा की जाती है।

हिन्दू सुन्दर हैं, पाश्चात्य का स्वास्थ्य अच्छा है

किन्तु स्वास्थ्य के सम्बन्ध में पाश्चात्य देशवासी हमारी अपेक्षा अधिक सुखी हैं। उन देशों में ४० वर्ष के पुरुष को जवान कहते हैं—छोकड़ा कहते हैं, ५० वर्ष की स्त्री युवती कहलाती है। अवश्य ही ये लोग अच्छा खाते हैं, अच्छा पहनते हैं, देश अच्छा है, एवं सबसे अच्छी बात तो यह है कि वे बाल-विवाह नहीं करते। हमारे देश में भी जो दो-एक बलवान जातियाँ हैं, उनसे पूछकर देखो, कितनी उम्र में विवाह करते हैं; गोर्खाली, पंजाबी, जाट, अफ़्रीदी आदि पहाड़ी जातियों से पूछो। इसके बाद शास्त्र को पढ़ देखो—तीस, पचीस और बीस वर्ष में ब्राह्मण, क्षत्रिय और वैश्यों को क्रमानुसार विवाह करने को लिखा है। आयु, बल, वीर्य आदि में इनमें और हम लोगों में बहुत भेद है। हमारी बल-बुद्धि तीस वर्ष की उम्र पार करते ही शेष हो जाती है और वे लोग उस समय बदन झाड़कर उठ खड़े होते हैं।

हमारी मृत्यु अधिकांश में उदररोग से, उनकी हृद्रोगों से

हम लोग निरामिष-भोजी हैं—हमें अधिकांश पेट के ही रोग होते हैं। हमारे अधिकतर बूढ़े-बूढ़ी इसी पेट की बीमारी से मरते हैं। वे मांसभोजी हैं, उन्हें अधिकतर हृदय की बीमारी होती है। पाश्चात्य देशों में अधिकतर बूढ़े-बूढ़ी हृद्रोग और फेफड़े की बीमारी से मरते हैं। एक पाश्चात्य देशीय विद्वान् डॉक्टर पूछते हैं कि क्या पेट की बीमारी से पीड़ित लोग प्रायः निरुत्साह और वैरागी

होते हैं? हृदय आदि शरीर के ऊपरी भाग के रोगों में आशा और पूरा विश्वास रहता है। हैज़े का रोगी आरम्भ से ही मृत्यु के भय से अस्थिर हो जाता है। यक्ष्मा का रोगी मरने के समय भी विश्वास करता है कि उसे आरोग्य-लाभ हो जायगा। अतएव क्या इसीलिए भारतवासी सदा मृत्यु और वैराग्य की बातें कहा करते हैं? मैं तो अभी तक इस प्रश्न का कोई समुचित उत्तर ही नहीं सोच सका, किन्तु बात विचारणीय है अवश्य।

हमारे देश में दाँत और केश के रोग बहुत कम होते हैं और उस देश में बहुत ही कम लोगों के स्वाभाविक दाँत होते हैं। खल्वाट तो सभी जगह पाये जाते हैं। हमारी स्त्रियाँ नाक और कान गहना पहनने के लिए छिदवाती हैं। वहाँ की भले घर की स्त्रियाँ आजकल नाक-कान नहीं छिदवातीं, किन्तु कमर को बाँधकर, रीढ़ की हड्डी को मरोड़कर, प्लीहा और यकृत को अपनी जगह से हटाकर, शरीर को ही कुरूप बना डालती हैं। अपने शरीर को सुन्दर बनाने के कारण उन्हें मृत्यु का कष्ट झेलना पड़ता है।

पोशाक

इसके बाद अपनी देह पर कपड़ों की कई परतें डालकर भी शरीर के सौष्ठव का दिखलायी पड़ना आवश्यक है। पाश्चात्य देशीय पोशाक कामकाज करने के लिए अधिक उपयुक्त होती है। धनी लोगों की स्त्रियों की सामाजिक पोशाक को छोड़कर अन्य स्त्रियों की पोशाक भद्दी होती है। हमारी स्त्रियों की साड़ी और पुरुषों के चोगा, चपकन और पगड़ी के सौन्दर्य की तुलना इस पृथ्वी पर है ही नहीं। ढीली-ढाली कलीदार पोशाकों का सौन्दर्य तंग और चुस्त पोशाकों में कहाँ? हमारे सभी कपड़े कलीदार और ढीले-ढाले होते हैं, इसलिए उन्हें पहनकर कामकाज नहीं किया जा सकता। काम करने में वे नष्ट-भ्रष्ट हो जाते हैं। उनका फ़ैशन कपड़े में है। और हमारा फ़ैशन गहने में। अब थोड़ा थोड़ा हमारा ध्यान कपड़े की ओर भी गया है। स्त्रियों के फ़ैशन के लिए पेरिस और पुरुषों के फ़ैशन के लिए लन्दन केन्द्र हैं। पहले पेरिस की नर्तकियाँ नये नये फ़ैशन निकालती थीं। किसी प्रसिद्ध नर्तकी ने जो पोशाक पहनी, उसीका अनुकरण करने के लिए सब लोग दौड़ पड़ते थे। आजकल कपड़ा बेचनेवाले बड़े बड़े दूकानदार नये फ़ैशन का प्रचार करते हैं। कितने करोड़ रुपया प्रतिवर्ष इस पोशाक बनाने में लगता है, इसे हम समझ नहीं सकते। इन नयी पोशाकों की सृष्टि करना इस समय एक बड़ी कला हो गयी है। किसी स्त्री के शरीर और केश के रंग के साथ किस रंग की पोशाक मेल खायेगी, उसके शरीर का कौन अंग ढकना होगा और कौन खुला रखना पड़ेगा, इत्यादि

बातों पर खूब गम्भीर विचार कर तब पोशाक तैयार करनी पड़ती है। फिर, दो-चार बहुत ऊँची श्रेणी की महिलाएँ जो पोशाक पहनती हैं, वही पोशाक अन्य स्त्रियों को भी पहननी पड़ेगी, नहीं तो उनकी जाति चली जायगी ! इसीका नाम फ़ैशन है। फिर भी यह फ़ैशन घड़ी घड़ी बदलता है। वर्ष के चार मौसमों में चार बार बदलना तो आवश्यक है ही, इसके अलावा और भी कितने समय आते हैं जब पोशाक बदली जाती है। जो बड़े आदमी होते हैं, वे बड़े बड़े दर्जियों से पोशाक बनवाते हैं, किन्तु जो लोग मध्यम श्रेणी के हैं, वे या तो कामचलाऊ सीनेवाली स्त्रियों से नये फ़ैशन के कपड़े सिलवा लेते हैं, या स्वयं ही सीते हैं। यदि नया फ़ैशन अन्तिम पुराने फ़ैशन से मिलता-जुलता हुआ, तो वे अपने पुराने कपड़े को ही काट-छाँट कर ठीक कर लेते हैं, यदि ऐसा नहीं हुआ, तो नये कपड़े खरीदते हैं। अमीर लोग हर एक मौसम में अपने पुराने कपड़े अपने आश्रितों और नौकरों को दे डालते हैं। मध्यम श्रेणी के लोग उन्हें बेच डालते हैं। तब वे कपड़े यूरोपियनों के उपनिवेश—अफ़्रीका, एशिया, आस्ट्रेलिया आदि में जाकर बिकते हैं और पहने जाते हैं। जो बहुत अमीर होते हैं, उनके कपड़े पेरिस से बनकर आते हैं, बाक़ी लोग अपने देश में ही उनकी नक़ल कर कपड़े बनवाते हैं। किन्तु स्त्रियों की टोपियाँ तो फ़्रान्स की ही बनी होनी चाहिए। जिसके पास फ़्रान्स की बनी टोपी नहीं है, वह भद्र महिला नहीं समझी जाती। अंग्रेज़ और जर्मन स्त्रियों की पोशाक अच्छी नहीं समझी जाती। दस-बीस अमीर स्त्रियों को छोड़कर वे पेरिस में बने अच्छे कपड़े नहीं पहनतीं, इसलिए दूसरे देशों की स्त्रियाँ उन पर हँसती हैं। किन्तु बहुत से अंग्रेज़ पुरुष बहुत अच्छे कपड़े पहनते हैं। अमेरिका के सभी स्त्री-पुरुष बहुत सुन्दर कपड़े पहनते हैं। यद्यपि विदेशी वस्त्रों का आना रोकने के लिए अमेरिका की सरकार पेरिस और लन्दन के कपड़ों पर बहुत अधिक चुंगी लेती है, फिर भी सभी स्त्रियाँ अपने कपड़े पेरिस तथा सभी पुरुष अपने कपड़े लन्दन से ही मँगवाते हैं। तरह तरह के रंग के पश्मीना और बनात तथा रेशमी कपड़े प्रतिदिन निकलते हैं, लाखों व्यक्ति इसी काम में लगे हैं, लाखों आदमी उसीको काट-छाँट कर पोशाक बनाने में व्यस्त हैं। पोशाक यदि ठीक ढंग की न हुई, तो सभ्य पुरुष या स्त्री का बाहर निकलना ही कठिन हो जाता है। हमारे देश में कपड़ों के फ़ैशन का यह हंगामा नहीं है, पर गहनों में थोड़ा थोड़ा फ़ैशन घुस रहा है। रेशमी और ऊनी कपड़े के व्यापारी उन देशों में दिन-रात फ़ैशन के परिवर्तनों पर और लोगों को कौन फ़ैशन अधिक पसन्द हुआ, इस सब पर खूब तीखी नज़र रखते हैं, अथवा कोई नया फ़ैशन तैयार कर उस ओर लोगों के मन को आकृष्ट करने की चेष्टा करते हैं। जहाँ एक बार भी अन्दाज़

पक्का बैठ गया कि वह व्यवसायी मालामाल हो गया। जब तृतीय नेपोलियन फ़ान्स देश के सम्राट् थे, उस समय सम्राज्ञी युजेनी (Eugenie) पाश्चात्य देश की वेशभूषा की अधिष्ठात्री देवी समझी जाती थीं। उन्हें काश्मीरी शाल बहुत पसन्द था, इसलिए यूरोपवासी प्रतिवर्ष लाखों रुपये का शाल ख़रीदते थे। नेपोलियन के पतन के पश्चात् फ़ैशन बदल गया और काश्मीरी शालों की खपत यूरोप में रुक गयी। हमारे देश के व्यापारी पुरानी लकीर के फ़क़ीर हैं। वे समयानुसार किसी नये फ़ैशन का आविष्कार कर बाज़ार पर क़ब्ज़ा नहीं कर सके, इसलिए काश्मीर के बाज़ार को धक्का लग गया, बड़े बड़े सौदागर ग़रीब हो गये।

मौलिकता के अभाव से हमारी अवनति

यह संसार है—जागेगा सो पायेगा, सोयेगा सो खोयेगा। क्या कोई किसीकी प्रतीक्षा करता है? पाश्चात्य देश के लोग लाभानुकूल परिस्थिति को दस नेत्रों से देखते और दो सौ हाथों से काम करते रहते हैं। और हम लोग वह काम कभी नहीं कर सकते, जो शास्त्रों में नहीं लिखा है। कुछ नया काम करने की हमारी शक्ति भी नष्ट हो चुकी है! अन्न बिना हाहाकार मच रहा है। पर दोष किसका है? इसके प्रतिकार की तो कुछ भी चेष्टा नहीं होती, लोग केवल चिल्लाते हैं। अपनी झोपड़ी के बाहर निकलकर क्यों नहीं देखते कि दुनिया के दूसरे लोग किस प्रकार उन्नति कर रहे हैं। तब हृदय के ज्ञान-नेत्र खुलेंगे। देव और असुर का क़िस्सा तो तुम जानते ही हो। देवता आस्तिक थे—उन्हें आत्मा में विश्वास था, ईश्वर और परलोक में विश्वास करते थे। असुरों का कहना था कि इस जीवन को महत्त्व दो, पृथ्वी का भोग करो, इस शरीर को सुखी रखो। इस समय हम इस बात पर विचार नहीं कर रहे हैं कि देवता अच्छे थे या असुर। पर पुराणों को पढ़ने से पता चलता है कि असुर ही अधिकतर मनुष्यों की तरह के थे; देवता तो अनेक अंशों में हीन थे। अब यदि कहा जाय कि हिन्दू देवताओं की तथा पाश्चात्य देशवासी असुरों की सन्तान हैं, तो प्राच्य और पाश्चात्य का अर्थ अच्छी तरह समझ में आ जायगा।

शरीर-शुद्धि के सम्बन्ध में प्राच्य और पाश्चात्य की तुलना

पहले शरीर को ही लेकर देखो। बाह्य और आभ्यन्तरिक शुद्धि का ही नाम पवित्रता है। मिट्टी, जल आदि के द्वारा शरीर शुद्ध होता है। दुनिया की ऐसी कोई जाति नहीं है, जिसका शरीर हिन्दुओं के सदृश साफ़ हो। हिन्दुओं के अतिरिक्त

और किसी भी जाति के लोग जल-शौचादि नहीं करते। खैरियत है कि चीन-निवासियों ने पाश्चात्य देशवालों को इस कार्य के लिए काग़ज़ का व्यवहार सिखलाया था। यदि यह कहें कि पाश्चात्य देशवाले नहाते ही नहीं, तो भी कोई हर्ज नहीं। भारत में आने के कारण अंग्रेज़ों ने अब कहीं अपने देश में स्नान करने की प्रथा चलायी है। फिर भी जो विद्यार्थी विलायत से पढ़कर लौटे हैं, उनसे पूछो कि वहाँ स्नान करने का कितना कष्ट है। जो लोग स्नान करते हैं, वे भी सप्ताह में एक दिन और उसी दिन वे भीतर पहनने का कपड़ा (गंजी, अधबहियाँ आदि) बदलते हैं। अवश्य ही कुछ अमीर लोग आजकल प्रतिदिन स्नान करते हैं। अमेरिकावालों में प्रतिदिन स्नान करनेवालों की संख्या कुछ अधिक है। जर्मनीवाले कभी कभी तथा फ़्रांस आदि देश के निवासी तो शायद ही कभी स्नान करते हैं। स्पेन, इटली आदि गर्म देश हैं, फिर भी वहाँ लोग इससे भी कम स्नान करते हैं। लहसुन बहुत खाते हैं, पसीना बहुत होता है, पर सात जन्म में भी जल का स्पर्श नहीं होता। उनके शरीर की दुर्गन्धि से भूतों के भी चौदह पुरखे भाग जायँगे, भूत तो लड़के-बच्चे हैं! उनके स्नान का क्या अर्थ है? मुँह, माथा, हाथ धोना—जो अंग बाहर दिखायी पड़ते हैं और क्या! सभ्यता की राजधानी, रग-ढंग, भोग-विलास का स्वर्ग, विद्या-शिल्प के केन्द्र पेरिस में एक बार मेरे एक धनी मित्र बुलाकर ले गये। एक क़िले के समान होटल में उन्होंने मुझे ठहराया। राजाओं जैसा खाना मिलता था, किन्तु स्नान का नाम भी नहीं था। दो दिन किसी प्रकार मैंने सहा, फिर मुझसे नहीं सहा गया। तब मैंने अपने मित्र से कहा, "भाई! यह राजभोग तुम्हें ही मुबारक हो। मैं यहाँ से बाहर जाने के लिए व्याकुल हो रहा हूँ। यह भीषण गर्मी, और स्नान करने की कोई व्यवस्था ही नहीं; पागल कुत्ते जैसी मेरी दशा हो रही है।" यह बात सुनकर मेरे मित्र बहुत दुःखी हुए और होटल के कर्मचारियों पर बड़े कुपित हुए। उन्होंने कहा—अब मैं तुम्हें यहाँ नहीं ठहरने दूँगा, चलो कोई दूसरी अच्छी जगह ढूँढ़ी जाय।

बारह प्रधान होटल देखे गये, पर स्नान करने का प्रबन्ध कहीं नहीं था, अलग स्नान करने के स्थान थे, जहाँ चार-पाँच रुपया देकर एक बार स्नान किया जा सकता था। हरे राम, हरे राम! उसी दिन शाम को मैंने एक अख़बार में पढ़ा कि एक बुढ़िया स्नान करने के लिए हौज में बैठी और वहीं मर गयी! असल में जीवन में प्रथम बार ही बुढ़िया के अंग का जल से स्पर्श हुआ, और वह स्वर्ग सिधारी! इस बात में कोई अतिशयोक्ति नहीं है। रूसवाले तो सर्वथा म्लेच्छ हैं, तिब्बत से ही म्लेच्छता आरम्भ हो जाती है। हाँ, अमेरिका के प्रत्येक निवास-गृह में स्नानागार और नल रहता है।

किन्तु देखो, हममें और इनमें कितना अन्तर है! हम हिन्दू किसलिए स्नान करते हैं? अधर्म के डर से; और पाश्चात्य लोग शरीर साफ़ करने के लिए हाथ-मुंह धोते हैं। हमारे शरीर में चाहे मैल और तेल लगा ही क्यों न रहे, सिर्फ़ ऊपर पानी उड़ेल लेने से हमारा काम चल जाता है। फिर, हमारे दाक्षिणात्य भाई लोग स्नानोपरान्त इतना लम्बा-चौड़ा तिलक लगाते हैं कि उसे झाँवे से भी धोकर साफ़ करना ज़रा टेढ़ी खीर है! हमारे स्नान करने की प्रथा बड़ी सरल है, कहीं भी डुबकी मार लेने से काम चल जाता है, किन्तु पाश्चात्य देशों में ऐसा नहीं है। उन्हें एक गाँठ कपड़ा ही खोलना पड़ता है, बटन, हुक और काज का तो कहना ही क्या? हमें शरीर दिखलाने में कोई लज्जा नहीं है, उनके लिए यह अच्छा नहीं है। किन्तु, एक पुरुष को दूसरे पुरुष से कोई लज्जा नहीं होती। बाप बेटे के सामने विवस्त्र हो सकता है, इसमें कोई दोष नहीं। पर स्त्रियों के सामने सिर से पैर तक कपड़ा पहनना ही होगा।

बाह्याचार दूसरे आचारों की तरह कभी कभी अत्याचार या अनाचार हो जाता है। यूरोपियन लोग कहते हैं कि शरीर सम्बन्धी सब काम बहुत गुप्त रूप से करने चाहिए, बात बहुत ठीक है। शौच आदि की बात दूर रही, लोगों के सामने थूकना भी बहुत अशिष्टता है। खाकर सबके सामने मुँह धोना या कुल्ला करना भी बड़ी लज्जा की बात है। लोक-लज्जा के भय से खा-पीकर चुपचाप मुँह पोंछकर बैठ जाओ, इसका परिणाम दाँतों का सर्वनाश है। यह है सभ्यता के भय से अनाचार। इधर हम लोग दुनिया के लोगों के सामने रास्ते में बैठकर मुँह में हाथ डाल डाल कर मुँह धोते हैं, दाँत साफ़ करते हैं, कुल्ला करते हैं, यह अत्याचार है। अवश्य ही ये सब काम आड़ में करना चाहिए, किन्तु न करना भी अनुचित है।

फिर, देश-भेद के कारण जो कार्य अनिवार्य हैं, उन्हें समाज शान्त रूप से अपना लेता है। हमारे जैसे गरम देश में भोजन करने के समय हम आधा घड़ा पानी पी डालते हैं, फिर हम न डकारें तो क्या करें? किन्तु पाश्चात्य देशों में डकारना बहुत असभ्य काम है। पर खाते खाते जेब से रूमाल निकालकर यदि नाक साफ़ की जाय तो कोई हर्ज नहीं! किन्तु हमारे देश में यह बड़ी घृणित बात है। ठण्डे देशों मे बीच बीच में नाक साफ़ किये बिना बैठा ही नहीं जा सकता।

हम हिन्दू लोग मैले से अत्यन्त घृणा करते हैं, फिर भी हम बहुत मैले रहते हैं। हमको मैले से इतनी घृणा है कि जिसने मैला छुआ, उसे स्नान करना पड़ेगा। इसीलिए दरवाज़े पर मैले के ढेर को हम सड़ने देते हैं! सिर्फ़ ध्यान इस बात का रहता है कि हम उसे छूते तो नहीं! पर इधर जो नरक-कुण्ड का वास होता है,

उसका क्या? एक अनाचार के भय से दूसरा महाघोर अनाचार! एक पाप से बचने के लिए हम दूसरा गुरुतर पाप करते हैं! जो अपने घर में कूड़े का ढेर रखता है, वह अवश्य ही पापी है, इसमें सन्देह ही क्या है। उसका दण्ड भोगने के लिए उसे न तो दूसरा जन्म ही लेने की आवश्यकता होगी और न बहुत दिनों तक प्रतीक्षा ही करनी होगी।

आहार के सम्बन्ध में प्राच्य और पाश्चात्य आचार की तुलना

हम लोगों की जैसी साफ़ रसोई कहीं भी नहीं है। परन्तु विलायती भोजन-पद्धति की तरह हमारा तरीक़ा साफ़ नहीं है। हमारा रसोइया स्नान करता है, कपड़ा बदलता है, बरतन-भाड़ा, चूल्हा-चौका सब धो-माँजकर साफ़ करता है, नाक, मुँह या शरीर में हाथ छू जाने से उसी समय हाथ धोकर फिर खाद्य पदार्थ में हाथ लगाता है। विलायती रसोइया के तो चौदह पुरखों ने भी कभी स्नान नहीं किया होगा! पकाते पकाते खाने को चखता है और फिर उसी चमचे को बटलोई में डालता है। रूमाल निकालकर भड़ भड़ नाक साफ़ करता है और फिर उसी हाथ से मैदा सानता है! पाख़ाने से आता है—शौच में काग़ज़ का व्यवहार करता है, हाथ-पैर धोने का नाम तक नहीं लेता; बस उसी हाथ से पकाने लग जाता है! किन्तु वह पहनता है ख़ूब साफ़ कपड़ा और टोपी। एक कठौती में मैदा डालकर दो नंग-धड़ंग आदमी उसे अपने पैरों से कुचलते हैं—इसी तरह मैदा गूँधा जाता है। गर्मी का मौसम—सारे शरीर का पसीना पैर के रास्ते बहकर उसी मैदे में जाता है! जब उसकी रोटी तैयार होती है, तब उसे दूध जैसी साफ़ तौलिया के ऊपर चीनी मिट्टी के बर्तन में सजाकर साफ़ चद्दर बिछे हुए टेबुल के ऊपर, साफ़ कपड़े पहने हुए कुहनी तक हाथ में साफ़ दस्ताना चढ़ाये हुए नौकर लाकर सामने रख देता है! शायद कोई चीज़ हाथ से छूनी पड़े, इसीलिए कुहनी तक दस्ताना पहने रहता है।

हम लोगों के यहाँ स्नान किये हुए ब्राह्मण-देवता, धोये-माँजे हुए बर्तन में शुद्ध होकर पकाते हैं और गोबर से लिपी हुई ज़मीन पर थाली रखते हैं; ब्राह्मण-देवता के कपड़े पसीने से मैले हो जाते हैं, उनमें से बदबू निकलने लगती है। कभी कभी केले का पत्ता फटा होने से मिट्टी, मैला, गोबर युक्त रस एक अपूर्व आस्वाद उपस्थित करता है!!

हम लोग स्नान तो करते हैं, पर तेल लगा हुआ मैला कपड़ा पहनते हैं और यूरोप में मैले शरीर पर बिना स्नान किये हुए ख़ूब साफ़-सुथरी पोशाक पहनी जाती है। इसे ही अच्छी तरह समझो, यहीं पर ज़मीन-आसमान का अन्तर है—हिन्दुओं

की जो अन्तर्दृष्टि है, वह उनके सभी कार्यों में बराबर परिलक्षित होती है। हिन्दू फटी गुदड़ी में कोहनूर रखते हैं, विलायतवाले सोने के बक्स में मिट्टी का ढेला रखते हैं। हिन्दुओं का शरीर साफ़ होने से ही काम चल जाता है, कपड़ा चाहे जैसा ही क्यों न हो। विलायतवालों का कपड़ा साफ़ होने से ही काम चलता है, शरीर मैला भी रहे, तो क्या हर्ज ! हिन्दुओं का घर-द्वार धो-माँजकर साफ़ रखा जाता है, चाहे उसके बाहर नरक का कूड़ा ही क्यों न हो ! विलायतवालों की फ़र्श पर झकझकाती क़ालीन (एक प्रकार की दरी) पड़ी रहती है, कूड़ा-कर्कट उसके नीचे ढँका रहने से ही काम चल जाता है ! हिन्दुओं का पनाला रास्ते पर रहता है, जिससे बहुत दुर्गन्ध फैलती है। विलायतवालों का पनाला रास्ते के नीचे रहता है—जो सन्निपात ज्वर का घर है ! हिन्दू भीतर साफ़ रखते हैं; विलायतवाले बाहर साफ़ रखते हैं।

क्या चाहिए ? साफ़ शरीर पर साफ़ कपड़े पहनना। मुंह धोना, दाँत माँजना, सब चाहिए—पर एकान्त में। घर साफ़ चाहिए। रास्ता-घाट भी साफ़ हो। साफ़ रसोइया, साफ़ हाथों से पका भोजन, साफ़-सुथरे मनोरम स्थान में साफ़ किये हुए बर्तन में खाना चाहिए।

आचारः प्रथमो धर्मः।

(मनु० १।१०८)

'आचार ही पहला धर्म है', आचार की पहली बात है सब विषयों से साफ़-सुथरा रहना। आचारभ्रष्ट से क्या कभी धर्म होता है ? अनाचारी का दुःख नहीं देखते हो, देखकर भी नहीं सीखते हो ? इतनी महामारी, हैज़ा, मलेरिया किसके दोष से होता है ? हमारे दोष से। हमीं महा अनाचारी हैं।

आहार शुद्ध होने से मन शुद्ध होता है। मन शुद्ध होने से आत्मा सम्बन्धी अचला स्मृति होती है (सत्त्वशुद्धौ ध्रुवा स्मृतिः)—इस शास्त्रवाक्य को हमारे देश में सभी सम्प्रदायों ने माना है। किन्तु, शंकराचार्य ने आहार शब्द का अर्थ 'इन्द्रियजन्य ज्ञान' और रामानुजाचार्य ने 'भोज्य द्रव्य' किया है। सर्ववादी-सम्मत सिद्धान्त यही है कि दोनों ही अर्थ ठीक हैं। विशुद्ध आहार न होने से सब इन्द्रियाँ ठीक ठीक काम कैसे करेंगी ? खराब आहार से सब इन्द्रियों की ग्रहण-शक्ति का ह्रास एवं विपर्यय हो जाता है, यह बात सबों को भली-भाँति मालूम है। अजीर्ण दोष से एक चीज़ में दूसरी चीज का भ्रम होता है और आहार के अभाव से दृष्टि आदि शक्तियों का ह्रास होता है, यह भी सब जानते हैं। इसी तरह कोई विशेष भोजन किसी विशेष शारीरिक एवं मानसिक अवस्था को उत्पन्न

करता है, यह बात स्वयंसिद्ध है। हमारे समाज में जो इतना खाद्याखाद्य का विचार है, उसकी जड़ में भी यही तत्त्व है, यद्यपि हम अनेक विषयों में मुख्य वस्तु को भूलकर सिर्फ़ छिलके को ही लेकर बहुत कुछ उछल-कूद मचाते हैं।

रामानुजाचार्य ने खाद्य पदार्थ के सम्बन्ध में तीन दोषों से बचने के लिए कहा है। जाति-दोष---अर्थात् जो दोष खाद्य पदार्थ का जातिगत हो, जैसे प्याज़, लहसुन आदि उत्तेजक पदार्थ खाने से मन में अस्थिरता आती है अर्थात् बुद्धि भ्रष्ट होती है। आश्रय-दोष---अर्थात् जो दोष व्यक्तिविशेष के स्पर्श से आता है। दुष्ट लोगों का अन्न खाने से दुष्ट बुद्धि होगी ही। और भले आदमी का अन्न खाने से भली बुद्धि का होना इत्यादि। निमित्त-दोष---अर्थात् मैला, दूषित, कीड़े, केशयुक्त अन्न खाने से भी मन अपवित्र होता है। इनमें से जाति-दोष और निमित्त-दोष से बचने की चेष्टा सभी कर सकते हैं, किन्तु आश्रय-दोष से बचना सबके लिए सहज नहीं है। इसी आश्रय-दोष से बचने के लिए ही हमारे देश में छुआछूत का विचार है। अनेक स्थानों पर इसका उलटा अर्थ लगाया जाता है और असली अभिप्राय न समझने से यह एक कुसंस्कार भी हो गया है। यहाँ लोकाचार को छोड़कर लोकमान्य महापुरुषों के ही आचार ग्रहणीय हैं। श्री चैतन्य देव आदि जगद्गुरुओं के जीवन-चरित्र को पढ़कर देखो, वे लोग इस सम्बन्ध में क्या व्यवहार कर गये हैं। जाति-दोष से दूषित अन्न के सम्बन्ध में भारत जैसा शिक्षा-स्थल पृथ्वी पर इस समय और कहीं नहीं है। समस्त संसार में हमारे देश के सदृश पवित्र द्रव्यों का आहार करनेवाला और दूसरा कोई भी देश नहीं है। निमित्त-दोष के सम्बन्ध में इस समय बड़ी भयानक अवस्था उपस्थित हो गयी है। हलवाइयों की दूकान, बाज़ार में खाना, आदि सब कितना महा अपवित्र है, देखते ही हो। अनेक प्रकार के निमित्त-दोष से दूषित वहाँ की सामग्रियाँ होती हैं। इसका फल यही है---यह जो घर घर में अजीर्ण होता है, वह इसी हलवाई की दूकान और बाज़ार में खाने का फल है। यह जो पेशाब की बीमारी का प्रकोप है, वह भी हलवाई की दूकान का फल है। गाँव के लोगों को तो अजीर्ण और पेशाब की इतनी बीमारी नहीं होती, इसका प्रधान कारण है पूरी, कचौड़ी और विषाक्त लड्डुओं का अभाव। इस बात को आगे चलकर अच्छी तरह समझायेंगे।

सामिष और निरामिष भोजन

यह तो हुआ खाने-पीने के सम्बन्ध में प्राचीन साधारण नियम। इस नियम के सम्बन्ध में भी फिर कई मतामत प्राचीन काल में चलते थे और आज भी चल रहे हैं। प्रथमतः प्राचीन काल से आधुनिक काल तक सामिष और निरामिष भोजन

पर महाविवाद चल रहा है। मांस-भोजन उपकारक है या अपकारक, इसके अलावा जीव-हत्या न्यायसम्मत है या अन्याय, यह एक बहुत बड़ा वितण्डावाद बहुत दिनों से चला आ रहा है। एक पक्ष कहता है, किसी कारण से भी हत्या रूपी पाप करना उचित नहीं, पर दूसरा पक्ष कहता है कि अपनी बात दूर रखो, हत्या न करने से प्राण धारण ही नहीं हो सकता। शास्त्रवादियों में महा गोलमाल है। शास्त्र में एक स्थान पर कहा जाता है कि यज्ञस्थल में हत्या करो और दूसरे स्थान पर कहा जाता है कि जीव-हत्या मत करो। हिन्दुओं का सिद्धान्त है कि यज्ञ-स्थल को छोड़कर किसी दूसरे स्थान पर जीव-हत्या करना पाप है। किन्तु यज्ञ करके आनन्दपूर्वक मांस-भोजन किया जा सकता है। इतना ही नहीं, गृहस्थों के लिए ऐसे अनेक नियम हैं कि अमुक अमुक स्थान पर हत्या न करने से पाप होगा —जैसे श्राद्धादि। उन सब स्थानों पर निमंत्रित होकर मांस न खाने से पशुजन्म होता है—ऐसा मनु ने लिखा है। दूसरी ओर जैन, बौद्ध और वैष्णव कहते हैं कि हम तुम्हारा शास्त्र नहीं मानते, हत्या किसी प्रकार भी नहीं की जा सकती। बौद्ध सम्राट् अशोक की आज्ञा थी—'जो यज्ञ करेगा एवं निमन्त्रण देकर मांस खिलायेगा, वह दण्डित होगा।' आधुनिक वैष्णव कुछ असमंजस में पड़े हैं। उनके उपास्य देवता राम और कृष्ण मद-मांस आदि उड़ा रहे हैं—यह रामायण और महाभारत में लिखा है।[1] सीतादेवी ने गंगा जी को मांस, भात और हज़ार कलसी मद्य चढ़ाने की मनौती मानी थी। वर्तमान काल में लोग शास्त्र की बातें भी नहीं मानते और महापुरुष का कहा हुआ है, ऐसा कहने से भी नहीं सुनते।

---

१. **सीतामादाय बाहुभ्यां मधुमैरेयकं शुचि।**
पाययामास काकुत्स्थः शचीमिन्द्रो यथाऽमृतम्॥
मांसानि च सुमिष्टानि विविधानि फलानि च।
रामस्याभ्यवहारार्थं किंकरास्तूर्णमाहरन्॥
—रामायण ॥उत्तर०॥५२॥

सुराघटसहस्रेन मांसभूतौदनेन च।
यक्ष्ये त्वां प्रीयतां देवी पुरीं पुनरुपागता॥
—रामायण ॥अयोध्या०॥५५॥

उभौ मध्वासवक्षिप्तौ उभौ चंदनचर्चितौ।
उभौ पर्यंकरथिनौ दृष्टौ मे केशवार्जुनौ॥
—महाभारत ॥आदिपर्व॥

इधर पाश्चात्य देशों में यह विवाद हो रहा है कि मांस खाने से रोग होता है एवं निरामिष भोजन करने से नीरोग रहते हैं। एक पक्ष कहता है कि मांसाहारी रोगी होता है। दूसरा दल कहता है कि यह सब झूठ बात है, यदि ऐसा होता तो हिन्दू नीरोग होते और अंग्रेज़, अमेरिकन आदि प्रधान मांसाहारी जातियाँ इतने दिनों में रोग से मटियामेट हो गयी होतीं। एक पक्ष कहता है कि बकरा खाने से बकरे जैसी बुद्धि हो जाती है, सूअर खाने से सूअर जैसी बुद्धि होती है, मछली खाने से मछली जैसी होती है; दूसरा पक्ष कहता है, गोभी खाने से गोभी जैसी बुद्धि होती है, आलू खाने से आलू जैसी बुद्धि होती है और भात खाने से भात-बुद्धि होती है—जड़ बुद्धि की अपेक्षा चैतन्य बुद्धि होना अच्छा है। एक पक्ष कहता है कि जो भात-दाल है, वही मांस भी है। दूसरा पक्ष कहता है कि हवा भी तो वही है, फिर तुम हवा खाकर क्यों नहीं रहते? एक पक्ष कहता है कि निरामिष होकर भी लोग कितना परिश्रम करते हैं। दूसरा पक्ष कहता है कि यदि ऐसा होता तो निरामिषभोजी जाति ही प्रधान होती, किन्तु चिरकाल से मांसभोजी जाति ही बलवान और प्रधान है। मांसाहारी कहते हैं कि हिन्दुओं और चीनियों को देखो, खाने को नहीं मिलता, साग-भात खाकर जान देते हैं, इनकी दुर्दशा देखो। जापानी भी ऐसे ही थे। मांस खाना आरम्भ करने से ही उनकी जीवनधारा बदल गयी है।

भारत में डेढ़ लाख हिन्दुस्तानी सिपाही हैं, उनमें देखो, कितने निरामिष भोजन करते हैं? अच्छे सिपाही गोरखा या सिक्ख होते हैं, देखो तो भला कौन कब निरामिषभोजी था! एक पक्ष कहता है कि मांस खाने से बदहज़मी होती है, और दूसरा कहता है कि यह सब ग़लत है, निरामिषभोजियों को ही इतने पेट के रोग होते हैं। एक पक्ष कहता है कि तुम्हारा कोष्ठ-शुद्धि का रोग साग-भात खाने से जुलाब लेने की तरह अच्छा हो जाता है। ऐसा कहकर क्या सारी दुनिया को वैसा ही बनाना चाहते हो? सारांश यह है कि बहुत दिनों से मांस खानेवाली जातियाँ ही युद्ध-वीर और चिन्तनशील हैं। मांस खानेवाली जातियाँ कहती हैं कि जिस समय यज्ञ का धुआँ सारे देश से उठता था, उस समय हिन्दुओं में बड़े बड़े दिमाग़वाले पुरुष होते थे। जब से यह बाबा जी का तरीक़ा हुआ, तब से एक आदमी भी वैसा नहीं पैदा हुआ। इस प्रकार डर से मांसभोजी मांस खाना छोड़ना नहीं चाहते। हमारे देश में आर्यसमाजियों में यही विवाद चल रहा है। एक पक्ष कहता है कि मांस खाना अत्यन्त आवश्यक है, दूसरा कहता है कि मांस खाना सर्वथा अन्याय है। यही वाद-विवाद चल रहा है। सब पक्षों की राय जान-सुनकर मेरी तो यही राय होती है कि हिन्दू ही ठीक रास्ते पर हैं। अर्थात् हिन्दुओं की यह जो व्यवस्था है कि जन्म-कर्म के भेद से आहार आदि में भिन्नता होगी, यही ठीक सिद्धान्त है।

मांस खाना अवश्य असभ्यता है। निरामिष भोजन ही पवित्र है। जिनका उद्देश्य धार्मिक जीवन है, उनके लिए निरामिष भोजन अच्छा है और जिसे रात-दिन परिश्रम करके प्रतिद्वन्द्विता के बीच में जीवन-नौका खेना है, उसे मांस खाना ही होगा। जितने दिन 'बलवान की जय' का भाव मानव-समाज में रहेगा, उतने दिन मांस खाना ही पड़ेगा अथवा किसी दूसरे प्रकार की मांस जैसी उपयोगी चीज खाने के लिए ढूंढ़ निकालनी होगी। नहीं तो बलवानों के पैर के नीचे बलहीन पिस जायँगे। राम, श्याम निरामिष खाकर मजे में हैं, ऐसा कहने से नहीं चलेगा। एक जाति की दूसरी जाति से तुलना करके देखना होगा।

फिर निरामिषभोजियों में भी विवाद होता है। एक पक्ष कहता है कि चावल, आलू, गेहूँ, जौ, मकई आदि शर्कराप्रधान खाद्य किसी भी काम के नहीं हैं। उन सबको मनुष्य ने बनाया है, उन्हें खाने से रोग होते हैं। शर्करा-उत्पादक (starchy) भोजन रोग का घर है। घोड़ा, गाय आदि को घर में रखकर चावल, गेहूँ खिलाने से वे रोगी हो जाते हैं और मैदान में छोड़ देने से हरी घास खाने पर उनका रोग चला जाता है। घास, साग, पात आदि हरी चीजों में शर्करा-उत्पादक पदार्थ बहुत कम हैं। वनमानुष जाति बादाम और घास खाती है, आलू, गेहूँ नहीं खाती और यदि खाती भी है, तो कच्चे रूप में, जब 'स्टार्च' (starch) अधिक नहीं होता। यहाँ सब तरह का यथेष्ट विवाद चल रहा है। एक पक्ष कहता है कि पका हुआ मांस, फल और दूध यही भोजन दीर्घ जीवन के लिए उपयोगी है। विशेष फल खानेवाला बहुत दिनों तक नौजवान रहेगा। कारण, फल की खटाई हाथ-पैर में मोर्चा नहीं लगने देती।

अब सर्वसम्मत सिद्धान्त यह है कि पुष्टिकारक और शीघ्र हज़म होनेवाला भोजन खाना चाहिए। कम आयतन का पुष्टिकारक एवं सुपाच्य भोजन करना चाहिए। जिसे खाने से पुष्टि कम होती है, उसे अधिक परिमाण में खाना पड़ता है। इसलिए उसके पचने में सारा दिन लग जाता है। यदि भोजन को हज़म करने में ही सारी शक्ति लग जाय, तो फिर दूसरा काम करने की शक्ति कहाँ रहेगी?

हमारे देश के खाद्य पदार्थ की आलोचना

तली हुई चीजें असली जहर हैं। हलवाई की दूकान यम का घर है। घी-तेल गरम देश में जितना कम खाया जाय, उतना ही अच्छा है। घी की अपेक्षा मक्खन जल्दी हज़म होता है। मैदे में कुछ भी नहीं है, सिर्फ़ देखने ही में सफ़ेद है। जिसमें गेहूँ का सार भाग हो, वही आटा खाना चाहिए। हमारे बंगाल देश में इस समय भी दूर के छोटे छोटे गाँवों में जो भोजन का बन्दोबस्त है, वही अच्छा है। किस

प्राचीन बंगाली कवि ने पूरी-कचौड़ी का वर्णन किया है? यह पूरी-कचौड़ी तो पश्चिम प्रान्त से आयी है, वहाँ भी लोग बीच बीच में उन्हें खाते हैं, हर रोज़ 'पक्की रसोई' खानेवालों को तो मैंने नहीं देखा है। मथुरा के चौबे कुश्तीबाज़ होते हैं, लड्डू और कचौड़ी उन्हें अच्छी लगती है। दो ही चार वर्षों में चौबे जी की पाचन-शक्ति का सर्वनाश हो जाता है, फिर तो चौबे जी चूरन खा खाकर मरते हैं।

ग़रीबों को भोजन नहीं मिलता, इसलिए वे भूखे ही मरते हैं और धनी अखाद्य खाकर मरते हैं। अखाद्य वस्तुओं से पेट भरने की अपेक्षा उपवास ही अच्छा है। हलवाई की दूकान पर खाने लायक़ कोई चीज़ नहीं होती, वहाँ के सब पदार्थ एकदम विष हैं। पहले लोग कभी कभी इन्हें खाते थे, इस समय तो शहर के लोग—विशेष-कर वे परदेशी जो शहर में वास करते हैं—इन्हें ही खाते हैं। इनसे अजीर्ण होकर यदि अकाल मृत्यु हो जाय, तो इसमें आश्चर्य ही क्या है? खूब भूखे होने पर भी कचौड़ी-जलेबी को फेंककर एक पैसे की लाई मोल लेकर खाओ। किफ़ायत भी होगी और कुछ खाया, ऐसा भी होगा। भात, दाल, रोटी, मछली, तरकारी और दूध यथेष्ट भोजन है; किन्तु दाल दक्षिणियों जैसी खाना उचित है अर्थात् दाल का सिर्फ़ पानी ही लेना और बाक़ी सब गाय को दे देना चाहिए। यदि पैसा हो तो मांस भी खा सकते हो, किन्तु भिन्न भिन्न प्रकार के पश्चिमी गरम मसालों को बिना मिलाये हुए। मसाला खाने की चीज़ नहीं है—केवल आदत के ही कारण हम उसे खाते हैं। दाल बहुत पुष्टिकर खाद्य है, किन्तु बहुत देर में हज़म होती है। हरी मटर की दाल बहुत ही जल्द हज़म होती है और खाने में भी बहुत स्वादिष्ट होती है। राजधानी पेरिस में हरी मटर का 'सूप' बहुत विख्यात है। कच्ची मटर की दाल को खूब सिझाकर फिर उसे पीसकर जल में घोल दो। फिर एक दूध छानने की छन्नी की तरह की तार की चलनी से छान लेने से ही भूसी वग़ैरह निकल जायगी। इसके बाद हल्दी, मिर्च, धनियाँ, जीरा, काली मिर्च तथा और जो चीज़ें डालनी हों, उन्हें डालकर छौंक लेने से उत्तम, स्वादिष्ट, सुपाच्य दाल बन जाती है। यदि मांसाहारी उसमें मछली या बकरे का सिर डाल दें, तो वह स्वादिष्ट हो जायगी।

देश में पेशाब की बीमारी की जो इतनी धूम है, उसका अधिकांश कारण अजीर्ण ही है; यह दो-चार आदमियों को अधिक मानसिक परिश्रम से होती है; बाक़ी सबको बदहज़मी से। खाने का अर्थ क्या पेट भरना ही है? जितना हज़म हो जाय, उतना ही खाना चाहिए। तोंद का बढ़ना बदहज़मी का पहला चिह्न है। सूख जाना या मोटा होना दोनों ही बदहज़मी हैं। पैर का मांस लोहे की तरह सख़्त होना चाहिए। पेशाब में चीनी या आलबूमन (albumen) दिखलायी

पड़ते ही घबड़ाकर बैठ न जाओ। वे सब हमारे देश में कुछ भी नहीं हैं। उन पर ध्यान न दो। भोजन की ओर खूब ध्यान दो, जिससे अजीर्ण न हो। जहाँ तक सम्भव हो, खुली हवा में रहो। खूब घूमो और परिश्रम करो। जैसे हो, छुट्टी लेकर बदरिकाश्रम की तीर्थयात्रा करो। हरिद्वार से पैदल १०० कोस चलकर बदरिकाश्रम जाने और लौटने से ही वह पेशाब की बीमारी न जाने कहाँ भाग जायगी! डॉक्टर-वाक्टर को पास मत फटकने दो। उनमें से अधिकांश ऐसे हैं कि अच्छा तो कर नहीं सकेंगे, उलटे खराब कर देंगे। हो सके तो दवा बिल्कुल मत खाओ। रोग से यदि एक आना मरते हैं, तो औषधि खाकर पन्द्रह आना मरते हैं। हो सके तो हर साल दुर्गा-पूजा की छुट्टी में पैदल घर जाओ। धनी होना और आलसियों का बादशाह बनना इस देश में एक ही बात समझी जा रही है। जिसको पकड़कर चलाना पड़े, खिलाना पड़े वह तो जीवित रोगी है— हतभाग्य है! जो पूरी की परत को छीलकर खाते हैं, वे तो मानो मर गये हैं। जो एक साँस में दस कोस पैदल नहीं चल सकता, वह आदमी नहीं, केंचुआ है। यदि इच्छाकृत रोग अकाल मृत्यु बुला दे, तो कोई क्या करेगा?

और यह जो पावरोटी है वह भी विष ही है, उसको बिल्कुल मत छूना। खमीर मिलाने से मैदा कुछ का कुछ हो जाता है। कोई खमीरदार चीज़ मत खाना। इस सम्बन्ध में हम लोगों के शास्त्रों में जो सब प्रकार की खमीरदार चीज़ों के खाने का निषेध है, वह बिल्कुल ठीक है। शास्त्र में जो कोई मीठी चीज़ खट्टी हो जाय, उसे 'शुक्त' कहते हैं। दही को छोड़कर उन सभी चीज़ों के खाने का निषेध है। दही बहुत ही उपादेय तथा अच्छी चीज़ है। यदि पावरोटी खाना ही पड़े, तो उसे दुबारा आग पर खूब सेंककर फिर खाओ। अशुद्ध जल और अशुद्ध भोजन रोग का घर है। अमेरिका में इस समय जल-शुद्धि की बड़ी धूम है। फ़िल्टर जल के दिन अब गये। फ़िल्टर जल को सिर्फ़ थोड़ा छान भर देते हैं, किन्तु रोगों के कारण जो सब कीटाणु हैं, वे तो उसमें बने ही रहते हैं। हैज़े और प्लेग के कीटाणु तो ज्यों के त्यों बने रहते हैं; ज़्यादातर तो स्वयं फ़िल्टर इन सब कीटाणुओं की जन्म-भूमि बन जाता है। कलकत्ते में जब पहले-पहल फ़िल्टर किये हुए जल का प्रचार हुआ, तो उस समय चार-पाँच वर्षों तक हैज़ा इत्यादि कुछ नहीं हुआ। इसके बाद फिर वही हालत हो गयी। अर्थात् वह फ़िल्टर ही स्वयं हैज़े के बीज का घर हो गया। फ़िल्टरों में जो तिपाई पर तीन घड़े रखकर पानी साफ किया जाता है, वह उत्तम है। किन्तु दो-तीन दिन के बाद बालू और कोयले को बदल देना चाहिए या उन्हें जला लेना चाहिए और यह जो थोड़ी फिटकिरी डालकर गंगा के पानी का साफ़ करने का ढंग है, वह सबसे अच्छा है। फिटकिरी का चूर्ण यथाशक्ति

मिट्टी, मैला और रोग के बीज को धीरे धीरे नीचे बैठा देता है। गंगाजल घड़े में भरकर थोड़ा फिटकिरी का चूर्ण डालकर साफ़ करके जो हम व्यवहार में लाते हैं, वह विलायती फ़िल्टर-सिल्टर से कहीं अच्छा है; कल के पानी से सौ गुना उत्तम है। हाँ, जल को उबाल लेने से निडर होकर व्यवहार किया जा सकता है। फ़िल्टर को दूर हटाकर फिटकिरी से साफ़ किये हुए उबाले पानी को ठण्डा करके व्यवहार में लाओ। इस समय अमेरिका में बड़े बड़े यन्त्रों की सहायता से जल को वाष्प बना देते हैं, फिर उसी वाष्प से जल बनता है। इसके बाद एक यन्त्र के द्वारा उसके भीतर विशुद्ध वायु मिलाते हैं—क्योंकि यह वायु जल के वाष्प बनने के समय निकल जाती है। यह जल अत्यन्त शुद्ध है। इस समय अमेरिका के प्रत्येक घर में इसीका प्रचार है।

हमारे देश में जिनके पास दो पैसा है, वे अपने बाल-बच्चों को पूरी-मिठाई खिलायेंगे ही! भात-रोटी खिलाना उनके लिए अपमान है! इससे बाल-बच्चे आलसी, निर्बुद्धि हो जाते हैं तथा उनका पेट निकल आता है और शकल सचमुच जानवर जैसी हो जाती है। इतनी बलवान अंग्रेज़ जाति भी पूरी-मिठाई आदि से डरती है। ये लोग तो बर्फ़ीले देशों में रहते हैं! दिन-रात कसरत करते हैं! हम लोग तो अग्निकुण्ड में रहते हैं, एक जगह से उठकर दूसरी जगह जाना नहीं चाहते और खाना चाहते हैं, पूरी-कचौड़ी-मिठाई—घी में और तेल में तली हुई! पुराने ज़माने में गाँव के ज़मींदार सहज में दस कोस घूम आते थे, २०-२५ 'कई' मछलियाँ काँटा समेत चबा जाते थे और सौ वर्ष जीते रहते थे। उनके लड़के-बच्चे कलकत्ते आकर आँख पर चश्मा लगाते हैं, पूरी-कचौड़ी खाते हैं, रात-दिन गाड़ी पर चढ़ते हैं और पेशाब की बीमारी से मरते हैं; कलकतिया होने का यही फल है! और सर्वनाश करते हैं, ये अजीब डॉक्टर और वैद्य। वे सर्वज्ञ हैं, औषधि के प्रभाव से सब कुछ कर सकते हैं! पेट में थोड़ी गरमी हुई, तो दे दी एक दवा! ये अजीब वैद्य भी यह नहीं कहते कि दवा छोड़कर दो कोस टहल आओ।

मैंने भिन्न भिन्न देश देखे हैं, भिन्न भिन्न प्रकार के भोजन भी किये हैं, पर हम लोगों के भात, दाल आदि की वे बराबरी नहीं कर सकते, इनके लिए पुनर्जन्म लेना भी कोई बड़ी बात नहीं है! दाँत रहने पर भी तुम लोग दाँत का महत्त्व नहीं समझते, अफ़सोस तो यही है। खाने में क्या अंग्रेज़ की नक़ल करनी होगी—उतना रुपया कहाँ है? इस समय हमारे बंगाल देश के लिए यथार्थ उपयोगी भोजन है, पूर्व बंगाल का भोजन। वह उपादेय, पुष्टिकर और सस्ता है; जितना हो सके उसीकी नक़ल करो। जितना (पश्चिम) बंगाल की ओर बढ़ोगे, उतना ही ख़राब है। देखते नहीं, उर्द की दाल और मछली का झोल मात्र—यही अर्द्ध-संथाली भोजन

वीरभूम, बाँकुड़ा आदि में प्रचलित है। तुम लोग कलकत्ते के आदमी हो, यह जो सर्वनाश की जड़ हलवाई की दूकान खोलकर बैठे हो, वहाँ मिट्टीयुक्त मैदे का सामान बनता है, उसकी सुन्दरता के फेर में पड़कर वीरभूम, बाँकुड़ा ने लाई को दामोदर में बहा दिया है, उर्द की दाल उन लोगों ने गड्ढे में फेंक दी है और पोस्ता से दीवाल को लीप दिया है। ढाका और विक्रमपुरवाले भी 'ढाँई' मछली, कछुए आदि को जल में बहाकर 'सभ्य' हो गये हैं! स्वयं का तो सत्यानाश कर ही चुके, अब सारे देश को नष्ट कर रहे हो, यही तो तुम लोग बड़े सभ्य हो, शहर के बाशिन्दे हो! आग लगे तुम्हारी इस सभ्यता को! वे लोग भी इतने अहमक़ हैं कि कलकत्ते को गदी चीज़ें खाकर संग्रहणी और पेचिश की बीमारी से मरते हैं। तब भी चूँ नहीं करते कि ये सब चीज़ें हज़म नहीं होतीं। उलटे कहेंगे कि हवा में ही नमी है और वह खारी है! चाहे जैसे भी हो, उन्हें शहरिया तो बनना ही है!

पाश्चात्य लोगों का आहार

खाने-पीने के सम्बन्ध में मोटी बातें तो तुम लोगों ने सुनीं। इस समय पाश्चात्य देशवासी क्या खाते हैं और उनके आहार में क्रमशः कैसा परिवर्तन हुआ है, वह भी अब हम देखेंगे।

ग़रीबी की अवस्था में सभी देशों का खाद्य विशेषकर अन्न ही रहता है; साग-तरकारी, मछली-मांस, भोग-विलास में शामिल हैं और चटनी की तरह व्यवहृत होते हैं। जिस देश में जिस अन्न की पैदावार अधिक होती है, वहाँ के ग़रीबों का वही प्रधान भोजन है, दूसरी सब चीज़ें प्रासंगिक हैं। बंगाल, उड़ीसा, मद्रास और मलाबार के किनारे पर भात ही प्रधान खाद्य है, उसके साथ कभी कभी दाल, तरकारी, मछली, मांस आदि चटनी की तरह खाया जाता है।

भारत के अन्यान्य सब प्रदेशों में सम्पन्न लोगों का भोजन गेहूँ की रोटी और भात है। सर्वसाधारण लोग प्रधानतः नाना प्रकार के अन्न, बाजरा, मड़ुआ, ज्वार, मकई आदि की रोटियाँ खाते हैं।

साग-तरकारी-दाल, मछली-मांस आदि सारे भारत में इसी रोटी या भात को स्वादिष्ट बनाने के लिए व्यवहार में आते हैं, इसीलिए उनका नाम व्यंजन पड़ा है। पंजाब, राजपूताना और दक्षिण में सम्पन्न लोग, यहाँ तक कि राजागण भी, यद्यपि प्रतिदिन मांस खाते हैं, फिर भी उनका प्रधान खाद्य रोटी या भात ही है। जो व्यक्ति आध सेर मांस रोज़ खाता है, वह अवश्य ही उसके साथ एक सेर रोटी खाता है।

पाश्चात्य देशों में ग़रीब देशों तथा धनी देशों के ग़रीब लोगों का प्रधान भोजन रोटी और आलू ही है। मांस तो चटनी की तरह कभी कभी मिल जाता

है। स्पेन, पुर्तगाल, इटली आदि उष्णप्रधान देशों में अंगूर अधिक मात्रा में उत्पन्न होता है और अंगूरी शराब बड़ी सस्ती मिलती है। उन शराबों में नशा नहीं होता (अर्थात् जब तक कोई पीपा भर न पी ले, तब तक उसे नशा न होगा और उतना अधिक तो कोई पी भी नहीं सकता) और वह बहुत पुष्टिकर पेय है। उन देशों के ग़रीब लोग मछली-मांस की जगह पर इसी अंगूर के रस से मज़बूत होते हैं। किन्तु, रूस, स्वेडन, नार्वे प्रभृति उत्तरी देशों में ग़रीब लोगों का प्रधान आहार है 'राई' नामक अन्न की रोटी और एकाध टुकड़ा मछली या आलू। फिर, यूरोप के धनी लोग और अमेरिका के लड़के-बूढ़े सभी एक दूसरे ही तरह का खाना खाते हैं—अर्थात् रोटी, भात आदि वे चटनी के रूप में खाते हैं, एवं मछली-मांस ही उनका खाद्य है। अमेरिका में रोटी नहीं खायी जाती, ऐसा कह सकते हैं। निरा मांस ही परोसा जाता है, फिर ख़ाली मछली परोसी जाती है, उसे यों ही खाना होता है—भात रोटी के साथ नहीं। इसलिए हर बार थाली बदलनी पड़ती है। यदि दस खाने की चीज़ें हैं, तो दस बार थाली बदलनी होगी। जैसे मान लो, हमारे देश में पहले सिर्फ़ तरकारी परोसी गयी, फिर थाली को बदलकर सिर्फ़ दाल परोसी गयी, फिर थाली बदलकर सिर्फ़ झोल परोसा गया, फिर थाली बदलकर थोड़ा सा भात या दो पूरियाँ इत्यादि। उसका लाभ यही है कि बहुत सी चीज़ें थोड़ी थोड़ी खायी जाती हैं। पेट में बोझा भी कम होता है। फ़्रांसीसियों का रिवाज़ है—सबेरे कॉफ़ी के साथ एक-दो टुकड़ा रोटी और मक्खन खाना। मध्यम श्रेणी के लोग दोपहर में मछली-मांस आदि खाते हैं। रात में पूरा भोजन होता है। इटली, स्पेन प्रभृति देशों में रहनेवाली जातियों का भोजन फ़्रांसीसियों जैसा ही है। जर्मनीवाले पाँच-छः बार खाते हैं, प्रत्येक बार थोड़ा मांस ज़रूर रहता है। अंग्रेज़ तीन बार खाते हैं, सबेरे थोड़ा सा, किन्तु बीच बीच में कॉफ़ी या चाय पीते रहते हैं। अमेरिकन लोग तीन बार अच्छा खाना खाते हैं, जिसमें मांस अधिक रहता है। फिर भी इन सभी देशों में 'डिनर' (dinner) नामक भोजन ही प्रधान होता है। अमीरों के यहाँ फ़्रांसीसी रसोइया रहता है और फ़्रांसीसी पद्धति से खाना बनाया जाता है। पहले एकाध नमकीन मछली या मछली का अण्डा या कोई चटनी या तरकारी खाते हैं। इसके खाने से भूख बढ़ती है। इसके बाद हरा साग, इसके बाद आजकल एक फल खाने का फ़ैशन हो गया है। इसके बाद मछली, मछली के बाद मांस की एक तरकारी, फिर भुना हुआ मांस, साथ में कच्ची सब्ज़ी, इसके बाद जंगली मांस जैसे हिरन, पक्षी आदि, इसके अनन्तर मिष्टान्न, अन्त में आइस्क्रीम। बस मधुरेण समापयेत्। धनी लोगों के यहाँ हर बार थाली बदलने के साथ ही शराब भी बदली जाती है—शेरी, क्लेरेट, शैम्पेन आदि बीच बीच में शराब की

थोड़ी कुल्फ़ी भी होती है। थाल बदलने के साथ ही काँटा-चम्मच भी बदला जाता है। भोजन के अन्त में बिना दूध की 'कॉफ़ी' पीते हैं, बीच बीच में शराब का प्याला और सिगार। भोजन के प्रकार के साथ ही साथ शराब की विभिन्नता दिखलाने से ही 'बड़प्पन' की पहचान होती है। इनके डिनर में इतना अधिक खर्च होता है कि उससे हमारे यहाँ के मध्यम श्रेणी के मनुष्य का तो सर्वनाश ही हो जायगा !

आर्य लोग पल्थी मारकर एक पीढ़े पर बैठते थे और टेकने के लिए उनके पीछे एक पीढ़ा रखा जाता था। एक छोटी चौकी पर थाल रखकर, एक थाल में ही सब कुछ खा लेते थे। यह रिवाज़ इस समय भी पंजाब, राजपूताना, महाराष्ट्र और गुजरात में मौजूद है। बंगाली, उड़िया, तेलंगी और मलाबारी ज़मीन पर ही बैठकर भोजन करते हैं। मैसूर के महाराज भी ज़मीन पर केले के पत्ते में भात-दाल खाते हैं। मुसलमान चद्दर बिछाकर खाते हैं। बरमी, जापानी आदि ज़मीन पर थाल रखकर कुछ झुककर खाते हैं। चीनवाले कुर्सी पर बैठकर मेज़ पर खाना रखकर काँटे-चम्मच से खाते हैं। प्राचीन रोमन तथा ग्रीक लोग कोच में लेटकर और खाना मेज़ पर रखकर हाथ से खाते थे। पहले यूरोपवासी कुर्सी पर बैठकर और मेज़ पर सामग्री रखकर हाथ से खाते थे; पर अब हर क़िस्म के काँटे-चम्मच से खाते हैं।

चीनियों का भोजन सचमुच एक कसरत है। हमारे देश में जैसे पानवाली लोहे के पत्तर के दो टुकड़ों से पान तराशती है, उसी प्रकार चीनी दाहिने हाथ में लकड़ी के दो टुकड़े अपनी हथेली और अँगुलियों के बीच में चिमटे की तरह पकड़ते हैं और उसीसे तरकारी आदि खाते हैं। फिर दोनों को एकत्र कर एक कटोरी भात मुँह के पास लाकर उन्हीं दोनों के सहारे उस भात को ठेल ठेलकर मुँह में डालते हैं।

सभी जातियों के आदिम पुरुष जो पाते थे, वही खाते थे। किसी जानवर को मारकर उसे एक महीने तक खाते थे, सड़ जाने पर भी नहीं छोड़ते थे ! धीरे धीरे लोग सभ्य हो गये। खेतीबारी होने लगी। जंगली जानवरों की तरह एक दिन खूब खाकर चार-पाँच दिन भूखे रहने की प्रथा उठ गयी। रोज़ भोजन मिलने लगा, फिर भी बासी और सड़ी वस्तुओं का खाना नहीं छूटा। पहले सड़ी-गली चीज़ें आवश्यक भोजन थीं, पर अब वे चटनी अचार के रूप में नैमित्तिक भोजन हो गयी हैं।

इस्कीमो जाति बर्फ़ में रहती है। वहाँ अनाज बिल्कुल नहीं पैदा होता। वहाँ रोज़ का खाना मछली और मांस ही है। दस-पन्द्रह दिनों में उनसे अरुचि उत्पन्न होने पर एक टुकड़ा सड़ा मांस खाकर अरुचि मिटाते हैं।

यूरोपवासी इस समय भी जंगली जानवरों और पक्षियों का मांस बिना सड़ाये नहीं खाते। ताज़ा मिलने पर भी उसे तब तक लटकाकर रखते हैं, जब तक सड़कर बदबू न निकलने लगे। कलकत्ते में हिरन का सड़ा मांस ज्यों ही आता है, त्यों ही बिक जाता है। लोग कुछ मछलियों को थोड़ा सड़ जाने पर पसन्द करते हैं। अंग्रेज़ों की पनीर जितनी सड़ेगी, उसमें जितने कीड़े पड़ेंगे, वह उतनी ही अच्छी होगी। पनीर का कीड़ा यदि भागता हो तो भी उसे पकड़कर मुँह में डाल लेते हैं और वह बड़ा स्वादिष्ट होता है! निरामिषाहारी होकर भी प्याज़, लहसुन के लिए किटकिटाते हैं। दक्षिणी ब्राह्मणों का प्याज़, लहसुन के बिना खाना ही नहीं होता। शास्त्रकारों ने वह रास्ता भी बन्द कर दिया है। प्याज़, लहसुन, मुर्ग़ी और सूअर का मांस खाने से जाति का सर्वनाश होता है, यह हिन्दू शास्त्रों का कहना है। कुछ लोगों ने डरकर इन्हें छोड़ दिया, पर उनसे भी बुरी गन्धयुक्त हींग खाना आरम्भ किया। पहाड़ी कट्टर हिन्दुओं ने प्याज़-लहसुन की जगह पर उसी तरह की एक घास खाना आरम्भ किया। इन दोनों का निषेध तो शास्त्रों में कहीं नहीं है!!

आहार सम्बन्धी विधि-निषेध का तात्पर्य

सभी धर्मों में खाने-पीने के सम्बन्ध में एक विधि-निषेध है। केवल ईसाई धर्म में कुछ नहीं है। जैन और बौद्ध मछली-मांस नहीं खाते। जैन लोग ज़मीन के नीचे पैदा होनेवाली चीज़ें जैसे आलू, मूली आदि भी नहीं खाते, क्योंकि खोदने से कीड़े मरेंगे। रात को भी नहीं खाते, क्योंकि अंधकार में शायद कीड़े खा जायँ।

यहूदी लोग उस मछली को नहीं खाते, जिसमें 'चोयँटा' नहीं होता और सूअर भी नहीं खाते। जो जानवर दो खुरवाला नहीं है और जो जुगाली नहीं करता, उसे भी नहीं खाते। सबसे अजीब बात तो यह है कि दूध या दूध से बनी हुई कोई चीज़ यदि रसोईघर में चली जाय और यदि उस समय वहाँ मछली या मांस पकता हो, तो उस रसोई को ही फेंक देना होगा। इसीलिए कट्टर यहूदी लोग किसी दूसरी जाति के मनुष्य के हाथ का पकाया नहीं खाते। हिन्दुओं की तरह यहूदी भी व्यर्थ ही मांस नहीं खाते। जैसे बंगाल और पंजाब में मांस को महाप्रसाद कहते हैं, उसी तरह यहूदी लोग नियमानुसार बलिदान न होने से मांस नहीं खाते हैं। हिन्दुओं की तरह यहूदियों को भी जिस-तिस दूकान से मांस ख़रीदने का अधिकार नहीं है। मुसलमान भी यहूदियों के अनेक नियम मानते हैं, पर इतना परहेज़ नहीं करते। बस दूध, मांस और मछली एक साथ नहीं खाते। छुआछूत होने से ही सर्वनाश हो जाता है, इसे वे नहीं मानते। हिन्दुओं और यहूदियों में भोजन सम्बन्धी बहुत

सादृश्य हैं। किन्तु यहूदी जंगली सूअर भी नहीं खाते, पर हिन्दू खाते हैं। पजाब के हिन्दू-मुसलमानों में भयंकर वैमनस्य रहने के कारण जंगली सूअर पुनः हिन्दुओं का आवश्यक खाद्य हो गया है। राजपूतों में जंगली सूअर का शिकार करके खाना एक धर्म माना जाता है। दक्षिण में ब्राह्मण को छोड़कर दूसरी जातियों में मामूली सूअर का खाना भी जायज है। हिन्दू जंगली मुरग़ा-मुरग़ी खाते हैं, पर पालतू मुरग़ा-मुरग़ी नहीं खाते। बंगाल से लेकर नेपाल और काश्मीर-हिमालय तक एक ही प्रथा है। मनु की बतायी हुई खाने की प्रथा आज तक उस अंचल में किसी न किसी रूप में विद्यमान है।

किन्तु बंगाली, बिहारी, प्रयागी और नेपालियों की अपेक्षा कुमाऊँ से लेकर काश्मीर तक मनु के नियमों का विशेष प्रचार है। जैसे बंगाली मुरग़ी या उसका अण्डा नहीं खाते, किन्तु हंस का अण्डा खाते हैं, वैसा ही नेपाली भी करते हैं! किन्तु कुमाऊँ में यह भी जायज नहीं है। काश्मीरी जंगली हंस के अण्डे को बड़े मजे से खाते हैं, पर घरेलू हंस के अण्डे नहीं खाते।

इलाहाबाद के उधर हिमालय को छोड़कर भारत के अन्य सभी प्रान्तों में, जो लोग बकरे का मांस खाते हैं, वे मुरग़ी भी खाते हैं।

इन विधि-निषेधों में अधिकांश स्वास्थ्य के लिए ही हैं, इसमें सन्देह नहीं। किन्तु सब जगह समान नहीं हो सकता। घरेलू मुरग़ी कुछ भी खा लेती है और बहुत गन्दी रहती है, इसीलिए उसे खाने का निषेध किया है। पर जंगली जानवर क्या खाते हैं, कहो कौन उसे देखने जाता है? इसके अलावा जंगली जानवरों को रोग कम होता है।

पेट में अम्ल की अधिकता होने पर दूध किसी तरह पचता ही नहीं, यहां तक कि कभी कभी एक गिलास दूध पी लेने से फ़ौरन मृत्यु हो जाती है। जैसे बच्चे माता का दूध पीते हैं, वैसे ही ठहर ठहरकर दूध पीना चाहिए, इससे वह जल्दी हजम होता है, नहीं तो बहुत देर लगती है। दूध बहुत देर में हजम होनेवाली चीज है, मास के साथ में तो वह और भी देर में हजम होता है। इसीलिए यहूदियों ने इसका निषेध किया है। नासमझ माताएँ छोटे बच्चों को जबरदस्ती दूध पिलाती हैं और दो-चार महीने के बाद सिर पर हाथ रखकर रोती हैं। आजकल डॉक्टर लोग नौजवान आदमियों के लिए भी एक पाव दूध आध घण्टे में धीरे धीरे पीने का परामर्श देते हैं। छोटे बच्चों के लिए फ़ीडिंग बोतल (feeding bottle) के सिवा कोई दूसरा रास्ता ही नहीं है। माँ काम में लगी रहती है, इसलिए दाई रोते हुए बच्चे को अपनी गोद में लेती है और किसी प्रकार धर-पकड़ सितुए में दूध भर भरकर जितना उसके मुंह में ठूंस सकती है, ठूंस देती है। नतीजा यह होता

है कि अक्सर बच्चे को जिगर की बीमारियाँ हो जाती हैं और उसकी बाढ़ रुक जाती है! उसी दूध से उसका अन्त होता है! जिनमें इस प्रकार के भयंकर खाद्य से किसी प्रकार बचने की शक्ति होती है, वे ही स्वस्थ और बलिष्ठ होते हैं।

पुराने सूतिगृह और इस प्रकार दूध पिलाना—इस पर भी जो बच्चे बच जाते थे, वे ही किसी प्रकार आजीवन स्वस्थ और बलवान रहते थे। माता षष्ठी की साक्षात् अनुकम्पा न होने पर क्या इन गहरी परीक्षाओं में बच्चों का जीवन रहता? ज़रा बच्चे को दी जानेवाली सेंक को तथा उसी प्रकार के अन्य गँवारू उपचारों को तो सोचो; इनमें से जीते-जागते बचकर निकल आना प्रसूति और प्रसूत बच्चे दोनों के लिए ही मानो बड़े भाग्य की बात थी! प्राचीनों का विश्वास था कि मनौती मानकर यमराज के प्रतिनिधि चिकित्सकों से दूर दूर रहने के कारण ही उन दिनों देवालयों की धूल-राख लगाकर माँ और नवजात शिशु बच जाते थे।

कपड़े में सभ्यता

सभी देशों में ओढ़ने-पहनने के ढंग के साथ कुछ न कुछ भद्रता का सम्पर्क अवश्य है। वेतन न जानने पर भले-बुरे की पहचान कैसे होगी? केवल वेतन ही क्यों, बिना कपड़ा देखे भले-बुरे की पहचान कैसे होगी? सभी देशों में किसी न किसी रूप में ये बातें प्रचलित हैं। अब हमारे प्रदेश में भले आदमी नंगे बदन रास्ते में नहीं निकल सकते, भारत के दूसरे प्रदेशों में माथे पर बिना पगड़ी पहने कोई रास्ते में नहीं निकल सकता।

यूरोप में अन्यान्य देशों की अपेक्षा फ़्रांसीसी सब विषयों में आगे हैं। उनके भोजन आदि की सब नक़ल करते हैं। इस समय भी यूरोप के भिन्न भिन्न देशों में तरह तरह की पोशाकें मौजूद हैं। किन्तु भले आदमी होने से ही—दो पैसा पास में होने ही से—वह पोशाक ग़ायब हो जाती है और फ़्रांसीसी पोशाक का आविर्भाव हो जाता है। काबुली पायजामा पहननेवाले हॉलैण्ड के कृषक, घाघरा पहननेवाले ग्रीक, तिब्बती पोशाक पसन्द करनेवाले रूसी ज्यों ही 'जैण्टिलमैन' बने, त्यों ही उन्होंने फ़्रांसीसी कोट-पतलून धारण कर लिया। स्त्रियों की तो कुछ बात ही नहीं, पास में पैसा होते ही उन्हें तो पेरिस का कपड़ा पहनना ही पड़ेगा। अमेरिका, इंग्लैण्ड, फ़्रांस और जर्मनी इस समय ..नी देश समझे जाते हैं; उन सभी देशों की पोशाक एक तरह की है—वह फ़्रांस की नक़ल है। परन्तु आजकल पेरिस की अपेक्षा लन्दन के आदमियों की पोशाक अधिक अच्छी होती है। इसीसे पुरुषों की पोशाक 'लन्दन मेड' और स्त्रियों की पोशाकें 'पेरिस मेड' होती हैं। जिनके पास

पैसा है, वे इन दोनों स्थानों की बनी पोशाकें बारहो मास व्यवहार करते हैं। अमेरिका में विदेशों से आयी हुई पोशाकों पर बहुत ज़्यादा चुंगी ली जाती है, किन्तु उतनी अधिक चुंगी देकर भी पेरिस और लन्दन की पोशाक पहननी ही पड़ती है। यह काम केवल अमेरिका ही कर सकता है; इस समय अमेरिका में कुबेर का प्रधान अड्डा है।

प्राचीन आर्य लोग धोती-चादर पहनते थे; लड़ाई के समय क्षत्रियों में पायजामा और अंगा पहनने का चलन था, बाक़ी समय सभी धोती-चादर; किन्तु पगड़ी सभी बाँधते थे। बहुत प्राचीन काल में भारतीय स्त्रियाँ भी पगड़ी बाँधती थीं। इस समय बंगाल को छोड़कर अन्यान्य प्रदेशों में जिस प्रकार केवल लँगोटी से ही शरीर को ढकने का काम चल जाता है, किन्तु पगड़ी का पहनना अत्यावश्यक है, प्राचीन काल में भी ठीक वैसा ही था—स्त्री-पुरुष सबों के लिए। बौद्धकालीन जो पत्थर की मूर्तियाँ मिलती हैं, उनमें स्त्रियाँ भी केवल लँगोटी ही पहने रहती हैं। बुद्ध के पिता जो लँगोटी लगाकर सिंहासन पर बैठे हैं, उसी प्रकार उनकी माँ भी बग़ल में बैठी हैं। विशेषता केवल यही है कि पैर में पैंजनी और हाथ में कड़ा है। पर पगड़ी ज़रूर है। धर्मसम्राट् अशोक धोती पहन और गले में दुपट्टा डाल नंगे बदन एक डमरू के आकारवाले सिंहासन पर बैठकर नाच देख रहे हैं। नर्तकियाँ सर्वथा नंगी हैं। कमर से कितने ही चिथड़े लटक भर रहे हैं, बस। फिर भी पगड़ी है! जो कुछ था सब पगड़ी में! किन्तु राज-सामंत लोग चुस्त पायजामा और लंबी अचकन पहने हुए हैं। सारथी नलराज ने इस प्रकार रथ चलाया कि राजा ऋतुपर्ण की चादर न जाने कहाँ उड़ गयी और राजा ऋतुपर्ण नंगे बदन ही विवाह करने गये। धोती-चादर आर्य लोगों की पुरानी पोशाक है, इसलिए क्रिया-कर्म के समय धोती-चादर पहननी पड़ती है।

प्राचीन ग्रीक और रोमन लोगों की पोशाक थी धोती-चादर—एक थान लम्बा कपड़ा और चादर। नाम था तोगा, उसीका अपभ्रंश आज 'चोगा' है, किन्तु कभी कभी एक अंगा भी पहनते थे। लड़ाई के समय लोग पायजामा और अचकन पहनते थे। स्त्रियों का एक खूब लम्बा, चौड़ा चौकोर कपड़ा रहता था, जो दो चादरों को लम्बाई के बल सीकर और चौड़ाई की ओर खुला छोड़कर बनता था। उसके बीच में ढुककर उसे दो बार बाँधते थे—एक बार छाती के नीचे और दूसरी बार पेट के नीचे। इसके बाद ऊपर खुले हुए उस कपड़े के दोनों सिरों को दोनों कंधों पर दो जगह बड़ी आलपिनों से अटका लेते थे, जैसे उत्तराखण्ड के पहाड़ी आदमी कम्बल पहनते हैं। यह पोशाक बहुत सुन्दर और सहज थी। ऊपर एक चादर रहती थी।

प्राचीन काल से केवल ईरानी ही काटकर बनाये हुए कपड़ों को पहनते थे। जान पड़ता है, शायद इसे उन लोगों ने चीनियों से सीखा था। चीनी लोग सभ्यता अर्थात् भोग-विलास, सुख-स्वच्छन्दता के आदि गुरु हैं। अनादि काल से चीनी मेज़ पर खाते हैं, कुर्सी पर बैठते हैं, खाने के लिए कितने यन्त्र-तन्त्र रखते हैं, कई प्रकार की सिली पोशाकें पहनते हैं, जिनमें पायजामा, टोपी, टोप आदि होते हैं।

सिकन्दर ने ईरान को जीता, उन्होंने धोती-चादर छोड़कर पायजामा पहनना आरम्भ कर दिया, इससे उनकी स्वदेशी सेना इतनी बिगड़ गयी कि विद्रोह जैसा हो गया, किन्तु सिकन्दर ने कुछ परवाह न कर पायजामों का प्रचार कर ही दिया।

गरम देशों में कपड़े की अधिक आवश्यकता नहीं पड़ती। लँगोटी से ही लज्जा-निवारण हो जाता है, बाक़ी सब तो शोभा मात्र हैं। ठण्डे देशों में सदा लोग शीत से पीड़ित होकर अस्थिर रहते हैं; असभ्य अवस्था में वे जानवरों की खाल पहना करते थे; क्रमशः कम्बल पहनने लगे और फिर कपड़ों की बारी आयी; वे कई प्रकार के होने लगे! इसके बाद नंगे बदन पर गहना पहनने से ठंड के कारण तो मृत्यु हो सकती थी, इसलिए यह अलंकारप्रियता कपड़ों में जा छिपी। जिस प्रकार हमारे देश में गहनों का फ़ैशन बदलता है, उसी प्रकार इन लोगों का कपड़े का फ़ैशन भी घड़ी घड़ी बदलता रहता है।

इसीलिए ठण्डे देशों में बिना सर्वांग कपड़े से ढके किसीके सामने निकलना असभ्यता है। ख़ासकर विलायत में ठीक ठीक पोशाक पहने बिना घर के बाहर जाया ही नहीं जा सकता। पाश्चात्य देशों में स्त्रियों का पाँव दिखायी पड़ना लज्जा की बात है, किन्तु गला और वक्ष का कुछ हिस्सा भले ही खुला रह जाय। हमारे देश में मुँह दिखाना बड़ी लज्जा की बात है, किन्तु घूंघट काढ़ने में साड़ी चाहे पीठ पर से हट जाय तो कुछ हर्ज नहीं। राजपूताना और हिमालय की स्त्रियाँ मुँह ढाँके रहती हैं, चाहे पेट और पीठ भले ही दिख जायँ।

पाश्चात्य देशों में नर्तकियाँ और वेश्याएँ आकृष्ट करने के लिए लगभग खुले शरीर रहती हैं। इन लोगों के नृत्य का अर्थ ही है, ताल ताल पर शरीर को अनावृत कर दिखाना। हमारे देश में भले घर की स्त्रियाँ कुछ नंगे बदन रह सकती हैं, पर वेश्याएँ अपना सारा शरीर ढाँके रहती हैं। पाश्चात्य देशों की स्त्रियाँ सदा शरीर ढाँके रहती हैं, शरीर खुला रखने से अधिक आकर्षण होता है। हमारे देश में सदा नंगे बदन रहा जाता है, पोशाक पहनने से ही अधिक आकर्षण होता है। मलाबार में पुरुष और स्त्रियाँ कौपीन के ऊपर एक छोटी धोती पहनती हैं और दूसरा कोई वस्त्र नहीं रहता। बंगालियों का भी वही हाल है, किन्तु कौपीन नहीं रहता और स्त्रियाँ पुरुषों के सामने खूब अच्छी तरह शरीर को ढाँकती हैं।

पाश्चात्य देशों में पुरुष पुरुषों के सामने बेरोक नंगे हो जाते हैं, जैसे हमारे देश में स्त्रियाँ स्त्रियों के सामने। वहाँ बाप-बेटे यदि विवस्त्र होकर स्नान करें तो कोई हर्ज नहीं, किन्तु स्त्रियों के सामने या रास्ते में निकलते समय अथवा अपने घर को छोड़कर किसी दूसरे स्थान पर सारा शरीर ढका रहना ही चाहिए।

एक चीन को छोड़कर अन्य सभी देशों में इस लज्जा के सम्बन्ध में बड़े अद्भुत अद्भुत विषय देखने में आते हैं! किसी किसी विषय में बहुत ज़्यादा लज्जा की जाती है, पर उसकी अपेक्षा अधिक लज्जावाले विषयों में नाम मात्र को भी लज्जा नहीं की जाती। चीन में स्त्री-पुरुष सभी सदा सिर से पैर तक ढके रहते हैं। वहाँ कनफ़्यूशस और बौद्ध मतावलम्बी नीति में बड़े कुशल हैं। ख़राब बातें या चाल-चलन होने से फ़ौरन सजा दी जाती है। ईसाई पादरियों ने वहाँ जाकर चीनी भाषा में बाइबिल छपवा डाली। बाइबिल में ऐसे लज्जाजनक वर्णन हैं, जो हिन्दुओं के पुराणों को भी मात कर देते हैं। उन अश्लील स्थलों को पढ़कर चीनी लोग इतने चिढ़ गये कि उन्होंने चीन में बाइबिल के प्रचार को रोकने का दृढ़ निश्चय कर लिया। उन्होंने कहा, "यह इतनी अश्लील पुस्तक किसी तरह भी यहाँ नहीं चलायी जा सकती।" इसके ऊपर ईसाई पादरी-स्त्रियों का अर्द्ध-नग्न सायंकालीन पोशाक पहन कर बाहर निकलना और चीनियों से मिलना-जुलना और भी आपत्तिजनक था। साधारण बुद्धिवाले चीननिवासियों ने कहा, "सर्वनाश! इस ख़राब पुस्तक को पढ़ाकर और इन स्त्रियों का नंगा शरीर दिखाकर हमारे बच्चों को भ्रष्ट करने को ही यह धर्म आया है।" इसीलिए चीनियों को ईसाइयों पर बहुत क्रोध आ गया, नहीं तो चीनी किसी धर्म के ऊपर आघात नहीं करते। सुनते हैं कि पादरियों ने इस समय उन अश्लील अंशों को हटाकर फिर बाइबिल छपवाया है, किन्तु इससे चीनी लोगों को और भी सन्देह हो गया है।

फिर पाश्चात्य विभिन्न देशों में लज्जा, घृणा आदि के विभिन्न प्रकार हैं। अंग्रेज़ों और अमेरिकनों के लिए वे एक प्रकार के हैं, फ़्रांसीसियों के लिए वे दूसरी तरह के और जर्मन लोगों के लिए वे तीसरी तरह के हैं। रूसी और तिब्बती लोगों की बहुत सी बातें आपस में मिलती-जुलती हैं, किन्तु तुर्कों का अपना ही रस्म-रिवाज़ है, इत्यादि।

चाल-चलन

हमारे देश की अपेक्षा यूरोप और अमेरिका में मल-मूत्र के त्याग करने के बारे में भी बड़ी लज्जा है; हम लोग निरामिषभोजी हैं, इसीलिए बहुत सा साग-पात खाते हैं। फिर हमारा देश भी ख़ूब गरम है, एक साँस में एक लोटा जल पीने को

चाहिए। भारत के पश्चिमी प्रान्तों के कृषक एक बार में एक सेर सत्तू खाते हैं, और फिर जब प्यास लगती है, तो कुआँ का कुआँ साफ़ कर देते हैं! गरमी में हम लोग प्यासों को पानी पिलाने के लिए प्याऊ खोल देते हैं। अब तुम्हीं बतलाओ, यह सब जाय भी तो कहाँ? सारा देश मल-मूत्रमय होने से बचे भी तो कैसे? गोशाला और घोड़े के अस्तबल की तुलना बाघ-सिंह के पिंजड़े से हो भी तो कैसे! कुत्ते की बकरे से तुलना करना क्या सम्भव है? पाश्चात्य देशों का आहार मांसमय है, इसीलिए अल्प होता है। फिर देश ठंडा है, कह सकते हैं कि जल पीते ही नहीं। भले आदमी छोटे गिलास में थोड़ी शराब पीते हैं। फ़्रांसीसी जल को मेंढक का रस कहते हैं, भला वह कभी पिया जाता है? केवल अमेरिकन जल अधिक परिमाण में पीते हैं, क्योंकि ग्रीष्मकाल में वहाँ अत्यन्त गरमी पड़ती है। न्यूयार्क कलकत्ते की अपेक्षा अधिक गरम है। जर्मन लोग भी बहुत 'बीयर' पीते हैं, पर भोजन के साथ नहीं।

ठंडे देश में सर्दी लगने की सदा सम्भावना रहती है, गरम देश में भोजन के साथ बार बार जल पीना पड़ता है। अतः वे छींके बिना रह नहीं सकते और हम डकार लिए बिना। अब ज़रा नियमों पर ग़ौर करो। उन देशों में खाने के समय यदि कोई डकार दे, तो यह अशिष्टता की चरम सीमा समझी जायगी। किन्तु भोजन करते समय रूमाल में भड़ भड़ करने से उनको नाममात्र की घृणा नहीं होती। हमारे देश में जब तक डकार न आये, तब तक यजमान या मेज़बान प्रसन्न ही नहीं होता! किन्तु पाँच आदमियों के साथ खाने पर बैठकर भड़ भड़ कर नाक साफ़ करना यहाँ कैसा लगेगा?

इंग्लैण्ड और अमेरिका में स्त्रियों के सामने मल-मूत्र का नाम भी नहीं लिया जा सकता। छिपकर पायखाना जाना पड़ता है। पेट की गरमी या और किसी प्रकार की बीमारी की बात स्त्रियों के सामने नहीं कही जा सकती। हाँ, बूढ़ी-सूढ़ी की बात अलग है। स्त्रियाँ मल-मूत्र को रोककर चाहे मर जायँ, पर पुरुषों के सामने उसका नाम भी न लेंगी।

फ़्रांस में इतना नहीं है। स्त्रियों और पुरुषों के पेशाबख़ाने और पायख़ाने प्रायः पास ही पास होते हैं। स्त्रियाँ एक रास्ते से जाती हैं और पुरुष दूसरे रास्ते से। बहुत जगहों में तो रास्ते भी एक ही हैं, केवल स्थान अलग अलग हैं। रास्ते के दोनों ओर बीच बीच में पेशाबख़ाने हैं, जिनमें केवल पीठ आड़ में रहती है। स्त्रियाँ देखती हैं, अतः लज्जा नहीं है—हम लोगों की ही तरह। अवश्य ही स्त्रियाँ ऐसे खुले स्थानों में नहीं जातीं। जर्मनीवालों में तो और भी कम। स्त्रियों के सामने अंग्रेज़ और अमेरिकन बातचीत में भी बहुत सावधान रहते हैं। वहाँ पैर का नाम

तक लेना असभ्यता है। हम लोगों की तरह फ़्रांसीसियों का मुँह खुला रहता है। जर्मन और रूसी सबके सामने भद्दा मजाक करते हैं।

परन्तु प्रणय-प्रेम की बातें बेरोक भाई-बहन, माता-पिता—सबके सामने चलती हैं। वहाँ इस विषय में कुछ लज्जा नहीं है। बाप अपनी बेटी के प्रणयी (भावी पति) के बारे में नाना प्रकार की बातें ठट्ठा मार कर स्वयं अपनी कन्या से पूछता है। फ़्रांसीसी कन्याएँ उसे सुनकर मुँह नीचा कर लेती हैं। अंग्रेज़ कन्याएँ लजा जाती हैं, किन्तु अमेरिकन कन्याएँ चटपट जवाब देती हैं। इन देशों में चुम्बन और आलिंगन तक में कोई दोष नहीं समझा जाता, वह अश्लील भी नहीं समझा जाता। सभ्य समाज में इनके बारे में बातें की जा सकती हैं। अमेरिकन परिवार में कोई आत्मीय पुरुष घर की युवती कन्या को भी हाथ मिलाने के बदले चुम्बन करता है। हमारे देश में प्रेम-प्रणय का नाम भी बड़ों के सामने नहीं लिया जा सकता।

इनके पास बहुत रुपया है। अधिक साफ़ और बहुत सुन्दर वस्त्र न पहननेवाला झट छोटा आदमी समझ लिया जाता है और वह समाज में सम्मिलित होने के योग्य नहीं समझा जाता। भले आदमियों को दिन में दो-तीन बार धुली कमीज़-कालर आदि बदलना पड़ता है। ग़रीब इतना नहीं कर सकते। ऊपर के वस्त्र में एक दाग़ या धब्बा रहने से बड़ी मुश्किल होती है। नाखून के कोने या हाथ-पैर में ज़रा भी मैल रहने से मुश्किल होती है। चाहे गर्मी के मारे जान निकली जाती हो, किन्तु घर के बाहर निकलते समय दस्ताना पहनना अनिवार्य है। अन्यथा रास्ते में हाथ मैला हो जायगा और उस मैले हाथ को किसी स्त्री के हाथ में रखकर स्वागत करना असभ्यता है। सभ्य समाज में बैठकर खाँसना, खखारना, हाथ-मुँह धोना, कुल्ला करना महापाप है।

पाश्चात्य देशवासियों का धर्म शक्ति-पूजा है

शक्ति-पूजा ही पाश्चात्य धर्म है। वामाचारियों की स्त्री-पूजा की तरह वे भी पूजा करते हैं। जैसा कि तन्त्र में कहा है—'बाईं ओर स्त्री . . . दाहिनी ओर शराब का प्याला . . . सामने मसालेदार गरम गरम मांस . . . तान्त्रिकों का धर्म बहुत गहन है, योगी भी उसे नहीं समझ सकते।' यही वामाचार शक्ति-पूजा आमतौर पर प्रकाश्य रूप से सर्वसाधारण में प्रचलित है। इसमें मातृ-भाव की मात्रा यथेष्ट है। यूरोप में प्रोटेस्टेन्ट तो नगण्य हैं—धर्म तो कैथोलिकों का ही है। उस धर्म में जिहोवा, ईसा और त्रिमूर्ति आदि भी दब गये हैं, सबका आसन 'माँ' ने ग्रहण किया है—ईसा को गोद में लिए हुए माँ! लाखों स्थानों में, लाखों

क़िस्म से, लाख रूपों में, बड़े मकानों में, मन्दिरों में, सड़कों में, फूस की झोपड़ी में—सब कहीं बस 'माँ' की ही ध्वनि है। बादशाह 'माँ' पुकारता है, सेनापति 'माँ' पुकारता है, हाथ में झण्डा लिए सैनिक पुकारता है—'माँ'। जहाज़ पर मल्लाह पुकारता है—'माँ'; फटा-पुराना कपड़ा पहने मछुआ पुकारता है—'माँ'; रास्ते के एक कोने में पड़ा हुआ भिखारी पुकारता है—'माँ'; 'धन्य मेरी!' दिन-रात यही ध्वनि उठती है।

इसके बाद स्त्री-पूजा है। यह शक्ति-पूजा केवल काम-वासनामय नहीं है। यह शक्ति-पूजा कुमारी-सधवा-पूजा है, जैसी हमारे देश में काशी, कालीघाट प्रभृति तीर्थ-स्थानों में होती है; यह काल्पनिक नहीं, वास्तविक शक्ति-पूजा है। किन्तु हम लोगों की पूजा इन तीर्थ-स्थानों में ही होती है और केवल क्षण भर के लिए; पर इन लोगों की पूजा दिन-रात बारहों महीने चलती है। पहले स्त्रियों का आसन होता है। कपड़ा, गहना, भोजन, उच्च स्थान, आदर और खातिर पहले स्त्रियों की। यह शक्ति-पूजा प्रत्येक नारी की पूजा है, चाहे परिचित हो या अपरिचित। उच्च कुल की और रूपवती युवतियों की तो बात ही क्या है! इस शक्ति-पूजा को पहले-पहल यूरोप में 'मूर' लोगों ने आरम्भ किया था। जिस समय मुसलमान धर्मावलम्बी और मिस्र अरब जाति से उत्पन्न मूर लोगों ने स्पेन को जीता था, उस समय उन्होंने आठ शताब्दियों तक राज्य किया। उसी समय यह शक्ति-पूजा प्रारम्भ हुई थी। उन्हींके द्वारा यूरोपीय सभ्यता का उन्मेष हुआ और शक्ति-पूजा का आविर्भाव भी। कुछ समय के अनन्तर मूर लोग इस शक्ति-पूजा को भूल गये, इसलिए वे शक्तिहीन और श्रीहीन हो गये। वे स्थानच्युत होकर अफ़्रीका के एक कोने में असभ्यावस्था में रहने लगे। और उस शक्ति का संचार हुआ यूरोप में; मुसलमानों को छोड़कर 'माँ' ईसाइयों के घर में जा विराजीं।

यह यूरोप क्या है? क्यों एशिया, अफ़्रीका और अमेरिका के काले, भूरे, पीले और लाल निवासी यूरोपनिवासियों के पैरों पर गिरते हैं? क्यों कलियुग में यूरोपनिवासी ही एकमात्र शासनकर्ता हैं?

फ़्रांस—पेरिस

इस यूरोप को समझने के लिए हमें पाश्चात्य महानता तथा गौरव के केन्द्र फ़्रांस की ओर जाना होगा। इस समय पृथ्वी का आधिपत्य यूरोप के हाथ में है और यूरोप का महाकेन्द्र पेरिस है। पाश्चात्य सभ्यता, रीति-नीति, प्रकाश-अंधकार, अच्छा-बुरा सबकी अन्तिम पराकाष्ठा का भाव इसी पेरिस नगरी से प्रादुर्भूत होता है।

यह पेरिस नगरी एक महासमुद्र है! मणि, मोती, मूँगा आदि भी यहाँ यथेष्ट हैं और साथ ही मगर, घड़ियाल भी यहाँ बहुत हैं। यह फ़्रांस ही यूरोप का कर्मक्षेत्र है। चीन के कुछ अंशों को छोड़कर इतना सुन्दर स्थान और कहीं नहीं है। न तो बहुत गरम और न तो बहुत ठंडा, बहुत उपजाऊ, न यहाँ अधिक पानी बरसता है और न कम पानी बरसने की ही शिकायत है। वह निर्मल आकाश, मीठी धूप, वनस्थली की शोभा, छोटे छोटे पहाड़, एल्म और ओक प्रभृति पेड़ों का बाहुल्य, छोटी छोटी नदियाँ, छोटे छोटे झरने, पृथ्वीतल पर और कहाँ हैं? जल का वह रूप, स्थल को वह मोहकता, वायु की वह उन्मत्तता, आकाश का वह आनन्द और कहाँ मिलेगा? प्रकृति सुन्दर है, मनुष्य भी सौन्दर्यप्रिय है। बूढ़े-बच्चे, स्त्री-पुरुष, धनी-दरिद्र, उनका घर-द्वार, खेत-मैदान आदि सभी साफ़-सुथरे और बना-चुनाकर सुन्दर किये हुए रहते हैं। सिर्फ़ जापान को छोड़कर यह भाव और कहीं नहीं है। वे इन्द्रपुरी के गृह, अट्टालिकाओं का समूह, नन्दन वन के सदृश उद्यान, उपवन, झाड़ियाँ और कृषकों के खेत, सभी में एक रूप, एक सुन्दर छटा देखने का प्रयत्न है—और वे अपने इस प्रयत्न में सफल भी हुए हैं। यह फ़्रांस प्राचीन समय से गौल (Gaulois), रोमन (Roman), फ़्रांक (Frank) आदि जातियों की संघर्ष-भूमि रहा है। इसी फ़्रांक जाति ने रोमन साम्राज्य का नाश करने के बाद यूरोप में आधिपत्य जमाया। इनके बादशाह शार्लेमॅग्ने (Charlemagne) ने यूरोप में ईसाई धर्म का तलवार के बल पर प्रचार किया। इसी फ़्रांक जाति के द्वारा ही एशिया को यूरोप का परिचय हुआ—इसीलिए आज भी हम यूरोपवासियों को फ़्रांकी, फ़िरंगी, प्लांकी, फ़िलिंग आदि नामों से सम्बोधित करते हैं।

पाश्चात्य सभ्यता का आदि केन्द्र प्राचीन यूनान डूब गया, रोम के चक्रवर्ती राजा बर्बरों के आक्रमण-तरंग में बह गये, यूरोप का प्रकाश बुझ गया। इधर एशिया में भी एक बर्बर जाति का प्रादुर्भाव हुआ, जिसे अरब कहते हैं। वह अरब-तरंग बड़े वेग से पृथ्वी को आच्छादित करने लगी। महाबली पारसी जाति अरबों के पैरों के नीचे दब गयी। उसे मुसलमान धर्म ग्रहण करना पड़ा। किन्तु उसके प्रभाव से मुसलमान धर्म ने एक दूसरा ही रूप धारण किया। वह अरबी धर्म पारसी सभ्यता में सम्मिलित हो गया।

अरबों की तलवार के साथ पारसी सभ्यता धीरे धीरे फैलने लगी। वह पारसी सभ्यता प्राचीन यूनान और भारत से ही ली हुई थी। पूर्व और पश्चिम दोनों ओर से बड़े वेग के साथ मुसलमान-तरंग ने यूरोप के ऊपर आघात किया, साथ ही साथ अंधकारपूर्ण यूरोप में ज्ञान रूपी प्रकाश फैलने लगा। प्राचीन यूनानियों

की विद्या, बुद्धि, शिल्प आदि ने बर्बराक्रान्त इटली में प्रवेश किया। धरा-राजधानी रोम के मृत शरीर में प्राण-स्पंदन होने लगा—उस स्पंदन ने फ्लोरेन्स (Florence) नगरी में प्रबल रूप धारण किया, प्राचीन इटली ने नवजीवन धारण करना आरम्भ किया—इसीको नवजन्म अर्थात् रेनेसाँ (renaissance) कहते हैं। किन्तु वह नवजन्म इटली का था। यूरोप के दूसरे अंशों का उस समय प्रथम जन्म हुआ। ईसा की सोलहवीं शताब्दी में जब भारत में अकबर, जहाँगीर और शाहजहाँ प्रभृति मुग़ल सम्राट् बड़े बड़े साम्राज्यों की सृष्टि कर रहे थे, उसी समय यूरोप का नव-जन्म हुआ।

इटलीवाले प्राचीन जाति के थे, एक बार जँभाई लेकर फिर करवट बदल-कर सो गये। उस समय कई कारणों से भारतवर्ष भी कुछ कुछ जाग रहा था। अकबर से लेकर तीन पीढ़ी तक के मुग़ल राज्य में विद्या, बुद्धि, शिल्प आदि का यथेष्ट आदर हुआ था। किन्तु अत्यन्त वृद्ध जाति होने के कारण वह फिर करवट बदलकर सो गयी।

यूरोप में, इटली के पुनर्जन्म ने बलवान, अभिनव फ्रांक जाति को व्याप्त कर लिया। चारों ओर से सभ्यता की सब धाराओं ने आकर फ्लोरेन्स नगरी में एकत्र हो नवीन रूप धारण किया। किन्तु इटलीनिवासियों में उस वीर्य को धारण करने की शक्ति नहीं थी। भारत की तरह वह उन्मेष उसी स्थान पर समाप्त हो जाता, किन्तु यूरोप के सौभाग्य से इस नवीन फ़्रांक जाति ने आदरपूर्वक उस तेज को ग्रहण किया। नवीन जाति ने उस तरंग में बड़े साहस के साथ अपनी नौका छोड़ दी। उस स्रोत का वेग क्रमशः बढ़ने लगा। वहाँ एक धारा सैकड़ों धाराओं में विभक्त होकर बढ़ने लगी। यूरोप की अन्यान्य जातियाँ लोलुप हो मेंड़ काटकर उस जल को अपने अपने देश में ले गयीं और उसमें अपनी जीवन-शक्ति सम्मिलित कर उसके वेग और विस्तार को और भी अधिक बढ़ा दिया। वह तरंग फिर भारत में आकर टकरायी। वह तरंगलहरी जापान के किनारों पर जा पहुँची और जापान उस जल को पान कर मत्त हो गया। एशिया में जापान ही नवीन जाति है।

यह पेरिस नगरी यूरोपीय सभ्यता की गंगोत्री है। यह विराट् नगरी मृत्यु-लोक की अमरावती—सदानन्द नगरी है। पेरिस का भोग-विलास और आनन्द न लन्दन में है, न बर्लिन में और न यूरोप के किसी दूसरे शहर में। लन्दन, न्यूयार्क में धन है; बर्लिन में विद्या, बुद्धि यथेष्ट है, किन्तु न तो वहाँ फ़्रांस की मिट्टी है और न हैं फ़्रांस के वे निवासी! धन हो, विद्या-बुद्धि हो, प्राकृतिक सौन्दर्य भी हो—किन्तु वे मनुष्य कहाँ हैं? प्राचीन यूनानियों की मृत्यु के बाद इस अद्भुत

फ़ांसीसी चरित्र का जन्म हुआ है। सदा आनन्द और उत्साह से भरे हुए, पर बड़े हल्के और फिर भी बहुत गम्भीर, सब कामों में उत्तेजित, किन्तु बाधा पड़ते ही निरुत्साहित । किन्तु वह नैराश्य फ़ांसनिवासी के मुँह पर बहुत देर तक नहीं ठहरता, फिर नवीन उत्साह और विश्वास से वह चमक उठता है।

पेरिस विश्वविद्यालय ही यूरोप का आदर्श विश्वविद्यालय है। दुनिया की जितनी वैज्ञानिक संस्थाएँ हैं, वे सब फ़ांस की वैज्ञानिक संस्थाओं की नक़ल हैं। फ़ांस ही ने दुनिया को औपनिवेशिक साम्राज्य-स्थापना की शिक्षा दी। सभी भाषाओं में अभी उस फ़ांसीसी भाषा के ही युद्ध सम्बन्धी शब्दों का व्यवहार होता है। फ़ांसीसियों की रचनाओं की नक़ल सभी यूरोपीय भाषाओं में हुई है। यह पेरिस नगरी ही दर्शन, विज्ञान और शिल्प की खान है। सभी स्थानों में इन्हींकी नक़ल हुई है।

पेरिस के रहनेवाले मानो नागरिक हैं और उनकी तुलना में अन्य दूसरी जातियाँ ग्रामीण हैं। ये लोग जो करते हैं, उसीकी पचीस-पचास वर्ष पीछे जर्मन और अंग्रेज़ नक़ल करते हैं, चाहे वह विद्या सम्बन्धी हो, चाहे शिल्प सम्बन्धी हो, अथवा सामाजिक नीति सम्बन्धी ही क्यों न हो। यह फ़ांसीसी सभ्यता स्कॉटलैण्ड पहुँची, वहाँ के राजा इंग्लैण्ड के भी शासक हुए, तब इस फ़ांसीसी सभ्यता ने इंग्लैण्ड को जगाकर छोड़ा। स्कॉटलैण्ड के स्टुअर्ट खानदान के शासन के समय में ही इंग्लैण्ड में रायल सौसाइटी आदि संस्थाएँ स्थापित हुईं।

पुनः फ़ांस ही स्वाधीनता का उद्गम-स्थान है। इस पेरिस महानगरी से ही प्रजा-शक्ति ने बड़े वेग से उठकर यूरोप की जड़ को हिला दिया। उसी दिन से यूरोप का नया आकार सामने आया। वह 'Liberté, Egalité, Fraternité' (स्वाधीनता, समानता, बंधुत्व) की ध्वनि अब फ़ांस में नहीं सुनायी पड़ती। फ़ांस अब दूसरे भावों, दूसरे उद्देश्यों का अनुसरण कर रहा है, किन्तु यूरोप की अन्यान्य जातियाँ अभी भी उसी फ़ांसीसी विप्लव का अभ्यास कर रही हैं।

स्कॉटलैण्ड के एक प्रसिद्ध वैज्ञानिक ने उस दिन मुझसे कहा था कि पेरिस पृथ्वी का केन्द्र है। जो देश जिस अंश में पेरिस के साथ अपना सम्बन्ध स्थापित कर सकेगा, वह उसी परिमाण में उन्नत होगा। अवश्य ही इस बात में कुछ अतिरंजित सत्य है, किन्तु यह बात भी सत्य है कि यदि किसीको किसी नवीन भाव का संसार में प्रचार करना हो, तो उसके लिए पेरिस ही उपयुक्त स्थान है। इस पेरिस नगरी से उठी हुई ध्वनि को यूरोप अवश्य ही प्रतिध्वनित करेगा। शिल्पकार, चित्रकार, गवैया, नर्तकी यदि पेरिस में प्रतिष्ठा पा जायँ, तो उन्हें अन्य दूसरे देशों में प्रतिष्ठा पाने में देर न लगेगी।

हमारे देश में इस पेरिस नगरी की बदनामी ही सुनी जाती है। हम सुनते हैं— पेरिस नगरी महाभयंकर, वेश्यापूर्ण और नरककुंड है। अवश्य ही अंग्रेज़ ये सब बातें कहते हैं। दूसरे देश के धनी लोग जिनकी दृष्टि में विषय-वासना-तृप्ति के सिवाय दूसरा कुछ सुख है ही नहीं, स्वभावतः पेरिस में व्यभिचार और विषय-वासना-तृप्ति का केन्द्र देखते हैं! किन्तु लन्दन, बर्लिन, वियना, न्यूयार्क आदि भी तो वार-वनिताओं और भोग-विलास से पूर्ण हैं। किन्तु अन्तर है कि दूसरे देशों की इन्द्रिय-चर्चा पशुवत् है, पर सभ्य पेरिस की मिट्टी भी सोने के पत्तों से ढकी है। अन्यान्य शहरों के पैशाचिक भोग के साथ पेरिस की विलासप्रियता की तुलना करना, मानो कीचड़ में लोटते हुए सूअर की उपमा नाचते हुए मोर से देना है।

कहो तो सही, भोग-विलास की इच्छा किस जाति में नहीं है? यदि ऐसा नहीं है, तो दुनिया में जिसके पास दो पैसा है, वह क्यों पेरिस की ही ओर दौड़ता है? राजा, बादशाह अपना नाम बदलकर उस विलासकुण्ड में स्नान कर पवित्र होने क्यों जाते हैं? इच्छा सभी देशों में है; उद्योग की त्रुटि भी किसी देश में कम नहीं देखी जाती। किन्तु भेद केवल इतना ही है कि पेरिसवाले सिद्धहस्त हो गये हैं, भोग करना जानते हैं, विलासप्रियता की सप्तम श्रेणी में पहुँच चुके हैं।

इतने पर भी अधिकतर भ्रष्ट नाच-तमाशा विदेशियों के लिए ही वहाँ होता है। फ़्रांसीसी बड़े सावधान होते हैं, वे फ़ज़ूल खर्च नहीं करते। यह घोर विलास, ये सब होटल और भोजन आदि की दूकानें—जिनमें एक बार खाने से ही सर्वनाश हो सकता है—विदेशी अहमक़ धनियों के लिए ही हैं। फ़्रांसीसी बड़े सभ्य हैं; उनमें आदर-सम्मान काफ़ी है, सत्कार खूब करते हैं, सब पैसा बाहर निकाल लेते हैं और फिर मटक मटककर हँसते हैं।

इसके अलावा एक तमाशा यह है कि अमेरिकनों, जर्मनों और अंग्रेज़ों का समाज खुला है, विदेशी आसानी से सब कुछ देख-सुन सकता है। दो-चार दिन की ही बातचीत में अमेरिकावाले अपने घर में दस दिन रहने के लिए निमन्त्रण देते हैं। जर्मन भी ऐसे ही हैं, किन्तु अंग्रेज ज़रा देरी से करते हैं। फ़्रांसीसियों का रिवाज़ इस सम्बन्ध में बहुत भिन्न है, अत्यन्त परिचित हुए बिना वे लोग परिवार में आकर रहने का कभी निमन्त्रण नहीं देते। किन्तु जब कभी विदेशियों को इस प्रकार की सुविधा मिलती है—फ़्रांसीसी परिवार को उन्हें देखने और समझने का मौक़ा मिलता है—तब एक दूसरी ही धारणा हो जाती है। कहो तो, मछुआ बाजार देखकर अनेक विदेशी जो हमारे जातीय चरित्र के सम्बन्ध मे

धारणा करते हैं, वह कितना अहमक़पन है ? वही बात पेरिस की भी है। अविवाहिता लड़कियाँ वहाँ भी हमारे ही देश की तरह सुरक्षित हैं, वे अकसर समाज में मिल नहीं सकतीं। विवाह के बाद वे अपने स्वामी के साथ समाज में मिलती-जुलती हैं। हमारी तरह, विवाह की बातचीत माता-पिता ही तय करते हैं। ये लोग मौज-पसन्द हैं, इनका कोई भी बड़ा सामाजिक काम नर्तकी के नाच के बिना पूरा नहीं हो सकता। हम लोगों के विवाह-पूजादि में भी तो कहीं कहीं नाच होता है। अंग्रेज़ कुहराभरे अँधेरे देश में रहते हैं, इसलिए वे सदा निरानन्द ही रहते हैं। उनकी दृष्टि में नाच बहुत अश्लील चीज़ है, पर थियेटर में नाच होने में कोई दोष नहीं। इस सम्बन्ध में यह बात भी सदा ध्यान में रखनी चाहिए कि इनके नाच चाहे हमारी दृष्टि में कितने ही अश्लील क्यों न जँचे, पर वे उससे चिर परिचित हैं। यह नाच प्रायः नग्नतापूर्ण होता है, पर यह अनुचित नहीं समझा जाता। अंग्रेज़ और अमेरिकन ऐसे नाच देखने में कोई हर्ज नहीं समझते, पर घर लौटकर इस पर टीका-टिप्पणी करने से भी बाज़ नहीं आते।

स्त्री सम्बन्धी आचार

स्त्री सम्बन्धी आचार पृथ्वी के सभी देशों में एक ही प्रकार का है, अर्थात् किसी पुरुष का दूसरी स्त्री के साथ संपर्क रखना बड़ा अपराध नहीं है, पर स्त्रियों के लिए यह भयंकर रूप धारण करता है। फ़्रांसीसी इस विषय में कुछ अधिक स्वतंत्र हैं—वैसे ही जिस प्रकार दूसरे देशों के धनी लोग इस सम्बन्ध में लापरवाह हैं। यूरोपीय पुरुष समाज साधारणतः उस विषय को इतना निन्दनीय नहीं समझता। पाश्चात्य देशों में अविवाहिता के सम्बन्ध में भी यही बात है। युवक विद्यार्थी यदि इस विषय में पूर्णतः विरत हो, तो अनेक बार उसके माँ-बाप इसे खराब समझते हैं, क्योंकि पीछे बालक कहीं पौरुषहीन न हो जाय। पाश्चात्य देशों के पुरुषों में एक गुण अवश्य चाहिए, वह है—साहस। इन लोगों का 'वर्चू' (virtue) शब्द और हमारा 'वीरत्व' एक ही अर्थ रखता है। इस शब्द के इतिहास से ही ज्ञात होता है कि ये लोग पुरुष का गुण किसे कहते हैं। स्त्रियों के लिए सतीत्व आवश्यक समझा जाता है अवश्य।

इन सब बातों के कहने का उद्देश्य यह है कि प्रत्येक जाति का एक नैतिक जीवनोद्देश्य है। उसीसे उस जाति की रीति-नीति का विचार करना होगा। अपने नेत्रों से उनका अवलोकन करना और उनके नेत्रों से अपना अवलोकन करना, दोनों ही भूल है।

हमारा उद्देश्य इस विषय में उनके उद्देश्य से ठीक उलटा है। हमारा 'ब्रह्मचारी (विद्यार्थी)' शब्द और कामजित् एक ही है। विद्यार्थी और कामजित् एक ही बात है।

हमारा उद्देश्य मोक्ष है। कहो तो सही, वह बिना ब्रह्मचर्य के कैसे होगा? इनका उद्देश्य भोग है, उसमें ब्रह्मचर्य की उतनी आवश्यकता नहीं है। किन्तु स्त्रियों का सतीत्व नाश होने से बाल-बच्चे पैदा नहीं होते और सारी जाति का नाश होता है। यदि पुरुष सौ विवाह करे, तो उसमें उतनी कोई आपत्ति नहीं है, वरन् वंश की वृद्धि खूब होगी; किन्तु यदि स्त्री बहुत पति ग्रहण करे, तो उसमें वन्ध्यात्व आ जाना अनिवार्य है। इसीलिए सभी देशों में स्त्रियों के सतीत्व पर विशेष ज़ोर दिया गया है, पुरुषों के लिए कुछ नहीं। **प्रकृतिं यान्ति भूतानि निग्रहः किं करिष्यति।**[1]

हम फिर भी यही कहते हैं कि ऐसा शहर भूमण्डल पर और दूसरा नहीं है। पहले यह एक दूसरे ही प्रकार का था, ठीक काशी के हमारे बंगाली टोला की तरह! गली और रास्ते टेढ़े-मेढ़े थे; बीच बीच में दो घरों को जोड़नेवाली कमानें थीं; कुएँ दीवालों के नीचे थे, इसी प्रकार और भी बातें—गत प्रदर्शनी में उन लोगों ने प्राचीन पेरिस का एक नमूना दिखाया था। वह पुराना पेरिस कहाँ गया? क्रमशः बदलते हुए, लड़ाई-विद्रोह के कारण कितने ही अंश मटियामेट हो गये थे। फिर साफ़-सुथरा पेरिस उसी स्थान पर बसा है।

वर्तमान पेरिस का अधिकांश तृतीय नेपोलियन का तैयार किया हुआ है। तृतीय नेपोलियन मारकाट मचाकर बादशाह बना था। फ़्रांसीसी उसी प्रथम विप्लव के समय से अस्थिर हैं; अतएव प्रजा को सुखी रखने के लिए बादशाह लोग गरीबों को काम देकर प्रसन्न करने के अभिप्राय से बड़ी बड़ी सड़कें, नाटचशालाएँ, घाट आदि बनवाने लगे। अवश्य ही पेरिस के सारे प्राचीन मन्दिर, स्तंभ आदि स्मारकस्वरूप क़ायम रह गये। रास्ते, घाट सब नये बन गये। पुराने शहर के मकान और इमारतें तोड़कर शहर की चौहद्दी बढ़ायी जाने लगी और पृथ्वी की सर्वोत्तम 'कैम्पस एलिसिस' सड़क यहाँ पर तैयार हुई। यह रास्ता इतना चौड़ा है कि इसके बीच में और दोनों तरफ़ बगीचा है और एक जगह पर बहुत बड़ा गोलाकार है—उसका नाम प्लास द लॉ कॉन्कार्ड (Place de la concorde) है। इसके चारों ओर समानान्तर मूर्तियाँ हैं, जो फ़्रांस के प्रत्येक ज़िले की स्त्रियों की प्रतिमूर्ति हैं। उनमें एक मूर्ति स्ट्रैसबर्ग ज़िले की है। इस ज़िले को

---

१. गीता ॥ ३।३३ ॥

जर्मनीवालों ने १८७२ की लड़ाई में अपने अधीन कर लिया, इस दुःख को फ्रांस-वाले आज भी नहीं भूल सके हैं। इसीलिए वह मूर्ति सदा फूल-मालाओं से ढकी रहती है। जैसे लोग अपने आत्मीय स्वजन की क़ब्र के ऊपर फूल-माला चढ़ा आते हैं, उसी प्रकार कोई न कोई रात या दिन में उस मूर्ति पर फूल-माला डाल आता है।

ऐसा अनुमान होता है कि दिल्ली का चाँदनी चौक भी किसी समय इसी स्थान की भाँति था। जगह जगह पर जयस्तंभ, विजय-तोरण, स्त्री-पुरुष, सिंह आदि की पत्थर की मूर्तियाँ हैं। महावीर प्रथम नेपोलियन का स्मारक एक बहुत बड़ा धातुनिर्मित विजय-स्तम्भ है; उस पर चारों ओर नेपोलियन की युद्ध-विजय अंकित हैं। ऊपर उसकी मूर्ति है। उसमें एक स्थान पर प्राचीन बास्तिल (Bastille) क़िले के ध्वंस के स्मारक हैं। उस समय राजाओं का एकाधिपत्य था, किसीको भी वे जेल में ठूँस देते थे। कोई विचार नहीं था, राजा एक आज्ञा लिख देता था, इस आज्ञा का नाम था 'लेटर द क्याशे' (Lettre de Cachet)। इसके बाद उस व्यक्ति ने कोई अपराध किया है या नहीं, दोषी है या निर्दोष, इस पर विचार ही नहीं होता था, और एकदम ले जाकर बास्तिल में डाल दिया जाता था। उस स्थान से फिर कोई निकल नहीं सकता था। राजा की प्रणयि-नियाँ यदि किसीके ऊपर नाराज़ होतीं, तो राजा से इसी आज्ञा-मुद्रा को लेकर उस व्यक्ति को बास्तिल में भेज देती थीं। आख़िरकार इन अत्याचारों से प्रजा एक बार पागल हो उठी। व्यक्तिगत स्वाधीनता, सबकी समानता, कोई भी छोटा-बड़ा नहीं—यही ध्वनि सब ओर से आने लगी। पेरिस के लोगों ने पागल होकर राजा और रानी के ऊपर आक्रमण कर दिया। उस समय पहले मनुष्य के घोर अत्याचार का स्मारक बास्तिल का नाश किया गया और एक रात वहाँ ख़ूब नाच-गाना, आमोद-प्रमोद आदि होते रहे। इसके बाद जब राजा भागे जा रहे थे, उन्हें पकड़ लिया गया। 'राजा के श्वसुर, आस्ट्रिया के बादशाह अपने जामाता की सहायता के लिए सेना भेज रहे हैं', यह सुनकर प्रजा इतनी क्रोधान्ध हो गयी कि उसने राजा और रानी को मार डाला। सारे देशवासी स्वाधीनता और समता के नाम पर पागल हो गये, फ़्रांस में प्रजातन्त्र स्थापित हो गया। मुसाहबों में जो पकड़े गये, मार डाले गये। कोई कोई तो उपाधि आदि फेंककर प्रजा में मिल गये। इतना ही नहीं, उन लोगों ने सर्वत्र यही ध्वनि गुंजा दी कि 'हे दुनिया भर के लोगो! उठो; समस्त अत्याचारी राजाओं को मार डालो, सब प्रजा स्वाधीन बन जाय, सब लोग समान हो जायँ।' उस समय यूरोप के सभी राजा भय से अस्थिर हो गये। इस डर से कि यह आग बाद को कहीं अपने

देश में भी न लग जाय, सिंहासन को भी न डगमगा दे, इसलिए उसे बुझाने के अभिप्राय से वे लोग कमर कसकर चारों ओर से फ़ांस पर आक्रमण करने लगे। इधर प्रजातन्त्र के नेताओं ने घोषणा कर दी कि 'जन्मभूमि पर विपद है'। इस घोषणा की आग से सारा देश दहक उठा। बच्चा-बूढ़ा, स्त्री-पुरुष फ़ांस का राष्ट्रीय गीत लॉ मार्साई—La Marseillaise—गाते हुए, उत्साहपूर्ण फ़ांस के महागीत को गाते हुए, दल के दल, फटे कपड़े पहने हुए, उस जाड़े में नंगे पाँव, बिना कुछ भोजन का सामान लिये, फ्रांसीसी प्रजा-फ़ौज समग्र यूरोप की विराट् सेना के सामने आ डटी। छोटे-बड़े, अमीर-ग़रीब, सभी के कन्धे पर बन्दूक़ थी—**परित्राणाय साधूनां विनाशाय च दुष्कृताम्**—सब निकल पड़े। सारा यूरोप उस वेग को नहीं सह सका। फ़ांसीसी जाति के आगे सैन्यों के कन्धों पर खड़े होकर एक वीर ने महा सिंहनाद किया। उसकी अंगुली को देखते ही पृथ्वी काँपने लगी; वह था नेपोलियन बोनापार्ट।

स्वाधीनता, समानता और बन्धुत्व को बन्दूक़ की नली से, तलवार की धार से यूरोप की अस्थिमज्जा में प्रविष्ट करा दिया गया। फ़ांस की विजय हुई। इसके बाद फ्रांस को दृढ़बद्ध और सावयव बनाने के लिए नेपोलियन बादशाह बना। इसके बाद उसका कार्य समाप्त हुआ। बाल-बच्चा न होने के कारण सुख-दुःख की संगिनी, भाग्यलक्ष्मी राज्ञी जोसेफ़िन का उसने त्याग कर दिया और आस्ट्रिया की राजकन्या के साथ शादी कर ली। जोसेफ़िन का त्याग करने से नेपोलियन का भाग्य उलट गया। रूस जीतने के लिए जाते समय उसकी सारी फ़ौज बर्फ़ में गलकर मर गयी। यूरोप ने मौक़ा पाकर उसे क़ैद कर एक द्वीपान्तर में भेज दिया। अब पुराने राजा का एक वंशधर तख़्त पर बैठाया गया।

ज़ख़्मी सिंह उस द्वीप से भागकर फिर फ्रांस में आ उपस्थित हुआ। फ्रांसीसियों ने फिर उसे अपना राजा बनाया। नया राजा भाग गया। किन्तु टूटी हुई क़िस्मत जुड़ न सकी, फिर यूरोप उस पर टूट पड़ा और उसको हरा दिया। नेपोलियन अंग्रेज़ों के एक जहाज में चढ़कर शरणागत हुआ। अंग्रेज़ों ने उसे सेन्ट हेलेना नामक एक सुदूर द्वीप में मृत्यु के समय तक क़ैद रखा। फिर पुराना राजवंश आया, उस खानदान का एक व्यक्ति राजा बनाया गया। फिर फ़ांस के लोग मतवाले हो गये। राजा को मारकर प्रजातन्त्र की स्थापना हुई। महावीर नेपोलियन के एक सम्बन्धी इस समय फ़ांसीसियों के प्रिय पात्र हुए। उन्होंने एक दिन षड़यन्त्र करके अपने को राजा घोषित किया, वे थे तृतीय नेपोलियन। कुछ दिनों तक उनका खूब प्रताप रहा। किन्तु जर्मनी की लड़ाई में हारने पर

उनका सिंहासन चला गया और प्रजातन्त्र प्रतिष्ठित हुआ। उस समय से अब तक वहाँ प्रजातन्त्र चल रहा है।

परिणामवाद—भारतवर्ष के सभी सम्प्रदायों की मूल भित्ति

जो परिणामवाद (evolution theory) भारत के प्रायः सभी सम्प्रदायों की मूल भित्ति है, उसने इस समय यूरोपीय बहिर्विज्ञान में प्रवेश किया है। भारत के सिवाय अन्यत्र सभी देशों के धर्मों का यही मत था कि समस्त संसार टुकड़ा टुकड़ा अलग है। ईश्वर भी अलग है, प्रकृति अलग है, मनुष्य अलग है, इसी प्रकार पशु, पक्षी, कीट, पतंग, पेड, पत्ता, मिट्टी, पत्थर, धातु आदि सब अलग हैं। भगवान् ने इसी प्रकार सब अलग करके सृष्टि की है।

ज्ञान का अर्थ है—बहु के भीतर एक को देखना। जो वस्तुएँ अलग अलग हैं, जिनमें अन्तर मालूम होता है, उनमें भी एक ऐक्य है। वह विशेष सम्बन्ध, जिससे मनुष्य को इस एकत्व का पता लगता है, 'नियम' कहलाता है। इसीको प्राकृतिक नियम भी कहते हैं।

हम पहले ही कह आये हैं कि हमारी विद्या, बुद्धि और चिन्ता सभी आध्यात्मिक हैं। सभी का विकास धर्म के भीतर है और पाश्चात्यों में ये सारे विकास बाहर, शरीर और समाज में हैं। भारत के चिन्तनशील मनीषी क्रमशः समझ गये थे कि इन चीज़ों को अलग अलग मानना भूल है। अलग होते हुए भी उन सबमें एक सम्बन्ध है। मिट्टी, पत्थर, पेड़, पत्ता, जीव, जन्तु, मनुष्य, देवता, यहाँ तक कि स्वयं ईश्वर में भी ऐक्य है। अद्वैतवादी इसकी चरम सीमा पर पहुँच गये। उन्होंने कहा, यह सब कुछ उसी एक का विकास है। सचमुच यह अध्यात्म और अधिभूत जगत् एक ही है, उसीका नाम ब्रह्म है और जो अलग अलग मालूम पड़ता है, वह भूल है। वही माया, अविद्या अर्थात् अज्ञान है। यही ज्ञान की चरम सीमा है।

भारत की बात छोड़ दो, यदि विदेश में कोई इस बात को नहीं समझ सकता, तो कहो उसे पण्डित कैसे समझें ? किन्तु उनके अधिकांश पण्डित लोग इसे समझ रहे हैं, पर अपने ही तरीक़े से—जड़ विज्ञान द्वारा। वह 'एक' कैसे 'अनेक' हो गया, यह बात न तो हम लोग ही समझ सकते हैं और न वे लोग ही। हम लोगों ने भी यह सिद्धान्त बना लिया है कि वह विषय-बुद्धि के परे है और उन लोगों ने भी वैसा ही किया है। किन्तु वह 'एक' कौन कौन सा रूप धारण करता है, किस प्रकार जातित्व और व्यक्तित्व में परिणत होता है, यह बात समझ में आती है, और इसी खोज का नाम विज्ञान है।

पाश्चात्य मत से समाज का क्रमविकास

इसीलिए तो इस देश के प्रायः सभी लोग परिणामवादी (evolutionist) बने हुए हैं। जैसे छोटा पशु कालान्तर में बदलकर बड़ा पशु हो जाता है, कभी बड़ा जानवर छोटा भी हो जाता है, कभी लुप्त भी हो जाता है। इसी प्रकार मनुष्य का भी हुआ होगा। उसका भी क्रमशः विकास हुआ होगा। मनुष्य सभ्य अवस्था में एकाएक पैदा हुआ, इस बात पर अब कोई विश्वास नहीं करता, क्योंकि उसके बाप-दादा थोड़े ही दिन पहले असभ्य जंगली थे। अब इतने कम दिनों में ही वे लोग सभ्य हो गये हैं। इसीलिए वे लोग कहते हैं कि सभी मनुष्य क्रमशः असभ्य अवस्था से सभ्य हुए हैं और हो रहे हैं।

आदिम मनुष्य काठ-पत्थर के औज़ारों से काम चलाते थे; चमड़ा या पत्ता पहनकर दिन बिताते थे; पहाड़ की गुफाओं में या चिड़ियों के घोंसले की तरह झोपड़ियों में गुज़र करते थे। इसका प्रमाण सभी देशों में मिट्टी के नीचे मिलता है; और कहीं तो अभी भी मनुष्य उसी अवस्था में मौजूद हैं। क्रमशः मनुष्य ने धातु का व्यवहार करना सीखा—नरम धातुओं का—जैसे टीन और ताँबा। इन दोनों को मिलाकर वे औज़ार और अस्त्र-शस्त्र बनाने लगे। प्राचीन यूनानी, बेबिलोन और मिस्रनिवासी भी बहुत दिनों तक लोहे का व्यवहार नहीं जानते थे। जब वे पहले की अपेक्षा सभ्य हो गये, तो पुस्तक आदि लिखने लगे, सोना-चाँदी का व्यवहार करने लगे, परन्तु तब तक वे लोहे का व्यवहार नहीं जानते थे। अमेरिका महाद्वीप के आदिम निवासियों में मेक्सिको, पेरू, माया आदि जातियाँ दूसरों से सभ्य थीं। वे बड़े बड़े मन्दिर बनाती थीं। सोना-चाँदी का उनमें खूब व्यवहार था, यहाँ तक कि सोने-चाँदी के लालच से स्पेनवालों ने उनका नाश कर डाला। किन्तु वे सब काम चकमक पत्थर के औज़ारों द्वारा बड़े परिश्रम से किये जाते थे। लोहे का कहीं नाम-निशान भी नहीं था।

आरम्भ में मनुष्य शिकारी थे

आदिम अवस्था में मनुष्य तीर, धनुष या जाल आदि के द्वारा पशु, पक्षी या मछली मारकर खाता था। क्रमशः उसने खेतीबारी करना और पशु पालना सीखा। जंगली जानवरों को अपने अधिकार में लाकर अपना काम कराने लगा। गाय, बैल, घोड़ा, सूअर, हाथी, ऊँट, भेड़, बकरी, मुर्ग़ी आदि मनुष्य के घर में पाले जाने लगे। इनमें कुत्ते मनुष्य के आदिम दोस्त थे।

फिर कृषक जीवन

इसके बाद खेतीबारी आरम्भ हुई। जो फल-फूल, साग-सब्ज़ी, गेहूँ, चावल मनुष्य आजकल खाता है, उन चीज़ों की आदिम जंगली अवस्था बहुत भिन्न थी। बाद में मनुष्यों के अध्यवसाय से वे ही वस्तुएँ अनेक सुखदायक पदार्थ बन गयीं। प्रकृति में तो दिन-रात परिवर्तन होता ही रहता है। नाना प्रकार के पेड़-पौधे पैदा होते रहते हैं; पशु-पक्षियों के शरीर-संसर्ग से, देश-काल के परिवर्तन से, नयी नयी जातियों की सृष्टि होती रहती है। इस प्रकार मनुष्य की सृष्टि के पूर्व प्रकृति धीरे धीरे पेड़-पौधों तथा दूसरे पशुओं में परिवर्तन करती थी, पर मनुष्य की सृष्टि होते ही उसने ज़ोर से परिवर्तन आरम्भ कर दिया। मनुष्य एक देश के पौधे और जीव-जन्तुओं को दूसरे देश में ले जाने लगा; और उनके परस्पर मिश्रण से कई प्रकार के नये जीव-जन्तु, पेड़-पौधों की जातियाँ मनुष्य द्वारा उत्पन्न की जाने लगीं।

विवाह का आदि तत्त्व

आदिम अवस्था में विवाह की पद्धति नहीं थी। धीरे धीरे वैवाहिक सम्बन्ध स्थापित हुआ। पहले सब समाजों में वैवाहिक सम्बन्ध माता के ऊपर निर्भर रहता था। पिता का कोई निश्चय नहीं था। माता के नाम के अनुसार बाल-बच्चों का नाम होता था। सारी सम्पत्ति स्त्रियों के हाथ में रहती थी। वे ही बाल-बच्चों का लालन-पालन करतीं थीं। क्रमशः सम्पत्ति के पुरुषों के हाथ में चले जाने से स्त्रियाँ भी उन्हींके हाथ में चली गयीं। पुरुषों ने कहा, 'जिस प्रकार यह धन-धान्य हमारा है, क्योंकि हमने खेतीबारी, लूटमार करके इसे पैदा किया है और इसमें यदि कोई हिस्सा लेना चाहे, तो हम उसका विरोध करेंगे, उसी प्रकार ये स्त्रियाँ भी हमारी हैं, यदि इन पर कोई हाथ डालेगा, तो विरोध होगा।' इस प्रकार वर्तमान विवाह-पद्धति का सूत्रपात हुआ। स्त्रियाँ भी गुलामों तथा बरतन-भाँड़े की तरह पुरुषों के अधिकार में आ गयीं। प्राचीन रीति थी कि एक दल का पुरुष दूसरे दल की स्त्री के साथ ब्याह करता था। यह विवाह भी स्त्रियों को ज़बरदस्ती छीन लाकर होता था। क्रमशः यह पद्धति बदल गयी। और स्वयंवर की प्रथा प्रचलित हुई, किन्तु आज भी उन सब विषयों का थोड़ा थोड़ा आभास मिलता है। इस समय भी प्रायः सभी देशों में हम देखते हैं कि वर के ऊपर आक्रमण करने की नक़ल की जाती है। बंगाल और यूरोप में वर के ऊपर चावल फेंका जाता है। पश्चिम में कन्या की सखियाँ बरातियों पर गाली गाकर आक्रमण करती हैं।

कृषिजीवी देवता तथा मृगयाजीवी असुरों का सम्बन्ध

समाज की सृष्टि होने लगी। देश-भेद से ही समाज की सृष्टि हुई। समुद्र के किनारे जो लोग रहते थे, वे अधिकांशतः मछली पकड़कर अपना जीवन निर्वाह करते थे। जो समतल ज़मीन पर रहते थे, वे खेतीबारी करते थे; जो पर्वतों पर रहते थे, वे भेड़ चराते थे; जो बालू के मैदानों में रहते थे, वे बकरी और ऊँट चराते थे। कितने ही लोग जंगलों में रहकर शिकार करने लगे। जिन्होंने समतल ज़मीन पाकर खेतीबारी करना सीखा, वे पेट की ज्वाला से बहुत कुछ निश्चिन्त होकर विचार करने का अवकाश पाकर अधिकतर सभ्य होने लगे। किन्तु सभ्यता आने के साथ शरीर दुर्बल होने लगा। जो दिन-रात खुली हवा में रहकर अधिकतर मांस खाते थे, उनमें और जो घर के भीतर रहकर अधिकतर अनाज खाते थे, बहुत अन्तर होने लगा। शिकारी पशु पालनेवालों, या मछली खानेवालों को जब कभी भोजन की कठिनाई पड़ती, तभी वे समतल भूमिनिवासी कृषकों को लूटने लगते। समतलनिवासी आत्मरक्षा के लिए आपस में दल बाँधने लगे और इस प्रकार छोटे छोटे राज्यों की सृष्टि होने लगी।

देवताओं का भोजन अनाज होता था, वे सभ्य होते थे तथा ग्राम, नगरों अथवा उद्यानों में वास करते थे और बुने हुए कपड़े पहनते थे; असुरों का वास पहाड़, पर्वत, मरुभूमि या समुद्र-तट पर होता था, उनका भोजन जंगली जानवरों का मांस तथा जंगली फल-मूल था और कपड़े थे बकरी के चमड़े अथवा अन्य कोई चीज़, जो इन चीज़ों के बदले में वे देवताओं से पा जाते थे। देवता लोग शरीर से कमज़ोर होते थे और उन्हें कष्ट बर्दाश्त नहीं था; असुरों का शरीर हृष्ट-पुष्ट था, वे उपवास करने और कष्ट सहने में बड़े पटु थे।

राजा, वैश्य आदि विभिन्न श्रेणियों की उत्पत्ति का रहस्य

असुरों को भोजन का अभाव होते ही वे लोग दल बाँधकर पहाड़ से उतरकर या समुद्र के किनारे से आकर गाँव-नगरों को लूटते थे। वे कभी कभी धन-धान्य के लोभ से देवताओं पर भी आक्रमण कर बैठते थे। यदि बहुत से देवता एकत्र न हो सकते थे, तो उनकी असुरों के हाथ से मृत्यु हो जाती थी। देवताओं की बुद्धि तेज़ थी, इसीलिए वे कई तरह के अस्त्र-शस्त्र तैयार करने लगे। ब्रह्मास्त्र, गरुड़ास्त्र, वैष्णवास्त्र, शैवास्त्र ये सब देवताओं के अस्त्र थे। असुरों के अस्त्र तो साधारण थे, पर उनके शरीर में बल बहुत था। बारम्बार देवताओं को असुरों ने हरा दिया, पर वे सभ्य होना नहीं जानते थे। वे खेतीबारी भी नहीं कर सकते थे और न बुद्धि का ही प्रयोग कर सकते थे।

विजयी असुर यदि विजित देवताओं के 'स्वर्ग' में राज्य करना चाहते थे, तो वे देवताओं के बुद्धि-कौशल से थोड़े ही दिनों में देवताओं के दास बन जाते थे। अथवा, असुर देवता के राज्य में लूटपाट मचाकर अपने स्थान में लौट जाते थे। देवता लोग जब एकत्र होकर असुरों को मारते थे, उस समय या तो असुर लोग समुद्र में जा छिपते थे, या पहाड़ों अथवा जंगलों में। क्रमशः दोनों दल बढ़ने लगे। लाखों देवता और असुर इकट्ठे होने लगे। अब महा संघर्ष, लड़ाई-झगड़े, जीत-हार होने लगी। इस प्रकार मनुष्यों के मिलने-जुलने से वर्तमान समाज की सारी वर्तमान प्रथाओं की सृष्टि होने लगी, नाना प्रकार के नवीन विचारों की सृष्टि होने लगी तथा नाना प्रकार की विद्याओं की आलोचना आरम्भ हुई। एक दल हाथ या बुद्धि द्वारा काम में आनेवाली चीज़ें तैयार करने लगा; दूसरा दल उन चीज़ों की रक्षा करने लगा। सब लोग मिलकर आपस में उन सब चीज़ों का विनिमय करने लगे और बीच में से एक चालाक दल एक स्थान की चीज़ों को दूसरे स्थान पर ले जाने के वेतनस्वरूप, सब चीज़ों का अधिकांश स्वयं हड़प करने लगा। एक दल खेती करता, दूसरा पहरा देता, एक दल बेचता तो दूसरा ख़रीदता। जिन लोगों ने खेतीबारी की, उन्हें कुछ नहीं मिला, जिन लोगों ने पहरा दिया, उन लोगों ने जुल्म करके कितने ही हिस्से ले लिये। चीज़ों को एक स्थान से दूसरे स्थान पर ले जानेवाले व्यवसायियों की पौ बारह रही। आफ़त तो आयी उन पर, जिन्हें चीज़ों के ऊँचे दाम देने पड़े। पहरा देनेवालों का नाम हुआ राजा; एक स्थान से दूसरे स्थान में चीज़ें ले जानेवाले का नाम पड़ा सौदागर। ये दोनों दल काम तो कुछ करते न थे, पर लाभ का अधिकांश इन्हीं लोगों को मिलता था। जो दल चीजें तैयार करता था, उसे तो बस पेट पर हाथ रखकर भगवान् का नाम लेना पड़ता था।

दस्यु और वेश्याओं की उत्पत्ति

क्रमशः इन सभी भावों के सम्मिश्रण से एक गाँठ के ऊपर दूसरी गाँठ पड़ती गयी और इस प्रकार हमारे वर्तमान जटिल समाज की सृष्टि हुई। किन्तु पूर्व के चिह्न पूर्णतः नष्ट नहीं हुए। जो लोग पहले भेड़ चराते थे, मछलियाँ पकड़कर खाते थे, वे सभ्य होने पर लूटमार और चोरी करने लगे। पास में जंगल नहीं था कि वे लोग शिकार करते, पर्वत भी नहीं था कि भेड़ चराते---जन्म का रोज़गार शिकार करना, भेड़ चराना या मछली पकड़ना, इनमें किसीकी सुविधा नहीं थी। इसीलिए यदि वे चोरी न करें, डाका न डालें, तो जायँ कहाँ? उन पूज्य प्रातःस्मरणीय स्त्रियों की कन्याएँ अब एक साथ एक से अधिक पुरुष से

ब्याह नहीं कर सकती थीं, इसीलिए उन लोगों ने वेश्यावृत्ति ग्रहण की। इस प्रकार भिन्न भिन्न ढंग के, भिन्न भिन्न भाव के सभ्य और असभ्य देवताओं और असुरों से उत्पन्न होकर मनुष्य-समाज की सृष्टि हुई। यही कारण है कि हम प्रत्येक समाज में देवताओं की विविध लीलाएँ देखते हैं——साधु नारायण और चोर नारायण इत्यादि। पुनः किसी समाज का चरित्र दैवी या आसुरी इन प्रकृतियों के लोगों की संख्या के अनुसार समझा जाने लगा।

प्राच्य और पाश्चात्य सभ्यताओं की विभिन्न भित्तियाँ

जम्बूद्वीप की सारी सभ्यता का उद्भव समतल भूमि में बड़ी बड़ी नदियों के किनारे——यांगटिसीक्यांग, गंगा, सिन्धु और युफ़्रेटीज़ के किनारे हुआ। इस सारी सभ्यता की आदि भित्ति खेतीबारी है। यह सारी सभ्यता देवता-प्रधान है और यूरोप की सारी सभ्यता का उत्पत्ति-स्थान या तो पहाड़ है अथवा समुद्रमय देश——चोर और डाकू ही इस सभ्यता की भित्ति हैं, इनमें आसुरी भाव अधिक है।

उपलब्ध इतिहास से मालूम होता है कि जम्बूद्वीप के मध्य भाग और अरब की मरुभूमि में असुरों का प्रधान अड्डा था। इन स्थानों में इकट्ठे होकर असुरों की सन्तान——चरवाहों और शिकारियों ने सभ्य देवताओं का पीछा करके उन्हें सारी दुनिया में फैला दिया।

यूरोप खण्ड के आदिम निवासियों की एक विशेष जाति अवश्य पहले से ही थी। पर्वत की गुफाओं में इस जाति का निवास था और इस जाति के जो लोग अधिक बुद्धिमान थे, वे थोड़े जलवाले तालाबों में मचान बाँधकर उन्हीं पर रहते और घर-द्वार निर्माण करते थे। ये लोग अपने सारे काम चकमक पत्थर से बने तीर, भाले, चाकू, कुल्हाड़ी आदि से ही चलाते थे।

ग्रीक

क्रमशः जम्बूद्वीप का नरस्रोत यूरोप के ऊपर गिरने लगा। कहीं कहीं अपेक्षाकृत सभ्य जातियों का अभ्युदय हुआ। रूस देश की किसी किसी जाति की भाषा भारत की दक्षिणी भाषा से मिलती है, किन्तु ये जातियाँ बहुत दिनों तक अत्यन्त बर्बर अवस्था में रहीं। एशिया माइनर के सभ्य लोगों का एक दल समीपवर्ती द्वीपों में जा पहुँचा। उसने यूरोप के निकटवर्ती स्थानों पर अपना अधिकार जमाया और अपनी बुद्धि तथा प्राचीन मिस्र की सहायता से एक अपूर्व सभ्यता की सृष्टि की। उन लोगों को हम यवन कहते हैं, और यूरोपीय उन्हें ग्रीक नाम से पुकारते हैं।

यूरोपीय जातियों की सृष्टि

इसके बाद इटली में रोमन नामक एक दूसरी बर्बर जाति ने इट्रस्कन (Etruscan) नाम को सभ्य जाति को हराया और उसकी विद्या-बुद्धि को अपनाकर स्वयं सभ्य हो गयी। क्रमशः रोमन लोगों का चारों ओर अधिकार हो गया। यूरोप खण्ड के दक्षिण और पश्चिम भाग के समस्त असभ्य लोग उनकी प्रजा बने, केवल उत्तरी भाग में जंगली बर्बर जातियाँ ही स्वाधीन रहीं। काल के प्रभाव से रोमन लोग ऐश्वर्य और विलासिता से दुर्बल होने लगे; उसी समय फिर जंबूद्वीप की असुर सेना ने यूरोप के ऊपर चढ़ाई की। असुरों की मार खाकर उत्तर यूरोपीय बर्बर जातियाँ रोमन साम्राज्य के ऊपर टूट पड़ीं, रोम का नाश हो गया। अब उन्हीं असुरों की ताड़ना से यूरोप की बर्बर जाति तथा नष्ट होने से बचे हुए रोमन और ग्रीक लोगों ने मिलकर एक अभिनव जाति की सृष्टि की। इसी समय यहूदी जाति रोम द्वारा विजित तथा विताड़ित यूरोप में फैल गयी। साथ ही उनका नवीन ईसाई धर्म भी यूरोप में फैल गया। ये सब विभिन्न जातियाँ सम्प्रदाय, विचार और नाना प्रकार के आसुरी पदार्थ महामाया की कड़ाही में, रात-दिन की लड़ाई तथा मारकाट रूपी आग के द्वारा गलकर मिल गये। इसीसे यूरोपीय जातियों की सृष्टि हुई।

हिन्दुओं का सा काला रंग, उत्तरी देशों का दूध की तरह सफ़ेद रंग, काले, भूरे अथवा सफ़ेद केश, काली, भूरी, नीली आँखें, खास हिन्दुओं की तरह नाक, मुँह और आँखें तथा चीनियों की तरह चपटे मुँह, इन सब आकृतियों से युक्त बर्बर—अतिबर्बर यूरोपीय जाति की उत्पत्ति हो गयी। कुछ दिनों तक वे आपस में ही मारकाट करते रहे; उत्तर के डाकू मौक़ा पाने पर अपने से जो सभ्य थे, उनका नाश करने लगे। बीच में ईसाई धर्म के दो गुरु—इटली के पोप और पश्चिम में कांस्टान्टिनोप्ल शहर के पेट्रियार्क—इस पशुप्राय बर्बर जाति और उसके राजा-रानी के ऊपर शासन करने लगे।

इस ओर अरब की मरुभूमि में मुसलमानी धर्म की उत्पत्ति हुई; जंगली पशु के तुल्य अरबों ने एक महापुरुष की प्रेरणा से, अदम्य तेज और अनाहत बल से पृथ्वी के ऊपर आघात किया। पश्चिम-पूर्व के दो प्रान्तों से उस तरंग ने यूरोप में प्रवेश किया, उसी प्रवाह में भारत और प्राचीन ग्रीक की विद्या-बुद्धि यूरोप में प्रवेश करने लगी।

मुसलमानों की भारत आदि पर विजय

जम्बूद्वीप के मध्यभाग में 'सेलमूल तातार' नाम की एक असुर जाति ने

इस्लाम धर्म ग्रहण किया और उसने एशिया माइनर आदि स्थानों को अपने क़ब्ज़े में कर लिया। भारत को जीतने की अनेक बार चेष्टा करने पर भी अरब लोग सफल न हो सके। मुसलमानी अभ्युदय सारी पृथ्वी को जीतकर भी भारत के सामने कुण्ठित हो गया। उन लोगों ने एक बार सिन्धु देश पर आक्रमण किया था, पर उसे रख नहीं सके। इसके बाद फिर उन लोगों ने कोई यत्न नहीं किया।

कई शताब्दियों के पश्चात् जब तुर्क आदि जातियाँ बौद्ध धर्म छोड़कर मुसलमान बन गयीं, तो उस समय इन तुर्कों ने समभाव से हिन्दू, पारसी आदि सबको दास बना लिया। भारतवर्ष को जीतनेवाले मुसलमान विजेताओं में एक दल भी अरबी या पारसी नहीं है, सभी तुर्की या तातारी हैं। सभी आगन्तुक मुसलमानों को राजपूताने में 'तुर्क' कहते हैं। यही सत्य और ऐतिहासिक तथ्य है। राजपूताने के चारण लोग गाते थे—'तुर्कन को अब बाढ़ रह्यो है जोर।' और यही सत्य है। कुतुबुद्दीन से लेकर मुग़ल बादशाहों तक सब तातार लोग ही थे, अर्थात् जिस जाति के तिब्बती थे, उसी जाति के। सिर्फ़ वे मुसलमान हो गये और हिन्दू, पारसियों से विवाह करके उनका चपटा मुँह बदल गया। यह वही प्राचीन असुर वंश है। आज भी काबुल, फ़ारस, अरब और कांस्टांटिनोपल के सिंहासन पर बैठकर वे ही तातारी असुर राज करते हैं; गान्धारी, पारसी और अरबी उनकी गुलामी करते हैं। विराट् चीन साम्राज्य भी उसी तातार मांचु के पैर के नीचे था, पर उस मांचु ने अपना धर्म नहीं छोड़ा, वह मुसलमान नहीं बना, वह महालामा का चेला था। यह असुर जाति कभी भी विद्या-बुद्धि की चर्चा नहीं करती, केवल लड़ाई लड़ना ही जानती है। उस रक्त के सम्मिश्रण बिना वीर प्रकृति का होना कठिन है। उत्तर यूरोप, विशेषकर रूसियों में उसी तातारी रक्त के कारण प्रबल वीर प्रकृति है। रूसियों में तीन हिस्सा तातारी रक्त है। देव और असुर की लड़ाई अभी भी बहुत दिनों तक चलती रहेगी। देवता असुर-कन्याओं से ब्याह करते हैं और असुर देवकन्याओं को छीन ले जाते हैं, इसी प्रकार प्रबल वर्णसंकरी जातियों की सृष्टि होती है।

ईसाई और मुसलमान की लड़ाई

तातारों ने अरबी खलीफ़ा का सिंहासन छीन लिया, ईसाइयों के महातीर्थ जेरुसलम आदि स्थानों पर क़ब्जा कर ईसाइयों की तीर्थयात्रा बन्द कर दी तथा अनेक ईसाइयों को मार डाला। ईसाई धर्म के पोप लोग क्रोध से पागल हो गये। सारा यूरोप उनका चेला था। राजा और प्रजा को उन लोगों ने उभाड़ना शुरू किया। झुंड के झुंड यूरोपीय बर्बर जेरुसलम के उद्धार के लिए एशिया

माइनर की ओर चल पड़े! कितने तो आपस में ही लड़ मरे, कितने रोग से मर गये, बाक़ी को मुसलमान मारने लगे। वे घोर बर्बर और भी पागल हो गये—मुसलमान जितनों को मारते थे, उतने ही फिर आ जाते थे। वे नितान्त जंगली थे। अपने ही दल को लूटते थे। खाना न मिलने के कारण उन लोगों ने मुसलमानों को पकड़कर खाना आरम्भ कर दिया। यह बात आज भी प्रसिद्ध है कि अंग्रेज़ों का राजा रिचर्ड मुसलमानों के मांस से बहुत प्रसन्न होता था।

फलतः यूरोप में सभ्यता का प्रवेश

जंगली मनुष्य और सभ्य मनुष्य की लड़ाई में जो होता है, वही हुआ—जेरुसलम आदि पर अधिकार न हो सका। किन्तु यूरोप सभ्य होने लगा। वहाँ के चमड़ा पहननेवाले, पशु-मांस खानेवाले जंगली अंग्रेज़, फ़्रेंच, जर्मन आदि एशिया की सभ्यता सीखने लगे। इटली आदि में अपने यहाँ के नागाओं के समान जो सैनिक थे, वे दर्शन शास्त्र सीखने लगे। ईसाइयों का नागा दल (Knight Templars) कट्टर अद्वैतवादी बन गया। अन्त में वे लोग ईसाइयों की भी हँसी उड़ाने लगे। उक्त दल के पास धन भी बहुत सा इकट्ठा हो गया था, उस समय पोप की आज्ञा से, धर्म-रक्षा के बहाने यूरोपीय राजाओं ने उन बेचारों को मारकर उनका धन लूट लिया।

इधर मूर नामक एक मुसलमान जाति ने स्पेन देश में एक अत्यन्त सभ्य राज्य की स्थापना की और वहाँ अनेक प्रकार की विद्याओं की चर्चा आरम्भ कर दी; फलतः पहले-पहल यूरोप में यूनिवर्सिटियों की सृष्टि हुई। इटली, फ़्रांस और सुदूर इंग्लैण्ड से वहाँ विद्यार्थी पढ़ने आने लगे। राजे-रजवाड़ों के लड़के युद्ध-विद्या, आचार, क़ायदा, सभ्यता आदि सीखने के लिए वहाँ आने लगे और घर-द्वार, महल-मन्दिर सब नये ढंग से बनने लगे।

यूरोप की एक महासेना के रूप में परिणति

किन्तु सारा यूरोप एक महासेना का निवास-स्थान बन गया। वह भाव इस समय भी है। मुसलमान जब देश विजय करते थे, तब उनका बादशाह अपने लिए एक बड़ा टुकड़ा रखकर बाक़ी सेनापतियों में बाँट देता था। वे लोग बादशाह को मालगुज़ारी नहीं देते थे, किन्तु बादशाह को जितनी सेना की आवश्यकता पड़ती, मिल जाती थी। इस प्रकार प्रस्तुत फ़ौज का झमेला न रखकर आवश्यकता पड़ने पर बहुत बड़ी सेना एकत्र हो सकती थी। आज भी राजपूताने में यही बात मौजूद है। इसे मुसलमान ही इस देश में लाये हैं। यूरोपवालों ने भी मुसलमानों से ही

यह बात ली है। किन्तु मुसलमानों के यहाँ थे बादशाह, सामन्त और सैनिक, बाक़ी प्रजा। किन्तु यूरोप में राजा तथा सामन्तों ने शेष प्रजा को एक तरह का ग़ुलाम सा बना लिया। प्रत्येक मनुष्य किसी न किसी सामन्त का ग़ुलाम बनकर ही जीवित रह सकता था। आज्ञा पाते ही उसे तैयार होकर लड़ाई के लिए निकल आना पड़ता था।

यूरोपीय सभ्यतारूपी वस्त्र के उपादान

यूरोपीय सभ्यता नामक वस्त्र के ये सब उपकरण हुए : एक नातिशीतोष्ण-पहाड़ी समुद्र-तटमय प्रदेश इसका करघा बना और सर्वदा युद्धप्रिय बलिष्ठ अनेक जातियों की समष्टि से पैदा हुई एक सम्मिश्र जाति उसकी रुई हुई। इसका ताना हुआ आत्मरक्षा और धर्मरक्षा के लिए सर्वदा युद्ध करना। जो तलवार चला सकता है, वही बड़ा हुआ और जो तलवार चलाना नहीं जानता, वह स्वाधीनता का विसर्जन कर किसी वीर की छत्र-छाया में रह, जीवन व्यतीत करने लगा। स वस्त्र का बाना हुआ व्यापार-वाणिज्य। इस सभ्यता का साधन था—तलवार; आधार था—वीरत्व; और उद्देश्य था—लौकिक और पारलौकिक भोग।

हमारी सभ्यता शान्तिप्रिय है

हमारी कहानी क्या है? आर्य लोग शान्तिप्रिय हैं, खेतीबारी कर अनाज पैदा करते हैं और शान्तिपूर्वक अपने परिवार के पालन-पोषण में ही खुश होते हैं। उनके लिए साँस लेने का अवकाश यथेष्ट था; इसीलिए चिन्तनशील तथा सभ्य होने का अवकाश अधिक था। हमारे जनक राजा अपने हाथों से हल भी चलाते थे और उस समय के सर्वश्रेष्ठ आत्मविद् भी थे। यहाँ आरम्भ से ही ऋषि-मुनियों और योगियों आदि का अभ्युदय था। वे लोग आरम्भ से ही जानते थे कि संसार मिथ्या है। लड़ना-झगड़ना बेकार है। जो आनन्द के नाम से पुकारा जाता है, उसकी प्राप्ति शान्ति में है और शान्ति है शारीरिक भोग के विसर्जन में। सच्चा आनन्द है मानसिक उन्नति में और बौद्धिक विकास में, न कि शारीरिक भोगों में। जंगलों को आबाद करना उनका काम था।

इसके बाद इस साफ़ भूमि में निर्मित हुई यज्ञ की वेदी और उस निर्मल आकाश में उठने लगा यज्ञ का धुआँ। उस हवा में वेदमंत्र प्रतिध्वनित होने लगे और गाय-बैल आदि पशु निःशंक चरने लगे। अब विद्या और धर्म के पैर के नीचे तलवार का स्थान हुआ। उसका काम सिर्फ़ धर्मरक्षा करना रह गया, तथा

मनुष्य और गाय-बैल आदि पशुओं का परित्राण करना। वीरों का नाम पड़ा आपद्त्राता—क्षत्रिय।

हल, तलवार आदि सबका अधिपति रक्षक हुआ—धर्म। वही राजाओं का राजा, जगत् के सो जाने पर भी सदा जाग्रत रहता है। धर्म के आश्रय में सभी स्वाधीन रहते हैं।

आर्यों द्वारा आदिम भारतीय जाति का विनाश यूरोपियनों का आधारहीन अनुमान मात्र है

यूरोपीय पण्डितों का यह कहना कि आर्य लोग कहीं से घूमते-फिरते आकर भारत में जंगली जाति को मार-काटकर और ज़मीन छीनकर स्वयं यहाँ बस गये, केवल अहमक़ों की बात है। आश्चर्य तो इस बात का है कि हमारे भारतीय विद्वान् भी उन्हींके स्वर में स्वर मिलाते हैं और यही सब झूठी बातें हमारे बाल-बच्चों को पढ़ायी जाती हैं—यह घोर अन्याय है।

मैं स्वयं अल्पज्ञ हूँ, विद्वत्ता का दावा नहीं करता; किन्तु जो समझता हूँ, उसे ही लेकर मैंने पेरिस की कांग्रेस में इसका प्रतिवाद किया था। यूरोपीय एवं भारतीय विद्वानों से मैंने इसकी चर्चा की है। मौक़ा आने पर फिर इस सम्बन्ध में प्रश्न उठाना चाहूँगा। यह मैं तुम लोगों से और अपने पण्डितों से कहता हूँ कि अपनी पुस्तकों का अध्ययन करके इस समस्या का निर्णय करो।

यूरोपियनों को जिस देश में मौक़ा मिलता है, वहाँ के आदिम निवासियों का नाश करके स्वयं मौज से रहने लगते हैं, इसलिए उनका कहना है कि आर्य लोगों ने भी वैसा ही किया है! वे बुभुक्षित पाश्चात्य 'अन्न अन्न' चिल्लाते हुए, किसको मारें, किसको लूटें, कहते हुए घूमते रहते हैं और कहते हैं, आर्य लोगों ने भी वैसा ही किया है!! मैं पूछना चाहता हूँ कि इस धारणा का आधार क्या है? क्या सिर्फ़ अन्दाज़ ही? तुम अपना अन्दाज़-अनुमान अपने घर में रखो।

किस वेद अथवा सूक्त में अथवा और कहीं तुमने देखा है कि आर्य दूसरे देशों से भारत में आये? इस बात का प्रमाण तुम्हें कहाँ मिला है कि उन लोगों ने जंगली जातियों को मार-काटकर यहाँ निवास किया? इस व्यर्थ अहमक़पन की क्या ज़रूरत है? तुमने तो रामायण पढ़ी ही नहीं, फिर व्यर्थ ही रामायण के आधार पर यह सफ़ेद झूठ क्यों गढ़ रहे हो?

रामायण आर्य जाति द्वारा अनार्य-विजय का उपाख्यान नहीं है

रामायण क्या है—आर्यों के द्वारा दक्षिणी जंगली जातियों की विजय!!

हाँ, यह ठीक है कि राम सुसभ्य आर्य राजा थे, पर उन्होंने किसके साथ लड़ाई की थी? लंका के राजा रावण के साथ। ज़रा रामायण पढ़कर तो देखो, वह रावण सभ्यता में राम के देश से बढ़ा-चढ़ा था, कम नहीं! लंका की सभ्यता अयोध्या की सभ्यता से अधिक थी, कम नहीं; इसके अलावा वानरादि दक्षिणी जातियाँ कहाँ जीत ली गयीं? वे सब तो श्री राम के दोस्त बन गये थे। किस गुह का या किस बाली नामक राजा का राज्य राम ने छीन लिया? कुछ कहो तो सही?

सम्भव है कि दो-एक स्थानों पर आर्य तथा जंगली जातियों का युद्ध हुआ हो। हो सकता है कि दो-एक धूर्त मुनि राक्षसों के जंगल में धूनी रमाकर बैठे हों, ध्यान लगाकर आँखें बन्द कर इस आसरे में बैठे हों कि कब राक्षस उनके ऊपर पत्थर या हाड़-मांस फेंकते हैं? ज्यों ही ऐसी घटनाएँ हुईं कि वे लोग राजाओं के पास फ़रियाद करने पहुँच गये। राजा जिरह-बख्तर पहनकर, लोहे के हथियार लेकर घोड़े पर चढ़कर आते थे; फिर जंगली जातियाँ हाड़-पत्थर लेकर उनसे कब तक लड सकती थीं? राजा उन्हें मार-पीटकर चले जाते थे। यह सब होना सम्भव है। किन्तु ऐसा होने पर भी यह कहाँ लिखा है कि जंगली जातियाँ अपने घरों से भगा दी गयीं।

आर्य सभ्यता रूपी वस्त्र का करघा है विशाल नद-नदी, उष्णप्रधान समतल क्षेत्र, नाना प्रकार की आर्यप्रधान सुसभ्य, अर्धसभ्य, असभ्य जातियाँ इसकी कपास हैं, और इसका ताना है वर्णाश्रमाचार। इसका बाना है प्राकृतिक द्वन्द्वों का और संघर्ष का निवारण।

उपसंहार

यूरोपीय लोगो! तुमने कब किसी देश का भला किया है? अपने से अवनत जाति को ऊपर उठाने की तुममें शक्ति कहाँ है? जहाँ कहीं तुमने दुर्बल जाति को पाया, नेस्त-नाबूद कर दिया और उसकी निवास-भूमि में तुम खुद बस गये और वे जातियाँ एकदम मटियामेट हो गयीं! तुम्हारे अमेरिका का क्या इतिहास है? तुम्हारे आस्ट्रेलिया, न्यूज़ीलैण्ड, प्रशान्त महासागर के द्वीप-समूह और अफ़्रीका का क्या इतिहास है?

वे सब जंगली जातियाँ आज कहाँ हैं? एकदम सत्यानाश! जंगली पशुओं की तरह उन्हें तुम लोगों ने मार डाला। जहाँ तुम्हारी शक्ति काम नहीं कर सकी, सिर्फ़ वहीं अन्य जातियाँ जीवित हैं।

भारत ने तो ऐसा काम कभी भी नहीं किया। आर्य लोग बड़े दयालु थे, उनके

अखण्ड, समुद्रवत् विशाल हृदय में, दैवी प्रतिभा-सम्पन्न मस्तिष्क में उन सब आकर्षक प्रतीत होनेवाली पाशविक प्रणालियों ने किसी समय भी स्थान नहीं पाया। स्वदेशी अहमको! यदि आर्य लोग जंगली लोगों को मार-पीटकर यहाँ वास करते, तो क्या इस वर्णाश्रम की सृष्टि होती?

यूरोप का उद्देश्य है—सबको नाश करके स्वयं अपने को बचाये रखना। आर्यों का उद्देश्य था—सबको अपने समान करना अथवा अपने से भी बड़ा करना। यूरोपीय सभ्यता का साधन—तलवार है, और आर्यों की सभ्यता का उपाय—वर्ण-विभाग। शिक्षा और अधिकार के तारतम्य के अनुसार सभ्यता सीखने की सीढ़ी थी—वर्ण-विभाग! यूरोप में बलवानों की जय और निर्बलों की मृत्यु होती है। भारत में प्रत्येक सामाजिक नियम दुर्बलों की रक्षा करने के लिए ही बनाया गया है।

मानव जाति की उन्नति के सम्बन्ध में ईसाई और मुसलमान धर्म की तुलना[1]

यूरोपीय लोग जिस सभ्यता की इतनी बड़ाई करते हैं, उसकी उन्नति का अर्थ क्या है? उसका अर्थ यही है कि सिद्धि अनुचित को उचित बना देती है। चोरी, झूठ अथवा स्टैन्‌ली द्वारा भूखा मुसलमान अपने समान व्यवहारवाले रक्षकों का एक ग्रास अन्न चोरी करने के अपराध में कोड़े एवं फाँसी की सज़ा पाता है,—यही बात सब बातों के औचित्य का विधान करती है; 'दूर हटो, मैं वहाँ आना चाहती हूँ', इस प्रकार की प्रसिद्ध यूरोपीय नीति—जिसका प्रमाण यह है कि जिस जगह यूरोपियनों का आगमन हुआ, वहीं आदिम निवासी जातियों का विनाश हुआ—यही उस नीति के औचित्य का विधान करता है! इस सभ्यता के अग्रगामी लन्दन नगरी में व्यभिचार को और पेरिस में स्त्री तथा लड़कों को असहाय अवस्था में छोड़कर भाग जाना एवं आत्महत्या करने को 'मामूली धृष्टता' समझते हैं—इत्यादि।

इस समय मुसलमानों की पहली तीन शताब्दियों के ओज तथा उनकी सभ्यता के विस्तार के साथ ईसाई धर्म की पहली तीन शताब्दियों की तुलना करो। पहली तीन शताब्दियों में ईसाई धर्म संसार को अपना परिचय ही न दे सका और जिस समय कांस्टेंटाइन (Constantine) की तलवार ने इसे राज्य के बीच में स्थान

---

१. स्वामी जी के देहावसान के बाद उनके काग़ज़-पत्रों में यह अन्तिमांश मिला था। यह एवं पूर्ववर्ती समग्र लेख मूल बंगला से अनूदित हैं। स०

दिया, तब से भी ईसाई धर्म ने आध्यात्मिक या सांसारिक सभ्यता के विस्तार में किस समय क्या सहायता की है? जिन यूरोपीय पण्डितों ने पहले-पहल यह सिद्ध किया कि पृथ्वी घूमती है, ईसाई धर्म ने उनको क्या पुरस्कार दिया था? किस समय किस वैज्ञानिक का ईसाई धर्म ने समर्थन किया? क्या ईसाई धर्म का साहित्य दीवानी या फ़ौजदारी, विज्ञान, शिल्प अथवा व्यवसाय-कौशल के अभाव को पूरा कर सकेगा? आज तक ईसाई धर्म धार्मिक ग्रन्थों के अतिरिक्त दूसरे प्रकार की पुस्तकों के प्रचार की आज्ञा नहीं देता। आज जिस मनुष्य का विद्या या विज्ञान में प्रवेश है, वह क्या निष्कपट रूप से ईसाई ही बना रह सकता है? ईसाइयों के नव व्यवस्थान में प्रत्यक्ष अथवा अप्रत्यक्ष रूप से किसी भी विज्ञान या शिल्प की प्रशंसा नहीं है। किन्तु ऐसा कोई विज्ञान या शिल्प नहीं है, जो प्रत्यक्ष या अप्रत्यक्ष रूप से क़ुरान शरीफ़ या हदीस में अनेक वाक्यों से अनुमोदित या उत्साहित न किया गया हो। यूरोप के सर्वप्रधान मनीषी वाल्टेयर, डारविन, बुकनर, फ्लामारीयन, विक्टर ह्यूगो आदि पुरुषों को वर्तमान ईसाई धर्म द्वारा निन्दा की गयी एवं उन्हें अभिशाप दिया गया। किन्तु सभी महात्माओं को इस्लाम धर्म ने आस्तिक माना, कहा केवल यही कि इनमें पैग़म्बर के प्रति विश्वास न था। सभी धर्मों की उन्नति के बाधक तथा साधक कारणों की यदि परीक्षा ली जाय, तो देखा जायगा कि इस्लाम जिस स्थान पर गया है, वहाँ के आदिम निवासियों की उसने रक्षा की है। वे जातियाँ अभी भी वहाँ वर्तमान हैं। उनकी भाषा और जातीय विशेषत्व आज भी मौजूद हैं।

ईसाई धर्म कहाँ ऐसा कार्य दिखा सकता है? स्पेन देश के अरबी, आस्ट्रेलिया और अमेरिका के आदिम निवासी लोग अब कहाँ हैं? यूरोपीय ईसाइयों ने यहूदियों की इस समय क्या दशा की है? एक दान-प्रणाली को छोड़कर यूरोप की कोई भी कार्य-पद्धति ईसाई धर्मग्रंथ (Gospels) से अनुमोदित नहीं है, बल्कि उसके विरुद्ध ही है। यूरोप में जो कुछ भी उन्नति हुई है, वह सभी ईसाई धर्म के विरुद्ध विद्रोह के द्वारा। आज यूरोप में यदि ईसाई धर्म की शक्ति प्रबल होती, तो यह शक्ति पास्टयर (Pasteur) और कॉक (Coch) की तरह के वैज्ञानिकों को पशुओं की तरह भून डालती और डारविन के शिष्यों को फाँसी पर लटका देती। वर्तमान यूरोप में ईसाई धर्म और सभ्यता अलग चीज़ें हैं। सभ्यता, इस समय अपने पुराने शत्रु ईसाई धर्म के नाश के लिए, पादरियों को मार भगाने और उनके हाथों से विद्यालय तथा धर्मार्थ चिकित्सालयों को छीन लेने के लिए कटिबद्ध हो गयी है। यदि मूर्ख किसानों का दल न होता, तो ईसाई धर्म अपने घृणित जीवन को एक क्षण भी क़ायम न रख सकता और स्वयं समूल

उखाड़ फेंका जाता, क्योंकि शहर के रहनेवाले दरिद्र लोग इस समय भी ईसाई धर्म के प्रकट शत्रु हैं। इसके साथ इस्लाम धर्म की तुलना करो, तो प्रतीत होगा कि मुसलमानों के देश की सारी पद्धतियाँ इस्लाम धर्म के अनुसार प्रचलित हुई हैं और इस्लाम के धर्मप्रचारकों का सभी राजकर्मचारी बहुत सम्मान करते हैं तथा दूसरे धर्मों के प्रचारक भी उनसे सम्मानित होते हैं।

प्राच्य और पाश्चात्य

पाश्चात्य देशों में इस समय एक साथ ही लक्ष्मी और सरस्वती दोनों की कृपा हो गयी है। केवल भोग की चीज़ों को ही एकत्र करके वे शान्त नहीं होते, वरन् सभी कामों में एक सुन्दरता देखना चाहते हैं। खान-पान, घरद्वार सभी में सुन्दरता की खोज है। जब धन था, तो हमारे देश में भी एक दिन यही भाव था। इस समय एक ओर दरिद्रता है, दूसरी ओर हम लोग इतो नष्टस्ततो भ्रष्टः होते जा रहे हैं। जाति के जो गुण थे, वे मिटते चले जा रहे हैं, और पाश्चात्य देश से भी कुछ नहीं पा रहे हैं। चलने-फिरने, उठने-बैठने, सभी के लिए हमारा एक नियम था, वह नष्ट हो रहा है और हम लोग पाश्चात्य नियमों को अपनाने में भी असमर्थ हैं। पूजा-पाठ प्रभृति आदि जो कुछ था, उसे तो हम लोग जल में प्रवाहित किये दे रहे हैं, पर समयोपयोगी किसी नवीन नियम का अभी भी निर्माण नहीं हो रहा है। हम इस समय दुर्दशा के बीच में पड़े हैं, भावी बंगाल अभी भी अपने पैरों पर नहीं खड़ा हुआ है! यहाँ सबसे अधिक दुर्दशा कलाओं की हुई है। पहले सभी वृद्धाएँ दीवालों को रंग-बिरंगा रँगती थीं, आँगन को फूल-पत्तों के चित्रों से सजाती थीं, खाने-पीने की चीज़ों को भी कलात्मक ढंग से सजाती थीं; वह सब या तो चूल्हे में चला गया है या शीघ्र ही जा रहा है! नयी चीज़ें अवश्य सीखनी होंगी और करनी भी होंगी, पर क्या पुरानी चीज़ों को जल में डुबाकर? नयी बातें तो तुमने खाक सीखी हैं, केवल बकवाद करना जानते हो! काम की विद्या तुमने कौन सी सीखी है? आज भी दूर के गाँवों में लकड़ी के और ईंटों के पुराने काम देख आओ। कलकत्ते के बढ़ई एक जोड़ा दरवाज़ा तक नहीं तैयार कर सकते। दरवाज़ा क्या—सिटकिनी तक नहीं बना सकते। बढ़ईपना तो अब केवल अंग्रेज़ी औज़ारों को खरीदने में ही रह गया है! यही अवस्था सब चीज़ों में उपस्थित हो गयी है। हमारा जो कुछ था, वह सब तो जा रहा है, और विदेशों से भी सीखी है केवल बकवास! खाली किताबें ही तो पढ़ते हो! हमारे देश में बंगाली और विलायत में आयरिश (आयरलैण्डवाले) दोनों ही एक धारा में बह रहे हैं। खाली बकबक करते हैं। वक्तृता झाड़ने में ये दोनों जातियाँ

खूब निपुण हैं; किन्तु काम करने में एक कौड़ी भी नहीं; अभागे दिन-रात आपस में ही मार-काटकरके प्राण देते हैं!

साफ़-सुथरा बनने-ठनने में इस देश (पाश्चात्य) का इतना अधिक अभ्यास हो गया है कि ग़रीब से ग़रीब आदमी की भी इस ओर दृष्टि रहती है। दृष्टि भी किसी मतलब से ही रहती है—कारण, साफ़-सुथरा कपड़ा-लत्ता न पहनने से कोई उन्हें कामकाज ही न देगा। नौकर, मज़दूरिन, रसोइया सबका कपड़ा दिन-रात लकालक रहता है। घरद्वार झाड़-झूड़, धो-पोंछकर साफ़-सुथरा किया रहता है। इनकी प्रधान विशेषता यह है कि इधर-उधर कभी कोई चीज़ नहीं फेंकेंगे। रसोईघर झकाझक—कूड़ा-करकट जो कुछ फेंकना है, बर्तन में फेंकेंगे, फिर उस स्थान से दूर ले जाकर फेंकेंगे। न आँगन में और न रास्ते में ही फेंकेंगे।

जिनके पास धन है, उनका घर देखने की चीज़ होती है—रात-दिन सब झकाझक रहता है। इसके बाद देश-विदेशों की नाना प्रकार की कारीगरी की चीज़ों को एकत्र कर रखा है। इस समय हमें उनकी तरह कारीगरी की चीज़ें एकत्र करने की आवश्यकता नहीं है, किन्तु जो चीज़ें नष्ट हो रही हैं, उनके लिए तो थोड़ा यत्न करना पड़ेगा या नहीं? उनकी तरह का चित्रकार या शिल्पकार स्वयं होने के लिए अभी भी बहुत देर है। इन दोनों कामों में हम लोग बहुत दिनों से ही अपटु हैं। हमारे देवी-देवता तक सुन्दर होते हैं, यह तो जगन्नाथ जी को ही देखने से पता लग जाता है! बहुत प्रयत्न से उनकी नक़ल करने पर कहीं एकाध रविवर्मा पैदा होते हैं। इसकी अपेक्षा देशी ढंग के चित्र बनाना अधिक अच्छा है—उनके कामों में फिर झकाझक रंग है। इन सबको देखने से रविवर्मा के चित्रों का लज्जा से सिर नीचा हो जाता है! उनकी अपेक्षा जयपुर के सुनहले चित्र और दुर्गा जी के चित्र आदि देखने में अधिक सुन्दर हैं। यूरोपियनों की पत्थर की कारीगरी आदि की बातें दूसरे प्रबन्ध में कही जायँगी। यह एक बहुत बड़ा विषय है।

भारत का ऐतिहासिक क्रमविकास

ॐ तत् सत्

ॐ नमो भगवते रामकृष्णाय

नासतो सत् जायते! —असत् से सत् का आविर्भाव नहीं हो सकता।...

सत् का कारण असत् कभी नहीं हो सकता। शून्य से किसी वस्तु का उद्भव सम्भव नहीं। कार्य-कारणवाद सर्वशक्तिमान है और ऐसा कोई देश-काल ज्ञात नहीं है, जब इसका अस्तित्व नहीं था। यह सिद्धान्त भी उतना ही प्राचीन है, जितनी आर्य जाति, इस जाति के मन्त्रद्रष्टा कवियों ने उसका गौरव गान गाया है, इसके दार्शनिकों ने उसको सूत्रबद्ध किया है, और उसको वह आधारशिला बनायी, जिस पर आज का भी हिन्दू अपने जीवन की समग्र योजना स्थिर करता है।

आरम्भ में इस जाति में एक अपूर्व जिज्ञासा थी, जिसका शीघ्र ही निर्भीक विश्लेषण में विकास हो गया। यद्यपि आरंभिक प्रयासों का परिणाम एक भावी धुरन्धर शिल्पी के अनभ्यस्त हाथों के प्रयास जैसा भले ही हो, किन्तु शीघ्र ही उसका स्थान विशिष्ट विज्ञान, निर्भीक प्रयत्नों एवं आश्चर्यजनक परिणामों ने ले लिया।

इस निर्भीकता ने इन आर्य ऋषियों को स्वनिर्मित यज्ञ-कुण्डों की हर एक ईंट के परीक्षण के लिए प्रेरित किया, उन्हें अपने धर्मग्रन्थों के शब्द शब्द के विश्लेषण, पेषण और मंथन के लिए उकसाया। इसी कारण उन्होंने कर्मकाण्ड को व्यवस्थित किया, उसमें परिवर्तन और पुनः परिवर्तन किया, उसके विषय में शंकाएँ उठायीं, उसका खण्डन किया और उसकी समुचित व्याख्या की। देवी-देवताओं के बारे में गहरी छानबीन हुई और उन्होंने सार्वभौम, सर्वव्यापक, सर्वान्तिर्यामी सृष्टिकर्ता को, अपने पैतृक स्वर्गस्थ परम पिता को, केवल एक गौण स्थान प्रदान किया; या 'उसे' व्यर्थ कहकर पूर्णरूपेण बहिष्कृत कर दिया गया और उसके बिना ही एक ऐसे विश्व-धर्म का सूत्रपात किया गया, जिसके अनुयायियों की संख्या आज भी अन्य धर्मावलम्बियों की अपेक्षा अधिक है। विविध प्रकार की यज्ञ-वेदियों के निर्माण में ईंटों के विन्यास के आधार पर उन्होंने ज्यामिति-शास्त्र का विकास किया और अपने ज्योतिष के उस ज्ञान से सारे विश्व को चकित कर दिया, जिसकी उत्पत्ति पूजन एवं अर्घ्यदान का समय निर्धारित करने के प्रयास में हुई। इसी

कारण अन्य किसी अर्वाचीन या प्राचीन जाति की तुलना में गणित को इस जाति का योगदान सर्वाधिक है। उनके रसायन शास्त्र, औषधियों में धातुओं के मिश्रण, संगीत के स्वरों के सरगम के ज्ञान तथा उनके धनुषीय यंत्रों के आविष्कारों से आधुनिक यूरोपीय सभ्यता के निर्माण में विशेष सहायता मिली है। उज्ज्वल दन्त-कथाओं द्वारा, बाल मनोविकास के विज्ञान का आविष्कार इन लोगों ने किया। इन कथाओं को प्रत्येक सभ्य देश की शिशुशालाओं या पाठशालाओं में सभी बच्चे चाव से सीखते हैं और उनकी छाप जीवन भर बनी रहती है।

विश्लेषणात्मक सूक्ष्म प्रवृत्ति के पूर्व एवं पश्चात् इस जाति की एक अन्य बौद्धिक विशेषता थी—काव्यानुभूति, जो मखमली म्यान की तरह इस प्रवृत्ति को आच्छादित किये हुए थी। इस जाति का धर्म, इसका दर्शन, इसका इतिहास, इसका आचरण-शास्त्र, राजनीति, सब कुछ काव्य-कल्पना की एक क्यारी में सँजोये गये हैं और इन सबको एक चमत्कार-भाषा में, जिसे संस्कृत या 'पूर्णांग' नाम से सम्बोधित किया गया तथा अन्य किसी भाषा की अपेक्षा जिसकी व्यञ्जना-शक्ति बेजोड़ है, व्यक्त किया गया था। गणित के कठोर तथ्यों को भी व्यक्त करने के लिए श्रुतिमधुर छंदों का उपयोग किया गया था।

विश्लेषणात्मक शक्ति एवं काव्य-दृष्टि की निर्भीकता, ये ही हिन्दू जाति के निर्माण की दो अन्तर्वर्ती शक्तियाँ हैं, जिन्होंने इस जाति को आगे बढ़ने की प्रेरणा दी। ये दोनों मिलकर मानो राष्ट्रीय चरित्र के मुख्य स्वर हो गये। इनका संयोग इस जाति को सदा इन्द्रियों से परे जाने के लिए प्रेरित करता रहा है—वह उनके उस गंभीर चिंतन का रहस्य है, जो उनके शिल्पियों द्वारा निर्मित इसपात की उस छुरी की भाँति है, जो लोहे का छड़ काट सकती थी, किंतु इतनी लचीली थी कि उसे वृत्ताकार मोड़ा जा सकता था।

सोना-चाँदी में भी उन्होंने कविता ढाली। मणियों का अद्भुत संयोजन, संगमर्मर में चमत्कारपूर्ण कौशल, रंगों में रागिनी, महीन पट जो वास्तविक संसार की अपेक्षा स्वप्नलोक के अधिक प्रतीत होते हैं—इन सबके पीछे इसी राष्ट्रीय चरित्र-लक्षण की अभिव्यक्ति के सहस्रों वर्षों की साधना निहित है।

कला एवं विज्ञान, यहाँ तक कि पारिवारिक जीवन के तथ्य भी काव्यात्मक भावों से परिवेष्ठित हैं, जो इस सीमा तक आगे बढ़ जाते हैं कि ऐन्द्रिय अतीन्द्रिय का स्पर्श कर ले, स्थूल यथार्थता भी अयथार्थता की गुलाबी आभा से अनुरंजित हो जाय।

हमें इस जाति की जो प्राचीनतम झलकें मिलती हैं, उनसे प्रकट होता है कि इस जाति में यह चारित्रिक विशेषता एक उपयोगी उपकरण के रूप में पहले से ही विद्यमान थी। प्रगति-पथ पर अग्रसर होने में धर्म एवं समाज के अनेक रूप

पीछे छूट गये होंगे, तब कहीं हमें इस जाति का वह रूप उपलब्ध होता है, जो आप्त वेद ग्रन्थों में वर्णित है।

सुव्यवस्थित देवमंडल, विशद् कर्मकाण्ड, व्यवसाय-वैभिन्नय के कारण समाज का पैतृक वर्णों में विभाजन जीवन की अनेकानेक आवश्यकताएँ एवं सुखोपभोग के साधन आदि पहले से ही इसमें मौजूद हैं।

अधिकांश आधुनिक विद्वान् इस बात पर सहमत हैं कि भारतीय जलवायु एवं अन्य परिस्थितिपरक रीति-रिवाज़ तब तक इस जाति पर कोई प्रभाव नहीं डाल सका था।

सदियों तक प्रगति-पथ पर अग्रसर होने के बाद हमें एक ऐसी मानव-गोष्ठी मिलती है, जो उत्तर में हिमालय के हिम तथा दक्षिण के ताप से परिवेष्टित है और जिसके मध्य विशाल मैदान एवं अनंत वन हैं, जिनमें विराट् सरिताएँ उत्ताल लहरों में प्रवाहित हैं। यहाँ हमें विभिन्न जातियों की झलक मिलती है—द्रविड़, तातार, एवं आदिवासी, जिन्होंने अपने अंशानुसार रक्त, भाषा, रीति-रिवाज़ तथा धर्मों में योगदान दिया। अन्त में हमारे सम्मुख एक महान् राष्ट्र का आविर्भाव होता है, जिसने अपने आर्य-वैशिष्ट्य को अब तक सुरक्षित रखा है, जो स्वांगीकरण के कारण अधिक शक्तिशाली, व्यापक एवं सुसंगठित हो गया है। यहाँ हम देखते हैं कि केन्द्रीय आत्मसात्कारी प्रमुख अंश ने अपना रूप और चरित्र सम्पूर्ण समुदाय को प्रदान किया है, और इसके साथ ही बड़े गर्व के साथ अपने 'आर्य' नाम से चिपका रहा, एवं किसी भी दशा में अन्य जातियों को अपने आर्य वर्ग के अन्तर्गत सम्मिलित करने के लिए प्रस्तुत नहीं था, यद्यपि वह उन जातियों को अपनी सभ्यता से लाभान्वित करने के लिए तैयार था।

भारतीय जलवायु ने इस जाति की प्रतिभा को एक और उच्चतर दिशा प्रदान की। उस भूमि पर जहाँ प्रकृति अनुकूल थी एवं जहाँ प्रकृति पर विजय पाना सरल था, राष्ट्र-मानस ने चिन्तन के क्षेत्र में जीवन की महत्तर समस्याओं से उलझना एवं उन्हें जीतना प्रारम्भ किया। स्वभावतः भारतीय समाज में विचारक, पुरोहित सर्वोत्तम वर्ग के हो गये, तलवार चलानेवाले क्षत्रिय नहीं। इतिहास के उस अरुणोदय काल में ही पुरोहितों ने कर्मकाण्ड को विशद् बनाने में अपनी सारी शक्ति लगा दी, और जब राष्ट्र के लिए विधि-विधानों एवं निर्जीव कर्मकाण्डों का बोझ अत्यन्त भारी हो गया, तब प्रथम दार्शनिक चिन्तन का सूत्रपात हुआ। राजन्य वर्ग इन घातक विधि-विधानों को उन्मूलित करने में अग्रणी रहा।

एक ओर अधिकांश पुरोहित आर्थिक स्वार्थों से प्रेरित होकर उस विशिष्ट धर्म-व्यवस्था की सुरक्षा के लिए विवश थे, जिसके कारण समाज के लिए उनका

अस्तित्व अनिवार्य था और जाति-परम्परा में उन्हें सर्वश्रेष्ठ स्थान मिला था। दूसरी ओर, राजन्य वर्ग केवल विधि-विधानों के संचालन का ज्ञान रखनेवाले पुरोहितों को सर्वप्रथम स्थान देने के लिए तैयार नहीं था। उन्हींकी सशक्त दक्षिण भुजा से राष्ट्र की रक्षा एवं पथ-प्रदर्शन होता था, और अब उन्होंने चिन्तन के क्षेत्र में भी अपने को अग्रगामी पाया। इनके अलावा पुरोहित एवं क्षत्रिय दोनों वर्गों के अन्य कुछ ऐसे लोग थे, जो कर्मकाण्डियों एवं दार्शनिकों का समान रूप से उपहास करते थे। उन्होंने आध्यात्मिकता को धोखा एवं पुरोहित-प्रपंच घोषित किया तथा भौतिक सुख-प्राप्ति को ही जीवन का सर्वोत्तम ध्येय ठहराया। कर्मकाण्डों से ऊबकर एवं दार्शनिकों की जटिल व्याख्या से विभ्रान्त होकर लोग अधिकाधिक संख्या में जड़वादियों से जा मिले। यही जाति-समस्या का सूत्रपात था एवं भारत में कर्मकाण्ड, दर्शन तथा जड़वाद के मध्य उस त्रिभुजात्मक संग्राम का मूल भी यही था, जिसका समाधान हमारे इस युग तक सम्भव नहीं हो पाया है।

इस समस्या के समाधान का प्रथम प्रयास था––सर्वसमन्वय के सिद्धान्त का उपयोग, जिसने आदि काल से ही मनुष्य को अनेकत्व में भी विभिन्न स्वरूपों में लक्षित एक ही सत्य के दर्शन की शिक्षा दी। इस सम्प्रदाय के महान् नेता क्षत्रिय वर्ग के स्वयं श्री कृष्ण एवं उनकी उपदेशावली गीता ने, जैनियों, बौद्धों एवं इतर जन सम्प्रदायों द्वारा लायी गयी उथल-पुथल के फलस्वरूप विविध क्रांतियों के बाद भी अपने को भारत का 'अवतार' एवं जीवन का यथार्थतम दर्शन सिद्ध किया। यद्यपि थोड़े समय के लिए तनाव कम हो गया, लेकिन उसके मूल में निहित सामाजिक अभावों का––जाति परम्परा में क्षत्रियों द्वारा सर्वप्रथम होने का दावा एवं पुरोहितों के विशेषाधिकार की सर्वविदित असहिष्णुता का––जो अनेक कारणों में से दो थे––समाधान इससे नहीं हो सका। जातिभेद एवं लिंगभेद को ठुकराकर कृष्ण ने आत्मज्ञान एवं आत्म-साक्षात्कार का द्वार सबके लिए समान रूप से खोल तो दिया, लेकिन उन्होंने इस समस्या को सामाजिक स्तर पर ज्यों का त्यों बना रहने दिया। पुनः यह समस्या आज तक चलती आ रही है, यद्यपि सामाजिक समानता सर्वसुलभ बनाने के लिए बौद्धों एवं वैष्णवों ने महान् संघर्ष किये।

आधुनिक भारत सभी मनुष्यों की आध्यात्मिक समता को स्वीकार तो करता है, लेकिन सामाजिक भेद को उसने कठोरतापूर्वक बनाये रखा है।

इस तरह ई० पूर्व सातवीं शती में हम देखते हैं कि नये सिरे से हर एक क्षेत्र में संघर्ष पुनः छेड़ा गया और अन्त में छठी शती में शाक्य मुनि बुद्ध के नेतृत्व में इस संघर्ष ने परम्परागत व्यवस्था को पराभूत कर लिया। विशेषाधिकारी

पुरोहितपंथी के विरोध में बौद्धों ने वेदों के प्राचीन कर्मकाण्ड के कण कण को उड़ा दिया, वैदिक देवों को अपने मानवीय सन्तों के किंकरों का स्थान प्रदान किया एवं 'स्रष्टा एवं सर्वाधिनायक' को पुरोहितों का आविष्कार तथा अन्धविश्वास घोषित किया।

पशु-बलि को आवश्यक बतानेवाले कर्मकाण्डों, वंशानुक्रमिक जाति-प्रथा, एकान्तिक पुरोहित पन्थ एवं अविनश्वर आत्मा के प्रति आस्था के विरुद्ध खड़ा होकर वैदिक धर्म का सुधार करना बौद्ध धर्म का ध्येय था। वैदिक धर्म का नाश करने या उसकी सामाजिक व्यवस्था को उलट देने का उन्होंने कोई प्रयास नहीं किया। संन्यासियों को एक शक्तिशाली मठवासी भिक्षु समुदाय में एवं ब्रह्मवादिनियों को भिक्षुणियों के वर्ग में संगठित करके तथा होमाग्नि की जगह सन्तों की प्रतिमा-पूजा स्थापित कर बौद्धों ने एक शक्तिशाली परम्परा का सूत्रपात किया।

सम्भव है कि सदियों तक इन सुधारकों को अधिकांश भारतीयों का समर्थन मिला हो। पुरानी शक्तियों का पूर्णतः ह्रास नहीं हुआ था, लेकिन शताब्दियों तक बौद्धों के प्रभावाधिक्य के युग में इसमें विशेष परिवर्तन अवश्य हुआ।

प्राचीन भारत में बौद्धिकता एवं आध्यात्मिकता ही राष्ट्रीय जीवन की केन्द्र-बिन्दु थीं, राजनीतिक गतिविधियाँ नहीं। आज की भाँति अतीत में भी बौद्धिकता तथा आध्यात्मिकता की तुलना में सामाजिक और राजनीतिक शक्तियाँ गौण रहीं। ऋषियों एवं आध्यात्मिक उपदेशकों के आश्रमों के इर्द-गिर्द राष्ट्रीय जीवन का प्रस्फुटन हुआ। इसीलिए उपनिषदों में भी हमें पांचालों, काश्यों (बनारस), मैथिलों एवं मगधियों आदि की समितियों का वर्णन अध्यात्म दर्शन तथा संस्कृति के केन्द्र के रूप में मिलता है। फिर ये ही केन्द्र क्रमशः आर्यों की विभिन्न शाखाओं की राजनीतिक महत्त्वाकांक्षाओं के संगम बन गये।

महान् महाकाव्य महाभारत में राष्ट्र पर प्रभुत्व प्राप्त करने के लिए कुरुवंशियों और पांचालों के बीच छिड़े युद्ध का वर्णन मिलता है। इस युद्ध में ये एक दूसरे के विनाश का कारण बने। आध्यात्मिक प्रभुता पूरब में मागधों, मैथिलों के चारों ओर चक्कर लगाती रही एवं वहीं केन्द्रीभूत हो गयी और कुरु-पांचाल युद्ध के बाद एक प्रकार से मगध के नरेशों का प्रभुत्व जम गया।

बौद्ध धर्म के सुधारों की भूमि एवं प्रधान कार्यक्षेत्र भी यही पूर्वीय प्रदेश था। और जब मौर्य राजाओं ने अपने कुल पर लगाये गये कलंक से विवश होकर इस नये आन्दोलन को अपना संरक्षण एवं संचालन प्रदान किया, तो यह नया पुरोहित वर्ग भी पाटलिपुत्र साम्राज्य के राजनीतिक सत्ता का साथ देने लगा। बौद्ध धर्म की जनप्रियता एवं इसके नये ओज के कारण मौर्यवंशी नरेश भारत के सर्वश्रेष्ठ

सम्राट् बन गये। मौर्य सम्राटों की प्रभुता ने बौद्ध धर्म को विश्वव्यापी धर्म बना दिया, जैसा कि हम आज उसे देख रहे हैं।

वैदिक धर्म अपने प्राचीन रूपों की एकांतता के कारण बाहरी सहायता नहीं ले सका। लेकिन फिर भी इस प्रवृत्ति ने इस धर्म को विशुद्ध एवं उन हेय तत्त्वों से मुक्त रखा, जिनको बौद्ध धर्म ने अपनी प्रचार-प्रवृत्ति के उत्साह में आत्मसात कर लिया था।

आगे चलकर परिस्थिति के अनुकूल बनने की अपनी तीव्र प्रवणता के कारण भारतीय बौद्ध धर्म ने अपनी सारी विशेषता खो दी, एवं जन-धर्म बनने की अपनी तीव्र अभिलाषा के कारण कुछ ही सदियों में, मूल धर्म की बौद्धिक शक्तियों की तुलना में पंगु हो गया। इसी बीच वैदिक पक्ष पशु-बलि जैसे अपने अधिकांश आपत्तिजनक तत्त्वों से मुक्त हो गया, एवं इसने मूर्तियों का उपयोग, मन्दिर के उत्सवों तथा अन्य प्रभावोत्पादक अनुष्ठानों के विषय में अपनी प्रतिद्वन्द्वी दुहिता—बौद्ध धर्म—से पाठ ग्रहण किया और पहले से ही पतनोन्मुख बौद्ध साम्राज्य को अपने में आत्मसात कर लेने के लिए तैयार हो गया।

और सिदियन (Scythian) आक्रमण एवं पाटलिपुत्र साम्राज्य के पूर्ण पतन के साथ ही वह नष्ट-भ्रष्ट हो गया।

अपने मध्य एशिया की जन्मभूमि पर बौद्ध प्रचारकों के आक्रमण से ये आक्रमणकारी रुष्ट थे और इन्हें ब्राह्मणों की सूर्योपासना में अपने सूर्य-धर्म के साथ एक महान् समानता मिली। और जब ब्राह्मण वर्ग नवागन्तुकों की अनेक रीतियों को अंगीकार करने एवं उनका आध्यात्मीकरण करने के लिए तैयार हो गया, तो आक्रमणकारी प्राणपण से ब्राह्मण धर्म के साथ एक हो गये।

इसके बाद अन्धकारपूर्ण यवनिका एवं उसकी सदा परिवर्ती छायाओं का सूत्रपात हुआ। युद्ध के कोलाहल की, जनहत्या के ताण्डव की परिपाटी। तत्पश्चात् एक नयी पृष्ठभूमि पर एक दूसरे दृश्य का आविर्भाव होता है।

मगध-साम्राज्य ध्वस्त हो गया था। उत्तर भारत का अधिकांश छोटे-मोटे सरदारों के अधीन था, जो सदा एक दूसरे से लड़ते-भिड़ते रहते थे। केवल पूरब तथा हिमालय के कुछ प्रान्तों एव सुदूर दक्षिण को छोड़कर अन्य प्रदेशों से बौद्ध धर्म लुप्तप्राय हो गया था। आनुवंशिक पुरोहित वर्ग के अधिकारों के विरुद्ध सदियों तक संघर्ष करने के बाद इस राष्ट्र ने अब अपने को जो दो पुरोहित वर्गों के चंगुल में जकड़ा पाया, वे हैं परम्परागत ब्राह्मण वर्ग एवं नये शासन के एकान्तिक भिक्षुगण, जिनके पीछे बौद्ध संगठन की सम्पूर्ण शक्ति थी और जिनकी जनता के साथ कोई सहानुभूति नहीं थी।

अतीत के अवशेषों से ही एक ऐसा नवजाग्रत भारत आविर्भूत हुआ, जिसके लिए वीर राजपूतों के शौर्य एवं रक्त का मूल्य चुकाया गया था, जिसकी मिथिला के उसी ऐतिहासिक विचार-केन्द्र के एक ब्राह्मण की निर्दय तीक्ष्ण बुद्धि ने व्याख्या की थी, जिसका पथ-प्रदर्शन शंकराचार्य एवं उनके अनुयायियों के द्वारा संगठित दार्शनिक चेतना ने किया तथा मालव-दरबार के साहित्य एवं कला ने जिसको सौन्दर्य से मंडित किया।

इसका कार्य-भार गुरुत्वपूर्ण था, इसकी समस्याएँ पूर्वजों के सम्मुख आयी किन्हीं भी समस्याओं की तुलना में कहीं अधिक व्यापक थीं। एक ही रक्त एवं भाषावाली, समान सामाजिक एवं धार्मिक महत्त्वाकांक्षाओंवाली, अपेक्षाकृत छोटी एवं सुगठित यह जाति, जो अपने ऐक्य-रक्षार्थ अपने चारों ओर एक अनुल्लंघनीय दीवार खड़ी करती रही थी, अब बौद्ध धर्म के प्रभुत्व-काल में मिश्रित एवं बहुगुणित होकर एक विशाल जाति बन गयी थी। यह अपनी विभिन्न उपजातियों, वर्णों, भाषाओं, आध्यात्मिक प्रवृत्तियों एवं महत्त्वाकांक्षाओं के कारण अनेक विरोधी दलों में विभक्त हो गयी। इन सबको एक विशाल राष्ट्र में सुसंगठित एवं सुयोजित करना था। बौद्ध धर्म का आगमन भी इसी समस्या के समाधान के लिए हुआ था, और यह काम उसके हाथों में उस समय गया था, जब यह समस्या इतनी कठिन नहीं थी।

अब तक प्रश्न था—प्रवेश पाने के लिए प्रयत्नशील आर्येतर जातियों का आर्यीकरण एवं इस प्रकार के तत्त्वों से एक विशाल आर्य-परिवार का संगठन। अनेक सुविधाओं एवं समझौतों के बावजूद भी बौद्ध धर्म पर्याप्त सफल हुआ एवं भारत का राष्ट्रीय धर्म बना रहा। लेकिन एक ऐसा समय आया, जब विविध निम्नस्तरीय जातियों के सम्पर्क में आराधना के वासनामय स्वरूपों को अपनाने का प्रलोभन आर्य धर्म के केन्द्रीय वैशिष्ट्य के लिए खतरनाक हो गया और उनका सुदीर्घ सम्पर्क आर्य सभ्यता को नष्ट कर सकता था। अतः आत्मरक्षा की सहज प्रतिक्रिया का उदय हुआ और अपनी जन्मभूमि के ही अधिकांश भागों में एक स्वतन्त्र सम्प्रदाय के रूप में बौद्ध धर्म का अस्तित्व समाप्त हो गया।

उत्तर में कुमारिल तथा दक्षिण में शंकर एवं रामानुज द्वारा एक अल्पांतरिक क्रम में संचालित प्रतिक्रियावादी आन्दोलन ने विभिन्न सम्प्रदायों एवं मतों की महान् राशि बनकर हिन्दू धर्म में ही एक अंतिम रूप ले लिया है। पिछले हज़ार या अधिक वर्षों से उसका प्रधान लक्ष्य आत्मसात करना रहा है और बीच बीच में कभी सुधारों का विस्फोट होता रहा है। प्रथमतः यह प्रतिक्रिया वैदिक कर्मकाण्डों को पुनरुज्जीवित करना चाहती थी, इस प्रयास के विफल हो जाने पर इसने

उपनिषदों को या वेदों के तात्त्विक अंशों को अपना आधार बनाया। उसने व्यास-संकलित मीमांसा दर्शन और कृष्ण की 'गीता' को सर्वोपरि प्रधानता दी; अन्य परवर्ती सभी आन्दोलनों ने इसी क्रम का अनुगमन किया है। शंकर का आन्दोलन उच्च बौद्धिक मार्ग से आगे बढ़ा, लेकिन जन-समाज को इससे कोई लाभ नहीं पहुँचा, क्योंकि इसने जाति-पाँति के जटिल नियमों का अक्षरशः पालन किया, जनता की सामान्य भावनाओं को बहुत कम स्थान दिया और केवल संस्कृत को ही विचार के आदान-प्रदान का माध्यम बनाया। उधर रामानुज एक अत्यन्त व्यावहारिक दर्शन लेकर आये। उन्होंने भावनाओं को अधिक प्रश्रय दिया, आध्यात्मिक साक्षात्कार के पहले जन्मसिद्ध अधिकारों को निषिद्ध किया और सामान्य भाषा में उपदेश दिया। फलतः जनता को वैदिक धर्म की ओर प्रवृत्त करने में उन्हें पूरी सफलता मिली।

उत्तर में कर्मकाण्ड के विरुद्ध हुई प्रतिक्रिया के तुरन्त बाद मालव साम्राज्य का प्रताप जादू की तरह फैल गया। थोड़े ही समय में उसके पतन के बाद उत्तर भारत मानों चिर निद्रा में लीन हो गया। इन्हें अफ़गानिस्तान के दर्रों से होकर आये मुसलमान घुड़सवारों के वज्रनाद ने बड़े बुरे ढंग से जाग्रत किया। किन्तु दक्षिण में शंकर एवं रामानुज की धार्मिक क्रान्ति के उपरान्त एकीकृत जातियों और शक्तिशाली साम्राज्यों की स्थापना चिर परिचित भारतीय अनुक्रम में हुई।

जब समुद्र के एक छोर से दूसरे छोर तक उत्तर भारत पराभूत होकर मध्य एशियाई विजेताओं के चरणों में पड़ा था, उस समय देश का दक्षिण भाग भारतीय धर्म एवं सभ्यता का शरणस्थल बना रहा। सदियों तक मुसलमानों ने दक्षिण पर विजय प्राप्त करने का प्रयास जारी रखा, किन्तु वे वहाँ अपना पैर कभी मज़बूती से जमा पाये, यह नहीं कहा जा सकता। जब मुग़लों का बलशाली एवं सुसंगठित साम्राज्य अपना विजय-अभियान पूरा करनेवाला था, दक्षिण के कृषक लड़ाकू घुड़सवार पहाड़ियों-पठारों से निकलकर जल-प्रवाह की भाँति छाने लगे, जो रामदास द्वारा प्रचारित एवं तुकाराम के पदों में निहित धर्म के लिए प्राण देने को कटिबद्ध थे। थोड़े समय में ही मुग़लों के साम्राज्य का केवल नाम शेष रह गया।

मुसलमानी काल में उत्तर भारत के आन्दोलनों की यही प्रवृत्ति रही कि जन-साधारण विजेताओं के धर्म को अंगीकार न करने पाये। इसके फलस्वरूप सबके लिए सामाजिक तथा आध्यात्मिक समानता का सूत्रपात हो पाया।

रामानन्द, कबीर, दादू, चैतन्य या नानक आदि के द्वारा संस्थापित सम्प्रदायों के सभी सन्त मानव मात्र की समानता के प्रचार के लिए सहमत थे, यद्यपि उनके दार्शनिक दृष्टिकोणों में भिन्नता अवश्य थी। जनसाधारण पर इस्लाम धर्म की

त्वरित विजय को रोकने में ही इनकी अधिकांश शक्ति व्यय होती थी, और उनमें अब नये विचारों एवं दृष्टिकोण प्रदान करने की वह क्षमता न रह पायी थी। यद्यपि वे जन-समुदाय को पुराने धर्म के दायरे में ही रखने के लक्ष्य में स्पष्टतया सफल रहे, तथापि वे मुसलमानों की धर्मान्धता के प्रकोप को भी मंद करने में सफल हुए, लेकिन वे कोरे सुधारवादी ही रहे, जो केवल जीने की अनुमति पाने के लिए ही संघर्ष करते रहे।

तो भी उत्तर में एक महान् पैग़म्बर का आविर्भाव हुआ। वह थे सिक्खों के अन्तिम गुरु गोविन्द सिंह, जो सर्जनक्षम एवं प्रतिभासम्पन्न व्यक्ति थे। सिक्खों का सुविख्यात राजनीतिक संगठन उनकी आध्यात्मिक साधना का अनुगामी हुआ। भारत के इतिहास में साधारणतः देखा गया है कि धार्मिक उथल-पुथल के बाद सदा ही एक राजनीतिक एकता स्थापित हो जाती है, जो न्यूनाधिक रूप में समस्त देश में व्याप्त हो जाती है। इस एकता के फलस्वरूप उसको जन्म देनेवाला धार्मिक दृष्टिकोण भी शक्तिशाली बनता है। लेकिन मराठा या सिक्ख साम्राज्य के पूर्व प्रवर्तित धार्मिक महत्त्वाकांक्षा पूर्णतया प्रतिक्रियावादी थी। पूना या लाहौर के दरबार में उस बौद्धिक गरिमा की एक किरण भी नहीं मिलती, जिससे मुग़ल दरबार घिरा रहता था; मालवा या विजयनगर की बौद्धिक जगमगाहट की तो बात ही क्या! बौद्धिक विकास की दृष्टि से यह काल भारतीय इतिहास का सबसे अधिक अन्धकारपूर्ण युग था। ये दोनों अल्पजीवी साम्राज्य घृणास्पद मुसलमानी शासन को उलट देने में सफल होने के तुरन्त बाद ही अपनी सारी शक्ति खो बैठे, क्योंकि ये दोनों ही संस्कृति से पूर्ण घृणा करनेवाले तथा सामान्य धर्मान्धता के प्रतिनिधि रह गये थे।

फिर से एक बार अस्त-व्यस्तता का युग आ गया। मित्र-शत्रु, मुग़ल साम्राज्य एवं उसके विध्वंसक, तब तक शान्तिप्रिय रहनेवाले विदेशी व्यापारी फ़्रांसीसी और अंग्रेज़ इस पारस्परिक लड़ाई में जुट गये। पचास वर्षों से भी अधिक समय तक लड़ाई, लूटमार, मारकाट आदि के अतिरिक्त और कुछ नहीं हुआ। और जब, धूल और धुआँ दूर हो गया, इंग्लैण्ड शेष सब पर विजयी के रूप में प्रकट हुआ। इंग्लैण्ड के शासन-काल में आधी शताब्दी तक शान्ति-सुव्यवस्था एवं विधान क़ायम रहा। समय ही इसका साक्षी होगा कि यह सुव्यवस्था प्रगति की थी या नहीं।

अंग्रेज़ी राज्य-काल में भारतीय जनता में कुछ ही धार्मिक आन्दोलन हुए। इनकी परम्परा भी वही थी, जो दिल्ली साम्राज्य के प्रभुत्व-काल में उत्तर भारत के सम्प्रदायों की थी। ये तो मृत या मृतप्राय जनों की आवाज़ें हैं—आतंकित जनों

की कातर वाणी, जो जीने की अनुमति माँग रही है। ज़िन्दा रहने का अधिकार मिल जाय, तो ये लोग विजेताओं की रुचि के अनुसार अपनी आध्यात्मिक या सामाजिक स्थिति को यथासम्भव बदलने के लिए सदा इच्छुक रहते थे, विशेषकर अंग्रेज़ी शासन के अधीनस्थ सम्प्रदाय। इन दिनों विजयी जाति के साथ आध्यात्मिक असमानता की अपेक्षा सामाजिक असमानता बहुत अधिक थी। गोरे शासकों का समर्थन प्राप्त करना ही इस शताब्दी के हिन्दू सम्प्रदायों ने अपने सामने महान् सत्य का आदर्श बना लिया था। इन सम्प्रदायों की ज़िन्दगी भी कुकुरमुत्तों की सी हो जाय, तो आश्चर्य क्या ! विशाल भारतीय जनता धार्मिक क्षेत्र में इन सम्प्रदायों से अलग रहती है। हाँ, उनके विलोप के बाद जनता की प्रसन्नता के रूप में उनको एक जनप्रिय स्वीकृति मिल जाती है।

किंतु शायद अभी कुछ समय तक इस अवस्था में कोई परिवर्तन सम्भव नहीं हैं।[1]

---

१. यह लेख मूल अंग्रेजी से अनूदित है। स०

बालक गोपाल की कथा

"माँ! मुझे अकेले जंगल में से होकर पाठशाला जाने में डर लगता है, दूसरे लड़कों को तो घर से पाठशाला और पाठशाला से घर ले जानेवाले नौकर या कोई न कोई और हैं, फिर मेरे लिए ऐसा क्यों नहीं हो सकता?"—जाड़े की एक शाम, पाठशाला जाने की तैयारी करते हुए ब्राह्मण बालक गोपाल ने अपनी माँ से कहा। पाठशाला उन दिनों सुबह और शाम के समय लगा करती थी। शाम को पाठशाला के बंद होते होते अँधेरा हो जाता था और रास्ता जंगल के बीच से होकर था।

गोपाल की माँ विधवा थी। गोपाल जब छोटा सा बच्चा था, तभी उसका बाप मर गया था। उसने सांसारिक वस्तुओं की कभी परवाह नहीं की थी और सदा अध्ययन-अध्यापन, पूजा-पाठ करने तथा इस ओर दूसरों को भी प्रवृत्त करने में रत रहा। इस प्रकार उसने एक सच्चे ब्राह्मण का जीवन यापन किया। इस बेचारी विधवा ने संसार के प्रति जो उसका थोड़ा सा भी लगाव था, उसे भी त्याग दिया। अब उसकी सम्पूर्ण आत्मा ईश्वरोन्मुख थी, और वह प्रार्थना, व्रत तथा संयम द्वारा धैर्यपूर्वक उस महान् मुक्तिदूत मृत्यु की प्रतीक्षा कर रही थी, जो उसे सुख-दुःख, अच्छे-बुरे के सनातन संगी अपने पति से दूसरे जीवन में मिला देगी। वह अपनी छोटी सी कुटिया में रहती थी। एक छोटे से धान के खेत से, जो उसके पति को दक्षिणा में मिला था, उसे खाने भर को काफ़ी चावल मिल जाता था; और उसकी कुटिया के चारों तरफ़ बँसवाड़ियों से और नारियल, आम तथा लीची के पेड़ों से घिरी जो थोड़ी ज़मीन थी उसमें गाँववालों की मदद से उसे साल भर तक काफ़ी सब्ज़ी मिल जाती थी। इसके अलावा शेष समय में वह रोज़ घण्टों चरखा काता करती थी।

इसके बहुत पहले कि बाल रवि की अरुण रश्मियाँ नारियल के शीर्ष-पत्रों का स्पर्श करें और घोंसलों में चिड़ियों का कलरव शुरू हो, वह जग जाती थी, और ज़मीन पर बिछे चटाई और कम्बल के अपने बिस्तरे पर बैठकर प्राचीन सती-साध्वियों तथा ऋषि-मुनियों एवं नारायण, शिव, तारा आदि देवी-देवताओं और सर्वोपरि अपने उन हृदयाराध्य श्री कृष्ण का नाम-जप करने लगती थी, जिन्होंने संसार को उपदेश देने तथा उसके परित्राण के लिए गोपाल रूप धारण किया था। और वह यह सोच सोचकर मगन होती जाती थी कि इस तरह वह एक दिन अपने

पति के पास जा पहुँची है और उसके साथ ही उस अपने हृदयाराध्य गोपाल के पास भी, जहाँ उसका पति पहले ही पहुँच चुका है।

दिन का उजाला होने के पहले ही वह पास के सोते में स्नान कर लेती थी। स्नान करते समय वह प्रार्थना करती जाती थी कि श्री कृष्ण की कृपा से उसका मन और शरीर दोनों ही निर्मल रहें। इसके बाद वह अपने ताज़े-धुले श्वेत सूती वस्त्र धारण करती थी। फिर थोड़े से फूल चुनती और पाटी पर थोड़ा सा चंदन घिसकर और तुलसी की कुछ सुगंधित पत्तियाँ लेकर अपनी कुटिया के एकान्त पूजा-कक्ष में चली जाती थी। इसी पूजा-कक्ष में उसके आराध्य गोपाल निवास करते थे— रेशमी मंडप के नीचे काष्ठनिर्मित मखमल से मढ़े सिंहासन पर प्रायः फूलों से ढंकी हुई बाल कृष्ण की एक पीतल की प्रतिमा स्थापित थी। उसका मातृ-हृदय भगवान् को पुत्र-रूप में कल्पित करके ही सन्तुष्ट हो सकता था। अनेक बार वह अपने विद्वान् पति से उन वेदवर्णित निर्गुण निराकार अनन्त परमेश्वर के विषय में सुन चुकी थी। उसने यह सम्पूर्ण चित्त से सुना था और इससे वह केवल एक ही निष्कर्ष तक पहुँच सकी थी कि जो वेदों में लिखा है, वह अवश्य ही सत्य है। किन्तु आह! कहाँ वह व्यापक एवं अनन्त दूरी पर रहनेवाला ईश्वर और कहाँ एक दुर्बल, अज्ञान स्त्री! लेकिन इसके साथ यह भी तो लिखा था कि 'जो मुझे जिस रूप में भजता है, मैं उसे उसी रूप में मिलता हूँ। क्योंकि सब संसारवासी मेरे ही बनाये हुए मार्गों पर चल रहे हैं।' और यह कथन ही उसके लिए पर्याप्त था। इससे अधिक वह कुछ नहीं जानना चाहती थी। और इसीलिए उसके हृदय की सम्पूर्ण भक्ति, निष्ठा एवं प्रेम की भावना गोपाल श्री कृष्ण और उनके मूर्त विग्रह के प्रति अर्पित थी। उसने यह कथन भी सुना था: 'जिस भावना से तुम किसी हाड़-मांस के व्यक्ति की पूजा करते हो, उसी भावना से श्रद्धा एवं पवित्रता के साथ मेरी भी पूजा करो, तो मैं वह सब भी ग्रहण कर लूंगा।' अतः वह प्रभु को स्वामी के रूप में, एक प्रिय शिक्षक के रूप में और सबसे अधिक अपनी आँखों के तारे इकलौते पुत्र के रूप में पूजती थी।

यही समझकर वह उस प्रतिमा को नहलाती-धुलाती थी और धूपार्चन करती थी। और नैवेद्य? आह! वह बेचारी कितनी ग़रीब थी! लेकिन आँखों में आँसू भरकर वह अपने पति के वे वचन याद करती थी, जो वे उसे धर्मग्रन्थों से पढ़कर सुनाया करते थे: 'प्रेमपूर्वक पत्र-पुष्प, फल-जल जो भी मुझे अर्पित किया जाता है, मैं उसे स्वीकार करता हूँ[1]; और भेंट चढ़ाते समय कहती थी: 'हे प्रभु!

---

१. पत्रं पुष्पं फलं तोयं यो मे भक्त्या प्रयच्छति।
तदहं भक्त्युपहृतमश्नामि प्रयतात्मनः ॥गीता ९।२६॥

संसार के समस्त पुष्प तुम्हारे लिए ही खिलते हैं, मेरे ये थोड़े से साधारण पुष्प स्वीकार करो; तुम जो सारे संसार का भरण-पोषण करते हो, मेरे फलों की यह दीन भेंट स्वीकार करो। मेरे प्रभु, मेरे गोपाल, मैं दुर्बल हूँ, अज्ञानी हूँ। नहीं जानती कि किस विधि से तुम्हारी अर्चा करूँ। तुम्हारे लिए मेरी पूजा पवित्र हो, मेरा प्रेम निःस्वार्थ हो, और यदि मेरी भक्ति में कुछ भी गुण हो, तो वह तुम्हारे लिए ही हो, मुझे केवल प्रेम और प्रेम दो—प्रेम, जिसे दूसरी किसी वस्तु की चाह नहीं, जो केवल प्रेम के अतिरिक्त और कुछ नहीं माँगता।' संयोग से उसी समय प्रांगण में याचक अपनी सुबह की फेरी में गा रहा था :

'मानव ! मेरे निकट तेरे ज्ञान-गांभीर्य का कोई मूल्य नहीं, मैं तो केवल तेरे प्रेम के आगे नत हूँ।

'यह तेरा प्रेम ही है, जिससे मेरा सिंहासन हिल उठता है और मैं विह्वल हो जाता हूँ।

'ज़रा देखो तो कि प्रेम के कारण ही उस सर्वेश्वर, निराकार, मुक्त प्रभु को भी तेरे संग लोला करने और रहने के लिए मानव-शरीर धारण करना पड़ता है !

'वृन्दावन-कुंज के गोपों के पास भला कौन सी विद्या थो ? गाय दुहनेवाली गोपियाँ कौन सा ज्ञान-विज्ञान जानती थीं ? उन्होंने मुझे केवल अपने प्रेम के मोल से खरीद लिया।'

इस प्रकार उस मातृ-हृदय ने उस अलौकिक तत्त्व में दिव्य चरवाहे के रूप में अपने पुत्र गोपाल को पाया। उसकी आत्मा जो यंत्रवत् ही सांसारिक पदार्थों की ओर उन्मुख होती थी, दूसरे शब्दों में उसकी आत्मा जो दैवी आकाश में निरन्तर मँडराती हुई किसी भी लौकिक वस्तु के सम्पर्क से स्खलित हो सकती थी, वह मानो इस बालक में अपने लिए एक लौकिक आश्रय पा गयी। केवल यही एक चीज़ थी, जिस पर वह अपना समस्त लौकिक सुख एवं अनराग केन्द्रित कर सकती थी। उसकी प्रत्येक चेष्टा, प्रत्येक विचार, प्रत्येक सुख और उसका जीवन तक, क्या उस बालक के लिए ही नहीं था, जिसके कारण वह अब भी जीवित थी ?

वर्षों तक एक माँ की ममता के साथ वह रोज़ अपने बच्चे को दिन दिन बढ़ते हुए देखती रही। और अब जब वह स्कूल जाने लायक़ हो गया है, उसे अब भी उसकी पढ़ाई-लिखाई का सामान जुटाने के लिए कितना कठिन श्रम करना पड़ता है ! हालाँकि ये सब सामान बहुत थोड़े थे। उस देश में जहाँ के लोग मिट्टी के दीपक के प्रकाश में और कुश-काँस की चटाई पर निरन्तर विद्याध्ययन करते हुए संतोषपूर्वक सारा जीवन बिता देते हैं, वहाँ एक विद्यार्थी की आवश्यकताएँ ही कितनी ? फिर भी कुछ तो थीं ही; पर इतने के जुगाड़ के लिए भी बेचारी

माँ को कई दिन तक घोर परिश्रम करना पड़ता था। गोपाल के लिए एक धोती, एक चादर और चटाई का बस्ता, जिसमें लिखने का अपना ताड़-पत्र और सरकंडे की क़लम लपेटकर वह पढ़ने पाठशाला जाता था, और स्याही-दावात—इन सबको ख़रीदने के लिए उसे अपने चरखे पर कई कई दिनों तक काम करना पड़ता था। और एक शुभ दिन गोपाल ने जब पहले-पहल लिखने का श्रीगणेश किया, उस समय का उसका आनन्द केवल एक माँ का हृदय—एक ग़रीब माँ का हृदय—ही जान सकता है!

लेकिन आज उसके मन पर एक दुश्चिन्ता छायी हुई है! गोपाल को अकेले जंगल में से होकर जाने में डर लग रहा है। इसके पहले कभी उसे अपने वैधव्य की, अपने एकाकीपन और निर्धनता की अनुभूति इतने कटु रूप में नहीं हुई थी। एक क्षण के लिए सब कुछ अंधकारमय हो गया, किन्तु तभी उसे प्रभु के शाश्वत आश्वासन का स्मरण हो आया कि 'जो सब चिन्ताएँ त्यागकर मेरे शरणागत होते हैं, मैं उनकी समस्त आवश्यकताएँ पूर्ण कर देता हूँ।'[1] और इस आश्वासन में पूर्णतया विश्वास करनेवालों में एक उसकी भी आत्मा थी।

अतः माता ने अपने आँसू पोंछ लिये और अपने बच्चे से कहा कि डरो नहीं! जंगल में मेरा एक दूसरा बेटा रहता है और गायें चराता है। उसका भी नाम गोपाल है। जब भी तुम्हें जंगल में जाते समय डर लगे, अपने भैया को पुकार लिया करना।

बच्चा भी तो आखिर उसी माँ का बेटा था, उसे विश्वास हो गया।

उसी दिन पाठशाला से घर लौटते समय जंगल में जब गोपाल को डर लगा, तब उसने अपने चरवाहे भाई गोपाल को पुकारा, "गोपाल भैया! क्या तुम यहीं हो? माँ ने कहा था कि तुम हो और मैं तुम्हें पुकार लूँ। मैं अकेले डर रहा हूँ।" और पेड़ों के पीछे से एक आवाज़ आयी, 'डरो मत छोटे भैया, मैं यहीं हूँ, निर्भय होकर घर चले जाओ।'

इस तरह रोज़ वह बालक पुकारा करता था और रोज़ वही आवाज़ उसे उत्तर देती थी। माँ ने यह सब आश्चर्य एवं प्रेम के भाव से सुना और गोपाल को सलाह दी कि अब की बार वह अपने जंगलवाले भाई को सामने आने के लिए कहे।

दूसरे दिन जब वह बालक जंगल से गुज़र रहा था, उसने अपने भाई को पुकारा। सदा की भाँति ही आवाज़ आयी। लेकिन बालक ने भाई से कहा कि वह सामने आये। उस आवाज़ ने उत्तर दिया: 'आज मैं बहुत व्यस्त हूँ भैया, नहीं आ सकता।'

---

१. अनन्याश्चिन्तयतो मां ये जनाः पर्युपासते।
तेषां नित्याभियुक्तानां योगक्षेमं वहाम्यहम्॥गीता॥ ९।२२॥

लेकिन बालक ने हठ किया, तब वह पेड़ों की छायाओं से एक ग्वाले के वेष में सिर पर मोरपंख का मुकुट पहने और हाथ में मुरली लिए बाहर निकल आया। वे दोनों ही गोपाल आपस में मिलकर बड़े खुश हुए। वे घण्टों जंगल में खेलते रहे,—पेड़ों पर चढ़ते, फल-फूल बटोरते, पाठशाला जाने में देर हो गयी। तब अनिच्छा-पूर्वक बालक गोपाल पाठशाला के लिए चल पड़ा। वहाँ उसे अपना कोई पाठ याद न रहा, क्योंकि उसका मन तो इसमें लगा था कि कब वह जंगल में जाकर अपने भाई के साथ खेले।

इसी तरह महीनों बीत गये। माँ बेचारी यह सब रोज़ रोज़ सुनती थी और ईश्वर-कृपा के आनन्द में अपना वैधव्य, अपनी ग़रीबी सब कुछ भूल जाती थी, और हज़ार बार अपनी निर्धनता को धन्य मानती थी।

इसी समय पाठशाले के गुरुजनों को अपने पितरों के सम्मानार्थ कुछ धार्मिक कृत्य करने थे। इन ग्राम-शिक्षकों को, जो निःशुल्क रूप से कुछ बालकों को इकट्ठा करके पाठशाला चलाते थे, खर्च के लिए यथावसर प्राप्त होनेवाली भेंटों पर ही निर्भर रहना पड़ता था। प्रत्येक शिष्य को भेंट में धन अथवा वस्तुएँ लानी होती थीं। और विधवा-पुत्र अनाथ गोपाल को?—दूसरे लड़के जब यह कहते कि वे भेंट में क्या क्या लायेंगे, तब वे गोपाल के प्रति तिरस्कार से मुसकराया करते थे।

उस रात गोपाल का मन बहुत भारी था। उसने अपनी माँ से गुरु जी को भेंट में देने के लिए कुछ माँगा। लेकिन बेचारी माँ के पास भला क्या रखा था! लेकिन उसने हमेशा की तरह इस बार भी अपने गोपाल पर ही निर्भर रहने का निश्चय किया, और अपने पुत्र से बोली कि वह वनवासी अपने भाई से गुरु को भेंट देने के लिए कुछ माँगे।

दूसरे दिन सदा की भाँति जब गोपाल जंगल में अपने चरवाहे भाई से मिला और जब वे थोड़ी देर तक खेल-कूद चुके, तब गोपाल ने अपने भाई से बताया कि उसे क्या दुःख है और अपने गुरु जी को देने के लिए कोई भेंट माँगी। चरवाहे बालक ने कहा, "भैया गोपाल! तुम तो जानते ही हो कि मैं एक मामूली चर-वाहा हूँ और मेरे पास धन नहीं है, लेकिन यह मक्खन की हँड़िया तुम लेते जाओ और अपने गुरु जी को भेंट कर दो!"

गोपाल इस बात से बहुत खुश हुआ कि अब उसके पास भी गुरु जी को भेंट देने के लिए कोई चीज़ हो गयी है, लेकिन इस बात की उसे और भी ख़ुशी थी कि यह भेंट उसे अपने वनवासी भाई से प्राप्त हुई है। वह खुश खुश गुरु के घर की तरफ़ बढ़ा और जहाँ बहुत से लड़के गुरु जी को अपनी अपनी भेंट दे रहे थे, वहीं सबसे पीछे उत्सुकता से खड़ा हो गया। सबके पास भेंट देने को विभिन्न प्रकार की

अनेक वस्तुएँ थीं और किसीको भी बेचारे अनाथ बालक की भेंट की तरफ़ देखने तक की फ़ुरसत न थी। यह उपेक्षा अत्यन्त असह्य थी। गोपाल की आँखों में आँसू आ गये। तभी सौभाग्य से गुरु जी की दृष्टि उसकी ओर गयी। उन्होंने गोपाल के हाथ से मक्खन की हाँड़ी ले ली और उसे एक बड़े बरतन में उँड़ेल दिया। लेकिन आश्चर्य कि हाँड़ी फिर भर गयी ! तब फिर उन्होंने उसे उँड़ेला और वह फिर भर गयी। और इस तरह से होता गया : जब तक वे मक्खन उँड़ेलकर खाली करें कि वह फिर भर जाती थी।

इससे सभी लोग चकित रह गये। तब गुरु जी ने अनाथ बालक को गोद में उठा लिया और मक्खन की हाँड़ी के बारे में पूछा। गोपाल ने अपने वनवासी चरवाहे भाई के बारे में सब कुछ बता दिया कि कैसे वह उसकी पुकार का जवाब दिया करता था, कैसे वह उसके संग खेला करता था और अन्त में बताया कि कैसे उसने मक्खन की हाँड़ी दी।

गुरु जी ने गोपाल से कहा कि वह उसे जंगल में ले चलकर अपने भाई को दिखलाये। गोपाल के लिए इससे बढ़कर ख़ुशी की बात और क्या हो सकती थी।

उसने अपने भाई को पुकारा कि वह सामने आये। लेकिन उस दिन उत्तर में कोई आवाज़ नहीं आयी। उसने कई वार पुकारा। कोई उत्तर नहीं। और वह जंगल में अपने भाई से बात करने के लिए घुसा। उसे भय था कि उसके गुरु जी कहीं उसे झूठा न मान लें। तब बहुत दूर से आवाज़ आयी :

'गोपाल ! तुम्हारी माँ और तुम्हारे प्रेम एवं विश्वास के कारण ही मैं तुम लोगों के पास आया था, लेकिन अपने गुरु जी से कह दो कि उन्हें अभी बहुत दिनों तक इन्तज़ार करना होगा।'[१]

---

१. यह लेख मूल अंग्रेजी से अनूदित है। स०

हमारी वर्तमान समस्या[1]

भारत का प्राचीन इतिहास एक देवतुल्य जाति के अलौकिक उद्यम, अद्भुत चेष्टा, असीम उत्साह, अप्रतिहत शक्तिसमूह, और सर्वोपरि, अत्यन्त गम्भीर विचारों से परिपूर्ण हैं। 'इतिहास' शब्द का अर्थ यदि केवल राजे-रजवाड़ों की कथाएँ, उनके काम-क्रोध-व्यसनादि के द्वारा समय समय पर डाँवाडोल और उनकी सुचेष्टा या कुचेष्टा से रंग बदलते हुए समाज का चित्र माना जाय, तो कहना होगा कि इस प्रकार का इतिहास सम्भवतः भारत का है ही नहीं। किन्तु भारत के समस्त धर्मग्रन्थ, काव्य-सिन्धु, दर्शन शास्त्र और विविध वैज्ञानिक पुस्तकें अपने प्रत्येक पद ओर पंक्ति से, राजादि पुरुषविशेषों का वर्णन करनेवाली पुस्तकों की अपेक्षा सहस्रों गुना अधिक स्पष्ट रूप से, भूख-प्यास-काम-क्रोधादि से परिचालित, सौन्दर्य-तृष्णा से आकृष्ट, महान् अप्रतिहत बुद्धिसम्पन्न उस बृहत् जनसंघ के अभ्युदय के क्रमविकास का गुणगान कर रही हैं, जिस जन-समाज ने सभ्यता के प्रत्यूष के पहले ही नाना प्रकार के भावों का आश्रय ले, नानाविध पथों का अवलम्बन कर इस गौरव की अवस्था को प्राप्त किया था। प्राचीन भारतवासियों ने प्रकृति के साथ युग-युगान्तरव्यापी संग्राम में जो असंख्य जय-पताकाएँ संग्रह की थीं, वे झंझावात के झकोरे में पड़कर यद्यपि आज जीर्ण हो गयी हैं, किन्तु फिर भी वे भारत के अतीत गौरव की जय-घोषणा कर रही हैं।

इस जाति ने मध्य एशिया, उत्तर यूरोप अथवा उत्तरी ध्रुव के निकटवर्ती बर्फ़ीले प्रदेशों से धीरे धीरे आकर पवित्र भारतभूमि को तीर्थ में परिणत किया था। अथवा यह तीर्थभूमि भारत ही उनका आदिम निवास-स्थान था—यह निश्चय करने का अब तक भी कोई साधन उपलब्ध नहीं।

अथवा, भारत की ही, या भारत की सीमा के बाहर किसी देश में रहनेवाली एक विराट् जाति ने नैसर्गिक नियम के अनुसार स्थान-भ्रष्ट होकर यूरोपादि देशों में उपनिवेश स्थापित किये, और इस जाति के मनुष्यों का रंग गौर था या

---

१. स्वामी जी ने यह निबन्ध, १४ जनवरी, १८९९ ई० से प्रकाशित होनेवाले रामकृष्ण मिशन के बंगला पाक्षिक पत्र 'उद्बोधन' (जिसने बाद में मासिक रूप धारण कर लिया था) के उपोद्घात के रूप में लिखा था।

काला, आँखें नीली थीं या काली, बाल सुनहरे थे या काले——इन बातों को निश्चयात्मक रूप से जानने के लिए कतिपय यूरोपीय भाषाओं के साथ संस्कृत भाषा के सादृश्य के अतिरिक्त कोई यथेष्ट प्रमाण अभी तक नहीं मिला है। वर्तमान भारतवासी उन्हीं लोगों के वंशज हैं या नहीं, अथवा भारत की किस जाति में किस परिमाण में उनका रक्त है, इन प्रश्नों की मीमांसा भी सहज नहीं।

चाहे जो हो, इस अनिश्चितता से भी हमारी कोई विशेष हानि नहीं।

पर एक बात ध्यान में रखनी होगी, और वह यह कि जो प्राचीन भारतीय जाति सभ्यता की रश्मियों से सर्वप्रथम उन्मीलित हुई और जिस देश में सर्वप्रथम चिन्तनशीलता का पूर्ण विकास हुआ, उस जाति और उस स्थान में उसके लाखों वंशज——मानस-पुत्र——उसके भाव एवं चिन्तनराशि के उत्तराधिकारी अब भी मौजूद हैं। नदी, पर्वत और समुद्र लाँघकर, देश-काल की बाधाओं को नगण्य कर, स्पष्ट या अज्ञात अनिर्वचनीय सूत्र से भारतीय चिन्तन की रुधिरधारा अन्य जातियों की नसों में बही और अब भी बह रही है।

शायद हमारे हिस्से में सार्वभौम पैतृक सम्पत्ति कुछ अधिक है।

भूमध्य सागर के पूर्वी कोने में सुन्दर द्वीपमाला-परिवेष्टित, प्रकृति के सौन्दर्य से विभूषित एक छोटे देश में, थोड़े से किन्तु सर्वांग-सुन्दर, सुगठित, मज़बूत, हलके शरीरवाले, किन्तु अटल अध्यवसायी, पार्थिव सौंदर्य सृष्टि के एकाधिराज, अपूर्व क्रियाशील प्रतिभाशाली मनुष्यों की एक जाति थी।

अन्यान्य प्राचीन जातियाँ उनको 'यवन' कहती थीं। किन्तु वे अपने को 'ग्रीक' कहते थे।

मानव जाति के इतिहास में यह मुट्ठी भर अलौकिक वीर्यशाली जाति एक अपूर्व दृष्टान्त है। जिस किसी देश के मनुष्यों ने समाजनीति, युद्धनीति, देश-शासन, शिल्प-कला आदि पार्थिव विद्याओं में उन्नति की है या जहाँ अब भी उन्नति हो रही है, वहीं यूनान की छाया पड़ी है। प्राचीन काल की बात छोड़ दो; आधुनिक समय में भी आधी शताब्दी से इन यवन गुरुओं का पदानुसरण कर यरोपीय साहित्य के द्वारा यूनानवालों का जो प्रकाश आया है, उसी प्रकाश से अपने गृहों को आलोकित कर हम आधुनिक बंगाली स्पर्धा का अनुभव कर रहे हैं।

समग्र यूरोप आज सब विषयों में प्राचीन यूनान का छात्र और उत्तराधिकारी है; यहाँ तक कि, इंग्लैण्ड के एक विद्वान् ने कहा भी है, 'जो कुछ प्रकृति ने उत्पन्न नहीं किया है, वह यूनानवालों की सृष्टि है।'

सुदूरस्थित विभिन्न पर्वतों (भारत और यूनान) से उत्पन्न इन दो महानदों (आर्यों और यूनानियों) का बीच बीच में संगम होता रहता है; और जब कभी इस प्रकार की घटना घटती है, तभी जन-समाज में एक बड़ी आध्यात्मिक तरंग उठकर सभ्यता की रेखा का दूर दूर तक विस्तार कर देती है और मानव समाज में भ्रातृत्व-बन्धन को अधिक दृढ़ कर देती है।

अत्यन्त प्राचीन काल में एक बार भारतीय अध्यात्म-विद्या यूनानी उत्साह के साथ मिलकर, रोमन, ईरानी आदि शक्तिशाली जातियों के अभ्युदय में सहायक हुई। सिकन्दर शाह के दिग्विजय के पश्चात् इन दोनों महा जलप्रपातों के संघर्ष के फलस्वरूप ईसा आदि नाम से प्रसिद्ध आध्यात्मिक तरंग ने प्रायः आधे संसार को प्लावित कर दिया। पुनः इस प्रकार के मिश्रण से अरब का अभ्युदय हुआ, जिससे आधुनिक यूरोपीय सभ्यता की नींव पड़ी एवं ऐसा जान पड़ता है कि वर्तमान समय में भी पुनः इन दोनों महाशक्तियों का सम्मिलन-काल उपस्थित हुआ है।

अब की बार (उनका) केन्द्र है भारत।

भारत की वायु शान्ति-प्रधान है, यवनों की प्रकृति शक्तिप्रधान है; एक गम्भीर चिन्तनशील है, दूसरा अदम्य कार्यशील; एक का मूलमंत्र है 'त्याग' दूसरे का 'भोग'; एक की सब चेष्टाएँ अन्तर्मुखी हैं, दूसरे की बहिर्मुखी; एक की प्रायः सब विद्याएँ आध्यात्मिक हैं, दूसरे की आधिभौतिक; एक मोक्ष का अभिलाषी है, दूसरा स्वाधीनता को प्यार करता है; एक इस संसार के सुख प्राप्त करने में निरुत्साह है, और दूसरा इसी पृथ्वी को स्वर्ग बनाने में सचेष्ट है; एक नित्य सुख की आशा में इस लोक के अनित्य सुख की उपेक्षा करता है, दूसरा नित्य सुख में शंका कर अथवा उसको दूर जानकर यथासम्भव ऐहिक सुख प्राप्त करने में उद्यत रहता है।

इस युग में पूर्वोक्त दोनों ही जातियों का लोप हो गया है, केवल उनकी शारीरिक अथवा मानसिक सन्तानें ही वर्तमान हैं।

यूरोप तथा अमेरिकावासी तो यवनों की समुन्नत मुखोज्ज्वलकारी सन्तान हैं, पर दुःख है कि आधुनिक भारतवासी प्राचीन आर्यकुल के गौरव नहीं रह गये हैं।

किन्तु राख से ढकी हुई अग्नि के समान इन आधुनिक भारतवासियों में भी छिपी हुई पैतृक शक्ति विद्यमान है। यथासमय महाशक्ति की कृपा से उसका पुनः स्फुरण होगा।

प्रस्फुरित होकर क्या होगा ?

क्या पुनः वैदिक यज्ञधूम से भारत का आकाश मेघावृत होगा, अथवा पशुरक्त से रन्तिदेव की कीर्ति का पुनरुद्दीपन होगा? गोमेध, अश्वमेध, देवर के द्वारा सन्तानोत्पत्ति आदि प्राचीन प्रथाएँ पुनः प्रचलित होंगी अथवा बौद्ध काल की भाँति फिर समग्र भारत संन्यासियों की भरमार से एक विस्तृत मठ में परिणत होगा? मनु का शासन क्या पुनः उसी प्रभाव से प्रतिष्ठित होगा अथवा देश-भेद के अनुसार भक्ष्याभक्ष्य-विचार का ही आधुनिक काल के समान सर्वतोमुखी प्रभुत्व रहेगा? क्या जाति-भेद गुणानुसार (गुणगत) होगा अथवा सदा के लिए वह जन्म के अनुसार (जन्मगत) ही रहेगा? जाति-भेद के अनुसार भोजन-सम्बन्ध में छुआछूत का विचार बंग देश के समान रहेगा अथवा मद्रास आदि प्रान्तों के समान महान् कठोर रूप धारण करेगा या पंजाब आदि प्रदेशों के समान यह एकदम ही दूर हो जायगा? भिन्न भिन्न वर्णों का विवाह मनु के द्वारा बतलाये हुए अनुलोम क्रम से—जैसे नेपालादि देशों में आज भी प्रचलित है—पुनः सारे देश में प्रचलित होगा अथवा बंग आदि देशों के समान एक वर्ण के अवान्तर भेदों में ही सीमित रहेगा? इन सब प्रश्नों का उत्तर देना अत्यन्त कठिन है। देश के विभिन्न प्रान्तों में, यहाँ तक कि एक ही प्रान्त में भिन्न भिन्न जातियों और वंशों के आचारों की घोर विभिन्नता को ध्यान में रखते हुए यह मीमांसा और भी कठिन जान पड़ती है।

तब क्या होगा?

जो हमारे पास नहीं है, शायद जो पहले भी नहीं था, जो यवनों के पास था, जिसका स्पन्दन यूरोपीय विद्युदाधार (डाइनेमो) से उस महाशक्ति को बड़े वेग से उत्पन्न कर रहा है, जिसका संचार समस्त भूमण्डल में हो रहा है—हम उसीको चाहते हैं। हम वही उद्यम, वही स्वाधीनता का प्रेम, वही आत्मनिर्भरता, वही अटल धैर्य, वही कार्यदक्षता, वही एकता और वही उन्नति-तृष्णा चाहते हैं। हम बीती बातों की उधेड़-बुन छोड़कर अनन्त तक विस्तारित अग्रसर दृष्टि चाहते हैं और चाहते हैं आपादमस्तक नस नस में बहनेवाला रजोगुण।

त्याग की अपेक्षा और अधिक शान्तिदायी क्या हो सकता है? अनन्त कल्याण की तुलना में क्षणिक ऐहिक कल्याण निश्चय ही अत्यन्त तुच्छ है। सत्त्व गुण की अपेक्षा महाशक्ति का संचय और किससे हो सकता है? यह सत्य है कि अध्यात्म-विद्या की तुलना में और सब तो 'अविद्या' हैं, किन्तु इस संसार में कितने मनुष्य सत्त्व गुण प्राप्त करते हैं? इस भारत में ऐसे कितने मनुष्य हैं? कितने मनुष्यों में ऐसा महावीरत्व है, जो ममता को छोड़कर सर्वत्यागी हो सकें? वह दूरदृष्टि कितने मनुष्यों के भाग्य में है, जिससे सब पार्थिव सुख तुच्छ विदित होते हैं! वह विशाल

हृदय कहाँ है, जो भगवान् के सौन्दर्य और महिमा के चिन्तन में अपने शरीर को भी भूल जाता है! जो ऐसे हैं भी, वे समग्र भारत की जनसंख्या की तुलना में मुट्ठी भर ही हैं। इन थोड़े से मनुष्यों की मुक्ति के लिए करोड़ों नर-नारियों को सामाजिक और आध्यात्मिक चक्र के नीचे क्या पिस जाना होगा?

और इस प्रकार पिसे जाने का फल भी क्या होगा?

क्या तुम देखते नहीं कि इस सत्त्व गुण के बहाने से देश धीरे धीरे तमोगुण के समुद्र में डूब रहा है? जहाँ महा जड़बुद्धि पराविद्या के अनुराग के छल से अपनी मूर्खता छिपाना चाहते हैं; जहाँ जन्म भर का आलसी वैराग्य के आवरण को अपनी अकर्मण्यता के ऊपर डालना चाहता है; जहाँ क्रूर कर्मवाले तपस्यादि का स्वाँग करके निष्ठुरता को भी धर्म का अंग बनाते हैं; जहाँ अपनी कमज़ोरी के ऊपर किसीकी भी दृष्टि नहीं है, किन्तु प्रत्येक मनुष्य दूसरों के ऊपर दोषारोपण करने को तत्पर हैं; जहाँ केवल कुछ पुस्तकों को कण्ठस्थ करना ही विद्या है, दूसरों के विचारों को दुहराना ही प्रतिभा है, और इन सबसे बढ़कर केवल पूर्वजों के नाम-कीर्तन में ही जिसकी महत्ता रहती है, वह देश दिन पर दिन तमोगुण में डूब रहा है, यह सिद्ध करने के लिए हमको क्या और प्रमाण चाहिए!

अतएव सत्त्व गुण अब भी हमसे बहुत दूर है। हममें जो परमहंस-पद प्राप्त करने योग्य नहीं हैं, या जो भविष्य में योग्य होना चाहते हैं, उनके लिए रजोगुण की प्राप्ति ही परम कल्याणप्रद है। बिना रजोगुण के क्या कोई सत्त्व गुण प्राप्त कर सकता है? बिना भोग का अन्त हुए योग हो ही कैसे सकता है? बिना वैराग्य के त्याग कहाँ से आयेगा?

दूसरी ओर रजोगुण ताड़ के पत्ते की आग की तरह शीघ्र ही बुझ जाता है। सत्त्व का अस्तित्व नित्य वस्तु के निकटतम है, सत्त्व प्रायः नित्य सा है। रजोगुणवाली जाति दीर्घजीवी नहीं होती, सत्त्व गुणवाली जाति चिरंजीवी सी होती है। इतिहास इस बात का साक्षी है।

भारत में रजोगुण का प्रायः सर्वथा अभाव है। इसी प्रकार पाश्चात्य देशों में सत्त्व गुण का अभाव है। इसलिए यह निश्चित है कि भारत से वही हुई सत्त्व-धारा के ऊपर पाश्चात्य जगत् का जीवन निर्भर है; और यह भी निश्चित है कि बिना तमोगुण को रजोगुण के प्रवाह से दबाये, हमारा ऐहिक कल्याण नहीं होगा और बहुधा पारलौकिक कल्याण में भी विघ्न उपस्थित होंगे।

इन दोनों शक्तियों के सम्मिलन और मिश्रण की यथासाध्य सहायता करना इस 'उद्‌बोधन' पत्र का उद्देश्य है।

पर भय यह है कि इस पाश्चात्य वीर्य-तरंग में चिरकाल से अर्जित कहीं हमारे अमूल्य रत्न तो न बह जायँगे? और उस प्रबल भँवर में पड़कर भारत-भूमि भी कहीं ऐहिक सुख प्राप्त करने की रण-भूमि में तो न बदल जायगी? असाध्य, असम्भव एवं जड़ से उखाड़ देनेवाले विदेशी ढंग का अनुकरण करने से हमारी 'न घर के न घाट के' जैसी दशा तो न हो जायगी—और हम 'इतो नष्ट-स्ततो भ्रष्टः' के उदाहरण तो न बन जायँगे? इसलिए हमको अपने घर की सम्पत्ति सर्वदा सम्मुख रखनी होगी, जिससे जन-साधारण तक अपने पैतृक धन को सदा देख और जान सकें, हमको ऐसा प्रयत्न करना होगा और इसीके साथ साथ बाहर से प्रकाश प्राप्त करने के लिए हमको निर्भीक होकर अपने घर के सब दरवाज़े खोल देने होंगे। संसार के चारों ओर से प्रकाश की किरणें आयें, पाश्चात्य का तीव्र प्रकाश भी आये! जो दुर्बल, दोषयुक्त है, उसका नाश होगा ही। उसे रखकर हमें क्या लाभ होगा? जो वीर्यवान, बलप्रद है, वह अविनाशी है; उसका नाश कौन कर सकता है?

कितने पर्वत-शिखरों से कितनी ही हिम नदियाँ, कितने ही झरने, कितनी जल-धाराएँ निकलकर विशाल सुर-तरंगिणी के रूप में महावेग से समुद्र की ओर जा रही हैं! कितने विभिन्न प्रकार के भाव, देश-देशान्तर के कितने साधु-हृदयों और ओजस्वी मस्तिष्कों से निकलकर कितने शक्ति-प्रवाह नर-रंगक्षेत्र, कर्म-भूमि भारत में छा रहे हैं! रेल, जहाज़ जैसे वाहन और बिजली की सहायता से, अंग्रेज़ों के आधिपत्य में, बड़े ही वेग से नाना प्रकार के भाव और रीति-रिवाज सारे देश में फैल रहे हैं। अमृत आ रहा है और उसीके साथ साथ विष भी आ रहा है। क्रोध, कोलाहल और रक्तपात आदि सभी हो चुके हैं—पर इस तरंग को रोकने की शक्ति हिन्दू समाज में नहीं है। यंत्र द्वारा लाये हुए जल से लेकर हड्डियों से साफ़ की हुई शक्कर तक सब पदार्थों का बहुत मौखिक प्रतिवाद करते हुए भी हम सब चुपचाप उन्हें उदरस्थ कर रहे हैं। क़ानून के प्रबल प्रभाव से अत्यन्त यत्न से रक्षित हमारी बहुत सी रीतियाँ धीरे धीरे दूर होती जा रही हैं—उनकी रक्षा करने की शक्ति हममें नहीं है। हममें शक्ति क्यों नहीं है? क्या सत्य वास्तव में शक्तिहीन है? **सत्यमेव जयते नानृतम्**—'सत्य की ही जय होती है, न कि झूठ की'—यह वेदवाणी क्या मिथ्या है? अथवा जो आचार पाश्चात्य शासन-शक्ति के प्रभाव में बहे चले जा रहे हैं, वे आचार ही क्या अना-चार थे? यह भी विशेष रूप से एक विचारणीय विषय है।

बहुजनहिताय बहुजनसुखाय—निःस्वार्थ भाव से, भक्तिपूर्ण हृदय से इन सब प्रश्नों की मीमांसा के लिए यह 'उद्बोधन' सहृदय प्रेमी विद्वत् समाज का आह्वान

करता है एवं द्वेषबुद्धि छोड़, व्यक्तिगत, सामाजिक अथवा साम्प्रदायिक कुवाक्य-प्रयोग से विमुख होकर सब सम्प्रदायों की सेवा के लिए ही अपना शरीर अर्पण करता है।

कर्म करने का अधिकार मात्र हमारा है, फल प्रभु के हाथ में है। हम केवल प्रार्थना करते हैं—'हे तेजस्वरूप! हमको तेजस्वी बनाओ; हे वीर्यस्वरूप! हमको वीर्यवान बनाओ; हे बलस्वरूप! हमको बलवान बनाओ।'

हिन्दू धर्म और श्री रामकृष्ण[1]

शास्त्र शब्द से अनादि अनन्त 'वेद' का तात्पर्य है। धार्मिक व्यवस्थाओं में मतभेद होने पर एकमात्र वेद ही सर्वमान्य प्रमाण है।

पुराणादि अन्य धर्मग्रन्थों को स्मृति कहते हैं। ये भी प्रमाण में ग्रहण किये जाते हैं, किन्तु तभी तक, जब तक वे श्रुति के अनुकूल कहें, अन्यथा नहीं।

'सत्य' के दो भेद हैं: पहला, जो मनुष्य की पंचेन्द्रियों से एवं तदाश्रित अनुमान से ग्रहण किया जाय, और दूसरा, जो अतीन्द्रिय सूक्ष्म योगज शक्ति द्वारा ग्रहण किया जाय।

प्रथम उपाय से संकलित ज्ञान को 'विज्ञान' कहते हैं और दूसरे प्रकार से संकलित ज्ञान को 'वेद' कहते हैं।

अनादि अनन्त अलौकिक वेद-नामधारी ज्ञानराशि सदा विद्यमान है। सृष्टिकर्ता स्वयं इसीकी सहायता से इस जगत् की सृष्टि, स्थिति और उसका नाश करता है।

यह अतीन्द्रिय शक्ति, जिनमें आविर्भूत अथवा प्रकाशित होती है, उनका नाम ऋषि है, और उस शक्ति के द्वारा वे जिस अलौकिक सत्य की उपलब्धि करते हैं, उसका नाम 'वेद' है।

यह ऋषित्व और वेद-दृष्टि का लाभ करना ही यथार्थ धर्मानुभूति है। जब तक यह प्राप्त न हो, तब तक 'धर्म' केवल बात की बात है, और यही मानना पड़ेगा कि धर्मराज्य की प्रथम सीढ़ी पर भी हमने पैर नहीं रखा।

समस्त देश, काल और पात्र में व्याप्त होने के कारण वेद का शासन अर्थात् वेद का प्रभाव देश विशेष, काल विशेष अथवा पात्र विशेष तक सीमित नहीं।

सार्वजनीन धर्म को व्याख्या करनेवाला एकमात्र वेद ही है।

अलौकिक ज्ञान-प्राप्ति का साधन यद्यपि हमारे देश के इतिहास-पुराणादि और म्लेच्छादि देशों की धर्म-पुस्तकों में थोड़ा-बहुत अवश्य वर्तमान है, फिर भी, अलौकिक ज्ञानराशि का सर्वप्रथम पूर्ण और अविकृत संग्रह होने के कारण, आर्य जाति में प्रसिद्ध वेद-नामधारो, चार भागों में विभक्त अक्षर-समूह ही सब प्रकार

---

१. इसका मूल बंगला है। स०

से सर्वोच्च स्थान का अधिकारी है, समस्त जगत् का पूजार्ह है तथा आर्य एवं म्लेच्छ सबके धर्मग्रन्थों की प्रमाणभूमि है।

आर्य जाति द्वारा आविष्कृत उक्त वेद नामक शब्दराशि के सम्बन्ध में यह भी जान लेना होगा कि उसका जो अंश लौकिक, अर्थवाद अथवा इतिहास सम्बन्धी बातों की विवेचना नहीं करता, वही अंश वेद है।

ये वेद ज्ञानकाण्ड और कर्मकाण्ड दो भागों में विभक्त हैं। कर्मकाण्ड में वर्णित क्रिया और उसके फल मायाधिकृत जगत् में ही सीमित होने के कारण देश, काल और पात्र के अधीन होकर परिवर्तित हुए हैं, होते हैं तथा होते रहेंगे। सामाजिक रीति-नीति भी इसी कर्मकाण्ड के ऊपर प्रतिष्ठित है; इसलिए समय समय पर इसका भी परिवर्तन होता रहा है और होता रहेगा। लोकाचार यदि सत्शास्त्र और सदाचार के प्रतिकूल न हो, तो वह भी मान्य है। सत्शास्त्रनिन्दित और सदाचार-विरोधी लोकाचार के अधीन हो जाना ही आर्य जाति के अधःपतन का एक प्रधान कारण है।

निष्काम कर्म, योग,भक्ति और ज्ञान की सहायता से मुक्ति दिलानेवाला होने के कारण, तथा मायारूपी समुद्र को पार कराने में नेता के पद पर प्रतिष्ठित और देश-काल-पात्र आदि के द्वारा अप्रतिहत होने के कारण, ज्ञानकाण्ड अथवा वेदान्त भाग ही सार्वलौकिक, सार्वभौमिक एवं सार्वकालिक धर्म का एकमात्र उपदेष्टा है।

मन्वादि शास्त्रों ने कर्मकाण्ड का आश्रय ग्रहण कर देश-काल-पात्र भेद से मुख्यतः समाज का कल्याण करनेवाले कर्मों की शिक्षा दी है। पुराणों ने वेदान्त के छिपे हुए तत्त्वों को प्रकाश में लाकर, अवतारादि महान् चरित्रों का वर्णन करते हुए इन तत्त्वों की विस्तृत व्याख्या की है, और उनमें से प्रत्येक ने अनन्त भावमय भगवान् के किसी एक भाव को प्रधान मानकर उसीका उपदेश दिया है।

किन्तु जब कालवश सदाचारभ्रष्ट, वैराग्यहीन, एकमात्र लोकाचारनिष्ठ और क्षीणबुद्धि आर्य सन्तान इन सब भावविशेषों की विशेष शिक्षा के लिए अवस्थित आपातविरोधी दिखनेवाले एवं अल्पबुद्धि मनुष्यों के लिए विस्तृत भाषा में स्थूल रूप से वैदान्तिक सूक्ष्म तत्त्वों का प्रचार करनेवाले इन पुराणादि तन्त्रों में वर्णित मर्मों को भी ग्रहण करने में असमर्थ हो गयी—और, इसके फलस्वरूप, जिस समय उसने अनन्त भावसमष्टि अखण्ड सनातन धर्म को शत शत खण्डों में विभक्त कर, साम्प्रदायिक ईर्ष्या और क्रोध की ज्वाला को प्रज्वलित कर उसमें परस्पर की आहुति देने की सतत चेष्टा करते हुए इस धर्मभूमि भारत को प्रायः नरकभूमि में परिणत कर दिया,—उस समय, आर्य जाति का प्रकृत धर्म क्या है और सतत विवदमान, आपातप्रतीयमान अनेकशः विभक्त, सर्वथा प्रतिद्वन्द्वी आचार-

युक्त सम्प्रदायों से घिरे, स्वदेशियों का भ्रान्ति-स्थान एवं विदेशियों का घृणास्पद हिन्दू धर्म नामक युग-युगान्तरव्यापी विखण्डित एवं देश-काल के योग से इधर-उधर बिखरे हुए धर्मखण्डसमष्टि के बीच यथार्थ एकता कहाँ है, यह दिखलाने के लिए —तथा कालवश नष्ट इस सनातन धर्म का सार्वलौकिक, सार्वकालिक और सार्वदेशिक स्वरूप अपने जीवन में निहित कर, संसार के सम्मुख सनातन धर्म के सजीव उदाहरणस्वरूप अपने को प्रदर्शित करते हुए लोक-कल्याण के लिए श्री भगवान् रामकृष्ण अवतीर्ण हुए।

सृष्टि, स्थिति और लयकर्ता के अनादि-वर्तमान सहयोगी शास्त्र संस्कार-रहित ऋषि-हृदय में किस प्रकार प्रकाशित होते हैं, यह दिखलाने के लिए और इसलिए कि इस प्रकार से शास्त्रों के प्रमाणित होने पर धर्म का पुनरुद्धार, पुनः-स्थापन और पुनःप्रचार होगा, वेदमूर्ति भगवान् ने अपने इस नूतन रूप में बाह्य शिक्षा की प्रायः सम्पूर्ण रूप से उपेक्षा की है।

वेद अर्थात् प्रकृत धर्म की और ब्राह्मणत्व अर्थात् धर्मशिक्षा के तत्त्व की रक्षा के लिए भगवान् बारम्बार शरीर धारण करते हैं, यह तो स्मृति आदि में प्रसिद्ध ही है।

ऊपर से गिरनेवाली नदी की जलराशि अधिक वेगवती होती है; पुनरुत्थित तरंग अधिक ऊँची होती है। उसी प्रकार प्रत्येक पतन के बाद आर्य समाज भी श्री भगवान् के करुणापूर्ण नियन्त्रण में नीरोग होकर पूर्वापेक्षा अधिक यशस्वी और वीर्यवान हुआ है—इतिहास इस बात का साक्षी है।

प्रत्येक पतन के बाद पुनरुत्थित समाज अन्तर्निहित सनातन पूर्णत्व को और भी अधिक प्रकाशित करता है; और सर्वभूतों में अवस्थित अन्तर्यामी प्रभु भी अपने स्वरूप को प्रत्येक अवतार में अधिकाधिक अभिव्यक्त करते हैं।

बार बार यह भारतभूमि मूर्च्छापन्न अर्थात् धर्मलुप्त हुई है और बारम्बार भारत के भगवान् ने अपने आविर्भाव द्वारा इसे पुनरुज्जीवित किया है।

किन्तु प्रस्तुत दो घड़ी में ही बीत जानेवाली वर्तमान गम्भीर विषाद-रात्रि के समान और किसी भी अमानिशा ने अब तक इस पुण्यभूमि को आच्छन्न नहीं किया था। इस पतन की गहराई के सामने पहले के सब पतन गोष्पद के समान जान पड़ते हैं।

इसीलिए इस प्रबोधन की समुज्ज्वलता के सम्मुख पूर्व युग के समस्त उत्थान उसी प्रकार महिमाविहीन हो जायँगे, जिस प्रकार सूर्य के प्रकाश के सामने तारा-गण। और इस पुनरुत्थान के महावीर्य की तुलना में प्राचीन काल के समस्त उत्थान बालकेलि से जान पड़ेंगे।

सनातन धर्म के समस्त भाव-समूह अपनी इस पतनावस्था में, अधिकारी के अभाव से, अब तक इधर-उधर छिन्न-भिन्न होकर पड़े रहे हैं—कुछ तो छोटे छोट सम्प्रदायों के रूप में और शेष सब लुप्तावस्था में।

किन्तु आज, इस नव उत्थान में नवीन बल से बली मानव-सन्तान, विखण्डित और बिखरी हुई अध्यात्म विद्या को एकत्र कर उसकी धारणा और अभ्यास करने में समर्थ होगी तथा लुप्त विद्या के भी पुनः आविष्कार में सक्षम होगी। इसके प्रथम निदर्शनस्वरूप परम कारुणिक श्री भगवान् पूर्व सभी युगों की अपेक्षा अधिक पूर्णता प्रदर्शित करते हुए, सर्वभाव-समन्वित एवं सर्वविद्यायुक्त होकर युगावतार के रूप में अवतीर्ण हुए हैं।

इसीलिए इस महायुग के उषाकाल में सभी भावों का मिलन प्रचारित हो रहा है, और यही असीम अनन्त भाव, जो सनातन शास्त्र और धर्म में निहित होते हुए भी अब तक छिपा हुआ था, पुनः आविष्कृत होकर उच्च स्वर से जन-समाज में उद्घोषित हो रहा है।

यह नव युगधर्म समस्त जगत् के लिए, विशेषतः भारत के लिए, महा कल्याण-कारी है; और इस युगधर्म के प्रवर्तक श्री भगवान् रामकृष्ण पहले के समस्त युगधर्म-प्रवर्तकों के पुनः संस्कृत प्रकाश हैं। हे मानव, इस पर विश्वास करो और इसे हृदय में धारण करो।

मृत व्यक्ति फिर से नहीं जीता। बीती हुई रात फिर से नहीं आती। विगत उच्छ्वास फिर नहीं लौटता। जीव दो बार एक ही देह धारण नहीं करता। हे मानव, मुर्दे की पूजा करने के बदले हम जीवित की पूजा के लिए तुम्हारा आह्वान करते हैं; बीती हुई बातों पर माथापच्ची करने के बदले हम तुम्हें प्रस्तुत प्रयत्न के लिए बुलाते हैं। मिटे हुए मार्ग के खोजने में व्यर्थ शक्ति-क्षय करने के बदले अभी बनाये हुए प्रशस्त और सन्निकट पथ पर चलने के लिए आह्वान करते हैं। बुद्धिमान, समझ लो!

जिस शक्ति के उन्मेष मात्र से दिग्दिगन्तव्यापी प्रतिध्वनि जाग्रत हुई है, उसकी पूर्णावस्था को कल्पना से अनुभव करो; और व्यर्थ सन्देह, दुर्बलता और दासजाति-सुलभ ईर्ष्या-द्वेष का परित्याग कर, इस महायुग-चक्र-परिवर्तन में सहायक बनो।

हम प्रभु के दास हैं, प्रभु के पुत्र हैं, प्रभु की लीला के सहायक हैं—यही विश्वास दृढ़ कर कार्यक्षेत्र में उतर पड़ो।

चिन्तनीय बातें

१

देव-दर्शन के लिए एक व्यक्ति आकर उपस्थित हुआ। ठाकुर जी का दर्शन पाकर उसके हृदय में यथेष्ट श्रद्धा एवं भक्ति का संचार हुआ, और ठाकुर जी के दर्शन से जो कुछ अच्छा उसे मिला, शायद उसे चुका देने के लिए उसने राग अलापना आरम्भ किया। दालान के एक कोने में एक खम्भे के सहारे बैठे हुए चौबे जी ऊँघ रहे थे। चौबे जी उस मन्दिर के पुजारी हैं, पहलवान हैं और सितार भी बजाया करते हैं—सुबह-शाम एक एक लोटा भाँग चढ़ाने में निपुण हैं तथा उनमें और भी अनेक सद्गुण हैं। चौबे जी के कानों में सहसा एक विकट आवाज़ के गूँज जाने से उनका नशा-समुत्पन्न विचित्र संसार पल भर के लिए उनके बयालीस इंचवाले विशाल वक्षःस्थल के भीतर 'उत्थाय हृदि लीयन्ते' हुआ! तरुण-अरुण-किरण-वर्ण नशीले नेत्रों को इधर-उधर घुमाकर अपने मन की चंचलता का कारण ढूँढ़ने में व्यस्त चौबे जी को पता लगा कि एक व्यक्ति ठाकुर जी के सामने अपने ही भाव में मस्त होकर किसी उत्सव-स्थान पर बरतन माँजने की ध्वनि की भाँति कर्णकटु स्वर में नारद, भरत, हनुमान और नायक इत्यादि संगीत कला के आचार्यों का नाम ज़ोर ज़ोर से ऐसे उच्चारण कर रहा है, मानो पिण्डदान दे रहा हो। अपने नशे के आनन्द में प्रत्यक्ष विघ्न डालनेवाले व्यक्ति से मर्माहत चौबे जी ने ज़बरदस्त परेशानीभरे स्वर में पूछा, "अरे भाई, उस बेसुर बेताल में क्या चिल्ला रहे हो?" तुरन्त उत्तर मिला, "सुर-तान की मुझे क्या परवाह? मैं तो ठाकुर जी के मन को तृप्त कर रहा हूँ।" चौबे जी बोले, "हुँ, ठाकुर जी को क्या तूने ऐसा मूर्ख समझ रखा है? अरे पागल, तू तो मुझे ही तृप्त नहीं कर पा रहा है, ठाकुर जी क्या मुझसे भी अधिक मूर्ख हैं?"

*　　　　*　　　　*

भगवान् ने अर्जुन से कहा है—"तुम मेरी शरण लो, बस और कुछ करने की आवश्यकता नहीं, मैं तुम्हारा उद्धार कर दूँगा।" भोलाचाँद ने जब लोगों से यह सुना, तो बड़ा खुश हुआ; रह रह कर वह विकट चीत्कार करने लगा, "मैं

प्रभु की शरण में आया हूँ, मुझे अब किसका डर? मुझे अब और कुछ करने की क्या ज़रूरत?" भोलाचाँद का खयाल यह था कि इन बातों को इस तरह चिल्ला चिल्लाकर कहने से ही यथेष्ट भक्ति होती है। और फिर उसके ऊपर बीच बीच में वह उस चीत्कार से यह भी बतलाता जाता था कि वह हमेशा ही प्रभु के लिए प्राण देने को प्रस्तुत है, और इस भक्ति-डोर में यदि प्रभु स्वयं ही न आ बँधें, तो फिर सब मिथ्या है। उसके पास बैठनेवाले दो-चार अहमक़ साथी भी यही सोचते हैं। किन्तु भोलाचाँद प्रभु के लिए अपनी एक भी ख़ुराफ़ात छोड़ने को तैयार नहीं है। अरे, मैं कहता हूँ कि ठाकुर जी क्या ऐसे ही अहमक़ हैं? इस पर तो भाई हम भी नहीं रीझते!

* * *

भोलापुरी एक बड़े वेदान्ती हैं—सभी बातों में वे अपने ब्रह्मत्व ज्ञान का परिचय दिया करते हैं। भोलापुरी के चारों ओर यदि लोग अन्नाभाव में हाहाकार करते हों, तो यह दृश्य उनको किसी प्रकार विचलित नहीं करता; वे सुख-दुःख की असारता समझा देते हैं। रोग, शोक एवं क्षुधा से चाहे समस्त लोग मरकर ढेर हो जायँ, तो उसमें उनकी कोई हानि नहीं। वे तुरन्त ही आत्मा के अविनश्वरत्व की चिन्ता करने लगते हैं! उनके सामने बलवान यदि दुर्बल को मार भी डाले, तो भोलापुरी जी कहते हैं, "आत्मा न मरती है और न मारती ही है", और इतना कहकर इस श्रुति-वाक्य के गम्भीर अर्थ-सागर में डब जाते हैं! किसी भी प्रकार का कार्य करने में भोलापुरी जी बहुत नाराज़ होते हैं। तंग करने पर वे उत्तर देते हैं कि वे तो पूर्व जन्म में ही उन सब कार्यों को समाप्त कर आये हैं। किन्तु एक बात में आघात पहुँचने से भोलापुरी जी की आत्मैक्यानुभूति को बड़ी ही ठेस लगती है—जिस समय उनकी भिक्षा की मात्रा में किसी प्रकार की कमी हो या गृहस्थ लोग उनके इच्छानुसार दक्षिणा देने में आनाकानी करते हों, उस समय पुरी जी की राय में गृहस्थ के समान घृणित जीव संसार में और कोई नहीं। और जो गाँव उन्हें समुचित दक्षिणा नहीं देता, वह गाँव एक क्षण के लिए भी न जाने क्यों पृथ्वी के बोझ को बढ़ा रहा है—बस यही सोचकर वे आकुल हो जाते हैं।

ये भी ठाकुर जी को हमारी अपेक्षा अहमक़ समझते हैं!

* * *

"अरे भाई रामचरण, तुमने लिखना-पढ़ना नहीं सीखा, व्यापार-धन्धा करने की भी तुम्हारी कोई हैसियत नहीं, शारीरिक परिश्रम भी तुम्हारे वश का

नहीं, फिर इस पर नशा-भाँग और खुराफ़ात भी नहीं छोड़ते, बोलो तो सही किस प्रकार तुम अपनी जीविका चलाते हो?"

रामचरण ने उत्तर दिया, "जनाब, यह तो सीधी सी बात है; मैं सबको उपदेश देता हूँ?"

रामचरण ने ठाकुर जी को न जाने क्या समझ रखा है!

२

लखनऊ शहर में मुहर्रम की बड़ी धूम है। बड़ी मसजिद—इमामबाड़े में चमक-दमक और रोशनी की बहार का कहना ही क्या! बेशुमार लोग आ-जा रहे हैं। हिन्दू, मुसलमान, ईसाई, यहूदी आदि अनेक जाति के स्त्री-पुरुषों की भीड़ की भीड़ आज मुहर्रम देखने को एकत्र हुई है। लखनऊ शिया लोगों की राजधानी है, आज हज़रत इमाम हसन-हुसैन के नाम का आर्तनाद आकाश तक में गूंज रहा है—वह हृदय दहलानेवाला मरसिया, उसके साथ फूट फूटकर रोना किसके हृदय को द्रवित न कर देगा? सहस्र वर्ष की प्राचीन करबला की कथा आज फिर जीवन्त हो उठी है। इन दर्शकों की भीड़ में दूर गाँव से दो भद्र राजपूत तमाशा देखने आये हैं। ठाकुर साहब—जैसा कि प्रायः गवँहे ज़मींदार लोग हुआ करते हैं—निरक्षर भट्ट हैं। लखनऊ की इसलामी सभ्यता, शीन-क़ाफ़ का शुद्ध उच्चारण, शाइस्ता ज़ुबान, ढीली शेरवानी, चुस्त पायजामा और पगड़ी, रंग-बिरंगे कपड़े का लिबास—ये सब आज भी दूर गाँवों में प्रवेश कर वहाँ के ठाकुर साहबों को स्पर्श नहीं कर पाये हैं। अतः ठाकुर लोग सरल और सीधे हैं और हमेशा जवाँमर्द, चुस्त, मुस्तैद और मज़बूत दिलवालों को ही पसन्द करते हैं।

दोनों ठाकुर साहब फाटक पार करके मसजिद के अन्दर प्रवेश करने ही वाले थे कि सिपाही ने उन्हें अन्दर जाने से मना किया। जब उन्होंने इसका कारण पूछा, तो सिपाही ने उत्तर दिया, "यह जो दरवाज़े के पास मूरत खड़ी देख रहे हो, उसे पहले पाँच जूते मारो, तभी भीतर जा सकोगे।" उन्होंने पूछा, "यह मूर्ति किसकी है?" उत्तर मिला, "यह महापापी येज़िद की मूरत है। उसने एक हज़ार साल पहले हज़रत हसन-हुसैन को क़त्ल किया था, इसीलिए आज यह रोना और अफ़सोस ज़ाहिर किया जा रहा है।" सिपाही ने सोचा कि इस लम्बी व्याख्या को सुनकर वे लोग पाँच जूते क्या दस जूते मारेंगे। किन्तु कर्म की गति विचित्र है, राम ने उलटा समझा—दोनों ठाकुरों ने गले में दुपट्टा लपेटकर अपने को उस मूर्ति के चरणों पर डाल दिया और लोट-पोटकर गद्गद स्वर से स्तुति करने लगे, "अन्दर जाने का अब क्या काम है; दूसरे देवता को अब और क्या

देखेंगे? शाबाश! बाबा येजिद, देवता तो तू ही है! सारे का अस मारेउ कि ई सब सार अबहिन तक रोवत हैं।"

* * *

सनातन हिन्दू धर्म का गगनचुम्बी मन्दिर है—उस मन्दिर के अन्दर जाने के मार्ग भी कितने हैं! और वहाँ है क्या नहीं? वेदान्ती के निर्गुण ब्रह्म से लेकर ब्रह्मा, विष्णु, शिव, शक्ति, सूर्य, चूहे पर सवार गणेश जी, छोटे देवता जैसे षष्ठी, माकाल इत्यादि तथा और भी न जाने क्या क्या वहाँ मौजूद हैं। फिर वेद, वेदान्त, दर्शन, पुराण एवं तन्त्र में बहुत सी सामग्री है, जिसकी एक एक बात से भवबन्धन टूट जाता है। और लोगों की भीड़ का तो कहना ही क्या, तैंतीस करोड़ लोग उस ओर दौड़ रहे हैं! मुझे भी उत्सुकता हुई, मैं भी दौड़ने लगा। किन्तु यह क्या! मैं तो जाकर देखता हूँ एक अद्‌भुत काण्ड!! कोई भी मन्दिर के अन्दर नहीं जा रहा है, दरवाज़े के पास एक पचास सिरवाली, सौ हाथवाली, दो सौ पेटवाली और पाँच सौ पैरवाली एक मूर्ति खड़ी है! उसीके पैरों के नीचे सब लोट-पोट हो रहे हैं। एक व्यक्ति से कारण पूछने पर उत्तर मिला, "भीतर जो सब देवता हैं, उनको दूर से लोट-पोट लेने से ही या दो फूल डाल देने से ही उनकी यथेष्ट पूजा हो जाती है। असली पूजा तो इनकी होनी चाहिए, जो दरवाज़े पर विद्यमान हैं; और जो वेद, वेदान्त, दर्शन, पुराण और शास्त्र सब देख रहे हो, उन्हें कभी कभी सुन लो, तो भी कोई हानि नहीं, किन्तु इनका हुक़्म तो मानना ही पड़ेगा।" तब मैंने फिर पूछा, "इन देवता जी का भला नाम क्या है?" उत्तर मिला, "इनका नाम 'लोकाचार' है।" मुझे लखनऊ के ठाकुर साहब की बात याद आ गयी, "शाबाश! भई 'लोकाचार', सारे का अस मारेउ।"

* * *

बौने क़द के कृष्णव्याल भट्टाचार्य महापण्डित हैं, विश्वब्रह्माण्ड के समाचार उनकी अंगुलियों पर रहते हैं, उनके शरीर में केवल अस्थि और चर्म मात्र ही अवशेष हैं; उनके मित्रगण कहते हैं कि कठोर तपस्या से ऐसा हुआ है, पर शत्रु-गण कहते हैं कि अन्नाभाव से यह हुआ है! फिर कुछ मसखरे लोग यह भी कहते हैं कि साल में ढाई दर्जन बच्चे पैदा करने से शरीर की दशा ऐसी ही हो जाती है। ख़ैर, जो कुछ भी हो, संसार में ऐसी कोई वस्तु नहीं है, जो कृष्णव्याल जी न जानते हों, विशेष रूप से चोटी से लेकर नौ द्वारों तक विद्युत्प्रवाह और

चुम्बक-शक्ति की गति के विषय में वे सर्वज्ञ हैं। और इस प्रकार के रहस्य-ज्ञाता होने के कारण दुर्गा-पूजा के काम में आनेवाली वेश्याद्वार की मिट्टी से लेकर क़ायदा-कानून सहित पुनर्विवाह एवं दस वर्ष की कुमारी के गर्भाधान तक——समस्त विषयों की वैज्ञानिक व्याख्या करने में वे अद्वितीय हैं। फिर वे प्रमाण भी ऐसे देते हैं, जिनको एक बालक तक समझ सकता है,—ऐसे सरल उन्होंने प्रमाण बना दिये हैं! कहता हूँ कि भारतवर्ष को छोड़कर और अन्यत्र धर्म नहीं है, भारत में ब्राह्मण को छोड़कर धर्म समझने का और कोई अधिकारी नहीं है और ब्राह्मणों में भी कृष्णव्याल के वंशजों को छोड़कर शेष सब कुछ भी नहीं जानते, और कृष्णव्यालों में बौने क़दवाले ही सब कुछ हैं!!! इसलिए कृष्णव्याल जी जो कहते हैं, वही स्वतः प्रमाण है। विद्या की बहुत चर्चा हो रही है, लोग कुछ समझदार होते जा रहे हैं, वे सब चीज़ों को समझना चाहते हैं, चखना चाहते हैं, अतः कृष्णव्याल जी सबको भरोसा दे रहे हैं, "माभैः! ——डरो मत, जो सब कठिनाइयाँ तुम लोगों के मन में उठ रही हैं, मैं उनकी वैज्ञानिक व्याख्या कर देता हूँ; तुम लोग जैसे थे, वैसे ही रहो। नाक में सरसों का तेल डालकर खूब सोओ। केवल मेरी 'दक्षिणा' देना न भूलना।" लोग कहने लगे ——"जान बची! किस बुरी बला से सामना पड़ा था! नहीं तो उठकर बैठना पड़ता, चलना-फिरना पड़ता —— क्या मुसीबत!" अतः उन्होंने 'ज़िन्दा रहो कृष्णव्याल' कहकर दूसरी करवट ले ली। हज़ारों साल की आदत क्या यों ही छूटती है? शरीर ऐसा क्यों करने देगा? हज़ारों वर्ष की मन की गाँठ क्या यों ही कट जाती है! इसीलिए कृष्णव्याल जी और उनके दलवालों की ऐसी इज़्ज़त है!

"शाबाश, भई 'आदत', सारे का अस मारेउ।"[१]

---

१. 'चिन्तनीय बातें' का मूल बंगला है। स०

रामकृष्ण और उनकी उक्तियाँ[1]

प्रोफ़ेसर मैक्स मूलर पाश्चात्य संस्कृतज्ञ विद्वानों के अग्रणी हैं। जो ऋग्वेद संहिता पहले किसीको भी सम्पूर्ण रूप से प्राप्य नहीं थी, वही आज ईस्ट इण्डिया कम्पनी के विपुल व्यय एवं प्रोफ़ेसर के अनेक वर्षों के परिश्रम से अति सुन्दर ढंग से मुद्रित होकर सर्वसाधारण को प्राप्य है। भारत के विभिन्न स्थानों से एकत्र किये गये हस्तलिखित ग्रन्थों में अधिकांश अक्षर विचित्र हैं एवं अनेक वाक्य अशुद्ध हैं। विशेष महापण्डित होने पर भी एक विदेशी के लिए उन अक्षरों की शुद्धि या अशुद्धि का निर्णय करना तथा सूत्ररूप में लिखे गये जटिल भाष्य का विशद अर्थ समझना कितना कठिन कार्य है, इसका अनुभव हमें सहज ही नहीं हो सकता। प्रोफ़ेसर मैक्स मूलर के जीवन में यह ऋग्वेद-प्रकाशन एक प्रधान कार्य है। इसके अतिरिक्त, यद्यपि वे आजीवन प्राचीन संस्कृत साहित्य के अध्ययन में ही रत रहे हैं तथा उन्होंने उसीमें अपना जीवन खपाया है, फिर भी यह बात नहीं कि उनकी कल्पना में भारत आज भी वेद-घोष-प्रतिध्वनित, यज्ञ-धूम से आच्छन्न आकाशवाला तथा वशिष्ठ-विश्वामित्र-जनक-याज्ञवल्क्य आदि से पूर्ण है तथा वहाँ का प्रत्येक घर ही गार्गी-मैत्रेयी से सुशोभित और श्रौत एवं गृह्यसूत्र के नियमों द्वारा परिचालित है। विजातियों तथा विधर्मियों से पददलित, लुप्ताचार, लुप्तक्रिय, म्रियमाण आधुनिक भारत के किस कोने में कौन कौन सी नयी घटनाएँ हो रही हैं, इसकी सूचना भी प्रोफ़ेसर महोदय सदैव सचेत रहकर लेते रहे हैं। 'प्रोफ़ेसर महोदय ने भारत की ज़मीन पर कभी पैर नहीं रखा है', यह कहकर इस देश के बहुत से ऐंग्लो-इण्डियन, भारतीय रीति-नीति एवं आचार-व्यवहार के विषय में उनके मतों को उपेक्षा की दृष्टि से देखते हैं। किन्तु इन ऐंग्लो-इण्ड़ियनों को यह जान लेना उचित है कि आजीवन इस देश में रहने पर भी अथवा इस देश में जन्म ग्रहण करने पर भी, जिस श्रेणी में वे स्वयं रह रहे हैं, केवल उसीका विशेष विवरण जानने के अतिरिक्त अन्य श्रेणियों के विषय में वे पूर्णतः अनभिज्ञ ही हैं। विशेषतः, जाति-प्रथा में विभाजित इस बृहत् समाज में एक जाति के लिए अन्य जातियों के

---

१. प्रोफ़ेसर मैक्स मूलर द्वारा लिखित 'रामकृष्ण : हिज लाइफ़ ऐण्ड सेइंग्स' नामक पुस्तक पर स्वामी जी द्वारा लिखी गयी बंगला समालोचना का अनुवाद। स०

आचार और रीति को जानना बड़ा ही कठिन है। कुछ दिन हुए, किसी प्रसिद्ध ऐंग्लो-इण्डियन कर्मचारी द्वारा लिखित 'भारताधिवास' नामक पुस्तक में इस प्रकार का एक अध्याय मैंने देखा है, जिसका शीर्षक है—'देशीय परिवार-रहस्य'। मनुष्य के हृदय में रहस्य जानने की इच्छा प्रबल होती है, शायद इसी उत्सुकता से मैंने उस अध्याय को जब पढ़ा, तो देखा कि ऐंग्लो-इण्डियन दिग्गज अपने किसी भंगी, भंगिन एवं भंगिन के यार के बीच घटी हुई किसी विशेष घटना का वर्णन करके देशवासियों के जीवन-रहस्य के बारे में अपने स्वजातिवृन्द की एक बड़ी भारी उत्सुकता मिटाने के लिए विशेष प्रयत्नशील हैं; और ऐसा भी प्रतीत होता है कि ऐंग्लो-इण्डियन समाज में उस पुस्तक का आदर देखकर वे अपने को पूर्ण रूप से कृतकृत्य समझते हैं। **शिवा वः सन्तु पन्थानः**—और क्या कहें? किन्तु श्री भगवान् ने कहा है 'संगात्संजायते' इत्यादि। जाने दो, यह अप्रासंगिक बात है। फिर भी, आधुनिक भारत के विभिन्न प्रदेशों की रीति-नीति एवं सामयिक घटनाओं के सम्बन्ध में प्रोफ़ेसर मैक्स मूलर के ज्ञान को देखकर हमें विस्मित रह जाना पड़ता है, यह हमारा प्रत्यक्ष अनुभव है।

विशेष रूप से धर्म सम्बन्धी मामलों में भारत में कहाँ कौन सी नयी तरंग उठ रही है, इसका अवलोकन प्रोफ़ेसर ने तीक्ष्ण दृष्टि से किया है तथा पाश्चात्य जगत् उस विषय में जानकारी प्राप्त कर सके, इसके लिए भी उन्होंने विशेष प्रयत्न किया है। देवेन्द्रनाथ ठाकुर एवं केशवचन्द्र सेन द्वारा परिचालित ब्राह्म समाज, स्वामी दयानन्द सरस्वती द्वारा प्रतिष्ठित आर्य समाज, थियोसॉफ़ी सम्प्रदाय—ये सब प्रोफ़ेसर की लेखनी द्वारा प्रशंसित या निन्दित हुए हैं। प्रसिद्ध 'ब्रह्मवादिन्' तथा 'प्रबुद्ध भारत' नामक पत्रों में श्री रामकृष्ण देव के उपदेशों का प्रचार देखकर एवं ब्राह्म धर्म प्रचारक बाबू प्रतापचन्द्र मजूमदार लिखित श्री रामकृष्ण देव की जीवनी पढ़कर, प्रोफ़ेसर महोदय श्री रामकृष्ण के जीवन से विशेष प्रभावित और आकृष्ट हुए। इसी बीच 'इण्डिया हाउस' के लाइब्रेरियन टॉनी महोदय द्वारा लिखित 'रामकृष्ण चरित' भी इंग्लैण्ड की प्रसिद्ध मासिक पत्रिका (एशियाटिक क्वार्टर्ली रिव्यू) में प्रकाशित हुआ। मद्रास तथा कलकत्ते से अनेक विवरण संग्रह करके प्रोफ़ेसर ने 'नाइण्टीन्थ सेन्चुरी' नामक अंग्रेज़ी भाषा की सर्वश्रेष्ठ मासिक पत्रिका में श्री रामकृष्ण के जीवन तथा उपदेशों के बारे में एक लेख लिखा। उसमें उन्होंने यह व्यक्त किया कि अनेक शताब्दियों तक प्राचीन मनीषियों तथा आधुनिक काल में पाश्चात्य विद्वानों के विचारों को प्रतिध्वनित मात्र करनेवाले भारत में नयी भाषा में नूतन महाशक्ति का संचार करके नवीन विचारधारा प्रवाहित करनेवाले इस नये महापुरुष ने उनके चित्त को सहज ही में आकृष्ट कर

लिया। प्रोफ़ेसर महोदय ने प्राचीन ऋषि, मुनि एवं महापुरुषों की विचारधाराओं का शास्त्रों में अध्ययन किया था और वे उन विचारों से भली भाँति परिचित थे, किन्तु प्रश्न उठता था कि क्या इस युग में भारत में पुनः वैसी विभूतियों का आविर्भाव सम्भव है? रामकृष्ण की जीवनी ने इस प्रश्न की मानो मीमांसा कर दी और उसने इन प्रोफ़ेसर महोदय की, जिनका प्राण भारत में ही बसता है, भारत की भावी उन्नतिरूपी आशा-लता की जड़ में जल-सिंचन कर नूतन जीवन-संचार कर दिया।

पाश्चात्य जगत् में कुछ ऐसे महात्मा हैं, जो निश्चित रूप से भारत के हितैषी हैं; किन्तु मैक्स मूलर की अपेक्षा भारत का अधिक कल्याण चाहनेवाला यूरोप में कोई है अथवा नहीं, यह मैं नहीं कह सकता। मैक्स मूलर केवल भारत-हितैषी ही नहीं, वरन् भारत के दर्शन शास्त्र और भारत के धर्म में भी उनकी प्रगाढ़ आस्था है, और उन्होंने सबके सम्मुख इस बात को बारम्बार स्वीकार किया है कि अद्वैत-वाद धर्मराज्य का श्रेष्ठतम आविष्कार है। जो पुनर्जन्मवाद देहात्मवादी ईसाइयों के लिए भयप्रद है, उसे भी स्वानुभूत कहकर वे उस पर दृढ़ विश्वास करते हैं; यहाँ तक कि उनकी यह धारणा है कि उनका पूर्व जन्म शायद भारत में ही हुआ था। और इस समय यही भय, कि भारत में आने पर उनका वृद्ध शरीर शायद सहसा समुपस्थित पूर्व स्मृतियों के प्रबल वेग को न सह सके, उनके भारत-आगमन में प्रधान प्रतिबन्धक है। फिर भी, जो गृहस्थ हैं—चाहे वे कोई भी हों—उन्हें सब ओर ध्यान रखकर चलना पड़ता है। जब एक सर्वत्यागी उदासीन किसी लोक-निन्दित आचार को विशुद्ध जानकर भी लोक-निन्दा के भय से उसका अनुष्ठान करने में काँपने लगता है तथा जब सांसारिक सफलताओं को 'शूकर-विष्ठा' जानता हुआ भी, प्रतिष्ठा के लोभ से एवं अप्रतिष्ठा के भय से एक कठोर तपस्वी अनेक कार्यों का परिचालन करता है, तब यदि सर्वदा लोकसंग्रह का इच्छुक पूज्य एवं आदरणीय गृहस्थ को बहुत ही सावधानी से अपने मन के भावों को प्रकाशित करना पड़ता हो, तो इसमें आश्चर्य ही क्या? फिर, योग, शक्ति इत्यादि गूढ़ विषयों के बारे में प्रोफ़ेसर बिल्कुल अविश्वासी हों, ऐसी बात भी नहीं।

'दार्शनिकों से पूर्ण भारतभूमि में जो अनेकानेक धर्म-तरंगें उठ रही हैं'—उन सबका संक्षिप्त विवरण मैक्स मूलर ने प्रकाशित किया है; किन्तु दुःख की बात यह है कि बहुत से लोगों ने 'उसके रहस्य को ठीक ठीक समझने में असमर्थ होने के कारण अत्यन्त अवांछनीय मत प्रकट किया है।' इस प्रकार की ग़लतफ़हमी को दूर करने के लिए, तथा 'भारत के अलौकिक अद्भुत क्रियासम्पन्न साधु-संन्यासियों के विरोध में इंग्लैण्ड तथा अमेरिका के समाचारपत्रों में प्रकाशित विवरण' के प्रतिवाद के

लिए, और 'साथ ही साथ यह दिखलाने के लिए कि भारतीय थियोसॉफ़ी, एसोटेरिक बौद्ध मत इत्यादि विजातीय नामवाले सम्प्रदायों में भी कुछ सत्य तथा कुछ जानने योग्य है',[१] प्रोफ़ेसर मैक्स मूलर ने अगस्त, सन् १८९६ ई० की 'नाइण्टीन्थ सेंचुरी' नामक मासिक पत्रिका में 'प्रकृत महात्मा' शीर्षक से श्री रामकृष्ण-चरित को यूरोपीय मनीषियों के सामने रखा। उन्होंने इसमें यह भी दिखलाया कि भारत केवल पक्षियों की तरह आकाश में उड़नेवाले, पैरों से जल पर चलनेवाले, मछलियों के समान पानी के भीतर रहनेवाले अथवा मन्त्र-तन्त्र, टोना-टोटका करके रोग-निवारण करनेवाले या सिद्धि-बल से धनिकों की वंश-रक्षा करनेवाले तथा ताँबे से सोना बनानेवाले साधुओं की निवास-भूमि ही नहीं, वरन् वहाँ प्रकृत अध्यात्म-तत्त्ववित्, प्रकृत ब्रह्मवित्, प्रकृत योगी और प्रकृत भक्तों की संख्या भी कम नहीं है, तथा समस्त भारतवासी अब भी ऐसे पशुवत् नहीं हो गये हैं कि इन अन्त में बतलाये गये नर-देवों (श्री रामकृष्ण प्रभृति) को छोड़कर ऊपर कथित बाजीगरों के चरण चाटने में दिन-रात लगे हुए हों।

यूरोप और अमेरिका के विद्वज्जनों ने अत्यन्त आदर के साथ इस लेख को पढ़ा, और उसके फलस्वरूप श्री रामकृष्ण देव के प्रति अनेक की प्रगाढ़ श्रद्धा हो गयी। और सुपरिणाम क्या हुआ ? पाश्चात्य सभ्य जातियों ने इस भारत को नरमांस-भोजी, नंगे रहनेवाले, बलपूर्वक विधवाओं को जला देनेवाले, शिशुघाती, मूर्ख, कापुरुष, सब प्रकार के पाप और अन्धविश्वासों से परिपूर्ण, पशुवत् मनुष्यों का निवास-स्थान समझ रखा था; इस धारणा को उनके मस्तिष्क में जमानेवाले हैं ईसाई पादरीगण, और कहने में शर्म लगती है तथा दुःख भी होता है कि इसमें हमारे कुछ देशवासियों का भी हाथ है। इन दोनों प्रकार के लोगों की प्रबल चेष्टा के कारण, जो एक घोर अन्धकारपूर्ण जाल पाश्चात्य देशवासियों के सामने फैला हुआ था, वह अब इस लेख के फलस्वरूप धीरे धीरे छिन्न-भिन्न होने लगा है। 'जिस देश में श्री भगवान् रामकृष्ण की तरह लोकगुरु आविर्भूत हुए हैं, वह देश क्या वास्तव में जैसा कलुषित और पापपूर्ण हम लोगों ने सुना है, उसी प्रकार का है ? अथवा कुचक्रियों ने हम लोगों को इतने दिनों तक भारत के तथ्य के सम्बन्ध में महान् भ्रम में डाल रखा था ?'—यह प्रश्न आज अपने आप ही पाश्चात्य लोगों के मन में उदित हो रहा है।

पाश्चात्य जगत् में भारतीय धर्म-दर्शन-साहित्य सम्राट् प्रोफ़ेसर मैक्स मूलर ने जिस समय श्री रामकृष्ण-चरित को अत्यन्त भक्तिपूर्ण हृदय से यूरोप तथा अमे-

---

१. **'रामकृष्ण : हिज़ लाइफ़ ऐण्ड सेइंग्स' : प्रो० मैक्स मूलर, पृष्ठ १–२।**

रिकावासियों के कल्याणार्थ संक्षिप्त रूप से 'नाइण्टीन्थ सेंचुरी' नामक पत्रिका में प्रकाशित किया, उस समय पूर्वोक्त दोनों प्रकार के लोगों में जो भीषण अन्तर्दाह उत्पन्न हुआ, उसकी चर्चा अनावश्यक है।

मिशनरी लोग हिन्दू देवी-देवताओं का अत्यन्त अनुपयुक्त वर्णन करके यह प्रमाणित करने का भरसक प्रयत्न कर रहे थे कि इनके उपासकों में सच्चे धार्मिक व्यक्तियों का कभी आविर्भाव नहीं हो सकता। किन्तु नदी की प्रबल बाढ़ में जिस प्रकार तिनकों की ढेरी नहीं टिक सकती है, उसी प्रकार उनकी चेष्टाएँ भी बह गयीं; और आज पूर्वोक्त स्वदेशी सम्प्रदाय श्री रामकृष्ण की शक्ति-सम्प्रसारण रूप प्रबल अग्नि को बुझाने के उपाय सोचते सोचते हताश हो गया है। ईश्वरीय शक्ति के सामने भला जीव की शक्ति कहाँ !

स्वभावतः, दोनों ओर से प्रोफ़ेसर महोदय पर प्रबल आक्रमण होने लगा; किन्तु ये वयोवृद्ध सज्जन हटनेवाले नहीं थे,—इस प्रकार के संग्राम में वे अनेक बार विजयी हुए थे। इस समय भी आततायियों को परास्त करने के लिए तथा इस उद्देश्य से कि श्री रामकृष्ण और उनके धर्म को सर्वसाधारण अच्छी तरह समझ सकें, उन्होंने उनकी जीवनी और उपदेश ग्रन्थ-रूप में लिखने के लिए पहले से भी अधिक सामग्री संग्रह की तथा 'रामकृष्ण और उनकी उक्तियाँ' नामक पुस्तक प्रकाशित की। इस पुस्तक के 'रामकृष्ण' नामक अध्याय में उन्होंने निम्नलिखित बातें कही हैं :

'उक्त महापुरुष की इस समय यूरोप तथा अमेरिका में बहुत ख्याति एवं प्रतिष्ठा हुई है, वहाँ उनके शिष्यगण अदम्य उत्साह के साथ उनके उपदेशों का प्रचार कर रहे हैं और अनेक व्यक्तियों को, यहाँ तक कि, ईसाइयों में से भी बहुतों को श्री रामकृष्ण के मत में ला रहे हैं। यह बात हमारे लिए बहुत ही आश्चर्य-जनक है और इस पर हम कठिनता से विश्वास कर सकते हैं. . .तथापि प्रत्येक मानव-हृदय में धर्म-पिपासा बलवती होती है, प्रत्येक हृदय में प्रबल धर्म-क्षुधा विद्यमान रहती है, जो शीघ्र ही या कुछ देर में शान्त हो जाना चाहती है। इन सब क्षुधार्त व्यक्तियों के लिए रामकृष्ण का धर्म किसी प्रकार के बाह्य शासनाधीन न होने के कारण और, इसके फलस्वरूप, अत्यन्त उदार होने के कारण अमृत के समान ग्राह्य है। . . .अतएव, रामकृष्ण-धर्मावलम्बियों की एक बहुत बड़ी संख्या के बारे में हम जो सुनते हैं, वह शायद किसी अंश तक अतिरंजित भले ही हो, पर फिर भी, जो धर्म आधुनिक समय में इस प्रकार सिद्धि-लाभ कर चुका है, जो विस्तृत होने के साथ साथ अपने को सम्पूर्ण सत्यता के साथ संसार का प्राचीनतम धर्म एवं दर्शन कहकर घोषित करता है तथा जो वेदान्त अर्थात् वेद के सर्वोच्च उद्देश्य के नाम से

परिचित है, वह हमारे लिए अत्यन्त आदर और श्रद्धा के साथ विचारणीय एवं चिन्तनीय है।'

इस पुस्तक के आरम्भ में प्रोफ़ेसर महोदय ने 'महात्मा' पुरुष, आश्रम-विभाग, संन्यासी, योग, दयानन्द सरस्वती, पवहारी बाबा, देवेन्द्रनाथ ठाकुर, राधास्वामी सम्प्रदाय के नेता राय शालिग्राम साहब बहादुर आदि का भी उल्लेख किया है।

प्रोफ़ेसर महोदय इस बात से विशेष सशंक थे कि साधारणतया समस्त ऐतिहासिक घटनाओं के वर्णन में, लेखक के व्यक्तिगत राग-विराग के कारण, कभी कभी जो त्रुटियाँ अपने आप घुस जाती हैं, वे कहीं इस जीवनी के अन्दर तो नहीं आ गयी हैं। इसलिए घटनाओं का संग्रह करने में उन्होंने विशेष सावधानी से काम लिया। प्रस्तुत लेखक (स्वामी विवेकानन्द) श्री रामकृष्ण का क्षुद्र दास हैं—इसके द्वारा संकलित रामकृष्ण-जीवनी के उपादान यद्यपि प्रोफ़ेसर की युक्ति एवं बुद्धिरूपी मथानी से भली भाँति मथ लिये गये हैं, परन्तु फिर भी उन्होंने (मैक्स मूलर ने) कह दिया है कि भक्ति के आवेश में कुछ अतिरंजना सम्भव है। और ब्राह्म धर्म-प्रचारक श्रीयुत बाबू प्रतापचन्द्र मजूमदार प्रभृति व्यक्तियों ने श्री रामकृष्ण के दोष दिखलाते हुए प्रोफ़ेसर को जो कुछ लिखा है, उसके प्रत्युत्तर में उन्होंने जो दो-चार मीठी-कड़वी बातें कही हैं, वे दूसरों की उन्नति पर ईर्ष्या करनेवाली बंगाली जाति के लिए विशेष विचारणीय हैं—इसमें कोई सन्देह नहीं।

इस पुस्तक में श्री रामकृष्ण की जीवनी अत्यन्त संक्षेप में तथा सरल भाषा में वर्णित की गयी है। इस जीवनी में सावधान लेखक ने प्रत्येक बात मानो तौलकर लिखी है,—'प्रकृत महात्मा' नामक लेख में स्थान स्थान पर जिन अग्नि-स्फुलिंगों को हम देखते हैं, वे इस लेख में अत्यन्त सावधानी के साथ संयत रखे गये हैं। एक ओर है मिशनरियों की हलचल और दूसरी ओर, ब्राह्म समाजियों का कोलाहल,— इन दोनों के बीच से होकर प्रोफ़ेसर की नाव चल रही है। 'प्रकृत महात्मा' नामक लेख पर दोनों दलों द्वारा प्रोफ़ेसर पर अनेक भर्त्सना तथा कठोर वचनों की बौछार की गयी; किन्तु हर्ष का विषय है कि न तो उनके प्रत्युत्तर की चेष्टा की गयी है और न अभद्रता का दिग्दर्शन ही किया गया है,—गाली-गलौज करना तो इंग्लैण्ड के भद्र लेखक जानते ही नहीं। प्रोफ़ेसर महोदय ने, वयस्क महापण्डित को शोभा देनेवाले धीर-गम्भीर विद्वेष-शून्य एवं वज्रवत् दृढ़ स्वर में, इन महापुरुष के अलौकिक हृदयोत्थित अतिमानव भाव पर किये गये आक्षेपों का आमूल खंडन कर दिया है।

इन आक्षेपों को सुनकर हमें सचमुच आश्चर्य होता है। ब्राह्म समाज के गुरु स्वर्गीय आचार्य श्री केशवचन्द्र सेन के मुख से हमने सुना है कि 'श्री रामकृष्ण की

सरल मधुर ग्राम्य भाषा अत्यन्त अलौकिक तथा पवित्रता से पूर्ण है, हम जिन्हें कुछ अश्लील कहते हैं, ऐसे शब्दों का उसमें कहीं कहीं समावेश होने पर भी, उनके अपूर्व बालवत् कामगन्धहीन स्वभाव के कारण, उन सब शब्दों का प्रयोग दोषपूर्ण न होकर आभूषणस्वरूप हुआ है।' किन्तु खेद है कि यही एक प्रबल आक्षेप है!

दूसरा आक्षेप यह है कि उन्होंने संन्यास ग्रहण कर अपनी स्त्री के प्रति निष्ठुर व्यवहार किया था। इस पर प्रोफ़ेसर महोदय का उत्तर है कि उन्होंने स्त्री की अनुमति लेकर ही संन्यासव्रत धारण किया था, तथा जब तक वे इस लोक में रहे, तब तक उन्हींके सदृश उनकी चिर ब्रह्मचारिणी पत्नी भी पति को गुरु-रूप में ग्रहण करके अपनी इच्छा से, परम आनन्दपूर्वक उनके उपदेशानुसार भगवत्सेवा में लगी रहीं। प्रोफ़ेसर महोदय ने यह भी कहा है, 'शरीर-सम्बन्ध के बिना पति-पत्नी में प्रेम क्या असम्भव है? हमें हिन्दू के सत्य-संकल्प पर विश्वास करना ही पड़ेगा कि शरीर-सम्बन्ध न रखते हुए ब्रह्मचारिणी पत्नी को अमृतस्वरूप ब्रह्मानन्द का भागी बनाकर ब्रह्मचारी पति परम पवित्रता के साथ जीवन-यापन कर सकता है, यद्यपि इस विषय में उक्त व्रत धारण करनेवाले यूरोपनिवासी सफल नहीं हुए हैं।' ऐसे बहुमूल्य मन्तव्यों के लिए प्रोफ़ेसर महोदय पर आशीषों की वृष्टि हो! वे दूसरी जाति के तथा विदेशी होकर भी हमारे एकमात्र धर्म-सहायक ब्रह्मचर्य को समझ सकते हैं, एवं यह विश्वास करते हैं कि आज भी भारत में ऐसे दृष्टान्त विरले नहीं हैं,—जब कि हमारे अपने ही घर के वीर कहलानेवाले लोग पाणिग्रहण में शरीर-सम्बन्ध के अतिरिक्त और कुछ नहीं देख सकते!! यादृशी भावना यस्य!

फिर एक अभियोग यह है कि वे वेश्याओं से अत्यन्त घृणा नहीं करते थे। इस पर प्रोफ़ेसर ने बड़ा ही मधुर उत्तर दिया है। उन्होंने कहा है कि केवल रामकृष्ण ही नहीं, वरन् अन्यान्य धर्म-प्रवर्तक भी इस 'अपराध' के दोषी हैं! अहा! कैसी मधुर बात है!—यहाँ पर हमें श्री भगवान् बुद्धदेव की कृपापात्री वेश्या अम्बापाली और हज़रत ईसा की दयाप्राप्ता सामरीया नारी की बात याद आती है।

फिर एक अभियोग यह भी है कि उन्हें शराब पीने की आदत पर भी घृणा न थी। हरे! हरे! ज़रा सी शराब पीने पर उस आदमी की परछाईं भी अस्पृश्य है—यही हुआ न मतलब?—सचमुच, यह तो बहुत बड़ा अभियोग है! नशेबाज, वेश्या, चोर और दुष्टों को महापुरुष घृणा से क्यों नहीं भगा देते थे! और आँख मूँदकर, चलती भाषा में जिसे कहते हैं, नौबत की सुर की तरह ऊपर ही ऊपर उनसे बातें क्यों नहीं करते थे! और सबसे बड़ा अभियोग तो यह था कि उन्होंने आजन्म स्त्री-संग क्यों नहीं किया!!!

आक्षेप करनेवालों को इस विचित्र पवित्रता एवं सदाचार के आदर्शानुसार जीवन न गढ़ सकने से ही भारत रसातल में चला जायगा!! जाय रसातल में, यदि इस प्रकार की नीति का सहारा लेकर उसे उठना हो।

इस पुस्तक में जीवनी की अपेक्षा उक्ति-संग्रह[1] ने अधिक स्थान लिया है। इन उक्तियों ने समस्त संसार के अंग्रेज़ी पढ़नेवाले लोगों में से बहुतों को आकृष्ट कर लिया है, और यह बात इस पुस्तक की हाथों-हाथ बिक्री देखने से ही प्रमाणित हो जाती है। ये उक्तियाँ भगवान् श्री रामकृष्ण देव के श्रीवचन होने के कारण महान् शक्तिपूर्ण हैं, और इसीलिए ये निश्चय ही समस्त देशों में अपनी ईश्वरीय शक्ति का विकास करेंगी। **बहुजनहिताय बहुजनसुखाय** महापुरुष अवतीर्ण होते हैं––उनके जन्म-कर्म अलौकिक होते हैं और उनका प्रचार-कार्य भी अत्यन्त आश्चर्य-जनक होता है।

और हम सब? जिस निर्धन ब्राह्मण-कुमार ने अपने जन्म के द्वारा हमें पवित्र बनाया है, कर्म के द्वारा हमें उन्नत किया है एवं वाणी के द्वारा राजजाति (अंग्रेज़ों) की भी प्रीतिदृष्टि हमारी ओर आकृष्ट की है, हम लोग उनके लिए क्या कर रहे हैं? सच है, सभी समय मधुर नहीं होता, किन्तु तो भी समयविशेष में कहना ही पड़ता है––हममें से कोई कोई समझ रहे हैं कि उनके जीवन एवं उपदेशों द्वारा हमारा लाभ हो रहा है, किन्तु बस यहीं तक। इन उपदेशों को जीवन में परिणत करने की चेष्टा भी हमसे नहीं हो सकती––फिर श्री रामकृष्ण द्वारा उत्तोलित ज्ञान-भक्ति की महातरंग में अंग-विसर्जन करना तो बहुत दूर की बात है। जिन लोगों ने इस खेल को समझा है या समझने की चेष्टा कर रहे हैं, उनसे हमारा यह कहना है कि केवल समझने से क्या होगा? समझने का प्रमाण तो प्रत्यक्ष कार्य है। केवल ज़बान से यह कह देने से कि हम समझ गये या विश्वास करते हैं, क्या दूसरे लोग भी तुम पर विश्वास करेंगे? हृदय की समस्त भावनाएँ ही फलदायिनी होती हैं; कार्य में उनको परिणत करो––संसार देख तो ले।

जो लोग अपने को महापण्डित समझकर इस निरक्षर, निर्धन, साधारण पुजारी ब्राह्मण के प्रति उपेक्षा प्रदर्शित करते हैं, उनसे हमारा यह निवेदन है कि जिस देश के एक अपढ़ पुजारी ने अपने शक्ति-बल से अत्यन्त अल्प समय में अपने पूर्वजों के सनातन धर्म की जय-घोषणा सात समुद्र पार तक समस्त जगत् में प्रतिध्वनित कर दी है, उसी देश के आप सब लोग सर्वमान्य शूरवीर महापण्डित हैं––आप लोग

---

१. भगवान् श्री रामकृष्ण देव की सम्पूर्ण उक्तियाँ 'श्री रामकृष्ण वचनामृत' के रूप में तीन भागों में श्री रामकृष्ण आश्रम, नागपुर द्वारा प्रकाशित की गयी हैं।

तो फिर इच्छा मात्र से स्वदेश एवं स्वजाति के कल्याण के लिए और भी अनेक अद्भुत कार्य कर सकते हैं। तो फिर उठिए, अपने को प्रकाश में लाइए, महाशक्ति के खेल दिखलाइए—हम सब पुष्प-चन्दन लेकर आप लोगों की पूजा करने के लिए खड़े हैं; हम तो मूर्ख, क्षुद्र, नगण्य भिक्षुक हैं; और आप सब महाराज, महाबली, महाकुलवाले तथा सर्वविद्यासम्पन्न हैं—आप सब उठिए, आगे बढ़िए, मार्ग दिखलाइए, संसार के हित के लिए सर्वस्व त्याग करिए—हम दास की तरह आपके पीछे पीछे चलेंगे। और जो लोग श्री रामकृष्ण के नाम की प्रतिष्ठा एवं प्रभाव को देखकर दास जाति की तरह ईर्ष्या एवं द्वेष के वशीभूत होकर अकारण तथा बिना किसी अपराध के वैमनस्य प्रकट कर रहे हैं, उनसे हमारा यही कहना है कि भाई, तुम्हारी ये सब चेष्टाएँ व्यर्थ हैं। यदि यह दिग्दिगन्तव्यापी महाधर्म-तरंग—जिसके शुभ्र शिखर पर इस महापुरुष की मूर्ति विराजमान है—हमारे धन, यश या प्रतिष्ठा-लाभ की चेष्टा का फल हो, तो फिर तुम्हारे या अन्य किसीके लिए कोई प्रयत्न की आवश्यकता नहीं है, महामाया के अप्रतिहत नियम के प्रभाव से शीघ्र ही यह तरंग महाजल में अनन्त काल के लिए विलीन हो जायगी ! और यदि जगदम्बा-परिचालित इस महापुरुष की निःस्वार्थ प्रेमोच्छ्वासरूपी इस तरंग ने जगत् को प्लावित करना आरम्भ कर दिया हो, तो फिर हे क्षुद्र मानव, तुम्हारी क्या हस्ती कि माता के शक्ति-संचार का रोध कर सको ?

ज्ञानार्जन

ज्ञान के आदि स्रोत के सम्बन्ध में विविध सिद्धान्त प्रतिपादित किये गये हैं। उपनिषदों में हम पढ़ते हैं कि देवताओं में प्रथम और प्रधान ब्रह्मा जी ने शिष्यों में उस ज्ञान का प्रचार किया, जो शिष्य-परम्परा द्वारा अभी तक चला आ रहा है। जैनों के मतानुसार उत्सर्पिणी एवं अवसर्पिणी कालचक्र के बीच कतिपय अलौकिक सिद्ध पुरुषों का—'जिनों' का प्रादुर्भाव होता है और उनके द्वारा मानव समाज में ज्ञान का पुनः पुनः विकास होता है। इसी प्रकार बौद्धों का भी विश्वास है कि बुद्ध नाम से अभिहित किये जानेवाले सर्वज्ञ महापुरुषों का बारम्बार आविर्भाव होता रहता है। पुराणों में वर्णित अवतारों के अवतीर्ण होने के अनेकानेक प्रयोजनों में से आध्यात्मिक प्रयोजन ही मुख्य है। भारत के बाहर, हम देखते हैं कि महामना स्पितामा ज़रथुष्ट्र मर्त्यलोक में ज्ञानालोक लाये। इसी प्रकार हज़रत मूसा, ईसा तथा मुहम्मद ने भी अलौकिक शक्तिसम्पन्न होकर मानव समाज के बीच अलौकिक रीतियों से अलौकिक ज्ञान का प्रचार किया।

केवल कुछ व्यक्ति ही 'जिन' हो सकते हैं, उनके अतिरिक्त और कोई भी 'जिन' नहीं हो सकता, बहुत से लोग केवल मुक्ति तक ही पहुँच सकते हैं। बुद्ध नामक अवस्था की प्राप्ति सभी को हो सकती है। ब्रह्मादि केवल पदवी विशेष हैं, प्रत्येक जीव इन पदों को प्राप्त कर सकता है। ज़रथुष्ट्र, मूसा, ईसा, मुहम्मद ये सभी महापुरुष थे। किसी विशेष कार्य के लिए ही इनका आविर्भाव हुआ था। पौराणिक अवतारों का आविर्भाव भी इसी प्रकार हुआ था। उस आसन की ओर जनसाधारण का लालसापूर्ण दृष्टिपात करना अनधिकार चेष्टा है।

आदम ने फल खाकर ज्ञान प्राप्त किया। 'नूह' (Noah) ने जिहोवा देव की कृपा से सामाजिक शिल्प सीखा। भारत में देवगण या सिद्ध पुरुष ही समस्त शिल्पों के अधिष्ठाता माने गये हैं; जूता सीने से लेकर चण्डी-पाठ तक प्रत्येक कार्य अलौकिक पुरुषों की कृपा से ही सम्पन्न होता है। 'गुरु बिन ज्ञान नहीं', श्री गुरुमुख से निःसृत हुए बिना, श्री गुरु की कृपा हुए बिना शिष्य-परम्परा में इस ज्ञान-बल के संचार का और कोई उपाय नहीं है।

फिर दार्शनिक—वैदान्तिक—कहते हैं, ज्ञान मनुष्य की स्वभावसिद्ध सम्पत्ति है—आत्मा की प्रकृति है; यह मानवात्मा ही अनन्त ज्ञान का आधार

है, उसे कौन सिखला सकता है? इस ज्ञान के ऊपर जो एक आवरण पड़ा हुआ है, वह सुकर्म के द्वारा केवल हट जाता है; अथवा यह 'स्वतःसिद्ध ज्ञान' अनाचार से संकुचित हो जाता है तथा ईश्वर की कृपा एवं सदाचार के द्वारा पुनः प्रसारित होता है; और यह भी लिखा है कि अष्टांग योगादि के द्वारा, ईश्वर की भक्ति के द्वारा, निष्काम कर्म के द्वारा अथवा ज्ञान-चर्चा के द्वारा अन्तर्निहित अनन्त शक्ति एवं ज्ञान का विकास होता है।

दूसरी ओर आधुनिक लोग अनन्त स्फूर्ति के आधारस्वरूप मानव-मन को देख रहे हैं। सबकी यह धारणा है कि उपयुक्त देश-काल-पात्र के अनुसार ज्ञान की स्फूर्ति होगी। फिर, पात्र की शक्ति से देश-काल की विडम्बना का अतिक्रमण किया जा सकता है। कुदेश या कुसमय में पड़ जाने पर भी योग्य व्यक्ति बाधाओं को दूर कर अपनी शक्ति का विकास कर सकता है। अब तो, पात्र के ऊपर, अधिकारी के ऊपर जो सब उत्तरदायित्व लाद दिया गया था, वह भी कम होता जा रहा है। कल की बर्बर जातियाँ भी आज अपने प्रयत्न से सभ्य एवं ज्ञानवान होती जा रही हैं—निम्न श्रेणी के लोग भी अप्रतिहत शक्ति से उच्चतम पदों पर प्रतिष्ठित हो रहे हैं। नरमांस का आहार करनेवाले माता-पिता की सन्तान भी विनयशील एवं विद्वान् हुई है। सन्थालों के वंशज भी अंग्रेजों की कृपा से अन्य भारतीय विद्यार्थियों के साथ होड़ ले रहे हैं। वंशानुगत गुणों पर प्रतिष्ठित अधिकार भी दिनोंदिन आधारहीन प्रमाणित होता जा रहा है।

एक सम्प्रदाय के लोग ऐसे हैं, जिनका विश्वास है कि प्राचीन महापुरुषों का उद्देश्य वंश-परम्परा से केवल उन्हींको प्राप्त हुआ है, एवं सब विषयों के ज्ञान का एक निर्दिष्ट भांडार अनन्त काल से विद्यमान है और वह भांडार उनके पूर्वजों के ही अधिकार में था। अतः वे ही उसके उत्तराधिकारी हैं, जगत् के पूज्य हैं। यदि इन लोगों से पूछा जाय कि जिनके ऐसे पूर्वज नहीं हैं, उनके लिए क्या उपाय है?—तो उत्तर मिलता है, 'कुछ भी नहीं।' पर इनमें से जो अपेक्षाकृत दयालु हैं, वे उत्तर देते हैं—"हमारी चरण-सेवा करो, उस सुकृत के फलस्वरूप अगले जन्म में हमारे वंश में जन्म ग्रहण करोगे।" और इन लोगों से यदि यह कहा जाय, 'आधुनिक काल में जो अनेक आविष्कार हो रहे हैं, उन्हें तो तुम लोग नहीं जानते हो और न कोई ऐसा प्रमाण ही मिलता है कि तुम्हारे पूर्वजों को ये सब ज्ञात थे', तो वे कह उठते हैं, "हमारे पूर्वजों को ये सब ज्ञात थे, पर अब इनका लोप हो गया है। यदि इसका प्रमाण चाहिए, तो अमुक अमुक श्लोक देखो।"

यह कहने की जरूरत नहीं कि प्रत्यक्षवादी आधुनिक लोग इन सब बातों पर विश्वास नहीं करते।

अपरा एवं परा विद्या में विभेद अवश्य है, आधिभौतिक एवं आध्यात्मिक ज्ञान में विभिन्नता अवश्य है; यह हो सकता है कि एक का पथ दूसरे का न हो सके, एक उपाय के अवलम्बन से सब प्रकार के ज्ञान-राज्य का द्वार न खुल सके, किन्तु वह अन्तर केवल उच्चता के तारतम्य में है, केवल अवस्थाओं के भेद में है। उपायों के अनुसार ही लक्ष्य-प्राप्ति होती है। वास्तव में वही एक अखण्ड ज्ञान समस्त ब्रह्माण्ड में परिव्याप्त है।

इस प्रकार स्थिर सिद्धान्त हो जाने पर कि 'ज्ञान मात्र पर केवल कुछ विशेष पुरुषों का ही अधिकार है तथा ये सब विशेष पुरुष ईश्वर या प्रकृति या कर्म से निर्दिष्ट होकर यथासमय जन्म ग्रहण करते हैं, और इसके अतिरिक्त किसी भी विषय में ज्ञान-लाभ करने का और कोई उपाय नहीं है', समाज से उद्योग तथा उत्साह आदि का लोप हो जाता है, आलोचना के अभाव के कारण उद्भावना शक्ति का क्रमशः नाश हो जाता है तथा नूतन वस्तु की जानकारी में फिर किसीको उत्सुकता नहीं रह जाती, और यदि होने का उपाय भी हो, तो समाज उसे रोककर धीरे धीरे नष्ट कर देता है। यदि यही सिद्धान्त स्थिर हुआ कि सर्वज्ञ व्यक्ति विशेष के द्वारा ही अनन्त काल के लिए मानव के कल्याण का पथ निर्दिष्ट हुआ है, तो ऐसा होने से समाज, उन सब निर्देशों में तिल मात्र भी व्यतिक्रम होने पर सर्वनाश की आशंका से, कठोर शासन के द्वारा मनुष्यों को उस नियत मार्ग पर ले जाने की चेष्टा करता है। यदि समाज इसमें सफल हुआ, तो परिणामस्वरूप मनुष्य यन्त्रवत् बन जाता है। जीवन का प्रत्येक कार्य यदि पहले से निर्दिष्ट हुआ हो, तो फिर विचार-शक्ति की विशद आलोचना का प्रयोजन ही क्या? उद्भावना-शक्ति का प्रयोग न होने पर धीरे धीरे उसका लोप हो जाता है एवं तमोगुणपूर्ण जड़ता समाज को आ घेरती है, और वह समाज धीरे धीरे अवनत होने लगता है।

दूसरी ओर, सर्वप्रकार से निर्देशविहीन होने पर यदि कल्याण होना सम्भव होता, तो फिर सभ्यता एवं संस्कृति चीन, हिन्दू, मिस्र, बेबिलोन, ईरान, ग्रीस, रोम एवं अन्य महान् देशों के निवासियों को त्यागकर जुलू, हब्शी, हटेन्टॉट, सन्थाल, अन्दमान तथा आस्ट्रेलियानिवासी जातियों का ही आश्रय ग्रहण करतीं।

अतएव महापुरुषों द्वारा निर्दिष्ट पथ का भी गौरव है, गुरु-परम्परागत ज्ञान का भी एक विशेष प्रयोजन है, और यह भी एक चिरन्तन सत्य है कि ज्ञान में सर्व-अन्तर्यामित्व है। किन्तु ऐसा प्रतीत होता है कि प्रेम के उच्छ्वास में अपने को भूलकर भक्तगण उन महापुरुषों के उद्देश्य को न अपनाकर उनकी उपासना को एक मात्र ध्येय समझने लगते हैं; तथा स्वयं हतश्री हो जाने पर मनुष्य स्वाभाविक-

तथा पूर्वजों के ऐश्वर्य-स्मरण में ही समय बिताता है—यह भी एक प्रत्यक्ष प्रमाणित बात है। भक्तिपूर्ण हृदय सम्पूर्णतया पूर्व पुरुषों के चरणों पर आत्मसमर्पण कर स्वयं दुर्बल बन जाता है, और यही दुर्बलता फिर आगे चलकर शक्तिहीन गर्वित हृदय को पूर्वजों की गौरव-गाथा को ही जीवन का आधार बना लेने की शिक्षा देती है।

पूर्ववर्ती महापुरुषों को सभी विषयों का ज्ञान था, और समय के फेर से उस ज्ञान का अधिकांश अब लुप्त हो गया है—यह बात सत्य होने पर भी, यही सिद्धान्त निकलेगा कि उसके लोप होने के कारणस्वरूप आज के तुम लोगों के पास उस विलुप्त ज्ञान का होना या न होना एक सी ही बात है; और यदि तुम उसे पुनः सीखना चाहते हो, तो तुम्हें फिर से नया प्रयत्न करना होगा, फिर से परिश्रम करना होगा।

आध्यात्मिक ज्ञान, जो विशुद्ध हृदय में अपने आप ही स्फुरित होता है, वह भी चित्तशुद्धि-रूप बहु प्रयास एवं परिश्रमसाध्य है। आधिभौतिक ज्ञान के क्षेत्र में भी जो सब महान् सत्य मानव-हृदय में परिस्फुरित हुए हैं, अनुसन्धान करने पर पता चलता है कि वे सब सहसा उद्भूत दीप्ति की भाँति मनीषियों के मन में उदित हुए हैं, जंगली असभ्य मनुष्यों के मन में नहीं। इसीसे यह सिद्ध हो जाता है कि आलोचना, विद्या-चर्चा एवं मनन-रूप कठोर तपस्या ही उसका कारण है।

अलौकिकत्व-रूप जो सब अद्भुत विकास है, चिरोपार्जित लौकिक चेष्टा ही उसका कारण है; लौकिक और अलौकिक में भेद केवल प्रकाश के तारतम्य में है।

महापुरुषत्व, ऋषित्व, अवतारत्व या लौकिक विद्या में शूरत्व सभी जीवों में विद्यमान है। उपयुक्त गवेषणा एवं समयानुकूल परिस्थिति के प्रभाव से यह पूर्णता प्रकट हो जाती है। जिस समाज में इस प्रकार के पुरुषसिंहों का एक बार आविर्भाव हो गया है, वहाँ पुनः मनीषियों का अभ्युत्थान अधिक सम्भव है। जो समाज गुरु द्वारा प्रेरित है, वह अधिक वेग से उन्नति के पथ पर अग्रसर होता है, इसमें कोई सन्देह नहीं; किन्तु जो समाज गुरुविहीन है, उसमें भी समय की गति के साथ गुरु का उदय तथा ज्ञान का विकास होना उतना ही निश्चित है।[1]

---

१. 'ज्ञानार्जन' का मूल बंगला है। स०

पेरिस प्रदर्शनी[1]

कई दिन तक पेरिस प्रदर्शनी में 'काँग्रे दे लिस्तोयार दि रिलिजिओं' अर्थात् धर्मेतिहास नामक सभा का अधिवेशन हुआ। उस सभा में अध्यात्म विषयक एवं मतामत सम्बन्धी किसी भी प्रकार की चर्चा के लिए स्थान न था; केवल विभिन्न धर्मों का इतिहास अर्थात् उनके अंगों का तथ्यानुसन्धान ही उसका उद्देश्य था। अतः इस सभा में विभिन्न धर्मप्रचारक सम्प्रदायों के प्रतिनिधियों का पूर्ण अभाव था। शिकागो महासभा एक विराट् चीज़ थी। अतः उस सभा में विभिन्न देशों की धर्मप्रचारक-मण्डलियों के प्रतिनिधि उपस्थित थे, पर पेरिस की इस सभा में केवल वे ही पण्डित आये थे, जो भिन्न भिन्न धर्मों की उत्पपत्ति के विषय में आलोचना किया करते हैं। शिकागो धर्म-महासभा में रोमन कैथोलिकों का प्रभाव विशेष था और उन्होंने अपने सम्प्रदाय की प्रतिष्ठा के लिए बड़ी आशा से उसका संचालन किया था। उन्हें आशा थी कि वे बिना विशेष विरोध का सामना किये ही प्रोस्टेटेण्टों पर अपना प्रभाव एवं अधिकार जमा लेंगे। उसी प्रकार समग्र ईसाई जगत्—हिन्दू, बौद्ध, मुसलमान तथा संसार के अन्य धर्म-प्रतिनिधियों के समक्ष अपनी गौरव-घोषणा कर और सर्वसाधारण के सम्मुख अन्य सब धर्मों की बुराइयाँ दर्शाकर उन्होंने अपने सम्प्रदाय को सुदृढ़ रूप से प्रतिष्ठित करने का निश्चय किया था। पर परिणाम कुछ और हो हो जाने के कारण ईसाई जगत् सर्वधर्मसमन्वय के सम्बन्ध में बिल्कुल हताश हो गया है। इसलिए रोमन कैथोलिक अब दुबारा इस प्रकार की धर्मसभा दुहराने के विशेष विरोधी हैं। फ़्रांस देश कैथोलिक-प्रधान है, अतः यद्यपि अधिकारियों की यथेष्ट इच्छा थी कि यह सभा धर्मसभा हो, पर समग्र कैथोलिक जगत् के विरोध के कारण यह धर्मसभा न हो सकी।

जिस प्रकार समय समय पर कांग्रेस ऑफ़ ओरियेण्टलिस्ट अर्थात् संस्कृत, पाली और अरबी इत्यादि भाषाविज्ञ विद्वानों की सभा हुआ करती है, वैसी ही पेरिस की यह धर्मसभा भी थी, इसमें केवल ईसाई धर्म का पुरातत्त्व और जोड़ दिया गया था।

---

१. पेरिस प्रदर्शनी में अपने भाषण का विवरण स्वामी जी ने स्वयं बंगला में लिखकर 'उद्बोधन' पत्र के लिए भेजा था। स०

जम्बूद्वीप से केवल दो-तीन जापानी पण्डित आये थे। भारत से स्वामी विवेकानन्द उपस्थित थे।

अनेक पाश्चात्य संस्कृतज्ञों का यही मत है कि वैदिक धर्म की उत्पत्ति अग्नि-सूर्यादि प्राकृतिक आश्चर्यजनक जड़ वस्तुओं की उपासना से हुई है।

उक्त मत का खंडन करने के लिए स्वामी विवेकानन्द पेरिस धर्मेतिहास-सभा द्वारा निमन्त्रित हुए थे और उन्होंने उक्त विषय पर एक लेख पढ़ने के लिए अपनी सम्मति दी थी। किन्तु अत्यधिक शारीरिक अस्वस्थता के कारण वे लेख नहीं लिख सके थे; किसी प्रकार सभा में वे उपस्थित मात्र हो गये थे। स्वामी जी के वहाँ पर पदार्पण करते ही यूरोप के समस्त संस्कृतज्ञ पण्डितों ने उनका सादर प्रेम-पूर्वक स्वागत किया। इस भेंट के पहले ही वे लोग स्वामी जी द्वारा रचित पुस्तकों को पढ़ चुके थे।

उस समय उक्त सभा में ओपर्ट नामक एक जर्मन पण्डित ने शालग्राम-शिला की उत्पत्ति के विषय में एक लेख पढ़ा था। उसमें उन्होंने शालग्राम की उत्पत्ति 'योनि' चिह्न के रूप में निर्धारित की थी। उनके मतानुसार शिवलिंग पुरुष-लिंग का चिह्न है एवं उसी प्रकार शालग्राम शिला स्त्री-लिंग का प्रतीक है; शिवलिंग एवं शालग्राम दोनों ही लिंग-योनि पूजा के अंग हैं।

स्वामी विवेकानन्द ने उपर्युक्त दोनों मतों का खण्डन किया और कहा कि यद्यपि शिवलिंग को नरलिंग कहने का अविवेकपूर्ण मत प्रचलित है, किन्तु शालग्राम के सम्बन्ध में यह नवीन मत तो नितान्त आकस्मिक एवं आश्चर्यजनक है।

स्वामी जी ने कहा कि शिवलिंग-पूजा की उत्पत्ति अथर्ववेद संहिता के 'यूप-स्तम्भ' के प्रसिद्ध स्तोत्र से हुई है। उस स्तोत्र में अनादि अनन्त स्तम्भ का अथवा स्कम्भ का वर्णन है; एवं यह स्कम्भ ही ब्रह्म है—ऐसा प्रतिपादित किया गया है। जिस प्रकार यज्ञ की अग्नि, शिखा, धूम, भस्म, सोमलता एवं यज्ञ-काष्ठ के वाहक वृष की परिणति महादेव की पिंगल जटा, नीलकंठ, अंगकान्ति एवं वाहनादि में हुई है, उसी प्रकार यूपस्कम्भ भी श्री शंकर में लीन होकर महिमान्वित हुआ है।

अथर्ववेद संहिता में उसी प्रकार यज्ञ का उच्छिष्ट भी ब्रह्मत्व की महिमा के रूप में प्रतिपादित हुआ है।

लिंगादि पुराण में उक्त स्तोत्र का ही कथानक के रूप में वर्णन करके महास्तम्भ की महिमा एवं श्री शंकर के प्राधान्य की व्याख्या की गयी है।

फिर, एक और बात भी विचारणीय है। बौद्ध लोग श्री बुद्ध की स्मृति में स्मारक-स्तूपों का निर्माण किया करते थे, और जो लोग निर्धन होने के कारण बड़े बड़े स्मारक-स्तूपों का निर्माण नहीं कर सकते थे, वे स्तूप की एक छोटी सी प्रतिमा

भेंट करके श्री बुद्ध के प्रति अपनी श्रद्धा प्रदर्शित किया करते थे। इस प्रकार के उदाहरण आज भी काशी के मन्दिरों एवं भारत के अन्य तीर्थस्थानों में दीख पड़ते हैं, जहाँ पर लोग बड़े बड़े मन्दिरों का निर्माण करने में असमर्थ होकर मन्दिर की एक छोटी सी प्रतिमा ही निवेदित किया करते हैं। अतः, यह बिल्कुल सम्भव है कि बौद्धों के प्रादुर्भाव काल में धनवान हिन्दू लोग बौद्धों के समान उनके स्कम्भ की आकृतिवाला स्मारक निर्मित किया करते थे एवं निर्धन लोग अर्थाभाव के कारण छोटे पैमाने पर उनका अनुकरण करते थे; और फिर बाद में निर्धनों द्वारा भेंट की गयी वे छोटी छोटी प्रतिमाएँ उस स्कम्भ में अर्पित कर दी गयीं।

बौद्ध-स्तूप का दूसरा नाम धातुगर्भ है। स्तूप के बीच शिलाखण्ड में प्रसिद्ध बौद्ध भिक्षुओं की भस्मादि वस्तुएँ सुरक्षित रखी जाती थीं। उन वस्तुओं के साथ स्वर्ण इत्यादि अन्य धातुएँ भी रखी जाती थीं। शालग्राम-शिला उक्त अस्थि एवं भस्मादिरक्षक शिला का प्राकृतिक प्रतिरूप है। इस प्रकार, पहले बौद्धों द्वारा पूजित होकर, बौद्ध धर्म के अन्य अंगों की तरह वैष्णव सम्प्रदाय में इसका प्रवेश हुआ। नर्मदा नदी के किनारे तथा नेपाल में बौद्धों का प्रभाव दीर्घ काल तक स्थायी था। यहाँ यह बात भी विशेष ध्यान देने योग्य है कि प्राकृतिक नर्मदेश्वर शिवलिंग एवं नेपाल के शालग्राम ही विशेष रूप से पूज्य हैं।

शालग्राम के विषय में यौन-व्याख्या एक अत्यन्त अनहोनी बात है तथा पहले ही अप्रासंगिक है। शिवलिंग के बारे में यौन-व्याख्या अति आधुनिक है तथा उसकी उत्पत्ति भारत में उक्त बौद्ध सम्प्रदाय की घोर अवनति के समय ही हुई। उस समय के समस्त घृणास्पद बौद्धतन्त्र अब भी नेपाल और तिब्बत में बहुत प्रचलित हैं।

एक दूसरा भाषण स्वामी जी ने भारतीय धर्म के विस्तार के विषय में दिया। उसमें स्वामी जी ने यह बतलाया कि भारतखण्ड में बौद्ध इत्यादि जो विभिन्न धर्म हुए, उन सबकी उत्पत्ति वेद में ही है। समस्त धर्ममतों का बीज उसीमें निहित है। उन सब बीजों को प्रस्फुटित तथा विस्तृत करके बौद्ध इत्यादि धर्मों की सृष्टि हुई है। आधुनिक हिन्दू धर्म भी उन बीजों का ही विस्तार है,—और वे समाज के विस्तार या संकोच के साथ विस्तृत अथवा कहीं कहीं अपेक्षाकृत संकुचित होकर विद्यमान हैं। उसके बाद स्वामी जी ने बुद्धदेव से पहले श्री कृष्ण के आविर्भाव के सम्बन्ध में कुछ कहकर पाश्चात्य पण्डितों को यह बतलाया कि जिस प्रकार विष्णु-पुराण में वर्णित राजकुलों का इतिहास क्रमशः पुरातत्त्व के उद्घाटनों के साथ साथ प्रमाणित हो रहा है, उसी प्रकार भारत की समस्त कथाएँ भी सत्य हैं। उन्होंने यह कहा कि वे वृथा कल्पनापूर्ण लेख लिखने की अपेक्षा उन कथाओं का रहस्य

जानने की चेष्टा करें। पण्डित मैक्स मूलर ने एक पुस्तक में लिखा है कि कितना ही पारस्परिक सादृश्य क्यों न हो, पर जब तक यह प्रमाण नहीं मिलता कि कोई ग्रीक संस्कृत भाषा जानता था, तब तक यह सिद्ध नहीं होगा कि भारत की सहायता प्राचीन ग्रीस (यूनान देश) को मिली थी। किन्तु कतिपय पाश्चात्य विद्वान् भारतीय ज्योतिषशास्त्र के कई पारिभाषिक शब्दों के साथ ग्रीक ज्योतिष के शब्दों का सादृश्य देखकर एवं यह जानकर कि यूनानियों ने भारत में एक छोटा सा राज्य स्थापित किया था, कहते हैं कि भारत को साहित्य, ज्योतिष, गणित आदि समस्त विद्याओं में यूनानियों की सहायता प्राप्त हुई है। और केवल यही नहीं, एक साहसी लेखक ने तो यहाँ तक लिखा है कि समस्त भारतीय विद्या यूनानी विद्या का ही प्रतिबिम्ब है!

म्लेच्छा वै यवनास्तेषु एषा विद्या प्रतिष्ठिता।
ऋषिवत् तेऽपि पूज्यन्ते ॥[1]

इस एक श्लोक पर पाश्चात्य विद्वानों ने कितनी ही कल्पनाएँ की हैं! पर इस श्लोक से यह किस प्रकार सिद्ध हुआ कि आर्यों ने म्लेच्छों के निकट शिक्षा प्राप्त की थी? यह भी कहा जा सकता है कि उक्त श्लोक में आर्य आचार्यों के म्लेच्छ शिष्यों को उत्साहित करने के लिए विद्या के प्रति समादर प्रदर्शित किया गया है।

द्वितीयतः, **गृहे चेत् मधु विन्देत, किमर्थं पर्वतं व्रजेत्।**[2] आर्यों की प्रत्येक विद्या का बीज वेद में विद्यमान है एवं उक्त किसी भी विद्या की प्रत्येक संज्ञा वेद से आरम्भ करके वर्तमान समय के ग्रन्थों में भी दिखायी जा सकती है। फिर इस अप्रासंगिक यूनानी आधिपत्य की क्या आवश्यकता है?

तृतीयतः, आर्य ज्योतिष का प्रत्येक ग्रीक सदृश शब्द संस्कृत से सहज में ही व्युत्पन्न होता है, प्रत्यक्ष विद्यमान सहज व्युत्पत्ति को छोड़कर यूनानी व्युत्पत्ति को ग्रहण करने का पाश्चात्य पण्डितों को क्या अधिकार है, यह स्वामी जी नहीं समझ सके।

इसी प्रकार कालिदास इत्यादि कवियों के नाटकों में 'यवनिका' शब्द का उल्लेख देखकर, यदि उस समय के समस्त काव्य-नाटकों पर यूनानियों का प्रभाव

---

१. यवन या म्लेच्छ लोगों में यह विद्या प्रतिष्ठित है; अतः वे भी ऋषिवत् पूज्य हैं।

२. यदि घर में ही मधु मिल जाय, तो पहाड़ में जाने की क्या आवश्यकता?

सिद्ध कर दिया जाय, तो फिर सर्वप्रथम विचारणीय बात यह है कि आर्य नाटक ग्रीक नाटकों के सदृश हैं या नहीं। जिन्होंने दोनों भाषाओं में नाटक-रचना-प्रणाली की आलोचना की है, वे केवल यही कहेंगे कि उस प्रकार का सादृश्य केवल नाटककार के कल्पना-जगत् मात्र में ही है, वास्तविक जगत् में उसका किसी भी काल में अस्तित्व नहीं है। वह ग्रीक कोरस कहाँ है? वह ग्रीक यवनिका नाट्यमंच के एक तरफ़ है, पर आर्य नाटक में ठीक उसकी विपरीत दिशा में। उनकी रचना-प्रणाली एक प्रकार की है, आर्य नाटकों की दूसरे प्रकार की।

आर्य नाटकों का ग्रीक नाटकों के साथ सादृश्य बिल्कुल है ही नहीं। हाँ, शेक्सपियर के नाटकों के साथ उनका सामंजस्य कहीं अधिक है।

अतएव एक सिद्धान्त इस प्रकार का भी हो सकता है कि शेक्सपियर सब विषयों में कालिदास इत्यादि कवियों के निकट ऋणी हैं एवं समस्त पाश्चात्य साहित्य भारतीय साहित्य की छाया मात्र है।

अन्त में पण्डित मैक्स मूलर की आपत्ति का प्रयोग उलटे उन्हीं पर करके यह भी कहा जा सकता है कि जब तक यह सिद्ध नहीं होता कि किसी भी हिन्दू ने किसी भी काल में ग्रीक भाषा का ज्ञान प्राप्त किया था, तब तक भारत पर ग्रीक के प्रभाव की चर्चा करना भी उचित नहीं है।

उसी तरह आर्य शिल्पकला में भी ग्रीक प्रभाव दिखलाना भ्रम है।

स्वामी जी ने यह भी कहा कि श्री कृष्ण की आराधना बुद्ध की अपेक्षा अधिक प्राचीन है और यदि गीता महाभारत का समकालीन ग्रन्थ नहीं है, तो उसकी अपेक्षा निश्चय ही बहुत प्राचीन है—उससे नवीन नहीं। गीता एवं महाभारत की भाषा एक समान है। गीता में जिन विशेषणों का प्रयोग अध्यात्म विषय में हुआ है, उनमें से अनेक वनादि पर्व में वैषयिक सम्बन्ध में प्रयुक्त हुए हैं। स्पष्ट है कि इन सब शब्दों का प्रचार अत्यधिक रहा होगा। फिर, समस्त महाभारत तथा गीता का मत एक ही है; और जब गीता ने उस समय के सभी सम्प्रदायों की आलोचना की है, तो फिर केवल बौद्धों का ही उल्लेख क्यों नहीं किया?

बुद्ध के उपरान्त, विशेष प्रयत्न करके भी बौद्धों का उल्लेख किसी भी ग्रन्थ में से हटाया नहीं जा सका। कहानी, इतिहास, कथा अथवा व्यंगों में कहीं न कहीं बौद्ध मत का या बुद्ध का उल्लेख प्रत्यक्ष या अप्रत्यक्ष रूप में अवश्य ही हुआ है,—गीता में क्या कोई ऐसा वर्णन दिखला सकता है? फिर, गीता एक धर्मसमन्वय ग्रन्थ है, इसमें किसी भी सम्प्रदाय का अनादर नहीं है; तो फिर उस ग्रन्थकार के आदरपूर्ण शब्दों से एक बौद्ध मत ही क्यों वंचित रहा—इसका कारण समझाने की ज़िम्मेदारी किस पर है?

गीता में किसीके भी प्रति उपेक्षा नहीं है। भय ?—इसका भी नितान्त अभाव है। जो भगवान् वेद-प्रचारक होकर भी वैदिक हठकारिता पर कठिन भाषा का प्रयोग करने में नहीं हिचकिचाये, उनका बौद्ध मत से डरने का क्या कारण हो सकता है ?

पाश्चात्य पण्डित जिस प्रकार ग्रीक भाषा के एक एक ग्रन्थ पर अपना समस्त जीवन व्यतीत कर देते हैं, उसी प्रकार किसी प्राचीन संस्कृत ग्रन्थ पर तो भला अपना जीवन उत्सर्ग करें; संसार में बहुत प्रकाश हो जायगा। विशेषतः, यह महाभारत भारतीय इतिहास का अमूल्य ग्रन्थ है। यह अतिशयोक्ति नहीं है कि अभी तक इस सर्वप्रधान ग्रन्थ का पाश्चात्य संसार में अच्छी तरह से अध्ययन ही नहीं किया गया।

स्वामी जी के इस भाषण के बाद बहुत से व्यक्तियों ने अपनी अपनी राय प्रकट की। बहुत से लोगों ने कहा कि स्वामी जी जो कह रहे हैं, उसका अधिकांश हमारी राय से मिलता है और हम स्वामी जी से यह कहते हैं कि संस्कृत पुरातत्त्व का अब वह समय नहीं रह गया। आधुनिक संस्कृतज्ञ सम्प्रदाय के लोगों की राय अधिकांश स्वामी जी के सदृश ही है तथा भारत की कथाओं एवं पुराणादि में भी सच्चा इतिहास है, इस पर भी हम विश्वास करते हैं।

अन्त में वृद्ध सभापति महोदय ने अन्य सब विषयों का अनुमोदन करते हुए केवल गीता और महाभारत के समकालीन होने में अपना विरोध प्रकट किया। किन्तु उन्होंने प्रमाण केवल इतना ही दिया कि अधिकांश पाश्चात्य विद्वानों के मतानुसार गीता महाभारत का अंग नहीं है।

इस अधिवेशन की लिपि-पुस्तक में उक्त भाषण का सारांश फ़्रेंच भाषा में मुद्रित होगा।

बंगला भाषा[1]

हमारे देश में प्राचीन काल से सभी विद्याओं के संस्कृत में ही विद्यमान रहने के कारण, विद्वानों तथा सर्वसाधारण के बीच एक अगाध समुद्र सा बना रहा है। बुद्ध के समय से लेकर श्री चैतन्य एवं श्री रामकृष्ण तक जो जो महापुरुष लोक-कल्याण के लिए अवतीर्ण हुए, उन सबने सर्वसाधारण की भाषा में जनता को उपदेश दिया है। पाण्डित्य अवश्य उत्तम है, परन्तु क्या पाण्डित्य का प्रदर्शन जटिल, अप्राकृतिक तथा कल्पित भाषा को छोड़ और किसी भाषा में नहीं हो सकता? बोलचाल की भाषा में क्या कलात्मक निपुणता नहीं प्रदर्शित की जा सकती? स्वाभाविक भाषा को छोड़कर एक अस्वाभाविक भाषा को तैयार करने से क्या लाभ? घर में जिस भाषा में हम बातचीत करते हैं, उसीमें मन ही मन समस्त पाण्डित्य की गवेषणा भी करते हैं; तो फिर लिखने के समय ही हम जटिल भाषा का प्रयोग क्यों करने लगते हैं? जिस भाषा में तुम अपने मन में दर्शन या विज्ञान के बारे में सोचते हो, आपस में कथा-वार्ता करते हो, उसी भाषा में क्या दर्शन या विज्ञान नहीं लिखा जा सकता! यदि कहो, नहीं, तो फिर उस भाषा में तुम अपने मन में अथवा कुछ व्यक्तियों के साथ उन सब तत्त्वों पर विचार-परामर्श किस प्रकार करते हो? स्वाभाविक तौर पर जिस भाषा में हम अपने मन के विचारों को प्रकट करते हैं, जिस भाषा में हम अपना क्रोध, दुःख एवं प्रेम इत्यादि प्रदर्शित करते हैं, उससे अधिक उपयुक्त भाषा और कौन हो सकती है! अतः हमें उसी भाव को, उसी शैली को बनाये रखना होगा। उस भाषा में जितनी शक्ति है, थोड़े से शब्दों में उसमें जिस प्रकार अनेक विचार प्रकट हो सकते हैं तथा उसे जैसे चाहो, घुमाया-फिराया जा सकता है, वैसे गुण किसी कृत्रिम भाषा में कदापि नहीं आ सकते। भाषा को ऐसी बनाना होगा—मानो शुद्ध इसपात, उसे जैसा चाहो मरोड़ लो, पर फिर से जैसे का तैसा; कहो तो एक चोट में ही पत्थर काट दे, लेकिन दाँत न टूटें। हमारी भाषा संस्कृत के समान बड़े बड़े निरर्थक शब्दों का प्रयोग करते करते तथा उसके आडम्बर की—और

---

१. श्री रामकृष्ण मठ द्वारा संचालित 'उद्‌बोधन' पत्र के सम्पादक को स्वामी जी द्वारा २० फ़रवरी, १९०० ई० को लिखे गये बंगला पत्र का अनुवाद। स०

केवल उसके इसी एक पहलू की—नक़ल करते करते अस्वाभाविक होती जा रही है। भाषा ही तो जाति की उन्नति का प्रधान लक्षण एवं उपाय है।

यदि यह कहो कि यह बात ठीक है, पर बंग देश में तो जगह जगह पर भाषा में बहुत हेर-फेर है, अतः कौन सी भाषा ग्रहण करनी चाहिए?—तो इसका उत्तर यह है कि प्राकृतिक नियमानुसार जो भाषा शक्तिशाली है तथा जिसका अधिक प्रचार है, उसीको अपनाना होगा। उदाहरणार्थ, कलकत्ते की ही भाषा को ले लो। पूर्व, पश्चिम किसी भी जगह से कोई आकर कलकत्ते के वातावरण में रहे, तो देखोगे कि कुछ ही दिनों में वह कलकत्ते की भाषा बोलने लगेगा। अतएव प्रकृति स्वयं ही यह दिखला देती है कि कौन सी भाषा लिखनी होगी। रेल तथा यातायात की जितनी अधिक सुविधा होगी, उतना ही पूर्व-पश्चिम का भेद दूर हो जायगा तथा चिटगाँव से लेकर वैद्यनाथ तक सभी लोग कलकत्ते की भाषा का प्रयोग करने लगेंगे। यह न देखो कि किस ज़िले की भाषा संस्कृत के अधिक निकट है, वरन् यह देखो कि कौन सी भाषा अधिक प्रचलित हो रही है। जब यह स्पष्ट है कि कलकत्ते की भाषा ही थोड़े दिनों में समस्त बंगाल की भाषा बन जायगी, तो फिर यदि पुस्तकों की और घरेलू बोलचाल की भाषा को एक बनाना हो, तो ऐसी दशा में समझदार व्यक्ति निश्चय ही कलकत्ते की भाषा को आधार-स्वरूप मानकर ग्रहण करेगा। यहाँ पर ग्राम्यगत ईर्ष्या-प्रतिद्वन्द्विता आदि को भी सदा के लिए नष्ट कर देना होगा। पूरे देश के कल्याण के लिए तुम्हें अपने गाँव अथवा ज़िले की प्रधानता को भूल जाना होगा।

भाषा विचारों की वाहक है। भाव ही प्रधान है, भाषा गौण है। हीरे और मोती से सुसज्जित घोड़े पर एक बन्दर को बैठाना क्या शोभा देता है? संस्कृत की ओर देखो। ब्राह्मणों की संस्कृत देखो, शबरस्वामी का मीमांसा-भाष्य देखो, पतंजलि का महाभाष्य देखो, फिर शंकर का मायाभाष्य देखो, और दूसरी ओर आधुनिक काल की सस्कृत देखो।—इसीसे तुम समझ सकोगे कि मनुष्य जब जीवित रहता है, तब उसकी भाषा भी जीवनप्रद होती है, और जब वह मृत्यु की ओर अग्रसर होता है, तब उसकी भाषा भी प्राणहीन होती जाती है। मृत्यु जितनी समीप आती है, नूतन विचार-शक्ति का जितना क्षय होता है, उतनी ही, दो-एक सड़े भावों को फूलों के ढेर तथा चन्दनों से लादकर सुन्दर बनाने की चेष्टा की जाती है। बाप रे बाप, कैसी धूम है! दस पृष्ठ लम्बे लम्बे विशेषणों के बाद फिर कहीं आता है—**राजा आसीत**! कैसे विकट विशेषणों की भरमार है! कैसा अद्भुत बहादुर समास! कैसा सुन्दर श्लेष!—यह भी किसी भाषा में भाषा है? ये तो सब मृत भाषा के लक्षण हैं। ज्यों ही देश की

अवनति आरम्भ हुई कि ये सब चिह्न उदित हो गये, और ये केवल भाषा में ही नहीं, वरन् समस्त शिल्प-कलाओं में भी प्रकट हो गये। मकान बनाया गया—उसमें न कुछ ढंग था, न रूप-रंग; केवल खम्भों को कुरेद कुरेदकर नष्ट कर दिया गया। और गहना क्या पहनाया, सारे शरीर को छेद छेदकर एक अच्छी खासी ब्रह्मराक्षसी बना डाली, और इधर देखो, तो गहनों में नक्क़ाशी बेल-बूटों की भरमार का पूछना ही क्या!! गाना हो रहा है या रोना या झगड़ा—गाने में भाव क्या है, उद्देश्य क्या है—यह तो साक्षात् वीणापाणि भी शायद न समझ सकें; और फिर उस गाने में आलापों की भरमार का तो पूछना ही क्या! ओफ़! और वे चिल्लाते भी कैसे हैं—मानो कोई शरीर से अँतडियाँ खींच ले रहा हो! फिर उसके ऊपर मुसलमान उस्तादों की नक़ल करने का—उन्हींके समान दाँत पर दाँत चढ़ाकर नाक से आवाज़ निकालने का—भूत भी समाया हुआ है! आजकल इन सब बातों को सुधारने के उपक्रम दीख पड़ रहे हैं। अब लोग धीरे धीरे समझेंगे कि वह भाषा, वह शिल्प तथा वह संगीत, जो भावहीन है, प्राणहीन है, किसी भी काम का नहीं। अब लोग समझेंगे कि जातीय जीवन में ज्यों ज्यों स्फूर्ति आती जायगी, त्यों त्यों भाषा, शिल्प, संगीत इत्यादि आप ही आप भावमय एवं प्राणपूर्ण होते जायँगे; प्रचलित दो शब्दों से जितनी भावराशि प्रकट होगी, वह दो हज़ार छँटे हुए विशेषणों में भी न मिलेगी। तब देवता की मूर्ति को देखने से ही भक्तिभाव का उद्रेक होगा, आभूषणों से सज्जित नारियों को देखते ही देवी का बोध होगा एवं घर-द्वार-सम्पत्ति सभी कुछ प्राण-स्पन्दन से डगमग करने लगेंगी।

रचनानुवाद : पद्य–२

संन्यासी का गीत[1]

छेड़ो हे वह गान, अनंतोद्भव अबन्ध वह गान,
विश्व-ताप से शून्य गह्वरों में गिरि के अम्लान
निभृत अरण्य प्रदेशों में जिसका शुचि जन्मस्थान,
जिनकी शांति न कनक काम-यश-लिप्सा का निःश्वास
भंग कर सका, जहाँ प्रवाहित सत् चित् की अविलास
स्रोतस्विनी, उमड़ता जिसमें वह आनन्द अयास,
गाओ, बढ़ वह गान, वीर संन्यासी, गूँजे व्योम,
ओम् तत्सत् ओम् !

तोड़ो सब शृंखला, उन्हें निज जीवन-बन्धन जान,
हों उज्ज्वल कांचन के अथवा क्षुद्र धातु के म्लान,
प्रेम-घृणा, सद्-असद्, सभी ये द्वन्द्वों के संधान !
दास सदा ही दास, समादृत वा ताड़ित—परतंत्र,
स्वर्ण निगड होने से क्या वे सुदृढ़ न बंधन-यंत्र ?
अतः उन्हें संन्यासी तोड़ो, छिन्न करो, गा यह मंत्र,
ओम् तत्सत् ओम् !

अंधकार हो दूर, ज्योति-छल जल-बुझ बारंबार,
दृष्टि भ्रमित करता, तह पर तह मोह तमस् विस्तार !
मिटे अजस्र तृषा जीवन की, जो आवागम द्वार,
जन्म-मृत्यु के बीच खींचती आत्मा को अनजान,
विश्वजयी वह आत्मजयी जो, मानो इसे प्रमाण,
अविचल अतः रहो संन्यासी, गाओ निर्भय गान,
ओम् तत्सत् ओम् !

'बोओगे पाओगे,' निश्चित कारण-कार्य-विधान !
कहते, 'शुभ का शुभ औ' अशुभ अशुभ का फल,' धीमान्
दुर्निवार यह नियम, जीव के नाम-रूप परिधान

---

१. थाउज़ेंड आइलैंड पार्क, न्यूयार्क में, जुलाई, १८९५ में रचित ।

बंधन हैं, सच है, पर दोनों नाम-रूप के पार
नित्य मुक्त आत्मा करती है बंधनहीन विहार!
तुम वह आत्मा हो संन्यासी, बोलो वीर उदार,
ओम् तत्सत् ओम्!

ज्ञानशून्य वे, जिन्हें सूझते स्वप्न सदा निःसार—
माता, पिता, पुत्र औ' भार्या, बांधव-जन, परिवार!
लिंगमुक्त है आत्मा! किसका पिता, पुत्र या दार?
किसका शत्रु, मित्र वह, जो है एक अभिन्न अनन्य,
उसी सर्वगत आत्मा का अस्तित्व, नहीं है अन्य!
कहो 'तत्त्वमसि' संन्यासी, गाओ हे, जग हो धन्य,
ओम् तत्सत् ओम्!

एकमात्र है केवल आत्मा, ज्ञाता, चिर निर्मुक्त,
नामहीन वह रूपहीन, वह है रे चिह्न अयुक्त,
उसके आश्रित माया, रचती स्वप्नों का भवपाश,
साक्षी वह, जो पुरुष प्रकृति में पाता नित्य प्रकाश!
तुम वह हो, बोलो संन्यासी, छिन्न करो तम-तोम,
ओम् तत्सत् ओम्!

कहाँ खोजते उसे सखे, इस ओर कि या उस पार?
मुक्ति नहीं है यहाँ, वृथा सब शास्त्र, देव-गृहद्वार!
व्यर्थ यत्न सब, तुम्हीं हाथ में पकड़े हो वह पाश
खींच रहा जो साथ तुम्हें! तो उठो, बनो न हताश,
छोड़ो कर से दाम, कहो, संन्यासी, विहँस रोम,
ओम् तत्सत् ओम्!

कहो, शांत हों सर्व, शांत हों सचराचर अविराम,
क्षति न उन्हें हो मुझसे, मैं ही सब भूतों का ग्राम,
ऊँच-नीच द्यौ-मर्त्यविहारी, सबका आत्माराम!
त्याज्य लोक-परलोक मुझे, जीवन-तृष्णा, भवबंध,
स्वर्ग-मही-पाताल—सभी आशा-भय, सुख-दुःख-द्वन्द्व!
इस प्रकार काटो बंधन, संन्यासी, रहो अबन्ध,
ओम् तत्सत् ओम्!

देह रहे, जाये, मत सोचो, तन का चिन्ता-भार,
उसका कार्य समाप्त, ले चले उसे कर्मगति धार,

हार उसे पहनावे कोई, करे कि पाद-प्रहार,
मौन रहो, क्या रहा कहो निन्दा या स्तुति अभिषेक ?
स्तावक, स्तुत्य, निन्द्य औ' निन्दक जब कि सभी हैं एक !
अतः रहो तुम शांत, वीर संन्यासी, तजो न टेक,
ओम् तत्सत् ओम् !

सत्य न आता पास, जहाँ यश-लोभ-काम का वास,
पूर्ण नहीं वह, स्त्री में जिसको होती पत्नी भास,
अथवा वह जो किंचित् भी संचित रखता निज पास !
वह भी पार नहीं कर पाता है माया का द्वार
क्रोधग्रस्त जो, अतः छोड़कर निखिल वासना-भार
गाओ धीर-वीर संन्यासी, गूँजे मन्त्रोच्चार,
ओम् तत्सत् ओम् !

मत जोड़ो गृह-द्वार, समा तुम सको, कहाँ आवास ?
दूर्वादल हो तल्प तुम्हारा, गृह-वितान आकाश,
खाद्य स्वतः जो प्राप्त, पक्व वा इतर, न दो तुम ध्यान,
खान-पान से कलुषित होती आत्मा वह न महान्,
जो प्रबुद्ध हो, तुम प्रवाहिनी स्रोतस्विनी समान
रहो मुक्त निर्द्वन्द्व, वीर संन्यासी, छेड़ो तान
ओम् तत्सत् ओम् !

विरले ही तत्त्वज्ञ ! करेंगे शेष अखिल उपहास,
निन्दा भी नरश्रेष्ठ, ध्यान मत दो, निर्बन्ध, अयास
यत्र-तत्र निर्भय विचरो तुम, खोलो मायापाश
अंधकारपीड़ित जीवों के ! दुःख से बनो न भीत,
सुख की भी मत चाह करो, जाओ हे, रहो अतीत
द्वन्द्वों से सब, रटो वीर संन्यासी, मंत्र पुनीत,
ओम् तत्सत् ओम् !

इस प्रकार दिन-प्रतिदिन जब तक कर्मशक्ति हो क्षीण,
बंधनमुक्त करो आत्मा को, जन्म-मरण हों लीन !
फिर न रह गये मैं, तुम, ईश्वर, जीव या कि भवबंध,
'मैं' सबमें, सब मुझमें—केवल मात्र परम आनन्द !
कहो 'तत्त्वमसि' सन्यासी, फिर गाओ गीत अमन्द,
ओम् तत्सत् ओम् !

मेरा खेल ख़त्म हुआ[1]

समय की लहरों के साथ,
निरन्तर उठते और गिरते
मैं चला जा रहा हूँ।
ज़िन्दगी के ज्वार-भाटे के साथ साथ
ये क्षणिक दृश्य एक पर एक आते-जाते हैं।

आह, इस अप्रतिहत प्रवाह से
कितनी थकान हो आयी है मुझे,
ये दृश्य बिल्कुल नहीं भाते,
यह अनवरत बहाव और पहुँचना कभी नहीं,
यहाँ तक कि तट की दूर की झलक भी नहीं मिलती!
जन्म-जन्मान्तरों में, उन द्वारों पर व्याकुल प्रतीक्षा की,
किन्तु, हाय, वे नहीं खुले।
प्रकाश की एक किरण भी पाने में असफल ये आँखें
पथरा गयीं।
जीवन के ऊँचे और सँकरे पुल पर खड़े हो
नीचे झाँकता हूँ और देखता हूँ—
संघर्षरत, क्रन्दन करते और अट्टहास करते लोगों को।
किसलिए?
कोई नहीं जानता।
वह सामने देखो—
अन्धकार त्योरी चढ़ाये अड़ा है, और कहता है—
'आगे क़दम न रखो, यही सीमा है,
भाग्य को ललचाओ मत, सहन करो, जितना कर सको।

जाओ, उन्हींमें मिल जाओ
और यह जीवन का प्याला पीकर
उन जैसे ही पागल बन जाओ।

---

१. न्यूयार्क में १८९५ के वसन्त में लिखित।

जो जानने का साहस करता है,
दुःख भोगता है;
तब रुको और उन्हींके साथ ठहरो;
आह, मुझे विश्राम भी नहीं।
यह बुलबुले सी भटकती धरती—
इसका खोखला रूप, खोखला नाम,
इसके खोखले जन्म-मरण,
ये निरर्थक हैं मेरे लिए।
पता नहीं, नाम-रूप की पर्तों के पार
कब पहुँचूंगा।
खोलो, द्वार खोलो, मेरे लिए उन्हें खुलना ही होगा।
ओ माँ! प्रकाश के द्वार खोलो,
माँ! तुम्हारा थका हुआ बालक हूँ मैं।
मैं घर आना चाहता हूँ माँ! घर आना चाहता हूँ!
अब मेरा खेल समाप्त हो चुका।

तुमने मुझे अँधियारे में खेलने को भेज दिया,
और भयानक आवरण ओढ़ लिया,
तभी आशा ने संग छोड़ दिया,
भय ने आतंकित किया
और यह खेल एक कठिन कर्म बन गया;
इधर से उधर, लहरों के थपेड़े झेलना,
उद्दाम लालसाओं और गहन पीड़ाओं के उफनते हुए,
उत्ताल तरंगों से पूर्ण महासमुद्र में—
सुखों की आशा में—
जहाँ जीवन मृत्यु सा भयानक है और जहाँ
मृत्यु फिर नया जीवन देकर उसी समुद्र की लहरों में
सुख-दुःख के थपेड़े सहने को ढकेल देती है।
जहाँ बच्चे सुन्दर, सुनहले, चमकीले स्वप्न देखते हैं
और जो धूल में ही मिलते हैं,
जरा पीछे मुड़कर देखो—
खोया हुआ जीवन, जैसे जंग की ढेरी।

बहुत देर से उम्र को ज्ञान मिलता है
जब पहिया हमें दूर पटक देता है,
नये स्फूर्त जीवन अपनी शक्तियाँ इस चक्र को पिला देते हैं,
जो चलता रहता है अनवरत, दिन पर दिन, वर्ष पर वर्ष।
यह केवल है माया का एक खिलौना !
झूठी आशाओं, इच्छाओं और सुख-दुःख के अरों से बना
यह पहिया !

मैं भटका हूँ, पता नहीं, किधर चला जाऊँ,
मुझे इस आग से बचाओ !
रक्षा करो दयामयी माँ ! इन इच्छाओं में बहने से बचाओ।
अपना भयावना रौद्र मुख न दिखाओ माँ !
यह मेरे लिए असह्य है,
मुझ पर कृपा करो, दया करो,
माँ, मेरे अपराधों को सहन करो !

माँ, मुझे उस तट तक पहुँचाओ
जहाँ ये संघर्ष न हों,
इन पीड़ाओं, इन आँसुओं और भौतिक सुखों के परे,
जिस तट की महिमा को
ये रवि, शशि, उडुगन और विद्युत् भी अभिव्यक्ति न देते
महज़ उसके प्रकाश का प्रतिबिंब लिये फिरते हैं।

ओ माँ ! ये मृग-पिपासभरे स्वप्नों के आवरण
तुम्हें देखने से मुझे न रोक सकें,
मेरा खेल खत्म हो रहा है माँ !
ये शृंखला की कड़ियाँ तोड़ो,
मुक्त करो मुझे !

एक रोचक पत्र-व्यवहार

बहन मेरी,
दुःख न मानो,

जो प्रताड़न दिया मैंने।
जानती हो तुम भली विधि
किन्तु फिर भी चाहती हो, मैं कहूँ,
स्नेह करता मैं तुम्हें सम्पूर्ण मन से।

सरल शिशु वे मिले जो भी,
मित्र सर्वोत्तम रहे हैं,
साथ सुख-दु:ख में रहेंगे सदा मेरे,
और मैं सब दिन रहूँगा साथ जिनके,
जिसे तुम भी जानती हो।

कीर्ति, यश, स्वर्गीय सुख, जीवन
सभी का त्याग संभव है, बहन!
मिल सकीं यदि वीर निर्भय
बहन चार—
श्रेष्ठ, पावन, अचल, उत्तम!

सर्प अपमानित हुआ, जब काढ़ता फन,
वायु से जब प्रज्वलित होता हुताशन
शब्द मरुस्थल-पवन में प्रतिध्वनित होता
जब कि आहतहृदय मृगपति है गरजता!

मेघ तब निज शक्ति भर
अति वृष्टि करता,
जब कलेजा फाड़कर
बिजली तड़पती,
चोट जब लगती किसीकी आत्मा पर
तब महान् हृदय उसे भी झेल जाता
और अपना श्रेष्ठ अभिमत प्रकट करता।

नयन पथराये, हृदय हो शून्य अपना,
छले मैत्री, प्यार हो विश्वासघाती,

भाग्य भी सौ आपदाएँ लाद दे सिर
और बीहड़ तम तुम्हारा रोक ले पथ—

प्रकृति की त्योरियाँ चढ़ें, जैसे अभी वह कुचल देगी,
किन्तु मेरे आत्मन् हे, दिव्य हो तुम,
बढ़ो आगे, और आगे,
नहीं दाँयें और बाँयें तनिक देखो,
दृष्टि हो गन्तव्य पर ही।
देवदूत, मनुज, दनुज भी हूँ नहीं मैं,
देह या मस्तिष्क, नारी या पुरुष भी,
ग्रन्थ केवल मूक, विस्मित
देखते हैं प्रकृति मेरी, किन्तु मैं 'वह' हूँ।

बहुत पहले, बहुत पहले,
जब कि रवि, शशि और उडुगन भी नहीं थे,
इस धरा का भी न था अस्तित्व कोई,
बल्कि यह जब समय भी जन्मा नहीं था,
मैं सदा था, आज भी हूँ, और आगे भी रहूँगा।

धरा सुन्दर, सूर्य महिमावान शशि शीतल मधुर है,
जगमगाता व्योम, ये सब चल रहे हैं।
बंधे जो शाश्वत नियम में—
कार्य-कारण के चिरंतन बन्धनों में
ये रहेंगे, बन्धनों में ही मिटेंगे।
वायवी, स्वप्निल सहज आकर्षणों ने
बुने ताने और बाने—
बँधे-लिपटे चले जाते
धरा, स्वर्ग, नरक तथा सुख-दुःख इन्हींमें।

किन्तु यह जो काल या विस्तार, सीमा,
कार्य-कारण,
इन्द्रियों की चेतनाएँ,

भावना-अनुभूति, सूक्ष्म विचार सारे,
सामने जो भी
उन्हें मैं देखता हूँ——मात्र द्रष्टा सृष्टि का मैं।

तत्त्व केवल एक मैं ही,
है कहीं न अनेक, मैं ही एक,
अतः मुझमें ही सभी 'मुझ' हैं।
मैं स्वयं से घृणा कर सकता नहीं,
मैं स्वयं को त्याग भी सकता नहीं,
प्यार, प्यार ही है मुझे सम्भव !

उठो, जागो स्वप्न से, दो तोड़ बन्धन,
चलो निर्भय,
यह रहस्य, कुहेलिका, छाया डरा सकती न मुझको
क्योंकि मैं ही सत्य, जानो तुम सदा यह !

अस्तु, यहाँ तक मेरी कविता है। आशा करता हूँ कि तुम सकुशल हो। माँ और फ़ादर पोप से मेरा प्यार कहना। मैं मृत्युपर्यन्त व्यस्त हूँ, और मेरे पास प्रायः एक पंक्ति भी लिखने के लिए समय नहीं है। अतः भविष्य में पत्र लिखने में विलम्ब हो, तो क्षमा करना।

सदैव तुम्हारा,
विवेकानन्द

कुमारी एम० बी० एच० ने स्वामी जी के पास निम्नलिखित उत्तर भेजा :

संन्यासी, जिसको स्वामित्व मिला चिन्तन पर
अब कवि भी है,
शब्दों और विचारों में भी काफ़ी आगे,
किन्तु, जिसे ज्यादा मुश्किल हो गयी छन्द में।

कहीं चरण छोटे हैं, कहीं बढ़ गये सहसा,
कविता के उपयुक्त छन्द
मिल सका न जिसको,

उसने सानेट, गीत आज़माये हैं
और प्रबन्ध लिखा है,
बहुत किया श्रम,
लेकिन, उसे अजीर्ण हो गया।

जब तक रही सनक कविता की,
उस फल-तरकारी से भी परहेज़ किया है
जिसे ल्योन ने, बड़े चाव से, बड़े ख़्याल से
था तैयार किया स्वामी के स्वाद-हेतु ही।

एक दिवस, ज्यों ही वह लीन हुआ चिन्तन में
अकस्मात् कोई प्रकाश का पुंज छा गया,
गूँजी कोई शान्त और नन्हीं नन्हीं आवाज़ कहीं पर
जागे स्वामी के महान् स्वर और प्रेरणाप्रद शब्दों से
फूटी ज्वाला, लगी धधकने।

सचमुच रही धधकती ज्वाला,
जो आखिर मेरे सर आयी,
तबसे मैं अनुतप्त हो रही,
जाने किन घड़ियों में पत्र लिखा मैंने,
मुझको अति दुःख है,
और क्षमा पर क्षमा माँगती ही जाती हूँ।

तुमने, हम चारो बहनों को
जो कुछ लिख भेजा, भाई हे।
सदा रहेगा सर-आँखों पर
दिखा दिया है तुमने, उनको जीवन का चिर परम सत्य
यह 'सभी ब्रह्म है!'

फिर स्वामी :

एक बार, प्राचीन समय में,
गंगा-तट पर, एक पुरोहित--

बहुत वृद्ध, सन जैसे बालोंवाले थे, जो
प्रवचन करते हुए लगे समझाने सबको—
कैसे देव धरा पर आये,
कैसे सीता-राम यहाँ अवतरित हुए थे,
कैसे सीता वन में रहीं,
हरण हुआ, रोयीं वियोग में।
खत्म हुई रामायण तो श्रोताओं ने भी
एक एक कर अपने घर को क़दम बढ़ाये,
चिन्तन करते, रामायण सोचते-समझते।

एकाएक भीड़ से कोई
बाला बड़े ज़ोर से,
जो यह पूछ रहा था, नम्र भाव से
और प्रार्थना के ही स्वर में—
कृपा करो, बतला दो बाबा,
आखिर, ये सीता-राम कौन थे,
तुमने जिनकी कथा सुनायी और उपदेश किया है।

मेरी हेल, बहन, तुम भी तो
कुछ ऐसे ही,
मेरे उपदेशों, व्याख्यानों, शब्दों-छन्दों
के अजीब से अर्थ लगातीं।

'सब कुछ ब्रह्म, कहा जो मैंने
उसका केवल यही अर्थ है, याद करो तुम—
'केवल ब्रह्म सत्य है और सभी कुछ झूठा,
विश्व स्वप्न है, यद्यपि सत्य दिखायी देता।'
मुझमें भी जो सत्य,
ब्रह्म है, शाश्वत, अविनश्वर, अखण्ड है,
वही सत्य है, मात्र सत्य है।
शाश्वत प्रेम और कृतज्ञता के साथ · ·

विवेकानन्द

कुमारी एम० बी० एच :

हो गया अब स्पष्ट अन्तर,
आपने जो कहा, वह तो ठीक बिल्कुल,
किन्तु, मेरी बुद्धि सीमित,
पूर्व का दर्शन समझने में मुझे कठिनाइयाँ हैं।

अगर, केवल ब्रह्म ही है सत्य,
मिथ्या है सभी कुछ,
विश्व भी है स्वप्न, भ्रम है,
तो भला, क्या वस्तु, जो है
ब्रह्म के अतिरिक्त ?

वे, 'अनेक' जिन्हें दिखायी दिया करता,
बहुत संशय-भयभरे हैं,
यहाँ जीवित वही है, जो
ब्रह्म को ही देखता हर वस्तु में।

मैं अजानी,
किन्तु, इतना मानती हूँ—
सत्य केवल ब्रह्म,
ब्रह्म में मैं, और
मुझमें ब्रह्म।

फिर स्वामी जी ने उत्तर दिया:

झक्की, तेज़ मिज़ाज, अनोखी,
सुन्दर है वह बाला, बेशक़,
अनुपम आत्मा,
जिसको मिस मेरी कहते हैं।
गहन भावनाएँ हैं जिसकी,
स्वयं प्रकट हो जाती हैं जो,
मुक्त हृदयवाली मिस मेरी,
सचमुच, वह तो ज्वालमयी है।

उसका चिन्तन अद्वितीय है,
वह संगीतमयी,
फिर भी कितनी पैनी है,
ठण्डे मनवाली वह बाला,
नहीं किसीकी सगी, भले ही
आये कोई, हृदय उसे दे, नयन बिछाये।
मेरी बहन, सुना है मैंने
रूपवान व्यक्तित्व तुम्हारा
बहुचर्चित है,
नहीं ठहर पाता है कोई भी सौन्दर्य तुम्हारे आगे।
फिर भी सावधान हो जाओ,
भौतिक बन्धन बहुत मधुर,
फिर भी बन्धन हैं, इनको मत स्वीकारो।

एक नया स्वर गूँजेगा
जब रूप तुम्हारा, गर्वीला व्यक्तित्व तुम्हारा,
कहीं एक जीवन कुचलेगा,
शब्द तुम्हारे टूक टूक कर देंगे मन को--
लेकिन, बहन, बुरा मत मानो,
यह जबाब, जैसे को तैसा,
संन्यासी भाई का यह केवल विनोद है।

अज्ञात देवदूत

(सन् १८९८, नवम्बर में कलकत्ता में लिखित)

१

जीवन के बोझ से जिसके कन्धे झुक गये थे,
घोर दुःखों के घेरे में जिसने सुख न जाना,
जो निर्जन अँधियारी राहों में चलता आया,
हृदय और मस्तिष्क को कहीं प्रकाश की झलक भी न मिली,
एक क्षण हँसने को न मिला,
जो वेदना और सुख, मृत्यु और जीवन, शुभ और अशुभ

में अन्तर न कर सका,
उसने एक शुभ रात्रि में देखा
कि एक प्रकाश-किरण उतरकर
उसके पास आ रही है,
पता नहीं, क्या है, कहाँ से?
उसने इस प्रकाश को ईश्वर कहा
और उसे पूजा।
आशा, उसके पास एक अजनबी की तरह आयी,
और उसे अनुप्राणित किया,
जीवन ऐसा बन गया कि जिसकी
स्वप्न में भी कभी कल्पना नहीं की,
उसने समझा और
इस विश्व के परे भी देखा।
ऋषियों ने मुसकराकर इसे अन्धविश्वास' कहा,
किन्तु, उसने शक्ति और शान्ति का अनुभव किया था,
और नम्रतापूर्वक बोला,
'कितना शुभ है यह अन्धविश्वास।'

२

जिसने वैभव और सत्ता के मद में चूर होकर
स्वास्थ्य के साथ उपभोग किया
और मदान्ध होकर धरती को अपना क्रीड़ाक्षेत्र
और विवश मानव को अपना खिलौना बनाया,
हजारों सुख भोगे,
दिन और रात की चमचमाती रंगीनियाँ देखीं,
एक क्षण ऐसा भी देखा कि
उसकी दृष्टि धूमिल हो चली है,
अघायी हुई इन्द्रियाँ शिथिल हो रही हैं
और स्वार्थ की कठोर विकृत रचना ने
उसके हृदय को ढँक लिया है।
सुख, दुःख की तरह काटने को दौड़ रहा है,
जीवन, जैसे अनुभूति एवं संज्ञाहीन होकर

सड़ते हुए शव की भाँति उसकी बाहों में जकड़ गया है,
जिससे अवश्य ही घृणा है उसे,
किन्तु, जितना ही वह उस विकृत शव से
मुक्त होने का प्रयत्न करता है,
उतना ही वह उससे चिपकता जाता है।
विक्षिप्त मस्तिष्क से उसने मृत्यु के अनेक
स्वरूपों की कल्पना की,
और जीवन के आकर्षण सामने खड़े रहे।
फिर दुःख आया—और सम्पत्ति और वैभव चले गये,
तब पीड़ाओं और आँसुओं के बीच उसे लगा
कि सम्पूर्ण मानव जाति से उसका नाता है,
यद्यपि उसके मित्रों ने उसका उपहास किया।
उसके अधर कृतज्ञ भाव से बुदबुदाये—
'यह दुःख भी कितना शुभ है!'

३

वह, जिसे स्वस्थ काया मिली,
किन्तु, वह संकल्प-शक्ति न मिली,
जो गहन भावनाओं और आवेशों पर विजय पा सके,
फिर भी वह अधिकाधिक दायित्व वहन न कर सका और
सबके लिए भला रहा,
उसने देखा कि वह सुरक्षित है,
जब कि दूसरे, जीवन-सागर की उत्ताल तरंगों में
बचाव का असफल प्रयत्न करते रहे।
फिर वह स्वास्थ्य गया, मस्तिष्क विकृत हुआ
और मन कलुषों में वैसे ही लगा
जैसे सड़ी गली वस्तु पर मक्खियाँ।
भाग्य मुसकराया और उसका पाँव फिसला।
उसकी आँखें खुल गयीं और उसने समझा
कि ये कंकड़-पत्थर और पेड़-पौधे सदैव तद्वत् हैं
क्योंकि ये विधान का अतिक्रमण नहीं करते।
मनुष्य की ही यह शक्ति है कि वह

भाग्य से संघर्ष कर उसे जीत सकता है
और नियम-बन्धनों से ऊपर उठ सकता है।
उसकी वह निष्क्रिय प्रकृति बदली और
उसे जीवन नया नया लगा, व्यापक और व्यापक,
और वह दिन आया कि सामने प्रकाश फूटा
और शाश्वत शान्ति के कक्षों की झलक उसने पायी—
इन संघर्षों के समुद्र को चीरकर ही वह संभव है।
और तब उसने पीछे मुड़कर देखा,
अतीत का अकृतार्थ निष्फल जीवन,
तरु और प्रस्तर सम चेतनाविहीन;
दूसरी ओर उसका स्खलन-पतन—
जिसके लिए संसार ने त्याग दिया उसे;
अब उस पतन को भी उसने धन्य माना।
और वह प्रसन्न हृदय से बोला,
"यह पाप भी कितना शुभ सिद्ध हुआ!!"

धीरज रखो तनिक और हे वीर हृदय[1]!

भले ही तुम्हारा सूर्य बादलों से ढक जाय,
आकाश उदास दिखायी दे,
फिर भी धैर्य धरो कुछ हे वीर हृदय,
तुम्हारी विजय अवश्यंभावी है।

शीत के पहले ही ग्रीष्म आ गया,
लहर का दबाव ही उसे उभारता है
धूप-छाँह का खेल चलने दो
और अटल रहो, वीर बनो!

जीवन में कर्तव्य कठोर हैं,
सुखों के पंख लग गये हैं,
मंज़िल दूर, धुँधली सी झिलमिलाती है,

---

१. खेतड़ी के महाराज को लिखित।

फिर भी अन्धकार को चीरते हुए बढ़ जाओ,
अपनी पूरी शक्ति और सामर्थ्य के साथ !

कोई कृति खो नहीं सकती और
न कोई संघर्ष व्यर्थ जायगा,
भले ही आशाएँ क्षीण हो जायँ
और शक्तियाँ जवाब दे दें।
हे वीरात्मन्, तुम्हारे उत्तराधिकारी
अवश्य जनमेंगे
और कोई सत्कर्म निष्फल न होगा !

यद्यपि भले और ज्ञानवान कम ही मिलेंगे,
किन्तु, जीवन की बागडोर उन्हींके हाथों में होगी,
यह भीड़ सही बातें देर से समझती है,
तो भी चिन्ता न करो, मार्ग-प्रदर्शन करते जाओ।

तुम्हारा साथ वे देंगे, जो दूरदर्शी हैं,
तुम्हारे साथ शक्तियों का स्वामी है,
आशीषों की वर्षा होगी तुम पर,
ओ महात्मन्,
तुम्हारा सर्वमंगल हो !

'प्रबुद्ध भारत' के प्रति[1]

जागो फिर एक बार !
यह तो केवल निद्रा थी, मृत्यु नहीं थी,
नवजीवन पाने के लिए,
कमल नयनों के विराम के लिए
उन्मुक्त साक्षात्कार के लिए।

---

१. अगस्त १८९८ में 'प्रबुद्ध भारत' (Awakened India) पत्रिका के मद्रास से, स्वामी जी द्वारा स्थापित भ्रातृमण्डल के हाथों में अल्मोड़ा को स्थानांतरित होने के अवसर पर लिखित। स०

एक बार फिर जागो।
आकुल विश्व तुम्हें निहार रहा है
हे सत्य !
तुम अमर हो !

फिर बढ़ो,
कोमल चरण ऐसे धरो
कि एक रज-कण की भी शान्ति भंग न हो
जो सड़क पर, नीचे पड़ा है।
सबल, सुदृढ़, आनन्दमय, निर्भय और मुक्त
जागो, बढ़े चलो और उदात्त स्वर में बोलो !

तेरा घर छूट गया,
जहाँ प्यारभरे हृदयों ने तुम्हारा पोषण किया
और सुख से तुम्हारा विकास देखा,
किन्तु, भाग्य प्रबल है--यही नियम है—
सभी वस्तुएँ उद्गम को लौटती हैं, जहाँ से
निकली थीं और नव शक्ति लेकर फिर निकल पड़ती हैं।

नये सिरे से आरम्भ करो,
अपनी जननी-जन्मभूमि से ही,
जहाँ, विशाल मेघराशि से बद्धकटि,
हिमशिखर तुममें नव शक्ति का सचार कर
चमत्कारों की क्षमता देता है,
जहाँ स्वर्गिक सरिताओं का स्वर
तुम्हारे संगीत को अमरत्व प्रदान करता है,
जहाँ देवदारु की शीतल छाया में तुम्हें अपूर्व शान्ति मिलती है।

और सबसे ऊपर,
जहाँ शैल-बाला उमा, कोमल और पावन,
विराजती हैं,
जो सभी प्राणियों की शक्ति और जीवन हैं,

जो सृष्टि के सभी कार्य-व्यापारों के मूल में हैं,
जिनकी कृपा से सत्य के द्वार खुलते हैं
और जो अनन्त करुणा और प्रेम की मूर्ति हैं;
जो अजस्र शक्ति की स्रोत हैं
और जिनकी अनुकम्पा से सर्वत्र
एक ही सत्ता के दर्शन होते हैं।

तुम्हें उन सबका आशीर्वाद मिला है,
जो महान् द्रष्टा रहे हैं,
जो किसी एक युग अथवा प्रदेश के ही नहीं रहे हैं,
जिन्होंने जाति को जन्म दिया,
सत्य की अनुभूति को,
साहस के साथ भले-बुरे सबको ज्ञान दिया।
हे उनके सेवक,
तुमने उनके एकमात्र रहस्य को पा लिया है।

तब, बोलो, ओ प्यार!
तुम्हारा कोमल और पावन स्वर!
देखो, ये दृश्य कैसे ओझल होते हैं,
ये तह पर तह सपने कैसे उड़ते हैं
और सत्य की महिमामयी आत्मा
किस प्रकार विकीर्ण होती है!

और संसार से कहो—
जागो, उठो, सपनों में मत खोये रहो,
यह सपनों की धरती है, जहाँ कर्म
विचारों की सूत्रहीन मालाएँ गूँथता है,
वे फूल, जो मधुर होते हैं अथवा विषाक्त,
जिनकी न जड़ें हैं, न तने, जो शून्य में उपजते हैं,
जिन्हें सत्य आदि शून्य में ही विलीन कर देता है।
साहसी बनो और सत्य के दर्शन करो,
उससे तादात्म्य स्थापित करो,

छायाभासों को शांत होने दो;
यदि सपने ही देखना चाहो तो
शाश्वत प्रेम और निष्काम सेवाओं के ही सपने देखो!

ओ स्वर्गीय स्वप्न![1]

अच्छा या बुरा, समय बीतता है—
कभी हर्षातिरेक से हृदय गद्‌गद होता है
और कभी दुःखों के सागर लहराने लगते हैं,
यहीं, हम सभी सुख-दुःख से प्रभावित हो
कभी रोते और कभी हँसते हैं।
हम अपने अपने रंग में होते हैं
और ये दृश्य अदल-बदलकर आते रहते हैं—
चाहे सुख चमके या दुःख बरसे।

ओ स्वप्न! ओ स्वर्गीय स्वप्न!
यह कुहर-जाल फैलाकर सब कुछ ढक दो,
इन तीखी रेखाओं को कुछ और मधुर करो
और परुष को ज़रा और कोमल कर दो।

ओ स्वप्न!
केवल तुम्हींमें जादू है,
तुम्हारे स्पर्श से रेगिस्तान उपवन बनकर लहराते हैं,
कड़कती बिजलियों का भीषण घोष
मधुर संगीत में बदल जाता है
और मृत्यु एक सुखद मुक्ति बनकर आती है।

प्रकाश[2]

मैं पीछे मुड़कर देखता हूँ
और आगे भी,

---

१. १७ अगस्त, १९०० को पेरिस से भगिनी क्रिश्चिन को लिखित।
२. बेलूड़ मठ में लिखित, २६ दिसम्बर, १९००।

और देखता हूँ कि सब ठीक है।
मेरी गहरी से गहरी व्यथाओं में
प्रकाश की आत्मा का निवास है।

जाग्रत देवता[1]

वह, जो तुममें है और तुमसे परे भी,
जो सबके हाथों में बैठकर काम करता है,
जो सबके पैरों में समाया हुआ चलता है,
जो तुम सबके घट में व्याप्त है,
उसीकी आराधना करो और
अन्य प्रतिमाओं को तोड़ दो!

जो एक साथ ही ऊँचे पर और नीचे भी है;
पापी और महात्मा, ईश्वर और निकृष्ट कीट,
एक साथ ही है,
उसीका पूजन करो—
जो दृश्यमान है,
ज्ञेय है,
सत्य है,
सर्वव्यापी है,
अन्य सभी प्रतिमाओं को तोड़ दो!

जो अतीत जीवन से मुक्त,
भविष्य के जन्म-मरणों से परे है,
जिसमें हमारी स्थिति है
और जिसमें हम सदा स्थित रहेंगे,
उसीकी आराधना करो,
अन्य सभी प्रतिमाओं को तोड़ दो!

ओ विमूढ़! जाग्रत देवता की उपेक्षा मत करो,

---

१. अल्मोड़े से एक अमेरिकन मित्र को लिखित, जुलाई ९, १८९७ ई०।

उसके अनन्त प्रतिबिम्बों से ही यह विश्व पूर्ण है।

काल्पनिक छायाओं के पीछे मत भागो,
जो तुम्हें विग्रहों में डालती हैं;
उस परम प्रभु की उपासना करो,
जिसे सामने देख रहे हो;
अन्य सभी प्रतिमाएँ तोड़ दो!

अकालकुसुमित वायलेट के प्रति[1]

चाहे हिमाच्छित धरा तेरी शय्या हो,
ठिठुरती हुई सर्द आँधी हो तेरा कंचुक
चाहे बिना उल्लासित करनेवाले साथी के, एकाकी ही चलना हो,
तेरा आकाश घनाच्छादित हो जाये,

और, प्यार स्वयं धोखा दे जाये,
तुम्हारी सुरभि व्यर्थ बिखर जाये
चाहे शुभ पर अशुभ विजय पा जाये,
शासन करे अशोभन,
शोभन मुँहकी खाये,

फिर भी, हे वायलेट! तुम
अपनी पावन मधुर प्रकृति—कोमल विकास—
किंचित् मत बदलो,
बल्कि अयाचित अपनी सुगन्धि बिखेरे जाओ,
गति न रुके, विश्वास न खोओ।

प्याला

यही तुम्हारा प्याला है,
जो तुम्हें शुरू से मिला है,
नहीं, मेरे वत्स! मुझे ज्ञात है—

१. एक पाश्चात्य शिष्या को लिखित, ६ जनवरी, १८९६।

यह पेय घोर कालकूट,
यह तुम्हारी मंथित सुरा—निर्मित हुई है,
तुम्हारे अपराध, तुम्हारी वासनाओं से
युग-कल्पों-मन्वन्तरों से।

यही तुम्हारा पथ है—कष्टकर, बीहड़ और निर्जन,
मैंने ही वे पत्थर लगाये, जिन्होंने तुम्हें कभी बैठने नहीं दिया,
तुम्हारे मीत के पथ सुहावने और साफ़-सुथरे हैं
और वह भी तुम्हारी ही तरह मेरे अंक में आ जायगा।
किन्तु, मेरे वत्स, तुम्हें तो मुझ तक यह यात्रा करनी ही है।

यही तुम्हारा काम है, जिसमें न सुख है, न गौरव ही मिलता है,
किन्तु, यह किसी और के लिए नहीं, केवल तुम्हारे लिए है,
और मेरे विश्व में इसका सीमित स्थान है, ले लो इसे।
मैं कैसे कहूँ कि तुम यह समझो,
मेरा तो कहना है कि मुझे देखने के लिए नेत्र बन्द कर लो।

मंगलाशीष[1]

माता का हृदय, वीर का संकल्प,
दक्षिण के मलयानिल की मधुरता,
वे पवित्र आकर्षण और शक्ति-पुंज
जो आर्य-वेदिकाओं पर मुक्त एवं उद्दाम दमकते हैं,
वे सब तेरे हों,
और वह सब भी तेरा हो
जिसे अतीत में, कभी किसीने स्वप्न में भी न सोचा हो—
तू हो जा भारत की भावी सन्तान,
स्वामिनी, सेविका, मित्र एकाकार।

उसे शान्ति में विश्राम मिले[2]

आगे बढ़ो ओ' आत्मन्! अपने नक्षत्र-जड़ित पथ पर,

---

१. भगिनी निवेदिता को लिखित, सितम्बर १२, १९००।
२. श्री जे० जे० गुडविन की स्मृति में लिखित, अगस्त, १८९८।

हे परम आनन्दपूर्ण ! ! बढ़ो, जहाँ मुक्त विचार हैं,
जहाँ काल और देश से दृष्टि धूमिल नहीं होती,
और जहाँ चिरन्तन शान्ति और वरदान हैं तुम्हारे लिए !

जहाँ तुम्हारी सेवा बलिदान को पूर्णत्व देगी,
जहाँ श्रेयस् प्यार से भरे हृदयों में तुम्हारा निवास होगा,
मधुर स्मृतियाँ देश और काल की दूरियाँ खत्म कर देती हैं।
बलिवेदी के गुलाबों के समान
तुम्हारे पश्चात् विश्व को आपूरित करेगी।

अब तुम बन्धनमुक्त हो, तुम्हारी खोज परमानन्द तक पहुँच गयी,
अब तुम उसमें लीन हो, जो मरण और जीवन बन कर आता है,
हे परोपकाररत, हे निःस्वार्थ प्राण, आगे बढ़ो !
इस संघर्षरत विश्व को अब भी तुम सप्रेम सहायता करो।

नासदीय सूक्त[1]

(सृष्टि-गान)

तब न सत् था, न असत् ही,
न यह संसार था, न ये आकाश,
इस धुन्ध का आवरण क्या था ? वह भी किसका ?
गहन अन्धकार की गहराइयों में क्या था ?

तब न मरण था, न अमरत्व ही,
रात्रि दिवा से पृथक् नहीं थी,
किन्तु गतिशून्य वह स्पन्दित हुआ था
तब केवल वह था, जिसके परे
कोई अन्य अस्तित्व नहीं,
वही चराचर था।

तब तम में छिपकर तम बैठा था,

१. ऋग्वेद (१०।१२९।१-७) के प्रसिद्ध नासदीय सूक्त का अनुवाद।

जैसे जल में जल समाहित हो, पहचाना न जाय,
तब शून्य में जो था,
वह तप की गरिमा से मण्डित था।
तब मानस के आदि बीज के रूप में
प्रथम आकांक्षा उगी,
(जिसका साक्षात्कार ऋषियों ने अपने अन्तर में किया,
असत् से सत् जनमा,)
जिसकी प्रकाश-किरण
ऊपर-नीचे चारों ओर फैली।

यह महिमा सर्जनमयी हुई
स्वतःसिद्ध सिद्धान्त पर आधारित
और सर्जनशक्ति से स्फुरित।

किसने पथ जाना? कहाँ अथ है, जहाँ से यह फूटा?
सर्जन कहाँ से हुआ?
सृष्टि के बाद ही तो देवों ने अस्तित्व पाया,
अतः उद्भव का ज्ञान किसे प्राप्त है?

यह सर्जन कहाँ से आया,
यह कैसे ठहरा है, ठहरा भी है या नहीं?
वह सर्वोच्च आकाशों में बैठा हुआ महाशासक
अपना आदि जानता है या नहीं? शायद!

शान्ति[1]

देखो, जो बलात् आती है,
वह शक्ति, शक्ति नहीं है!
वह प्रकाश, प्रकाश नहीं है,
जो अँधेरे के भीतर है,
और न वह छाया, छाया ही है,

---

१. न्यूयार्क के रिजले मॅनर में लिखित, १८९९ ई०।

जो चकाचौंध करनेवाले
प्रकाश के साथ है।

वह आनंद है, जो कभी व्यक्त नहीं हुआ,
और अनभोगा, गहन दुःख है
अमर जीवन, जो जिया नहीं गया
और अनन्त मृत्यु, जिस पर––
किसीको शोक नहीं हुआ।

न दुःख है, न सुख,
सत्य वह है,
जो इन्हें मिलाता है।
न रात है, न प्रात,
सत्य वह है,
जो इन्हें जोड़ता है।

वह संगीत में मधुर विराम,
पावन छंद के मध्य यति है,
मुखरता के मध्य मौन,
वासनाओं के विस्फोट के बीच
वह हृदय की शान्ति है।

सुन्दरता वह है, जो देखी न जा सके।
प्रेम वह है, जो अकेला रहे।
गीत वह है, जो जिये, बिना गाये,
ज्ञान वह है, जो कभी जाना न जाय।

जो दो प्राणों के बीच मृत्यु है,
और दो तूफ़ानों के बीच एक स्तब्धता है,
वह शून्य, जहाँ से सृष्टि आती है
और जहाँ वह लौट जाती है।

वहीं अश्रुविन्दु का अवसान होता है,
प्रसन्न रूप को प्रस्फुटित करने को
वही जीवन का चरम लक्ष्य है,
और शांति ही एकमात्र शरण है।

कौन जानता माँ की लीला !

शायद तुम्हीं वह द्रष्टा हो,
जो जानता है
कि कौन उन गहराइयों का स्पर्श कर सकता है,
जहाँ माँ ने अपने शब्दहीन अमोघ बाण
छिपा रखे हैं !

संभवतः शिशु ने उन छायाओं की झलक पायी है,
इन दृश्यों के पीछे,
विस्मय और कौतूहलभरी आँखों से
वे कम्पित आकृतियाँ, जो
अनिवार्य प्रबल घटनाओं की कारण हैं !
माँ के अतिरिक्त और कौन जानता है
कि वे कैसे, कहाँ से और कब आती हैं।

ज्ञानदीप्त उस ऋषि ने संभवतः
जो कुछ कहा,
कहीं उससे समधिक देखा था !
कब, किस आत्मा के सिंहासन पर
माँ विराजेगी,
कौन जानता है !

किन नियमों में मुक्ति बँधी है,
कौन पुण्य करते उसकी
इच्छा-संचालन !
वह किस धुन में कौन सी
बड़ी से बड़ी व्याख्या कर दे, कौन जाने,

उसकी इच्छा मात्र ही वह विधान है,
जिसका कोई विरोध संभव नहीं।

पता नहीं, पुत्र को कौन से वैभव प्राप्त हो जायँ,
पिता ने जिसका स्वप्न भी न देखा हो,
माँ अपनी पुत्री में
हज़ार गुनी शक्तियाँ भर सकती है,
उसकी इच्छा!!

अपनी आत्मा के प्रति

मेरे कठिन हृदय, कन्धे पर साधे रखो
जुआ, जो कि जीवन भर का है, उसे न छोड़ो,
यद्यपि अपना वर्तमान है विकृत
भविष्यत् अन्धकारमय, फिर भी ठहरो।
जब हमने-तुमने मिलकर आरम्भ किया था,
जीवन के शिखरों का आरोहण-अवरोहण,
तबसे एक युग बीत गया!
हम उन असामान्य समुद्रों में
निर्विघ्न साथ साथ तैरे हैं,
मुझसे भी ज्यादा तुम मेरे निकट रहे हो,
मेरे मन की गतियों की पहले ही से घोषणा कर।
तुम सच्चा प्रतिबिम्ब फेंकते,
मेरा हृदय धड़कता है क्या, तुम्हीं धड़कते,
मेरे सभी विचारों के पूर्ण स्वर,
वे कितने ही सूक्ष्म क्यों न हों—
और सुरक्षित भी तुममें ही,
मेरे चेतन-साक्षी, विलग होगे मुझसे क्या?
तुम्हीं मेरी चिर मैत्री और आस्था के केन्द्र हो!
सब दिन मुझे विकृतियों के प्रति सावधान करते रहे हो!
मैंने तेरी चेतावनी कर दी सुनी-अनसुनी,
फिर भी तुमने
सदा सजग ही किया, शुभाशुभ मुझे बताया।

किसे दोष दूँ ?[1]

सूरज ढलता,
रक्तिम किरणें—
दम तोड़ते दिवस की देह लपेट चुकी हैं,
चौंकी हुई दृष्टि से देख रहा मैं पीछे,
गिनता हूँ अब तक की सब उपलब्धियाँ,
किन्तु, मुझे लज्जा आती है,
और किसीका नहीं, दोष तो मेरा ही है।

मैं बनाता या मिटाता प्रतिदिन अपना जीवन
भले-बुरे कर्मों का वैसा फल मिलता है।
भला, बुरा, जैसा बन गया, बन गया जीवन,
रोके और सँभाले से भी
रुके न सँभले कोई भी कितना सर मारे
और किसीका नहीं, दोष तो मेरा ही है।

मैं ही तो अपना साकार अतीत हूँ,
जिसमें बड़े बड़े आयोजन कर डाले थे,
वे संकल्प, धारणाएँ वे
जिनके ही अनुरूप ढल गया है यह जीवन,
वही, ढाँचा है जिसका,
और किसीका नहीं, दोष तो मेरा ही है।

प्यार का प्रतिफल मिला प्यार ही केवल
और घृणा से अपनी घृणा भयानक,
जिनकी सीमाओं से घिरा हुआ है जीवन,
और मरण भी,
प्यार-घृणा इस तरह बाँधते
किसे दोष दूँ जब कि स्वयं ही मैं दोषी हूँ।

---

१. न्यूयार्क से लिखित, १६ मई, १८९५।

त्याग रहा हूँ मैं भय
और व्यर्थ के सब पछतावे,
प्रबल वेग मेरे कर्मों का प्रवहमान है,
सुख-दुःख, निन्दा और प्रतारण,
यशोकीर्ति के प्रेत खड़े हैं मेरे सम्मुख,
किसे दोष दूँ जब कि स्वयं मैं ही दोषी हूँ।

सभी शुभ-अशुभ, प्यार-घृणा, सुख-दुःख को बाँधे
जीवन सब दिन अपनी राह चला जाता है,
मैं उस सुख के स्वप्न देखता
जिस पर दुःख की पड़े न छाया,
किन्तु कभी हाँ, कभी नहीं हो सके सत्य वे,
किसे दोष दूँ, जब कि स्वयं ही मैं दोषी हूँ।

छूटी घृणा, प्यार भी छूटा
और पिपासा भी जीवन की शान्त हो गयी,
शाश्वत मरण, अभीष्ट रहा जो, वही सामने,
जीवन की ज्वाला, जैसे, निर्वाण पा गयी,
कोई ऐसा शेष नहीं है, जिसे दोष दूँ।

एकमात्र मानव, परमेश्वर एकमात्र, सम्पूर्ण आत्मा,
परम ज्ञानी वह जिसने
उपहास किया उन राहों का,
जो भटकातीं, पतित बनातीं, अँधियारी हैं,
एकमात्र सम्पूर्ण मनुज वह,
जिसने सोचा-समझा चरम लक्ष्य जीवन का,
पथ दिखलाया,
मृत्यु एक अभिशाप, और यह जीवन भी तो ऐसा ही है,
सबसे उत्तम——
जन्म-मरण का बन्धन छूटे।
ॐ नमो भगवते सम्बुद्धाय,
ॐ नमः प्रभु! त्रिर संबुद्ध!

मुक्ति[1]

(४ जुलाई के प्रति)

वह देखो, वे घने बादल छँट रहे हैं,
जिन्होंने रात को, धरती को अशुभ छाया से
ढक लिया था!
किन्तु, तुम्हारा चमत्कारपूर्ण स्पर्श पाते ही
विश्व जाग रहा है।
पक्षियों ने सहगान गाये हैं,
फूलों ने, तारों की भाँति चमकते ओसकणों का मुकुट पहनकर
झुक-झूमकर तुम्हारा सुन्दर स्वागत किया है।
झीलों ने प्यारभरा हृदय तुम्हारे लिए खोला है
और अपने सहस्र सहस्र कमल-नेत्रों के द्वारा
मन की गहराई से
निहारा है तुम्हें।
हे प्रकाश के देवता!
सभी तुम्हारे स्वागत में संलग्न हैं।
आज तुम्हारा नव स्वागत है।
हे सूर्य, तुम आज मुक्ति-ज्योति फैलाते हो।

तुम्हीं सोचो, संसार ने तुम्हारी कितनी प्रतीक्षा की
कितना खोजा तुम्हें,
युग युग तक, देश देश घूमकर कितना खोजा गया।
कुछ ने घर छोड़े, मित्रों का प्यार खोया,

---

१. यह तो ज्ञात ही है कि स्वामी विवेकानन्द की मृत्यु (अथवा जैसा हममें से कुछ कहना अधिक पसन्द करेंगे---उनका पुनरुज्जीवन) ४ जुलाई, १९०२ को हुई। ४ जुलाई, १८९८ के दिन वे कुछ अमेरिकन शिष्यों के साथ काश्मीर का पर्यटन कर रहे थे और उस शुभ दिवस---अमेरिकन स्वातन्त्र्य घोषणा-दिवस---की जयन्ती मनाने के निमित्त एक पारिवारिक षड़यन्त्र के अंगस्वरूप सबेरे जलपान के समय पढ़े जाने के निमित्त उन्होंने इस कविता की रचना की। कविता स्थिरा माता के पास सुरक्षित रही। स०

स्वयं को निर्वासित किया,
निर्जन महासागरों, सुनसान जंगलों में कितना भटके,
एक एक क़दम पर मौत और ज़िन्दगी का सवाल आ गया,
लेकिन, वह दिन भी आया, जब संघर्ष फले,
पूजा, श्रद्धा और बलिदान पूर्ण हुए,
अंगीकृत हुए—तुमने अनुग्रह किया
और समस्त मानवता पर स्वातंत्र्य-प्रकाश विकीर्ण किया।

ओ देवता, निर्बाध बढ़ो, अपने पथ पर,
तब तक,
जब तक कि यह सूर्य आकाश के मध्य में न आ जाय—
जब तक तुम्हारा आलोक विश्व में प्रत्येक देश में प्रतिफलित न हो;
जब तक नारी और पुरुष सभी उन्नत मस्तक होकर यह नहीं देखें
कि उनकी जंज़ीरें टूट गयीं
और नवीन सुखों के वसन्त में (उन्हें) नवजीवन मिला!

अन्वेषण[1]

पहाड़ी, घाटी, पर्वत-श्रेणियों में,
मंदिर, गिरजा, मसजिद,
वेद, बाइबिल, क़ुरान
तुझे खोजा इन सबमें—व्यर्थ।
सघन वनों में भूले शिशु सा
रोया—एकाकी रोया,
तुम कहाँ गये प्रभु, प्रिय?
'चले गये', कहा प्रतिध्वनि ने।

दिन बीते, निशि बीतीं, वर्ष गये,
मन में ज्वाला
कब दिवस निशा में बदला, नहीं ज्ञात।
दो टूक हृदय के हुए।

१. प्रो० जे० एच० राइट को लिखित, सितम्बर ४, १८९३ ई०।

गंगा तट पर आ लेटा,
वर्षा और ताप झेला,
तप्त अश्रुओं से धरती सींची,
जल का गर्जन लेकर रोया,
पावन नाम पुकारे सबके,
सब देशों के, सब धर्मों के,
'अरे, कृपा कर पथ दिखलाओ,
लक्ष्य प्राप्त कर चुके सभी जो
महामहिम जन!'

बीते वर्ष करुण क्रन्दन में,
प्रतिक्षण युग सा बीता।
उस क्रंदन में, आहों में,
कोई पुकारता सा लगा।

एक सौम्य मन-भावन-ध्वनि,
जो मेरी आत्मा के सब तारों से
समसुर होने में हर्षित सी लगी——
बोली : 'तनय मेरे', 'तनय मेरे।'

मैंने उठकर उसके उद्‌गम को खोजा,
खोजा, फिर फिर खोजा, मुड़कर देखा,
चारों दिशि——आगे, पीछे।
बार बार वह स्वर्गिक स्वर
मानो कहता कुछ,
स्तब्ध हुई आत्मा आनन्दित,
परमानन्द-विमोहित मग्न समाधि।

एक चमक ने आलोकित कर दी मेरी आत्मा,
अंतरतम के द्वार हो गये मुक्त।
कितना हर्ष, कितना आनंद——क्या मिला मुझे!
मेरे प्रिय, मेरे प्राण, यहाँ?

तुम हो यहाँ; प्रिय, मेरे सब कुछ !
मैं खोज रहा था तुमको
और तुम युग युग से यहीं
महिमा के सिंहासन पर थे आसीन।

उस दिन से अब जहाँ जहाँ मैं जाता हूँ,
वे पास खड़े रहते हैं,
घाटी, पर्वत, उच्च पहाड़ी—
अति सुदूर, अति उच्च—सभी जगह।

शशि का सौम्य प्रकाश, चमकते तारे
तेजस्वी दिनमणि में
वही चमकता—वे उसकी सुन्दरता औ' शक्ति
के केवल प्रतिबिम्बित प्रकाश।
तेजस्वी ऊषा, ढलती संध्या,
तरंगित सीमाहीन समुद्र
गीत विहग के औ' निसर्ग की शोभा
उन सबमें—वह है।

विपदाएँ जब मुझे जकड़तीं,
उर अशक्त मूर्छित सा
प्रकृति कुचलती निज पदतल से,
कभी न झुकनेवाले विधान से।

तब लगता है, सुनता हूँ,
मीठे सुर में तुमको कहते चुपके चुपके—
'मैं हूँ समीप', 'मैं हूँ समीप'।
हृदय को मिल जाती शक्ति, साथ तुम्हारे
मरण सहस्रों, फिर भी निर्भय।
तुम्हीं ध्वनित माँ की लोरी में,
जो शिशु की पलकें अलसा देती।

निर्मल बच्चों की क्रीड़ा और हँसी में,
तुम्हें देखता खड़े निकट।
पावन मैत्री के स्नेह मिलन में
खड़े बीच में साक्षी
माँ के चुम्बन में, शिशु की मृदु 'अम्मा' ध्वनि में,
तुम अमृत उड़ेलते।
साथ पुरातन गुरुओं के थे तुम,
सभी धर्म के तुम स्रोत,
वेद, क़ुरान, बाइबिल
एक राग में गाते।
तेरी ही गुण-गाथा।

जीवन की इस प्रवहमान धारा में,
तू आत्माओं की आत्मा,
'ॐ तत् सत् ॐ', तू है मेरा प्रभु,
मेरे प्रिय! मैं तेरा, मैं तेरा!

निर्वाणषट्कम्[1]

न मन, न बुद्धि, न अहंकार, न चित्त,
न शरीर, न उसके विकास,
न श्रवण, न जिह्वा, न नासिका, न नेत्र,
न आकाश, न भूमि, न तेज, न वायु,
मैं परम सत्, परम चित्, परम आनन्दस्वरूप हूँ,
मैं शिव हूँ, मैं शिव हूँ; (शिवोऽहं, शिवोऽहम्)।

न प्राण, न पंचवायु, न सप्तधातु, न पंचकोश,
न वाणी, न कर, न पद, न उपस्थ, न कोई इन्द्रिय,
मैं परम सत्, परम चित्, परम आनन्दस्वरूप हूँ,
मैं शिव हूँ, मैं शिव हूँ; (शिवोऽहं, शिवोऽहम्)।

---

१. शंकराचार्य की एक कविता का अनुवाद।

न द्वेष हूँ, न राग हूँ, न लोभ, न मोह;
न मद हूँ, न मात्सर्य हूँ,
धर्म, अर्थ, काम और मोक्ष भी नहीं हूँ,
मैं परम सत्, परम चित्, परम आनन्दस्वरूप हूँ,
मैं शिव हूँ, मैं शिव हूँ; (शिवोऽहं, शिवोऽहम्)।

न पुण्य, न पाप, न सुख, न दुःख,
न मंत्र, न तीर्थ, न वेद, न यज्ञ,
न भोजन हूँ, न भोक्ता हूँ, न भोग्य हूँ,
मैं परम् सत्,परम् चित, परम् आनन्दस्वरूप हूँ,
मैं शिव हूँ, मैं शिव हूँ। (शिवोऽहं, शिवोऽहम्)

न मृत्यु हूँ; न शंका हूँ, न मेरी कोई जाति है,
न पिता, न माता, न मेरा जन्म ही है,
न बन्धु, न मित्र, न गुरु, न शिष्य,
मैं परम सत्, परम चित्, परम आनन्दस्वरूप हूँ,
मैं शिव हू , मैं शिव हूं; (शिवोऽहं, शिवोऽहम्) ।

मैं तो निर्विकल्प, निराकार, विभु, अनन्त,
काल और सीमा से परे,
प्रत्येक वस्तु में हूँ, प्रत्येक वस्तु मैं ही हूं,
मैं ही विश्व का आधार हूँ,
मैं परम सत्, परम चित्, परम आनन्दस्वरूप हूँ,
मैं शिव हूँ, मैं शिव हूं; (शिवोऽहं, शिवोऽहम्)।

सृष्टि

(खम्माच-चौताला)

एक रूप, अरूप-नाम-बरन, अतीत-आगामि-काल-हीन,
देशहीन, सर्वहीन, 'नेति नेति' विराम जहाँ।

वहीं से होकर बहे कारण-धारा,

धार के वासना वेश उजला,
गरज गरज उठता है उसका वारि,
अहमहमिति सर्वमिति सर्वक्षण ।।

उसी अपार इच्छा-सागर माँझे
अयुत अनन्त तरंगराजे
कितने रूप, कितनी शक्ति,
कितनी गति-स्थिति किसने की गणना ।।

कोटि चन्द्र, कोटि तपन
पाते उसी सागर में जन्म,
महाघोर रोर गगन में छाया
किया दश दिक् ज्योति-मगन ।।

उसीमें बसे कई जड़-जीव-प्राणी,
सुख-दुःख, जरा, जनम-मरण,
वही सूर्य जिसकी किरण, जो है सूर्य वही किरण ।।

शिव-संगीत

(कर्नाटि-एकताल)

ताथैया ताथैया नाचे भोला,
बम् बब बाजे गान।
डिमि डिमि डिमि डमरू बाजे डोलती कपाल-माल।
गरजे गंगा जटा माँझे, उगले अनल त्रिशूल राजे,
धक् धक् धक् मौलिबन्ध ज्वले शशांक-भाल।

सूक्तियाँ एवं सुभाषित–२

सूक्तियाँ एवं सुभाषित

१. मनुष्य प्रकृति पर विजय प्राप्त करने के लिए उत्पन्न हुआ है, उसका अनुसरण करने के लिए नहीं।

२. जब तुम अपने आपको शरीर समझते हो, तुम विश्व से अलग हो; जब तुम अपने आपको जीव समझते हो, तब तुम अनन्त अग्नि के एक स्फुलिंग हो; जब तुम अपने आपको आत्मस्वरूप मानते हो, तभी तुम विश्व हो।

३. संकल्प स्वतंत्र नहीं होता—वह भी कार्य-कारण से बँधा एक तत्त्व है—लेकिन संकल्प के पीछे कुछ है, जो स्व-तंत्र है।

४. शक्ति 'शिव'-ता में है, पवित्रता में है।

५. विश्व है परमात्मा का व्यक्त रूप।

६. जब तक तुम स्वयं अपने में विश्वास नहीं करते, परमात्मा में तुम विश्वास नहीं कर सकते।

७. अशुभ की जड़ इस भ्रम में है कि हम शरीर मात्र हैं। यदि कोई मौलिक या आदि पाप है, तो वह यही है।

८. एक पक्ष कहता है विचार जड़ वस्तु से उत्पन्न होता है; दूसरा पक्ष कहता है, जड़ वस्तु विचार से। दोनों कथन ग़लत हैं: जड़ वस्तु और विचार, दोनों का सह-अस्तित्व है। वह कोई तीसरी ही वस्तु है, जिससे विचार और जड़ वस्तु दोनों उत्पन्न होते हैं।

९. जैसे देश में जड़ वस्तु के कण संयुक्त होते हैं; वैसे ही काल में मन की तरंगें संयुक्त होती हैं।

१०. ईश्वर की परिभाषा करना चर्वितचर्वण है; क्योंकि एकमात्र परम अस्तित्व, जिसे हम जानते हैं, वही है।

११. धर्म वह वस्तु है, जिससे पशु मनुष्य तक और मनुष्य परमात्मा तक उठ सकता है।

१२. बाह्य प्रकृति अन्तःप्रकृति का ही विशाल आलेख है।

१३. तुम्हारी प्रवृत्ति तुम्हारे काम का मापदंड है। तुम ईश्वर हो और निम्नतम मनुष्य भी ईश्वर है, इससे बढ़कर और कौन सी प्रवृत्ति हो सकती है?

१४. मानसिक जगत् का पर्यवेक्षक बहुत बलवान और वैज्ञानिक प्रशिक्षणयुक्त होना चाहिए।

१५. यह मानना कि मन ही सब कुछ है, विचार ही सब कुछ है—केवल एक प्रकार का उच्चतर भौतिकतावाद है।

१६. यह दुनिया एक बड़ी व्यायामशाला है, जहाँ हम अपने आपको बलवान बनाने के लिए आते हैं।

१७. जैसे तुम पौधे को उगा नहीं सकते, वैसे ही तुम बच्चे को सिखा नहीं सकते। जो कुछ तुम कर सकते हो, वह केवल नकारात्मक पक्ष में है—तुम केवल सहायता दे सकते हो। वह तो एक आन्तरिक अभिव्यंजना है; वह अपना स्वभाव स्वयं विकसित करता है—तुम केवल बाधाओं को दूर कर सकते हो।

१८. एक पन्थ बनाते ही तुम विश्वबन्धुता के विरुद्ध हो जाते हो। जो सच्ची विश्वबंधुता की भावना रखते हैं, वे अधिक बोलते नहीं; उनके कर्म ही स्वयं ज़ोर से बोलते हैं।

१९. सत्य हज़ार ढंग से कहा जा सकता है, और फिर भी हर ढंग सच हो सकता है।

२०. तुमको अन्दर से बाहर विकसित होना है। कोई तुमको न सिखा सकता है, न आध्यात्मिक बना सकता है। तुम्हारी आत्मा के सिवा और कोई गुरु नहीं है।

२१. यदि एक अनन्त श्रृंखला में कुछ कड़ियाँ समझायी जा सकती हैं, तो उसी पद्धति से सब समझायी जा सकती हैं।

२२. जो मनुष्य किसी भौतिक वस्तु से विचलित नहीं होता, उसने अमरता पा ली।

२३. सत्य के लिए सब कुछ त्यागा जा सकता है, पर सत्य को किसी भी चीज के लिए छोड़ा नहीं जा सकता, उसकी बलि नहीं दी जा सकती।

२४. सत्य का अन्वेषण शक्ति की अभिव्यक्ति है—वह कमज़ोर, अन्ध लोगों का अंधेरे में टटोलना नहीं है।

२५. ईश्वर मनुष्य बना; मनुष्य भी फिर से ईश्वर बनेगा।

२६. यह एक बच्चों की सी बात है कि मनुष्य मरता है और स्वर्ग में जाता है। हम कभी न आते हैं, न जाते। हम जहाँ हैं, वहीं रहते हैं। सारी आत्माएँ, जो हो चुकी हैं, अब हैं और आगे होंगी; वे सब ज्यामिति के एक बिंदु पर स्थित हैं।

२७. जिसके हृदय की पुस्तक खुल चुकी है, उसे अन्य किसी पुस्तक की आवश्यकता नहीं रह जाती। उनका महत्त्व केवल इतना भर है कि वे हममें लालसा जगाती हैं। वे प्रायः अन्य व्यक्तियों के अनुभव होती हैं।

२८. सब प्राणियों के प्रति करुणा रखो। जो दुःख में हैं, उन पर दया करो। सब प्राणियों से प्रेम करो। किसीसे ईर्ष्या मत करो। दूसरों के दोष मत देखो।

२९. मनुष्य न तो कभी मरता है, न कभी जन्म लेता है। शरीर मरते हैं; पर वह कभी नहीं मरता।

३०. कोई भी किसी धर्म में जन्म नहीं लेता, परन्तु प्रत्येक व्यक्ति धर्म के लिए जन्म लेता है।

३१. विश्व में केवल एक आत्म-तत्त्व है, सब कुछ केवल 'उसी' की अभिव्यक्तियाँ हैं।

३२. समस्त उपासक जनसाधारण और कुछ वीरों में (इन दो वर्गों में) विभक्त हैं।

३३. यदि यहाँ और अभी पूर्णता की प्राप्ति असंभव है, तो इस बात का कोई प्रमाण नहीं कि दूसरे जन्म में हमें पूर्णता मिल ही जायगी।

३४. यदि मैं एक मिट्टी के ढेले को पूर्णतया जान लूँ, तो सारी मिट्टी को जान लूँगा। यह है सिद्धान्तों का ज्ञान, लेकिन उनका समायोजन अलग अलग होता है। जब तुम स्वयं को जान लोगे, तो सब कुछ जान लोगे!

३५. व्यक्तिगत रूप से मैं वेदों में से उतना ही स्वीकार करता हूँ, जो बुद्धिसम्मत है। वेदों के कतिपय अंश स्पष्ट ही परस्पर विरोधी हैं। वे, पाश्चात्य अर्थ में, दैवी प्रेरणा से प्रेरित नहीं माने जाते हैं। परन्तु वे ईश्वर के ज्ञान या सर्वज्ञता का सम्पूर्ण रूप हैं। यह ज्ञान एक कल्प के आरंभ में व्यक्त होता है; और जब वह कल्प समाप्त होता है, वह सूक्ष्म रूप प्राप्त करता है। जब कल्प पुनः व्यक्त होता है, ज्ञान भी व्यक्त होता है। यहाँ तक यह सिद्धान्त ठीक है। पर यह कहना कि केवल यह वेद नामक ग्रंथ ही उस परम तत्त्व का ज्ञान है, कुतर्क है। मनु ने एक स्थान पर कहा है कि वेद में वही अंश वेद है, जो बुद्धिग्राह्य, विवेकसम्मत है। हमारे अनेक दार्शनिकों ने यही दृष्टिकोण अपनाया है।

३६. दुनिया के सब धर्मग्रन्थों में केवल वेद ही यह घोषणा करते हैं कि वेदाध्ययन गौण है। सच्चा अध्ययन तो वह है, 'जिससे अक्षर ब्रह्म प्राप्त हो'। और वह न पढ़ना है, न विश्वास करना है, न तर्क करना है, वरन् अतिचेतन ज्ञान अथवा समाधि है।

३७. हम कभी निम्नस्तरीय पशु थे। हम समझते हैं कि वे हमसे कुछ भिन्न वस्तु हैं। मैं देखता हूँ, पश्चिमवाले कहते हैं, 'दुनिया हमारे लिए बनी है।' यदि चीते पुस्तकें लिख सकते, तो वे यही कहते कि मनुष्य उनके लिए बना है, और मनुष्य

सबसे पापी प्राणी है, क्योंकि वह उनकी (चीते की) पकड़ में सहज नहीं आता। आज जो कीड़ा तुम्हारे पैरों के नीचे रेंग रहा है, वह आगे होनेवाला ईश्वर है।

३८. न्यूयार्क में स्वामी विवेकानन्द ने कहा, "मैं बहुत चाहता हूँ कि हमारी स्त्रियों में तुम्हारी बौद्धिकता होती, परन्तु यदि वह चारित्रिक पवित्रता का मूल्य देकर ही आ सकती हो, तो मैं उसे नहीं चाहूँगा। तुमको जो कुछ आता है, उसके लिए मैं तुम्हारी प्रशंसा करता हूँ, लेकिन जो बुरा है, उसे गुलाबों से ढककर उसे अच्छा कहने का जो यत्न तुम करती हो, उससे मैं नफ़रत करता हूँ। बौद्धिकता ही परम श्रेय नहीं है। नैतिकता और अध्यात्मिकता के लिए हम प्रयत्न करते हैं। हमारी स्त्रियाँ इतनी विदुषी नहीं, परन्तु वे अधिक पवित्र हैं। प्रत्येक स्त्री के लिए अपने पति को छोड़ अन्य कोई भी पुरुष पुत्र जैसा होना चाहिए।

"प्रत्येक पुरुष के लिए अपनी पत्नी को छोड़ अन्य सब स्त्रियाँ माता के समान होनी चाहिए। जब मैं अपने आसपास देखता हूँ और स्त्री-दाक्षिण्य के नाम पर जो कुछ चलता है, वह देखता हूँ, तो मेरी आत्मा ग्लानि से भर उठती है। जब तक तुम्हारी स्त्रियाँ यौन सम्बंधी प्रश्न की उपेक्षा करके सामान्य मानवता के स्तर पर नहीं मिलतीं, उनका सच्चा विकास नहीं होगा। तब तक वे सिर्फ़ खिलौना बनी रहेंगी, और कुछ नहीं। यही सब तलाक़ का कारण है। तुम्हारे पुरुष नीचे झुकते हैं और कुर्सी देते हैं, मगर दूसरे ही क्षण वे प्रशंसा में कहना शुरू करते हैं—'देवी जी, तुम्हारी आँखें कितनी सुन्दर हैं!' उन्हें यह करने का क्या अधिकार है? एक पुरुष इतना साहस क्यों कर पाता है, और तुम स्त्रियाँ कैसे इसकी अनुमति दे सकती हो? ऐसी चीज़ों से मानवता के अधमतर पक्ष का विकास होता है। उनसे श्रेष्ठ आदर्शों की ओर हम नहीं बढ़ते।

"हम स्त्री और पुरुष हैं, हमें यही न सोचकर सोचना चाहिए कि हम मानव हैं, जो एक दूसरे की सहायता करने और एक दूसरे के काम आने के लिए जन्मे हैं। ज्यों ही एक तरुण और तरुणी एकान्त पाते हैं, वह उसकी आशंसा करना शुरू करता है, और इस प्रकार विवाह के रूप में पत्नी ग्रहण करने के पहले वह दो सौ स्त्रियों से प्रेम कर चुका होता है। वाह! यदि मैं विवाह करनेवालों में से एक होता, तो मैं प्रेम करने के लिए ऐसी ही स्त्री खोजता, जिससे यह सब कुछ न करना होता।

"जब मैं भारत में था और बाहर से इन चीज़ों को देखता था, तो मुझसे कहा जाता था, यह सब ठीक है, यह निरा मनबहलाव है। मनोरंजन है और मैं उसमें विश्वास करता था। परन्तु उसके बाद मैंने काफ़ी यात्रा की है, और मैं जानता हूँ कि यह ठीक नहीं है। यह ग़लत है, सिर्फ़ तुम पश्चिमवाले अपनी

आँखें मूँदे हो और उसे अच्छा कहते हो। पश्चिम के देशों की दिक़्क़त यह है कि वे बच्चे हैं, मूर्ख हैं, चंचल चित्त हैं और समृद्ध हैं। इनमें से एक ही गुण अनर्थ करने के लिए काफ़ी है; लेकिन जब ये तीनों, चारों एकत्र हों, तो सावधान!"

सबके बारे में ही स्वामी जी कठोर थे, बोस्टन में सबसे कड़ी बात उन्होंने कही—"सबमें बोस्टन सर्वाधिक बुरा है। वहाँ की स्त्रियाँ सब चंचलाएँ, किसी न किसी धुन (fad) को माननेवाली, सदा नये और अनोखे की तलाश में रहती हैं!"

३९. (स्वामी जी ने अमेरिका में कहा) जो देश अपनी सभ्यता पर इतना अहंकार करता है, उसमें आध्यात्मिकता की आशा कैसे की जा सकती है?

४०. 'इहलोक' और 'परलोक' यह बच्चों को डराने के शब्द हैं। सब कुछ 'इह' या यहाँ ही है। यहाँ, इसी शरीर में, ईश्वर में जीवित और गतिशील रहने के लिए संपूर्ण अहन्ता दूर होनी चाहिए, सारे अन्धविश्वासों को हटाना चाहिए। ऐसे व्यक्ति भारत में रहते हैं। ऐसे लोग इस देश (अमेरिका) में कहाँ हैं? तुम्हारे प्रचारक स्वप्नदर्शियों के विरुद्ध बोलते हैं। इस देश के लोग और भी अच्छी दशा में होते, यदि कुछ अधिक स्वप्नदर्शी होते। स्वप्न देखने और उन्नीसवीं सदी की बकवास में बहुत अन्तर है। यह सारा जगत् ईश्वर से भरा है, पाप से नहीं। आओ, हम एक दूसरे की मदद करें, एक दूसरे से प्रेम करें।

४१. मुझे अपने गुरु की तरह कामिनी, कांचन और कीर्ति से पराङ्मुख सच्चा संन्यासी बनकर मरने दो; और इन तीनों में कीर्ति का लोभ सबसे अधिक मायावी होता है।

४२. मैंने कभी प्रतिशोध की बात नहीं की। मैंने सदा बल की बात की है। हम समुद्र की फुहार की बूँद से बदला लेने की स्वप्न में भी कल्पना करते हैं? लेकिन एक मच्छर के लिए यह एक बड़ी बात है।

४३. (स्वामी जी ने एक बार अमेरिका में कहा) यह एक महान् देश है। लेकिन मैं यहाँ रहना नहीं चाहूँगा। अमेरिकन लोग पैसे को बहुत महत्त्व देते हैं। वे सब चीज़ों से बढ़कर पैसे को मानते हैं। तुम लोगों को बहुत कुछ सीखना है। जब तुम्हारा देश भी हमारे भारत की तरह प्राचीन देश बनेगा, तब तुम अधिक समझदार होगे।

४४. हो सकता है कि एक पुराने वस्त्र को त्याग देने के सदृश, अपने शरीर से बाहर निकल जाने को मैं बहुत उपादेय पाऊँ। लेकिन मैं काम करना नहीं छोड़ूँगा। जब तक सारी दुनिया न जान ले, मैं सब जगह लोगों को यही प्रेरणा देता रहूँगा कि वह परमात्मा के साथ एक है।

४५. जो कुछ मैं हूँ, जो कुछ सारी दुनिया एक दिन बनेगी, वह मेरे गुरु श्री रामकृष्ण के कारण है। उन्होंने हिंदुत्व, इसलाम और ईसाई मत में वह अपूर्व एकता खोजी, जो सब चीज़ों के भीतर रमी हुई है। श्री रामकृष्ण उस एकता के अवतार थे, उन्होंने उस एकता का अनुभव किया और सबको उसका उपदेश दिया।

४६. अगर स्वाद की इन्द्रिय को ढील दी, तो सभी इन्द्रियाँ बेलगाम दौड़ेंगी।

४७. ज्ञान, भक्ति, योग और कर्म—ये चार मार्ग मुक्ति की ओर ले जानेवाले हैं। हर एक को उस मार्ग का अनुसरण करना चाहिए, जिसके लिए वह योग्य है; लेकिन इस युग में कर्मयोग पर विशेष बल देना चाहिए।

४८. धर्म कल्पना की चीज़ नहीं, प्रत्यक्ष दर्शन की चीज़ है। जिसने एक भी महान् आत्मा के दर्शन कर लिये, वह अनेक पुस्तकी पंडितों से बढ़कर है।

४९. एक बार स्वामी जी किसीकी बहुत प्रशंसा कर रहे थे; इस पर उनके पास बैठे हुए किसीने कहा, "लेकिन वह आपको नहीं मानते"—इसे सुनकर स्वामी जी ने तत्काल उत्तर दिया: "क्या ऐसा कोई क़ानूनी शपथ-पत्र लिखा हुआ है कि उन्हें मेरी हर बात माननी ही चाहिए। वे अच्छा काम कर रहे हैं और इसलिए प्रशसा के पात्र हैं।"

५०. सच्चे धर्म के क्षेत्र में, कोरे पुस्तकीय ज्ञान का कोई स्थान नहीं।

५१. पैसेवालों की पूजा का प्रवेश होते ही धार्मिक संप्रदाय का पतन आरंभ हो जाता है।

५२. अगर कुछ बुरा करना चाहो, तो वह अपने से बड़ों के सामने करो।

५३. गुरु की कृपा से, शिष्य बिना ग्रंथ पढ़े ही पंडित हो जाता है।

५४. न पाप है, न पुण्य है, सिर्फ़ अज्ञान है। अद्वैत की उपलब्धि से यह अज्ञान मिट जाता है।

५५. धार्मिक आन्दोलन समूहों में आते हैं। उनमें से हर एक दूसरे से ऊपर बढ़कर अपने को चलाना चाहता है। लेकिन सामान्यतः उनमें से एक की शक्ति बढ़ती है और वही, अन्ततः, शेष सब समकालीन आन्दोलनों को आत्मसात कर लेता है।

५६. जब स्वामी जी रामनाड़ में थे, एक संभाषण के बीच उन्होंने कहा कि श्री राम परमात्मा हैं। सीता जीवात्मा और प्रत्येक स्त्री या पुरुष का शरीर लंका है। जीवात्मा जो कि शरीर में बद्ध है, या लंकाद्वीप में बंदी है, वह सदा परमात्मा श्री राम से मिलना चाहती है। लेकिन राक्षस यह होने नहीं देते। और ये राक्षस-चरित्र के कुछ गुण हैं। जैसे विभीषण सत्त्व गुण है; रावण, रजोगुण; कुम्भकर्ण,

तमोगुण। सत्त्व गुण का अर्थ है अच्छाई; रजोगुण का अर्थ है लोभ और वासना; तमोगुण में अंधकार, आलस्य, तृष्णा, ईर्ष्या आदि विकार आते हैं। ये गुण शरीररूपी लंका में बन्दिनी सीता को यानी जीवात्मा को परमात्मा श्री राम से मिलने नहीं देते। सीता जब बन्दिनी होती हैं, और अपने स्वामी से मिलने के लिए आतुर रहती हैं, उन्हें हनुमान या गुरु मिलते हैं, जो ब्रह्मज्ञानरूपी मुद्रिका उन्हें दिखाते हैं और उसको पाते ही सब भ्रम नष्ट हो जाते हैं; और इस प्रकार से सीता श्री राम से मिलने का मार्ग पा जाती हैं, या दूसरे शब्दों में जीवात्मा परमात्मा में एकाकार हो जाती है।

५७. एक सच्चा ईसाई सच्चा हिन्दू होता है, और एक सच्चा हिन्दू सच्चा ईसाई।

५८. समस्त स्वस्थ सामाजिक परिवर्तन अपने भीतर काम करनेवाली आध्यात्मिक शक्तियों के व्यक्त रूप होते हैं; और यदि ये बलशाली और सुव्यवस्थित हों, तो समाज अपने आपको उस तरह से ढाल लेता है। हर व्यक्ति को अपनी मुक्ति की साधना स्वयं करनी होती है; कोई दूसरा रास्ता नहीं है। और यही बात राष्ट्रों के लिए भी सही है। और फिर हर राष्ट्र की बड़ी संस्थाएँ उसके अस्तित्व की उपाधियाँ होती हैं और वे किसी दूसरी जाति के साँचे के हिसाब से नहीं बदल सकतीं। जब तक उच्चतर संस्थाएँ विकसित नहीं होतीं, पुरानी संस्थाओं को तोड़ने का प्रयत्न करना भयानक होगा। विकास सदैव क्रमिक होता है।

संस्थाओं के दोष दिखाना आसान होता है, चूँकि सभी संस्थाएँ थोड़ी-बहुत अपूर्ण होती हैं, लेकिन मानव जाति का सच्चा कल्याण करनेवाला तो वह है, जो व्यक्तियों को, वे चाहे जिन संस्थाओं में रहते हों, अपनी अपूर्णताओं से ऊपर उठने में सहायता देता है। व्यक्ति के उत्थान से देश और संस्थाओं का भी उत्थान अवश्य होता है। शीलवान लोग बुरी रूढ़ियों और नियमों की उपेक्षा करते हैं और प्रेम, सहानुभूति और प्रामाणिकता के अलिखित और अधिक शक्तिशाली नियम उनका स्थान लेते हैं। वह राष्ट्र बहुत सुखी है, जिसका बहुत थोड़े से क़ायदे-क़ानून से काम चलता है, और जिसे इस या उस संस्था में अपना सिर खपाने की जरूरत नहीं होती है। अच्छे आदमी सब विधि-विधानों से ऊपर उठते हैं, और वे ही अपने लोगों को—वे चाहे जिन परिस्थितियों में रहते हों—ऊपर उठाने में मदद करते हैं।

भारत की मुक्ति, इसलिए, व्यक्ति की शक्ति पर और प्रत्येक व्यक्ति के अपने भीतर के ईश्वरत्व के ज्ञान पर निर्भर है।

५९. जब तक भौतिकता नहीं जाती, तब तक आध्यात्मिकता तक नहीं पहुँचा जा सकता।

६०. गीता का पहला संवाद रूपक माना जा सकता है।

६१. जहाज़ छूट जायगा इस डर से, एक अधीर अमेरिकन भक्त ने कहा : "स्वामी जी, आपको समय का कोई विचार नहीं।" स्वामी जी ने शान्तिपूर्वक कहा : "नहीं, तुम समय में जीते हो, हम अनन्त में !"

६२. हम सदा भावुकता को कर्तव्य का स्थान हड़पने देते हैं, और अपनी श्लाघा करते हैं कि सच्चे प्रेम के प्रतिदान में हम ऐसा कर रहे हैं।

६३. यदि त्याग की शक्ति प्राप्त करनी हो, तो हमें संवेगात्मकता से ऊपर उठना होगा। संवेग पशुओं की कोटि की चीज़ है। वे पूर्णरूपेण संवेग के प्राणी होते हैं।

६४. अपने छोटे बच्चों के लिए मरना, कोई बहुत ऊँचा त्याग नहीं। पशु वैसा करते हैं, ठीक जैसे मानवी माताएँ करती हैं। सच्चे प्रेम का वह कोई चिह्न नहीं; वह केवल अन्ध भावना है।

६५. हम हमेशा अपनी कमज़ोरी को शक्ति बताने की कोशिश करते हैं; अपनी भावुकता को प्रेम कहते हैं; अपनी कायरता को धैर्य, इत्यादि।

६६. जब अहंकार, दुर्बलता आदि देखो, तो अपनी आत्मा से कहो : 'यह तुम्हें शोभा नहीं देता। यह तुम्हारे योग्य नहीं।'

६७. कोई भी पति पत्नी को केवल पत्नी के नाते नहीं प्रेम करता, न कोई भी पत्नी पति को केवल पति के नाते प्रेम करती है। पत्नी में जो परमात्म-तत्त्व है, उसीसे पति प्रेम करता है; पति में जो परमेश्वर है, उसीसे पत्नी प्रेम करती है। प्रत्येक में जो ईश्वर-तत्त्व है, वही हमें अपने प्रिय के निकट खींचता है। प्रत्येक वस्तु में और प्रत्येक व्यक्ति में जो परमेश्वर है, वही हमसे प्रेम कराता है। परमेश्वर ही सच्चा प्रेम है।

६८. ओह, यदि तुम अपने आपको जान पाते ! तुम आत्मा हो, तुम ईश्वर हो। यदि मैं कभी ईश-निन्दा करता सा अनुभव करता हूँ, तो तब, जब मैं तुम्हें मनुष्य कहता हूँ।

६९. हर एक में परमात्मा है; बाक़ी सब तो सपना है, छलना है।

७०. यदि आत्मा के जीवन में मुझे आनन्द नहीं मिलता, तो क्या मैं इन्द्रियों के जीवन में आनन्द पाऊँगा ? यदि मुझे अमृत नहीं मिलता, तो क्या मैं गड्ढे के पानी से प्यास बुझाऊँ ? चातक सिर्फ़ बादलों से ही पानी पीता है, और ऊँचा उड़ता हुआ चिल्लाता है, 'शुद्ध पानी ! शुद्ध पानी !' और कोई आँधी या तूफ़ान

उसके पंखों को डिगा नहीं पाते और न उसे धरती के पानी को पीने के लिए बाध्य कर पाते हैं।

७१. कोई भी मत, जो तुम्हें ईश्वर-प्राप्ति में सहायता देता है, अच्छा है। धर्म ईश्वर की प्राप्ति है।

७२. नास्तिक उदार हो सकता है, पर धार्मिक नहीं। परन्तु धार्मिक मनुष्य को उदार होना ही चाहिए।

७३. दांभिक गुरुवाद की चट्टान पर हर एक की नाव डूबती है, केवल वे आत्माएँ ही बचती हैं, जो स्वयं गुरु बनने के लिए जन्म लेती हैं।

७४. मनुष्य पशुता, मनुष्यता और देवत्व का मिश्रण है।

७५. 'सामाजिक प्रगति' शब्द का उतना ही अर्थ है, जितना 'गर्म बर्फ़' या 'अँधेरा प्रकाश'। अन्ततः 'सामाजिक प्रगति' जैसी कोई चीज़ नहीं।

७६. वस्तुएँ अधिक अच्छी नहीं बनतीं; हम उनमें परिवर्तन करके अधिक अच्छे बनाते हैं।

७७. मैं अपने साथियों की मदद कर सकूँ : बस इतना ही मैं चाहता हूँ।

७८. न्यूयार्क में एक प्रश्न के उत्तर में स्वामी जी ने धीरे से कहा : "नहीं, मैं परलोक-विद्या में विश्वास नहीं करता। यदि कोई चीज़ सच नहीं है, तो नहीं है। अद्भुत या विचित्र चीज़ें भी प्राकृतिक घटनाएँ हैं। मैं उन्हें विज्ञान की वस्तु मानता हूँ। तब वे मेरे लिए परलोक-विद्यावाली या भूत-प्रेतवाली नहीं होतीं। मैं ऐसी परलोक ज्ञान-संस्थाओं में विश्वास नहीं करता। वे कुछ भी अच्छा नहीं करतीं, न वे कभी कुछ अच्छा कर सकती हैं।

७९. मनुष्यों में साधारणतया चार प्रकार होते हैं—बुद्धिवादी, भावुक, रहस्यवादी, कर्मठ। हमें इनमें से प्रत्येक के लिए उचित प्रकार की पूजा-विधि देनी चाहिए। बुद्धिवादी मनुष्य आता है और कहता है : 'मुझे इस तरह का पूजा-विधान पसन्द नहीं। मुझे दार्शनिक, विवेकसिद्ध सामग्री दो—वही मैं चाहता हूँ।' अतः बुद्धिवादी मनुष्य के लिए बुद्धिसम्मत दार्शनिक पूजा है।

फिर आता है कर्मठ। वह कहता है : 'दार्शनिक की पूजा मेरे किसी काम की नहीं। मुझे अपने मानव बंधुओं की सेवा का काम दो।' उसके लिए सेवा ही सबसे बड़ी पूजा है। रहस्यवादी और भावुक के लिए उनके योग्य पूजा-पद्धतियाँ हैं। धर्म में, इन सब लोगों के विश्वास के तत्त्व हैं।

८०. मैं सत्य के लिए हूँ। सत्य मिथ्या के साथ कभी मैत्री नहीं कर सकता। चाहे सारी दुनिया मेरे विरुद्ध हो जाय, अन्त में सत्य ही जीतेगा।

८१. परम मानवतावादी विचार जब भी समूह के हाथों में पड़ जाते हैं, तो पहला परिणाम होता है : पतन। विद्वत्ता और बुद्धि से वस्तुओं को सुरक्षित रखने में सहायता मिलती है। किसी भी समाज में जो संस्कृत हैं, वे ही धर्म और दर्शन को शुद्ध 'रूप' में रखनेवाले सच्चे धर्मरक्षक हैं। किसी भी जाति की बौद्धिक और सामाजिक परिस्थिति का पता लगाना हो, तो उसी 'रूप' से लग सकता है।

८२. अमेरिका में स्वामी जी ने एक बार कहा : "मैं किसी नयी आस्था में तुम्हारा धर्म-परिवर्तन कराने के लिए नहीं आया हूँ। मैं चाहता हूँ, तुम अपना धर्म पालन करो; मेथाडिस्ट और अच्छे मेथाडिस्ट बनें; प्रेसबिटेरियन और अच्छे प्रेसबिटेरियन हों; यूनिटेरियन और अच्छे यूनिटेरियन हों। मैं चाहता हूँ, तुम सत्य का पालन करो; अपनी आत्मा में जो प्रकाश है, वह व्यक्त करो।

८३. सुख आदमी के सामने आता है, तो दुःख का मुकुट पहन कर। जो उसका स्वागत करता है, उसे दुःख का भी स्वागत करना चाहिए।

८४. जिसने दुनिया से पीठ फेर ली, जिसने सबका त्याग कर दिया, जिसने वासना पर विजय पायी, जो शान्ति का प्यासा है, वही मुक्त है, वही महान् है। किसी को राजनीतिक और सामाजिक स्वतंत्रता चाहे मिल जाय, पर यदि वह वासनाओं और इच्छाओं का दास है, तो सच्ची स्वतंत्रता का शुद्ध आनन्द वह नहीं जान सकता।

८५. परोपकार ही धर्म है; परपीड़न ही पाप। शक्ति और पौरुष पुण्य है, कमज़ोरी और कायरता पाप। स्वतंत्रता पुण्य है; पराधीनता पाप। दूसरों से प्रेम करना पुण्य है, दूसरों से घृणा करना पाप। परमात्मा में और अपने आप में विश्वास पुण्य है; सन्देह ही पाप है। एकता का ध्यान पुण्य है; अनेकता देखना ही पाप। विभिन्न शास्त्र केवल पुण्य-प्राप्ति के ही साधन बताते हैं।

८६. जब तर्क से बुद्धि सत्य को जान लेती है, तब वह भावनाओं के स्रोत हृदय द्वारा अनुभूत होता है। इस प्रकार बुद्धि और भावना दोनों एक ही क्षण में आलोकित हो उठते हैं; और तभी जैसे मुंडकोपनिषद् (२।२।८) में कहा है— 'हृदय-ग्रंथि खुल जाती है, सब संशय मिट जाते हैं।'

जब प्राचीन काल में ज्ञान और भाव ऋषियों के हृदय में एक साथ प्रस्फुटित हो उठते थे, तब सर्वोच्च सत्य ने काव्य की भाषा ग्रहण की और तभी वेद और अन्य शास्त्र रचे गये। इसी कारण, उन्हें पढ़ते हुए लगता है कि वैदिक स्तर पर मानो भाव और ज्ञान की दोनों समानान्तर रेखाएँ अंततः मिलकर एकाकार हो गयी हैं और एक दूसरे से अभिन्न हैं।

८७. विभिन्न धर्मों के ग्रंथ विश्वप्रेम, स्वतंत्रता, पौरुष और निःस्वार्थ उपकार की प्राप्ति के अलग अलग मार्ग बताते हैं। प्रत्येक धर्म-पन्थ, पुण्य क्या है और पाप क्या है, इस विषय में प्रायः भिन्न है, और एक दूसरे से ये पन्थ अपने अपने पुण्य-प्राप्ति के साधनों और पाप को दूर रखने के मार्गों के विषय में लड़ते रहते हैं; मुख्य साध्य या ध्येय की प्राप्ति की ओर कोई ध्यान नहीं देता। प्रत्येक साधन कम या अधिक मात्रा में सहायक तो होता ही है और गीता (१८।४८) कहती है : **सर्वारम्भा हि दोषेण धूमेनाग्निरिवावृताः**। इसलिए साधन तो कम या अधिक मात्रा में सदोष जान पड़ेंगे। परन्तु अपने अपने धर्म-ग्रंथ में लिखे हुए साधन द्वारा ही हमें सर्वोच्च पुण्य प्राप्त करना है, इसलिए हमें उनका अनुसरण करना चाहिए। परन्तु उनके साथ साथ विवेक-बुद्धि से भी काम लेना चाहिए। इस प्रकार ज्यों ज्यों हम प्रगति करते जायँगे, पाप-पुण्य की पहेली अपने आप सुलझती चली जायगी।

८८. आजकल हमारे देश में कितने लोग सचमुच में शास्त्र समझते हैं? उन्होंने सिर्फ़ कुछ शब्द जैसे ब्रह्म, माया प्रकृति आदि रट लिये हैं और उनमें अपना सिर खपाते हैं। शास्त्रों के सच्चे अर्थ और उद्देश्य को एक ओर रखकर, वे शब्दों पर लड़ते रहते हैं। यदि शास्त्र सब व्यक्तियों को, सब परिस्थितियों में, सब समय उपयोगी न हों, तो वे किस काम के हैं? अगर शास्त्र सिर्फ़ संन्यासियों के काम के हों और गृहस्थों के नहीं, तो फिर ऐसे एकांगी शास्त्रों का गृहस्थों को क्या उपयोग है? यदि शास्त्र सिर्फ़ सर्व संगपरित्यागी, विरक्त और वानप्रस्थों के लिए ही हों और यदि वे दैनन्दिन जीवन में प्रत्येक व्यक्ति के हृदय में आशा का दीपक नहीं जला सकते, यदि वे उनके दैनिक श्रम, रोग, दुःख, दैन्य, परिताप में निराशा, दलितों की आत्मग्लानि, युद्ध के भय, लोभ, क्रोध, इंद्रिय सुख, विजयानंद, पराजय के अन्धकार और अंततः मृत्यु की भयावनी रात में काम में नहीं आते ---तो दुर्बल मानवता को ऐसे शास्त्रों की ज़रूरत नहीं, और ऐसे शास्त्र शास्त्र नहीं हैं।

८९. भोग के द्वारा योग समय पर आयेगा। परंतु मेरे देशवासियों का दुर्भाग्य है कि योग की प्राप्ति तो दूर रही, उन्हें थोड़ा सा भोग भी नसीब नहीं। सब प्रकार के अपमान सहन करके, वे बड़ी मुश्किल से शरीर की न्यूनतम आवश्यकताओं को जुटा पाते हैं---और वे भी सबको नहीं मिल पातीं! यह विचित्र है कि ऐसी बुरी स्थिति से भी हमारी नींद नहीं टूटती और हम अपने तात्कालिक कर्तव्य के प्रति उन्मुख नहीं होते।

९०. अपने अधिकारों और विशेषाधिकारों के लिए आन्दोलन करो, लेकिन याद रखो कि जब तक देश में आत्मसम्मान की भावना उत्कटता से नहीं जगाते

और अपने आपको सही तौर पर नहीं उठाते, तब तक हक़ और अधिकार प्राप्त करने की आशा केवल अलनस्कर (शेख़चिल्ली) के दिवास्वप्न की तरह रहेगी।

९१. जब कोई प्रतिभा या विशेष शक्तिवाला व्यक्ति जन्म लेता है, तो मानो उसके आनुवंशिक सर्वोत्तम गुण और सबसे क्रियाशील विशेषताएँ उसके व्यक्तित्व के निर्माण में पूरी तरह निचुड़कर, स्तर-रूप में आती हैं। इसी कारण हम देखते हैं कि उसी वंश में बाद में जन्म लेनेवाले या तो मूर्ख होते हैं या साधारण योग्यतावाले, और कई उदाहरण ऐसे भी हैं कि कभी कभी ऐसे वंश पूरी तरह नष्ट हो जाते हैं।

९२. यदि इस जीवन में मोक्ष नहीं मिल सकता, तो क्या आधार है कि तुम्हें वह अगले एक या अनेक जन्मों में मिलेगा ही ?

९३. आगरे का ताज देखकर स्वामी जी ने कहा : "यदि यहाँ के संगमरमर के एक टुकड़े को निचोड़ सको, तो उसमें से राजसी प्रेम और पीड़ा के बूँद टपकेंगे।" और भी उन्होंने कहा, "इसके अन्दर के सौंदर्य के शिल्प का एक वर्ग इंच समझने के लिए सचमुच में छः महीने लगते हैं।"

९४. जब भारत का सच्चा इतिहास लिखा जायगा, यह सिद्ध होगा कि धर्म के विषय में और ललितकलाओं में भारत सारे विश्व का प्रथम गुरु है।

९५. स्थापत्य के बारे में उन्होंने कहा : "लोग कहते हैं, कलकत्ता महलों का नगर है, परंतु यहाँ के मकान ऐसे लगते हैं, जैसे एक सन्दूक़ के ऊपर दूसरा रखा गया हो। इनसे कोई कल्पना नहीं जागती। राजपूताना में अभी भी बहुत कुछ मिल सकता है, जो शुद्ध हिन्दू स्थापत्य है। यदि एक धर्मशाला को देखो, तो लगेगा कि वह खुली बाँहों से तुम्हें अपने शरण में लेने के लिए पुकार रही है और कह रही है कि मेरे निर्विशेष आतिथ्य का अंश ग्रहण करो। किसी मन्दिर को देखो, तो उसमें और उसके आसपास दैवी वातावरण निश्चय मिलेगा। किसी देहाती कुटी को भी देखो, तो उसके विविध हिस्सों का विशेष अर्थ तुम्हारी समझ में आ सकेगा, और उसके स्वामी के आदर्श और प्रमुख स्वभाव-गुणों का साक्ष्य उस पूरी बनावट से मिलेगा। इटली को छोड़कर मैंने कहीं भी एसा अभिव्यंजक स्थापत्य नहीं देखा।"

अमेरिकन समाचारपत्रों के विवरण

अमेरिकन समाचारपत्रों के विवरण

भारत : उसका धर्म तथा रीति-रिवाज़

(सालेम इवनिंग न्यूज़, २९ अगस्त, १८९३ ई०)

कल शाम के गरम मौसम के बावजूद, वेसली प्रार्थनागृह में 'विचार और कार्य सभा' के सदस्य इस देश में भ्रमण करनेवाले हिन्दू साधु स्वामी 'विव कानोन्द' से मिलने के लिए तथा वेदों अथवा पवित्र ग्रंथों की शिक्षा पर आधारित हिन्दू धर्म पर उन महाशय का एक अनौपचारिक भाषण सुनने के लिए बड़ी संख्या में एकत्र हुए। उन्होंने जाति-व्यवस्था को एक सामाजिक विभाजन बताया और कहा कि वह उनके धर्म के ऊपर किसी भी प्रकार आधारित नहीं है।

बहुसंख्यक जनता की ग़रीबी का उन्होंने ज़ोरदार शब्दों में वर्णन किया। भारत, जिसका क्षेत्रफल संयुक्त राष्ट्र से बहुत कम है, की जनसंख्या तेईस करोड़ है (?) और इसमें ३० करोड़ (?) लोगों की औसत आय पचास सेन्ट से भी कम है। कहीं कहीं तो देश के पूरे ज़िलों के लोग एक पेड़ में लगनेवाले फूलों को उबालकर खाते हुए महीनों और वर्षों तक बसर करते हैं।

दूसरे ज़िलों में पुरुष केवल भात खाते हैं और स्त्रियों तथा बच्चों को चावल को पकानेवाले पानी (माड़) से अपनी क्षुधा तृप्त करनी पड़ती है। चावल की फ़सल खराब हो जाने का अर्थ है, अकाल। आधे लोग दिन में एक बार भोजन करके निर्वाह करते हैं और शेष आधे लोगों को पता नहीं कि दूसरे समय का भोजन कहाँ से आयेगा। स्वामी विव क्योन्द (विवेकानन्द) के मतानुसार भारत के लोगों को धर्म की अधिक या श्रेष्ठतर धर्म की आवश्यकता नहीं है, परन्तु जैसा कि वे व्यक्त करते हैं, 'व्यावहारिकता' की आवश्यकता है; और वे इस आशा को लेकर इस देश में आये हैं कि वे अमरीकी जनता का ध्यान करोड़ों पीड़ित और बुभुक्षित लोगों की इस महान् आवश्यकता की ओर आकृष्ट कर सकें।

---

१. उन दिनों स्वामी विवेकानन्द जी का नाम संयुक्त राज्य अमेरिका के समाचारपत्रों में कई प्रकार से ग़लत छपता था और विषय की नवीनता के कारण विवरण अधिकांशतः अशुद्ध होते थे। सं०

उन्होंने अपने देश की जनता और उसके धर्म के सम्बन्ध में कुछ विस्तारपूर्वक कहा। उनके भाषण देते समय डॉ० एफ़० ए० गार्डनर एवं सेन्ट्रल बैपटिस्ट चर्च के रेवरेंड एस० एफ़० नॉब्स ने उनसे अनेक तथा गहरे प्रश्न किये। उन्होंने कहा कि वहाँ मिशनरियों के पास सुन्दर सिद्धान्त हैं और उन्होंने अच्छे विचारों को लेकर कार्य प्रारम्भ किया था, किन्तु उन्होंने जनता की औद्योगिक दशा सुधारने के लिए कुछ नहीं किया। उन् ोंने कहा कि अमेरिकनों को उन्हें धार्मिक शिक्षा देने के लिए मिशनरियों को भेजने के बजाय यह अधिक उचित होगा कि वे ऐसे लोगों को भेजें, जो उन्हें औद्योगिक शिक्षा प्रदान कर सकें।

जब यह पूछा गया कि क्या यह सच नहीं है कि ईसाइयों ने भारतीयों को विपत्ति के समय सहायता दी और क्या उन्होंने उन्हें प्रशिक्षण विद्यालयों के द्वारा व्यावहारिक सहायता नहीं दी, तब वक्ता ने उत्तर में कहा कि उन्होंने कभी कभी यह किया; परन्तु वास्तव में उनका यह करना उचित नहीं था, क्योंकि क़ानून इस बात की आज्ञा नहीं देता कि वे ऐसे समय में जनता पर प्रभाव डालने का प्रयत्न करें।

उन्होंने भारत में स्त्रियों की गिरी हुई दशा का यह कारण बताया कि हिन्दू पुरुष नारी का इतना आदर करते हैं कि वे उसे बाहर निकलने न देने को सबसे अच्छी बात समझते हैं। हिन्दू नारी का इतना अधिक आदर किया जाता था कि वह अलग रखी गयी। उन्होंने अपने पतियों की मृत्यु होने पर स्त्रियों के जल जाने की प्राचीन प्रथा का कारण बताया कि वे उन्हें प्यार करती थीं, अतः वे बिना उनके जीवित नहीं रह सकती थीं। वे विवाह में अभिन्न थीं और उनका मृत्यु में भी अभिन्न होना आवश्यक था।

उनसे मूर्ति-पूजा तथा अपने को जगन्नाथ-रथ के सम्मुख डाल देने के बारे में भी पूछा गया और उन्होंने कहा कि इसके लिए हिन्दुओं को दोष देना उचित नहीं है, क्योंकि यह धर्मोन्मत्तों और अधिकतर कुष्ठरोगियों का कार्य है।

भाषणकर्ता ने अपने देश में अपना ध्येय संन्यासियों को औद्योगिक दृष्टि से संगठित करना बतलाया, जिससे वे जनता को औद्योगिक शिक्षा के लाभों को प्रदान कर उनकी दशा को समुन्नत एवं सुधार कर सकें।

जो भी बच्चे अथवा नवयुवक सुनने के इच्छुक हों, उनके लिए आज शाम को विव कानोन्द १६६, नार्थ स्ट्रीट पर भारतीय बच्चों के विषय में बोलेंगे। इसके लिए श्रीमती वुड्स ने कृपापूर्वक अपना बगीचा दे रखा है। देखने में उनका शरीर सुन्दर है, श्याम वर्ण, परन्तु सुन्दर, गेरुए रंग का लम्बा कुरता

कमर में एक बंद बाँधे हुए एवं सिर पर गेरुआ पगड़ी। संन्यासी होने के कारण वे किसी जाति में नहीं हैं और किसीके भी साथ खा-पी सकते हैं।

* * *

(डेली गज़ट, २९ अगस्त, १८९३)

भारत के राजा[1] स्वामी विवि रानान्ड कल शाम को वेसली चर्च में 'विचार और कार्य-सभा' के अतिथि थे।

एक बड़ी संख्या में स्त्री-पुरुष उपस्थित थे और उन्होंने सम्मानित संन्यासी से अमेरिकन ढंग से हाथ मिलाया। वे एक नारंगी रंग का लम्बा कुरता, लाल कमरबन्द, पीली पगड़ी, जिसका एक छोर एक ओर लटकता था और जिसे वे रूमाल के रूप में प्रयोग करते थे, और कांग्रेसी जूते पहने हुए थे।

उन्होंने अपने देशवासियों की दशा एवं उनके धर्म के सम्बन्ध में विस्तार-पूर्वक बताया। उनके भाषण देते समय डॉ० एफ़० ए० गार्डनर एवं सेन्ट्रल बैपटिस्ट चर्च के रेवरेण्ड एस० एफ़० नॉब्स ने उनसे अनेक बार प्रश्न पूछे। उन्होंने कहा कि वहाँ मिशनरियों के पास सुन्दर सिद्धान्त हैं और उन्होंने अच्छे विचारों को लेकर कार्य प्रारम्भ किया था, किन्तु उन्होंने जनता की औद्योगिक दशा सुधारने के लिए कुछ नहीं किया। उन्होंने कहा कि उन्हें धार्मिक शिक्षा देने के लिए मिशनरी भेजने के बजाय यह अधिक उचित होगा कि अमेरिकावाले ऐसे लोगों को भेजें, जो उन्हें औद्योगिक शिक्षा प्रदान कर सकें।

स्त्री और पुरुष के पारस्परिक सम्बन्ध में कुछ विस्तार से बोलते हुए उन्होंने कहा कि भारतीय पति कभी धोखा नहीं देते और न अत्याचार करते हैं तथा उन्होंने और अनेक पापों को गिनाया, जो वे नहीं करते।

जब यह पूछा गया कि क्या यह सच नहीं है कि ईसाइयों ने भारतीयों को विपत्ति के समय सहायता दी और क्या उन्होंने उन्हें प्रशिक्षण विद्यालयों के द्वारा व्यावहारिक सहायता नहीं दी, तब, वक्ता ने उत्तर में कहा कि उन्होंने कभी कभी यह किया; परन्तु वास्तव में उनका यह करना उचित नहीं था, क्योंकि क़ानून इस बात की आज्ञा नहीं देता कि वे ऐसे समय में जनता पर प्रभाव डालने का प्रयत्न करें।

---

१. अमेरिकन संवाददाताओं ने स्वामी जी के साथ 'राजा', 'ब्राह्मण', 'पुरोहित,' जैसे सभी प्रकार के विशेषण लगाये हैं, जिसके लिए वे स्वयं उत्तरदायी हैं। स०

उन्होंने भारत में स्त्रियों की गिरी हुई दशा का यह कारण बताया कि हिन्दू पुरुष नारी का इतना आदर करते हैं कि वे उसे बाहर न निकलने देने को सबसे अच्छी बात समझते हैं। हिन्दू नारी का इतना अधिक आदर किया जाता था कि वह अलग रखी गयी। उन्होंने स्त्रियों के अपने पतियों की मृत्यु होने पर जल जाने की प्राचीन प्रथा का कारण बताया कि वे पति को प्यार करती थीं, इसलिए वे बिना उनके जीवित नहीं रह सकती थीं। वे विवाह में अभिन्न थीं और उनका मृत्यु में भी अभिन्न होना आवश्यक था।

उनसे मूर्ति-पूजा तथा अपने को जगन्नाथ-रथ के सामने डाल देने के बारे में भी पूछा गया और उन्होंने कहा कि इसके लिए हिन्दुओं को दोष देना उचित नहीं है, क्योंकि वह धर्मोन्मत्तों और अधिकतर कुष्ठरोगियों का कार्य है।

मूर्ति-पूजा के सम्बन्ध में उन्होंने कहा कि उन्होंने ईसाइयों से यह पूछा है कि वे प्रार्थना करते समय क्या चिन्तन करते हैं, और उनमें से कुछ ने बताया कि वे चर्च का चिन्तन करते हैं, कुछ ने कहा कि ईश्वर[१] का। उनके देशवासी मूर्ति का ध्यान करते हैं। ग़रीबों के लिए मूर्तियाँ आवश्यक हैं। उन्होंने कहा कि प्राचीन काल में जब उनके धर्म का जन्म हुआ था, स्त्रियाँ आध्यात्मिक प्रतिभा और मानसिक शक्ति के लिए विख्यात थीं। तथापि जैसा कि उन्होंने स्वीकार सा किया कि वर्तमान काल में स्त्रियों की दशा गिर गयी है। वे खाने-पीने, गप्प लड़ाने और चुगली-चवाई करने के सिवा और कुछ नहीं करतीं।

वक्ता ने बताया कि उनका उद्देश्य अपने देश में संन्यासियों का औद्योगिक कार्यों के लिए संगठन करना है, जिससे कि वे जनता को इस औद्योगिक शिक्षा का लाभ उपलब्ध करा सकें और इस प्रकार उन्हें ऊँचा उठा सकें तथा उनकी दशा सुधार सकें।

* * *

(सालेम इवनिंग न्यूज़, १ सितम्बर, १८९३)

भारत के विद्वान् संन्यासी, जो कुछ दिनों से इस शहर में हैं, रविवार की शाम को साढ़े सात बजे 'ईस्ट चर्च' में भाषण देंगे। स्वामी विवा कानन्द ने पिछले

---

१. यहाँ अंग्रेजी कैपिटल अक्षरों का प्रयोग है। जिससे प्रकट होता है कि स्वामी जी का भाव मात्र शब्द GOD से है।

रविवार की शाम को पल्ली-पुरोहित तथा हार्वर्ड के प्रो० राइट के आमंत्रण पर, जिन्होंने उनके प्रति बड़ी उदारता दिखायी है, एनिस्क्वाम के एपिस्कोपल चर्च में प्रवचन किया।

वे सोमवार की रात्रि को सैराटोगा के लिए प्रस्थान करेंगे और वहाँ 'सामाजिक विज्ञान संघ' के सम्मुख भाषण देंगे। तदनन्तर वे शिकागो की कांग्रेस के सम्मुख बोलेंगे। भारत के उच्चतर विश्वविद्यालयों में शिक्षित भारतीयों की भाँति विवा कानन्द भी शुद्ध और सरलतापूर्वक अंग्रेज़ी बोलते हैं। भारतीय बच्चों के खेल, पाठशाला और रीति-रिवाज़ के सम्बन्ध में मंगलवार को बच्चों के सामने दिया हुआ उनका सरल भाषण अत्यन्त रोचक एवं मूल्यवान था। एक छोटी सी बच्ची के इस कथन पर कि उसकी 'अध्यापिका ने उसकी अंगुली को इतने ज़ोर से चूमा कि वह टूट सी गयी,' वे बड़े द्रवीभूत हुए। अन्य साधुओं की भाँति 'विवा कानन्द' अपने देश में सत्य, पवित्रता और मानव-बंधुत्व के धर्म का उपदेश करते हुए यात्रा अवश्य करते थे, किन्तु उनकी दृष्टि से कोई भी बड़ी अच्छाई अथवा बुराई छिप नहीं सकती थी। वे अन्य धर्मों के व्यक्तियों के प्रति अत्यन्त उदार हैं और अपने से मतभेद रखनेवालों से प्रेमपूर्ण वाणी ही बोलते हैं।

* * *

(डेली गज़ट, ५ सितम्बर, १८९३)

भारत के राजा स्वामी विवी रानान्ड ने रविवार की शाम को भारतीय धर्म तथा अपनी मातृभूमि के ग़रीब निवासियों के सम्बन्ध में भाषण दिया। श्रोताओं की संख्या अच्छी थी, परन्तु इतनी अधिक नहीं थी, जितनी कि विषय की महत्ता अथवा रोचक वक्ता के लिए अपेक्षित थी। संन्यासी अपने देश की वेषभूषा में थे और प्रायः चालीस मिनट बोले। उन्होंने कहा कि आज के भारत की, जो पचास वर्ष पूर्व का भारत नहीं है, सबसे बड़ी आवश्यकता यह है कि मिशनरी जनता को धार्मिक नहीं, अपितु औद्योगिक शिक्षा प्रदान करें। जितने धर्म की हिन्दुओं को आवश्यकता है, वह उनके पास है और हिन्दू धर्म संसार का सबसे प्राचीन धर्म है। संन्यासी बड़े सुन्दर वक्ता हैं और उन्होंने अपने श्रोताओं का ध्यान पूर्णरूपेण आकृष्ट रखा।

* * *

(डेली सैराटॉजियन, ६ सितम्बर, १८९३)

...इसके बाद मंच पर मद्रास, हिन्दुस्तान के संन्यासी 'विव कानन्द उपस्थित हुए, जिन्होंने भारत भर में उपदेश दिया है। उनकी सामाजिक विज्ञान में अभिरुचि है और वे मेधावी तथा सुन्दर वक्ता हैं। उन्होंने भारत में मुस्लिम शासन पर भाषण दिया।

आज़ के कार्यक्रम में कुछ रोचक विषय सम्मिलित हैं और हार्टफ़ोर्ड के जैकब ग्रीन के द्वारा, 'बिमेटालिज़्म' पर भाषण विशेष रोचक है। इस अवसर पर विव कानन्द पुनः भारत में चाँदी के उपयोग पर भाषण देंगे।

समारोह में हिन्दू

(बोस्टन इवनिंग ट्रांस्क्रिप्ट, ३० सितम्बर, १८९३)

शिकागो, २३ सितम्बर :

'आर्ट पैलेस के प्रवेश-द्वार की बायीं ओर एक कमरा है, जिस पर 'नं० १– बाहर रहिए' अंकित है। यहाँ यदा-कदा 'धर्म-सम्मेलन' में आये हुए प्रतिनिधि आते हैं, या तो परस्पर वार्तालाप के लिए या अध्यक्ष बोने से बात करने के लिए, जिनका इस हिस्से के एक कोने में व्यक्तिगत कार्यालय है। मुड़नेवाले द्वारों की जनता से रक्षा कठोरता से की जाती है और सामान्यतः लोग काफ़ी दूर खड़े रहते हैं, जिससे कि वे भीतर नहीं झाँक सकते। उस पवित्र हाते में केवल प्रतिनिधि ही प्रवेश कर सकते हैं, किन्तु 'प्रवेश-पत्र' प्राप्त कर लेना और 'हाल ऑफ़ कोलम्बस' के मंच की अपेक्षा सम्मानित अतिथियों से थोड़े समय की निकटता स्थापित करने का अवसर प्राप्त कर लेना कठिन नहीं है।

इस प्रतीक्षा-कक्ष में सबसे आकर्षक व्यक्ति ब्राह्मण संन्यासी स्वामी विवेकानन्द से भेंट होती है। वे लम्बे और सुगठित शरीरवाले हैं तथा हिन्दुस्तानियों का उन्नत व्यवहार उनमें है। बिना दाढ़ी-मूँछ का चेहरा, समुचित ढला हुआ सामान्य आकार, सफ़ेद दाँत और सुन्दर ढंग से गढ़े हुए ओठ, जो साधारणतः बात करते समय कृपापूर्ण मुसकान के रूप में खुले रहते हैं। उनके संतुलित सिर पर नारंगी अथवा लाल रंग की पगड़ी शोभायमान होती है और उनका चोग़ा (जो इस वस्त्र का वास्तविक नाम नहीं है) कमरबन्द से बँधा हुआ है और घुटनों के

नीचे गिरता है। वह कभी चमकीले नारंगी के रंग का और कभी गहरे लाल रंग का होता है। वे उत्तम अंग्रेज़ी बोलते हैं और उन्होंने किसी भी गम्भीरता से पूछे गये प्रश्न का उत्तर दिया।

सरल व्यवहार के साथ साथ जब वे स्त्रियों से बात करते हैं, तब उनमें एक व्यक्तिगत आत्मसंयम की झलक दृष्टिगत होती है, जो उनके द्वारा स्वीकृत जीवन की परिचायक है। जब उनके 'आश्रम' के नियमों के बारे में पूछा गया, तब उन्होंने बताया, "मैं जो चाहूँ कर सकता हूँ, मैं मुक्त हूँ। कभी मैं हिमालय पर्वत पर रहता हूँ और कभी नगरों की सड़कों पर। मुझे नहीं मालूम कि मेरा अगला भोजन कहाँ मिलेगा। मैं अपने पास पैसा कभी नहीं रखता। मैं यहाँ चन्दे के द्वारा आता हूँ। तब निकट खड़े हुए अपने एक-दो देशवासियों की ओर देखते हुए उन्होंने कहा, "मेरा प्रबंध ये लोग करेंगे" और संकेत किया कि शिकागो में उनके भोजन का बिल दूसरों को चुकाना होगा। यह पूछे जाने पर कि क्या आप संन्यासी की सामान्य पोशाक पहने हुए हैं, उन्होंने बताया, "यह अच्छी पोशाक है, जब मैं स्वदेश में रहता हूँ, मैं कुछ टुकड़े पहनता हूँ और नंगे पाँव चलता हूँ। क्या मैं जाति मानता हूँ ? जाति एक सामाजिक प्रथा है, धर्म का इससे कोई सम्बन्ध नहीं। सभी जातियाँ मुझसे सम्पर्क रख सकती हैं।"

श्री विवेकानन्द के व्यवहार और उनकी सामान्य आकृति से यह बिल्कुल स्पष्ट है कि उनका जन्म उच्च वंश में हुआ है---ऐच्छिक निर्धनता और गृहविहीन विचरण के अनेक वर्ष उन्हें एक भद्र पुरुष के जन्मसिद्ध अधिकार से वंचित नहीं कर सके; उनका घर का नाम भी विख्यात नहीं है: विवेकानन्द नाम उन्होंने धार्मिक जीवन स्वीकार करने पर रखा और 'स्वामी' तो केवल उनके प्रति श्रद्धा की जाने के कारण दी हुई एक उपाधि है। उनकी उम्र तीस से बहुत अधिक न होगी और वे ऐसे प्रतीत होते हैं, मानो वे इसी जीवन और इसकी सिद्धि के लिए तथा इस जीवन के परे जो कुछ है, उसके चिन्तन के लिए बने हों। यह सोचकर कि उनके जीवन का क्या मोड़ रहा होगा, अवश्य ही आश्चर्य होता है।

संन्यासी होने पर उनके सर्वस्व त्याग पर की गयी एक टिप्पणी पर उन्होंने सहसा उत्तर दिया, "जब मैं प्रत्येक स्त्री में केवल दिव्य माँ को ही देखता हूँ, तब मैं विवाह क्यों करूँ ? मैं यह सब त्याग क्यों करता हूँ ? अपने को सांसारिक बंधनों और आसक्तियों से मुक्त करने के लिए, जिससे कि मेरा पुनर्जन्म न हो : मृत्यु के बाद मैं अपने आपको परमात्मा में मिला देना चाहता हूँ, परमात्मा के साथ एक। मैं 'बुद्ध' हो जाऊँगा।"

विवेकानन्द का इससे यह आशय नहीं है कि वे बौद्ध हैं। उन पर किसी भी नाम या जाति की छाप नहीं पड़ सकती। वे उच्चतर ब्राह्मणवाद की एक देन हैं, हिन्दुत्व के परिणाम हैं, जो विस्तृत, स्वप्नदर्शी एवं आत्मत्यागपरायण हैं। वे संन्यासी अथवा पूतात्मा हैं।

उनके पास कुछ पुस्तिकाएँ हैं, जिन्हें वे वितरित करते हैं। वे अपने गुरुदेव परमहंस रामकृष्ण के सम्बन्ध में हैं। वे एक हिन्दू भक्त थे, जिन्होंने अपने श्रोताओं और शिष्यों पर ऐसा प्रभाव डाला था कि उनमें से अनेक उनकी मृत्यु के बाद संन्यासी हो गये थे। मजूमदार भी इस संत को अपना गुरु मानते थे, किन्तु वे, जैसा कि ईसा ने उपदेश दिया है, विश्व में वह पवित्रता लाने के लिए कार्य करते है, जो इस जगत् में होगी, किन्तु जो इस जगत् की नहीं है।

सम्मेलन में विवेकानन्द का भाषण आकाश की भाँति विस्तीर्ण था, उसमें सभी धर्मों की सर्वोत्तम बातों का एक अंतिम विश्वधर्म के रूप में समावेश था—मानवता के प्रति प्रेम, ईश्वर-प्रेम के लिए सत्कार्य, न कि दंड के भय से अथवा लाभ की आशा से। सम्मेलन में वे अपने भावों की और आकृति की भव्यता के कारण बड़े जनप्रिय हैं। उनके मंच पर आने मात्र पर हर्षध्वनि होने लगती है और हज़ारों व्यक्तियों का यह विशिष्ट सम्मान वे बालसुलभ संतोष की भावना से स्वीकार करते हैं, उनमें गर्व की तनिक भी झलक नहीं होती। निर्धनता एवं आत्म-त्याग से सहसा इस वैभव और उत्कर्ष में पहुँच जाना इस विनम्र युवक ब्राह्मण संन्यासी के लिए भी अवश्य ही एक अजीब अनुभव होगा। जब यह पूछा गया कि क्या वे हिमालय में रहनेवाले उन 'भ्राताओं' के बारे में जानते हैं, जिनके प्रति थियोसॉफ़िस्ट इतना दृढ़ विश्वास रखते हैं, उन्होंने सहज ही उत्तर दिया, "मेरी उनमें से किसी से भी भेंट नहीं हुई", जिसका आशय यह भी था कि "ऐसे लोग हो सकते हैं और यद्यपि मैं हिमालय से परिचित हूँ, पर अभी उनसे मेरा मिलना नहीं हुआ।"

धर्म-महासभा के अवसर पर

(ड्यूबक, आइवा, टाइम्स, २९ सितम्बर, १८९३)

विश्व-मेला, २८ सितम्बर (विशेष) :

अब धर्म-महासभा उस स्थान पर पहुँची, जहाँ तीव्र कटुता उत्पन्न हो गयी। निस्संदेह शिष्टाचार का पतला परदा बना रहा, किन्तु इसके पीछे दुर्भावना

विद्यमान थी। रेवरेन्ड जोसेफ़ कुक ने हिन्दुओं की तीव्र आलोचना की और बदले में उनकी भी आलोचना हुई। उन्होंने कहा, बिना रचे गये विश्व की बात करना प्रायः अक्षम्य प्रलाप है, और एशियावालों ने प्रत्युत्तर दिया कि ऐसा विश्व जिसका प्रारम्भ है, एक स्वयंसिद्ध बेतुकापन है। विशप जे० पी० न्यूमैन ने ओहियो तट से दूर तक जानेवाली गोली चलाते हुए घोषणा की कि पूर्ववालों ने मिशनरियों के प्रति भ्रान्त कथन करके संयुक्त राष्ट्र के समस्त ईसाइयों का अपमान किया है और पूर्ववालों ने अपनी उत्तेजक शान्ति और अति उद्धत मुसकान के द्वारा उत्तर दिया कि यह केवल विशप का अज्ञान है।

बौद्ध दर्शन

सीधे प्रश्न के उत्तर में तीन विद्वान् बौद्धों ने विशेष रूप से सरल और सुन्दर भाषा में ईश्वर, मनुष्य और जड़-पदार्थ के सम्बन्ध में अपने मूल विश्वास प्रकट किये।

(इसके उपरान्त धर्मपाल के निबंध 'बुद्ध के प्रति विश्व का ऋण' (The world's Debt to Buddha) का सारांश है। धर्मपाल ने अपने इस निबंध पाठ का आरम्भ, जैसा हमें एक अन्य स्रोत से ज्ञात होता है, शुभकामना का एक सिंहली गीत गाकर किया। लेख फिर चालू रहता है:)

उनकी (धर्मपाल की) वक्तृता को शिकागो के श्रोताओं द्वारा सुनी गयी वक्तृताओं में सुन्दरतम में रखा जा सकता है। डेमस्थेनीज़ भी इससे अधिक कुछ नहीं कर सका था।

कटु उक्ति

हिन्दू संन्यासी स्वामी विवेकानन्द इतने सौभाग्यशाली न थे। वे असन्तुष्ट थे अथवा प्रत्यक्षतः शीघ्र ही हो गये थे। वे नारंगी रंग की पोशाक में थे और पीली पगड़ी बाँधे हुए थे तथा उन्होंने तुरन्त ईसाई राष्ट्रों पर इन शब्दों के साथ भीषण आक्रमण किया : "हम पूर्व से आनेवाले लोग इतने दिन यहाँ बैठे और हमको संरक्षकतात्मक ढंग से बताया गया कि हमें ईसाई धर्म स्वीकार कर लेना चाहिए, क्योंकि ईसाई राष्ट्र सर्वाधिक सम्पन्न हैं। हम अपने चारों ओर देखते हैं, तो पाते हैं कि इंग्लैण्ड दुनिया में सबसे अधिक सम्पन्न ईसाई देश है, जिसका पैर २५ करोड़ (?) एशियावासियों की गरदन पर है। हम इतिहास की ओर मुड़कर देखते हैं, तो पता चलता है कि ईसाई यूरोप की समृद्धि का प्रारम्भ स्पेन से हुआ।

स्पेन की समृद्धि का श्रीगणेश मेक्सिको के ऊपर किये गये आक्रमण से हुआ। ईसाइयत अपने भाइयों का गला काटकर अपनी समृद्धि की सिद्धि प्राप्त करती है। हिन्दू इस क़ीमत पर अपनी उन्नति नहीं चाहेंगे।"

इसी प्रकार वे लोग बोलते गये। प्रत्येक आनेवाला वक्ता मानो और अधिक कटु होता गया।

* * *

(आउटलुक, ७ अक्तूबर, १८९३)

गहरे नारंगी रंग की साधुओं की पोशाक पहने हुए विवेकानन्द ने भारत में ईसाइयों के कार्य की बुरी तरह ख़बर ली। वे ईसाई मिशनरियों के कार्य की आलोचना करते हैं। यह स्पष्ट है कि उन्होंने ईसाई धर्म के अध्ययन का प्रयत्न नहीं किया है, किन्तु जैसा कि वे दावा करते हैं, उसके पुरोहितों ने भी उनके मतों और सहस्रों वर्षों के जाति-विभेदों को समझने का प्रयत्न नहीं किया है। उनके मतानुसार वे केवल उनके अति पवित्र विश्वासों के प्रति घृणा प्रदर्शित करने के लिए और अपने देशवासियों को उनके द्वारा दी जानेवाली नैतिकता और आध्यात्मिकता की शिक्षा की जड़ काटने के लिए आये हैं।

* * *

(क्रिटिक, ७ अक्तूबर, १८९३)

किन्तु सम्मेलन के सबसे अधिक प्रभावशाली व्यक्ति लंका के बौद्ध भिक्षु एच० धर्मपाल और हिन्दू संन्यासी स्वामी विवेकानन्द थे। प्रथम ने तीखेपन से कहा, "यदि धर्मशास्त्र और धर्म-सिद्धान्त तुम्हारे सत्य की खोज के मार्ग में बाधक हैं, तो उन्हें अलग रख दो। निष्पक्षतापूर्वक सोचना, सभी प्राणियों से प्रेम के लिए प्रेम करना और पवित्र जीवन व्यतीत करना सीखो। तब सत्य का प्रकाश तुम्हें आलोकित कर देगा।" यद्यपि सभा में होनेवाले बहुत से संक्षिप्त भाषण वाक्पटुता से युक्त थे और जिनके विजयोल्लास की समुचित पराकाष्ठा हैलेलुजा कोरस के अपोलो क्लब के द्वारा उत्कृष्ट प्रस्तुति में हुई, तथापि जितनी अच्छी तरह सम्मेलन की भावनाओं, सीमाओं और सुन्दर प्रभावों को हिन्दू संन्यासी ने व्यक्त किया,

उतना और किसीने भी नहीं किया। मैं उनके भाषण की पूरी प्रतिलिपि दे रहा हूँ, किन्तु मैं श्रोताओं पर उसके प्रभाव मात्र की ओर संकेत कर सकता हूँ, क्योंकि वे दैवी अधिकार द्वारा सिद्ध वक्ता हैं। उनका सुदृढ़ बुद्धिसम्पन्न चेहरा, पीले और नारंगी रंग के वस्त्रों की रंगीन पृष्ठभूमि में उनके द्वारा उद्‌घोषित हृदयप्रसूत शब्दों और लययुक्त वक्तव्यों से कुछ कम आकर्षक नहीं था।... [स्वामी जी के अंतिम भाषण के एक बड़े अंश के उद्धरण के पश्चात् लेख आगे चलता है:]

सम्भवत: सम्मेलन का सर्वाधिक प्रत्यक्ष परिणाम विदेशी मिशनों (धर्मप्रचार संघों) के सम्बन्ध में लोगों के हृदय में भावना उत्पन्न करना था। विद्वान् पूर्ववालों को शिक्षा देने के लिए अर्द्धशिक्षित विद्यार्थियों को भेजने की धृष्टता अंग्रेज़ी भाषा-भाषी जनता के सामने इतनी प्रबलता से कभी भी स्पष्ट नहीं हुई थी। केवल सहिष्णुता और सहानुभूति की भावना से ही हमें उनके विश्वासों को प्रभावित करने की स्वतंत्रता है, और इन गुणोंवाले उपदेशक बहुत कम हैं। यह समझ लेना आवश्यक है कि हमें बौद्धों से ठीक उतना ही सीखना है, जितना कि उन्हें हमसे और केवल सामंजस्य द्वारा ही उच्चतम प्रभाव डाला जा सकता है।

शिकागो, ३ अक्तूबर, १८९३ — लूसी मोनरो

* * *

['महासम्मेलन के महत्त्व के सम्बन्ध में मनोभाव अथवा अभिमत' के लिए १ अक्तूबर, १८९३ के 'न्यूयार्क वर्ल्ड' द्वारा प्रत्येक प्रतिनिधि से अनुरोध किये जाने पर स्वामी जी ने एक गीता से तथा एक व्यास से उद्धरण देकर उत्तर दिया:]

"प्रत्येक धर्म में विद्यमान रहनेवाला मैं ही मैं हूँ—उस सूत्र की भाँति जिसमें मणियाँ पिरोयी रहती हैं।" "पवित्र, पूर्ण और निर्मल व्यक्ति सभी धर्मों में पाये जाते हैं; अत: वे सभी सत्य की ओर ले जाते हैं—क्योंकि विष से अमृत नहीं निकल सकता।"

व्यक्तिगत विशेषताएं

(क्रिटिक, ७ अक्तूबर, १८९३)

...धर्म-महासभा के आविर्भाव ने ही इस तथ्य के प्रति हमारी आँखें खोल दीं कि प्राचीन धर्मों के तत्त्वदर्शन में आधुनिकों के लिए बहुत अधिक सौन्दर्य है।

जब हमने स्पष्ट रूप से यह देख लिया, तब शीघ्र ही उनके व्याख्याताओं में हमारी रुचि उत्पन्न हुई और एक विशेष उत्सुकता के साथ हम ज्ञान की खोज के लिए अग्रसर हुए। महासम्मेलन की समाप्ति पर इसे प्राप्त करने का सबसे अधिक सुलभ साधन स्वामी विवेकानन्द के भाषण और प्रवचन थे, जो अब भी इस शहर (शिकागो) में हैं। उनका इस देश में आने का मूल उद्देश्य अमेरिकावालों को हिन्दुओं में नये उद्योगों को स्थापित करने के लिए प्रेरित करना था, किन्तु फ़िलहाल उन्होंने इसे स्थगित कर दिया है, क्योंकि उनका अनुभव है कि 'अमेरिकन लोग दुनिया में सबसे अधिक दानशील हैं', अतः प्रत्येक उद्देश्ययुक्त व्यक्ति उसे कार्यान्वित करने के लिए यहाँ सहायता प्राप्त करने आता है। जब उनसे यहाँ के और भारत के ग़रीबों की तुलनात्मक दशा के बारे में पूछा गया, तब उन्होंने बताया कि हमारे (अमेरिका के) ग़रीब वहाँ राजा होंगे और यहाँ के खराब से खराब मुहल्ले में जाने पर वे उन्हें अपने दृष्टिकोण से सुखप्रद और सुन्दर ही लगे।

ब्राह्मणों में ब्राह्मण विवेकानन्द ने संन्यासियों के भ्रातृमण्डल में प्रवेश करने के लिए अपने वर्ग का परित्याग कर दिया; वहाँ समस्त जात्यभिमान स्वेच्छा से त्याग दिया जाता है। तो भी उनके व्यक्तित्व पर उनकी जाति के चिह्न विद्यमान हैं। उनकी संस्कृति, उनकी वाग्मिता और उनके आकर्षक व्यक्तित्व ने हमें हिन्दू सभ्यता का एक नया भाव प्रदान किया। वे एक रोचक व्यक्ति हैं और पीले वस्त्रों की भूमिका में उनका सुन्दर, बुद्धिमत्तापूर्ण, क्रियाशील चेहरा तथा गम्भीर संगीतमय स्वर किसीको भी तुरन्त अपने पक्ष में आकृष्ट कर लेता है। अतः इसमें कोई आश्चर्य की बात नहीं है कि बुद्ध के जीवन तथा उनके मत के सिद्धान्तों का हम लोगों द्वारा परिचय प्राप्त कर लेने तक उन्हें साहित्य गोष्ठियों के द्वारा अपनाया गया है और उन्होंने गिरजाघरों में उपदेश तथा भाषण दिये हैं। वे बिना कुछ लिखे हुए भाषण देते हैं तथा अपने तथ्यों और निष्कर्षों को श्रेष्ठतम कला एवं अति विश्वसनीय सदाशयता के साथ प्रस्तुत करते हैं; कभी कभी सुन्दर एवं प्रेरक वाग्मिता के स्तर पर पहुँच जाते हैं। देखने में वे अति कुशल जेसुइट की भाँति विद्वान् और सुसंस्कृत होते हुए अपने मानसिक गठन में कुछ जेसुइट तत्त्व रखते हैं। किन्तु यद्यपि उनके द्वारा अपने भाषणों में छोड़े जानेवाले छोटे छोटे व्यंग तलवार से भी अधिक तेज होते हैं, वे इतने सूक्ष्म होते हैं कि उनके बहुत से श्रोता उन्हें समझ नहीं पाते। सब कुछ होते हुए वे शिष्टाचार में कभी नहीं चूकते, क्योंकि उनके ये प्रहार कभी भी हमारी प्रथाओं पर इतने सीधे नहीं पड़ते कि वे कठोर प्रतीत हों। सम्प्रति वे हमें अपने धर्म एवं उसके दार्शनिकों के विचार से अवगत कराने के कार्य से ही संतुष्ट हैं। वे उस समय की प्रतीक्षा में हैं, जब हम मूर्तिपूजा के स्तर से आगे

बढ़ जायेंगे—उनके मत से यह इस समय ज्ञानविहीन वर्गों के लिए आवश्यक है—पूजा से परे, प्रकृति में ईश्वर की विद्यमानता और मानव के दायित्व और दिव्यत्व के भी ज्ञान से परे। "अपना मोक्ष अपने आप उपलब्ध करो", वे बुद्ध की मृत्यु के समय के वचनों के साथ कहते हैं, "मैं तुम्हें सहायता नहीं दे सकता। कोई भी मनुष्य तुम्हारी सहायता नहीं कर सकता। अपनी सहायता स्वयं करो।"

—लूसी मोनरो

* * *

पुनर्जन्म

(इवैन्स्टन इन्डेक्स, ७ अक्तूबर, १८९३)

पिछले सप्ताह 'काँग्रेगेशनल चर्च' में भाषणों का कुछ ऐसा क्रम रहा है, जिसका ढंग अभी समाप्त हुए धर्म-महासभा से बहुत कुछ मिलता-जुलता है। वक्ता स्वेडन के डॉ० कार्ल वॉन बरगेन तथा हिन्दू संन्यासी विवेकानन्द थे।...स्वामी विवेकानन्द धर्म-महासभा में आये हुए भारतीय प्रतिनिधि हैं। अपनी नारंगी रंग की विशिष्ट पोशाक, चुम्बकीय व्यक्तित्व, कुशल वक्तृता और हिन्दू दर्शन की विस्मयकारक व्याख्या के कारण उन्होंने बहुत अधिक लोगों का ध्यान अपनी ओर आकृष्ट किया है। जब से वे शिकागो में हैं, उनका उल्लासपूर्ण स्वागत हो रहा है। इन भाषणों का क्रम तीन दिन संध्या काल चलने के लिए आयोजित किया गया।

[शनिवार और मंगलवार के भाषण बिना किसी टिप्पणी के उद्धृत किये गये; पश्चात् लेख आगे चलता है :]

बृहस्पतिवार, अक्तूबर ५ की शाम को डॉ० वॉन बरगेन 'स्वेडन की राजपुत्रियों के स्थापनकर्ता, हल्डाइन बीमिश' के ऊपर बोले तथा हिन्दू संन्यासी ने 'पुनर्जन्म' विषय पर विचार किया। दूसरे (वक्ता) बड़े रोचक थे, क्योंकि उनके विचार ऐसे थे, जैसे कि पृथ्वी के इस भाग में बहुधा सुनने में नहीं आते। पुनर्जन्म का सिद्धान्त यद्यपि इस देश के लिए नया और न समझ में आनेवाला सा है, तथापि प्रायः सभी धर्मों का आधार होने के कारण पूर्व में सुविख्यात है। जो इसे धर्म-सिद्धान्त के रूप में नहीं मानते, वे भी इसके विरोध में कुछ नहीं कहते। इस सिद्धान्त के सम्बन्ध में सबसे मुख्य बात इस बात का निर्णय करने में है कि हमारा कोई

अतीत भी है। हमें विदित है कि हमारा वर्तमान है और भविष्य के होने के सम्बन्ध में हमें विश्वास है। किन्तु बिना अतीत के वर्तमान कैसे सम्भव है? आधुनिक विज्ञान ने यह सिद्ध कर दिया है कि जड़ पदार्थ है और बना रहता है। सृष्टि केवल उसका रूपातर है। हमारा उद्भव शून्य से नहीं हुआ। कुछ लोग ईश्वर को प्रत्येक वस्तु का सर्वनिष्ठ कारण मानते हैं और इसे अस्तित्व का पर्याप्त हेतु समझते हैं। परन्तु प्रत्येक वस्तु में हमें दृश्य-रूप का विचार करना चाहिए कि कहाँ से और किससे जड़ पदार्थ उद्भूत होता है। जो तर्क इस बात को सिद्ध करता है कि भविष्य है, वही इस बात को भी सिद्ध करता है कि अतीत है। यह आवश्यक है कि ईश्वर की इच्छा के अतिरिक्त अन्य कारण हों। आनुवंशिकता पर्याप्त कारण प्रदान करने में असमर्थ है। कुछ लोग कहते हैं कि हमें पिछले अस्तित्व का ज्ञान नहीं है। बहुत से ऐसे उदाहरण मिले हैं, जिनमें अतीत की स्पष्ट स्मृति मिलती है। यहीं इस सिद्धान्त के बीजाणु विद्यमान हैं। हिन्दू मूक पशुओं के प्रति दयालु हैं, इस कारण बहुत से लोग यह सोचते हैं कि हम लोग निम्नतर योनियों में आत्मा के पुनर्जन्म पर विश्वास करते हैं। वे दया को अंधविश्वास के परिणाम के अतिरिक्त अन्य किसी कारण से उद्भूत मानने में असमर्थ हैं। एक प्राचीन हिन्दू पंडित, जो कुछ हमें ऊपर उठाता है उसे, धर्म कहता है। पशुता बहिष्कृत हो जाती है और मानवता दिव्यता के लिए मार्ग प्रशस्त करती है। पुनर्जन्म का सिद्धान्त मनुष्य को इस छोटी सी पृथ्वी तक ही सीमित नहीं कर देता। उसकी आत्मा दूसरी उच्चतर पृथ्वियों में जा सकती है, जहाँ उसका उच्चतर अस्तित्व होगा, पाँच इन्द्रियों के बजाय आठ इन्द्रियोंवाला होगा और इस तरह बना रहकर वह अन्त में पूर्णता और दिव्यता की पराकाष्ठा तक पहुँचेगा और 'परमानन्द के द्वीप' में विस्मरण को पीकर छक सकेगा।

* * *

हिन्दू सभ्यता

[यद्यपि ९ अक्तूबर को स्ट्रियेटर में दिया गया भाषण श्रोताओं की एक अच्छी संख्या द्वारा सुना गया, पर ९ अक्तूबर के 'स्ट्रियेटर डेली फ़्री प्रेस' ने निम्नलिखित नीरस सी टिप्पणी प्रकाशित की:]

'आपेरा हाउस' में इस सुविख्यात हिन्दू का भाषण अत्यन्त रोचक था। उन्होंने तुलनात्मक भाषा-विज्ञान के द्वारा आर्य जातियों और अमेरिका में उनके वंशजों के बीच के चिरस्वीकृत सम्बन्ध को सिद्ध करने का प्रयत्न किया। उन्होंने तीन-चौथाई जनता को नितान्त अपमानजनक पराधीनता में रखनेवाली जाति-प्रथा का नरमी के साथ समर्थन किया और गर्वपूर्वक कहा कि आज का भारत वही भारत है, जिसके शताब्दियों से दुनिया के उल्का के समान राष्ट्रों को अन्तरिक्ष में चमकते हुए और विस्मृति के गर्भ में डूबते हुए देखा है। जनसाधारण की भाँति उन्हें अतीत से प्रेम है। उनका जीवन अपने लिए नहीं, अपितु ईश्वर के लिए है। उनके देश में भिक्षावृत्ति और भ्रमणशीलता को बहुत बड़ी बात समझा जाता है, यद्यपि यह बात उनके भाषण में इतनी प्रमुख नहीं थी। जब भोजन तैयार हो जाता है, तब लोग किसी ऐसे व्यक्ति के आने की प्रतीक्षा करते हैं, जिसे पहले भोजन कराया जाय, इसके पश्चात् पशु, नौकर, गृहस्वामी और सबसे बाद घर की स्त्रियाँ। दस वर्ष की अवस्था में बालकों को ले लिया जाता है और गुरु के पास दस अथवा बीस वर्ष तक रखते हैं, उन्हें शिक्षा दी जाती है और अपने पहले के पेशे में लग जाने के लिए भेज दिया जाता है, अथवा वे निरन्तर भ्रमण, प्रवचन, उपासना के जीवन को स्वीकार करते हैं; वे अपने साथ खाने-पहनने की दी हुई वस्तु मात्र रखते हैं, धन को कभी स्पर्श नहीं करते। विवेकानन्द पिछले वर्ग के हैं। वृद्धावस्था आने पर लोग संसार से संन्यास ले लेते हैं और कुछ समय अध्ययन और उपासना में लगाकर वे भी धर्म-प्रचार के लिए निकल पड़ते हैं। उन्होंने कहा कि बौद्धिक विकास के लिए अवकाश आवश्यक है और अमेरिका के आदिवासियों को, जिन्हें कोलम्बस ने जंगली दशा में पाया था, अमेरिकावालों के द्वारा शिक्षित न किये जाने की आलोचना की। इसमें उन्होंने परिस्थितियों के ज्ञान के अभाव का प्रदर्शन किया। उनका भाषण निराशाजनक रूप से संक्षिप्त था और जो कुछ कहा गया, उसकी अपेक्षा बहुत कुछ महत्त्वपूर्ण प्रतीत होनेवाली बातें छूट गयी थीं[1]?

एक रोचक भाषण

(विस्कोन्सिन स्टेट जर्नल, २१ नवम्बर, १८९३)

पिछली रात काँग्रेगेशनल चर्च (मैडिसन) में विख्यात हिन्दू संन्यासी विवेकानन्द द्वारा दिया हुआ भाषण अत्यन्त रोचक था और उसमें ठोस दर्शन और श्रेष्ठ

१. उपर्युक्त रिपोर्ट से यह स्पष्ट है कि किसी न किसी कारण से अमरीकी प्रेस ने स्वामी जी का सदैव उत्साहपूर्ण स्वागत नहीं किया। स०

धर्म की बहुत सी बातें थीं। यद्यपि वे मूर्तिपूजक कहे जा सकते हैं, पर ईसाई धर्म उनके द्वारा प्रदत्त अनेक शिक्षाओं का अनुसरण कर सकता है। उनका धर्म विश्व की तरह व्यापक है, जिसमें सभी धर्मों और कहीं भी पाये जानेवाले सत्य का समावेश है। उन्होंने इस बात की घोषणा की कि 'भारतीय धर्म' में धर्मान्धिता, अंधविश्वास और जड़ विधि-विधान का कोई स्थान नहीं है।

*   *   *

हिन्दू धर्म

(मिनियापोलिस स्टार, २५ नवम्बर, १८९३)

पिछली शाम को फ़र्स्ट यूनिटेरियन चर्च (मिनियापोलिस) में हिन्दू धर्म की व्याख्या करते समय प्राचीन एवं सनातन सिद्धान्तों के मूर्त रूप होने के कारण समस्त सूक्ष्म आकर्षणों से समन्वित ब्राह्मण धर्म स्वामी विव कानन्द के भाषण का विषय था। यह ऐसे श्रोताओं का समुदाय था, जिसमें विचारशील स्त्री-पुरुष सम्मिलित थे, क्योंकि यह भाषण 'पेरिपैटेटिक्स' द्वारा आमंत्रित किया गया था और जिन मित्रों को उनके साथ यह सौभाग्य प्राप्त हुआ था, उनमें विभिन्न श्रेणियों के पुरोहित, विद्वान् और विद्यार्थी सम्मिलित थे। विव कानन्द एक ब्राह्मण साधु हैं और वे मंच पर अपने देश की पोशाक—सिर पर पगड़ी, नारंगी रंग का कोट, जो कमर पर लाल बंद से कसा हुआ था और लाल अधोवस्त्र—पहने हुए, आसीन थे।

उन्होंने धीरे धीरे और स्पष्ट बोलते हुए तथा द्रुतगति की अपेक्षा वाणी की सौम्यता के द्वारा अपने श्रोताओं को क़ायल करते हुए अपने धर्म को पूरी ईमानदारी के साथ सामने रखा। उनके शब्द सावधानी से चुने हुए थे और प्रत्येक शब्द अपना अर्थ प्रत्यक्ष ही व्यक्त करता था। उन्होंने हिन्दू धर्म के सरलतम सत्यों को प्रस्तुत किया और यद्यपि ईसाई धर्म के प्रति कोई कड़ी बात नहीं कही, फिर भी उसकी ओर ऐसे संकेत अवश्य किये, जिससे ब्रह्म का धर्म सर्वोपरि ठहराया गया। हिन्दू धर्म का सर्वव्यापी विचार तथा प्रमुख सिद्धान्त आत्मा का अन्तर्निहित दिव्यत्व है। आत्मा पूर्ण है और धर्म मनुष्य में पहले से ही विद्यमान दिव्यत्व की अभिव्यक्ति है। वर्तमान, अतीत और भविष्य के तथा मनुष्य की दो प्रवृत्तियों के बीच में एक विभाजन रेखा मात्र है। यदि सत् प्रबल होता है, वह उच्चतर लोक प्राप्त करता है और यदि असत् शक्तिशाली हो जाता है, तो

उसका पतन होता है। उसके भीतर ये दोनों प्रवृत्तियाँ निरन्तर क्रियाशील रहती हैं—जो कुछ उसे उठाता है, वह शुभ है और जो कुछ उसे गिराता है, वह अशुभ है।

कानन्द कल प्रातःकाल 'फ़र्स्ट यूनिटेरियन चर्च' में भाषण देंगे।

*　　　*　　　*

(डेस मोइन्स न्यूज़, २८ नवम्बर, १८९३)

पिछली रात्रि (२७ नवम्बर) सुदूर भारतवर्ष के प्रतिभाशाली विद्वान् स्वामी विवेकानन्द ने सेन्ट्रल चर्च में भाषण दिया। शिकागो में विश्व-मेला के अवसर पर आयोजित हाल के धर्म-सम्मेलन में वे अपने देश और धर्म के प्रतिनिधि थे। रेवरेण्ड एच० ओ० ब्रीडन ने श्रोताओं से उनका परिचय कराया। वे उठे और उन्होंने श्रोताओं को नमस्कार करके अपना भाषण प्रारम्भ किया, जिसका विषय 'हिन्दू धर्म' था। उनका भाषण किसी विचारधारा से सीमित नहीं था, किन्तु उसमें अधिकतर उनके धर्म तथा दूसरों के धर्मों से सम्बन्धित दार्शनिक विचार थे। उनका मत है कि पूर्ण ईसाई बनने के लिए व्यक्ति को सभी धर्मों को अंगीकार करना चाहिए। जो एक धर्म में प्राप्य नहीं है, उसकी दूसरे धर्म के द्वारा पूर्ति होती है। सच्चे ईसाई के लिए वे सब ठीक और आवश्यक हैं। जब तुम हमारे देश को कोई धर्मप्रचारक भेजते हो, तब वह हिन्दू ईसाई बन जाता है और मैं ईसाई हिन्दू। मुझसे इस देश में बहुधा पूछा गया है कि क्या मैं यहाँ लोगों का धर्म-परिवर्तन करूँगा। मैं इसे अपमानजनक समझता हूँ। मैं धर्म-परिवर्तन जैसे विचार में विश्वास नहीं रखता।[1] आज एक पापी मनुष्य है, तुम्हारे विचारानुसार कल वह धर्मात्मा हो सकता है और क्रमशः वह पवित्रता की स्थिति तक पहुँच सकता है। यह परिवर्तन किस कारण होता है? तुम इसकी व्याख्या किस प्रकार करोगे। उस मनुष्य की नयी आत्मा तो नहीं हुई, क्योंकि ऐसा होने पर आत्मा के लिए मृत्यु आवश्यक है। तुम कहते हो कि ईश्वर ने उसका रूपान्तर कर दिया। ईश्वर पूर्ण, सर्वशक्तिमान और स्वयं शुद्ध है। तब तो इस मनुष्य के धर्म-ग्रहण

---

१. यद्यपि स्थान स्थान पर, जैसा कि दृष्टिगत होगा, रिपोर्टर स्वामी जी के धर्म-परिवर्तन सम्बन्धी विचार को समझने में बुरी तरह असफल हुआ है, पर उसने स्वामी जी के विचारों से अवगत व्यक्ति को समझाने के लिए उसको पर्याप्त मात्रा में ग्रहण किया है। स०

के पश्चात् उस ईश्वर में आर सब कुछ रहता है परन्तु पवित्रता का उतना अंश, जितना उसने उस व्यक्ति को पवित्र करने के लिए प्रदान किया, कम हो जाता है। हमारे देश में दो ऐसे शब्द हैं, जिनका इस देश में वहाँ की अपेक्षा बिल्कुल भिन्न अर्थ है। वे शब्द 'धर्म' और 'पंथ' है। हम मानते हैं कि धर्म के अन्तर्गत सभी धर्म आ जाते हैं। हम असहिष्णुता के अतिरिक्त सब कुछ सहन कर लेते हैं। फिर 'पंथ' शब्द है। यहाँ यह उन सुहृदों को अपने अन्तर्गत लेता है, जो अपने को उदारता के आवरण से ढक लेते हैं और कहते हैं "हम ठीक हैं, तुम ग़लत हो।" इस प्रसंग में मुझे दो मेढकों की कहानी याद आती है। एक मेढक कुएँ में पैदा हुआ और आजीवन उसी कुएँ में रहा। एक दिन एक समुद्र का मेढक उस कुएँ में आ पड़ा और उन दोनों के बीच समुद्र के बारे में चर्चा होने लगी। कुएँ के मेढक ने आगन्तुक से पूछा कि समुद्र कितना बड़ा है, किन्तु वह कोई बोधगम्य उत्तर पाने में समर्थ न हुआ। तब कुएँ के मेढक ने कुएँ के एक छोर से दूसरे छोर तक उछल कर पूछा कि क्या समुद्र इतना बड़ा है। उसने कहा, "हाँ"। वह मेढक फिर उछला और बोला, "क्या समुद्र इतना बड़ा है?" और स्वीकारात्मक उत्तर पाकर वह अपने आप कहने लगा, "यह मेढक अवश्य ही झूठा है। मैं इसे अपने कुएँ से बाहर निकाल दूँगा।" पंथों के सम्बन्ध में भी ऐसी ही बात है। वे अपने से भिन्न विश्वास करनेवालों को पददलित और बहिष्कृत करने के लिए कटिबद्ध रहते हैं।

* * *

हिन्दू संन्यासी

(अपील-एवलांश, १६ जनवरी, १८९४)

हिन्दू संन्यासी विव कानन्द, जो आज रात को ऑडिटोरियम (मेमफ़िस) में भाषण देंगे, इस देश में धार्मिक अथवा भाषण मंच पर उपस्थित होनेवालों में सर्वश्रेष्ठ वक्ता हैं। उनकी अप्रतिम वक्तृता, रहस्यमय बातों में गम्भीर अन्तर्दृष्टि, तर्ककुशलता एवं महान् निष्ठा ने विश्व-मेला के धर्म-सम्मेलन में भाग लेनेवाले संसार के सभी विचारवान व्यक्तियों का विशेष ध्यान आकृष्ट किया और उन हज़ारों लोगों ने उनकी सराहना की, जिन्होंने यूनियन के विभिन्न राज्यों में उनकी भाषण-यात्राओं में उन्हें सुना था।

वार्तालाप में वे अत्यधिक आनन्ददायक सभ्य व्यक्ति हैं, उनके शब्द-चयन में अंग्रेज़ी भाषा के रत्न दृष्टिगोचर होते हैं और उनका सामान्य व्यवहार उन्हें पश्चिमी शिष्टाचार और रीति-रिवाज़ के अन्यतम सुसंस्कृत लोगों की श्रेणी में ला देता है। साथी के रूप में वे बड़े मोहक व्यक्ति हैं और सम्भाषणकर्ता के रूप में शायद पश्चिमी देशों के शहरों की किसी भी बैठक में उनसे बढ़कर कोई भी नहीं निकल सकता। वे केवल स्पष्टतापूर्वक ही अंग्रेज़ी नहीं बोलते, धारा-प्रवाह भी बोलते हैं और उनके भाव, स्फुलिंग के समान नये होते हुए भी, उनकी जिह्वा से आलंकारिक भाषा के आश्चर्यजनक प्रवाह में निकलते हैं।

स्वामी विवेकानन्द अपने पैतृक धर्म अथवा प्रारम्भिक शिक्षा द्वारा एक ब्राह्मण के रूप में बड़े हुए। किन्तु हिन्दू धर्म में दीक्षित होकर उन्होंने अपनी जाति को त्याग दिया और हिन्दू पुरोहित अथवा जैसा कि हिन्दू आदर्श के अनुसार उनके देश में विदित है, वे संन्यासी हुए। ईश्वर के उच्च भाव से उद्भूत प्रकृति के आश्चर्यजनक और रहस्यमय क्रिया-कलापों के वे सदैव अन्यतम विद्यार्थी रहे हैं और उस पूर्वीय देश के उच्चतर विद्यालयों में शिक्षक और विद्यार्थी दोनों रूपों में अनेक वर्ष बिताकर उन्होंने ऐसा ज्ञान प्राप्त किया है, जिससे उनको युग के सर्वश्रेष्ठ विचारक विद्वानों में गिने जाने की विश्वविश्रुत ख्याति प्राप्त हुई है।

विश्व-मेला सम्मेलन में उनके प्रथम आश्चर्यजनक भाषण ने तुरन्त उनके धार्मिक विचारकों की उस महान् संस्था के नेता होने की मुहर लगा दी। अधिवेशन में बहुधा उन्हें अपने धर्म का समर्थन करते हुए सुना गया और मनुष्य के मनुष्य के प्रति तथा सृष्टिकर्ता के प्रति कर्तव्यों का चित्र खींचते समय उनके ओठों से अंग्रेज़ी भाषा की शोभा बढ़ानेवाले सर्वश्रेष्ठ सुन्दर और दार्शनिक रत्नों में से कुछ प्राप्त हुए। वे विचारों में कलाकार, विश्वास में आदर्शवादी और मंच पर नाटककार हैं।

जब वे मेमफ़िस आये, तब से मि० हु एल० ब्रिन्कले के अतिथि हैं, जहाँ पर अपने प्रति श्रद्धा प्रकट करने की इच्छा रखनेवाले बहुत से लोगों से उन्होंने दिन में और संध्याकाल भेंट की है। वे टेनेसी क्लब के भी अनौपचारिक अतिथि हैं और शनिवार की शाम को श्रीमती एस० आर० शेपार्ड द्वारा आयोजित स्वागत में अतिथि थे। रविवार को कर्नल आर० बी० स्नोडेन ने एनेसडेल में अपने घर पर विशिष्ट अतिथि के सम्मान में एक भोज दिया, जहाँ पर सहायक बिशप टामस एफ़० गेलर, रेवरेण्ड डॉ० जार्ज पैटर्सन और अनेक दूसरे पादरियों से उनकी भेंट हुई।

कल अपराह्न उन्होंने रानडॉल्फ़ बिल्डिंग में 'नाइन्टीन्थ सेंचुरी क्लब' के कमरों में उसक सदस्यों के एक बड़े और शौक़ीन श्रोता-समूह के सम्मुख भाषण दिया। आज रात को ऑडिटोरियम में 'हिन्दुत्व' पर उनका भाषण होगा।

सहिष्णुता के लिए युक्ति

(मेमफ़िस कर्मशियल, १७ जनवरी, १८९४)

कल रात प्रसिद्ध हिन्दू संन्यासी स्वामी विव कानन्द के हिन्दुत्व पर होनेवाले भाषण में उनका स्वागत करने के लिए ऑडिटोरियम में पर्याप्त संख्या में श्रोता उपस्थित हुए। न्यायाधीश आर० जे० मारगन ने उनका संक्षिप्त किन्तु सूचनात्मक परिचय दिया और महान् आर्य जाति की, जिसके विकास से यूरोपीय जातियों तथा हिन्दू जाति का समान रूप से आविर्भाव हुआ है, एक रूपरेखा प्रस्तुत की तथा इस प्रकार बोलने के लिए प्रस्तुत वक्ता और अमेरिकन जाति के बीच के जातीय सम्बन्ध का इतिहास बताया।

लोगों ने सुविख्यात पूर्वदेशीय का उदार करतल ध्वनि के साथ स्वागत किया और आद्योपान्त ध्यानपूर्वक उनकी बात सुनी। वे सुन्दर शारीरिक आकृतिवाले व्यक्ति हैं और उनका सुगठित काँसे के रंग का रूप और सुन्दर अनुपातवाला शरीर है। वे गुलाबी रेशम की पोशाक पहने हुए थे, जो कमर पर एक काले बन्द से कसी हुई थी, काला पतलून पहने थे और उनके मस्तक पर भारतीय रेशम की पीली पगड़ी सँवार कर बाँधी गयी थी। उनका उच्चारण अति सुन्दर है और जहाँ तक शब्दों के चयन तथा व्याकरण की शुद्धता और रचना का सम्बन्ध है, उनका अंग्रेज़ी का व्यवहार पूर्ण है। उच्चारण में जो कुछ भी अशुद्धता है, वह केवल कभी कभी ग़लत शब्दांश पर बल दे देने की है। पर ध्यानपूर्वक सुननेवाले शायद ही कोई शब्द न समझ पाते हों, और उनके अवधान का सुन्दर फल उन्हें मौलिक विचार, ज्ञान और व्यापक प्रज्ञा से परिपूर्ण भाषण के रूप में उपलब्ध हुआ। इस भाषण को सार्वभौम सहिष्णुता कहना उचित हो सकता है, जिसमें भारतीय धर्म से सम्बन्धित कथनों के उदाहरण हैं। उन्होंने कहा कि यह भावना, सहिष्णुता और प्रेम की भावना, सभी अच्छे धर्मों की केन्द्रीभूत प्रेरणा है और उनका विचार है कि उसको प्राप्त करना किसी भी मत का अभीष्ट लक्ष्य है।

हिन्दुत्व के सम्बन्ध में उनकी परिचर्चा अधिकांशतः वृत्तानुमेय नहीं थी। उनका प्रयत्न उसकी पुराण-कथाओं और उसके रूपों का चित्र प्रस्तुत करने की अपेक्षा उसके भाव-तत्त्व का विश्लेषण करना था। उन्होंने अपने धर्म-विश्वास या अनुष्ठानों की प्रमुख विशिष्टताओं पर बहुत कम विवेचन किया। किन्तु उनको उन्होंने बड़ी स्पष्टता और पारदर्शिता के साथ समझाया। उन्होंने हिन्दुत्व की उन रहस्यमय विशेषताओं का सजीव वर्णन किया, जिनसे बहुधा ग़लत समझा जानेवाला पुनर्जन्म का सिद्धान्त विकसित हुआ है। उन्होंने समझाया कि किस प्रकार उनका धर्म समय के विभेदीकरण की अवहेलना करता है, किस प्रकार सभी लोगों की आत्मा के वर्तमान और भविष्य में विश्वास करने के कारण 'ब्रह्म का धर्म' (हिंदुत्व) अपने अतीत पर भी विश्वास करता है। उन्होंने यह भी स्पष्ट किया कि किस प्रकार उनका धर्म 'मौलिक पाप' में विश्वास नहीं करता और सभी प्रयत्नों और अभीप्साओं को मानवता की पूर्णता पर आधारित करता है। उनका कहना है कि सुधार और शुद्धि का आधार आशा होनी चाहिए। मनुष्य का विकास उसका मूल पूर्णता की ओर लौटना है। यह पूर्णत्व पवित्रता और प्रेम की साधना से ही आ सकता है। यहाँ उन्होंने दिखाया कि किस प्रकार उनके देशवासियों ने इन गुणों की साधना की है, किस प्रकार भारत उत्पीड़ितों को शरण देनेवाला देश रहा है। उन्होंने उदाहरण दिया कि जब टिटस ने जेरुसलम का विध्वंस किया, तब यहूदियों का हिन्दुओं द्वारा स्वागत किया गया था।

बड़ी स्पष्टतापूर्वक उन्होंने बताया कि हिन्दू लोग बाह्याकारों पर बहुत ज़ोर नहीं देते। कभी कभी तो परिवार का प्रत्येक व्यक्ति सम्प्रदायों के अनुसरण में एक दूसरे से भिन्न होता है, किन्तु सभी ईश्वर के केन्द्रीय गुण प्रेम-भाव की उपासना करते हुए ईश्वर की उपासना करते हैं। वे कहते हैं कि हिन्दू मानता है कि सभी धर्मों में अच्छाई है, सभी धर्म मनुष्य की पवित्रता की अन्तःप्रेरणा के प्रतीक हैं और इसलिए सभी का सम्मान किया जाना चाहिए। उन्होंने वेद (?) से एक उद्धरण देते हुए इसे समझाया, जिसमें विभिन्न धर्म भिन्न भिन्न रूप के बने हुए घड़ों के प्रतीक के रूप में कहे गये हैं, जिनको लेकर विभिन्न लोग एक झरने में पानी भरने आते हैं। घड़ों के रूप तो बहुत से हैं, किन्तु जिस चीज़ को सभी लोग अपने घड़ों में भरना चाहते हैं, वह सत्य रूपी जल है, उनके अनुसार ईश्वर सभी प्रकार के विश्वासों को जानता है और चाहे जो भी कहकर पुकारा जाय, वह अपने नाम को अथवा मिलनेवाली श्रद्धा को, चाहे वह जिस ढंग की हो, पहचान लेगा।

उन्होंने आगे कहा कि हिन्दू उसी ईश्वर की उपासना करते हैं, जिसकी ईसाई

करते हैं। हिन्दू त्रिदेव—ब्रह्मा, विष्णु और शिव केवल सृष्टिकर्ता, पालनकर्ता और विनाशकर्ता ईश्वर के प्रतीक हैं। इन तीन को एक के बजाय तीन मानना केवल एक गलतफ़हमी है, जिसका कारण है कि सामान्य मानवता अपने नीतिशास्त्र को एक मूर्त रूप अवश्य प्रदान करती है। अतः इसी प्रकार हिन्दू देवताओं की भौतिक मूर्तियाँ दिव्य गुणों की प्रतीक मात्र हैं। पुनर्जन्म के हिन्दू सिद्धान्त की व्याख्या करते हुए उन्होंने कृष्ण की कहानी सुनायी, जो निष्कलंक गर्भाधान से उत्पन्न हुए और जिनकी कथा ईसा की कथा से बहुत कुछ मिलती-जुलती है। उनका दावा है कि कृष्ण की शिक्षा प्रेम के लिए प्रेम की शिक्षा है और उन्होंने इस तथ्य को इन शब्दों में प्रकट किया है, 'यदि प्रभु का भय धर्म का प्रारम्भ है, तो ईश्वर का प्रेम उसका अन्त है।'

उनके समस्त भाषण को यहाँ अंकित करना कठिन है, किन्तु वह बंधुता के प्रेम के लिए एक उत्कृष्ट प्रेरक और एक सुन्दर मत का जोशीला समर्थन था। उनका उपसंहार विशेष रूप से सुन्दर था, जब कि उन्होंने ईसा को स्वीकार करने के लिए अपने को तैयार बताया, परन्तु वे कृष्ण और बुद्ध के सामने अवश्य शीश झुकायेंगे। उन्होंने सभ्यता की निर्दयता का एक सुन्दर चित्र उपस्थित करते हुए प्रगति के अपराधों के लिए ईसा को ज़िम्मेदार ठहराने से इन्कार कर दिया।

भारत के रीति-रिवाज़

(अपील-एवलांश, २१ जनवरी, १८९४)

हिन्दू संन्यासी स्वामी विव कानन्द ने कल अपराह्न 'ला सलेट एकेडमी' (मेमफ़िस) में एक भाषण दिया। मूसलाधार वर्षा के कारण श्रोताओं की संख्या बहुत कम थी।

'भारत के रीति-रिवाज़' विषय का विवेचन हो रहा था। विव कानन्द जिस धार्मिक विचार के सिद्धान्त का प्रतिपादन कर रहे हैं, वह इस शहर तथा अमेरिका के अन्य शहरों के अधिकतर प्रगतिशील विचारकों के मन में सरलता से स्थान प्राप्त कर लेता है।

उनका सिद्धान्त ईसाई शिक्षकों के द्वारा उपदिष्ट पुरातन विश्वास के लिए घातक है। अमेरिका के ईसाइयों की, मूर्तिपूजक भारत के अज्ञानावृत मस्तिष्क को प्रकाश प्रदान करने की सर्वाधिक कोशिश रही है, परन्तु ऐसा प्रतीत होता है कि कानन्द के धर्म के पूर्वीय तेज ने हमारे पूर्वजों द्वारा उपदिष्ट पुराकालीन ईसाई

धर्म के सौंदर्य को अभिभूत कर लिया है और श्रेष्ठतर शिक्षा पाये हुए अमेरिकावासियों के मस्तिष्क में फलने-फूलने के लिए उसे एक उर्वर भूमि प्राप्त हो गयी है।

यह 'धुनों' का युग है और ऐसा प्रतीत होता है कि कानन्द एक 'चिरकाल से अनुभूत अभाव' की पूर्ति कर रहे हैं। वे सम्भवतः अपने देश के सर्वश्रेष्ठ विद्वान हैं और उनमें अद्‌भुत मात्रा में व्यक्तिगत आकर्षण है तथा उनके श्रोता उनकी वक्तृता पर मुग्ध हो जाते हैं। यद्यपि वे अपने विचारों में उदार हैं तथापि वे पुरातनवादी ईसाई मत में बहुत कम सराहनीय बातें देखते हैं। मेमफ़िस में आनेवाले किसी भी धर्मोपदेशक अथवा वक्ता की अपेक्षा कानन्द ने सर्वाधिक ध्यान आकृष्ट किया है।

यदि भारत में जानेवाले मिशनरियों का ऐसा ही स्वागत होता, जैसा कि हिन्दू संन्यासी का यहाँ हुआ है, तो मूर्तिपूजक देशों में ईसा की शिक्षाओं के प्रचार का कार्य विशेष गति प्राप्त करता। कल शाम का उनका भाषण ऐतिहासिक दृष्टि से रोचक था। वे अति प्राचीन काल से लेकर वर्तमान तक के स्वदेश के इतिहास और परम्परा से पूर्ण परिचित हैं और वहाँ के विभिन्न रोचक स्थानों और वस्तुओं का सुन्दर और सहज शैली में वर्णन कर सकते हैं।

अपने भाषण में महिला श्रोताओं के प्रश्नों से बीच बीच में उन्हें अनेक बार रुकना पड़ा और उन्होंने बिना ज़रा भी हिचकिचाहट के उत्तर दिया, केवल एक बार को छोड़कर, जब एक महिला ने उन्हें एक धार्मिक विवाद में घसीटने के उद्देश्य से प्रश्न पूछा। उन्होंने अपने प्रवचन के मूल विषय से अलग जाना अस्वीकार कर दिया और प्रश्नकर्त्री से कहा कि वे किसी दूसरे समय 'आत्मा के पुनर्जन्म' आदि पर अपने विचार प्रकट करेंगे।

अपनी चर्चा में उन्होंने कहा कि उनके पितामह का विवाह तीन वर्ष की आयु में तथा उनके पिता का अठारह वर्ष की आयु में हुआ था, परन्तु उन्होंने विवाह नहीं किया। संन्यासी को विवाह करने की मनाही नहीं; किन्तु यदि वह पत्नी रखता है, तो वह भी उन्हीं अधिकारों और सुविधाओं से युक्त संन्यासिनी बन जाती है और वही सामाजिक प्रतिष्ठा प्राप्त करती है, जो उसका पति प्राप्त करता है।[1]

एक प्रश्न के उत्तर में उन्होंने कहा कि भारत में किसी भी कारण तलाक़

---

१. स्वामी जी के द्वारा संन्यासियों के विवाह के सम्बन्ध में जिस कथन का यहाँ उल्लेख किया गया है, उसके ठीक होने की सम्भावना नहीं हैं। अवश्य ही यह रिपोर्टर का भ्रम होगा, क्योंकि यह सर्वविदित है कि हिन्दू समाज में यदि संन्यामी पत्नी अंगीकार करता है, तो वह पतित और बहिष्कृत समझा जाता है। स०

की व्यवस्था नहीं थी, किन्तु यदि चौदह वर्ष के वैवाहिक जीवन के पश्चात् भी परिवार में सन्तान न हुई हो, तो पत्नी की सहमति से पति दूसरा विवाह कर सकता था; किन्तु यदि वह आपत्ति करती, तो वह विवाह नहीं कर सकता था। उनका प्राचीन स्मारकों और मंदिरों का वर्णन अनुपम था और इससे यह प्रकट होता है कि प्राचीन काल के लोग आजकल के कुशलतम कारीगरों की अपेक्षा कहीं अधिक श्रेष्ठ वैज्ञानिक ज्ञान रखते थे।

आज रात को स्वामी विव कानन्द वाई० एम० एच० ए० हाल में इस शहर में अंतिम बार आयेंगे। उन्होंने शिकागो के 'स्लेटन लिसेयम ब्यूरो' से इस देश में तीन वर्ष के कार्यक्रम को पूरा करने का अनुबंध किया है। वे कल शिकागो के लिए प्रस्थान करेंगे, जहाँ २५ की रात्रि में उनका एक कार्यक्रम है।

*   *   *

(डिट्राएट ट्रिब्यून, १५ फ़रवरी, १८९४ ई०)

पिछली शाम को जब ब्राह्म समाज के प्रसिद्ध संन्यासी स्वामी विव कानन्द ने यूनिटी क्लब के तत्त्वावधान में यूनिटेरियन चर्च में भाषण दिया, तब श्रोताओं की एक बड़ी संख्या को उनका भाषण सुनने का सौभाग्य प्राप्त हुआ। वे अपने देश की वेशभूषा में थे और उनका सुन्दर चेहरा तथा हृष्ट-पुष्ट आकार उन्हें एक विशिष्ट रूप प्रदान कर रहा था। उनकी वक्तृता ने श्रोताओं को ध्यानमग्न कर रखा था और वे बारंबार बीच बीच में सराहना प्राप्त कर रहे थे। वे भारतीय रीति-रिवाज पर बोल रहे थे। उन्होंने विषय को बड़ी सुन्दर अंग्रेज़ी में प्रस्तुत किया था। उन्होंने कहा कि वे न तो अपने देश को भारत कहते हैं और न अपने को हिन्दू। उनके देश का नाम हिन्दुस्तान है और देशवासी ब्राह्मण हैं। प्राचीन काल में वे संस्कृत बोलते थे। उस भाषा में शब्द के अर्थ तथा हेतु की व्याख्या की जाती थी तथा उसे बिल्कुल स्पष्ट कर दिया जाता था, परन्तु अब वह सब नहीं है। संस्कृत में 'जुपिटर' का अर्थ था—'स्वर्ग में पिता'। आजकल उत्तरी भारत की सभी भाषाएँ व्यवहारतः एक ही हैं, किन्तु यदि वे देश के दक्षिणी भाग में जायँ, तो लोगों से बात नहीं कर सकते। पिता, माता, बहन, भाई आदि शब्दों को संस्कृत ने मिलते-जुलते उच्चारण प्रदान किये। यह तथा दूसरे तथ्य उन्हें यह सोचने को बाध्य करते हैं कि हम सब एक ही नस्ल के हैं—आर्य। प्रायः इस जाति की सभी शाखाओं ने अपनी पहचान खो दी है।

जातियाँ चार थीं—ब्राह्मण, भूमिपति और क्षत्रिय, व्यापारी और कारीगर, तथा श्रमिक और सेवक। पहली तीन जातियों में क्रमशः दस, ग्यारह और तेरह वर्ष की अवस्था से तीस, पच्चीस या बीस वर्ष की आयु तक बच्चों को विश्वविद्यालयों के आचार्यों के सिपुर्द कर दिया जाता था। प्राचीन काल में बालक और बालिका, दोनों को शिक्षा दी जाती थी, किन्तु आज केवल बालकों के लिए यह सुविधा है। पर इस चिरकालीन अन्याय को दूर करने की चेष्टा की जा रही है। बर्बर जातियों द्वारा देश का शासन प्रारम्भ होने के पूर्व प्राचीन काल में देश के दर्शनशास्त्र और विधि का एक बड़ा अंश स्त्रियों के द्वारा संपादित कार्य है। हिन्दुओं की दृष्टि में अब स्त्रियों के अपने अधिकार हैं। उन्हें अब अपना स्वत्व प्राप्त है और क़ानून अब उनके पक्ष में है।

जब विद्यार्थी विद्यालय से वापस लौटता है, तब उसे विवाह करने की अनुमति प्रदान की जाती है और वह गृहस्थ बनता है। पति और पत्नी के लिए कार्य का भार लेना आवश्यक है और दोनों के अपने अधिकार होते हैं। क्षत्रिय जाति में लड़कियाँ कभी कभी अपना पति चुन सकती हैं, किन्तु अन्य सभी में माता-पिता के द्वारा ही व्यवस्था की जाती है। अब बाल विवाह को दूर करने का निरन्तर प्रयत्न चल रहा है। विवाह-संस्कार बड़ा सुन्दर होता है, एक दूसरे का हृदय स्पर्श करता है और वे ईश्वर तथा उपस्थित लोगों के सामने प्रतिज्ञा करते हैं कि वे एक दूसरे के प्रति सच्चे रहेंगे। बिना विवाह किये कोई पुरोहित नहीं हो सकता। जब कोई व्यक्ति, किसी सार्वजनिक पूजा में भाग लेता है, तब उसकी पत्नी उसके साथ रहती है। अपनी उपासना में हिन्दू पाँच संस्कारों का अनुष्ठान करता है—ईश्वर, पितरों, दीनों, मूक पशुओं तथा ज्ञान की उपासना। जब तक किसी हिन्दू के घर में कुछ भी है, अतिथि को किसी बात की कमी नहीं होती। जब वह संतुष्ट हो जाता है, तब बच्चे, और तब पिता, फिर माँ भोजन ग्रहण करते हैं। वे दुनिया की सबसे ग़रीब जाति हैं, फिर भी अकाल के समय के सिवा कोई भी भूख से नहीं मरता। सभ्यता एक महान् कार्य है। किन्तु तुलना में यह बात कही जाती है कि इंग्लैण्ड में प्रत्येक चार सौ में एक मद्यप मिलता है, जब कि भारत में यह अनुपात एक लाख में एक है। मृत व्यक्तियों के भी दाह-संस्कार का वर्णन किया गया। कुछ महान् सामन्तों को छोड़कर और किसीके सम्बन्ध में प्रचार नहीं किया जाता। पन्द्रह दिन के उपवास के बाद अपने पूर्वजों की ओर से सम्बन्धियों द्वारा ग़रीबों को अथवा किसी संस्था की स्थापना के हेतु दान दिया जाता है। नैतिक मामलों में वे सभी जातियों से सर्वोपरि ठहरते हैं।

१०–१७

हिन्दू दर्शन

(डिट्राएट फ्री प्रेस, १६ फ़रवरी, १८९४)

हिन्दू संन्यासी स्वामी विव कानन्द का दूसरा भाषण कल शाम को यूनिटेरियन चर्च में बहुसंख्यक और गुणग्राही श्रोताओं के सम्मुख हुआ। श्रोताओं की यह आशा कि वक्ता उन्हें हिन्दू दर्शन की जानकारी देंगे, जैसा कि भाषण का शीर्षक था, एक सीमित मात्रा में ही पूर्ण हुई। बुद्ध के दर्शन के प्रसंग उठाये गये और जब वक्ता ने कहा कि बौद्ध धर्म दुनिया का सर्वप्रथम मिशनरी धर्म है और उसने बिना रक्त का एक बूँद गिराये सबसे बड़ी संख्या में लोगों को धर्म-दीक्षा दी है, तब लोगों ने बहुत अधिक हर्षध्वनि की। किन्तु उन्होंने श्रोताओं को बुद्ध के धर्म अथवा दर्शन की कोई बात नहीं बतायी। उन्होंने ईसाई धर्म के ऊपर बहुत से हल्के प्रहार किये और उन कष्टों और मुसीबतों की चर्चा की, जो मूर्तिपूजक देशों में उसके प्रचार के कारण उत्पन्न की गयी थीं। किन्तु उन्होंने कुशलतापूर्वक अपने देश के लोगों की तथा अपने श्रोताओं के देश के लोगों की सामाजिक दशा की तुलना करने से अपने को दूर रखा।

सामान्य ढंग से उन्होंने बताया कि हिन्दू तत्त्ववेत्ताओं ने निम्नतर सत्य से उच्चतर सत्य की शिक्षा दी, जब कि नये ईसाई सिद्धान्त को स्वीकार करनेवाले व्यक्ति से कहा जाता है और आशा की जाती है कि वह अपने पूर्व विश्वास को छोड़ दे तथा नवीन को पूर्णरूपेण स्वीकार कर ले। उन्होंने कहा, "यह एक दिवास्वप्न है कि हम लोगों में सभी के धार्मिक विचार एक ही हो जायँगे। जब तक विरोधी तत्त्वों का मन में संघर्ष नहीं होता, तब तक मनोवेग की उत्पत्ति नहीं हो सकती। परिवर्तन की प्रतिक्रिया, नया प्रकाश और प्राचीन को नवीन का अनुदान ही संवेगों की उत्पत्ति करता है।"

[चूँकि प्रथम भाषण ने कुछ लोगों में विरोध-भाव पैदा कर दिया, 'फ्री प्रेस' के संवाददाता ने बहुत सावधानी बरती। तो भी सौभाग्यवश 'डिट्राएट ट्रिब्यून' ने स्वामी जी का निरन्तर समर्थन किया और इस प्रकार उसकी १६ फ़रवरी की रिपोर्ट में हमें उनके द्वारा 'हिन्दू दर्शन' पर दिये गये भाषण का कुछ आशय प्राप्त होता है, यद्यपि ट्रिब्यून संवाददाता ने कुछ रूपरेखात्मक विवरण ही लिखा था, ऐसा प्रतीत होता है:]

* * *

(डिट्राएट ट्रिब्यून, १६ फ़रवरी, १८९४ ई०)

ब्राह्मण संन्यासी स्वामी विव कानन्द ने कल शाम को यूनिटेरियन चर्च में पुनः भाषण दिया। उनका विषय 'हिन्दू दर्शन' था। वक्ता ने कुछ समय तक सामान्य दर्शन और तत्त्वज्ञान की चर्चा की, परन्तु उन्होंने बताया कि वे धर्म से सम्बन्धित अंश की चर्चा के लिए अपने भाषण का उपयोग करेंगे। एक ऐसा सम्प्रदाय है, जो आत्मा में विश्वास करता है, किन्तु वह ईश्वर के सम्बन्ध में अज्ञेयवादी है। बुद्धवाद (?) एक महान् नैतिक धर्म था, किन्तु ईश्वर में विश्वास न करने के कारण वह बहुत दिन तक जीवित नहीं रह सका। दूसरा सम्प्रदाय 'जाइन्ट्स' (जैन) आत्मा में विश्वास करता है, परन्तु देश के नैतिक शासन में नहीं। भारत में इस सम्प्रदाय के कई लाख लोग हैं। यह विश्वास करके कि यदि उनकी गर्म साँस यदि किसी मनुष्य या जीव को लगेगी, तो उसका परिणाम मृत्यु होगा, उनके पुरोहित और संन्यासी अपने चेहरे पर एक रूमाल बाँधे रहते हैं।

सनातनियों में सभी लोग श्रुति में विश्वास करते हैं। कुछ लोग सोचते हैं, बाइबिल का प्रत्येक शब्द सीधे ईश्वर से आता है। एक शब्द के अर्थ का विस्तार शायद अधिकांश धर्मों में होता है, किन्तु हिन्दू धर्म में संस्कृत भाषा है, जो शब्द के पूर्ण आशय और हेतु को सदैव सुरक्षित रखती है।

इस महान् पूर्वीय के विचार से एक छठीं इन्द्रिय है, जो उन पाँचों से, जिन्हें कि हम जानते हैं, कहीं अधिक सबल है। वह प्रकाशनारूपी सत्य है। व्यक्ति धर्म की सभी पुस्तकें पढ़ सकता है और फिर भी देश का सबसे बड़ा धूर्त हो सकता है। प्रकाशना का अर्थ है, आध्यात्मिक खोजों के बाद का विवरण।

दूसरी स्थिति, जिसे कुछ लोग मानते हैं, वह सृष्टि है, जिसका आदि या अन्त नहीं है। मान लो कि कोई समय था, जब सृष्टि नहीं थी। तब ईश्वर क्या कर रहा था? हिन्दुओं की दृष्टि में सृष्टि केवल एकरूप है। एक मनुष्य स्वस्थ शरीर लेकर उत्पन्न होता है, अच्छे परिवार का है और एक धार्मिक व्यक्ति के रूप में बड़ा होता है। दूसरा व्यक्ति विकलांग और अपंग शरीर लेकर जन्म लेता है और एक दुष्ट के रूप में बड़ा होता है तथा दंड भोगता है। पवित्र ईश्वर एक को इतनी सुविधाओं के साथ और दूसरे को इतनी असुविधाओं के साथ क्यों उत्पन्न करता है? व्यक्ति के पास कोई चारा नहीं है। बुरा काम करनेवाला अपने दोष को जानता है। उन्होंने पुण्य और पाप के अन्तर को स्पष्ट किया। यदि ईश्वर ने सभी चीजों को अपनी इच्छा से उत्पन्न किया है, तब तो सभी विज्ञानों की इतिश्री हो गयी।

मनुष्य कितने नीचे जा सकता है? क्या मनुष्य के लिए फिर से पशु की ओर वापस जाना सम्भव है?

कानन्द को इस बात की प्रसन्नता थी कि वे हिन्दू थे। जब रोमनों ने जेरुसलम को नष्ट-भ्रष्ट कर दिया, तब कई हज़ार यहूदी भारत में आकर बसे। जब पारसियों को अरबवालों ने उनके देश से भगाया, तब कई हज़ार लोगों ने इसी देश में शरण पायी और किसीके साथ दुर्व्यवहार नहीं किया गया। हिन्दू विश्वास करते हैं कि सभी धर्म सत्य हैं, किंतु उनका धर्म और सभी से प्राचीन है। हिन्दू कभी भी मिशनरियों के प्रति दुर्व्यवहार नहीं करते। प्रथम अंग्रेज़ मिशनरी अंग्रेज़ों के द्वारा ही उस देश में उतरने से रोके गये और एक हिन्दू ही ने उनके लिए सिफ़ारिश की और सर्वप्रथम उनका स्वागत किया। धर्म वह है, जो सबमें विश्वास करता है। उन्होंने धर्म की तुलना हाथी और अंधे आदमियों से की। प्रत्येक अपने स्थान पर ठीक था, परन्तु सम्पूर्ण रूप के लिए सभी की आवश्यकता थी। हिन्दू दार्शनिक कहते हैं, 'सत्य से सत्य की ओर, निम्नतर सत्य से उच्चतर सत्य की ओर।' जो लोग यह सोचते हैं कि किसी समय सभी लोग एक ही तरह सोचेंगे, वे लोग एक निरर्थक स्वप्न देखते हैं, क्योंकि यह तो धर्म की मृत्यु होगी। प्रत्येक धर्म छोटे छोटे सम्प्रदायों में विभक्त हो जाता है, प्रत्येक अपने को सत्य कहता है और दूसरों को असत्य। बौद्ध धर्म में यन्त्रणा को कोई स्थान नहीं दिया गया है। सर्वप्रथम उन्होंने ही प्रचारक भेजे और वही एक ऐसे हैं, जिन्होंने बिना रक्त का एक बूँद गिराये करोड़ों लोगों को धर्म की दीक्षा दी। अपने तमाम दोषों और अंधविश्वासों के बावजूद हिन्दू कभी यंत्रणा नहीं देते। वक्ता ने यह जानना चाहा कि ईसाइयों ने उन अन्यायों को कैसे होने दिया, जो ईसाई देशों में प्रत्येक जगह वर्तमान हैं।

* * *

चमत्कार

(इवनिंग न्यूज़, १७ फ़रवरी, १८९४ ई०)

इस विषय पर 'न्यूज' के सम्पादकीय के दिखाये जाने पर विव कानन्द ने इस पत्र के प्रतिनिधि से कहा, "मैं अपने धर्म के प्रमाण में कोई चमत्कार करके 'न्यूज़' की इच्छा की पूर्ति नहीं कर सकता। पहले तो मैं चमत्कार करनेवाला नहीं हूँ और दूसरे जिस विशुद्ध हिन्दू धर्म का मैं प्रतिपादन करता हूँ, वह चमत्कारों पर

आधारित नहीं है। मैं चमत्कार जैसी किसी चीज़ को नहीं मानता। हमारी पंचेन्द्रियों के परे कुछ आश्चर्य किये जाते हैं, किन्तु वे किसी नियम के अनुसार चलते हैं। मेरे धर्म का उनसे कोई सम्बन्ध नहीं है। बहुत सी आश्चर्यजनक चीज़ें, जो भारत में की जाती हैं और विदेशी पत्रों में जिनका विवरण दिया जाता है, वे हाथ की सफ़ाई और सम्मोहनजन्य भ्रम हैं। वे ज्ञानियों के कार्य नहीं हैं। वे पैसे के लिए बाज़ारों में अपने चमत्कार प्रदर्शित करते हुए नहीं घूमते। उन्हें वे ही देखते और जानते हैं, जो सत्य के ज्ञान के खोजी हैं और जो बालसुलभ उत्सुकता से प्रेरित नहीं हैं।"

* * *

मनुष्य का दिव्यत्व

(डिट्राएट फ़्री प्रेस, १८ फ़रवरी, १८९४ ई०)

हिन्दू दार्शनिक और साधु स्वामी विवेकानन्द ने पिछली रात को यूनिटेरियन चर्च में ईश्वर (?)[१] के दिव्यत्व पर बोलते हुए अपनी भाषणमाला अथवा उपदेशों को समाप्त किया। मौसम खराब होने पर भी पूर्वीय बंधु—यही कहलाना उन्हें पसंद है—के आने के पूर्व चर्च दरवाज़ों तक लोगों से भर गया था।

उत्सुक श्रोताओं में सभी पेशों और व्यापारिक वर्ग के लोग सम्मिलित थे—वकील, न्यायाधीश, धार्मिक कार्यकर्ता, व्यापारी, यहूदी पंडित, इसके अतिरिक्त बहुत सी महिलाएँ, जिन्होंने अपनी लगातार उपस्थिति और तीव्र उत्सुकता से रहस्यमय आगंतुक के प्रति अपनी प्रशंसा की वर्षा करने की निश्चित इच्छा प्रदर्शित की है, जिनके प्रति ड्राइंगरूम में श्रोताओं का आकर्षण उतना ही अधिक है, जितना कि उनकी मंच की योग्यता के प्रति।

पिछली रात का भाषण पहले भाषणों की अपेक्षा कम वर्णनात्मक था और लगभग दो घंटे तक विवेकानन्द ने मानवीय और ईश्वरीय प्रश्नों का एक दार्शनिक ताना-बाना बुना। वह इतना युक्तिसंगत था कि उन्होंने विज्ञान को एक सामान्य ज्ञान का रूप प्रदान कर दिया। उन्होंने एक सुन्दर युक्तिपूर्ण वस्त्र बुना,

---

१. वास्तव में विषय 'मनुष्य का दिव्यत्व' था।

जो अनेक रंगों से परिपूर्ण था तथा उतना ही आकर्षक और मोहक था, जितना कि हाथ से बुना जानेवाला अनेक रंगों तथा पूर्व की लुभावनी सुगंध से युक्त उनके देश का वस्त्र होता है। ये रहस्यमय सज्जन काव्यालंकारों का उसी प्रकार प्रयोग करते हैं, जिस प्रकार कोई चित्रकार रंगों का उपयोग करता है और रंग वहीं लगाये जाते हैं, जहाँ उन्हें लगना चाहिए। परिणामतः उनका प्रभाव कुछ विचित्र सा होता है, फिर भी उनमें एक विशेष आकर्षण है। तीव्र गति से निकलनेवाले तार्किक निष्कर्ष 'धूप-छाँह' की भाँति थे और समय समय पर कुशल वक्ता को अपने प्रयास की सिद्धि के रूप में उत्साहपूर्ण करतल ध्वनि प्राप्त हुई।

उन्होंने भाषण के प्रारम्भ में कहा कि वक्ता से बहुत से प्रश्न पूछे गये हैं। उनमें से कुछ का उन्होंने अलग उत्तर देने के लिए स्वीकार किया, किन्तु तीन प्रश्न उन्होंने मंच से उत्तर देने के लिए चुने, जिसका कारण स्पष्ट हो जायगा। वे थे[1]:

'क्या भारत के लोग अपने बच्चों को घड़ियालों के जबड़ों में झोंक देते हैं?'

'क्या वे जगन्नाक (जगन्नाथ) के पहियों के नीचे दबकर आत्महत्या करते हैं?'

'क्या वे विधवाओं को उनके (मृत) पतियों के साथ जला देते हैं?'

प्रथम प्रश्न का उत्तर उन्होंने इस ढंग से दिया, जिस ढंग से कोई अमेरिकन यूरोपीय देशों में प्रचलित न्यूयार्क की सड़कों पर दौड़नेवाले 'रेड इंडियन्स' तथा वैसी ही किंवदंतियों से सम्बन्धित जिज्ञासाओं का समाधान करे। वक्तव्य इतना हास्यास्पद था कि उस पर गम्भीरता से सोचने की आवश्यकता नहीं जान पड़ती थी। जब कुछ नेकनीयत किन्तु अनभिज्ञ लोगों के द्वारा यह पूछा गया कि वे केवल लड़कियों को ही क्यों घड़ियाल के आगे डाल देते हैं, तब वे केवल व्यंग्योक्ति में कह सके कि सम्भवतः यह इसलिए कि वे अधिक कोमल और मृदु होती थीं और अंध-विश्वासी देश की नदियों के जीवों द्वारा अधिक आसानी से चबायी जा सकती थीं। जगन्नाथ की किंवदन्ती के सम्बन्ध में वक्ता ने उस नगर की पुरानी प्रथा को स्पष्ट किया और कहा कि सम्भवतः कुछ लोग रस्सी पकड़ने तथा रथ खींचने के उत्साह में फिसलकर गिर जाते थे और इस प्रकार उनका अन्त होता था। कुछ ऐसी ही दुर्घटनाओं को विकृत विवरणों में अतिरंजित किया गया है, जिनसे दूसरे देशों के अच्छे लोग संत्रस्त हो उठते हैं। विव कानन्द ने यह अस्वीकार किया कि लोग विधवाओं को जला देते हैं। पर यह सत्य है कि विधवाओं ने अपने आपको जला

---

१. यह तथा दूसरे चार अनुच्छेद 'विवेकानन्द साहित्य' के प्रथम खण्ड में 'क्या भारत तमसाच्छादित देश है?' शीर्षक से प्रकाशित हुए हैं। स०

दिया। कतिपय उदाहरणों में जहाँ यह हुआ है, वहाँ धार्मिक पुरुषों और पुरोहितों द्वारा, जो सदैव ही आत्महत्या के विरुद्ध रहे हैं, उन्हें ऐसा करने से रोका गया है। जहाँ पतिव्रता विधवाओं ने यह आग्रह किया कि इस होनेवाले देह-परिवर्तन में वे अपने पतियों के साथ जलने की इच्छुक हैं, उन्हें अग्नि-परीक्षा देने के लिए बाध्य होना पड़ा। अर्थात् उन्होंने अपने हाथों को आग में डाला और जल जाने दिया, तो आगे उनकी इच्छा-पूर्ति के मार्ग में कोई बाधा नहीं डाली गयी। किन्तु भारत ही अकेला देश नहीं है, जहाँ स्त्रियों ने प्रेम किया और अपने प्रेमी का तुरन्त अमर लोक तक अनुसरण किया। ऐसी दशा में प्रत्येक देश में आत्महत्याएँ हुई हैं। यह किसी भी देश के लिए एक असाधारण कट्टरता है, जितनी असामान्य भारत में, उतनी ही अन्यत्र। वक्ता ने दुहराया, नहीं, भारत में लोग स्त्रियों को नहीं जलाते। न उन्होंने कभी डाइनों को ही जलाया है।

मूल भाषण की ओर आकर विवेकानन्द ने जीवन की भौतिक, मानसिक और आत्मिक विशेषताओं का विश्लेषण किया। शरीर केवल एक कोश है, मन एक लघु किंतु विचित्र कार्य करनेवाली वस्तु है, जब कि आत्मा का अपना अलग व्यक्तित्व है। आत्मा की अनन्तता का अनुभव करना 'मुक्ति' की प्राप्ति है, जो 'उद्धार' के लिए हिन्दू शब्द है। विश्वसनीय ढंग से तर्क करते हुए वक्ता ने यह दर्शाया कि आत्मा एक मुक्त सत्ता है, क्योंकि यदि वह आश्रित होती, तो वह अमरता न प्राप्त कर सकती। जिस ढंग से व्यक्ति को उसकी सिद्धि प्राप्त होती है, उस ढंग को समझाने के लिए उन्होंने अपने देश की गाथाओं में से एक कथा सुनायी। एक शेरनी ने एक भेड़ पर झपट्टा मारते समय एक बच्चे को जन्म दिया। शेरनी मर गयी और उस बच्चे को भेड़ ने दूध पिलाया। बच्चा बहुत वर्षों तक अपने को भेड़ समझता रहा और उसी तरह व्यवहार करता रहा। किन्तु एक दिन एक दूसरा शेर उधर आया और उस शेर को एक झील पर ले गया, जहाँ उसने अपनी परछाईं दूसरे शेर से मिलती हुई देखी। इस पर वह गरजा और तब उसे अपनी पूर्ण महिमा का ज्ञान हुआ। बहुत से लोग भेड़ों जैसा रूप बनाये सिंह की भाँति हैं और एक कोने में जा दुबकते हैं। अपने को पापी कहते हैं और हर तरह अपने को नीचे गिराते हैं। वे अभी अपने में अन्तर्निहित पूर्णत्व और दिव्यत्व को नहीं देख पाते। स्त्री और पुरुष का अहं आत्मा है। यदि आत्मा मुक्त है, तब वह सम्पूर्ण अनन्त से कैसे अलग की जा सकती है? जिस प्रकार सूर्य झील पर चमकता है और असंख्य प्रतिबिम्ब उत्पन्न होते हैं, उसी प्रकार आत्मा प्रत्येक प्रतिबिम्ब की भाँति अलग है, यद्यपि उसके महान् स्रोत को माना जाता है और उसके महत्त्व को समझा जाता है। आत्मा निर्लिंग है। वह जब पूर्ण मुक्ति की स्थिति प्राप्त कर लेती है, तब उसका भौतिक

लिंग से क्या सम्बन्ध? इस सम्बन्ध में वक्ता ने स्वेडेनबर्ग के दर्शन अथवा धर्म की गहरी छानबीन की, जिससे हिन्दू विश्वासों तथा एक आधुनिकतर धार्मिक व्यक्ति के विश्वासों की धार्मिक अभिव्यक्ति के बीच का सम्बन्ध पूर्णरूपेण स्पष्ट हो गया। स्वेडेनबर्ग प्राचीन हिन्दू संतों के यूरोपीय उत्तराधिकारी से प्रतीत हुए, जिन्होंने एक प्राचीन विश्वास को आधुनिक वेशभूषा से सुसज्जित किया--वह विचारधारा, जिसे सर्वश्रेष्ठ फ़्रांसीसी दार्शनिक और उपन्यासकार (बालज़क?) ने परिपूर्ण आत्मा की अपनी उद्‌बोधक कथा में प्रतिपादित करना उचित समझा। प्रत्येक व्यक्ति के भीतर पूर्णत्व विद्यमान है। वह उसकी भौतिक सत्ता की अन्धकारपूर्ण गुहाओं में अन्तर्निहित है। यह कहना कि कोई आदमी इसलिए अच्छा हो गया कि ईश्वर ने अपने पूर्णत्व का एक अंश उसे प्रदान कर दिया, ईश्वरीय सत्ता को पूर्णता के उस अंश से रहित ईश्वर मानना है, जिसे उसने पृथ्वी पर उस व्यक्ति को प्रदान किया। विज्ञान का अटल नियम इस बात को सिद्ध करता है कि आत्मा अविभाज्य है और पूर्णता स्वयं उसीके भीतर होनी चाहिए, जिसकी उपलब्धि का अर्थ मुक्ति और व्यक्ति को अनन्तता की प्राप्ति है, उद्धार नहीं। प्रकृति! ईश्वर! धर्म! यह सब एक है।

सभी धर्म अच्छे हैं। पानी से भरे हुए गिलास की हवा का बुलबुला बाहर की वायु-राशि से मिलने का प्रयास करता है। तेल, सिरका और भिन्न भिन्न घनत्ववाले दूसरे पदार्थों में द्रव की प्रकृति के अनुसार उसका प्रयत्न कुछ न कुछ अवरुद्ध होता है। इसलिए आत्मा विभिन्न माध्यमों द्वारा अपनी व्यक्तिगत अनन्तता की प्राप्ति के लिए प्रयत्न करती है। जीवन के स्वभावों, सम्पर्क, वंशानुगत विशेषताओं और जलवायुगत प्रभावों के कारण कोई धर्म कुछ लोगों के सर्वाधिक अनुकूल होता है। दूसरा धर्म ऐसे ही कारणों से दूसरे लोगों के अनुकूल होता है। जो कुछ है, वह सब श्रेष्ठ है, यह वक्ता के निष्कर्षों का सारांश प्रतीत हुआ। अचानक किसी राष्ट्र का धर्म परिवर्तित करना, उस व्यक्ति की भाँति होगा, जो आल्प्स से कोई नदी बहती हुई देखकर, उसके मार्ग की आलोचना करता है। दूसरा व्यक्ति हिमालय से एक विशाल धारा गिरती हुई देखता है--वह धारा जो पीढ़ियों और सहस्रों वर्षों से बह रही है, और कहता है कि इसने सबसे छोटा और अच्छा मार्ग नहीं अपनाया। ईसाई ईश्वर को हमसे ऊपर बैठे हुए एक व्यक्ति की भाँति चित्रित करता है। ईसाई स्वर्ग में तब तक निश्चय ही प्रसन्न नहीं हो सकता, जब तक कि वह सुनहली सड़कों के किनारे खड़ा होकर समय समय पर नीचे दूसरे स्थान देखकर अन्तर का अनुभव नहीं कर लेता। स्वर्णिम नियम के स्थान पर हिन्दू इस सिद्धान्त पर विश्वास करता है कि अहं के परे सभी कुछ अच्छा है और सभी अहं

बुरा है और इस विश्वास के द्वारा समय आने पर व्यक्तिगत अनन्तता और आत्मा को मुक्ति प्राप्त हो जायगी। विव कानन्द ने कहा कि स्वर्णिम नियम कितना अधिक असंस्कृत है। हमेशा अहं! हमेशा अहं! यही ईसाई मत है। दूसरों के प्रति वही करना, जैसा तुम दूसरों से अपने प्रति कराना चाहो। यह एक भयावह, असभ्य और जंगली मत है, किन्तु वे ईसाई धर्म की निन्दा करना नहीं चाहते। जो इसमें संतुष्ट हैं, उनके लिए यह बिल्कुल अनुकूल है। महती धारा को बहने दो। जो इसके मार्ग को बदलने की चेष्टा करेगा, वह मूर्ख है। तब प्रकृति अपना समाधान ढूँढ़ लेगी। अध्यातमवादी (शब्द के सही अर्थ में) और भाग्यवादी विव कानन्द ने अपने मत के ऊपर बल देकर कहा कि सभी कुछ ठीक है और ईसाइयों के धर्म को परिवर्तित करने की उनकी इच्छा नहीं है। वे लोग ईसाई हैं, यह ठीक है। वे स्वयं हिन्दू हैं, यह भी ठीक है। उनके देश में विभिन्न स्तर के लोगों की आवश्यकता के अनुसार बिभिन्न मतों की रचना हुई है। यह सब आध्यात्मिक विकास की प्रगति की ओर निर्देश करता है। हिन्दू धर्म अहं का, अपनी आकांक्षाओं में केन्द्रित, सदैव पुरस्कारों के वादे और दंड की धमकी देनेवाला धर्म नहीं है। वह व्यक्ति को अहं से परे होकर अनन्तता की सिद्धि करने का मार्ग दिखाता है। यह मनुष्य को ईसाई बनने के लिए घूस देने की प्रणाली, जिसे उस ईश्वर से प्राप्त बताया जाता है, जिसने पृथ्वी पर कुछ मनुष्यों के बीच में अपने को प्रकट किया, बड़ी अन्यायपूर्ण है। यह घोर अनैतिक बनानेवाली है और अक्षरशः मान लेने पर ईसाई धर्म, इसे स्वीकार कर लेनेवाले उन धर्मान्धों की नैतिक प्रकृति के ऊपर बड़ा शर्मनाक प्रभाव डालता है, आत्मा की अनन्तता की उपलब्धि के समय को और दूर हटाता है।

* * *

[ट्रिब्यून के संवाददाता ने, शायद उसीने जिसने पहले 'जैन्स' (Jains, जैनों) के लिए 'जाइन्ट्स' (Giants, दैत्य) सुना था, इस समय 'बर्न' (Burn, जलाना) को 'बेरी' (Bury, गाड़ना) सुना। अन्यथा स्वामी जी के स्वर्णिम नियम सम्बन्धी कथन को छोड़कर उसने लगभग सही विवरण दिया है:]

(डिट्राएट ट्रिब्यून, १८ फ़रवरी, १८९४ ई०)

कल रात को यूनिटेरियन चर्च में स्वामी विव कानन्द ने कहा कि भारत में विधवाएँ धर्म अथवा क़ानून के द्वारा कभी जीवित दफ़नायी (जलायी) नहीं जातीं, किन्तु सभी दशाओं में यह कार्य स्त्रियों की ओर से स्वेच्छा का प्रश्न रहा है। इस

प्रथा पर एक बादशाह ने रोक लगा दी थी, किन्तु यह अंग्रेज़ी सरकार के द्वारा समाप्त किये जाने के पूर्व धीरे धीरे पुनः बढ़ गयी थी। धर्मान्ध लोग हर धर्म में होते हैं, ईसाइयों में भी और हिन्दुओं में भी। भारत में धर्मान्ध लोगों के बारे में यहाँ तक सुना गया है कि उन्होंने अपने दोनों हाथों को अपने सिर से ऊपर इतने समय तक तपस्या के रूप में उठाये रखा कि धीरे धीरे हाथ उसी स्थिति में कड़े हो गये और बाद में वैसे ही रह गये। इसी प्रकार लोग एक ही स्थिति में खड़े रहने का भी व्रत लेते थे। ये लोग अपने निचले अंगों पर सारा नियंत्रण खो बैठते थे और बाद में कभी चलने में समर्थ नहीं रह जाते थे। सभी धर्म सच्चे हैं और लोग इसलिए नैतिकता का पालन नहीं करते कि वह ईश्वरीय आज्ञा है, बल्कि इसलिए कि वह स्वयं अच्छी चीज़ है। उन्होंने कहा कि हिन्दू धर्म-परिवर्तन में विश्वास नहीं करते, यह तो विकृति है। धर्मों की संख्या अधिक होने के लिए सम्पर्क, वातावरण और शिक्षा ही उत्तरदायी हैं और एक धर्म के व्याख्याता को दूसरे व्यक्ति के विश्वास को मिथ्या बतलाना नितांत मूर्खतापूर्ण है। इसे उतना ही युक्ति-संगत कहा जा सकता है, जितना कि एशिया से अमेरिका आनेवाले किसी व्यक्ति का मिसिसिपी की धारा को देखकर उससे यह कहना : 'तुम बिल्कुल ग़लत बह रही हो। तुम्हें उद्‌गम-स्थान को लौट जाना होगा और फिर से बहना प्रारम्भ करना होगा।' यह ठीक उतना ही मूर्खतापूर्ण होगा, जितना कि अमेरिका का कोई आदमी आल्प्स को देखने जाय और एक नदी के मार्ग पर जर्मन सागर तक चलकर उसे यह सूचित करे कि उसका मार्ग बड़ा टेढ़ा-मेढ़ा है और इसका एक ही उपाय है कि वह निर्देशानुसार बहे। उन्होंने कहा कि स्वर्णिम नियम उतना ही प्राचीन है, जितनी प्राचीन स्वयं पृथ्वी है और वहीं से नैतिकता के सभी नियम उद्‌भूत हुए हैं (?)। मनुष्य स्वार्थ का पुंज है। उनके विचार से नारकीय अग्नि का सारा सिद्धान्त बेतुका है। जब तक यह ज्ञान है कि दुःख है, तब तक पूर्ण सुख नहीं प्राप्त हो सकता। उन्होंने कुछ धार्मिक व्यक्तियों की प्रार्थना के समय की मुद्रा का उपहास किया। उन्होंने कहा कि हिन्दू अपनी आँखें बन्द करके अपनी आत्मा से तादात्म्य स्थापित करता है, जब कि उन्होंने कुछ ईसाइयों को किसी बिन्दु पर दृष्टि जमाये देखा है, मानों वे ईश्वर को अपने स्वर्णिम सिंहासन पर बैठा देख रहे हों। धर्म के सम्बन्ध में दो अतियाँ हैं, धर्मान्ध और नास्तिक की। नास्तिक में कुछ अच्छाई है, किन्तु धर्मान्ध तो केवल अपने क्षुद्र अहं के लिए जीवित रहता है। उन्होंने एक अज्ञातनामा व्यक्ति को धन्यवाद दिया, जिसने उन्हें ईसा के हृदय का एक चित्र भेजा था। इसे वे धर्मान्धता की अभिव्यक्ति मानते हैं। धर्मान्धों का कोई धर्म नहीं होता। उनकी लीला अद्‌भुत है।

ईश्वर-प्रेम[1]

(डिट्राएट ट्रिब्यून, २१ फ़रवरी, १८९४ ई०)

कल रात को फ़र्स्ट यूनिटेरियन चर्च विव कानन्द का भाषण सुनने के लिए लोगों से भरा हुआ था। श्रोताओं में जेफ़र्सन एवेन्यू और उडवर्ड एवेन्यू के ऊपरी हिस्से से आये हुए लोग थे। अधिकांश स्त्रियाँ थीं, जो भाषण में अत्यधिक रुचि लेती प्रतीत हो रही थीं, जिन्होंने ब्राह्मण के अनेक कथनों पर बड़े उत्साह के साथ करतल ध्वनि की।

वक्ता ने जिस प्रेम की व्याख्या की, वह प्रेम वासनायुक्त प्रेम नहीं है, वरन् वह भारत में व्यक्ति के द्वारा अपने ईश्वर के प्रति रखा जानेवाला निर्मल पवित्र प्रेम है। जैसा कि विव कानन्द ने अपने भाषण के प्रारम्भ में बताया, विषय था 'भारतीय के द्वारा अपने ईश्वर के प्रति किया जानेवाला प्रेम', किन्तु उनका प्रवचन उनके अपने मूल विषय के ऊपर नहीं था। उनके भाषण का अधिकांश ईसाई धर्म पर आक्रमण था। भारतीय का धर्म और उसका अपने ईश्वर के प्रति प्रेम भाषण का अल्पांश था। अपने भाषण की मुख्य बातों को उन्होंने इतिहास के प्रसिद्ध पुरुषों के सटीक दृष्टान्तों से स्पष्ट किया। उन दृष्टान्तों के पात्र देश के हिन्दू राजा न होकर, उनके देश के प्रसिद्ध मुग़ल सम्राट् थे।

उन्होंने धर्म के माननेवालों को दो श्रेणियों में बाँटा, ज्ञानमार्गी और भक्ति-मार्गी। ज्ञानमार्गियों का लक्ष्य अनुभूति है। भक्त के जीवन का लक्ष्य प्रेम है।

उन्होंने कहा कि प्रेम एक प्रकार का त्याग है। वह कभी लेता नहीं है, बल्कि सदैव देता है। हिन्दू अपने ईश्वर से कभी कुछ माँगता नहीं, कभी अपने मोक्ष और सुखद परलोक की प्रार्थना नहीं करता, अपितु इसके स्थान पर उसकी सम्पूर्ण आत्मा प्रेम के वशीभूत होकर अपने ईश्वर को प्राप्त करने का प्रयत्न करती है। उस सुन्दर पद को तभी प्राप्त किया जा सकता है, जब कि व्यक्ति को ईश्वर का तीव्र अभाव अनुभव होता है। तब ईश्वर अपने पूर्णत्व के साथ उपलब्ध होता है।

ईश्वर को तीन भिन्न प्रकारों से देखा जाता है। कोई उसे एक शक्तिशाली व्यक्तित्व के रूप में देखता है और उसकी शक्ति की पूजा करता है। दूसरा उसको पिता के रूप में देखता है। भारत में पिता अपने बच्चों को सदैव दंड देता है और पिता के प्रति होनेवाले प्रेम और भाव में भय का तत्त्व मिला रहता है। भारत में

---

१. डिट्राएट फ़्री प्रेस के इस भाषण का विवरण 'विवेकानन्द साहित्य' के तीसरे खण्ड में छपा है।

माँ के प्रति सदैव ही सच्चा प्रेम और श्रद्धा रहती है। यही भारतीयों का अपने ईश्वर को देखने का ढंग है।

कानन्द ने कहा कि ईश्वर का सच्चा प्रेमी अपने प्रेम में इतना लीन हो जाता है कि उसके पास इतना समय नहीं रहता कि वह रुके और दूसरे सम्प्रदाय के सदस्यों से कहे कि वे ईश्वर को प्राप्त करने के लिए ग़लत मार्ग का अनुसरण कर रहे हैं और फिर उन्हें अपनी विचारधारा में लाने का प्रयत्न करे।

*   *   *

(डिट्रॉएट जर्नल)

यदि ब्राह्मण संन्यासी विवेकानन्द को, जिनकी इस नगर में एक व्याख्यानमाला चल रही है, एक सप्ताह और यहाँ रहने के लिए प्रेरित किया जा सकता, तो डिट्रॉएट के सबसे बड़े हाल में भी उनको सुनने के लिए उत्सुक श्रोताओं को स्थान देना कठिन हो जाता। वास्तव में वे लोगों की एक धुन बन गये हैं, क्योंकि पिछली शाम को यूनिटेरियन चर्च खचाखच भरा हुआ था और बहुत से लोगों को भाषण के अन्त तक खड़ा रहना पड़ा।

वक्ता का विषय 'ईश्वर-प्रेम' था। उनकी प्रेम की परिभाषा थी---'पूर्ण-रूपेण निःस्वार्थ भाव, जिसमें प्रेम-पात्र के महत्त्व और उसकी आराधना के अतिरिक्त कोई दूसरा विचार नहीं आता।' उन्होंने कहा कि प्रेम ऐसा गुण है, जो झुकता है, पूजा करता है और बदले में कुछ नहीं चाहता। उनके विचार से ईश्वर का प्रेम भिन्न है। ईश्वर को हम इसलिए नहीं मानते कि हमें अपने स्वार्थ के परे उसकी वास्तव में आवश्यकता है। उनका भाषण उन कहानियों और दृष्टान्तों से पूर्ण था, जो ईश्वर के प्रति प्रेम के पीछे स्वार्थपूर्ण उद्देश्य को स्पष्ट करते थे। वक्ता ने 'सालोमन के गीत' के उद्धरण दिये और कहा कि वे ईसाई बाइबिल के सुन्दरतम अंश हैं, तथापि उन्होंने यह बात सुनकर बड़े खेद का अनुभव किया कि उनके हटाये जाने की सम्भावना है। उन्होंने अन्त में एक अकाट्य तर्क के रूप में घोषणा की, "ईश्वर का प्रेम 'मैं इससे क्या पा सकता हूँ !' सिद्धान्त के ऊपर आधारित प्रतीत होता है।" ईसाई अपने प्रेम में इतने स्वार्थी हैं कि वे निरन्तर ईश्वर से कुछ देने के लिए प्रार्थना किया करते हैं, जिनमें सभी प्रकार की स्वार्थपूर्ण वस्तुएँ सम्मिलित होती हैं। अतः आधुनिक धर्म एक मनोरंजन और फ़ैशन छोड़कर और कुछ नहीं है और लोग चर्च में भेड़ों के झुंड की भाँति एकत्र होते हैं।

भारतीय नारी

(डिट्राएट फ्री प्रेस, २५ मार्च, १८९४ ई०)

कानन्द ने पिछली रात को यूनिटेरियन चर्च में 'भारतीय नारी' विषय पर भाषण दिया। वक्ता ने भारत की स्त्रियों के विषय पर पुनः लौटते हुए बतलाया कि धार्मिक ग्रंथों में उनको कितने आदर की दृष्टि से देखा गया है, जहाँ स्त्रियाँ ऋषि-मनीषी हुआ करती थीं। उस समय उनकी आध्यात्मिकता सराहनीय थी। पूर्व की स्त्रियों को पश्चिमी मानदंड से जाँचना उचित नहीं है। पश्चिम में स्त्री पत्नी है, पूर्व में वह माँ है। हिन्दू माँ-भाव की पूजा करते हैं, और संन्यासियों को भी अपनी माँ के सामने अपने मस्तक से पृथ्वी का स्पर्श करना पड़ता है। पातिव्रत्य का बहुत सम्मान है।

यह भाषण कानन्द द्वारा दिये गये सबसे अधिक दिलचस्प भाषणों में एक था और उनका बड़ा स्वागत हुआ।

* * *

(डिट्राएट इवनिंग न्यूज़, २५ मार्च, १८९४ ई०)

स्वामी विव कानन्द ने पिछली रात को 'भारतीय नारी— प्राचीन, मध्य-कालीन और वर्तमान' विषय पर भाषण दिया। उन्होंने कहा कि भारत में नारी ईश्वर की प्रत्यक्ष अभिव्यक्ति है और उसका सम्पूर्ण जीवन इस विचार से ओत-प्रोत है कि वह माँ है और पूर्ण माँ बनने के लिए उसे पतिव्रता रहना आवश्यक है। उन्होंने कहा कि भारत में किसी भी माँ ने अपने बच्चे का परित्याग नहीं किया और किसीको भी इसके विपरीत सिद्ध करने की चुनौती दी। भारतीय लड़कियों को यदि अमेरिकन लड़कियों की भाँति अपने आधे शरीर को युवकों की कुदृष्टि के लिए खुला रखने के लिए बाध्य किया जाय, तो वे मरना क़बूल करेंगी। वे चाहते हैं कि भारत को उसी देश के मापदंड से मापा जाय, इस देश के मापदंड से नहीं।

* * *

(ट्रिब्यून, १ अप्रैल, १८९४ ई०)

जब स्वामी कानन्द डिट्राएट में थे, तब उन्होंने अनेक वार्तालापों में भाग लिया और उनमें उन्होंने भारतीय स्त्रियों से सम्बन्धित प्रश्नों का उत्तर दिया। इस प्रकार

दिये हुए उनके विवरण ने ही उनके द्वारा एक सार्वजनिक भाषण दिये जाने की बात सुझायी। परन्तु चूँकि वे बिना किसी प्रलेख के बोलते हैं, कुछ बातें जो उन्होंने व्यक्तिगत वार्तालाप में बतायीं, उनके सार्वजनिक भाषण में नहीं आयीं। तब उनके मित्रों को थोड़ी निराशा हुई। किन्तु एक महिला श्रोता ने उनकी शाम की बातचीत में कही गयी कुछ बातों को कागज़ पर लिख लिया था और वे सर्वप्रथम समाचार-पत्र में आ रही हैं।

उच्च हिमालय की पठारी भूमि में सर्वप्रथम आर्य आये और वहाँ आज के दिन तक ब्राह्मणों की विशुद्ध नस्ल पायी जाती है। वे ऐसे लोग हैं, जिनके सम्बन्ध में हम पश्चिम के लोग कल्पना मात्र कर सकते हैं। विचार, कार्य और क्रिया में पवित्र और इतने ईमानदार कि किसी सार्वजनिक स्थान में सोने से भरे थैले को छोड़ने के बीस वर्ष बाद वह सुरक्षित मिल जायगा। वे इतने सुन्दर हैं कि कानन्द के शब्दों में 'खेतों में किसी लड़की को देखने पर रुककर इस बात पर चमत्कृत होना पड़ता है कि ईश्वर ने ऐसी सुन्दर वस्तु की रचना की।' उनका शरीर सुडौल है, आँखें और बाल काले और चमड़ी उस रंग की है, जो रंग दूध के गिलास में डुबोयी अंगुली से गिरी हुई बूँदों से बनता है। ये शुद्ध नस्ल के हिन्दू हैं, निर्दोष और निष्कलंक।

जहाँ तक उनके सम्पत्ति सम्बन्धो क़ानूनों का सम्बन्ध है, पत्नी का दहेज केवल उसकी अपनी सम्पत्ति होती है, वह पति की सम्पत्ति कभी नहीं होती। वह बिना पति की स्वीकृति के दान कर सकती है अथवा उसे बेच सकती है। उसको जो भी उपहार दिये जाते हैं, यहाँ तक कि पति के भी, उसीके हैं। वह उनका जैसा चाहे, उपयोग करे।

स्त्री निर्भय होकर बाहर निकलती है। जितना पूर्ण विश्वास उसे अपने पास के लोगों से मिलता है, उतना ही वह मुक्त रहती है। हिमालय के घरों में कोई ज़नाना भाग नहीं होता और भारत के घरों का एक ऐसा भाग है, जहाँ धर्मप्रचारक भी नहीं पहुँचते। इन गाँवों तक पहुँचना कठिन है। ये लोग मुसलमानी प्रभाव से अछूते हैं और यहाँ तक पहुँचने के लिए बहुत कठिन दुःसाध्य चढ़ाई चढ़नी पड़ती है तथा वे मुसलमानों और ईसाइयों दोनों के लिए अज्ञात हैं।

भारत के आदि निवासी

भारत के जंगलों में जंगली जातियाँ रहती हैं, अति जंगली, यहाँ तक कि नर-भक्षी भी। यह भारत के आदिवासी हैं, वे कभी आर्य या हिन्दू नहीं थे।

जब हिन्दू भारत में बस गये और इसके विस्तृत क्षेत्र में फैल गये, उनमें अनेक

प्रकार की संकरताएँ उत्पन्न हुईं। सूर्य की धूप झुलसानेवाली होती थी और जिन लोगों पर पड़ती थी, उनका रंग श्याम हो गया।

हिमालय पहाड़ पर रहनेवालों के गोरे रंग की पारदर्शक आभा को भारतीय हिन्दू के काँसे के रंग का होने में पाँच पीढ़ियों का समय लगता है।

कानन्द का एक भाई बहुत गोरा है और दूसरा उनसे अधिक साँवला है। उनके माता-पिता गोरे हैं। मुसलमानों से रक्षा करने के लिए स्त्रियों को पर्दे की कठोर प्रथा का पालन करना आवश्यक होने के कारण उन्हें घर के भीतर रहना पड़ता है अतः वे अधिक गौर वर्ण की होती हैं।

अमेरिकन पुरुषों की एक आलोचना

कानन्द ने अपनी आँखों में एक आमोदयुक्त चमक के साथ कहा कि अमेरिका के पुरुष उन्हें विस्मित करते हैं। वे स्त्रियों की पूजा करने का दावा करते हैं, किन्तु उनका (कानन्द का) विचार है कि वे केवल यौवन और सौन्दर्य की पूजा करते हैं। वे कभी झुर्रियों और पके बालों से प्यार नहीं करते। वास्तव में वे (वक्ता) इस विचार से प्रभावित हैं कि अमेरिका के पुरुषों के पास वृद्धाओं को जला देने का कोई चमत्कार है, जिसे निश्चय ही उन्होंने अपने पूर्वजों से प्राप्त किया था। आधुनिक इतिहास इसे डाइनों का जलाना कहता है। पुरुष ही डाइनों को दोषी ठहराते और दंड देते थे और दंडित की वृद्धावस्था ही उसे मृत्यु-स्थल तक ले जाती थी। इसलिए यह देखा जाता है कि स्त्रियों का जीवित जलाना केवल हिन्दू प्रथा ही नहीं है। उनका विचार है कि यदि यह याद रखा जाय कि ईसाई संघ सभी वृद्धाओं को जीवित जला देता था, तो हिन्दू विधवाओं के जलाये जाने के ऊपर अपेक्षाकृत कम त्रास व्यक्त किया जायगा।

जलाये जाने की तुलना

हिन्दू विधवा समारोह और गीतों के बीच में, अपने बहुमूल्य वस्त्रों से सुसज्जित, अधिकांश में यह विश्वास करते हुए कि इस प्रकार के कार्य का फल उसके और उसके परिवार के लिए स्वर्ग का गौरव होगा, मृत्यु-यंत्रणा भोगने जाती थी। वह शहीद के रूप में पूजी जाती थी और परिवार के आलेखों में उसका नाम श्रद्धापूर्वक अंकित किया जाता था।

यह प्रथा हम लोगों को चाहे जितनी बीभत्स प्रतीत होती हो, उस ईसाई डाइन से तुलना करने पर तो यह एक अधिक शुभ्र चित्र ही है, जिसे पहले ही से अपराधिनी समझकर दम घुटानेवाली काल-कोठरी में डाल दिया जाता था, दोष स्वीकार करने

के लिए जिसे निर्दयतापूर्ण यंत्रणा दी जाती थी, जिसकी घिनौनी सी सुनवाई होती थी, जिसे खिल्ली उड़ाते हुए लोगों के बीच से खम्भे (जिसमें बाँधकर आदमी को जिन्दा जला दिया जाता था) तक खींच लाया जाता था, और जिसे अपने यातना-काल में दर्शकों द्वारा यह सान्त्वना मिलती थी कि उसके शरीर का जलाना तो केवल नरक की उस अनन्त आग का प्रतीक है, जिसमें उसकी आत्मा इससे भी अधिक यंत्रणा भोगेगी।

माताएँ पवित्र हैं

कानन्द कहते हैं कि हिन्दू को मातृत्व के सिद्धान्त की उपासना करने की शिक्षा दी जाती है। माता पत्नी से बढ़कर होती है। माँ पवित्र होती है। उनके मन में ईश्वर के प्रति पितृभाव की अपेक्षा मातृभाव अधिक है।

सभी स्त्रियाँ, चाहे वे जिस जाति की हों, शारीरिक दंड से मुक्त रहती हैं। यदि कोई स्त्री हत्या कर डाले, तो उसकी जान नहीं ली जाती। उसे एक गधे पर पूँछ की ओर मुँह करके बैठाया जा सकता है। इस प्रकार सड़क पर घुमाते समय डुग्गी पीटनेवाला उसके अपराध को उच्च स्वर में कहता चलता है, जिसके बाद वह मुक्त कर दी जाती है। उसके इस तिरस्कार को भविष्य के अपराधों की रोक-थाम के लिए पर्याप्त दंड माना जाता है।

यदि वह प्रायश्चित्त करना चाहे, तो उसके लिए धार्मिक आश्रमों के द्वार खुले हैं, जहाँ वह शुद्ध हो सकती है और अपनी इच्छानुसार तुरन्त संन्यास-आश्रम में प्रवेश कर सकती है तथा इस प्रकार वह पवित्र स्त्री बन सकती है।

कानन्द से पूछा गया कि उनके ऊपर बिना किसी वरिष्ठ अधिकारी के उन्हें संन्यास-आश्रम में इस प्रकार प्रविष्ट होने की स्वतंत्रता देने से, जैसा उन्होंने स्वीकार किया है, क्या हिन्दू दार्शनिकों की पवित्रतम व्यवस्था में दम्भ की उत्पत्ति नहीं हो जाती है? कानन्द ने इसे स्वीकार किया, किन्तु बताया कि जनता और संन्यासी के बीच में कोई नहीं आता। संन्यासी जातिगत बंधन को तोड़ डालता है। एक निम्नजातीय हिन्दू को ब्राह्मण स्पर्श नहीं करता, किन्तु यदि वह संन्यासी हो जाय, तो बड़े से बड़े लोग उस निम्नजातीय संन्यासी के चरणों में नत होंगे।

लोगों के लिए संन्यासी का भरण-पोषण करना कर्तव्य है, लेकिन तभी तक जब तक वे उसकी सच्चाई में विश्वास करते हैं। यदि एक बार भी उसके ऊपर दम्भ का आरोप हुआ, तो उसे झूठा कहा जाता है, और वह अधमतम भिक्षुक मात्र बनकर रह जाता है—दर दर का भिखारी, आदर-भाव जगाने में असमर्थ।

अन्य विचार

एक राजपुत्र भी स्त्री को मार्ग देता है। जब विद्याकांक्षी यूनानी भारत में हिन्दुओं के विषय में ज्ञान प्राप्त करने आये, उनके लिए सभी द्वार खुले थे, किन्तु जब मुसलमान अपनी तलवार के साथ और अंग्रेज़ अपनी गोलियों के साथ आये, तब वे द्वार बंद हो गये। ऐसे अतिथियों का स्वागत नहीं हुआ। जैसा कि कानन्द ने सुन्दर शब्दों में कहा, "जब बाघ आता है, तब हम लोग उसके चले जाने तक द्वार बन्द रखते हैं।"

कानन्द कहते हैं कि संयुक्त राज्य ने उनके हृदय में भविष्य में महान् सम्भावनाओं की आशा उत्पन्न की है। किन्तु हमारा भाग्य, सारे संसार के भाग्य के सदृश, आज क़ानून बनानेवालों पर निर्भर नहीं करता, वरन् स्त्रियों पर निर्भर करता है। श्री कानन्द के शब्द हैं: 'तुम्हारे देश का उद्धार उसकी स्त्रियों के ऊपर निर्भर करता है।'

* * *

मनुष्य का दिव्यत्व

(एडा रेकार्ड, २८ फ़रवरी, १८९३ ई०)

गत शुक्रवार (२२ फ़रवरी) की शाम को 'मनुष्य का दिव्यत्व' विषय पर हिन्दू संन्यासी स्वामी विव कानन्द (विवेकानन्द) का व्याख्यान सुनने के लिए संगीत-नाट्यशाला श्रोताओं से भर गयी थी।

उन्होंने कहा कि सभी धर्मों का मूलभूत आधार आत्मा में विश्वास करना है। आत्मा मनुष्य का वास्तविक स्वरूप है और वह मन तथा जड़ दोनों से परे है। फिर उन्होंने इस कथन का प्रतिपादन आरम्भ किया। जड़ वस्तुओं का अस्तित्व किसी अन्य पर निर्भर है। मन मरणशील है, क्योंकि वह परिवर्तनशील है। मृत्यु परिवर्तन मात्र है।

आत्मा मन का प्रयोग एक उपकरण के रूप में करती है और उसके माध्यम से शरीर को प्रभावित करती है। आत्मा को उसके सामर्थ्य के बारे में सचेत बनाना चाहिए। मनुष्य की प्रकृति निर्मल और पवित्र है, लेकिन वह आच्छादित हो जाती है। हमारे धर्म का मत है कि प्रत्येक आत्मा अपने प्रकृतस्वरूप को पुनः प्राप्त करने

की चेष्टा कर रही है। हमारे यहाँ जन-समाज का विश्वास है कि आत्मा की व्यक्तिगत सत्ता है। हमें यह उपदेश देने का निषेध है कि केवल हमारा ही धर्म सही है। अपना व्याख्यान जारी रखते हुए वक्ता ने कहा, "मैं आत्मा हूँ, जड़ नहीं हूँ। पाश्चात्य धर्म यह आशा प्रकट करता है कि हमें अपने शरीर के साथ पुनः रहना है। हम लोगों का धर्म सिखाता है कि ऐसी अवस्था हो नहीं सकती। हम उद्धार के स्थान पर आत्मा की मुक्ति का प्रतिपादन करते हैं।" मुख्य व्याख्यान केवल ३० मिनट तक हुआ, लेकिन व्याख्यान-समिति के अध्यक्ष ने घोषणा की थी कि वक्तृता की समाप्ति के उपरान्त वक्ता महोदय से जो भी प्रश्न पूछे जायँगे, वे उनका उत्तर देंगे। उन्होंने इस प्रकार जो अवसर दिया, उसका खूब लाभ उठाया गया। इन प्रश्नों को पूछनेवालों में धर्मोपदेशक और प्रोफ़ेसर, डॉक्टर और दार्शनिक, नागरिक और छात्र, सन्त तथा पातकी सभी थे। कुछ प्रश्न लिखकर पूछे गये थे और दर्जनों व्यक्तियों ने तो अपने स्थान पर खड़े होकर सीधे ही प्रश्न किया। वक्ता महोदय ने सभी के प्रश्नों का जवाब बड़ी भद्रतापूर्वक दिया—उनके द्वारा प्रयुक्त 'कृपया' शब्द पर ध्यान दीजिए—और कई दृष्टान्त तो ऐसे मिले, जब प्रश्नकर्ता हँसी के पात्र बन गये। लगभग एक घंटे तक उन्होंने प्रश्नों की झड़ी लगाये रखी। तब वक्ता महोदय ने और अधिक श्रम से त्राण पाने की अनुमति माँगी। फिर भी ऐसे प्रश्नों की ढेरी लगी थी, जिनका तब तक उत्तर नहीं दिया जा सका था। कई प्रश्नों को वह बड़ी कुशलता से टाल गये। उनके उत्तरों से हिन्दू धर्म तथा उसकी शिक्षा के विषय में हम निम्नलिखित अतिरिक्त वक्तव्य संग्रह कर सके—वे मनुष्य के पुनर्जन्म में विश्वास करते हैं। उनके यहाँ एक यह भी उल्लेख है कि उनके भगवान् कृष्ण का जन्म उत्तर भारत में किसी कुमारी से ५००० वर्ष पूर्व हुआ था। बाइबिल में ईसा का जो इतिहास दिया गया है, उससे यह कथा बहुत मिलती-जुलती है, केवल अन्तर यह है कि उनके भगवान् दुर्घटना में मारे गये। विकास और आत्मा की देहान्तर-प्राप्ति पर उनका विश्वास है अर्थात् हमारी आत्माओं का निवास किसी समय पक्षी, मछली और पशुशरीरों में था, हम कोई दूसरे प्राणी थे और मृत्यु के उपरान्त हम किसी दूसरी योनि में जन्म लेंगे। जब उनसे पूछा गया कि इस लोक में आने के पूर्व ये आत्माएँ कहाँ थीं, तो उन्होंने कहा कि दूसरे लोकों में थीं। समस्त सत्ता का स्थायी आधार आत्मा है। कोई ऐसा काल नहीं है, जब ईश्वर नहीं था, इसलिए कोई ऐसा काल नहीं है, जब सृष्टि नहीं थी। बौद्ध लोग किसी सगुण ईश्वर में विश्वास नहीं करते; मैं बौद्ध नहीं हूँ। मुहम्मद की पूजा उस दृष्टि से नहीं होती, जिस दृष्टि से ईसा की होती है। ईसा में मुहम्मद की आस्था तो थी, परन्तु उनके ईश्वर होने का वे खंडन करते थे। पृथ्वी पर प्राणियों का आविर्भाव विकास-

क्रम से हुआ और विशेष चयन (सृष्टि) द्वारा नहीं। ईश्वर स्रष्टा है, प्रकृति सृष्टि है। बच्चों के लिए प्रार्थना करने के अतिरिक्त हम लोग प्रार्थना नहीं करते और वह भी केवल मन को सुधारने के लिए। पाप के लिए दण्ड अपेक्षाकृत तत्काल मिल जाता है। हमारे कर्म आत्मा के नहीं हैं और इसलिए वे अपवित्र हो सकते हैं। वह हमारी जीवात्मा है, जो पूर्ण और पवित्र बनती है। आत्मा के लिए कोई विश्राम-स्थल नहीं है। उसमें जड़ तत्त्व के गुण नहीं हैं। मनुष्य तब पूर्णावस्था प्राप्त कर लेता है, जब उसे अपने आत्मा होने का पक्का अनुभव हो जाता है। आत्मा की प्रकृति की अभिव्यक्ति धर्म है। जो अन्तःकरण की जितनी ही अधिक गहराई तक देखता है, वह अन्य की अपेक्षा उतना ही अधिक पवित्र है। ईश्वर की पावनता का अनुभव करना ही उपासना है। हमारा धर्म धार्मिक प्रचार पर विश्वास नहीं करता और वह सिखाता है कि मनुष्य को प्रेम के लिए ईश्वर-प्रेम करना चाहिए और स्वयं की अपेक्षा पड़ोसी के प्रति प्रेम रखना चाहिए। पश्चिम के लोग अत्यधिक संघर्ष करते हैं, विश्रान्ति सभ्यता का अवयव है। हम अपनी दुर्बलताओं को ईश्वर को अर्पित नहीं करते। हमारे यहाँ धर्मों के सम्मिलन की प्रवृत्ति रही है।

एक हिन्दू संन्यासी

(बे सिटी टाइम्स प्रेस, २१ मार्च, १८९४ ई०)

कल रात उन्होंने संगीत-नाट्यशाला में रोचक व्याख्यान दिया। ऐसा बिरला ही अवसर मिलता है, जब बे सिटी की जनता को स्वामी विव कानन्द की कल सायंकाल की सी वक्तृता सुनने को सुलभ होती हो। ये सज्जन भारतीय हैं, जिनका जन्म लगभग ३० वर्ष पूर्व कलकत्ते में हुआ था। जब वक्ता को डॉक्टर सी० टी० न्यूकर्क ने परिचित कराया, तब संगीत-नाट्यशाला की निचली मंज़िल लगभग आधी भरी हुई थी। उन्होंने अपने प्रवचन में इस देश के लोगों की यह विशेषता बतायी कि वे सर्वशक्तिमान डालर देव की पूजा करते हैं। यह सच है कि भारत में जाति-व्यवस्था है। वहाँ कोई हत्यारा शीर्ष तक नहीं पहुँच सकता। यहाँ अगर वह सौ डालर पाता है, तो उतना ही भला माना जाता है, जितना अन्य कोई आदमी। भारत में यदि कोई एक बार अपराधी हो गया, तो सदा के लिए पतित मान लिया जाता है। हिन्दू धर्म में एक बड़ी विशेषता यह है कि वह अन्य धर्मों तथा धार्मिक विश्वासों के प्रति सहिष्णु है। मिशनरी अन्य पूर्वी देशों के धर्मों की अपेक्षा भारत के धर्मों के प्रति अत्यधिक कठोर हैं, क्योंकि हिन्दू सहिष्णुता के अपने आधारभूत विश्वास का परिपालन करते हैं और इस प्रकार उन्हें कठोर होने

का अवसर प्रदान करते हैं। कानन्द (स्वामी विवेकानन्द) उच्च शिक्षा-प्राप्त और सुसंस्कृत सज्जन हैं। कहा जाता है कि डिट्राएट में उनसे पूछा गया कि क्या हिन्दू अपने बच्चों को नदी में फेंक देते हैं, तो उन्होंने जवाब दिया कि वे वैसा नहीं करते, और न वे जादू-टोना करनेवाली स्त्रियों को चिता में जलाते हैं। आज रात वक्ता महोदय का भाषण सैगिना में होगा।

भारत पर स्वामी विव कानन्द के विचार

(बे सिटी डेली ट्रिब्यून, २१ मार्च, १८९४ ई०)

कल बे सिटी में विशिष्ट आगतुक हिन्दू संन्यासी स्वामी विवकानन्द का पदार्पण हुआ, जिनकी बड़ी चर्चा है। वे डिट्राएट से दोपहर में यहाँ पहुँचे और तुरंत फ्रेज़र हाउस रवाना हो गये। डिट्राएट में वे सेनेटर पामर के अतिथि थे।

कानन्द ने अपने देश का मनोरंजक वर्णन किया और इस देश के विषय में अपने अनुभव सुनाये। वे प्रशान्त महासागर के मार्ग से अमेरिका आये और अटलान्तिक के मार्ग से लौटेंगे। उन्होंने कहा, "यह महान् देश है, लेकिन यहाँ रहना मुझे पसंद न होगा। अमेरिकन लोग पैसे के बारे में बहुत सोचते हैं। वे उसे और सब चीज़ों से बढ़कर मानते हैं। तुम्हारे देश के लोगों को बहुत कुछ सीखना है। जब तुम्हारा राष्ट्र उतना प्राचीन हो जायगा, जितना हमारा है, तब तुम लोग आज की अपेक्षा अधिक विवेकशील हो जाओगे। मुझे शिकागो बहुत पसंद है और डिट्राएट बढ़िया स्थान है।"

जब उनसे पूछा गया कि आपका कब तक अमेरिका में रहने का इरादा है, तब उन्होंने उत्तर दिया, "मुझे मालूम नहीं। मैं तुम्हारे देश का अधिकांश देखना चाहता हूँ। यहाँ से मैं पूर्व जाऊँगा और कुछ समय बोस्टन तथा न्यूयार्क में बिताऊँगा। मैं बोस्टन गया हूँ, लेकिन ठहरने के लिए नहीं। जब मैं अमेरिका देख लूँगा, तब मैं यूरोप जाऊँगा। यूरोप जाने को मैं बहुत इच्छुक हूँ। मैं वहाँ कभी नहीं गया हूँ।"

पूर्वीय महोदय ने अपने विषय में बताया कि उनकी आयु ३० वर्ष है। उनका जन्म कलकत्ते में हुआ और उस नगर के कॉलेज में उन्हें शिक्षा मिली। अपने संन्यास धर्म के कारण उन्हें देश के सभी भागों में जाना पड़ता है और हर समय वे राष्ट्र के अतिथि के रूप में रहते हैं।

उन्होंने कहा, "भारत की जनसंख्या २८,५०,००,००० है। इनमें से ६,५०,००,-००० मुसलमान हैं और शेष अन्य में से अधिकांश हिन्दू हैं। देश में केवल लगभग

६,००,००० ईसाई हैं और उनमें से २,५०,००० कैथोलिक हैं। हमारे देश के लोग आम तौर पर ईसाई धर्म को अंगीकार नहीं करते, वे स्वधर्म में ही सन्तुष्ट हैं। कुछ लोग धन के लोभ से ईसाई बन जाते हैं। अपनी इच्छा के अनुसार चाहे जो कुछ करने के लिए वे स्वतन्त्र हैं। हम लोगों का कहना है कि हर एक को स्वयं अपना अपना धर्म अपनाने दो। हम लोगों का राष्ट्र चतुर है। रक्तपात में हमारी आस्था नहीं है। हमारे देश में, तुम लोगों के देश की भाँति, खल लोग हैं, जो बहुसंख्या में हैं। यह आशा करना युक्तिसंगत नहीं है कि सब लोग देवदूत हैं।"

आज रात विव कानन्द सैगिना में व्याख्यान देंगे।

कल रात का भाषण

कल सायंकाल जब भाषण आरम्भ हुआ, तब संगीत-नाट्यशाला का निचला भाग काफ़ी भरा हुआ था। ठीक ८ बज कर १५ मिनट पर स्वामी विव कानन्द मंच पर पधारे। वे सुन्दर पूर्वी वेशभूषा में थे। डॉ० सी० टी० न्यूकर्क ने थोड़े से शब्दों में उनका परिचय दिया।

प्रवचन के पूर्वार्द्ध में भारत के विभिन्न धर्मों तथा आत्मा की देहान्तर-प्राप्ति के सिद्धान्त की व्याख्या थी। आत्मा की देहान्तर-प्राप्ति के विषय में वक्ता महोदय ने कहा कि इसका आधार वही है, जो वैज्ञानिक के लिए जड़ पदार्थों के अविनाशत्व का है। इस दूसरे सिद्धान्त का प्रथम प्रणेता, उनके कथनानुसार, उन्हींके देश का एक दार्शनिक था। वे सृष्टि-रचना में विश्वास नहीं करते। किसी सृष्टि-रचना के अन्तर्गत बिना किसी उपादान के किसी वस्तु की रचना का भाव निहित है। वह असम्भव है। जैसे काल का कोई आदि नहीं, वैसे ही सृष्टि का कोई आदि नहीं है। ईश्वर तथा काल दो रेखाएँ हैं—अनन्त, अनादि और अ (?) समानान्तर। सृष्टि के बारे में उनका सिद्धान्त है कि 'वह है, थी, और रहेगी।' उनका विचार है कि दण्ड प्रतिक्रिया मात्र हैं। यदि हम अपना हाथ आग में डालते हैं, तो वह जल जाता है। वह क्रिया की प्रतिक्रिया है। वर्तमान दशा से जीवन की भावी दशा निर्धारित होती है। उनका यह विश्वास नहीं है कि ईश्वर दण्ड देता है। नक्ता ने कहा कि इस देश में तुम उस मनुष्य की प्रशंसा करते हो, जो क्रोध नहीं करता और उस व्यक्ति की भर्त्सना करते हो, जो क्रुद्ध हो जाता है। और फिर भी इस देश में नित्य हज़ारों व्यक्ति ईश्वर पर अभियोग लगाते हैं कि वह कुपित है। प्रत्येक व्यक्ति नीरो की भर्त्सना करता है, क्योंकि जब रोम जल रहा था, तब वह बैठा हुआ अपना बेला बजा रहा था, और आज भी तुम्हारे देश के लोग वैसा ही अभियोग ईश्वर पर लगाते हैं।

हिन्दुओं के धर्म में उद्धारवाद का कोई सिद्धान्त नहीं है। ईसा केवल पथ-प्रदर्शक हैं। प्रत्येक स्त्री-पुरुष दिव्य प्राणी है, पर मानो वह एक पर्दे से ढका है, जिसे उसका धर्म हटाने का प्रयत्न कर रहा है। उसे हटाने को ईसाई उद्धार कहते हैं, और वे मुक्ति कहते हैं। ईश्वर जगत् का रचयिता, पालक और संहारक है।

फिर वक्ता महोदय ने अपने देश के धर्म का समर्थन किया। उन्होंने कहा कि यह सिद्ध किया जा चुका है कि रोमन कैथोलिक सम्प्रदाय की पूरी धर्म-व्यवस्था बौद्ध धर्मग्रंथों से ली गयी है। पश्चिम के लोगों को भारत से एक चीज़ सीखनी चाहिए––सहिष्णुता।

जिन अन्य विषयों पर उन्होंने अपना मत प्रकट किया और जिनकी सांगोपांग विवेचना की, वे निम्नलिखित हैं––ईसाई धर्मप्रचारक, प्रेसबिटेरियन चर्च का धर्मोत्साह और उसकी असहिष्णुता, इस देश में डालर-पूजा और पुरोहित। उन्होंने कहा कि ये पुरोहित लोग डालरों के धंधे में हैं और उसी में लिप्त हैं और उन्होंने यह जानना चाहा कि यदि उन्हें अपने वेतन के लिए ईश्वर पर अवलम्बित रहना पड़े, तो वे कितने दिनों तक चर्च में टिक सकेंगे। भारत की जाति-प्रथा, दक्षिण की हमारी सभ्यता और मनविषयक हमारे सामान्य ज्ञान तथा अन्य विविध विषयों पर संक्षेप में भाषण करने के बाद वक्ता महोदय ने उपसंहार किया।

धार्मिक समन्वय

(सैगिना इवनिंग न्यूज़, २२ मार्च, १८९४ ई०)

कल सायंकाल संगीत एकेडेमी में छोटी सी, किन्तु गहरी दिलचस्पी रखनेवाली श्रोतामण्डली के समक्ष अधिक पर्यालोचित हिन्दू संन्यासी स्वामी विव कानन्द ने 'धर्मों के समन्वय' विषय पर भाषण किया। वे पूर्वी वेशभूषा धारण किये हुए थे और उनका बड़ा ही हार्दिक स्वागत किया गया। माननीय रोलैंड कोन्नोर ने बड़े ललित ढंग से वक्ता महोदय का परिचय कराया, जिन्होंने अपनी वक्तृता के पूर्वार्द्ध में भारत के विभिन्न धर्मों की व्याख्या की। उन्होंने आत्मा के देहान्तर-गमन के सिद्धान्त की भी व्याख्या की। आर्यों ने भारत पर सर्वप्रथम आक्रमण किया, लेकिन उन्होंने भारत की जनता के मूलोच्छेदन का प्रयास नहीं किया, जैसा कि ईसाइयों ने हर नये देश में प्रवेश करने पर किया है; बल्कि उन व्यक्तियों को ऊपर उठाने का प्रयास किया गया, जिनका स्वभाव पाशविक था। हिन्दू अपने ही देश के उन लोगों से खिन्न हैं, जो स्नान नहीं करते और मृत पशुओं का मांस भक्षण करते हैं। उत्तर

भारत के लोगों ने दक्षिण भारतीयों पर अपना आचार लादने का प्रयत्न नहीं किया, लेकिन दक्षिणवालों ने उत्तरवालों की बहुत सी रीतियों को धीरे धीरे अपना लिया। भारत के धुर दक्षिणी भाग में कुछ ईसाई हैं, जो उस धर्म में हज़ारों (?) वर्षों से रहे हैं। स्पेनी लोग ईसाई मत को लेकर लंका पहुँचे। स्पेनवाले सोचते थे कि उन्हें उनके भगवान् का आदेश है कि ग़ैर ईसाइयों को मार डालो और उनके मंदिरों को विध्वस्त कर दो।

यदि विभिन्न धर्म न हों, तो कोई धर्म जीवित नहीं रह सकता। ईसाई को अपने स्वार्थपरायण धर्म की आवश्यकता है। हिन्दू को अपने धर्म की आवश्यकता है। जिनकी स्थापना किसी धर्मग्रंथ पर की गयी थी, वे आज भी टिके हैं। ईसाई लोग यहूदियों को अपने धर्म में क्यों नहीं ला सके? वे फ़ारस के निवासियों को ईसाई क्यों नहीं बना सके? वैसा ही मुसलमानों के साथ क्यों नहीं कर सके? चीन या जापान पर उस तरह का प्रभाव क्यों नहीं डाला जा सकता? प्रथम मिशनरी धर्म बौद्धों का था। उनके धर्म में अन्य किसी भी धर्म की तुलना में धर्म-परिवर्तन द्वारा आये हुए लोगों की संख्या दुगुनी है और उन्होंने एतदर्थ तलवार का प्रयोग नहीं किया था। मुसलमानों ने शक्ति का प्रयोग सर्वाधिक किया और तीन मिशनरी धर्मों में से इसलाम को माननेवालों की संख्या सबसे कम है। मुसलमानों के अपने वैभव के दिन थे। प्रतिदिन तुम रक्तपात द्वारा ईसाई राष्ट्रों के नये देशों पर आधिपत्य के समाचार पढ़ते हो। कौन से मिशनरी इसके विरोध में उपदेश देते हैं? सर्वाधिक रक्तपिपासु राष्ट्र एक ऐसे तथाकथित धर्म की प्रशंसा के गीत क्यों गाते हैं, जो ईसा का धर्म नहीं था? यहूदी और अरब ईसाई मत के जनक थे और ईसाइयों द्वारा उनका कितना उत्पीड़न हुआ है। भारत में ईसाइयों की ठीक तौल हो गयी है और वे सदोष सिद्ध हुए हैं।

वक्ता महोदय ने ईसाइयों के प्रति अनुदार होने की इच्छा न होने पर भी यह प्रकट करना चाहा कि दूसरों की दृष्टि में वे कैसे दिखायी पड़ते हैं। जो मिशनरी प्रज्वलित गर्त का उपदेश देते हैं, उनके प्रति लोगों में संत्रास का भाव है। मुसलमानों ने नंगी तलवारें नचाते हुए बारंबार भारत को पदाक्रान्त किया, और आज वे कहाँ हैं? सभी धर्म जहाँ सुदूरतम देख सकते हैं, वह है एक आध्यात्मिक तत्त्व। इसलिए कोई धर्म इस बिंदु से आगे की शिक्षा नहीं दे सकता। प्रत्येक धर्म में सारभूत सत्य होता है और असारभूत मंजूषा होती है, जिसमें यह रत्न रखा रहता है। यहूदी धर्मशास्त्र या हिन्दू धर्मशास्त्र में विश्वास रखना गौण है। परिस्थितियाँ बदलती हैं, पात्र भिन्न हो जाता है; किन्तु सारभूत सत्य बना रहता है। सारभूत सत्य वही रहते हैं, इसलिए प्रत्येक सम्प्रदाय के शिक्षित लोग सारभूत सत्यों को अपने

पास बनाये रखते हैं। सीपी की खोल आकर्षक नहीं है, लेकिन मोती उसके भीतर है। दुनिया के छोटे से भाग के लोगों को धर्म-परिवर्तित कर ईसाई बनाने से पहले ही ईसाई धर्म कई पंथों में विभाजित हो जायगा। प्रकृति का यही नियम है। पृथ्वी के महान् धार्मिक वाद्य-वृन्द से केवल एक वाद्य-यन्त्र क्यों हटा लिया जाय? हम इस महान् वाद्य-वृन्द-संगीत को जारी रहने दें। वक्ता महोदय ने ज़ोर दिया कि पवित्र बनो, कुसंस्कार छोड़ो और प्रकृति का अद्भुत समन्वय देखो। अन्धविश्वास धर्म को धर दबाता है। चूँकि सारभूत सत्य एक ही हैं, इसलिए सब धर्म अच्छे हैं। प्रत्येक व्यक्ति को अपने व्यक्तित्व के पूर्ण प्रयोग की सुविधा होनी चाहिए। ये पृथक् पृथक् व्यक्तित्व मिलकर निरतिशय पूर्ण का निर्माण करते हैं। यह आश्चर्यजनक स्थिति पहले से ही विद्यमान है। इस अद्भुत निर्माण-कार्य में प्रत्येक धार्मिक मत का कुछ न कुछ योगदान है।

आद्योपान्त वक्ता महोदय ने अपने देश के धर्म के समर्थन का प्रयास किया। उन्होंने कहा कि यह सिद्ध हो चुका है कि रोमन कैथोलिक चर्च की पूरी धर्म-व्यवस्था बौद्ध धर्मग्रंथों से ली गयी है। बौद्ध आचार-संहिता के अन्तर्गत नैतिकता तथा जीवन की पवित्रता के उत्कृष्ट आचार-नियम की उन्होंने कुछ विस्तारपूर्वक समीक्षा की, लेकिन बताया कि जहाँ तक ईश्वर की सगुणता में विश्वास का प्रश्न है, उसमें अज्ञेयवाद प्रचलित रहा। अनुसरण के योग्य मुख्य बात थी, बुद्ध के सदाचार के नियमों का पालन। ये नियम थे—'अच्छे बनो, सदाचारी बनो, पूर्ण बनो।'

सुदूर भारत से

(सैगिना कूरियर-हेरल्ड, २२ मार्च, १८९४ ई०)

कल सायंकाल 'होटल विसेंट' के कक्ष में एक बलवान, सुडौल आकृति का भव्यमूर्ति पुरुष बैठा हुआ था, कृष्ण वर्ण होने के कारण जिसकी सम दन्त-पंक्ति को मुक्ता जैसी श्वेत आभा और भी अधिक प्रस्फुटित हो रही थी। विशाल तथा उच्च मस्तक के नीचे नेत्रों से बुद्धि टपक रही थी। ये सज्जन थे हिन्दू धर्मोपदेशक स्वामी विवे कान्द (विवेकानन्द)। श्री कानन्द बातचीत के समय जिन अंग्रेजी वाक्यों का प्रयोग करते हैं, वे शुद्ध तथा व्याकरण-संगत होते हैं और उच्चारण में थोड़ा विदेशीपन कटु होने पर भी रुचिकर लगता है। डिट्राएट के पत्रों के पाठकों को मालूम होगा कि श्री कानन्द ने उक्त नगर में कई बार व्याख्यान दिये हैं और ईसाइयों की कटु आलोचना करने के कारण उनके विरुद्ध कुछ लोगों में वैर भाव पैदा हो गया है। ये विद्वान् बौद्ध (?) जब एकेडमी के लिए रवाना हुए,

जहाँ भाषण का आयोजन था, उसके ठीक पहले 'कूरियर हेरल्ड' के प्रतिनिधि ने कुछ मिनट तक उनसे बातचीत की। श्री कानन्द ने वार्तालाप के समय कहा कि ईसाइयों में नैतिक आचार से स्खलन सामान्य सी बात है और इस पर उन्हें आश्चर्य होता है; किन्तु सभी धर्मों के अनुयायियों में गुण-दोष पाये जाते हैं। उनका एक वक्तव्य निश्चय ही अमेरिका-विरोधी था। जब उनसे पूछा गया कि क्या हमारी संस्थाओं की जाँच-पड़ताल करते रहे हैं, तो उन्होंने जवाब दिया, "नहीं, मैं तो धर्मोपदेशक मात्र हूँ।" इससे कुतूहल का अभाव और संकीर्ण भावना दोनों प्रदर्शित होते हैं, जो किसी ऐसे व्यक्ति के लिए विजातीय प्रतीत होते हैं, जो धार्मिक विषयों में इस बौद्ध (?) उपदेशक जैसा निष्णात हो।

होटल से एकेडमी बस एक क़दम के फ़ासले पर है और ८ बजे रोलैंड कोन्नोर ने वक्ता महोदय का परिचय छोटी सी श्रोतृमण्डली के समक्ष दिया। वे लम्बा गेरुआ वस्त्र धारण किये हुए थे, जो एक लाल दुपट्टे से बँधा था और पगड़ी बाँधे हुए थे; जान पड़ता था कि शाल की पट्टी लपेट ली गयी हो।

आरम्भ में ही वक्ता महोदय ने कहा कि मैं धर्मप्रचारक के रूप में नहीं आया हूँ और किसी बौद्ध का यह कर्तव्य नहीं होता है कि अन्य लोगों से धर्म-परिवर्तन कराकर उन्हें अपने धर्म में शामिल करे। उन्होंने कहा कि मेरे व्याख्यान का विषय होगा 'धर्मों का समन्वय।' श्री कानन्द ने कहा कि प्राचीन काल में कितने ही धर्मों की नींव पड़ी और वे नष्ट हो गये।

उन्होंने कहा कि राष्ट्र के दो-तिहाई लोग बौद्ध (हिन्दू) हैं तथा शेष एक-तिहाई में अन्य धर्मों के लोग हैं। उन्होंने कहा कि बौद्धों के धर्म में इसके लिए कोई स्थान नहीं है कि भविष्य में मनुष्यों को यातना सहनी पड़ेगी। इस प्रसंग में ईसाइयों से वे भिन्न हैं। ईसाई लोग किसी आदमी को इस लोक में पाँच मिनट के लिए क्षमा प्रदान कर देंगे और आगामी लोक में चिरंतन दण्ड के भागी बना देंगे। बुद्ध ने सर्वप्रथम सार्वभौम भ्रातृत्व का पाठ सिखाया। आज यह बौद्ध मत का आधारभूत सिद्धान्त है। ईसाई इसका उपदेश तो देता है, पर अपनी ही सीख को व्यवहार में नहीं लाता।

उन्होंने दक्षिण के नीग्रो लोगों की दशा का दृष्टान्त दिया, जिन्हें होटलों में जाने की अनुमति नहीं है और न जो गोरों के साथ एक ही कार में सवार हो सकते हैं और वह ऐसा प्राणी है, जिसके साथ कोई सम्भ्रान्त व्यक्ति बातें नहीं करता। उन्होंने कहा कि मैं दक्षिण में गया था और अपनी जानकारी तथा पर्यवेक्षण के आधार पर ये बातें कह रहा हूँ।

हमारे हिन्दू भाइयों के साथ एक शाम

(नॉर्थम्प्टन डेली हेरल्ड, १६ अप्रैल, १८९४ ई०)

चूँकि स्वामी विव कानन्द ने निर्णयात्मक रूप से यह सिद्ध कर दिया कि समुद्र पार के हमारे सभी पड़ोसी, यहाँ तक कि जो सुदूरतम भागों में रहते हैं, हमारे निकट चचेरे भाई हैं, जिनसे केवल रंग, भाषा, रीति और धर्म जैसी छोटी छोटी बातों में भिन्नता है, इस मृदुभाषी हिन्दू संन्यासी ने शनिवार की शाम (१४ अप्रैल) को अपने भाषण की भूमिका के रूप में स्वयं अपने राष्ट्र तथा पृथ्वी के अन्य प्रमुख राष्ट्रों के उद्‌भव की ऐतिहासिक रूपरेखा प्रस्तुत की, जिससे यह सत्य प्रमाणित हुआ कि जातियों का पारस्परिक भ्रातृत्व, जितना बहुत से लोग जानते हैं या मानने के लिए प्रस्तुत हैं, उसकी अपेक्षा कहीं अधिक सरल तथ्य है।

उसके पश्चात् हिन्दुओं की कुछ रीतियों के बारे में उन्होंने जो अनौपचारिक वक्तृता दी, वह किसी बैठने के कमरे में होनेवाली रुचिकर बातचीत के समान अधिक थी। वक्तृत्व-पटुता की सहज स्वच्छन्दता के साथ वह विचार व्यक्त कर रहे थे और उनके श्रोताओं में से, जिन लोगों में स्वाभाविक या अभ्यासवश उस विषय के प्रति अभिरुचि थी, उनके लिए उक्त व्यक्ति तथा उनके विचार, दोनों ही, कई कारणों से, जिन सबका उल्लेख यहाँ नहीं किया जा सकता, बड़े ही दिलचस्प थे। अन्य श्रोताओं को वक्ता महोदय से निराशा हुई, क्योंकि अमेरिकी व्याख्यान-मंच की दृष्टि से यद्यपि भाषण बहुत लम्बा था, तथापि उन्होंने अपने शब्द-चित्र, अर्थात् भाषण में और अधिक विस्तृत क्षेत्र पर प्रकाश नहीं डाला। विचित्र समझे जानेवाले उन लोगों के बहुत कम रीति-रिवाज़ों और रहन-सहन का ज़िक्र किया गया। इस प्राचीनतम जाति के सर्वोत्तम प्रतिनिधियों में से एक के मुख से उस जाति के व्यक्तिगत, नागरिक, घरेलू, सामाजिक और धार्मिक जीवन के विषय में लोग और बहुत अधिक बातें प्रसन्नतापूर्वक सुनते। मानव-प्रकृति के औसत दर्जे के विद्यार्थी के लिए यह विशिष्ट अभिरुचि का विषय होगा, लेकिन वास्तव में उसे इस बारे में सबसे कम जानकारी है।

हिन्दू जीवन के विषय में अप्रत्यक्ष चर्चा, हिन्दू बालक के जन्म के चित्रण, उसके शिक्षण-प्रवेश, विवाह, घरेलू जीवन की संक्षिप्त चर्चा से आरम्भ हुई, लेकिन जो आशा की गयी थी, वह सुनने को नहीं मिली। वक्ता महोदय बहुधा मुख्य विषय से दूर चले जाते थे और अपने देश के लोगों तथा अंग्रेज़ी बोलनेवाली जातियों की सामाजिक, नैतिक और धार्मिक रीतियों एवं भावनाओं की तुलनात्मक आलो-

चना करने लगते और सबका निष्कर्ष स्पष्टतः अपने ही देश के लोगों के पक्ष में निकालते, यद्यपि ऐसा करने में वह अत्यन्त शिष्टता, उदारता और शालीनता से काम लेते थे। उनके कुछ श्रोताओं को हिन्दुओं की सामाजिक और पारिवारिक दशाओं की साधारणतः अच्छी जानकारी थी तथा जिन बातों का वक्ता महोदय ने ज़िक्र किया, उन पर वे उनसे दो-एक चुनौती के प्रश्न पूछना पसंद करते। दृष्टान्त के तौर पर, जब उन्होंने नारीत्व के प्रति हिन्दू भावना को मातृत्व के आदर्श के रूप में धड़ल्ले से सुन्दरतापूर्वक चित्रित किया और बताया कि वह सदा श्रद्धास्पद है, यहाँ तक कि इतनी आस्थामयी भक्ति के साथ उसकी पूजा की जाती है कि नारी के प्रति सर्वाधिक सम्मान की भावना रखनेवाले निःस्वार्थ तथा सच्चे अमेरिकी सपूत, पति एवं पिता उसकी कल्पना तक नहीं कर सकते, तब कोई व्यक्ति यह प्रश्न पूछकर उसका उत्तर जानना चाहता कि अधिकांश हिन्दू घरों में, जहाँ पत्नियों, माताओं, पुत्रियों और बहनों का निवास है, यह सुन्दर सिद्धान्त कहाँ तक चरितार्थ होता है।

लाभ के प्रति लोभ, विलासपरायणता के राष्ट्रीय दुर्गुण, स्वार्थपरायणता और 'डालर-उपासक जाति' के मनोभाव के विरुद्ध, जो दबंग गोरी यूरोपीय तथा अमेरिकी जातियों को नैतिक तथा नागरिक दृष्टि से घातक खतरे की ओर ले जानेवाली संक्रामक व्याधि है, उनकी फटकार बिल्कुल ठीक थी और अन्यतम प्रभावोत्पादक ढंग से उपस्थित की गयी थी। मन्द, कोमल, धीमी, आवेशरहित संगीतमयी वाणी में जो विचार सन्निविष्ट थे, उनमें शब्दोच्चार की दृढ़तम शारीरिक चेष्टा की शक्ति और आग भरी थी, तथा वह पैग़म्बर के इस वचन के सदृश कि 'तू ही वह मनुष्य है', लक्ष्य पर सीधे पहुँचती थी। किन्तु जब यह विद्वान् हिन्दू, जो जन्म, स्वभाव तथा संस्कार से अभिजात है, यह सिद्ध करने का प्रयास करता है—जैसा कि बहुधा, और जान पड़ता है कि अर्द्ध अचेतन स्थिति में विशेष विचारणीय विषय से दूर हटकर उसने बार बार किया—कि उसकी जाति का धर्म ईसाई धर्म की अपेक्षा विश्व के लाभ की दृष्टि से श्रेष्ठतर सिद्ध हुआ है, तो वह धर्म का भारी ठेका लेने का प्रयत्न करता है; यद्यपि हिन्दू धर्म सबसे निराला, स्वकेन्द्रित, निर्णयात्मक रूप से स्वात्मपरित्राणात्मक, निषेधात्मक और निष्क्रिय है तथा उसके स्वार्थपरक आलस्यपूर्ण होने के बारे में तो न कहना ही ठीक है, और ईसाई धर्म जानदार, कर्मठ, स्वार्थ-विस्मृत, आदि-मध्यान्त परोपकारपरायण और विश्व भर में व्याप्त हुआ क्रियात्मक धर्म है, जिसके नाम पर दुनिया के नब्बे प्रतिशत सच्चे व्यावहारिक, नैतिक, आध्यात्मिक और लोककल्याणकारी कार्य हुए हैं तथा हो रहे हैं, चाहे उसके अविवेकी कट्टर अनुयायियों ने जो भी खेदपूर्ण और भद्दी भूलें क्यों न की हों।

परन्तु जब हम लोग अपनी जाति की उम्र सैकड़ों वर्षों में गिनते हैं, तब उस जाति की, जो अपनी उम्र हज़ारों वर्षों में गिनती है, मानसिक नैतिक और आध्यात्मिक संस्कृति की अत्यन्त उत्तम विभूति की देदीप्यमान ज्योति का दर्शन करने की जिसे चिंता हो, उस प्रत्येक निष्पक्ष विचारवाले अमेरिकन को चाहिए कि वह स्वामी विव कानन्द के दर्शन करने और उनके भाषण सुनने के अवसर को हाथ से न जाने दे। प्रत्येक मस्तिष्क के लिए वे अध्ययनयोग्य सम्पन्न पात्र हैं।

रविवार (१५ अप्रैल) को दिन में तीसरे पहर इस विशिष्ट हिन्दू ने स्मिथ कॉलेज के छात्रों के समक्ष सायंकालीन प्रार्थना के समय भाषण किया। 'ईश्वर का पितृत्व और मनुष्य का भ्रातृत्व', वस्तुतः यह उनके भाषण का विषय था। प्रत्येक श्रोता ने जो विवरण दिया है, उससे प्रकट होता है कि भाषण का गम्भीर प्रभाव पड़ा। उनकी पूरी विचारधारा की यह विशेषता थी कि उसमें सच्चे धार्मिक मनोभाव और उपदेश की सर्वाधिक विशद उदारता थी।

* * *

(मई, १८९४ की स्मिथ कॉलेज मासिक पत्रिका)

रविवार, १५ अप्रैल को हिन्दू संन्यासी स्वामी विव कानन्द ने, जिनकी ब्राह्मणवाद (?) की विद्वत्तापूर्ण व्याख्या पर धर्म-सम्मेलन में अनुकूल टीकाएँ की गयीं, सायंकालीन प्रार्थना-सभा में अपने भाषण में कहा—हम मनुष्य के भ्रातृत्व और ईश्वर के पितृत्व के विषय में बहुत कहते हैं, लेकिन बहुत कम लोग इन शब्दों का अर्थ समझते हैं। सच्चा भ्रातृत्व तभी सम्भव है, जब आत्मा परम पिता परमात्मा के इतने सन्निकट खिंच आये कि द्वेष भाव और दूसरों की अपेक्षा वरिष्ठता के दावे मिट जायँ, क्योंकि हम लोग इनसे अत्यधिक अतीत हैं। हमें सावधान रहना चाहिए कि हम कहीं प्राचीन हिन्दू कथा के उस कूपमंडूक के सदृश न बन जायँ, जो दीर्घ काल तक एक संकुचित स्थान में रहने के कारण अन्त में बृहत्तर देश के अस्तित्व का ही खंडन करने लगा।

भारत और हिन्दुत्व

(न्यूयार्क डेली ट्रिब्यून, २५ अप्रैल, १८९४ ई०)

स्वामी विवेकानन्द ने कल सायंकाल वालडोर्फ़ में श्रीमती आर्थर स्मिथ के गोष्ठी-मण्डल के समक्ष 'भारत और हिन्दुत्व' विषय पर भाषण किया। मध्यम

गानेवाली (Contralto) कुमारी सारा हम्बर्ट और उच्च कंठ की गायिका (Soprano) कुमारी एनी विल्सन ने कई चुने हुए गीत गाये। वक्ता महोदय गेरुआ रंग का कोट और पीली पगड़ी धारण किये हुए थे, जो भिक्षु की वेशभूषा कही जाती है। यह तब धारण किया जाता है, जब कोई बौद्ध (?) 'ईश्वर तथा मानवता के लिए सब कुछ' त्याग देता है। पुनर्जन्मवाद के सिद्धान्त पर विचार-विमर्श किया गया। वक्ता महोदय ने कहा कि बहुत से पादरी, जो विद्वान् की अपेक्षा झगड़ालू अधिक हैं, पूछते हैं, "यदि कोई पूर्व जन्म हुआ है, तो उसके प्रति कोई आदमी अचेत क्यों रहता है?" उत्तर यह था "चेतना के लिए आधार की कल्पना करनी बच्चों जैसी चेष्टा है, क्योंकि आदमी को इस जीवन के अपने जन्म तथा वैसी ही अन्य बहुत सी बीती हुई घटनाओं की भी चेतना नहीं है।"

वक्ता महोदय ने कहा कि उनके धर्म में 'न्याय-दिवस' जैसी कोई चीज़ नहीं है और उनके ईश्वर न तो किसी को दंडित करते हैं और न पुरस्कृत। यदि किसी प्रकार कोई बुरा कर्म किया जाता है, तो प्राकृतिक दंड तत्काल मिलता है। उन्होंने बताया कि जब तक वह ऐसी पूर्ण आत्मा नहीं बन जाती, जिसे शरीर का कोई प्रयोजन नहीं रह जाता, तब तक आत्मा एक शरीर से दूसरे शरीर में प्रवेश करती रहती है।

भारतीयों के आचार-विचार और रीति-रिवाज़

(बोस्टन हेरल्ड, १५ मई, १८९४ ई०)

वार्ड के षोडश दिवसीय नर्सरी (वस्तुतः टाइलर स्ट्रीट डे नर्सरी) के लाभार्थ कल ब्राह्मण संन्यासी स्वामी विवेकानन्द की वार्ता 'भारत का धर्म' (वस्तुतः भारत की रहन-सहन और रीति-रिवाज़) विषय पर आयोजित थी, जिसे सुनने के लिए 'एसोसियेशन-हाल' महिलाओं से पूरा भरा हुआ था। पिछले वर्ष के शिकागो की भाँति बोस्टन में भी इस ब्राह्मण संन्यासी के दर्शन के लिए लोग बावले रहते हैं। अपने गम्भीर, सच्चे और सुसंस्कृत व्यवहार से उन्होंने बहुतों को अपना मित्र बना लिया है।

उन्होंने कहा कि हिन्दू राष्ट्र को विवाह का व्यसन नहीं है, इसलिए नहीं कि हम लोग नारी जाति से घृणा करते हैं, बल्कि इसलिए कि हमारा धर्म महिलाओं को पूज्य मानने की शिक्षा देता है। हिन्दू को शिक्षा दी जाती है कि वह प्रत्येक स्त्री को अपनी माता समझे। कोई पुरुष अपनी माता से विवाह नहीं करना चाहता।

ईश्वर हमारे लिए माता भगवती है। स्वर्गस्थ भगवान् की हम किंचित् परवाह नहीं करते। वह तो हमारे लिए माता है। हम विवाह को निम्न संस्कारहीन अवस्था समझते हैं और यदि कोई आदमी विवाह करता ही है, तो इसका कारण यह है कि उसे धर्म-कार्य में सहायतार्थ सहचरी की आवश्यकता है।

तुम कहते हो कि हम लोग अपने देश की महिलाओं के साथ दुर्व्यवहार करते हैं। संसार का कौन सा ऐसा राष्ट्र है, जिसने अपनी महिलाओं के साथ दुर्व्यवहार नहीं किया है ? यूरोप या अमेरिका में पैसे के लोभ में कोई पुरुष किसी महिला से विवाह कर सकता है और उसके डालरों को हथिया लेने के बाद उसे ठुकरा सकता है। इसके विपरीत, भारत में जब कोई स्त्री धन के लोभ में किसी पुरुष से विवाह करती है, तो शास्त्रों के अनुसार उसकी सन्तानों को दास समझा जाता है और जब कोई धनी पुरुष किसी स्त्री से विवाह करता है, तब उसका सारा रुपया-पैसा पत्नी के हाथ में चला जाता है, जिससे ऐसा बहुत कम सम्भव होता है कि अपने ख़ज़ाने की स्वामिनी को वह घर से बाहर निकाल सके।

तुम लोग कहते हो कि हमारे देश के लोग अधार्मिक, अशिक्षित और संस्कारहीन हैं। किन्तु ऐसी बातें कहने में शालीनता का जो अभाव है, उस पर हम लोगों को हँसी आती है। हमारे यहाँ गुण और जन्म के आधार पर जाति बनती है, धन के आधार पर नहीं। तुम्हारे पास कितनी भी दौलत क्यों न हो, उससे भारत में कोई उच्चता नहीं प्राप्त होगी। जाति में सबसे ग़रीब और सबसे धनी बराबर माने जाते हैं। यह उसकी सर्वोत्तम विशेषताओं में से एक है।

धन से विश्व में युद्धों का सूत्रपात हुआ है। धन के कारण ईसाइयों ने एक दूसरे को पावों तले कुचला है। द्वेष, घृणा और लोभ का जनक धन है। यहाँ तो बस काम ही काम और धक्कमधुक्का है। जाति मनुष्य को इन सबसे बचाती है। कम धन में जीवन-यापन इसके कारण सम्भव है और इससे सबको रोज़गार मिलता है। वर्ण-धर्म माननेवाले व्यक्ति को आत्म-चिन्तन के लिए समय मिलता है और भारतीय समाज में यही हमें अभीष्ट है।

ब्राह्मण का जन्म ईश्वरोपासना के लिए हुआ है। जितना उच्चतर वर्ण होगा, उतने ही अधिक सामाजिक प्रतिबंधों का निर्वाह करना पड़ेगा। वर्ण-व्यवस्था ने हमें राष्ट्र के रूप में जीवित रखा है और यद्यपि इसमें बहुत से दोष हैं, पर उनसे भी अधिक इससे लाभ हैं।

श्री विवेकानन्द ने प्राचीन और आधुनिक, दोनों प्रकार के विश्वविद्यालयों तथा महाविद्यालयों का वर्णन किया, विशेषकर वाराणसी के विश्वविद्यालय का, जिसमें २०,००० छात्र तथा आचार्य थे।

उन्होंने कहा कि जब तुम लोग मेरे धर्म के बारे में अपना निर्णय देते हो, तब यह मान लेते हो कि तुम्हारा धर्म पूर्ण है और मेरा सदोष है; और जब भारत के समाज की आलोचना करते हो, तो उस हद तक उसे संस्कारहीन मान लेते हो, जिस हद तक वह तुम्हारे मानदण्ड से मेल नहीं खाता। यह मूर्खतापूर्ण है।

शिक्षा के संदर्भ में वक्ता महोदय ने कहा कि भारत में शिक्षित व्यक्ति आचार्य बनते हैं तथा उनसे कम शिक्षित व्यक्ति पौरोहित्य करते हैं।

भारत के धर्म

(बोस्टन हेरल्ड, १७ मई, १८९४ ई०)

कल अपराह्न में ब्राह्मण संन्यासी स्वामी विवेकानन्द ने 'वार्ड सिक्सटीन डे नर्सरी' की सहायता के लिए 'एसोसियेशन हाल' में 'भारत के धर्म' विषय पर व्याख्यान दिया। श्रोता बड़ी संख्या में उपस्थित थे।

वक्ता महोदय ने सर्वप्रथम बताया कि भारत में मुसलमानों की जनसंख्या पूरी आबादी का पंचमांश है। उन्होंने इसलाम की समीक्षा की और कहा कि वे 'प्राचीन व्यवस्थान' और 'नव व्यवस्थान', दोनों के प्रति आस्था (?) रखते हैं। लेकिन ईसा मसीह को वे केवल पैग़म्बर मानते हैं। उनका कोई धार्मिक संघ नहीं है, हाँ, वे क़ुरान का पाठ करते हैं।

एक और जाति पारसियों की है, जिनके धर्मग्रंथ को ज़ेंद-अवेस्ता कहते हैं। उनका विश्वास है कि दो प्रतिद्वंद्वी देवता हैं—एक शुभ, अहुर्मज़्द और दूसरा अशुभ, अहिर्मन। उनका यह भी विश्वास है कि अन्त में अशुभ पर शुभ की विजय होती है। उनकी नीति-संहिता का सारांश है—'शुभ संकल्प, शुभ वचन और शुभ कर्म।'

खास हिन्दू वेदों को अपना प्रामाणिक धर्मग्रंथ मानते हैं। वे प्रत्येक व्यक्ति को वर्ण के आचार-विचार के पालन के लिए बाध्य करते हैं, किन्तु धार्मिक मामलों में विचार के लिए पूरी स्वतन्त्रता देते हैं। उनके विधान का एक अंग यह है कि वे किसी महात्मा अथवा पैग़म्बर का वरण करते हैं, जिससे वे उससे निःसृत आध्यात्मिक प्रवाह से अपने को कृतार्थ कर सकें।

हिन्दुओं की तीन विभिन्न धार्मिक विचारधाराएँ थीं—द्वैतवादी, विशिष्टाद्वैतवादी और अद्वैतवादी—और इन तीनों को अवस्थाएँ समझा जाता है, जिनसे होकर प्रत्येक व्यक्ति को अपने धार्मिक विकास-क्रम के अन्तर्गत गुज़रना पड़ता है।

तीनों ईश्वर की सत्ता को स्वीकार करते हैं, किन्तु द्वैतवादियों का विश्वास है कि ब्रह्म तथा जीव पृथक् सत्ताएँ हैं, जब कि अद्वैतवादियों का कहना है कि ब्रह्माण्ड में केवल एक ही सत्ता है और यह एक सत्ता न तो ईश्वर है और न जीव, बल्कि इन दोनों से अतीत है।

वक्ता महोदय ने हिन्दू धर्म के स्वरूप का दिग्दर्शन कराने के लिए वेदों के उद्धरण सुनाये और कहा कि ईश्वर के साक्षात्कार के लिए अपने ही हृदय को अवश्य ढूँढ़ना पड़ेगा।

पुस्तक-पुस्तिकाओं को धर्म नहीं कहते। अन्तर्दृष्टि द्वारा मानव-हृदय में प्रवेश कर ईश्वर तथा अमरत्व सम्बन्धी सत्यों को ढूँढ़ निकालने को धर्म कहते हैं। वेद कहते हैं, 'जो कोई भी मुझे प्रिय होता है, उसे मैं ऋषि या द्रष्टा बना देता हूँ, और ऋषि बन जाना धर्म का सर्वस्व है।'

वक्ता महोदय ने जैनों के धर्म के सम्बन्ध में विवरण सुनाकर अपने व्याख्यान का उपसंहार किया। जैन धर्मावलम्बी लोग मूक जीव-जन्तुओं के प्रति उल्लेखनीय दया का व्यवहार करते हैं। उनके नैतिक विधान का मूलमन्त्र है—**अहिंसा परमो धर्मः।**

भारत के सम्प्रदाय और मत-मतान्तर

(हॉर्वर्ड क्रिमसन, १७ मई, १८९४ ई०)

कल सायंकाल हिन्दू संन्यासी स्वामी विवेकानन्द ने 'हार्वर्ड रिलिजस यूनियन' के तत्त्वावधान में सेवर हाल में वक्तृता दी। भाषण बड़ा दिलचस्प था। स्पष्ट तथा धाराप्रवाह वाणी में मृदुता तथा गम्भीरता के कारण वक्ता महोदय के व्याख्यान का अनुपम प्रभाव पड़ा।

विवेकानन्द ने कहा कि भारत में विभिन्न सम्प्रदाय तथा मत-मतान्तर हैं। इनमें से कुछ सगुण ब्रह्म के सिद्धान्त को स्वीकार करते हैं। अन्य सम्प्रदाय तथा मतों का विश्वास है कि ब्रह्म तथा जगत् एक हैं। किन्तु हिन्दू चाहे जिस सम्प्रदाय का अनुयायी क्यों न हो, वह यह नहीं कहता कि मेरा ही धार्मिक विश्वास सही है और अन्य सबका अवश्यमेव ग़लत है। उसकी धारणा है कि ईश्वर-साक्षात्कार के अनेक मार्ग हैं; जो सच्चा धार्मिक है, वह सम्प्रदायों तथा मत-मतान्तरों के क्षुद्र विवादों से परे रहता है। भारत में जब किसी आदमी में यह विश्वास उत्पन्न हो जाता है कि वह आत्मा है और शरीर नहीं है, तब कहा जाता है कि वह धर्म-परायण है—इसके पहले नहीं।

भारत में संन्यासी होने के लिए यह आवश्यक है कि व्यक्ति विशेष इस विचार को अपने मन से दूर भगा दे कि वह शरीर है; वह अन्य मनुष्यों को भी आत्मा समझे। अतः संन्यासी कभी विवाह नहीं कर सकता। जब कोई व्यक्ति संन्यासी बनता है, तब उसे दो प्रतिज्ञाएँ करनी पड़ती हैं। अपरिग्रह और ब्रह्मचर्य का पालन करने का व्रत लेना पड़ता है। उसे धन ग्रहण करने या अपने पास रखने की अनुमति नहीं रहती। संन्यास धर्म की दीक्षा लेने पर प्रथम अनुष्ठान यह होता है कि उसका पुतला जलाया जाता है, जिसका अभिप्राय यह होता है कि उसका पुराना शरीर, पुराना नाम और जाति, सब नष्ट हो गये। तब उसका नया नाम-करण होता है और उसे बाहर जाने तथा धर्मोपदेश करने या परिव्राजक बनने की अनुमति मिलती है, किन्तु वह जो भी कर्म करे, उसके लिए पैसा नहीं ले सकता।

संसार को भारत की देन

(ब्रुकलिन स्टैन्डर्ड यूनियन, फ़रवरी २७, १८९५ ई०)

हिन्दू संन्यासी स्वामी विवेकानन्द ने सोमवार की रात को ब्रुकलिन एथिकल एसोसियेशन के तत्त्वावधान में पियरेपोंट और क्लिटन स्ट्रीटों के कोने पर स्थित लांग आइलैंड हिस्टोरिकल सोसाइटी के हाल में बहुसंख्यक श्रोताओं के सम्मुख एक भाषण दिया। उनका विषय था 'ससार को भारत की देन।'

उन्होंने अपनी मातृभूमि की अद्‌भुत सुन्दरता का विवरण दिया, 'जहाँ सब-से पहले आचार-शास्त्र, कला, विज्ञान और साहित्य का उदय हुआ और जिसके पुत्रों की सत्यप्रिधता और जिसकी पुत्रियों की पवित्रता की प्रशंसा सभी यात्रियों ने की है।' इसके बाद वक्ता ने तेज़ी से उन सब वस्तुओं का दिग्दर्शन कराया, जो भारत ने संसार को दी हैं।

"धर्म के क्षेत्र में", उन्होंने कहा, "उसने ईसाई धर्म पर अत्यधिक प्रभाव डाला है, क्योंकि ईसा द्वारा दी गयी सब शिक्षाएँ पूर्ववर्ती बुद्ध की शिक्षाओं में देखी जा सकती हैं।" उन्होंने यूरोपीय और अमेरिकी वैज्ञानिकों की पुस्तकों से उद्धरण देकर बुद्ध और ईसा में बहुत सी बातों में समानता दिखलायी। ईसा का जन्म, संसार से उनका वैराग्य, उनके शिष्यों की संख्या और स्वयं उनकी शिक्षा के आचार-शास्त्र वही हैं, जो उन बुद्ध के थे जो उनसे कई सौ वर्ष पहले हो चुके थे।

वक्ता ने पूछा, "क्या यह केवल संयोग की बात है, अथवा बुद्ध का धर्म सचभुच ईसा के धर्म का पूर्व बिम्ब था? तुम्हारे विचारकों में से अधिकांश पिछली व्याख्या

से संतुष्ट जान पड़ते हैं, पर कुछ ने साहसपूर्वक यह भी कहा है कि ईसाई मत उसी प्रकार बुद्ध मत की संतान है, जिस प्रकार ईसाई धर्म के सर्वप्रथम अपधर्म—मैनिकीयन अपधर्म—को अब आम तौर से बौद्धों के एक सम्प्रदाय की शिक्षा माना जाता है। इस बात के अब और भी अधिक प्रमाण हैं कि ईसाई धर्म की नींव बुद्ध धर्म में है। ये हमें भारतीय सम्राट् अशोक, लगभग ३०० वर्ष ईसा पूर्व, के राज्य-काल के उन लेखों में मिलते हैं, जो अभी हाल में सामने आये हैं। अशोक ने समस्त यूनानी नरेशों से संधि की थी और उसके धर्मोपदेशकों ने उन्हीं भूभागों में बुद्ध धर्म के सिद्धांतों का प्रचार किया था, जहाँ शताब्दियों बाद ईसाई धर्म का उदय हुआ। इस प्रकार, इस तथ्य की व्याख्या हो जाती है कि तुम्हारे पास हमारे त्रिदेव और ईश्वर के अवतार का सिद्धांत और हमारा आचार-शास्त्र कैसे पहुँचा; और हमारे मन्दिरों की सेवा-पद्धति तुम्हारे वर्तमान कैथोलिक चर्चों की सेवा-पद्धति, 'मास' (Mass) से लेकर 'चैंट' (Chant) और 'बेनीडिक्शन' (Benediction) तक, से इतनी मिलती-जुलती क्यों है? बुद्ध धर्म में ये बातें तुमसे बहुत पहले विद्यमान थीं। अब तुम इन बातों के संबंध में अपनी निर्णय-बुद्धि का उपयोग करो। प्रमाणित होने पर हम हिन्दू तुम्हारे धर्म की प्राचीनता स्वीकार करने को तैयार हैं, यद्यपि हमारा धर्म उस समय से लगभग तीन सौ वर्ष पुराना है, जब कि तुम्हारे धर्म की कल्पना भी उत्पन्न नहीं हुई थी।

"यही बात विज्ञानों के संबंध में भी सत्य है। भारत ने पुरातन काल में सबसे पहले वैज्ञानिक चिकित्सक उत्पन्न किये थे और सर विलियम हंटर के मतानुसार उसने विभिन्न रासायनिकों का पता लगाकर और तुम्हें विरूप कानों और नाकों को सुडौल बनाने की विधि सिखाकर आधुनिक चिकित्सा विज्ञान में भी योग दिया है। गणित में तो उसने और भी अधिक किया है, क्योंकि बीजगणित, ज्यामिति, ज्योतिष और आधुनिक विज्ञान की विजय—मिश्र गणित—सबका आविष्कार भारत में हुआ था, यहाँ तक कि वे दस अंक, जो सम्पूर्ण वर्तमान सभ्यता की मूल आधारशिला हैं, भारत में आविष्कृत हुए हैं, और वास्तव में संस्कृत के शब्द हैं।

"दर्शन में तो, जैसा कि महान् जर्मन दार्शनिक शापेनहॉवर ने स्वीकार किया है, हम अब भी दूसरे राष्ट्रों से बहुत ऊँचे हैं। संगीत में भारत ने संसार को सात प्रधान स्वरों और उनके मापनक्रमसहित अपनी वह अंकन-पद्धति प्रदान की है, जिसका आनन्द हम ईसा से लगभग तीन सौ पचास वर्ष पहले से ले रहे थे, जब कि वह यूरोप में केवल ग्यारहवीं शताब्दी में पहुँची। भाषा-विज्ञान में अब हमारी संस्कृत भाषा सभी लोगों द्वारा समस्त यूरोपीय भाषाओं की आधार स्वीकार की

जाती है, जो वास्तव में अनर्गलित संस्कृत के अपभ्रंशों के अतिरिक्त और कुछ नहीं हैं।

"साहित्य में हमारे महाकाव्य तथा कविताएँ और नाटक किसी भी भाषा की ऐसी सर्वोच्च रचनाओं के समकक्ष हैं। जर्मनी के महानतम कवि ने शकुंतला के सार का उल्लेख करते हुए कहा है कि यह 'स्वर्ग और धरा का सम्मिलन है।' भारत ने संसार को ईसप की कहानियाँ दी हैं। इन्हें ईसप ने एक पुरानी संस्कृत पुस्तक से लिया है। उसने 'सहस्र रजनीचरित' (Arabian Nights) दिया है और, हाँ, सिन्ड्रैला और बीन स्टाक्स की कहानियाँ भी वहीं से आयी हैं। वस्तुओं के उत्पादन में, सबसे पहले भारत ने रुई और बैंगनी रंग बनाया। वह रत्नों से संबंधित सभी कौशलों में निष्णात था, और 'शुगर' शब्द स्वयं तथा यह वस्तु भी भारतीय उत्पादन है। अंत में उसने शतरंज, ताश और चौपड़ के खेलों का आविष्कार भी किया है। वास्तव में सभी बातों में भारत की उच्चता इतनी अधिक थी कि यूरोप के भूखे सिपाही उसकी ओर आकृष्ट हुए, जिससे परोक्ष रूप से अमेरिका का पता चला।

"और अब, इस सबके बदले में संसार ने भारत को क्या दिया है? बदनामी, अभिशाप और अपमान के अतिरिक्त और कुछ नहीं। संसार ने उसकी संतान के जीवन-रक्त को रौंदा है, उसने भारत को दरिद्र और उसके पुत्रों तथा पुत्रियों को दास बनाया है; और इतनी हानि पहुँचाने के बाद वह वहाँ एक ऐसे धर्म का प्रचार करके उसका अपमान करता है, जो अन्य सब धर्मों का विनाश करके ही फल-फूल सकता है। पर भारत भयभीत नहीं है। वह किसी राष्ट्र से दया की भीख नहीं माँगता। हमारा एकमात्र दोष यह है कि हम जीतने के लिए लड़ नहीं सकते, पर हम सत्य की नित्यता में विश्वास करते हैं। संसार के प्रति भारत का सबसे पहला संदेश उसकी सद्भावना है। वह अपने प्रति की गयी बुराई के बदले में भलाई कर रहा है और इस प्रकार वह उस पुनीत विचार को कार्यान्वित कर रहा है, जो भारत में ही उदय हुआ था। अंत में, भारत का संदेश है कि शांति, शुभ, धैर्य और नम्रता की अंत में विजय होगी। क्योंकि वे यूनानी कहाँ हैं, जो एक समय पृथ्वी के स्वामी थे? समाप्त हो गये। वे रोमवाले कहाँ हैं, जिनके सैनिकों की पदचाप से संसार काँपता था? मिट गये। वे अरब वाले कहाँ हैं, जिन्होंने पचास वर्षों में अपने झंडे अटलान्तिक (अंध) महासागर से प्रशांत महासागर तक फहरा दिये थे? और वे स्पेनवाले, करोड़ों मनुष्यों के निर्दय हत्यारे, कहाँ हैं? दोनों जातियाँ लगभग मिट गयी हैं; पर अपनी संतान की नैतिकता के कारण, यह दयालुतर जाति कभी नहीं मरेगी, और वह फिर अपनी विजय की घड़ी देखेगी।"

इस भाषण के अंत में, जिस पर खूब तालियाँ बजीं, स्वामी विवेकानन्द ने भारतीय रीति-रिवाजों के बारे में कुछ प्रश्नों के उत्तर दिये। उन्होंने निश्चयात्मक रूप से उस कथन की सत्यता को अस्वीकार किया, जो कल (फ़रवरी २५) के स्टैंडर्ड यूनियन में प्रकाशित हुआ था और जिसमें कहा गया था कि भारत में विधवाओं के प्रति बुरा व्यवहार किया जाता है। उन्होंने कहा कि उनके लिए क़ानून द्वारा न केवल वह सम्पत्ति सुरक्षित है, जो विवाह से पहले उनकी थी, वरन् वह सब भी, जो उन्हें अपने पति से प्राप्त होती है, जिसकी मृत्यु के उपरांत, यदि कोई सीधा उत्तराधिकारी नहीं होता, तो सम्पत्ति उसकी हो जाती है। भारत में विधवाएँ, पुरुषों की कमी के कारण, बहुत कम विवाह करती हैं। उन्होंने यह भी कहा कि पतियों की मृत्यु पर उनकी पत्नियों का आत्म बलिदान और जगन्नाथ के पहियों के नीचे उनका अंध आत्म-विनाश पूर्णतया बंद हो गया है, और इस संबंध में उन्होंने प्रमाण के लिए सर विलियम हंटर की 'हिस्ट्री ऑफ़ द इंडियन एम्पायर' का हवाला दिया।

भारत की बाल विधवाएँ

(डेली ईगल, फ़रवरी २७, १८९५)

हिन्दू संन्यासी स्वामी विवेकानन्द ने सोमवार की रात को ब्रुकलिन एथिकल एसोसियेशन के तत्त्वावधान में हिस्टोरिकल सोसाइटी हाल में 'संसार को भारत की देन' पर एक भाषण दिया। जब स्वामी मंच पर आये, तो हाल में लगभग २५० व्यक्ति थे। श्रोताओं में विशेष रुचि का कारण यह था कि भारत में ईसाई धर्म के प्रचार में रुचि रखनेवाले ब्रुकलिन रामाबाई सर्कल की अध्यक्षा श्रीमंती जेम्स मैक्कीन ने वक्ता के इस कथन का विरोध प्रकट किया था कि भारत में बाल विधवाओं की रक्षा की जाती है अर्थात् उनके प्रति दुर्व्यवहार नहीं किया जाता। उन्होंने अपने भाषण में इस विरोध की कहीं चर्चा नहीं की; पर जब वह अपना भाषण समाप्त कर चुके, तो श्रोताओं में से एक ने पूछा कि आप इस कथन के उत्तर में क्या कहना चाहते हैं। स्वामी विवेकानन्द ने बताया कि यह बात ग़लत है कि बाल विधवाओं के प्रति किसी प्रकार का अपमानजनक अथवा बुरा व्यवहार किया जाता है। उन्होंने कहा :

"यह सत्य है कि कुछ हिन्दू बहुत छोटी आयु में विवाह कर लेते हैं। दूसरे उस समय विवाह करते हैं, जब वे काफ़ी बड़े हो जाते हैं और कुछ कभी विवाह ही नहीं करते। मेरे पितामह का विवाह उस समय हुआ था, जब वह बिल्कुल बालक थे।

मेरे पिता ने चौदह वर्ष की आयु में विवाह किया था और मैं तीस वर्ष का हूँ और तो भी अविवाहित हूँ। जब पति की मृत्यु होती है, तो उसकी सम्पूर्ण सम्पत्ति विधवा को मिलती है। यदि कोई विधवा निर्धन होती है, तो वह वैसी ही होती है, जैसी कि किसी भी अन्य देश में ग़रीब विधवाएँ होती हैं। कभी कभी बूढ़े पुरुष बच्चियों से विवाह करते हैं, पर पति यदि धनवान होता है, तो विधवा के लिए यह अच्छा ही होता है कि वह जल्दी से जल्दी मर जाय। मैं सारे भारत में घूमा हूँ, पर मुझे ऐसे दुर्व्यवहार का एक भी उदाहरण नहीं मिला, जिसका उल्लेख किया गया है। एक समय था, जब लोग अंध धार्मिक थे, विधवाएँ थीं, जो आग में कूद जाती थीं और अपने पति की मृत्यु पर ज्वाला में भस्म हो जाती थीं। हिन्दुओं को इसमें विश्वास नहीं था, पर उन्होंने इसे रोका नहीं; और जब अंग्रेज़ों ने भारत पर नियंत्रण प्राप्त किया, तभी इसका अंतिम रूप से वर्जन हुआ। ये नारियाँ संत समझी जाती थीं और अनेक दिशाओं में उनकी स्मृति में स्मारक बने हुए हैं।

हिन्दुओं के कुछ रीति-रिवाज़

(ब्रुकलिन स्टैंडर्ड यूनियन, अप्रैल ८, १८९५ ई०)

पिछली रात ब्रुकलिन एथिकल सोसाइटी की एक विशेष बैठक, विलन्टन एवेन्यू की पाउच गैलरी में हुई, जिसमें प्रमुख बात हिन्दू संन्यासी स्वामी विवेकानन्द का एक भाषण था। इस भाषण का विषय था 'हिन्दुओं के कुछ रीति-रिवाज: उनका क्या अर्थ है और उनको किस प्रकार ग़लत समझा जाता है।' इस विशाल गैलरी में बहुत से लोगों की भीड़ थी।

अपने पूर्वीय वस्त्रों को धारण किये हुए, दीप्त नयनों और तेजस्वी चेहरेवाले स्वामी विवेकानन्द ने अपने लोगों, अपने देश और उसके रीति-रिवाज़ों के बारे में बताना आरम्भ किया। उन्होंने केवल यह इच्छा प्रकट की कि उनके और उनके लोगों के प्रति न्याय किया जाय। प्रवचन के आरम्भ में उन्होंने कहा कि वे भारत के विषय में एक सामान्य आभास उपस्थित करेंगे। उन्होंने कहा कि वह देश नहीं है, वरन् एक महाद्वीप है; और ऐसे यात्रियों ने, जिन्होंने उस देश को कभी देखा भी नहीं, उसके बारे में भ्रामक धारणाएँ फैलायी हैं। उन्होंने कहा कि देश में नौ विभिन्न भाषाएँ और सौ से अधिक बोलियाँ हैं। उन्होंने उन लोगों की तीव्र आलोचना की, जिन्होंने उनके देश के बारे में लिखा है, और कहा कि उनके मस्तिष्क अंधविश्वास के रोगी हैं। उनकी यह धारणा है कि जो कोई भी उनके अपने धर्म की सीमा से बाहर है, वह महा असभ्य है। एक रिवाज़, जिसको अक्सर ग़लत रूप में उपस्थित

किया गया है, हिन्दुओं द्वारा दाँतों को साफ़ करना है। वे कभी बाल अथवा खाल को मुँह में नहीं डालते, वरन् पौधा इस्तेमाल करते हैं। वक्ता ने कहा, "इसलिए एक व्यक्ति ने लिखा है कि हिन्दू प्रातः तड़के उठते हैं और एक पौधा निगलते हैं।" उन्होंने कहा कि विधवाओं द्वारा जगन्नाथ के पहियों के नीचे कुचले जाने के लिए लेटने का रिवाज़ न आज है, न कभी था, और पता नहीं, ऐसी कहानी किस प्रकार चल पड़ी।

जाति-व्यवस्था के विषय में स्वामी विवेकानन्द की वार्ता अत्यधिक व्यापक और रोचक थी। उन्होंने बताया कि यह जातियों की ऊँच-नीच की नियमित व्यवस्था नहीं है, वरन् ऐसा है कि प्रत्येक जाति अपने को दूसरी सब जातियों से ऊँची समझती है। उन्होंने कहा कि ये व्यावसायिक संगठन हैं, धार्मिक संस्था नहीं। उन्होंने कहा कि ये अनादि काल से चली आयी हैं और समझाया कि आरम्भ में केवल कुछ विशेष अधिकार ही पैतृक थे, पर बाद में बंधन कठोर होते गये और विवाह तथा खान-पान के संबंध प्रत्येक जाति में ही सीमित हो गये।

वक्ता ने बताया कि हिन्दू घर में किसी ईसाई अथवा मुसलमान की उपस्थिति का क्या प्रभाव पड़ता है। उन्होंने कहा कि जब एक गोरा हिन्दू के सम्मुख जाता है, तो हिन्दू मानो अपवित्र हो जाता है; और किसी विधर्मी से मिलने के बाद हिन्दू सदा स्नान करता है।

हिन्दू संन्यासी ने अंत्यजों की मोटे तौर से यह कहकर निन्दा (?) की कि वे सब नीच कार्य करते हैं, मृत-मांस खाते हैं, और गंदगी साफ़ करनेवाले हैं। उन्होंने यह भी कहा कि जो लोग भारत के विषय में पुस्तकें लिखते हैं, वे केवल ऐसे ही लोगों के सम्पर्क में आते हैं और वास्तविक हिन्दुओं से नहीं मिलते। उन्होंने जाति के नियमों का उल्लंघन करनेवाले व्यक्ति का दृष्टांत दिया और कहा कि उसे जो दंड दिया जाता है, वह यह है कि जाति उसके और उसकी संतान के साथ विवाह और खान-पान का संबंध तोड़ देती है। इसके अतिरिक्त अन्य सब बातें ग़लत हैं।

जाति-व्यवस्था के दोष बताते हुए वक्ता ने कहा कि प्रतियोगिता को रोकने के कारण इसने कूपमण्डूकता को जन्म दिया है और जाति की प्रगति को बिल्कुल रोक दिया है। उन्होंने कहा कि इसने पशुता का निवारण करके समाज के सुधार का मार्ग बंद कर दिया है। प्रतियोगिता को रोकने की क्रिया में इसने जनसंख्या को बढ़ाया है। उन्होंने कहा कि इसके पक्ष में तथ्य यह है कि यह समानता और भ्रातृभाव का एकमात्र आदर्श रहा है। जाति में किसीकी प्रतिष्ठा का संबंध उसके धन से नहीं होता। सब बराबर होते हैं। उन्होंने कहा कि सब महान्

सुधारकों ने यह ग़लती की है कि उन्होंने जाति-भेद का कारण केवल धार्मिक प्रतिनिधित्व को समझा है, उसके वास्तविक स्रोत, जातियों की विशिष्ट सामाजिक स्थितियों को नहीं। उन्होंने बहुत कटुता के साथ अंग्रेज़ों तथा मुसलमानों द्वारा संगीन, अग्नि और तलवार की सहायता से देश को सभ्य बनाने के प्रयत्नों की बात कही। उन्होंने कहा कि जाति-भेद को मिटाने के लिए हमें सामाजिक परिस्थितियों को पूर्णतया बदलना होगा और देश की पूरी आर्थिक व्यवस्था का विनाश करना होगा। पर इससे अच्छा तो यह होगा कि बंगाल की खाड़ी से लहरें आयें और सबको डुबो दें। अंग्रेज़ी सभ्यता का निर्माण तीन 'बीओं' (Three B's)—बाइबिल, बायोनेट (संगीन) और ब्रांडी—से हुआ है। यह सभ्यता है, जो अब ऐसी सीमा तक पहुँचा दी गयी है कि औसत हिन्दू की आय ५० सेंट प्रति मास रह गयी है। रूस बाहर से कहता है, 'हम तनिक सभ्य बनें, और इंग्लैण्ड आगे बढ़ा ही जा रहा है।'

हिन्दुओं के प्रति कैसा व्यवहार किया जा रहा है, इसका विवरण देते हुए तेज़ी से संन्यासी मंच पर इधर-उधर टहलने लगे और उत्तेजित हो गये। उन्होंने विदेशों में शिक्षाप्राप्त हिन्दुओं की आलोचना की और कहा कि वे 'शैम्पेन और नवीन विचारों से भरे हुए' अपनी मातृभूमि को लौटते हैं। उन्होंने कहा कि बाल विवाह बुरा है, क्योंकि पश्चिम ऐसा कहता है, और यह कि सास स्वतंत्रतापूर्वक बहू पर इसलिए अत्याचार कर सकती है कि पुत्र कुछ बोल नहीं सकता। उन्होंने कहा कि विदेशी ग़ैर ईसाई को लांछित करने के लिए प्रत्येक अवसर का उपयोग करते हैं, इसलिए कि उनमें ऐसी बहुत सी बुराइयाँ हैं, जिन्हें वे छिपाना चाहते हैं। उन्होंने कहा कि प्रत्येक राष्ट्र को अपनी मुक्ति का मार्ग स्वयं बनाना चाहिए और कोई दूसरा उसकी समस्याओं को नहीं सुलझा सकता।

भारत के उपकारकर्ताओं की चर्चा करते हुए उन्होंने कहा कि क्या अमेरिका ने उन डेविड हेयर का नाम सुना है, जिन्होंने प्रथम महिला कॉलेज की स्थापना की है और जिन्होंने अपने जीवन का बहुत बड़ा भाग शिक्षा-प्रचार को अर्पित किया है।

वक्ता ने कई भारतीय कहावतें सुनायीं, जो अंग्रेज़ों के प्रति तनिक भी प्रशंसात्मक नहीं थीं। भाषण समाप्त करते हुए उन्होंने सच्चे हृदय से अपने देश के लिए अनुरोध किया। उन्होंने कहा :

"पर जब तक भारत अपने प्रति और अपने धर्म के प्रति सच्चा है, इससे कुछ आता-जाता नहीं। इस भयावह निरीश्वरवादी पश्चिम ने उसके बीच में पाखंड और नास्तिकता भेजकर उसके हृदय पर प्रहार किया है। अब अपशब्दों की बोरियाँ, भर्त्सनाओं की गाड़ियाँ और दोषारोपणों के जहाज़ भेजने बंद हों, प्रेम की एक अनन्त धारा उस ओर को बहे। हम सब मनुष्य बनें।"

धर्म-सिद्धान्त कम, रोटी अधिक

(बाल्टीमोर अमेरिकन, अक्तूबर १५, १८९४ ई०)

पिछली रात ब्रूमन बन्धुओं की पहली सभा में लीसियम थियेटर खूब भरा हुआ था। विवेचन का विषय था 'गत्यात्मक धर्म'।

भारतीय संन्यासी स्वामी विवेकानन्द अंतिम वक्ता थे। वे संक्षेप में बोले और विशेष ध्यान के साथ सुने गये। उनकी अंग्रेज़ी और उनकी भाषण-शैली अति उत्तम थी। उनके शब्दांशों में एक विदेशी बलाघात है, पर इतना नहीं कि वे स्पष्ट समझ में न आयें। वे अपनी मातृभूमि की वेशभूषा में थे, जो निश्चय ही आकर्षक थी। उन्होंने कहा कि उनसे पहले जो भाषण दिये जा चुके हैं, उनके बाद वे संक्षेप में ही बोलेंगे, पर जो कुछ कहा गया है, उस सबको वे अपना समर्थन देना चाहेंगे। उन्होंने बहुत यात्राएँ की हैं और सभी प्रकार के लोगों को उपदेश दिया है। उन्होंने कहा कि किसी विशेष प्रकार के सिद्धांत के उपदेश से कोई अंतर नहीं पड़ता। जिस वस्तु की आवश्यकता है, वह है व्यावहारिक कार्य। यदि ऐसे विचारों को कार्यान्वित नहीं किया जा सकता, तो मनुष्य में उनके प्रति विश्वास का अंत हो जायगा। सारे संसार की पुकार है 'सिद्धांत कम और रोटी अधिक।' वे समझते हैं कि भारत में मिशनरियों का भेजना ठीक है; उसमें उन्हें कोई आपत्ति नहीं है। पर यह अच्छा होगा कि मनुष्य कम जायँ और धन अधिक। जहाँ तक भारत का संबंध है, उसके पास धार्मिक सिद्धांत आवश्यकता से अधिक हैं। केवल सिद्धांतों की अपेक्षा उन सिद्धांतों के अनुसार रहने की आवश्यकता अधिक है। भारत के लोगों को और संसार के अन्य लोगों को भी प्रार्थना करना सिखाया जाता है। पर प्रार्थना में केवल ओठ हिलाना ही काफ़ी नहीं है, प्रार्थना लोगों के हृदय से उठनी चाहिए। उन्होंने कहा, "संसार में कुछ थोड़े से लोग वास्तव में भलाई करना चाहते हैं। दूसरे देखते हैं और तालियाँ बजाते हैं, और समझते हैं कि स्वयं हमने बहुत भला कर डाला है। जीवन प्रेम है, और जब मनुष्य दूसरों के प्रति भलाई करना बंद कर देता है, तो उसकी आध्यात्मिक मृत्यु हो जाती है।"

(सन, अक्तूबर १५, १८९४ ई०)

पिछली रात विवेकानन्द मंच पर अविचल शांत उस समय तक बैठे रहे, जब तक कि उनके भाषण की बारी नहीं आ गयी। तब उनका रंग-ढंग बदल गया और

वह शक्ति तथा भावावेश में बोले। उन्होंने ब्रूमन बन्धुओं का समर्थन किया और कहा कि जो कुछ कहा जा चुका है, उसमें 'पृथ्वी के दूसरी ओर के निवासी' की हैसियत से मेरे अनुमोदन के अतिरिक्त बहुत थोड़ा जोड़ा जा सकता है।

वे कहते गये, "हमारे पास सिद्धांत काफ़ी हैं, हमें अब जो चाहिए, वह है, इन भाषणों में उपस्थित किये गये विचारों के अनुसार व्यवहार। जब मुझसे भारत में मिशनरियों के भेजने के बारे में पूछा जाता है, तो मैं कहता हूँ कि यह ठीक है, पर हमें आवश्यकता है मनुष्यों की कम, रुपयों की अधिक। भारत के पास सिद्धांतों से भरी बोरियाँ हैं और आवश्यकता से अधिक। आवश्यकता है उन साधनों की, जिनसे उन्हें कार्यान्वित किया जाय।

"प्रार्थना विभिन्न प्रकारों से की जा सकती है। हाथों से की गयी प्रार्थना ओठों से की गयी प्रार्थना की अपेक्षा ऊँची होती है और उससे त्राण भी अधिक होता है।

"सब धर्म हमें अपने भाइयों के प्रति भलाई करने की शिक्षा देते हैं। भलाई करना कोई विचित्र बात नहीं है—यह जीने की रीति ही है। प्रकृति में प्रत्येक वस्तु की प्रवृत्ति जीवन को विस्तृत और मृत्यु को संकीर्ण बनाने की है। यही बात धर्म पर भी लागू होती है। स्वार्थी भावनाओं को त्यागो और दूसरों की सहायता करो। जिस क्षण यह क्रिया बन्द हो जाती है, संकोच और मृत्यु का पदार्पण होता है।"

बुद्ध का धर्म

(मार्निंग हेरल्ड, अक्तूबर २२, १८९४ ई०)

कल रात ब्रूमन बन्धुओं द्वारा 'गत्यात्मक धर्म' के संबंध में की गयी दूसरी सभा में श्रोता लीसियम थियेटर, बाल्टीमोर, में नीचे से ऊपर तक भरे हुए थे। पूरे ३००० व्यक्ति उपस्थित थे। रेव० हिरम ब्रूमन, रेव० वाल्टर ब्रूमन और पूज्य ब्राह्मण संन्यासी विवेकानन्द, जो आजकल नगर में आये हैं, के भाषण हुए। वक्ता मंच पर बैठे थे। पूज्य विवेकानन्द सब लोगों के लिए विशेष आकर्षण के विषय थे। वे पीला साफ़ा और लाल रंग का चोगा पहने हुए थे, जो उसी रंग के पटुके से कमर में कसा हुआ था। इससे उनके चेहरे की पूर्वी काट उभरती थी और उनका आकर्षण बढ़ गया था। उनका व्यक्तित्व उस सभा की प्रधान बात जान पड़ती थी। उनका भाषण सरल, अकृत्रिम रूप से दिया गया, उनका शब्द-चयन निर्दोष था और उनका उच्चारण लेटिन जाति के उस संस्कृत व्यक्ति के समान था, जो अंग्रेजी भाषा जानता हो। उन्होंने अंशतः कहा :

संन्यासी का भाषण

"बुद्ध ने भारत के धर्म की स्थापना ईसा के जन्म से ६०० वर्ष पूर्व आरम्भ की थी। उन्होंने देखा कि भारत का धर्म उस समय प्रधान रूप से मानवात्मा की प्रकृति के संबंध में अनन्त विवाद में फँसा हुआ है। उस समय जिन विचारों का प्रचार था, उनके अनुसार पशुओं के बलिदान, बलिवेदियों और इसी प्रकार के अनुष्ठानों के अतिरिक्त धार्मिक दोषों के निवारण का और कोई उपाय न था।

"इस परिस्थिति के बीच वह संन्यासी उत्पन्न हुआ, जो तत्कालीन एक महत्त्व-पूर्ण परिवार का सदस्य था, और जो बुद्ध मत का प्रवर्तक बना। उनका यह कार्य, प्रथम तो, एक नये धर्म का प्रवर्तन नहीं था, वरन्, एक सुधार-आन्दोलन था। वे सबके कल्याण में विश्वास करते थे। उनका धर्म, जैसा कि उन्होंने बताया है, तीन बातों की खोज में है: प्रथम 'संसार में अशुभ है', दूसरे 'इस अशुभ का कारण क्या है?' उन्होंने बताया कि यह मनुष्य की दूसरों से ऊँचे चढ़ जाने की इच्छा में है। यह वह दोष है, जिसका निवारण निःस्वार्थपरता से किया जा सकता है। तीसरे, इस अशुभ का इलाज निःस्वार्थ बनकर किया जा सकता है। वह इस निष्कर्ष पर पहुँचे कि बल से इसका निवारण नहीं किया जा सकता; मल से मल को नहीं धोया जा सकता; घृणा से घृणा को नहीं मिटाया जा सकता।

"यह उनके धर्म का आधार था। जब तक समाज मानव-स्वार्थपरता की चिकित्सा उन नियमों और संस्थाओं के द्वारा करना चाहता है, जिनका उद्देश्य लोगों से उनके पड़ोसियों के प्रति बलात् भलाई करवाना है, तब तक कुछ किया नहीं जा सकता। उपाय बल के विरुद्ध बल और चालाकी के विरुद्ध चालाकी रखना नहीं है। एकमात्र उपाय है, निःस्वार्थ नर-नारियों का निर्माण करना। तुम वर्तमान अशुभ को दूर करने के लिए क़ानून बना सकते हो, पर उनसे कोई लाभ न होगा।

"बुद्ध ने पाया कि भारत में ईश्वर और उसके सार-तत्त्व के विषय में बातें बहुत होती हैं और काम बहुत ही कम। वह सदा इस मौलिक सत्य पर बल देते थे कि हम शुद्ध और पवित्र बनें, और हम दूसरों को पवित्र बनने में सहायता दें। उनका विश्वास था कि मनुष्य को काम और दूसरों की सहायता करनी चाहिए; अपनी आत्मा को दूसरों में पाना चाहिए; अपने जीवन को दूसरों में पाना चाहिए। उनका विश्वास था कि दूसरों के प्रति भलाई करना ही अपने प्रति भलाई करने का एकमात्र उपाय है। उनका विश्वास था कि संसार में सदा ही आवश्यकता से अधिक सिद्धांत और अत्यल्प व्यवहार रहा है। आजकल भारत में एक दर्जन बुद्ध

होने से बहुत अच्छा होगा और इस देश में भी एक बुद्ध का आविर्भाव लाभदायक सिद्ध होगा।

"जब आवश्यकता से अधिक सिद्धांत, अपने पिता के धर्म में आवश्यकता से अधिक विश्वास, आवश्यकता से अधिक बौद्धिक अंधविश्वास हो जाता है, तो परिवर्तन आवश्यक होता है। ऐसा सिद्धांत अशुभ को जन्म देता है और सुधार की आवश्यकता उत्पन्न हो जाती है।"

श्री विवेकानन्द के भाषण के अंत में तुमुल करतल ध्वनि हुई।

* * *

(बाल्टीमोर अमेरिकन, अक्तूबर २२, १८९४ ई०)

कल रात ब्रूमन बन्धुओं द्वारा 'गत्यात्मक धर्म' पर की गयी दूसरी सभा में लीसियम थियेटर दरवाज़े तक भरा हुआ था। प्रधान भाषण भारत के स्वामी विवेकानन्द का था। वह बुद्ध धर्म पर बोले और उन्होंने उन बुराइयों की चर्चा की, जो भारत के लोगों में बुद्ध के जन्म के समय विद्यमान थीं। उन्होंने कहा कि उस काल में भारत में सामाजिक असमानताएँ संसार के अन्य किसी भी स्थान की अपेक्षा हज़ार गुनी अधिक थीं।

उन्होंने कहा, "ईसा से छः सौ वर्ष पहले, भारत के पुजारियों का प्रभाव वहाँ के लोगों के मन पर बुरी तरह छाया हुआ था और जनता बौद्धिकता तथा विद्वत्ता के उपरले और निचले पाटों के बीच में पिस रही थी। बुद्ध धर्म, जो मानव परिवार के दो-तिहाई से अधिक का धर्म है, एक पूर्णतया नवीन धर्म के रूप में प्रवर्तित नहीं किया गया; वरन् एक सुधार के रूप में आया, जिससे उस युग का भ्रष्टाचार दूर हो गया। बुद्ध ही कदाचित् ऐसे पैग़म्बर थे, जिन्होंने दूसरों के लिए सब कुछ और अपने लिए बिल्कुल कुछ भी नहीं किया। उन्होंने अपने घर और संसार के सुखों का त्याग इसलिए किया कि वे अपने दिन मानव-दुःखरूप की भयानक व्याधि की औषधि खोजने में बितायें। एक ऐसे काल में, जिसमें जनता और पुजारी ईश्वर के सार-तत्त्व के संबंध में विवाद में लगे हुए थे, उन्होंने वह देखा, जो लोग नहीं देख सके थे—कि संसार में दुःख का अस्तित्व है। अशुभ का कारण है: हमारी दूसरों से बढ़ जाने की इच्छा और हमारी स्वार्थपरता। जिस क्षण संसार निःस्वार्थ हो जायगा, सारा अशुभ तिरोहित हो जायगा। जब तक समाज अशुभ का इलाज नियमों और संस्थाओं से करने का प्रयत्न करता है, अशुभ का निराकरण नहीं होगा।

संसार ने हज़ारों वर्षों तक इस उपाय का असफल प्रयोग किया है। बल के विरुद्ध बल लगाने से निराकरण नहीं होता; अशुभ का एकमात्र इलाज निःस्वार्थपरता है। हमें नये नये क़ानून बनाने के स्थान पर लोगों को क़ानून का पालन करना सिखाना चाहिए। बुद्ध धर्म संसार का सबसे पहला मिशनरी धर्म है; पर बुद्ध की शिक्षाओं में से एक यह भी थी कि किसी धर्म को विरोधी न बनाया जाय। धर्म एक दूसरे से युद्ध करके अपनी शक्ति क्षीण करते हैं।"

सभी धर्म अच्छे हैं

(वाशिंगटन पोस्ट, अक्तूबर २९, १८९४ ई०)

श्री विवेकानन्द ने कल प्युप्लस चर्च के पास्टर डॉ० कैंट के निमंत्रण पर चर्च में एक भाषण दिया। उनकी प्रातः की वार्ता नियमित उपदेश थी, जिसका संबंध पूर्णतया धर्म के आध्यात्मिक पहलू से था, और जिसमें उन्होंने कट्टर सम्प्रदायों के सम्मुख एक मौलिक सी बात यह रखी कि शुभ प्रत्येक धर्म की नींव में है, और सब धर्म, भाषाओं की भाँति एक ही सामान्य मूल से उत्पन्न हुए हैं, और प्रत्येक धर्म अपने भौतिक और आध्यात्मिक पहलुओं में उस समय तक अच्छा रहता है, जब तक वह हठधर्मी और जड़ता से मुक्त रखा जाता है। तीसरे पहर का भाषण आर्य जाति पर एक लेक्चर के समान था; उसमें उन्होंने विभिन्न सम्बद्ध जातियों के विकास को उनकी भाषा, धर्म और रिवाजों द्वारा एक संस्कृत कुल के ही मूल-स्रोत से निकला हुआ प्रदर्शित किया।

सभा के बाद श्री विवेकानन्द ने 'पोस्ट' के एक संवाददाता से कहा, "मैं किसी धार्मिक पंथ से संबंधित होने का दावा नहीं करता, वरन् मेरी स्थिति एक दर्शक की, और यथासम्भव, मानव जाति के एक शिक्षक की है। मेरे लिए सभी धर्म अच्छे हैं। जीवन के उच्चतर रहस्यों और उसकी उपलब्धियों के विषय में मैं, दूसरों की भाँति, कल्पना से अधिक और कुछ नहीं कर सकता। धर्म के क्षेत्र में हम जिन अनेक प्रश्नों को अपने सम्मुख पाते हैं, उनकी निकटतम तर्कसंगत व्याख्या मुझे पुनर्जन्मवाद से ही होती जान पड़ती है। पर मैं इसे सिद्धांत की भाँति उपस्थित नहीं करता। अधिक से अधिक वह एक परिकल्पना मात्र है, और उसे व्यक्तिगत अनुभूति के अतिरिक्त और किसी प्रकार प्रमाणित नहीं किया जा सकता, तथा यह प्रमाण केवल उसी मनुष्य के लिए ठीक है, जिसके पास वह है। तुम्हारी अनुभूति न मेरे लिए कुछ है और न मेरी तुम्हारे लिए। मैं चमत्कारों में विश्वास नहीं करता —वे धर्म के प्रसंग में मुझे पसंद नहीं हैं। तुम मेरे चारों संसार को नष्ट-भ्रष्ट

और भूमिसात कर सकते हो, पर मेरे लिए यह इस बात का कोई प्रमाण नहीं होगा कि ईश्वर का अस्तित्व है, अथवा यदि वह है भी, तो तुमने उसके द्वारा यह चमत्कार किया है।

यह उनका अंधविश्वास है

"पर वर्तमान अस्तित्व को समझने के वास्ते मेरे लिए यह आवश्यक होता है कि मैं उसके अतीत और उसके भविष्य पर विश्वास करूँ। और यदि हम यहाँ से आगे बढ़ते हैं, तो हमें दूसरे रूपों में जाना चाहिए और इस प्रकार पुनर्जन्म में मेरा विश्वास सामने आता है। पर मैं कुछ प्रमाणित नहीं कर सकता। मैं ऐसे किसी भी व्यक्ति का स्वागत करूँगा, जो मुझको इस पुनर्जन्म के सिद्धांत से मुक्त कर दे, और इसके स्थान पर किसी अन्य तर्कसंगत वस्तु की स्थापना करे। पर अब तक ऐसी कोई बात मेरे सामने नहीं आयी है, जिससे इतनी संतोषजनक व्याख्या होती हो।"

श्री विवेकानन्द कलकत्ते के निवासी और वहाँ के सरकारी विश्वविद्यालय के स्नातक हैं। उन्होंने अपनी विश्वविद्यालय की शिक्षा अंग्रेज़ी में पायी है और उस भाषा को एक भारतीय की भाँति बोलते हैं। उन्हें भारतीयों और अंग्रेज़ों के बीच के सम्पर्कों को देखने का अवसर मिला है। वे जिस उदासीनता के साथ भारतीयों से धर्म-परिवर्तन कराने के प्रयत्नों की बात करते हैं, उसे सुनकर विदेशी मिशनरी कार्यकर्ताओं को बड़ी निराशा होगी। इस संबंध में उनसे पूछा गया कि पश्चिम की शिक्षाओं का पूर्व के विचारों पर क्या प्रभाव पड़ रहा है।

उन्होंने कहा, "निश्चय ही ऐसा नहीं हो सकता कि कोई विचार देश में आये और उसका कुछ प्रभाव न पड़े; पर पूर्वीय विचार पर ईसाई शिक्षा का प्रभाव, यदि वह है तो, इतना कम है कि दिखायी नहीं देता। पश्चिमी सिद्धांतों ने वहाँ उतनी ही छाप डाली है, जितनी कि पूर्वीय सिद्धांतों ने यहाँ, कदाचित इतनी भी नहीं। यह मैं देश के उच्च विचारवानों की बात कह रहा हूँ। सामान्य जनता में मिशनरियों के कार्य का प्रभाव दिखायी नहीं देता। जब लोग धर्म-परिवर्तन करते हैं, तो उसके फलस्वरूप वे देशी पंथों से तुरंत कट जाते हैं; पर जनसंख्या इतनी अधिक है कि मिशनरियों द्वारा कराये गये धर्म-परिवर्तनों का प्रकट प्रभाव बहुत कम पड़ता है।"

योगी बाजीगर हैं

जब उनसे यह पूछा गया कि क्या वे योगियों और सिद्धों के चमत्कारी करतबों के बारे में कुछ जानते हैं, तो श्री विवेकानन्द ने उत्तर दिया कि उन्हें चमत्कारों में रुचि

नहीं है; और जब कि निश्चय ही, देश में बहुत से चतुर बाजीगर हैं, उनके करतब हाथ की सफ़ाई हैं। श्री विवेकानन्द ने कहा कि उन्होंने आम का करतब केवल एक बार देखा है। और वह एक फ़क़ीर के द्वारा छोटे पैमाने पर। लामाओं की सिद्धियों के बारे में भी उनके विचार यही हैं। उन्होंने कहा, "इन घटनाओं के सब विवरणों में प्रशिक्षित, वैज्ञानिक, और निष्पक्ष दर्शकों का अभाव है, जिसके कारण सच को झूठ से अलग करना कठिन हो गया है।"

जीवन पर हिन्दू दृष्टिकोण

(ब्रुकलिन टाइम्स, दिसम्बर ३१, १८९४ ई०)

कल रात पाउच गैलरी में ब्रुकलिन एथिकल एसोसियेशन ने स्वामी विवेकानन्द का स्वागत किया। स्वागत से पहले विशिष्ट अतिथि ने 'भारत के धर्म' विषय पर एक बहुत रोचक भाषण दिया। अन्य बातों के साथ उन्होंने कहा :

"जीवन के विषय में हिन्दू का दृष्टिकोण यह है कि हम यहाँ ज्ञान प्राप्त करने के लिए आये हैं; जीवन का समस्त सुख सीखने में है; मनुष्य की आत्मा यहाँ ज्ञान से प्रेम करने, अनुभूति प्राप्त करने के लिए है। मैं अपने धर्मग्रंथों को तुम्हारी बाइबिल की सहायता से अच्छी तरह पढ़ सकता हूँ और तुम अपनी बाइबिल को मेरे धर्मग्रंथों की सहायता से अधिक अच्छी तरह पढ़ सकते हो। यदि केवल एक धर्म भी सच्चा है, तो शेष सब धर्म भी सच्चे होने चाहिए। एक ही सत्य ने अपने को विभिन्न रूपों में अभिव्यक्त किया है और ये विभिन्न रूप विभिन्न जातियों की मानसिक और भौतिक प्रकृति की विभिन्न परिस्थितियों के अनुरूप हैं।

"यदि जड़ पदार्थ और उसके रूप-परिवर्तनों से हमारे सभी प्रश्नों की व्याख्या हो जाती है, तो आत्मा के अस्तित्व की कल्पना करने की आवश्यकता नहीं है। पर यह प्रमाणित नहीं किया जा सकता कि चेतन भावना का विकास जड़ पदार्थ में से हुआ है। हम यह अस्वीकार नहीं कर सकते कि शरीरों को पूर्वजों से कुछ प्रवृत्तियाँ प्राप्त होती हैं, पर इन प्रवृत्तियों का अर्थ केवल वह भौतिक स्वरूप होता है, जिसके द्वारा केवल एक विशिष्ट मन ही विशिष्ट रीति से कार्य कर सकता है। ये विशिष्ट प्रवृत्तियाँ उस जीवात्मा में पिछले कर्मों के द्वारा उत्पन्न होती हैं। एक विशिष्ट प्रकृतिवाली जीवात्मा, आकर्षण के नियम से, ऐसे शरीर में जन्म लेगी, जो उसकी विशिष्ट प्रवृत्ति की अभिव्यंजना के लिए सर्वोत्तम साधन होगा। और यह पूर्णतया विज्ञान के अनुसार है, क्योंकि विज्ञान प्रत्येक वस्तु की व्याख्या स्वभाव के आधार पर करना चाहता है और स्वभाव अभ्यास से बनता है। इस प्रकार

एक नवजात जीवात्मा के सहज स्वभावों की व्याख्या करने के लिए भी इन अभ्यासों की आवश्यकता होती है। इन्हें हमने अपने वर्तमान जीवन में प्राप्त नहीं किया है, इसलिए वे पिछले जन्मों से ही आये होंगे।

"सब धर्म इतनी सारी स्थितियाँ हैं। इनमें से प्रत्येक धर्म ऐसी स्थिति को बताता है, जिसमें होकर मानव जीवात्मा को ईश्वर की उपलब्धि के लिए गुज़रना होता है। इसलिए इनमें से किसी एक के प्रति भी उदासीन नहीं होना चाहिए। कोई भी स्थिति खतरनाक अथवा बुरी नहीं है। वे अच्छी हैं। जिस प्रकार एक बालक युवक होता है और युवक वृद्ध होता है, उसी प्रकार वे उत्तरोत्तर सत्य से सत्य पर पहुँच रहे हैं! वे केवल उसी समय खतरनाक होते हैं, जब वे जड़ीभूत हो जाते हैं और आगे नहीं बढ़ते—जब उनका विकास रुक जाता है। जब बालक वृद्ध होने से इन्कार करता है, तो वह रोगी होता है। पर यदि वे सतत विकसित होते रहते हैं, तो प्रत्येक ढंग उन्हें उस समय तक आगे बढ़ाता है, जब तक कि वे पूर्ण सत्य पर नहीं पहुँच जाते। इसलिए हम सगुण और निर्गुण, दोनों ही ईश्वरों में विश्वास करते हैं, और इसके साथ ही हम उन सब धर्मों में विश्वास करते हैं, जो संसार में थे, जो हैं और जो आगे होंगे। हमारा विश्वास यह भी है कि हमें इन धर्मों के प्रति सहिष्णु ही नहीं होना चाहिए, वरन् उन्हें स्वीकार करना चाहिए।

"इस जड़-भौतिक संसार में प्रसार ही जीवन है और संकोच मृत्यु। जिसका प्रसार रुक जाता है, वह जीवित नहीं रहता। नैतिकता के क्षेत्र में इसको लागू करें, तो निष्कर्ष होगा: यदि कोई प्रसार चाहता है, तो उसे चाहिए कि वह प्रेम करे, और जब वह प्रेम करना बंद कर देता है, तो उसकी मृत्यु हो जाती है। यह तुम्हारा स्वभाव है; यह अवश्य तुमको करना होता है, क्योंकि यही जीवन का एकमात्र नियम है। इसलिए हमें ईश्वर से प्रेम के लिए प्रेम करना चाहिए। इसी प्रकार, हमें कर्तव्य के लिए अपना कर्तव्य करना चाहिए, कर्म के लिए बिना फल की अभिलाषा किये, कर्म करना चाहिए—जानो कि तुम पवित्रतर और पूर्णतर हो, जानो कि यह ईश्वर का वास्तविक मन्दिर है।"

(ब्रुकलिन डेली ईगल, दिसम्बर ३१, १८९४ ई०)

मुसलमानों, बौद्धों और भारत के अन्य धार्मिक सम्प्रदायों के मतों की चर्चा करने के बाद वक्ता ने कहा कि हिन्दुओं का अपना धर्म वेदों के आप्तज्ञान द्वारा मिला है। वेद बताते हैं कि सृष्टि अनादि और अनन्त है। वे बताते हैं कि मनुष्य एक आत्मा है, जो शरीर में निवास करती है। शरीर मर जायगा, पर मनुष्य नहीं मरेगा। आत्मा जीती रहेगी। जीवात्मा की रचना किसी वस्तु से नहीं हुई है; क्योंकि

सृष्टि का अर्थ है संयोजन, और उसका अर्थ होता है एक निश्चित भावी विलयन। इसलिए यदि जीवात्मा की सृष्टि की गयी है, तो उसकी मृत्यु भी होनी चाहिए। इसलिए जीवात्मा की सृष्टि नहीं की गयी है। मुझसे यह पूछा जा सकता है कि यदि ऐसा है, तो हमें पुराने जन्मों की कुछ बातें याद क्यों नहीं रहतीं ? इसकी व्याख्या सरलता से की जा सकती है। चेतना केवल मानसिक महासागर के धरातल का नाम है, और हमारी सब अनुभूतियाँ इसकी गहराइयों में संगृहीत हैं। उद्देश्य ऐसी किसी वस्तु को प्राप्त करना था, जो स्थायी हो। मन, शरीर, सम्पूर्ण प्रकृति वास्तव में परिवर्तनशील है। किसी ऐसी वस्तु को, जो असीम हो, प्राप्त करने के इस प्रश्न की बहुत विवेचना की गयी है। एक सम्प्रदाय, आधुनिक बौद्ध जिसके प्रतिनिधि हैं, बताता है कि वे सब वस्तुएँ, जिनका समाधान पाँच इन्द्रियों के द्वारा किया जा सकता है, अस्तित्वहीन हैं। प्रत्येक वस्तु अन्य सभी वस्तुओं पर निर्भर है, यह एक भ्रम है कि मनुष्य एक स्वतंत्र सत्ता है। दूसरी ओर प्रत्ययवादियों का दावा है कि प्रत्येक व्यक्ति एक स्वतंत्र सत्ता है। इस समस्या का सच्चा समाधान यह है कि प्रकृति परतंत्रता और स्वतंत्रता का, यथार्थ और आदर्श का एक मिश्रण है। इसमें से एक परतंत्रता की उपस्थिति इस तथ्य से प्रमाणित होती है कि हमारे शरीर की गतियाँ हमारे मन द्वारा शासित होती हैं, और हमारे मन हमारे भीतर स्थित उस आत्मा द्वारा शासित होते हैं, जिसे ईसाई 'सोल' कहते हैं। मृत्यु एक परिवर्तन मात्र है। जो आगे निकल गये हैं और ऊँचाइयों पर स्थित हैं, वे वैसे ही हैं, जैसे वे जो यहाँ पीछे रह गये हैं। और जो नीची स्थितियों में हैं, वे भी वैसे ही हैं, जैसे कि दूसरे यहाँ हैं। प्रत्येक मनुष्य एक पूर्ण सत्ता है। यदि हम अँधेरे में बैठ जायँ और विलाप करने लगें कि इतना घना अँधेरा है, तो उसमें हमें कोई लाभ न होगा; पर यदि हम दियासलाई प्राप्त करें, उसे जलायें, तो अंधकार तुरंत नष्ट हो जायगा। इसी प्रकार, यदि हम बैठे रहें और इस बात से दुःखी होते रहें कि हमारे शरीर अपूर्ण हैं, हमारी आत्माएँ अपूर्ण हैं, तो इससे हमें कोई लाभ न होगा। पर जब हम तर्क के प्रकाश को लाते हैं, तो सन्देह का अंधकार नष्ट हो जाता है। जीवन का उद्देश्य है ज्ञान प्राप्त करना। ईसाई हिन्दुओं से सीख सकते हैं और हिन्दू ईसाइयों से सीख सकते हैं। वे हमारे धर्मग्रन्थ पढ़ने के बाद अपनी बाइबिल अधिक अच्छी तरह पढ़ सकते हैं। उन्होंने कहा, "अपने बच्चों से कहो कि धर्म सकारात्मक है, नकारात्मक नहीं। वह विविध पुरुषों की शिक्षाएँ मात्र नहीं है, वरन् हमारे भीतर उस उच्चतर वस्तु की वृद्धि और विकास है, जो बाहर व्यक्त होना चाहती है। संसार में जो शिशु जन्म लेता है, वह कुछ संगृहीत अनुभूतियों के साथ आता है। हम जिस स्वतंत्रता के विचार के वशीभूत हैं, वह दर्शाता है कि हम मन और

शरीर के अतिरिक्त कुछ और भी हैं। शरीर और मन परतंत्र हैं। वह आत्मा, जो हमें जीवन देती है, एक स्वतंत्र तत्त्व है, जो इस मुक्ति की इच्छा को उत्पन्न करती है। यदि हम मुक्त नहीं हैं, तो हम इस संसार को शुभ अथवा पूर्ण बनाने की आशा कैसे कर सकते हैं? हमारा विश्वास है कि हम स्वयं अपने निर्माता हैं, जो हमारा है, उसे हम स्वयं बनाते हैं। हमने इसे बनाया है और हम इसे बिगाड़ भी सकते हैं। हम ईश्वर में, सबके पिता में, अपनी संतान के सर्जक और पालक में, सर्वव्यापी और सर्वशक्तिमान में विश्वास करते हैं। हम तुम्हारी भाँति एक सगुण ईश्वर में विश्वास करते हैं: पर हम इससे आगे भी जाते हैं। हम विश्वास करते हैं कि हमीं वह (ईश्वर) हैं। हम विश्वास करते हैं, उन सब धर्मों में, जो पहले हो चुके हैं, जो अब हैं और जो आगे होंगे। हिन्दू सब धर्मों को शीश झुकाता है, क्योंकि इस संसार में असली विचार है जोड़ना, घटाना नहीं। हम ईश्वर के लिए, स्रष्टा, वैयक्तिक ईश्वर के लिए सब सुन्दर रंगों का एक गुलदस्ता तैयार करना चाहते हैं। हमें ईश्वर के प्रेम के लिए प्रेम करना चाहिए; कर्तव्य के लिए उसके प्रति अपना कर्तव्य करना चाहिए और कर्म के लिए उसके निमित्त कर्म करना चाहिए तथा उपासना के लिए उसकी उपासना करनी चाहिए।

"पुस्तकें अच्छी हैं, पर वे केवल मानचित्र मात्र हैं। एक मनुष्य के आदेश से मैंने पुस्तक में पढ़ा कि वर्ष भर में इतने इंच पानी गिरा है। इसके बाद उसने मुझसे कहा कि मैं पुस्तक को लूँ और उसे हाथों से निचोड़ूँ। मैंने वैसा किया, पर पुस्तक में से पानी की एक बूँद भी नहीं गिरी। पुस्तक ने जो दिया, वह केवल विचार था। इसी प्रकार, हम पुस्तकों से, मन्दिर से, चर्च से, किसी भी वस्तु से, जब तक वह हमें आगे और ऊपर, ले जाती हैं, लाभ उठा सकते हैं। बलि देना, घुटने टेकना, बुदबुदाना, बड़बड़ाना धर्म नहीं है। यदि वे हमें उस पूर्णता का अनुभव करने में सहायता देती हैं, जिसकी उपलब्धि हमें ईसा के सम्मुख प्रस्तुत होने पर होती है, तभी वे सब लाभदायक हैं। ये हमारे प्रति कहे वे शब्द अथवा शिक्षाएँ हैं, जिनसे हम लाभ उठा सकते हैं। जब कोलम्बस ने इस महाद्वीप का पता लगा लिया, तो वह वापस गया और उसने अपने देशवासियों से कहा कि उसने नयी दुनिया को खोज लिया है। उन्होंने उसका विश्वास नहीं किया, अथवा कुछ ने उसका विश्वास नहीं किया, और उसने उनसे कहा कि जाओ और स्वय देखो। यही बात हमारे साथ है। हम सब सत्यों के विषय में पढ़ते हैं, अपने भीतर अन्वेषित कर स्वयं सत्य को प्राप्त करते हैं, और तब हम विश्वास प्राप्त करते हैं, जिसे हमसे कोई छीन नहीं सकता।"

नारीत्व का आदर्श

(ब्रुकलिन स्टैंडर्ड यूनियन, जनवरी २१, १८९५ ई०)

एथिकल एसोसियेशन के प्रधान डॉ० जेम्स द्वारा श्रोताओं के सामने प्रस्तुत किये जाने के बाद स्वामी विवेकानन्द ने अंशतः कहा:

किसी देश की दरिद्र बस्तियों की आज के आधार पर हम उस देश के संबंध में किसी निर्णय पर नहीं पहुँच सकते। हम संसार के प्रत्येक सेब के वृक्ष के नीचे से कीड़े लगे हुए खराब सेब इकट्ठे कर सकते हैं और उनमें से प्रत्येक के विषय में एक पुस्तक लिख सकते हैं और फिर भी सेब वृक्ष की सुन्दरता और सम्भावनाओं के विषय में बिल्कुल अनजान रह सकते हैं। हम किसी राष्ट्र का मूल्यांकन उसके उच्चतम और सर्वोत्तम से ही कर सकते हैं—पतित स्वयं में एक पृथक् जाति हैं। इस प्रकार यह न केवल उचित वरन् न्याययुक्त और सही है कि किसी परम्परा का मूल्यांकन उसके सर्वोत्तम से, उसके आदर्श से, किया जाय।

"नारीत्व का आदर्श भारत की उस आर्य जाति में केन्द्रित है, जो संसार के इतिहास में प्राचीनतम है। उस जाति में नर और नारी पुरोहित थे, अथवा जैसा वेद उन्हें कहते हैं, वे सहधर्मी थे। प्रत्येक परिवार का अपना अग्निकुण्ड अथवा वेदी थी, जिस पर विवाह के समय विवाह की अग्नि प्रज्वलित की जाती थी और उसे उस समय तक जीवित रखा जाता था, जब तक कि पति-पत्नी में से किसी एक की मृत्यु नहीं हो जाती थी; और तब उसकी चिनगारी से चिता को अग्नि दी जाती थी। यहाँ पति और पत्नी एक साथ यज्ञ में बलि चढ़ाते थे और यह भावना यहाँ तक पहुँच गयी थी कि पुरुष अकेला पूजा भी नहीं कर सकता था, क्योंकि यह माना जाता था कि केवल वह अधूरा है, और इसी कारण कोई अविवाहित मनुष्य पुरोहित नहीं बन सकता था। यह बात प्राचीन रोम और यूनान के बारे में भी सत्य है।

"पर एक पृथक् और विशिष्ट पुरोहित-वर्ग के उदय हो जाने से, इन सब देशों में नारी का सह-पौरोहित्य पीछे पड़ जाता है। पहले यह सेमेटिक रक्तवाली असीरियन जाति थी, जिसने इस सिद्धांत की घोषणा की थी कि लड़कियों को, विवाहित होने पर भी, न कोई हक़ और न कोई अधिकार है। ईरानियों ने बेबिलोनिया के इस विचार को विशेष गहराई के साथ हृदयगंम किया, और उनके द्वारा यह रोम में और यूनान में पहुँचाया गया और नारी की स्थिति का सभी स्थानों पर पतन हुआ।

"ऐसा होने का एक दूसरा कारण था—विवाह की प्रणाली में परिवर्तन। प्राचीनतम प्रणाली मातृकेन्द्रिक थी, अर्थात् उसमें केन्द्र माँ थी और जिसमें लड़कियाँ उसके पद पर प्रतिष्ठित होती थीं। इससे बहुपतित्व की एक विचित्र प्रथा उत्पन्न हुई, जिसमें प्रायः पाँच या छः भाई एक पत्नी से विवाह करते थे। वेदों में भी इस प्रकार के संकेत मिलते हैं कि जब कोई पुरुष निःसंतान मर जाता था, तो उसकी विधवा को उस समय तक दूसरे पुरुष के साथ रहने की अनुमति थी, जब तक कि वह माँ न बन जाय। होनेवाले बच्चे अपने पिता के नहीं, वरन् उसके मृत पति के होते थे। आगे चलकर विधवा को पुनः विवाह करने की अनुमति हो गयी थी, जिसका कि आधुनिक विचार निषेध करता है।

"पर इन उद्भावनाओं के साथ साथ राष्ट्र में वैयक्तिक पवित्रता का एक अति तीव्र विचार उदय हुआ। वेद प्रत्येक पृष्ठ पर वैयक्तिक पवित्रता की शिक्षा देते हैं। इस विषय में नियम अत्यन्त कठोर हैं। प्रत्येक लड़का और लड़की विश्वविद्यालय भेजा जाता था, जहाँ वे अपने बीसवें अथवा तीसवें वर्ष तक अध्ययन करते थे। यहाँ तनिक सी अपवित्रता का दंड भी प्रायः निर्दयतापूर्वक दिया जाता था। वैयक्तिक पवित्रता के इस विचार ने अपने को जाति के हृदय पर इतनी गहराई के साथ अंकित किया है कि वह लगभग पागलपन बन गया है। इसका ज्वलंत उदाहरण मुसलमानों द्वारा चित्तौड़-विजय के अवसर पर मिलता है। अपने से कहीं अधिक प्रबल शत्रु के विरुद्ध पुरुष नगर की रक्षा में संलग्न थे, और जब नारियों ने देखा कि पराजय निश्चित है, तो उन्होंने चौक में एक भीषण अग्नि प्रज्वलित की, और जैसे ही शत्रु ने द्वार तोड़े, ७४,५०० नारियाँ उस विशाल चिता में कूद पड़ीं तथा लपटों में जल गयीं। यह शानदार उदाहरण भारत में आज तक चला आया है। जब किसी पत्र पर ७४,५०० लिखा होता है, तो उसका अर्थ यह होता है कि जो कोई अनधिकृत रूप से उस पत्र को पढ़ेगा वह, उस अपराध के समान विशाल अपराध का दोषी होगा, जिसने चित्तौड़ की उन पवित्र नारियों को मौत के मुँह में भेजा था।

"इसके बाद भिक्षुओं, संन्यासियों का युग आता है। यह बौद्ध धर्म के उदय के साथ आया। यह धर्म कहता है कि केवल भिक्षु ही निर्वाण प्राप्त कर सकता है, जो ईसाई 'हैवेन' के समान कोई वस्तु है। फल यह हुआ कि सम्पूर्ण भारत एक अत्यंत विशाल मठ बन गया। केवल एक उद्देश्य था, एक सतत संघर्ष था—पवित्र रहना। सब दोष नारी के सिर मढ़ा गया; लोकोक्तियाँ भी उनके विरुद्ध चेतावनी देने लगीं। उनमें से एक थी, 'नरक का द्वार क्या है'? और इसका उत्तर था: 'नारी'। दूसरी थी, 'वह जंज़ीर क्या है, जो हमें मिट्टी से बाँधती है'?—'नारी'।

एक और थी: 'अंधों में सबसे अधिक अंधा कौन है'?—'वह, जो नारी द्वारा ठगा जाता है।'

"पश्चिम के मठों में भी ऐसे ही विचार पाये जाते हैं। सब मठ-व्यवस्थाओं के विकास का अर्थ सदा नारियों की अवहेलना रहा है।

"पर अंततः नारीत्व की एक दूसरी कल्पना का उदय हुआ। पश्चिम में उसे अपना आदर्श पत्नी में और भारत में माँ में मिला। पर यह न सोचो कि यह परिवर्तन पुरोहितों के द्वारा हुआ। मैं जानता हूँ कि वे संसार की प्रत्येक वस्तु पर सदा अपना दावा रखते हैं और मैं यह कहता हूँ, यद्यपि मैं स्वयं एक पुरोहित (?) हूँ। मैं प्रत्येक धर्म और देश के मसीहा के सामने नतजानु हूँ, पर निष्पक्षता मुझे यह कहने को बाध्य करती है कि यहाँ पश्चिम में नारी का उत्थान जॉन स्टुअर्ट मिल जैसे लोगों और क्रांतिकारी फ़्रांसीसी दार्शनिकों के द्वारा किया गया। धर्म ने निःसन्देह कुछ किया है, पर सब नहीं। ऐसा क्यों है कि एशिया माइनर में ईसाई पादरी आज तक हरम रखते हैं?

"ईसाई आदर्श वह है, जो ऐंग्लो-सैक्सन जाति में मिलता है। मुसलमान नारी अपनी पश्चिम की बहनों से इस बात में बहुत भिन्न है, उसका सामाजिक और मानसिक विकास उतना अधिक नहीं हुआ है। पर यह न सोचो कि इस कारण मुसलमान नारी दुःखी है, क्योंकि ऐसी बात नहीं है। भारत में नारी को सम्पत्ति का अधिकार हज़ारों वर्षों से प्राप्त है। यहाँ एक पुरुष अपनी पत्नी को उत्तराधिकार से वंचित कर सकता है, भारत में मृत पति की सम्पूर्ण सम्पत्ति पत्नी को प्राप्त होती है, वैयक्तिक सम्पत्ति पूर्णतया और अचल सम्पत्ति जीवन भर के लिए।

"भारत में माँ परिवार का केन्द्र और हमारा उच्चतम आदर्श है। वह हमारे लिए ईश्वर की प्रतिनिधि है, क्योंकि ईश्वर ब्रह्मांड की माँ है। एक नारी ऋषि ने ही सबसे पहले ईश्वर की एकता को प्राप्त किया और इस सिद्धांत को वेदों की प्रथम ऋचाओं में कहा। हमारा ईश्वर सगुण और निर्गुण दोनों है; निर्गुण रूप में पुरुष है और सगुण रूप में नारी। और इस प्रकार अब हम कहते हैं: 'ईश्वर की प्रथम अभिव्यक्ति वह हाथ है, जो पालना झुलाता है।' जो प्रार्थना के द्वारा जन्म पाता है, वह आर्य है, और जिसका जन्म कामुकता से होता है, वह अनार्य है।

"जन्मपूर्व के प्रभाव का यह सिद्धान्त अब धीरे धीरे मान्यता प्राप्त कर रहा है और विज्ञान, तथा धर्म भी, घोषणा कर रहा है: 'अपने को पवित्र और शुद्ध रखो'। भारत में इस बात ने इतनी गम्भीर मान्यता प्राप्त कर ली है कि वहाँ यदि

विवाह की परिणति प्रार्थना में न हो, तो हम विवाह में भी व्यभिचार की बात कहते हैं। मेरा और प्रत्येक अच्छे हिन्दू का विश्वास है कि मेरी माँ शुद्ध और पवित्र थी, और इसलिए मैं जो कुछ हूँ, उस सबके लिए उसका ऋणी हूँ। यह है जाति का रहस्य——सतीत्व।

सच्चा बुद्धमत

(ब्रुकलिन स्टैंडर्ड यूनियन, फ़रवरी ४, १८९५ ई०)

एथिकल एसोसियेशन, जिसके तत्त्वावधान में ये भाषण हो रहे हैं, के अध्यक्ष डॉ० जेन्स द्वारा परिचय दिये जाने के बाद, स्वामी विवेकानन्द ने अंशतः कहा : "बुद्धमत के प्रति हिन्दू की एक विशिष्ट स्थिति है। जिस प्रकार ईसाई ने यहूदियों को अपना विरोधी बनाया था, उसी प्रकार बुद्ध ने तत्कालीन भारत में प्रचलित धर्म को अपना विरोधी बनाया; पर जहाँ ईसा को उनके देशवासियों ने अंगीकार नहीं किया, बुद्ध ईश्वर के अवतार के रूप में स्वीकार किये गये। उन्होंने पुरोहितों की भर्त्सना उनके मंदिरों के ठीक द्वार पर खड़े होकर की, फिर भी आज वे उनके द्वारा पूजे जाते हैं।

"पर वह मत पूजा नहीं पाता, जिसके साथ उनका नाम जुड़ा हुआ है। बुद्ध ने जो सिखाया, उसमें हिन्दू विश्वास करता है, पर बौद्ध जिसकी शिक्षा देते हैं, उसे हम स्वीकार नहीं करते। क्योंकि इस महान् गुरु की शिक्षाएँ देश में चारों ओर व्याप्त होकर, जिन मार्गों में से गुज़रीं, उनके द्वारा रँगी जाकर, फिर देश की परम्परा में लौट आयी हैं।

"बुद्धमत को पूर्णतया समझने के लिए हमें उस मातृधर्म में जाना होगा, जिससे वह प्रसूत हुआ था। वेदग्रंथों के दो खंड हैं——प्रथम, कर्मकांड में यज्ञ संबंधी विवरण हैं; दूसरा, वेदांत, जो यज्ञों की निन्दा करता है, दया और प्रेम सिखाता है, मृत्यु नहीं। विभिन्न सम्प्रदायों ने उस खंड को अपना लिया, जो उन्हें पसन्द आया। चार्वाक अथवा जड़वादियों ने अपने सिद्धान्त का आधार प्रथम भाग को बनाया। उनका विश्वास है कि जगत् में सब कुछ जड़ पदार्थ मात्र है, और न स्वर्ग है, न नरक, न जीवात्मा है और न ईश्वर। एक अन्य सम्प्रदायवाले, जैन, बहुत नैतिक नास्तिक थे, जिन्होंने ईश्वर के सिद्धान्त को तो अस्वीकार किया, पर एक ऐसी जीवात्मा के अस्तित्व में विश्वास किया, जो अधिक पूर्ण विकास के लिए प्रयत्नशील है। ये दोनों सम्प्रदाय वेदविरोधी कहलाये। तीसरा सम्प्रदाय आस्तिक कहलाया, क्योंकि वह वेदों को स्वीकार करता था, यद्यपि वह सगुण ईश्वर के

अस्तित्व को नहीं मानता था और विश्वास करता था कि सब वस्तुएँ परमाणु अथवा प्रकृति से उत्पन्न हुई हैं।

बुद्ध के आगमन से पूर्व बौद्धिक जगत् इस प्रकार विभक्त था। पर उनके धर्म को ठीक ठीक समझने के लिए उस जाति-व्यवस्था की चर्चा करनी भी आवश्यक है, जो उन दिनों प्रचलित थी। वेद कहते हैं कि जो ईश्वर को जानता है, वह ब्राह्मण है; वह जो अपने साथियों की रक्षा करता है, क्षत्रिय है; जब कि वह, जो वाणिज्य से जीविका उपार्जन करता है, वैश्य है। ये विभिन्न सामाजिक विभाग लौहकठोर जातियों के रूप में विकसित अथवा पतित हो गये और एक सुसंगठित पुरोहित वर्ग राष्ट्र की गर्दन पर पैर रखकर खड़ा हो गया। ऐसे समय में बुद्ध का जन्म हुआ, और इसलिए उनका धर्म एक सामाजिक और धार्मिक सुधार के प्रयत्न की सम्पूर्ति है।

वातावरण वाद-विवाद के कोलाहल से पूर्ण था; २०,००० अंधे पुरोहित २,००,००,०००(?) अंधे मनुष्यों का नेतृत्व करने के प्रयत्न में आपस में झगड़ रहे थे। ऐसे समय में बुद्ध की शिक्षाओं से अधिक और किसकी आवश्यकता हो सकती थी? 'झगड़ना छोड़ो, अपनी पुस्तकों को एक ओर फेंको, पूर्ण बनो'। बुद्ध ने कभी सच्ची जाति-व्यवस्था का विरोध नहीं किया, क्योंकि वे विशिष्ट प्राकृतिक प्रवृत्तियों के समुदायों के अतिरिक्त और कुछ नहीं हैं, और वे सदा मूल्यवान हैं। पर बुद्ध ने विशेष उत्तराधिकारों की परम्परावाली बिगड़ी जाति-व्यवस्था का विरोध किया और ब्राह्मणों से कहा: 'सच्चे ब्राह्मण, न लालची होते हैं, न अपराधी होते हैं, न क्रोध करते हैं। क्या तुम ऐसे हो? यदि नहीं, तो असली, वास्तविक लोगों का स्वाँग न भरो। जाति एक स्थिति है, लौहजड़ित वर्ग नहीं, और प्रत्येक मनुष्य जो ईश्वर को जानता और प्रेम करता है, सच्चा ब्राह्मण है।' और बलि के विषय में उन्होंने कहा: 'वेद कहाँ कहते हैं कि बलि हमें पवित्र बनाती है? उससे कदाचित् देवता प्रसन्न हो सकते हैं, पर वह हमें कोई लाभ नहीं पहुँचाती। इसलिए, इन छद्मवेशी खिलवाड़ों को छोड़ो—ईश्वर से प्रेम करो और पूर्ण बनने का प्रयत्न करो।'

"बाद के वर्षों में बुद्ध के ये सिद्धांत भुला दिये गये। वे ऐसे देशों को गये, जो इन महान् सत्यों को प्राप्त करने के लिए तैयार नहीं थे और वहाँ से वे उनकी दुर्बलताओं से रंजित होकर वापस आये। इस प्रकार शून्यवादियों का उदय हुआ। इस सम्प्रदाय का विश्वास था कि ब्रह्मांड, ईश्वर और जीवात्मा का कोई आधार नहीं है, वरन् प्रत्येक वस्तु निरंतर परिवर्तित हो रही है। वे तात्कालिक आनन्द के उपभोग के अतिरिक्त और किसीमें विश्वास नहीं करते थे, जिसके

फलस्वरूप अंत में अत्यन्त घृणास्पद भ्रष्टाचार का प्रचार हुआ। पर वह बुद्ध का सिद्धांत नहीं है, वरन् उसका भयावह पतन है, और उस हिन्दू राष्ट्र की जय हो, जिसने उसका विरोध किया और उसे बाहर खदेड़ दिया।

"बुद्ध की प्रत्येक शिक्षा का आधार वेदान्त है। वह उन संन्यासियों में से थे, जो उन पुस्तकों और तपोवनों में छिपे सत्यों को प्रकट करना चाहते थे। मुझे विश्वास नहीं कि संसार उनके लिए आज भी तैयार है। इसे अब भी उन निम्न स्तर के धर्मों की आवश्यकता है, जो सगुण ईश्वर की शिक्षा देते हैं। इसी कारण, असली बुद्धमत उस समय तक जन-मन को नहीं पकड़ सका, जब तक कि उसमें वे परिवर्तन सम्मिलित नहीं हो गये, जो तिब्बत और तातार से परावर्तित हुए थे। मौलिक बुद्धमत किंचित् भी शून्यवादी नहीं था। वह केवल जाति-व्यवस्था और पुरोहित वर्ग को रोकने का एक प्रयत्न था; वह संसार में मूक पशुओं का सर्वप्रथम पक्षपाती था; वह उस जाति को तोड़नेवालों में सर्वप्रथम था, जो मनुष्य को मनुष्य से अलग करती है।"

स्वामी विवेकानन्द ने उन महान् बुद्ध के जीवन के कुछ चित्र उपस्थित करके अपना भाषण समाप्त किया, 'जिन्होंने दूसरों की भलाई के अतिरिक्त न कोई अन्य विचार और न कोई अन्य काम किया; जिनमें उच्चतम बुद्धि थी और जिनके हृदय में समस्त मानव जाति और सब पशुओं, सभी के लिए स्थान था और जो उच्चतम देवताओं के लिए तथा निम्नतम कीट के लिए भी अपना जीवन उत्सर्ग करने को तैयार रहते थे।' उन्होंने दिखाया कि राजा की बलि के निमित्त आये हुए भेड़ों के एक समूह की रक्षा के लिए किस प्रकार बुद्ध ने अपने को वेदी पर डाल दिया और अपने अभीष्ट की प्राप्ति की। इसके बाद उन्होंने यह चित्र उपस्थित किया कि उस महान् धर्म-प्रवर्तक ने पीड़ित मानव जाति की पीड़ाभरी चीत्कार पर अपनी पत्नी और पुत्र का किस प्रकार परित्याग किया; और, अन्त में, जब उनका उपदेश भारत में आम तौर से स्वीकार कर लिया गया, उन्होंने एक घृणा के पात्र चांडाल का निमंत्रण स्वीकार किया, जिसने उन्हें सूअर का मांस खिलाया, जिसके परिणामस्वरूप उनकी मृत्यु हुई।

संस्मरण

स्वामी जी के साथ दो-चार दिन[1]

१

पाठको ! मेरी स्मृति के दो-एक पृष्ठ यदि आप पढ़ना चाहते हैं, तो प्रथमतः आपको यह जान लेना आवश्यक है कि पूज्यपाद स्वामी विवेकानन्द जी का साक्षात्कार होने से पूर्व धर्म के सम्बन्ध में मेरी धारणा क्या थी, और मेरी विद्या-बुद्धि एवं स्वभाव-प्रकृति कैसी थी ; अन्यथा उनके सत्संग एवं उनके साथ वार्तालाप आदि करने का कितना मूल्य है, यह ठीक समझ न सकेंगे। जब से मैंने होश सँभाला, तब से एंट्रेन्स पास करने तक (५ से १८ वर्ष की आयु तक) मैं धर्माधर्म कुछ भी नहीं समझता था; किन्तु चौथी कक्षा में आते ही तथा अंग्रेजी शिक्षा का प्रभाव मन पर पड़ते ही प्रचलित हिन्दू धर्म के प्रति अत्यन्त अनास्था जाग्रत हो गयी। फिर भी मिशनरी स्कूल में मुझे पढ़ना नहीं पड़ा। एंट्रेन्स पास करने के बाद प्रचलित हिन्दू धर्म में पूरी अनास्था हुई। उसके बाद कॉलेज में अध्ययन के समय, अर्थात् उन्नीस वर्ष से पच्चीस वर्ष की अवस्था के बीच, भौतिक-शास्त्र, रसायनशास्त्र, भूगर्भशास्त्र तथा वनस्पतिशास्त्र इत्यादि वैज्ञानिक विषय थोड़े-बहुत पढ़े, एवं हक्स्ले, डार्विन, मिल, टिन्डल, स्पेन्सर आदि पाश्चात्य विद्वानों के विषय में थोड़ी-बहुत जानकारी भी हुई। इसका फल वही हुआ, जो ज्ञान के अपच से होता है—यानी मैं घोर नास्तिक हो गया।—किसीमें भी विश्वास नहीं। भक्ति किसे कहते हैं, यह जानता ही न था। और यदि कहा जाय कि उस समय मैं हाथ-पैरवाला एक अत्यन्त गर्वित अजीब जानवर था, तो भी कोई अत्युक्ति नहीं होगी। उस समय सभी धर्मों में मैंने दोष ही देखा और सभी को अपनी अपेक्षा नीच माना—पर हाँ, यह भावना मेरे मन में ही रहती थी, ऊपर से मैं कुछ दूसरा ही प्रकट किया करता था।

ईसाई मिशनरी इस समय मेरे पास आने-जाने लगे। अन्य धर्मों की निन्दा एवं दाँव-पेच के साथ अनेक तर्क-युक्ति करके अन्त में उन्होंने मुझे समझाया कि विश्वास के बिना धर्म-राज्य में कुछ भी नहीं हो सकता। ईसाई धर्म में पहले विश्वास करना आवश्यक है, तभी उसकी नवीनता तथा अन्य सब धर्मों की अपेक्षा

---

१. श्री हरिपद मित्र द्वारा बंगला में लिपिबद्ध सामग्री का अनुवाद।

उसकी श्रेष्ठता समझी जा सकती है। परन्तु अद्भुत गवेषणा और पाण्डित्य से भरी उन बातों से मुझ कट्टर नास्तिक का मन बदला नहीं। पाश्चात्य विद्या की कृपा से सीखा है, 'प्रमाण बिना किसीमें भी विश्वास नहीं करना चाहिए।' किन्तु मिशनरी प्रभु बोले, "पहले विश्वास, पीछे प्रमाण।" पर मन समझे कैसे? अतएव वे अपनी बातों से किसी भी मत में मेरा विश्वास पैदा नहीं कर सके। तब उन्होंने कहा, "मनोयोगपूर्वक समस्त बाइबिल पढ़ना आवश्यक है; तभी विश्वास होगा।" अच्छा, वैसा ही किया। दैवयोग से फ़ादर रिबिंगटन, रेवरेन्ड लेट्वार्ड, गोरे और बोमेन्ट आदि बहुत से विद्वान्, निःस्पृह और वास्तविक भक्त मिशनरियों से भी भेंट हुई; किन्तु किसी भी तरह ईसाई धर्म में विश्वास उत्पन्न नहीं हुआ। उनमें से कुछ ने मुझसे यह भी कहा, "तुम्हारी बहुत उन्नति हो गयी है, ईसा के धर्म में विश्वास भी हो गया है, किन्तु जाति जाने के भय से ईसाई नहीं हो रहे हो।" उन लोगों की उस बात का फल यह हुआ कि क्रमशः मुझे संदेह के ऊपर भी सन्देह होने लगा। अन्त में यह निश्चय हुआ कि वे मेरे दस प्रश्नों के उत्तर देंगे और प्रत्येक प्रश्न के यथोचित समाधान के बाद मेरे हस्ताक्षर लेंगे। इस तरह जब दसवें प्रश्न के उत्तर में मेरे हस्ताक्षर होंगे, तभी मेरी हार होगी और वे मुझे बपतिस्मा देंगे, अर्थात् अपने धर्म के लिए अभिषिक्त कर लेंगे। पर तीन से अधिक प्रश्नों के समाधान के पहले ही कॉलेज छोड़कर मैंने संसार में प्रवेश किया। संसार में प्रवेश करने के बाद भी सभी धर्मों के ग्रन्थों को पढ़ता रहा। कभी चर्च में, कभी मन्दिर में, तो कभी ब्राह्म मन्दिर में जाया करता था; किन्तु कौन सा धर्म सत्य है, कौन सा असत्य; कौन सा अच्छा है, कौन सा बुरा, कुछ भी समझ न पाया। अन्त में मेरी धारणा हो गयी कि परलोक या आत्मा के सम्बन्ध में कोई भी नहीं जानता—परलोक है या नहीं, आत्मा मरणशील है, अथवा अमर, इन सब बातों का ज्ञान किसीको भी नहीं है। तो भी, धर्म जो भी हो, उसमें दृढ़ विश्वास कर लेने पर इस जीवन में बहुत कुछ सुख-शान्ति रहती है, और वह विश्वास मनुष्य के अभ्यास से ही दृढ़ होता है। तर्क, विचार अथवा बुद्धि के द्वारा धर्म का सत्यासत्य समझने के लिए किसीमें भी क्षमता नहीं। भाग्य अनुकूल था—अधिक वेतन की नौकरी भी मिली। उस समय मुझे रुपये-पैसों की कमी न थी, दस लोगों में प्रतिष्ठा भी थी; सुखी होने के लिए साधारण मनुष्य को जो जो आवश्यक होता है, उस सबका भी कोई अभाव न था। किन्तु यह सब होने पर भी मन में सुख-शान्ति का उदय नहीं हुआ। किसी एक बात का अभाव मन में सर्वदा ही खटकता रहता था। इस प्रकार दिन पर दिन और वर्ष पर वर्ष बीतने लगे।

२

बेलगाँव—१८ अक्तूबर १८९२, मंगलवार। सन्ध्या हुए लगभग दो घण्टे हुए हैं। एक स्थूलकाय प्रसन्नमुख युवा संन्यासी मेरे एक परिचित महाराष्ट्रीय वकील के साथ मेरे घर पर पधारे। मेरे वकील मित्र ने कहा, "ये एक विद्वान् बंगाली संन्यासी हैं, आपसे मिलने आये हैं।" घूमकर देखा—प्रशान्त मूर्ति, नेत्रों से मानो विद्युत्प्रकाश निकल रहा हो, दाढ़ी-मूँछ मुड़ी हुई, शरीर पर गेरुआ अँगरखा, पैर में मरहठी चप्पल, सिर पर गेरुआ पगड़ी। संन्यासी की उस भव्य मूर्ति का स्मरण होने पर अभी भी जैसे उनको अपनी आँखों के सामने देखता हूँ। देखकर आनन्द हुआ, और उनकी ओर मैं आकृष्ट हुआ। किन्तु उस समय उसका कारण नहीं समझ सका। . . . उस समय मेरा विश्वास था कि गेरुआ वस्त्रधारी संन्यासी मात्र ही पाखंडी होते हैं। सोचा, ये भी कुछ आशा लेकर मेरे पास आये हैं। फिर, वकील बाबू हैं महाराष्ट्रीय ब्राह्मण, और ये ठहरे बंगाली। बंगालियों का महाराष्ट्रीय ब्राह्मण के साथ मेल होना कठिन है; इसीलिए, मालूम होता है, ये मेरे घर में रहने के लिए आये हैं। मन में इस प्रकार अनेक संकल्प-विकल्प करके उन्हें अपने यहाँ ठहरने के लिए कहा, और उनसे पूछा, "आपका सामान अपने यहाँ मँगवा लूँ!" उन्होंने कहा, "मैं वकील बाबू के यहाँ अच्छी तरह से हूँ। और बंगाली देखकर यदि उनके यहाँ से मैं चला आऊँ, तो उनके मन में दुःख होगा, क्योंकि वे सभी लोग बड़ी भक्ति और स्नेह करते हैं; अतएव ठहरने-ठहराने के विषय में पीछे विचार किया जायगा।" उस रात कोई अधिक बातचीत न हो सकी; किन्तु उन्होंने जो कुछ दो-चार बातें कहीं, उसीसे अच्छी तरह समझ गया कि वे मेरी अपेक्षा हज़ार गुना अधिक विद्वान् और बुद्धिमान हैं; इच्छा मात्र से ही वे बहुत धन उपार्जित कर सकते हैं, तथापि रुपया-पैसा छूते तक नहीं, और सुखी होने के सभी साधनों के न होते हुए भी मेरी अपेक्षा हज़ार गुना सुखी हैं। ज्ञात हुआ, उन्हें किसी वस्तु का अभाव नहीं, क्योंकि उन्हें स्वार्थसिद्धि की इच्छा नहीं है। मेरे यहाँ नहीं रहेंगे, यह जानकर मैंने फिर कहा, "यदि चाय पीने में कोई आपत्ति न हो, तो कल प्रातःकाल मेरे साथ चाय पीजिए; मुझे बड़ी प्रसन्नता होगी।" उन्होंने आना स्वीकार किया और वकील बाबू के साथ उनके घर लौट गये। रात में उनके विषय में बड़ी देर तक सोचता रहा, मन में आया—ऐसा निःस्पृह, चिरसुखी, सदा सन्तुष्ट, प्रफुल्लमुख पुरुष तो कभी देखा नहीं! मन में सोचा करता था—जिसके पास पैसा नहीं, उसका मर जाना अच्छा; जगत् में वास्तविक निःस्पृह संन्यासी का होना असम्भव है। किन्तु इतने दिनों बाद उस विश्वास को सन्देह ने घेरकर शिथिल कर दिया।

दूसरे दिन (१९ अक्तूबर, १८९२ ई०) प्रातःकाल ६ बजे उठकर स्वामी जी की प्रतीक्षा करने लगा। देखते देखते आठ बज गये, किन्तु स्वामी जी नहीं दिखायी पड़े। अन्त में अधीर होकर मैं अपने एक मित्र को साथ ले स्वामी जी के वास-स्थान की ओर चल पड़ा। वहाँ जाकर देखता हूँ, एक महासभा जुटी हुई है। स्वामी जी बैठे हैं और उनके समीप अनेक प्रतिष्ठित वक़ील तथा विद्वान् लोग बैठे हैं; उनके साथ बातचीत हो रही है। स्वामी जी किसीको अंग्रेज़ी में, किसीको संस्कृत में और किसीको हिन्दी में उनके प्रश्नों का उत्तर तुरन्त बिना समय लिये ही दे रहे हैं। मेरे समान कोई कोई हक्स्ले के दर्शन को प्रामाणिक मानकर उसके आधार पर स्वामी जी के साथ तर्क करने को उद्यत हैं। किन्तु वे किसीको हँसी में, किसीको गंभीर भाव से यथोचित उत्तर देकर सभी को चुप कर रहे हैं। मैंने जाकर प्रणाम किया और एक ओर बैठ गया और अवाक् होकर सुनने लगा। सोचने लगा—ये मनुष्य हैं या देवता? इसीलिए उनकी सभी बातें स्मृति में नहीं रह पायीं। जो कुछ स्मरण हैं, उनमें से कुछ निम्नलिखित हैं :

एक प्रतिष्ठित ब्राह्मण वकील ने प्रश्न किया, "स्वामी जी, सन्ध्या आदि आह्निक कृत्य के मन्त्र संस्कृत में हैं; हम लोग उन्हें समझ नहीं पाते। हमारे इन सब मन्त्रोच्चारण का क्या कुछ फल है?"

स्वामी जी ने उत्तर दिया, "अवश्य, उत्तम फल है। ब्राह्मण की सन्तान होने के नाते इन संस्कृत मन्त्रों का अर्थ तो इच्छा रहने से सहज ही समझ ले सकते हो। फिर भी समझने की चेष्टा नहीं करते, इसमें भला दोष किसका! और यद्यपि तुम मन्त्रों का अर्थ नहीं समझते, तो भी जब सन्ध्या-वन्दन आदि आह्निक कृत्य करने बैठते हो, उस समय क्या सोचते हो—धर्म-कर्म कर रहा हूँ, ऐसा सोचते हो, या यह कि कोई पाप कर रहा हूँ? यदि धर्म-कर्म समझकर सन्ध्या-वन्दन करने के लिए बैठते हो, तो उत्तम फल पाने के लिए वही यथेष्ट है।"

इसी समय दूसरे एक व्यक्ति संस्कृत में बोले, "धर्म के सम्बन्ध में म्लेच्छ भाषा द्वारा चर्चा करना उचित नहीं है; अमुक पुराण में इसका उल्लेख है।"

स्वामी जी ने उत्तर दिया, "किसी भी भाषा के द्वारा धर्म-चर्चा की जा सकती है।" और अपने इस कथन के समर्थन में वेद आदि का प्रमाण देकर बोले, "हाईकोर्ट के फ़ैसले को छोटी अदालत नहीं काट सकती।"

इस प्रकार नौ बज गये। जिन लोगों को आफ़िस या कोर्ट जाना था, वे सब चले गये। कोई कोई उस समय भी बैठे रहे। स्वामी जी की दृष्टि मेरे ऊपर पड़ते ही उन्हें पूर्व दिवस की चाय पीने के लिए जाने की बात याद आ गयी। वे बोले, "बच्चा, बहुतों का मन दुखाकर नहीं जा सकता था। कुछ बुरा मत मानना।"

बाद में मैंने उनसे अपने निवास-स्थान पर रहने के लिए विशेष अनुरोध किया। इस पर वे बोले, "मैं जिनका अतिथि हूँ, उन्हें यदि मना लो, तो मैं तुम्हारे ही पास रहने को प्रस्तुत हूँ।" वकील महाशय को समझा-बुझाकर स्वामी जी को साथ ले अपने स्थान पर आया। उनके साथ एक कमण्डलु और गेरुए वस्त्र में लपेटी हुई एक पुस्तक, बस इतना ही सामान था। स्वामी जी उस समय फ़्रांस देश के संगीत के सम्बन्ध में एक पुस्तक का अध्ययन कर रहे थे। घर पर आकर लगभग दस बजे चाय-पानी हुआ; इसके बाद ही स्वामी जी ने एक गिलास ठंडा जल भी मँगवाकर पिया। यह देखकर कि मुझे अपने मन की कठिन समस्याओं के बारे में पूछने का साहस नहीं हो रहा है, उन्होंने स्वयं ही मुझसे दो-एक बातें कीं, और उसीसे उन्होंने मेरी विद्या-बुद्धि को नाप लिया।

इसके कुछ समय पहले 'टाइम्स' नामक समाचारपत्र में किसी व्यक्ति ने एक सुन्दर कविता लिखी थी, जिसका भाव था—'ईश्वर क्या है, कौन सा धर्म सत्य है—आदि तत्त्वों को समझना अत्यन्त कठिन है।' वह कविता मेरे तत्कालीन धर्म-विश्वास के साथ खूब मिलती थी, इसलिए मैंने उसे यत्नपूर्वक रख छोड़ा था। उसी कविता को उन्हें पढ़ने के लिए दिया। पढ़कर वे बोले, "यह व्यक्ति तो भ्रान्ति में पड़ा हुआ है।" मेरा भी क्रमशः साहस बढ़ने लगा। 'ईश्वर एक ही साथ न्यायवान और दयामय नहीं हो सकता'—इस तर्क की मीमांसा ईसाई मिशनरियों से नहीं हो सकी थी। मन में सोचा, इस समस्या को स्वामी जी भी नहीं सुलझा सकते। मैंने यह प्रश्न स्वामी जी से पूछा। वे बोले, "तुमने तो विज्ञान का यथेष्ट अध्ययन किया है। क्या प्रत्येक जड़ पदार्थ में केन्द्रापसारी (centrifugal) तथा केन्द्रगामी (centripetal)—ये दो विरुद्ध शक्तियाँ कार्य नहीं करतीं! यदि दो विरुद्ध शक्तियों का जड़ पदार्थ में रहना सम्भव है, तो दया और न्याय, ये दोनों विरुद्ध होते हुए भी क्या ईश्वर में नहीं रह सकते? मैं इतना ही कह सकता हूँ कि अपने ईश्वर के सम्बन्ध में तुम्हारा ज्ञान नहीं के बराबर है।" मैं तो निस्तब्ध हो गया। मैंने फिर पूछा, "मुझे पूर्ण विश्वास है कि सत्य निरपेक्ष (absolute) है। सभी धर्म एक ही समय कभी सत्य नहीं हो सकते।" उन्होंने उत्तर दिया, "हम लोग किसी विषय में जो कुछ भी सत्य के नाम से जानते हैं या कालान्तर में जानेंगे, वह सभी सापेक्ष सत्य (relative truth) है—निरपेक्ष सत्य (absolute truth) की धारणा तो हमारी सीमाबद्ध मन-बुद्धि के द्वारा असम्भव है। इसीलिए सत्य निरपेक्ष होता हुआ भी विभिन्न मन-बुद्धि के निकट विभिन्न रूपों में प्रकाशित होता है। सत्य के वे विभिन्न रूप या भाव उस नित्य निरपेक्ष सत्य का अवलम्बन करके

ही प्रकाशित होते हैं, इसलिए वे सभी एक ही प्रकार या एक ही श्रेणी के हैं। जिस तरह दूर और पास से फ़ोटोग्राफ़ लेने पर एक ही सूर्य का चित्र अनेक प्रकार से दीख पड़ता है और ऐसा मालूम होता है कि प्रत्येक चित्र भिन्न भिन्न सूर्यों का है, उसी तरह सापेक्ष सत्य के विषय में भी समझना चाहिए। सभी सापेक्ष सत्य निरपेक्ष सत्य के साथ ठीक इसी रीति से सम्बद्ध हैं। अतएव प्रत्येक सापेक्ष सत्य या धर्म उसी नित्य निरपेक्ष सत्य का आभास होने के कारण सत्य है।"

'विश्वास ही धर्म का मूल है'—मेरे इस कथन पर स्वामी जी ने मुसकराकर कहा, "राजा होने पर फिर खाने-पीने का कष्ट नहीं रहता; किन्तु राजा होना ही तो कठिन है। क्या विश्वास कभी ज़ोर-ज़बरदस्ती करने से होता है? बिना अनुभव के ठीक ठीक विश्वास होना असम्भव है।"

किसी प्रसंग में उनको 'साधु' कहने पर उन्होंने उत्तर दिया, "हम लोग क्या साधु हैं? ऐसे अनेक साधु हैं, जिनके दर्शन या स्पर्श मात्र से ही दिव्य ज्ञान का उदय होता है।"

"संन्यासी इस प्रकार आलसी होकर क्यों समय बिताते हैं? दूसरों की सहायता के ऊपर क्यों निर्भर रहते हैं, और समाज के लिए कोई हितकर काम क्यों नहीं करते?"—इन सब प्रश्नों के उत्तर में स्वामी जी बोले, "अच्छा बताओ तो भला, तुम इतने कष्ट से अर्थोपार्जन कर रहे हो। उसका बहुत थोड़ा सा अंश केवल अपने लिए व्यय करते हो; शेष में से कुछ अंश दूसरे लोगों के लिए, जिन्हें तुम अपना समझते हो, व्यय करते हो। वे लोग उसके लिए न तुम्हारा उपकार मानते हैं और न उनके लिए जितना व्यय करते हो, उससे सन्तुष्ट ही होते हैं। रक़म तुम कौड़ी कौड़ी जोड़े जा रहे हो। तुम्हारे मर जाने पर कोई दूसरा उसका भोग करेगा, और हो सकता है, यह कहकर गाली भी दे कि तुम अधिक रुपया नहीं रख गये। ऐसा तो गया-गुज़रा तुम्हारा हाल है। और मैं तो वैसा कुछ भी नहीं करता। भूख लगने पर पेट पर हाथ रखकर, हाथ को मुँह के पास ले जाकर दिखला देता हूँ; जो पाता हूँ, खा लेता हूँ; कुछ भी कष्ट नहीं उठाता; कुछ भी संग्रह नहीं करता। हम दोनों में कौन बुद्धिमान है?—तुम या मैं!" मैं तो सुनकर अवाक् रह गया। इसके पहले मैंने अपने सामने किसीको भी इस प्रकार स्पष्ट रूप से बोलने का साहस करते नहीं देखा था।

आहार आदि करके कुछ विश्राम कर चुकने के बाद फिर उन्हीं वकील महाशय के निवास-स्थान पर गया। वहाँ अनेक प्रकार के वार्तालाप और चर्चा चलने लगी। लगभग नौ बजे रात को स्वामी जी को लेकर मैं अपने निवास-स्थान की ओर

लौटा। आते आते मैंने कहा, "स्वामी जी, आपको आज तर्क-वितर्क में बहुत कष्ट हुआ।"

वे बोले, "बच्चा, तुम लोग तो ठहरे उपयोगितावादी (utilitarian)। यदि मैं चुप होकर बैठा रहूँ, तो क्या तुम लोग मुझे एक मुट्ठी भी खाने को दोगे! मैं इस प्रकार अनवरत बकता हूँ, लोगों को सुनकर आनन्द होता है, इसीलिए वे दल के दल आते हैं। किन्तु यह जान लो, जो लोग सभा में तर्क-वितर्क करते हैं, अनेक प्रश्न पूछते हैं, वे वास्तविक सत्य को समझने की इच्छा से वैसा नहीं करते। मैं भी समझ जाता हूँ, कौन किस भाव से क्या कह रहा है और उसे उसी तरह उत्तर देता हूँ।"

मैंने स्वामी जी से पूछा, "अच्छा स्वामी जी, सभी प्रश्नों के इस प्रकार उत्तम उत्तम उत्तर आप तुरन्त किस प्रकार दे लेते हैं?"

वे बोले, "ये सब प्रश्न तुम्हारे लिए नवीन हैं; किन्तु मुझसे तो कितने ही मनुष्य कितनी बार इन प्रश्नों को पूछ चुके हैं, और उनका उत्तर कितनी ही बार दे चुका हूँ।" रात में भोजन करते समय और भी अनेक बातें उन्होंने कहीं। पैसा न छूते हुए देश-भ्रमण करते करते कहाँ कैसी कैसी घटनाएँ हुईं, यह सब वर्णन करने लगे। सुनते सुनते मेरे मन में हुआ—अहा! न जाने इन्होंने कितना कष्ट, कितनी विपत्तियाँ सही हैं। किन्तु वे तो उन सब घटनाओं को इस प्रकार हँसते हँसते सुनाने लगे, मानो वे अत्यन्त मनोरंजक कहानियाँ हों। कहीं पर उनका तीन दिन तक बिना कुछ खाये रहना, किसी स्थान में मिर्चा खाने के कारण पेट में ऐसी जलन होना, जो एक कटोरी इमली का पना पीने पर भी शान्त नहीं हुई; कहीं पर 'यहाँ साधु-संन्यासियों को स्थान नहीं'—इस प्रकार झिड़के जाना; और कहीं ख़ुफ़िया पुलिस की कड़ी नज़र में रहना—आदि सब घटनाएँ, जिन्हें सुनकर हमारे शरीर का ख़ून पानी हो जाय, उनके लिए तो मानो एक तमाशा थीं।

रात अधिक हुई देखकर उनके लिए सोने का प्रबन्ध कर मैं भी सोने के लिए चला गया; किन्तु रात में नींद नहीं आयी। सोचने लगा—कैसा आश्चर्य, इतने वर्षों का दृढ़ सन्देह और अविश्वास स्वामी जी को देखकर और उनकी दो-चार बातें सुनकर ही दूर हो गया! अब और कुछ पूछने को नहीं रहा। जैसे जैसे दिन बीतने लगे, हमारी ही क्या—हमारे नौकर-चाकरों की भी उनके प्रति इतनी श्रद्धा-भक्ति हो गयी कि कभी कभी स्वामी जी उन लोगों की सेवा और आग्रह के मारे परेशान हो उठते थे।

२० अक्तूबर, १८९२ ई०। सबेरे उठकर स्वामी जी को प्रणाम किया। इस समय साहस कुछ बढ़ गया है, श्रद्धा-भक्ति भी हुई है। स्वामी जी भी मुझसे

अनेक वन, नदी, अरण्य आदि का विवरण सुनकर सन्तुष्ट हुए हैं। इस शहर में आज उनका चौथा दिन है। पाँचवें दिन उन्होंने कहा, "संन्यासियों को नगर में तीन दिन से और गाँव में एक दिन से अधिक ठहरना उचित नहीं । मैं अब जल्दी चला जाना चाहता हूँ।" परन्तु मैं किसी प्रकार उनकी वह बात मानने को राजी न था। बिना तर्क द्वारा समझे मैं कैसे मानूँ ! फिर अनेक वाद-विवाद के बाद वे बोले, "एक स्थान में अधिक दिन रहने पर माया-ममता बढ़ जाती है। हम लोगों ने घर और आत्मीय जनों का परित्याग किया है। अतः जिन बातों से उस प्रकार की माया में मुग्ध होने की सम्भावना है, उनसे दूर रहना ही हम लोगों के लिए अच्छा है।"

मैंने कहा, "आप कभी भी मुग्ध होनेवाले नहीं हैं।" अन्त में मेरा अतिशय आग्रह देखकर और भी दो-चार दिन ठहरना उन्होंने स्वीकार कर लिया। इस बीच मेरे मन में हुआ, यदि स्वामी जी सर्वसाधारण के लिए व्याख्यान दें, तो हम लोग भी उनका व्याख्यान सुनेंगे और दूसरों का भी कल्याण होगा। मैंने इसके लिए बहुत अनुरोध किया; किन्तु व्याख्यान देने पर शायद नाम-यश की स्पृहा जग उठे, ऐसा कहकर उन्होंने मेरे अनुरोध को किसी भी तरह नहीं माना। पर उन्होंने यह भी बात मुझे बतायी कि उन्हें सभा में प्रश्नों का उत्तर देने में कोई आपत्ति नहीं है।

एक दिन बातचीत के सिलसिले में स्वामी जी 'पिक्विक् पेपर्स' (Pickwick Papers) के दो-तीन पृष्ठ कण्ठस्थ बोल गये। मैंने उस पुस्तक को अनेक बार पढ़ा है। समझ गया—उन्होंने पुस्तक के किस स्थान से आवृत्ति की है। सुनकर मुझे बहुत आश्चर्य हुआ। सोचने लगा—संन्यासी होकर सामाजिक ग्रन्थ में से इन्होंने इतना कैसे कण्ठस्थ किया ! हो न हो, इन्होंने पहले इस पुस्तक को अनेक बार पढ़ा है। पूछने पर उन्होंने कहा, "दो बार पढ़ा है। एक बार स्कूल में पढ़ने के समय, और दूसरी बार आज से पाँच-छः मास पहले।"

आश्चर्यचकित होकर मैंने पूछा, "फिर आपको किस प्रकार यह स्मरण रहा ? और हम लोगों को क्यों नहीं रहता ?"

स्वामी जी ने उत्तर दिया, "एकाग्र मन से पढ़ना चाहिए; और खाद्य के सार भाग द्वारा निर्मित वीर्य का नाश न करके उसका अधिकाधिक परिपचन (assimilation) कर लेना चाहिए।"

और एक दिन की बात है। स्वामी जी दोपहर में बिछौने पर लेटे हुए एक पुस्तक पढ़ रहे थे। मैं दूसरे कमरे में था। एकाएक स्वामी जी इतने ज़ोर से हँस पड़े कि क्या हो गया सोचकर मैं उनके कमरे के दरवाज़े के पास आकर खड़ा

हो गया। देखा, बात कोई विशेष नहीं है। वे जैसे पुस्तक पढ़ रहे थे, वैसे ही पढ़ रहे हैं। लगभग पन्द्रह मिनट खड़ा रहा, तो भी उनका ध्यान मेरी ओर नहीं गया। पुस्तक छोड़कर उनका ध्यान किसी दूसरी ओर नहीं था। कुछ देर बाद मुझे देखकर अन्दर आने के लिए कहा, और मैं इतनी देर से खड़ा हूँ, यह सुनकर बोले, "जब जो काम करना हो, तब उसे पूरी लगन और शक्ति के साथ करना चाहिए। गाज़ीपुर के पवहारी बाबा ध्यान, जप, पूजा-पाठ जिस प्रकार एकचित्त से करते थे, उसी प्रकार वे अपने पीतल के लोटे को भी एकचित्त से माँजते थे। ऐसा माँजते थे कि सोने के समान चमकने लगता था।"

एक बार मैंने स्वामी जी से पूछा, "स्वामी जी, चोरी करना पाप क्यों है? सभी धर्म चोरी करने का निषेध क्यों करते हैं? मेरे विचार में तो 'यह मेरा है', 'यह दूसरे का'—ये सब भावनाएँ केवल कल्पना मात्र हैं। मुझसे बिना पूछे ही जब कोई मेरा आत्मीय बन्धु मेरी किसी वस्तु का व्यवहार करता है, तो वह चोरी क्यों नहीं कहलाती? और पशु-पक्षी आदि जब हमारी कोई वस्तु नष्ट कर देते हैं, तो हम उसे चोरी क्यों नहीं कहते?"

स्वामी जी ने कहा, "हाँ, ऐसी कोई वस्तु या कार्य नहीं है, जो सभी अवस्था में और सभी समय बुरा और पाप कहा जा सके। फिर दूसरी ओर, अवस्था-भेद से प्रत्येक वस्तु ही बुरी और प्रत्येक कार्य ही पाप कहा जा सकता है। फिर भी, जिससे दूसरे को किसी प्रकार का कष्ट हो एवं जिसके आचरण से शारीरिक, मानसिक अथवा आध्यात्मिक किसी प्रकार की दुर्बलता आये, उस कर्म को नहीं करना चाहिए; वह पाप है, और उससे विपरीत कर्म ही पुण्य है। सोचो, तुम्हारी कोई वस्तु किसीने चुरा ली, तो तुम्हें दुःख होगा या नहीं? तुम्हें जैसा लगता है, वैसा ही सम्पूर्ण जगत् के बारे में भी समझो। इस दो दिन की दुनिया में जब किसी छोटी वस्तु के लिए तुम एक प्राणी को दुःख दे सकते हो, तो धीरे धीरे भविष्य में क्या बुरा काम नहीं कर सकोगे? फिर, यदि पाप-पुण्य न रहे, तो समाज ही न चले। समाज में रहने पर उसके नियम आदि पालन करने पड़ते हैं। वन में जाकर नंगे होकर नाचो—कोई कुछ न कहेगा; किन्तु शहर में इस प्रकार का आचरण करने पर पुलिस द्वारा तुम्हें पकड़वाकर किसी निर्जन स्थान में बन्द रख देना ही उचित होगा।"

स्वामी जी कई बार हास-परिहास के भीतर से विशेष शिक्षा दिया करते थे। वे गुरु होते हुए भी, उनके पास बैठना मास्टर के पास बैठने के समान नहीं था। अभी खूब रंग-रस चल रहा है; बालक के समान हँसते हँसते हँसी के बहाने कितनी ही बातें कहे जा रहे हैं, सभी लोगों को हँसा रहे हैं; और दूसरे

ही क्षण ऐसे गम्भीर होकर जटिल प्रश्नों की व्याख्या करना आरम्भ कर देते हैं कि उपस्थित सभी लोग विस्मित होकर सोचने लगते हैं, 'इनके भीतर इतनी शक्ति ! अभी तो देख रहे थे कि ये हमारे ही समान एक व्यक्ति हैं !'

लोग सभी समय उनके पास शिक्षा लेने के लिए आते। उनका द्वार सभी समय खुला रहता। दर्शनार्थियों में से अनेक भिन्न भिन्न उद्देश्य से भी आते-- कोई उनकी परीक्षा लेने के लिए, तो कोई मजेदार बात सुनने के लिए, कोई इसलिए कि उनके पास आने से बड़े बड़े धनी लोगों से बातचीत हो सकेगी, और कोई संसार-ताप से जर्जरित होकर उनके पास दो घड़ी शीतल होने एवं ज्ञान और धर्म का लाभ करने के लिए। किन्तु उनकी ऐसी अद्भुत क्षमता थी कि कोई किसी भाव से क्यों न आये, उसे उसी क्षण समझ जाते थे और उसके साथ उसी तरह व्यवहार करते थे। उनकी मर्मभेदी दृष्टि से किसीके लिए बचना या कुछ छिपाकर रखना सम्भव नहीं था। एक समय किसी प्रतिष्ठित धनी का एकमात्र पुत्र विश्वविद्यालय की परीक्षा से बचने के लिए स्वामी जी के निकट बारम्बार आने लगा और साधु होऊँगा, ऐसा भाव प्रकाशित करने लगा। वह मेरे एक मित्र का पुत्र था। मैंने स्वामी जी से पूछा, "यह लड़का आपके पास किस मतलब से इतना अधिक आता-जाता है ? उसे क्या आप संन्यासी होने का उपदेश देंगे ? उसका बाप मेरा मित्र है।"

स्वामी जी ने कहा, "वह केवल परीक्षा के भय से साधु होना चाहता है। मैंने उससे कहा है, एम० ए० पास कर चुकने के बाद साधु होने के लिए आना; साधु होने की अपेक्षा एम० ए० पास करना कहीं सरल है।"

स्वामी जी जितने दिन मेरे यहाँ ठहरे, प्रत्येक दिन सन्ध्या समय उनका वार्तालाप सुनने के लिए इतनी अधिक संख्या में लोगों का आगमन होता था, मानो कोई सभा लगी हो। इसी समय एक दिन मेरे निवास-स्थान पर, एक चन्दन के वृक्ष के नीचे तकिया के सहारे बैठकर उन्होंने जो बातें कही थीं, उन्हें आजन्म न भूल सकूँगा। उस प्रसंग को उठाने में बहुत सी बातें कहनी होंगी। इसलिए उसे दूसरे समय के लिए ही रख छोड़ना युक्तिसंगत है। इस समय और एक अपनी बात कहूँगा। कुछ समय पहले से मेरी पत्नी की इच्छा किसी गुरु से मन्त्र-दीक्षा लेने की थी। मुझे उसमें आपत्ति नहीं थी। उस समय मैंने उससे कहा था, "ऐसे व्यक्ति को गुरु बनाना, जिसकी भक्ति मैं भी कर सकूँ। गुरु के घर में प्रवेश करते ही यदि मुझमें अन्यथा भाव आ जाय, तो तुम्हें किसी प्रकार का आनन्द या उपकार नहीं होगा। यदि किसी सत्पुरुष को गुरु रूप में पाऊँगा, तो हम दोनों साथ ही दीक्षा-मन्त्र लेंगे, अन्यथा नहीं।" इस बात को उसने भी स्वीकार किया।

स्वामी जी के आगमन के बाद मैंने उससे पूछा, "यदि ये संन्यासी तुम्हारे गुरु हों, तो तुम उनकी शिष्या हो सकती हो?"

वह उत्कण्ठा से बोली, "क्या वे गुरु होंगे? होने से तो मैं कृतार्थ हो जाऊँगी!"

स्वामी जी से एक दिन डरते डरते मैंने पूछा, "स्वामी जी, मेरी एक प्रार्थना पूर्ण करेंगे?" स्वामी जी ने पूछा, "कहो, क्या कहना है?" तब मैंने उनसे अनुरोध-पूर्वक कहा, "आप हम दोनों को दीक्षा दें।"

वे बोले, "गृहस्थ के लिए गृहस्थ गुरु ही ठीक है। गुरु होना बहुत कठिन है। शिष्य का समस्त भार ग्रहण करना पड़ता है। दीक्षा के पहले गुरु के साथ शिष्य का कम से कम तीन बार साक्षात्कार होना आवश्यक है।" इस प्रकार स्वामी जी ने मुझे टालने की चेष्टा की। जब उन्होंने देखा कि मैं किसी भी तरह माननेवाला नहीं, तो अन्त में उन्हें स्वीकृति देनी ही पड़ी और २५ अक्तूबर, १८९२ ई० को उन्होंने हम दोनों को दीक्षा दी। इस समय मेरी प्रबल इच्छा हुई कि स्वामी जी का फ़ोटो खिचवाऊँ। परन्तु इसके लिए वे शीघ्र राज़ी नहीं हुए। अन्त में बहुत वाद-विवाद के बाद, मेरा तीव्र आग्रह देखकर २८ तारीख़ को फ़ोटो खिंचवाने के लिए सम्मत हुए, फ़ोटो खींचा गया। इसके पहले एक व्यक्ति के अतिशय आग्रह पर भी स्वामी जी ने फ़ोटो नहीं खिंचवाया था, इसलिए फ़ोटो की दो प्रतियाँ उस व्यक्ति को भी भेज देने के लिए उन्होंने मुझसे कहा। मैंने स्वामी जी की इस आज्ञा को बड़ी प्रसन्नता से स्वीकार किया। एक दिन बातचीत के सिलसिले में स्वामी जी ने कहा, "कुछ दिन तुम्हारे साथ जंगल में तम्बू डालकर रहने की मेरी इच्छा है। किन्तु शिकागो में धर्म-महासभा होगी, यदि वहाँ जाने की सुविधा हुई, तो वहीं जाऊँगा।" मैंने चन्दे की सूची तैयार कर धनसंग्रह करने का प्रस्ताव किया, परन्तु उन्होंने न जाने क्या सोचकर उसे स्वीकार नहीं किया। स्वामी जी का इस समय व्रत ही था—रुपये-पैसे का स्पर्श या ग्रहण न करना। मेरे अत्यधिक अनुरोध करने पर स्वामी जी मरहठी चप्पल के बदले एक जोड़ा जूता और बेत की एक छड़ी स्वीकार करने के लिए राज़ी हुए। इसके पहले कोल्हापुर की रानी ने स्वामी जी से बहुत अनुरोध किया था कि वे कुछ ग्रहण करें; पर स्वामी जी इससे सहमत नहीं हुए थे। अन्त में रानी ने दो गेरुए वस्त्र स्वामी जी के लिए भेजे, स्वामी जी ने यह ग्रहण कर लिया, और पुराने वस्त्र वहीं छोड़ते हुए बोले, "संन्यासियों के पास जितना कम बोझा हो, उतना ही अच्छा।"

इसके पहले मैंने भगवद्गीता पढ़ने की अनेक बार चेष्टा की थी; किन्तु समझ न सकने के कारण मैंने ऐसा सोच लिया कि उसमें समझने के लायक़ ऐसी कोई बड़ी बात नहीं है, और उसे पढ़ना ही छोड़ दिया। स्वामी जी एक दिन

गीता लेकर हम लोगों को समझाने लगे। तब ज्ञात हुआ कि गीता कैसा अद्भुत ग्रन्थ है! गीता का मर्म समझना जिस प्रकार मैंने उनसे सीखा, उसी प्रकार दूसरी ओर ज्यूलिस वर्न के वैज्ञानिक उपन्यास एवं कार्लाइल का 'सार्तोर रिज़ार्तस' पढ़ना भी उन्हींसे सीखा।

उस समय स्वास्थ्य के लिए मैं औषधियों का अत्यधिक व्यवहार करता था। इस बात को जानकर वे एक दिन बोले, "जब देखो कि किसी रोग ने अत्यधिक प्रबल होकर शय्याशायी कर दिया है, उठने की शक्ति नहीं रही, तभी औषधि का सेवन करना, अन्यथा नहीं। स्नायुओं की दुर्बलता आदि रोगों में से तो ९० प्रतिशत काल्पनिक हैं। इन सब रोगों से डॉक्टर लोग जितने लोगों को बचाते हैं, उससे अधिक को तो मार डालते हैं। फिर इस प्रकार सर्वदा रोग रोग करते रहने से क्या होगा? जितने दिन जियो, आनन्द से रहो। पर जिस आनन्द से एक बार कष्ट हो चुका है, उसके पीछे फिर और कभी न दौड़ना। तुम्हारे-हमारे समान एक के मर जाने से पृथ्वी अपने केन्द्र से कोई दूर तो हट न जायगी, और न जगत् का किसी तरह का कोई नुक़सान ही होगा।" इस समय कुछ कारणों से अपने ऊपर के अफ़सरों के साथ मेरी बनती नहीं थी। उनके सामान्य कुछ कहने से ही मेरा सिर गरम हो जाता था, और इस प्रकार इस अच्छी नौकरी से भी मैं एक दिन के लिए भी सुखी न हुआ। स्वामी जी से मैंने जब ये सब बातें कहीं, तो वे बोले, "नौकरी किसलिए करते हो? वेतन के लिए ही न, वेतन तो ठीक महीने के महीने नियमित रूप से पाते ही रहते हो? फिर मन में दुःख क्यों? और यदि नौकरी छोड़ देने की इच्छा हो, तो कभी भी छोड़ दे सकते हो, किसीने तुम्हें बाँधकर तो रखा नहीं है, फिर 'विषम बन्धन में पड़ा हूँ', सोचकर इस दुःखभरे संसार में और भी दुःख क्यों बढ़ाते हो? और एक बात ज़रा सोचो, जिसके लिए तुम वेतन पाते हो, आफ़िस के उन सब कामों को करने के अतिरिक्त तुमने अपने ऊपरवाले साहबों को सन्तुष्ट करने के लिए कभी कुछ किया भी है? कभी तो तुमने उसके लिए चेष्टा नहीं की, फिर भी वे लोग तुमसे सन्तुष्ट नहीं हैं, ऐसा सोचकर उनके ऊपर खीझे हुए हो! क्या यह बुद्धिमानों का काम है? यह जान लो, हम लोग दूसरों के प्रति हृदय में जैसा भाव रखते हैं, वही कार्य में प्रकाशित होता है; और प्रकाशित न होने पर भी उन लोगों के भी भीतर हमारे प्रति ठीक उसी भाव का उदय होता है। हम अपने मन के अनुरूप ही जगत् को देखते हैं— हमारे भीतर जैसा है, वैसा ही जगत् में प्रकाशित देखते हैं। 'आप भले तो जग भला'—यह उक्ति कितनी सत्य है, कोई नहीं समझता। आज से किसीकी बुराई देखना एकदम छोड़ देने की चेष्टा करो। देखोगे, तुम जितना ही वैसा

कर सकोगे, उतना ही उनके भीतर का भाव और उनके कार्य तक परिवर्तित हो जायँगे।" बस, उसी दिन से औषधि-सेवन का मेरा पागलपन दूर हो गया, और दूसरों के दोष ढूँढ़ने की चेष्टा को त्याग देने के फलस्वरूप क्रमशः मेरे जीवन का एक नया पृष्ठ खुल गया।

एक बार स्वामी जी के सामने यह प्रश्न उपस्थित किया गया—"अच्छा क्या है और बुरा क्या है?" इस पर वे बोले, "जो अभीष्ट कार्य का साधनभूत है, वही अच्छा है और जो उसका प्रतिरोधक है, वही बुरा। अच्छे-बुरे का विचार जगह की ऊँचाई-निचाई के विचार के समान है। तुम जितने ऊपर उठोगे, उतने ही वे दोनों एक होते जायँगे। कहा जाता है, चन्द्रमा में पहाड़ और समतल दोनों हैं; किन्तु हम लोग सब एक देखते हैं; वैसा ही अच्छे-बुरे के सम्बन्ध में भी समझो।" स्वामी जी में यह एक असाधारण शक्ति थी कि कोई चाहे कैसा भी प्रश्न क्यों न पूछे, तुरन्त उनके भीतर से ऐसा सुन्दर और उपयुक्त उत्तर आता था कि मन का सन्देह एकदम दूर हो जाता था।

और एक दिन की बात है—स्वामी जी ने समाचारपत्र में पढ़ा कि अनाहार के कारण कलकत्ते में एक मनुष्य मर गया। यह समाचार पढ़कर स्वामी जी इतने दुःखी हुए कि उसका वर्णन नहीं हो सकता। वे बारम्बार कहने लगे, "अब तो देश गया!" कारण पूछने पर बोले, "देखते नहीं, दूसरे देशों में ग़रीबों की सहायता के लिए 'पूवर-हाउस', 'वर्क-हाउस', 'चैरिटी फ़ंड' आदि संस्थाओं के रहने पर भी प्रतिवर्ष सैकड़ों मनुष्य अनाहार की ज्वाला में समाप्त हो जाते हैं—समाचारपत्रों में ऐसा देखने में आता है। पर हमारे देश में एक मुट्ठी भिक्षा की प्रथा होने से अनाहार के कारण लोगों का मरना कभी सुना नहीं गया। मैंने आज पहली बार अखबार में यह समाचार पढ़ा कि दुर्भिक्ष न होते हुए भी कलकत्ता जैसे शहर में अन्न के बिना मनुष्य मरे।"

अंग्रेज़ी शिक्षा की कृपा से मैं भिखारियों को दो-चार पैसे देना अपव्यय समझता था। सोचता था, इस प्रकार जो कुछ थोड़ा सा दान किया जाता है, उससे उनका कोई उपकार तो होता नहीं, अपितु बिना परिश्रम के पैसा पाकर, उसे शराब-गाँजा आदि में खर्च कर वे और भी अधःपतित हो जाते हैं। लाभ इतना ही है कि दाता का व्यर्थ खर्च कुछ बढ़ जाता है। इसलिए सोचता था, बहुत लोगों को कुछ कुछ देने की अपेक्षा एक को अधिक देना अच्छा है। स्वामी जी से इस विषय में जब मैंने पूछा, तो वे बोले, "भिखारी के आने पर यदि शक्ति हो, तो कुछ देना ही अच्छा है। दोगे तो केवल दो-एक पैसा, उसके लिए, वह किसमें खर्च करेगा, सद्व्यय होगा या अपव्यय, ये सब बातें लेकर माथापच्ची

करने की क्या आवश्यकता? और यदि सचमुच ही वह उस पैसे को गाँजा में उड़ा देता हो, तो भी उसे देने से समाज का लाभ ही है, नुक़सान नहीं। क्योंकि तुम्हारे समान लोग यदि दया करके उसे कुछ न दें, तो वह तुम लोगों के पास से चोरी करके लेगा। वैसा न कर वह, जो दो पैसे माँगकर गाँजा पीकर, चुप होकर बैठा रहता है, वह क्या तुम लोगों का ही लाभ नहीं है? अतएव इस प्रकार के दान में भी लोगों का उपकार ही है, अपकार नहीं।"

मैंने पहले से ही स्वामी जी को बाल्य विवाह के बिल्कुल विरुद्ध देखा है। वे सदैव सभी को, विशेषतः बालकों को, हिम्मत बाँधकर समाज के इस कलंक के विरोध में खड़े होने के लिए तथा उद्योगी और सन्तुष्टचित्त होने के लिए उपदेश देते थे। स्वदेश के प्रति इस प्रकार अनुराग भी मैंने और किसीमें नहीं देखा। स्वामी जी के पाश्चात्य देशों से लौटने के बाद जिन लोगो ने उनके प्रथम दर्शन किये हैं, वे नहीं जानते कि वहाँ जाने के पूर्व वे संन्यास-आश्रम के कठोर नियमों का पालन करते हुए, कांचन का स्पर्श तक न करते हुए कितने दिनों तक भारत के समस्त प्रान्तों में भ्रमण करते रहे। किसीके एक बार ऐसा कहने पर कि उनके समान शक्तिमान पुरुष के लिए नियम आदि का इतना बन्धन आवश्यक नहीं है, वे बोले, "देखो, मन बड़ा पागल है, बड़ा उन्मत्त है, कभी भी शान्त नहीं रहता; थोड़ा मौक़ा पाते ही अपने रास्ते खींच ले जाता है। इसलिए सभी को निर्धारित नियमों के भीतर रहना आवश्यक है। संन्यासी को भी मन पर अधिकार रखने के लिए नियम के अनुसार चलना पड़ता है। सभी मन में सोचते है कि मन के ऊपर उनका पूरा अधिकार है, वे तो जान-बूझकर कभी कभी मन को थोड़ी छूट दे देते हैं। किन्तु मन पर किसका कितना अधिकार हुआ है, वह एक बार ध्यान करने के लिए बैठते ही मालूम हो जाता है। 'एक विषय पर चिन्तन करूँगा' ऐसा सोचकर बैठने पर दस मिनट भी उस विषय में मन स्थिर रखना असम्भव हो जाता है। सभी सोचते हैं कि वे पत्नी के वशीभूत नहीं हैं; वे तो केवल प्रेम के कारण पत्नी को अपने ऊपर आधिपत्य करने देते हैं। मन को वशीभूत कर लिया है—यह सोचना भी ठीक उसी तरह है। मन पर विश्वास करके कभी निश्चिन्त न रहना।"

एक दिन बातचीत के सिलसिले में मैंने कहा, "स्वामी जी, देखता हूँ, धर्म को ठीक ठीक समझने के लिए बहुत अध्ययन की आवश्यकता है।"

वे बोले, "अपने धर्म समझने के लिए अध्ययन की आवश्यकता नहीं; किन्तु दूसरों को समझाने के लिए उसकी विशेष आवश्यकता है। भगवान् श्री रामकृष्ण देव तो 'रामकेष्ट' नाम से हस्ताक्षर करते थे, किन्तु धर्म का सार-तत्त्व उनसे अधिक भला किसने समझा है?"

मेरा विश्वास था, साधु-संन्यासियों का स्थूलकाय और सर्वदा सन्तुष्टचित्त होना असम्भव है। एक दिन हँसते हँसते उनके ऊपर ऐसा कटाक्ष करने पर उन्होंने भी मज़ाक में कहा, "यही तो मेरा 'अकाल रक्षाकोष' (फ़ैमिन इन्श्योरेन्स फ़ंड) है! यदि मैं पाँच-सात दिन तक भोजन न पाऊँ, तो भी मेरी चर्बी मुझे जीवित रखेगी। तुम लोग तो एक दिन न खाने से ही चारों ओर अन्धकार देखने लगोगे। जो धर्म मनुष्य को सुखी नहीं बनाता, वह वास्तविक धर्म है ही नहीं; उसे मन्दाग्नि-प्रसूत रोगविशेष समझो।" स्वामी जी संगीत-विद्या में विशेष पारंगत थे। एक दिन एक गाना भी उन्होंने प्रारम्भ किया था, किन्तु मैं तो 'संगीत में औरंगज़ेब' था; फिर मुझे सुनने का अवसर ही कहाँ? उनके वार्तालाप ने ही हम लोगों को मोहित कर लिया था।

आधुनिक पाश्चात्य विज्ञान के सभी विभाग, जैसे—रसायनशास्त्र, भौतिक-शास्त्र, भूगर्भशास्त्र, ज्योतिषशास्त्र, मिश्रित गणित आदि पर उनका विशेष अधिकार था एवं उन विषयों से सम्बद्ध सभी प्रश्नों को वे बड़ी सरल भाषा में दो-चार बातों में ही समझा देते थे। फिर, पाश्चात्य विज्ञान की सहायता एवं दृष्टान्त से धर्मविषयक तथ्यों को विशद रूप से समझाने तथा यह दिखाने में कि धर्म और विज्ञान का एक ही लक्ष्य है, एक ही दिशा में गति है—उनकी क्षमता अद्वितीय थी।

लाल मिर्च, काली मिर्च आदि तीखे पदार्थ उन्हें बड़े प्रिय थे। इसका कारण पूछने पर उन्होंने एक दिन कहा, "पर्यटन-काल में संन्यासियों को देश-विदेश में अनेक प्रकार का दूषित जल पीना पड़ता है; यह स्वास्थ्य के लिए हानिकारक होता है। इस दोष को दूर करने के लिए उनमें से बहुत से गाँजा, चरस आदि मादक द्रव्य पीते हैं। मैं भी इसीलिए इतनी मिर्च खाता हूँ।"

खेतड़ी के राजा, कोल्हापुर के छत्रपति एवं दक्षिण के अनेक राजा उन पर विशेष भक्ति करते थे। उनका भी उन लोगों पर बड़ा प्रेम था। असाधारण त्यागी होकर, राजे-रजवाड़ों के साथ इतनी घनिष्ठता वे क्यों रखते हैं, यह बात बहुतों की समझ में नहीं आती थी। कोई कोई निर्बोध तो इस बात को लेकर उनके ऊपर आक्षेप करने में भी नहीं चूकते थे।

इसका कारण पूछने पर एक दिन उन्होंने कहा, "ज़रा सोच तो देखो, हज़ार हज़ार दरिद्र लोगों को उपदेश देने और सत्कार्य के अनुष्ठान में तत्पर कराने से जो कार्य होगा, उसकी अपेक्षा एक राजा को इस दिशा में ला सकने पर कितना अधिक कार्य हो जायगा। निर्धन प्रजा की इच्छा करने पर भी सत्कार्य करने की क्षमता उसके पास कहाँ? किन्तु राजा के हाथ में सहस्रों प्रजाओं के मंगल-विधान की क्षमता पहले से ही है, केवल उसे करने की इच्छा भर नहीं है। वह इच्छा यदि

उसके भीतर किसी प्रकार जागरित कर सकूँ, तो ऐसा होने पर उसके साथ साथ उसके अधीन सारी प्रजा की अवस्था बदल सकती है, और इस प्रकार जगत् का कितना अधिक कल्याण हो सकता है।"

धर्म वाद-विवाद में नहीं है, वह तो प्रत्यक्ष अनुभव का विषय है, इसको समझाने के लिए वे बात बात में कहा करते थे, "गुड़ का स्वाद खाने में ही है। अनुभव करो, बिना अनुभव किये कुछ भी न समझोगे।" उन्हें ढोंगी संन्यासियों से अत्यन्त चिढ़ थी। वे कहते थे, "घर में रहकर मन पर अधिकार स्थापित करके फिर बाहर निकलना अच्छा है; नहीं तो नव अनुराग कम होने पर ऐसे संन्यासी प्रायः गाँजा-खोर संन्यासियों के दल में मिल जाते हैं।"

मैंने कहा, "किन्तु घर में रहकर वैसा होना तो अत्यन्त कठिन है। सभी प्राणियों को समान दृष्टि से देखना, राग-द्वेष का त्याग करना आदि जिन बातों को आप धर्मलाभ में प्रधान सहायक कहते हैं, उनका अनुष्ठान करना यदि मैं आज से ही आरम्भ कर दूँ, तो कल से हो मेरे नौकर-चाकर और अधीनस्थ कर्मचारीगण, यहाँ तक कि सगे-सम्बन्धी लोग भी, मुझे एक क्षण भी शान्ति से न रहने देंगे।"

उत्तर में भगवान् श्री रामकृष्ण देव की सर्प और संन्यासीवाली कथा का दृष्टान्त देकर उन्होंने कहा, "फुफकारना कभी बन्द मत करना, और कर्तव्य-पालन करने की बुद्धि से सभी काम किये जाना। कोई अपराध करे, तो दण्ड देना; किन्तु दण्ड देते समय कभी भी क्रुद्ध न होना।" फिर पूर्वोक्त प्रसंग को छेड़ते हुए बोले, "एक समय मैं एक तीर्थस्थान के पुलिस इन्स्पेक्टर का अतिथि हुआ। वह बड़ा धार्मिक और श्रद्धालु था। उसका वेतन १२५ रु० था; किन्तु देखा, उसके घर का खर्च मासिक दो-तीन सौ का रहा होगा। जब अधिक परिचय हुआ, तो मैंने पूछा, 'आय की अपेक्षा आपका खर्च तो अधिक देख रहा हूँ—यह कैसे चलता है?' वह थोड़ा हँसकर बोला, 'आप ही लोग चलाते हैं। इस तीर्थस्थल में जो साधु-संन्यासी आते हैं, वे सब आपके समान तो नहीं होते। सन्देह होने पर उनके पास क्या है, क्या नहीं, इसकी तलाशी करता हूँ। बहुतों के पास प्रचुर मात्रा में रुपया-पैसा निकलता है। जिन पर मुझे चोरी का सन्देह होता है, वे रुपया-पैसा छोड़कर भाग जाते हैं, और मैं उन पैसों को अपने क़ब्ज़े में कर लेता हूँ। पर अन्य किसी प्रकार का घूस आदि नहीं लेता।'"

स्वामी जी के साथ एक दिन अनन्त (infinity) वस्तु के सम्बन्ध में वार्तालाप हुआ। उन्होंने जो बात कही, वह बड़ी ही सुन्दर एवं सत्य है। वे बोले, "दो अनन्त वस्तुएँ कभी नहीं रह सकतीं।" पर मैंने कहा, "काल तो अनन्त है और देश भी अनन्त है।" इस पर वे बोले, "देश अनन्त है, यह तो समझा, किन्तु काल

अनन्त है, यह नहीं समझा। जो भी हो, एक वस्तु अनन्त है, यह बात समझ में आती है, किन्तु दो वस्तुएँ यदि अनन्त हों, तो कौन कहाँ रहेगी? कुछ और आगे बढ़ो, तो देखोगे, काल जो है, देश भी वही है; फिर और अग्रसर होने पर समझोगे, सभी वस्तुएँ अनन्त हैं, और वे सभी अनन्त वस्तुएँ एक हैं, दो या दस नहीं।"

इस प्रकार स्वामी जी के पदार्पण से २६ अक्तूबर तक मेरे निवास-स्थान पर आनन्द का स्रोत बहता रहा। २७ तारीख़ को वे बोले, "और नहीं ठहरूँगा; रामेश्वर जाने के विचार से बहुत दिन हुए इस ओर निकला हूँ। पर यदि इसी प्रकार चला, तो इस जन्म में शायद रामेश्वर पहुँचना न हो सकेगा।" मैं बहुत अनुरोध करके भी उन्हें नहीं रोक सका। २७ अक्तूबर की 'मेल' से उनका मरमागोआ जाना ठहरा। इस थोड़े से समय में उन्होंने कितने लोगों को मुग्ध कर लिया था, यह कहा नहीं जा सकता। टिकट ख़रीदकर उन्हें गाड़ी में बिठाया और साष्टांग प्रणाम कर मैंने कहा, "स्वामी जी, मैंने जीवन में आज तक किसीको भी आन्तरिक भक्ति के साथ प्रणाम नहीं किया। आज आपको प्रणाम कर मैं कृतार्थ हो गया।"

* * *

स्वामी जी को मैंने केवल तीन बार देखा। प्रथम, उनके अमेरिका जाने से पूर्व। उस समय की बहुत सी बातें आप लोगों को सुना चुका हूँ। बेलगाँव में उनके साथ मेरा प्रथम साक्षात्कार हुआ। द्वितीय, जब उन्होंने दूसरी बार इंग्लैण्ड और अमेरिका की यात्रा की थी, उसके कुछ दिन पहले। तृतीय एवं अन्तिम बार दर्शन हुआ उनके देहत्याग के छः-सात मास पहले। पर इतने ही अवसरों पर मैंने उनसे जो कुछ सीखा, उसका आद्योपान्त वर्णन करना असम्भव है। बहुत सी बातें मेरे अपने सम्बन्ध की हैं, इसलिए उन्हें कहने की आवश्यकता नहीं; और बहुत सी बातों को भूल भी गया हूँ। जो कुछ स्मरण है, उसमें से पाठकों के लिए उपयोगी विषयों को बतलाने की चेष्टा करूँगा।

इंग्लैण्ड से लौट आने के बाद उन्होंने हिन्दुओं के जाति-विचार के सम्बन्ध में और किसी किसी सम्प्रदाय के व्यवहार के ऊपर तीव्र आलोचना करते हुए मद्रास में जो व्याख्यान दिये थे, उन्हें पढ़कर मैंने सोचा, स्वामी जी की भाषा कुछ अधिक कड़ी हो गयी है। और उनके समीप मैंने अपने इस अभिप्राय को प्रकट भी किया। सुनकर वे बोले, "जो कुछ मैंने कहा है, सब सत्य कहा है। और जिनके सम्बन्ध में मैंने इस प्रकार की भाषा का व्यवहार किया है, उनके कार्यों की तुलना में वह बिन्दु मात्र भी कड़ी नहीं है। सत्य बात में संकोच का या उसे छिपाने का तो मैं कोई कारण नहीं देखता। यह न सोचना कि जिनके कार्यों पर मैंने इस प्रकार समालोचना की है, उनके ऊपर मेरा क्रोध था या है, अथवा जैसा कोई कोई सोचते हैं कि कर्तव्य

समझकर जो कुछ मैंने किया है, उसके लिए अब मैं दुःखित हूँ। इन सब बातों में कोई सार नहीं। मैंने क्रोध के कारण ऐसा नहीं किया है, और जो मैंने किया है, उसके लिए मैं दुःखित नहीं हूँ। आज भी यदि उस प्रकार का कोई अप्रिय कार्य करना कर्तव्य मालूम होगा, तो अवश्य निःसंकोच वैसा करूँगा।"

ढोंगी संन्यासियों के विषय में उनका मत पहले कुछ कह चुका हूँ। किसी दूसरे दिन इस सम्बन्ध में प्रसंग उठने पर उन्होंने कहा, "हाँ, अवश्य बहुत से बदमाश वारण्ट के डर से अथवा घोर दुष्कर्म करके छिपने के लिए संन्यासी के वेष में घूमते-फिरते हैं; किन्तु तुम लोगों का भी कुछ दोष है। तुम लोग सोचते हो, संन्यासी होते ही उसे ईश्वर के समान त्रिगुणातीत हो जाना चाहिए। उसे पेट भर अच्छी तरह खाने में दोष, बिछौने पर सोने में दोष, यहाँ तक कि उसे जूता और छाता तक व्यवहार में लाने की गुंजाइश नहीं। क्यों, वह भी तो मनुष्य है। तुम लोगों के मत में जब तक कोई पूर्ण परमहंस न हो जाय, तब तक उसे गेरुआ वस्त्र पहनने का अधिकार नहीं। पर यह भूल है। एक समय एक संन्यासी के साथ मेरा वार्तालाप हुआ। अच्छी पोशाक पर उनकी खूब रुचि थी। तुम लोग उन्हें देखकर अवश्य ही घोर विलासी समझते। किन्तु वे सचमुच यथार्थ संन्यासी थे।"

स्वामी जी कहा करते थे, "देश, काल और पात्र के भेद से मानसिक भावों और अनुभवों में काफ़ी तारतम्य हुआ करता है। धर्म के सम्बन्ध में भी ठीक वैसा ही है। प्रत्येक मनुष्य की भी एक न एक विषय में अधिक रुचि पायी जाती है। जगत् में सभी अपने को अधिक बुद्धिमान समझते हैं। ठीक है, वहाँ तक कोई विशेष हानि नहीं। किन्तु जब मनुष्य सोचने लगता है कि केवल मैं ही समझता हूँ, दूसरा कोई नहीं, तभी सारे बखेड़े उपस्थित हो जाते हैं। सभी चाहते हैं कि दूसरे सब लोग भी उन्हींके समान प्रत्येक वस्तु को देखें और समझें। प्रत्येक व्यक्ति सोचता है कि उसने जिस बात को सत्य समझा है या जिसे जाना है, उसे छोड़कर और कोई सत्य हो ही नहीं सकता। सांसारिक विषय के क्षेत्र में हो अथवा धर्म के क्षेत्र में, इस प्रकार के भाव को मन में किसी तरह न आने देना चाहिए।

"जगत् के किसी भी विषय में सब पर एक ही नियम लागू नहीं हो सकता। देश, काल और पात्र के भेद से नीति एवं सौन्दर्य-ज्ञान भी विभिन्न देखा जाता है। तिब्बत की स्त्रियों में बहु-पति की प्रथा प्रचलित है। हिमालय-भ्रमणकाल में मेरी इस प्रकार के एक तिब्बती परिवार से भेंट हुई थी। इस परिवार में छः पुरुष थे, उन छः पुरुषों की एक ही स्त्री थी। अधिक परिचय हो जाने के बाद मैंने एक दिन उनकी इस कुप्रथा के बारे में कुछ कहा, इस पर वे कुछ खीझकर बोले, 'तुम साधु-संन्यासी होकर लोगों को स्वार्थपरता सिखाना चाहते हो? यह मेरी ही उपभोग्य

है, दूसरे की नहीं, इस प्रकार का भाव क्या अन्याय नहीं है?' मैं तो सुनकर दंग रह गया!

"नाक और पैर की लघुता लेकर ही चीन में सौन्दर्य का विचार होता है, यह सभी जानते हैं। आहार आदि के सम्बन्ध में भी ऐसा ही है। अंग्रेज़ हम लोगों के समान खुशबूदार चावल का भात खाना पसन्द नहीं करते। एक समय किसी जगह के एक जज साहब की अन्यत्र बदली हो जाने पर वहाँ के बहुत से वकीलों ने उनके सम्मान के लिए बढ़िया अनाज आदि भेजा। उसमें कुछ सेर खुशबूदार चावल भी थे। जज साहब ने उस चावल का भात खाकर मन में सोचा—यह सड़ा हुआ चावल है, और वकीलों से भेट होने पर कहा, 'तुम लोगों को मेरे लिए सड़ा चावल भेजना उचित न था।'

"किसी समय मैं रेलगाड़ी में जा रहा था। उसी डब्बे में चार-पाँच साहब भी बैठे थे। बातचीत के सिलसिले में तम्बाकू के बारे में मैंने कहा, 'सुगन्धित गुड़ाकू का पानी से भरे हुए हुक्के में व्यवहार करना ही तम्बाकू का श्रेष्ठ उपभोग है।'. मेरे पास खूब अच्छा तम्बाकू था। मैंने उन लोगों को देखने के लिए दिया। वे सूँघकर बोले, 'यह तो अत्यन्त दुर्गन्धयुक्त है! इसे आप सुगन्धित कहते हैं!' इस प्रकार गन्ध, आस्वाद, सौन्दर्य आदि सभी विषयों में समाज, देश और काल के भेद से भिन्न भिन्न मत हैं।"

स्वामी जी की पूर्वोक्त कथाओं को हृदयंगम करते मुझे देरी नहीं लगी। मैंने सोचा, पहले मुझे शिकार करना कितना प्रिय था; किसी पशु-पक्षी को देखने पर उसे मारने के लिए मन छटपटाने लगता था। न मार सकने पर अत्यन्त कष्ट भी मालम होता था। पर अब उस प्रकार प्राणियों का वध करना बिल्कुल ही अच्छा नहीं लगता। अतएव किसी वस्तु का अच्छा या बुरा लगना केवल अभ्यास पर निर्भर है।

अपने मत को अक्षुण्ण रखने में प्रत्येक मनुष्य का एक विशेष आग्रह देखा जाता है। धर्म के क्षेत्र में तो उसका विशेष प्रकाश दिखायी देता है। स्वामी जी इस सम्बन्ध में एक कहानी बतलाया करते थे: .एक समय एक छोटे राज्य को जीतने के लिए एक दूसरे राजा ने दल-बल के साथ चढ़ाई की। शत्रुओं के हाथ से बचाव कैसे हो, इस सम्बन्ध में विचार करने के लिए उस राज्य में एक बड़ी सभा बुलायी गयी। सभा में इंजीनियर, बढ़ई, चमार, लोहार, वकील, पुरोहित आदि सभी उपस्थित थे। इंजीनियर ने कहा, "शहर के चारों ओर एक बहुत बड़ी खाई खुदवाइए।" बढ़ई बोला, "काठ की एक दीवाल खड़ी कर दी जाय।" चमार बोला, "चमड़े के समान मज़बूत और कोई चीज़ नहीं है, चमड़े की ही दीवाल खड़ी की जाय।" लोहार बोला, "इस सबकी कोई आवश्यकता नहीं है; लोहे की दीवाल

सबसे अच्छी होगी; उसे भेदकर गोली या गोला नहीं आ सकता।" वकील बोले, "कुछ भी करने की आवश्यकता नहीं है; हमारा राज्य लेने का शत्रु को कोई अधिकार नहीं है—यही एक बात शत्रु को तर्क-युक्ति द्वारा समझा दी जाय।" पुरोहित बोले, "तुम लोग तो पागल जैसे बकते हो। होम-याग करो, स्वस्त्ययन करो, तुलसी दो, शत्रु कुछ भी नहीं कर सकता।" इस प्रकार उन्होंने राज्य बचाने का कोई उपाय निश्चित करने के बदले अपने अपने मत का पक्ष लेकर घोर तर्क-वितर्क आरम्भ कर दिया। यही है मनुष्य का स्वभाव!

यह कहानी सुनकर मुझे भी मानव मन के एकतरफ़े झुकाव के सम्बन्ध में एक कथा याद आ गयी। स्वामी जी से मैंने कहा, "स्वामी जी, मुझे लड़कपन में पागलों के साथ बातचीत करना बड़ा अच्छा लगता था। एक दिन मैंने एक पागल देखा—खासा बुद्धिमान, थोड़ी-बहुत अंग्रेज़ी भी जानता था; वह केवल पानी ही चाहता था! उसके पास एक फूटा लोटा था। पानी की कोई नयी जगह देखते ही, चाहे नाला हो, हौज हो, बस वहीं का पानी पीने लगता था। मैंने उससे इतना पानी पीने का कारण पूछा, तो वह बोला, 'Nothing like water, Sir!' (पानी जैसी दूसरी कोई चीज़ ही नहीं, महाशय!) मैंने उसे एक अच्छा लोटा देने की इच्छा प्रकट की, पर वह किसी प्रकार राज़ी नहीं हुआ। कारण पूछने पर बोला, 'यह लोटा फूटा हुआ है, इसीलिए इतने दिनों तक मेरे पास टिका हुआ है। अच्छा रहता, तो कब का चोरी चला गया होता!'"

स्वामी जी यह कथा सुनकर बोले, "वह तो बड़ा मजे का पागल दिखता है! ऐसे लोगों को झक्की कहते हैं। हम सभी लोगों में इस प्रकार का कोई आग्रह या झक्कीपन हुआ करता है। हम लोगों में उसे दबा रखने की क्षमता है। पागल में वह नहीं है। हम लोगों में और पागलों में भेद केवल इतना ही है। रोग, शोक, अहंकार, काम, क्रोध, ईर्ष्या या अन्य कोई अत्याचार अथवा अनाचार से दुर्बल होकर, मनुष्य के अपने इस संयम को खो बैठने से ही सारी गड़बड़ी उत्पन्न हो जाती है! मन के आवेग को वह फिर सँभाल नहीं पाता। हम लोग तब कहते हैं, 'यह पागल हो गया है।' बस इतना ही!"

स्वामी जी का स्वदेश के प्रति अत्यन्त अनुराग था, यह बात पहले ही बता चुका हूँ। एक दिन इस सम्बन्ध में बातचीत के प्रसंग में उनसे कहा गया कि संसारी लोगों का अपने अपने देश के प्रति अनुराग रखना नित्य कर्तव्य है, परन्तु संन्यासियों को अपने देश की माया छोड़कर, सभी देशों पर समदृष्टि रखकर, सभी देशों की कल्याण-चिन्ता हृदय में रखना अच्छा है। इसके उत्तर में स्वामी जी ने जो ज्वलन्त बातें कहीं, उनको जीवन में कभी नहीं भूल सकता। वे बोले, "जो

अपनी माँ को खाना नहीं देता, वह दूसरे की माँ का क्या पालन करेगा ?" स्वामी जी यह स्वीकार करते थे कि हमारे प्रचलित धर्म में, आचार-व्यवहार में, सामाजिक प्रथा में अनेक दोष हैं। वे कहते थे, "उन सभी का संशोधन करने की चेष्टा करना हम लोगों का मुख्य कर्तव्य है; किन्तु इसके लिए संवाद-पत्रों में अंग्रेज़ों के समीप उन दोषों को घोषित करने की क्या आवश्यकता है? घर की ग़लतियों को जो बाहर दिखलाता है, उसके समान गधा और कौन है? गन्दे कपड़े को लोगों की आँखों के सामने नहीं रखना चाहिए।"

ईसाई मिशनरियों के बारे में एक दिन चर्चा हुई। बातचीत के सिलसिले में मैंने कहा कि उन लोगों ने हमारे देश का कितना उपकार किया है और कर रहे हैं। सुनकर वे बोले, "किन्तु अपकार भी तो कोई कम नहीं किया। देशवासियों के मन की श्रद्धा को बिल्कुल नष्ट कर देने का अद्‌भुत प्रबन्ध उन्होंने कर छोड़ा है। श्रद्धा के साथ साथ मनुष्यत्व का भी नाश हो जाता है। इस बात को क्या कोई समझता है? हमारे देव-देवियों और हमारे धर्म की निन्दा किये बिना वे अपने धर्म की श्रेष्ठता क्यों नहीं दिखा पाते? और एक बात है: जो जिस धर्म-मत का प्रचार करना चाहते हैं, उन्हें उसमें पूर्ण विश्वास होना चाहिए और तद-नुरूप कार्य करना चाहिए। अधिकांश मिशनरी कहते कुछ हैं और करते कुछ। मुझे कपट से बड़ी चिढ़ है।"

एक दिन उन्होंने धर्म और योग के सम्बन्ध में अत्यन्त सुन्दर ढंग से बहुत सी बातें कहीं। उनका मर्म जहाँ तक स्मरण है, उद्‌धृत कर रहा हूँ:

"समस्त प्राणी सतत सुखी होने की चेष्टा में रत रहते हैं; किन्तु बहुत ही थोड़े लोग सुखी हो पाते हैं। काम-धाम भी सभी सतत करते रहते हैं, किन्तु उसका ईप्सित फल पाना प्रायः देखा नहीं जाता। इस प्रकार विपरीत फल उप-स्थित होने का कारण क्या है, वह भी समझने की कोई चेष्टा नहीं करता। इसी-लिए मनुष्य दुःख पाता है। धर्म के सम्बन्ध में कैसा भी विश्वास क्यों न हो, यदि कोई उस विश्वास के बल से अपने को यथार्थ सुखी अनुभव करता है, तो ऐसी स्थिति में उसके उस मत को परिवर्तित करने की चेष्टा करना किसीके लिए भी उचित नहीं है; और ऐसा करने से कोई अच्छा फल भी नहीं होगा। पर हाँ, मुँह से कोई कुछ भी क्यों न कहे, जब देखो कि किसीका केवल धर्म सम्बन्धी कथा-वार्ता सुनने में ही आग्रह है, पर उसके आचरण में नहीं, तो जानना कि उसे किसी भी विषय में दृढ़ विश्वास नहीं है।

"धर्म का मूल उद्देश्य है—मनुष्य को सुखी करना। किन्तु अगले जन्म में सुखी होने के लिए इस जन्म में दुःख-भोग करना कोई बुद्धिमानी का काम नहीं

है। इस जन्म में ही, इसी मुहूर्त से सुखी होना होगा। जिस धर्म के द्वारा यह सम्पन्न होगा, वही मनुष्य के लिए उपयुक्त धर्म है। इन्द्रिय-भोगजनित सुख क्षणिक है, और उसके साथ अवश्यम्भावी दुःख भी अनिवार्य है। शिशु, अज्ञानी और पाशविक स्वभाववाले मनुष्य ही इस क्षणस्थायी दुःखमिश्रित सुख को वास्तविक सुख समझते हैं। यदि इस सुख को भी कोई जीवन का एकमेव उद्देश्य बनाकर चिरकाल तक सम्पूर्ण रूप से निश्चिन्त और सुखी रह सके, तो वह भी कुछ बुरा नहीं है। किन्तु आज तक तो इस प्रकार का मनुष्य देखा नहीं गया। साधारणतः देखा यही जाता है कि जो इन्द्रिय-चरितार्थता को ही सुख समझते हैं, वे धनवान एवं विलासी लोगों को अपने से अधिक सुखी समझकर उनसे द्वेष करने लगते हैं और बहुत व्यय से प्राप्त होनेवाले उनके उच्च श्रेणी के इन्द्रिय-भोग पदार्थों को देखकर, उन्हें पाने के लिए लालायित होकर दुःखी हो जाते हैं। सम्राट् सिकन्दर समस्त पृथ्वी को जीतकर, यही सोचकर दुःखी हुए थे कि अब पृथ्वी में जीतने को और कोई देश नहीं रह गया। इसीलिए बुद्धिमान मनीषियों ने बहुत देख-सुनकर, सोच-विचारकर अन्त में सिद्धान्त स्थिर किया है कि किसी एक धर्म में यदि पूर्ण विश्वास हो, तभी मनुष्य निश्चिन्त और यथार्थ सुखी हो सकता है।

"विद्या, बुद्धि आदि सभी विषयों में प्रत्येक मनुष्य का स्वभाव पृथक् पृथक् देखा जाता है। इसी कारण उनके उपयुक्त धर्म का भी भिन्न भिन्न होना आवश्यक है; अन्यथा वह किसी भी तरह उनके लिए सन्तोषप्रद न होगा, वे किसी भी तरह उसका अनुष्ठान करके यथार्थ सुखी नहीं हो सकेंगे। अपने अपने स्वभाव के अनुकूल धर्म-मत को, स्वयं ही देख-भालकर, सोच-विचारकर चुन लेना चाहिए। इसके अतिरिक्त कोई दूसरा उपाय नहीं। धर्मग्रन्थ का पाठ, गुरु का उपदेश, साधु-दर्शन, सत्पुरुषों का संग आदि उसे इस मार्ग में केवल सहायता मात्र देते हैं।

"कर्म के सम्बन्ध में भी यह जान लेना आवश्यक है कि किसी न किसी प्रकार का कर्म किये बिना कोई भी रह नहीं सकता, और जगत् में केवल अच्छा या केवल बुरा, इस प्रकार का कोई कर्म नहीं है। सत्कर्म करने में कुछ न कुछ बुरा कर्म भी करना ही पड़ता है। और इसीलिए उस कर्म के द्वारा जैसे सुख होगा, वैसे ही साथ ही साथ कुछ न कुछ दुःख एवं अभाव का बोध भी होगा—यह अवश्यम्भावी है। अतएव यदि उस थोड़े से दुःख को भी ग्रहण करने की इच्छा न हो, तो फिर विषय-भोगजनित ऊपरी सुख की आशा भी छोड़ देनी होगी, अर्थात् स्वार्थ-सुख का अन्वेषण करना छोड़कर कर्तव्य-बुद्धि से सभी कार्य करने होंगे। इसीका नाम है निष्काम कर्म। भगवान् गीता में अर्जुन को उसीका उपदेश देते

हुए कहते हैं—'काम करो, किन्तु फल मुझे अर्पण करो; अर्थात् मेरे लिए ही काम करो।'"

किसी विषय का इतिहास कहाँ तक ठीक ठीक लिखा जा सकता है, इस विषय में लेखक को बहुत सन्देह है। उसके अनेक कारण हैं। गवर्नर जनरल साहब के किसी शहर में पदार्पण से लेकर उस शहर से जाने तक की घटना अपनी आँखों से देखने और बाद में उसीका विवरण प्रसिद्ध प्रसिद्ध संवाद-पत्रों में पढ़ने की सुविधा हमारे सदृश लोगों को अधिकतर होती है। आदि से अन्त तक हम लोगों की देखी हुई घटनाओं के साथ इन सभी विवरणों की इतनी विभिन्नता देखी जाती है कि विस्मित हो जाना पड़ता है! चार दिन पहले जो घटना हुई है, उसीको लिपिबद्ध करना जब इतना कठिन है, तो चार सौ, चार हज़ार अथवा चार लाख वर्ष पहले जो घटना हुई है, उसका इतिहास कहाँ तक ठीक ठीक लिपिबद्ध हुआ है, इसका अनुमान सहज ही किया जा सकता है।

और एक बात है, ईसाई मिशनरियों में से बहुत से कहा करते हैं—'उनकी बाइबिल की प्रत्येक घटना जिस वर्ष, जिस महीने, जिस दिन, जिस घंटे और जिस मिनट घटित हुई है, वह बिल्कुल सामने घड़ी रखकर लिपिबद्ध की गयी है।' किंतु एक ओर conflict between religion and science (धर्म और विज्ञान में द्वन्द्व) आदि पुस्तकों में बाइबिल की उत्पत्ति के सम्बन्ध में उनके ही देश के आधुनिक पण्डितों का विचार पढ़कर बाइबिल की ऐतिहासिकता जिस प्रकार अच्छी तरह समझी जा सकती है, उसी प्रकार दूसरी ओर मिशनरियों द्वारा अनूदित हिन्दू धर्मशास्त्रों का अपूर्व विवरण पढ़कर उनका लिखित इतिहास भी कहाँ तक सत्य है, इसे समझने में कुछ अवशिष्ट नहीं रहता। यह सब देख-सुनकर मानव जाति के सत्यानुराग एवं इतिहास में लिपिबद्ध घटनाओं के ऊपर श्रद्धा प्रायः बिल्कुल उड़ सी जाती है।

गीता, बाइबिल, क़ुरान, पुराण प्रभृति प्राचीन ग्रन्थों में निबद्ध घटनाओं की वास्तविक ऐतिहासिकता के सम्बन्ध में इसीलिए पहले मुझे तनिक भी विश्वास नहीं होता था। एक दिन स्वामी जी से मैंने पूछा कि कुरुक्षेत्र में युद्ध से थोड़ी देर पहले अर्जुन के प्रति भगवान् श्री कृष्ण का जो धर्मोपदेश भगवद्गीता में लिपिबद्ध है, वह यथार्थ ऐतिहासिक घटना है या नहीं? उत्तर में उन्होंने जो कहा, वह बड़ा ही सुन्दर है। वे बोले, "गीता एक अत्यन्त प्राचीन ग्रन्थ है। प्राचीन काल में इतिहास लिखने अथवा पुस्तक आदि छापने की आजकल के समान इतनी धूम-धाम नहीं थी; इसलिए तुम्हारे सदृश लोगों के सामने भगवद्गीता की ऐतिहासिकता प्रमाणित करना कठिन है। किन्तु गीता में उक्त घटना घटी थी

या नहीं, इसके लिए तुम लोग जो माथापच्ची करते हो, इसका कोई कारण मुझे नहीं दिखता। यदि कोई अकाट्य प्रमाण से तुम्हें यह समझा सके कि भगवान् श्री कृष्ण ने सारथी होकर अर्जुन को गीता का उपदेश दिया था, क्या केवल तभी तुम लोग गीता में वर्णित बातों पर विश्वास करोगे? जब अपने सामने साक्षात् भगवान् के मूर्तिमान होकर आने पर भी तुम लोग उनकी परीक्षा करने के लिए दौड़ते हो और उनका ईश्वरत्व प्रमाणित करने के लिए कहते हो, तब गीता ऐतिहासिक है या नहीं, इस व्यर्थ की समस्या को लेकर क्यों परेशान होते हो? यदि हो सके, तो गीता के उपदेशों को जितना बने ग्रहण करो, और उसे जीवन में परिणत कर कृतार्थ हो जाओ। श्री रामकृष्ण देव कहते थे—'आम खाओ, पेड़ के पत्ते गिनने से क्या होगा!' मेरी राय में धर्मशास्त्र में लिपिबद्ध घटना के ऊपर विश्वास या अविश्वास करना वैयक्तिक अनुभव-मेल का विषय है—अर्थात् मनुष्य किसी एक विशेष अवस्था में पड़कर, उससे उद्धार पाने की इच्छा से रास्ता ढूंढ़ता और धर्मशास्त्र में लिपिबद्ध किसी घटना के साथ उसकी अवस्था का ठीक ठीक मेल होने पर वह उस घटना को ऐतिहासिक कहकर उस पर निश्चित विश्वास करता है तथा धर्मशास्त्रोक्त उस अवस्था के उपयोगी उपायों को भी साग्रह ग्रहण करता है।"

स्वामी जी ने एक दिन, शारीरिक एवं मानसिक शक्ति को अभीष्ट कार्य के लिए संरक्षित रखना प्रत्येक के लिए कहाँ तक कर्तव्य है, इसे बड़े सुन्दर भाव से समझाते हुए कहा था—"अनधिकार चर्चा अथवा वृथा कार्य में जो शक्ति क्षय करता है, वह अभीष्ट कार्य की सिद्धि के लिए पर्याप्त शक्ति कहाँ से प्राप्त करेगा? The sum total of the energy which can be exhibited by an ego is a constant quantity—अर्थात् 'प्रत्येक जीवात्मा के भीतर विविध भाव प्रकाशित करने की जो शक्ति रहती है, वह एक नियत मात्रा में होती है'; अतएव उस शक्ति का अधिकांश एक भाव में प्रकाशित होने पर उतना अंश और किसी दूसरे भाव में प्रकाशित नहीं हो सकता। धर्म के गम्भीर सत्य को प्रत्यक्ष करने के लिए बहुत शक्ति की आवश्यकता होती है; इसीलिए धर्म-पथ के पथिकों के प्रति विषय-भोग आदि में शक्ति क्षय न कर ब्रह्मचर्य के द्वारा शक्ति-संरक्षण का उपदेश सभी जातियों के धर्मग्रन्थों में पाया जाता है।"

स्वामी जी बंगाल के ग्रामों तथा वहाँ के लोगों के अनेक व्यवहारों से सन्तुष्ट नहीं थे। ग्राम के एक ही तालाब में स्नान, शौच आदि करना एवं उसीका पानी पीना, यह प्रथा उन्हें बिल्कुल पसन्द न थी। वे प्रायः कहा करते थे, "जिनका मस्तिष्क मल-मूत्र से भरा है, उन लोगों से आशा-भरोसा कहाँ! और यह जो

ग्रामीण लोगों का अनधिकार चर्चा करना है, वह तो बड़ी ख़राब चीज़ है। शहर के लोग अनधिकार चर्चा न करते हों, ऐसी बात नहीं; परन्तु उन्हें समय कम मिलता है, क्योंकि शहर का ख़र्च अधिक है, इसलिए उन्हें काम भी बहुत करना पड़ता है। इतना परिश्रम करने के बाद, ख़ाली बैठकर हुक्का पीने और परनिन्दा करने का समय नहीं मिलता। अन्यथा ये शहरी भूत इस विषय में तो ग्रामीण भूतों की गर्दन पर चढ़कर नाचते।"

स्वामी जी की प्रत्येक दिन की कथा-वार्ता यदि संगृहीत होती, तो प्रत्येक दिन की बातें एक एक मोटी पुस्तक होतीं। एक ही प्रश्न का बार बार एक ही भाव से उत्तर देना एवं एक ही दृष्टान्त की सहायता से उसे समझाना उनकी रीति नहीं थी। एक ही प्रश्न का उत्तर जितनी बार देते, उतनी बार नये भाव और नये दृष्टान्त के द्वारा इस प्रकार देते कि वह सुननेवालों को एकदम नया मालूम होता था, और उनकी वाणी सुनते सुनते थकावट आना तो दूर की बात रही, बल्कि और अधिक सुनने का अनुराग उत्तरोत्तर बढ़ता जाता था। व्याख्यान देने की भी उनकी यही शैली थी। पहले से सोचकर व्याख्यान की रूपरेखा को लिखकर वे कभी भी व्याख्यान नहीं देते थे। व्याख्यान-प्रारम्भ से कुछ देर पहले तक वे हँसी-मज़ाक, साधारण भाव से बातचीत एवं व्याख्यान से बिल्कुल सम्बन्ध न रखनेवाले विषयों को लेकर भी चर्चा करते रहते थे। व्याख्यान में क्या कहेंगे, यह उन्हें स्वयं नहीं मालूम रहता था। हम लोग जो कुछ दिन उनके संस्पर्श में रहकर धन्य हुए हैं, उन्हीं कुछ दिनों की कथा-वार्ता का विवरण जहाँ तक और भी सम्भव है, क्रमशः लिपिबद्ध कर रहा हूँ।

३

पहले ही कह चुका हूँ कि पाश्चात्य विज्ञान की सहायता से हिन्दू धर्म को समझाने एवं विज्ञान और धर्म का सामंजस्य प्रदर्शित करने में स्वामी जी के समान मैंने और कोई नहीं देखा। आज उसी प्रसंग में दो-चार बातें लिखने की इच्छा है। किन्तु यह जान लेना होगा, मुझे जहाँ तक स्मरण है, उतना ही लिख रहा हूँ। अतएव इसमें यदि कोई भूल रहे, तो वह मेरे समझने की भूल है, स्वामी जी की व्याख्या की नहीं।

स्वामी जी कहते थे—"चेतन-अचेतन, स्थूल-सूक्ष्म—सभी एकत्व की ओर दम साधकर दौड़ रहे हैं। पहले मनुष्य ने जिन भिन्न भिन्न पदार्थों को देखा, उनमें से प्रत्येक को भिन्न भिन्न समझकर उनको भिन्न भिन्न नाम दिये। बाद में

विचार करके ये समस्त पदार्थ ६३ मूल द्रव्यों से उत्पन्न हुए हैं, ऐसा निश्चित किया।

"इन मूल द्रव्यों में अनेक मिश्रद्रव्य हैं, ऐसा इस समय बहुतों को सन्देह हो रहा है। और जब रसायनशास्त्र अन्तिम मीमांसा पर पहुँचेगा, उस समय सभी पदार्थ एक ही पदार्थ के अवस्था-भेद मात्र समझे जायँगे। पहले ताप, आलोक और विद्युत् को सभी विभिन्न समझते थे। अब प्रमाणित हो गया है, ये सब एक हैं, एक ही शक्ति के अवस्थान्तर मात्र हैं। लोगों ने पहले समस्त पदार्थों को चेतन, अचेतन और उद्भिद इन तीन श्रेणियों में विभक्त किया था। उसके बाद देखा कि उद्भिद में भी दूसरे सभी चेतन प्राणियों के समान प्राण हैं, केवल गमन-शक्ति नहीं है, इतना ही। तब बाक़ी रहीं दो श्रेणियाँ—चेतन और अचेतन। फिर कुछ दिनों बाद देखा जायगा, हम लोग जिन्हें अचेतन कहते हैं, उनमें भी थोड़ा-बहुत चैतन्य है।[1]

"पृथ्वी में जो ऊँची-नीची ज़मीन देखी जाती है, वह भी समतल होकर एक रूप में परिणत होने की सतत चेष्टा कर रही है। वर्षा के जल से पर्वत आदि ऊँची ज़मीन घुल जाने पर उस मिट्टी से गड्ढे भर रहे हैं। एक उष्ण पदार्थ को किसी स्थान में रखने पर वह चारों ओर के द्रव्यों के साथ समान उष्ण भाव धारण करने की चेष्टा करता है। उष्णता-शक्ति इस प्रकार संचालन, संवाहन, विकिरण आदि उपायों से सर्वदा समभाव या एकत्व की ओर ही अग्रसर हो रही है।

"वृक्ष के फल, फूल, पत्ते और उसकी जड़ हम लोगों द्वारा भिन्न भिन्न देखे जाने पर भी वे सब वस्तुतः एक ही हैं, विज्ञान इसे प्रमाणित कर चुका है। त्रिकोण काँच के भीतर से देखने पर सफ़ेद रंग इन्द्रधनुष के सात रंग के समान पृथक् पृथक् विभक्त दिखायी पड़ता है। खाली आँखों से देखने पर एक ही रंग, और लाल या नीले चश्मे से देखने पर सभी कुछ लाल या नीला दिखायी देता है।

"इसी प्रकार, जो सत्य है, वह तो एक ही है। माया के द्वारा हम लोग उसे पृथक् पृथक् देखते हैं, बस इतना ही। यद्यपि देश और काल से अतीत जो अखण्ड अद्वैत सत्य है, उसीके कारण मनुष्य को सब प्रकार के भिन्न भिन्न पदार्थों का ज्ञान होता है, फिर भी वह उस सत्य को नहीं पकड़ पाता, उसे नहीं देख सकता।"

---

१. स्वामी जी ने जिस समय पूर्वोक्त विषयों का प्रतिपादन किया था, उस समय विख्यात वैज्ञानिक जगदीशचन्द्र बसु द्वारा प्रचारित तड़ित्प्रवाह से जड़ पदार्थों का चेतनत्वरूप अपूर्व तत्त्व प्रकाशित नहीं हुआ था। स०

इन सब बातों को सुनकर मैंने कहा, "स्वामी जी, हम लोग आँखों से जो कुछ देखते हैं, वही क्या सब समय सत्य है? दो समानान्तर रेल की पटरियों को देखने पर प्रतीत होता है, मानो वे अन्त में एक जगह मिल गयी हैं। उसीका नाम है, 'लुप्त बिन्दु'। मृगतृष्णा, रज्जु में सर्प-भ्रम आदि (optical illusion) (दृष्टि-विभ्रम) सर्वदा ही होता रहता है। Calcspar नामक पत्थर के नीचे एक रेखा double refraction (द्वि-आवर्तन) से दो दिखायी देती है। एक पेन्सिल को आधे गिलास पानी में डुबाकर रखने पर पेन्सिल का जलमग्न भाग ऊपरी भाग की अपेक्षा मोटा दिखायी देता है। फिर सभी प्राणियों के नेत्र भिन्न भिन्न क्षमतायुक्त एक एक लेन्स मात्र हैं। हम लोग किसी वस्तु को जितनी बड़ी देखते हैं, घोड़ा आदि अनेक प्राणी उसको तदपेक्षा अधिक बड़ी देखते हैं, क्योंकि उनके नेत्रों का लेन्स भिन्न शक्तिवाला है। अतएव हम जिसे अपनी आँखों से देखते हैं, वही सत्य है, इसका भी तो कोई प्रमाण नहीं। जॉन स्टुअर्ट मिल ने कहा है—मनुष्य सत्य सत्य करके ही पागल है, किन्तु निरपेक्ष सत्य (absolute truth) को समझने की क्षमता उसमें नहीं है; क्योंकि, घटना-क्रम से प्रकृत सत्य के आँखों के सामने आने पर भी यही वास्तविक सत्य है, यह मनुष्य कैसे समझेगा? हम लोगों का समस्त ज्ञान सापेक्ष है, निरपेक्ष को समझने की क्षमता हममें नहीं है। अतएव निरपेक्ष (निर्गुण) भगवान् या जगत्कारण को मनुष्य कभी भी नहीं समझ सकता।"

स्वामी जी ने कहा, "हो सकता है, तुम्हें या और सब लोगों को निरपेक्ष ज्ञान न हो, पर इसीलिए किसीको भी वह ज्ञान नहीं है, यह कैसे कह सकते हो? ज्ञान और अज्ञान अथवा मिथ्या ज्ञान नामक दो प्रकार के भाव या अवस्थाएँ हैं। इस समय तुम जिसे ज्ञान कहते हो, वह तो वस्तुतः मिथ्या ज्ञान है। सत्य ज्ञान के उदित होने पर वह अन्तर्हित हो जाता है, उस समय सब एक दिखायी देता है। द्वैतज्ञान अज्ञानजनित है।"

मैंने कहा, "स्वामी जी, यह तो बड़ी भयानक बात है! यदि ज्ञान और अज्ञान, ये दो ही वस्तुएँ हैं, तो ऐसा होने पर आप जिसे सत्य ज्ञान समझते हैं, वह भी तो मिथ्या ज्ञान हो सकता है, और हम लोगों के जिस द्वैत ज्ञान को आप मिथ्या ज्ञान कहते हैं, वह भी तो सत्य ज्ञान हो सकता है?"

उन्होंने कहा, "ठीक कहते हो, इसीलिए तो वेद में विश्वास करना चाहिए। हमारे पूर्वकालीन ऋषि-मुनिगण समस्त द्वैत ज्ञान को पारकर, इस अद्वैत सत्य का अनुभव कर जो कह गये हैं, उसीको वेद कहते हैं। स्वप्न और जाग्रत अवस्थाओं में से कौन सी सत्य है और कौन सी असत्य, इसे विचारने की क्षमता हम लोगों

में नहीं है। जब तक हम लोग इन दोनों अवस्थाओं को पारकर इनकी परीक्षा नहीं कर सकेंगे, तब तक कैसे कह सकते हैं कि यह सत्य है और वह असत्य? केवल दो विभिन्न अवस्थाओं का अनुभव होता है, इतना ही कहा जा सकता है। जब तुम एक अवस्था में रहते हो, तो दूसरी अवस्था तुम्हें भूल मालूम पड़ती है। स्वप्न में हो सकता है, कलकत्ते में तुमने क्रय-विक्रय किया, पर दूसरे ही क्षण अपने को बिछौने पर लेटे हुए पाते हो। जब सत्य ज्ञान का उदय होगा, तब एक से भिन्न और कुछ नहीं देखोगे, उस समय यह समझ सकोगे कि पहले का द्वैत ज्ञान मिथ्या था। किन्तु यह सब बहुत दूर की बात है। हाथ में खड़िया लेकर अक्षरारम्भ करते ही यदि कोई रामायण, महाभारत पढ़ने की इच्छा करे, तो यह कैसे होगा? धर्म अनुभव का विषय है, बुद्धि के द्वारा समझने का नहीं। अनुभव के लिए प्रयत्न करना ही होगा, तब उसका सत्यासत्य समझा जा सकेगा। यह बात तुम लोगों के पाश्चात्य विज्ञान रसायनशास्त्र, भौतिकशास्त्र, भूगर्भशास्त्र आदि से भी अनुमोदित है। दो अंश Hydrogen (उद्‌जन) और एक अंश Oxygen (ओषजन) लेकर 'पानी कहाँ' कहने से क्या कहीं पानी होगा? नहीं; उनको एक सख्त स्थान में रखकर उनके भीतर electric current (विद्युत्प्रवाह) चलाकर उनका combination (संयोग, मिश्रण नहीं) करने पर ही पानी दिखायी देगा और ज्ञात होगा कि उद्‌जन और ओषजन नामक गैस से पानी उत्पन्न हुआ है। अद्वैत ज्ञान की उपलब्धि के लिए भी ठीक उसी तरह धर्म में विश्वास चाहिए, आग्रह चाहिए, अध्यवसाय चाहिए और चाहिए प्राणपण से यत्न। तब कहीं अद्वैत ज्ञान होता है। एक महीने की आदत छोड़ना कितना कठिन होता है, फिर दस साल की आदत की तो बात ही क्या! प्रत्येक व्यक्ति के सैकड़ों जन्मों का कर्मफल पीठ पर बँधा हुआ है। एक मुहूर्त भर श्मशान-वैराग्य हुआ नहीं कि बस कहने लगे, 'कहाँ, मुझे तो सब एक दिखायी नहीं पड़ता?'"

मैंने कहा, "स्वामी जी, आपकी यह बात सत्य होने पर तो Fatalism (अदृष्टवाद) आ जाता है। यदि बहुत जन्मों का कर्मफल एक जन्म में जाने का नहीं, तो उसके लिए फिर प्रयत्न ही क्यों! जब सभी को मुक्ति मिलेगी, तो मुझे भी मिलेगी।"

वे बोले, "वैसा नहीं है। कर्म का फल तो अवश्य भोगना होगा, किन्तु अनेक उपायों द्वारा ये सब कर्मफल बहुत थोड़े समय के भीतर समाप्त हो सकते हैं। मैजिक लैन्टर्न की पचास तस्वीरें दस मिनट के भीतर भी दिखायी जा सकती हैं, और दिखाते दिखाते समस्त रात भी काटी जा सकती है। वह तो अपने आग्रह के ऊपर निर्भर है।"

सृष्टि-रहस्य के सम्बन्ध में भी स्वामी जी की व्याख्या अति सुन्दर है,—"सृष्ट वस्तु मात्र ही चेतन और अचेतन (सुविधा के लिए) इन दो भागों में विभक्त है। मनुष्य सृष्ट वस्तु के चेतन-भाग का श्रेष्ठ प्राणीविशेष है। किसी किसी धर्म के मतानुसार ईश्वर ने अपने ही समान रूपवाली सर्वश्रेष्ठ मानव जाति का निर्माण किया है; कोई कहते हैं—मनुष्य पुच्छरहित वानरविशेष है; कोई कहते हैं—केवल मनुष्य में ही विवेचना-शक्ति है, उसका कारण यह है कि मनुष्य के मस्तिष्क में जल का अंश अधिक है। जो भी हो, मनुष्य प्राणीविशेष है और सब प्राणी सृष्ट पदार्थ के अंश मात्र हैं, इस विषय में मतभेद नहीं है। अब एक ओर पाश्चात्य विद्वान् 'सृष्ट पदार्थ क्या है,' यह समझने के लिए संश्लेषण-विश्लेषणात्मक उपायों का अवलम्बन कर 'यह क्या,' 'वह क्या,' इस प्रकार अनुसन्धान करने लगे; और दूसरी ओर हमारे पूर्वज लोग भारत की गर्म हवा और उर्वरा भूमि में, शरीर-रक्षा के लिए बिल्कुल थोड़ा समय देकर, कौपीन धारण कर, टिमटिमाते दिये के प्रकाश में बैठकर, कमर बाँधकर विचार करने लगे—**कस्मिन् विज्ञाते सर्वमिदं विज्ञातं भवति**, अर्थात् 'ऐसा कौन सा पदार्थ है, जिसके जान लेने पर सब कुछ जाना जा सकता है?' उन लोगों में अनेक प्रकार के लोग थे। इसीलिए चार्वाक के, 'जो कुछ दिखता है, वही सत्य है', इस मत (ultra-materialistic theory) से लेकर शंकराचार्य के अद्वैत मत तक सभी हमारे धर्म में पाये जाते हैं। ये दोनों ही दल धीरे धीरे एक स्थान में पहुँच रहे हैं और अब दोनों ने एक ही बात कहनी आरम्भ कर दी है। दोनों ही कहते हैं—इस ब्रह्माण्ड के सभी पदार्थ एक अनिवर्चनीय, अनादि, अनन्त वस्तु के प्रकाश मात्र हैं। देश एवं काल भी वही हैं। काल अर्थात् युग, कल्प, वर्ष, मास, दिन और मुहूर्त आदि समयसूचक काल, जिसके अनुभव में सूर्य की गति ही हमारी प्रधान सहायक है। ज़रा सोचकर तो देखो, वह काल क्या मालूम होता है? सूर्य अनादि नहीं है; ऐसा समय अवश्य था, जब सूर्य की सृष्टि नहीं हुई थी। और ऐसा समय भी आयेगा, जब यह सूर्य नहीं रहेगा; यह निश्चित है। अतः अखण्ड समय एक अनिर्वचनीय भाव या वस्तु विशेष के अतिरिक्त भला और क्या है? देश या आकाश कहने पर हम लोग पृथ्वी अथवा सौर जगत् सम्बन्धी सीमाबद्ध स्थानविशेष समझते हैं; किन्तु वह तो समग्र सृष्टि का अंश मात्र छोड़ और कुछ भी नहीं है। ऐसा भी स्थान हो सकता है, जहाँ पर कोई सृष्ट वस्तु नहीं है। अतएव अनन्त देश भी काल के समान एक अनिर्वचनीय भाव या वस्तुविशेष है। अब, सौर जगत् और सृष्ट पदार्थ कहाँ से और किस तरह आये? साधारणतः हम लोग कर्ता के अभाव में क्रिया नहीं देख पाते। अतएव समझते हैं कि इस सृष्टि का अवश्य कोई कर्ता है; किन्तु ऐसा

होने पर तो सृष्टिकर्ता का भी कोई सृष्टिकर्ता आवश्यक है। किन्तु वैसा हो नहीं सकता। अतएव आदि कारण, सृष्टिकर्ता या ईश्वर भी अनादि, अनिर्वचनीय अनन्त भाव या वस्तुविशेष है। पर अनन्त की अनेकता तो सम्भव नहीं है, अतएव ये सब अनन्त वस्तुएँ एक ही हैं एवं एक ही विविध रूपों में प्रकाशित हैं।"

एक समय मैंने पूछा था, "स्वामी जी, मन्त्र आदि में जो साधारणतया विश्वास प्रचलित है, वह क्या सत्य है?"

उन्होंने उत्तर दिया, "सत्य न होने का कोई कारण तो दिखता नहीं। तुमसे कोई यदि करुण स्वर एवं मधुर भाषा में कोई बात पूछे, तो तुम सन्तुष्ट होते हो, पर कठोर स्वर एवं तीखी भाषा में पूछे, तो तुम्हें क्रोध आ जाता है। तब फिर भला प्रत्येक भूत के अधिष्ठाता देवता सुललित उत्तम श्लोकों द्वारा क्यों न सन्तुष्ट होंगे?"

इन सब बातों को सुनकर मैंने कहा, "स्वामी जी, मेरी विद्या-बुद्धि की दौड़ को तो आप अच्छी तरह समझ सकते हैं। इस समय मेरा क्या कर्तव्य है, यह आप बतलाने की कृपा करें।"

स्वामी जी ने कहा, "जिस प्रकार भी हो, पहले मन को वश में लाने की चेष्टा करो, बाद में सब आप ही हो जायगा। ध्यान रखो, अद्वैत ज्ञान अत्यन्त कठिन है; वही मानव-जीवन का चरम उद्देश्य या लक्ष्य है, किन्तु उस लक्ष्य तक पहुँचने के पहले अनेक चेष्टा और आयोजन की आवश्यकता होती है। साधु-संग और यथार्थ वैराग्य को छोड़ उसके अनुभव का और कोई साधन नहीं।"

स्वामी जी की अस्फुट स्मृति[1]

१

आज से सोलह वर्ष पहले की बात है। सन् १८९७ ईस्वी, फ़रवरी मास। स्वामी विवेकानन्द ने पाश्चात्य देशों को जीतकर अभी अभी भारत में पदार्पण किया है। जिस क्षण से स्वामी जी ने शिकागो धर्म-महासभा में हिन्दू धर्म की विजय-पताका फहरायी है, तब से उनके सम्बन्ध में जो भी बात संवाद-पत्रों में प्रकाशित होती है, बड़े चाव से पढ़ता हूँ। कॉलेज छोड़े अभी दो-तीन वर्ष हुए हैं, किसी प्रकार का अर्थोपार्जन आदि नहीं कर रहा हूँ। इसलिए कभी मित्रों के घर जाकर, अथवा कभी घर के समीपवर्ती धर्मतला मुहल्ले में 'इण्डियन मिरर' आफ़िस के बाहरी भाग में बोर्ड पर चिपकी हुई 'इण्डियन मिरर' पत्रिका में स्वामी जी से सम्बन्धित जो कोई संवाद या उनका व्याख्यान प्रकाशित होता है, उसे बड़ी उत्सुकता से पढ़ा करता हूँ। इस प्रकार, स्वामी जी के भारत में पदार्पण करने के समय से सिंहल या मद्रास में जो कुछ उन्होंने कहा है, प्रायः सभी पढ़ चुका हूँ। इसके सिवाय आलमबाजार मठ में जाकर उनके गुरुभाइयों के पास एवं मठ में आने-जानेवाले मित्रों के पास उनके विषय में बहुत सी बातें सुन चुका हूँ और सुनता हूं, तथा विभिन्न सम्प्रदायों के मुखपत्र, जैसे—बंगवासी, अमृतबाज़ार, होप, थियोसॉफ़िस्ट प्रभृति, अपनी अपनी समझ के अनुसार—कोई व्यंग से, कोई उपदेश देने के बहाने, तो कोई बड़प्पन के ढंग से—उनके बारे में जो कुछ लिखता है, वह भी लगभग सब पढ़ चुका हूँ।

आज वे ही स्वामी विवेकानन्द सियालदह स्टेशन पर अपनी जन्मभूमि कलकत्ता नगरी में पदार्पण करेंगे। अब आज उनकी श्री मूर्ति के दर्शन से आँख-कान का विवाद समाप्त हो जायगा, इस हेतु बड़े तड़के ही उठकर सियालदह स्टेशन पर जा उपस्थित हुआ। इतने सबेरे से ही स्वामी जी की अभ्यर्थना के लिए बहुत से लोग एकत्र हो गये हैं। अनेक परिचित व्यक्तियों से भेंट हुई। स्वामी जी

---

१. बंगला सन् १३२० के आषाढ़ मास के बंगला मासिक-पत्र 'उद्बोधन' में स्वामी शुद्धानन्द का यह लेख प्रकाशित हुआ था। स०

के सम्बन्ध में बातचीत होने लगी। देखा, अंग्रेज़ी में मुद्रित दो परचे वितरित किये जा रहे हैं। पढ़कर मालूम हुआ कि इंग्लैण्ड और अमेरिकावासी उनके छात्रवृन्द ने उनके प्रस्थान के अवसर पर उनके गुणों का वर्णन करते हुए, उनके प्रति कृतज्ञता-सूचक जो दो अभिनन्दन-पत्र अर्पित किये थे, वे ही ये हैं। धीरे धीरे स्वामी जी के दर्शनार्थी लोग झुण्ड के झुण्ड आने लगे। प्लेटफ़ार्म लोगों से भर गया। सभी आपस में एक दूसरे से उत्कण्ठा के साथ पूछते हैं, 'स्वामी जी के आने में और कितना विलम्ब है?' सुना गया, वे एक 'स्पेशल ट्रेन' से आयेंगे, आने में अब और देरी नहीं है। अरे, यह तो है,—गाड़ी का शब्द सुनायी दे रहा है! क्रमशः आवाज़ के साथ गाड़ी ने प्लेटफ़ार्म के भीतर प्रवेश किया।

स्वामी जी जिस डिब्बे में थे, वह जिस जगह आकर रुका, सौभाग्य से मैं ठीक उसीके सामने खड़ा था। गाड़ी रुकते ही देखा, स्वामी जी खड़े हाथ जोड़कर सबको नमस्कार कर रहे हैं। इस एक ही नमस्कार से स्वामी जी ने मेरे हृदय को आकृष्ट कर लिया। उस समय गाड़ी में बैठे हुए स्वामी जी की मूर्ति को मैंने साधारणतः देख लिया। उसके बाद स्वागत-समिति के श्रीयुत नरेन्द्रनाथ सेन आदि व्यक्तियों ने आकर स्वामी जी को गाड़ी से उतारा और कुछ दूर खड़ी एक गाड़ी में बिठाया। बहुत से लोग स्वामी जी को प्रणाम करने और उनकी चरण-रेणु लेने के लिए अग्रसर हुए। उस जगह बड़ी भीड़ जमा हो गयी। इधर दर्शकों के हृदय से आप ही 'जय स्वामी विवेकानन्द जी की जय,' 'जय श्री रामकृष्ण देव की जय' की आनन्द-ध्वनि निकलने लगी। मैं भी हृदय से उस आनन्द-ध्वनि में सह-योग देकर जनता के साथ अग्रसर होने लगा। क्रमशः जब स्टेशन के बाहर निकले, तो देखा बहुत से युवक स्वामी जी की गाड़ी के घोड़े खोलकर खुद ही गाड़ी खींचने के लिए अग्रसर हो रहे हैं। मैंने भी उन लोगों को सहयोग देना चाहा, परन्तु भीड़ के कारण वैसा न कर सका। इसलिए उस चेष्टा को छोड़कर कुछ दूर से स्वामी जी की गाड़ी के साथ चलने लगा। स्टेशन पर स्वामी जी के स्वागतार्थ आये हुए एक हरिनाम-संकीर्तन-दल को देखा था। रास्ते में एक बैण्ड बजानेवाले दल को बैण्ड बजाते हुए स्वामी जी के साथ चलते देखा। रिपन कॉलेज तक का मार्ग अनेक प्रकार की पताकाओं एवं लता, पत्र और पुष्पों से सुसज्जित था। गाड़ी आकर रिपन कॉलेज के सामने खड़ी हुई। इस बार स्वामी जी को देखने का अच्छा सुयोग मिला। देखा, वे किसी परिचित व्यक्ति से कुछ कह रहे हैं। मुख तप्तकांचनवर्ण है, मानो ज्योति फूटकर बाहर निकल रही है। मार्गजनित श्रम के कारण कुछ पसीना आ रहा है। दो गाड़ियाँ हैं—एक में स्वामी जी एवं श्रीमान और श्रीमती सेवियर बैठे हैं, जिसमें खड़े होकर माननीय चारुचन्द्र मित्र हाथ

के इशारे से जनता को नियन्त्रित कर रहे हैं; और दूसरी गाड़ी में गुडविन, हैरिसन (सिंहल से स्वामी जी के साथ आये हुए बौद्ध धर्मावलम्बी एक साहब), जी० जी०, किडी और आलासिंगा नामक तीन मद्रासी शिष्य एवं स्वामी त्रिगुणातीतानन्द जी बैठे हुए हैं।

थोड़ी देर गाड़ी रुकने के बाद, बहुतों के अनुरोधवश स्वामी जी रिपन कॉलेज में प्रवेश कर दो-तीन मिनट अंग्रेज़ी में थोड़ा बोले और लौटकर गाड़ी में आकर बैठ गये। यहाँ से जुलूस आगे नहीं गया। गाड़ी बागबाज़ार में पशुपति बाबू के घर की ओर चली। मैं भी मन ही मन स्वामी जी को प्रणाम कर अपने घर की ओर लौटा।

२

भोजन करने के बाद मध्याह्न काल में चाँपातला मुहल्ले में खगेन (स्वामी विमलानन्द) के घर गया। वहाँ से खगेन और मैं उसके टाँगे में बैठकर पशुपति बोस के घर की ओर चले। स्वामी जी ऊपर के कमरे में विश्राम कर रहे थे, अधिक लोगों को नहीं जाने दिया जा रहा था। सौभाग्यवश हमारे परिचित, स्वामी जी के अनेक गुरुभाइयों से भेंट हो गयी। स्वामी शिवानन्द जी हम लोगों को स्वामी जी के पास ले गये और हम लोगों का परिचय देते हुए कहा, "ये सब आपके खूब admirers (प्रेमी) हैं।"

स्वामी जी और स्वामी योगानन्द पशुपति बाबू के घर की दूसरी मंज़िल पर एक सुसज्जित बैठकखाने में पास पास दो कुर्सियों पर बैठे थे। अन्य साधुगण उज्ज्वल गैरिक वस्त्र धारण किये हुए इधर-उधर घूम रहे थे। फ़र्श पर दरी बिछी हुई थी। हम लोग प्रणाम करके दरी पर बैठे। स्वामी जी उस समय स्वामी योगानन्द से बातचीत कर रहे थे। अमेरिका और यूरोप में स्वामी जी ने क्या देखा, यह प्रसंग चल रहा था। स्वामी जी कह रहे थे—

"देख योगेन, क्या देखा, बताऊँ? समस्त पृथ्वी में एक महाशक्ति ही क्रीड़ा कर रही है। हमारे पूर्वजों ने उसको religion (धर्म) की ओर manifest (प्रकाशित) किया था, और आधुनिक पाश्चात्य देशीय लोग उसीको महा रजोगुणात्मक क्रिया के रूप में manifest (प्रकाशित) कर रहे हैं। वस्तुतः समग्र जगत् में वही एक महाशक्ति भिन्न भिन्न रूप में क्रीड़ा कर रही है।"

खगेन की ओर देखकर स्वामी जी ने कहा, "इस लड़के को बहुत sickly (कमज़ोर) देखता हूँ।"

स्वामी शिवानन्द जी ने उत्तर दिया, "यह बहुत दिनों से chronic dyspepsia (पुराने अजीर्ण रोग) से पीड़ित है।"

स्वामी जी ने कहा, "हमारा बंगला देश बहुत sentimental (भावुक) है न, इसीलिए यहाँ इतना dyspepsia होता है।"

कुछ देर बाद हम लोग प्रणाम करके अपने अपने घर लौट आये।

३

स्वामी जी और उनके शिष्य श्रीमान और श्रीमती सेवियर काशीपुर में स्व० गोपाललाल शील के बँगले में निवास कर रहे हैं। स्वामी जी के श्रीमुख से कथा-वार्ता सुनने के लिए अपने बहुत से मित्रों के साथ मैं इस स्थान पर कई बार गया था। वहाँ का प्रसंग जो कुछ स्मरण है, वह इस प्रकार है :

स्वामी जी के साथ मुझे वार्तालाप का सौभाग्य सर्वप्रथम उसी बँगले के एक कमरे में हुआ। स्वामी जी आकर बैठे हैं, मैं भी जाकर प्रणाम करके बैठा हूँ, उस समय वहाँ और कोई नहीं है। न जाने क्यों, स्वामी जी ने एकाएक मुझसे पूछा, "क्या तू तम्बाकू पीता है?"

मैंने कहा, "जी नहीं।"

उस पर स्वामी जी बोले, "हाँ, बहुत से लोग कहते हैं—तम्बाकू पीना अच्छा नहीं।"

एक दूसरे दिन स्वामी जी के पास एक वैष्णव आये हुए हैं। स्वामी जी उनके साथ वार्तालाप कर रहे हैं। मैं कुछ दूर पर बैठा हूँ, और कोई नहीं है। स्वामी जी कह रहे हैं, "बाबा जी, अमेरिका में मैंने श्री कृष्ण के सम्बन्ध में एक बार व्याख्यान दिया। उसको सुनकर एक परम सुन्दरी, अगाध ऐश्वर्य की अधिकारिणी युवती सर्वस्व त्यागकर, एक निर्जन द्वीप में जाकर श्री कृष्ण के ध्यान में उन्मत्त हो गयी।" उसके बाद स्वामी जी त्याग के सम्बन्ध में कहने लगे, "जिन सम्प्रदायों में त्याग-भाव का प्रचार उतने उज्ज्वल रूप में नहीं है, उनके भीतर शीघ्र ही अवनति आ जाती है, जैसे—बल्लभाचार्य का सम्प्रदाय।"

और एक दिन स्वामी जी के पास गया। देखता हूँ, बहुत से लोग बैठे हैं और स्वामी जी एक युवक को लक्ष्य कर वार्तालाप कर रहे हैं। युवक बंगाल थियोसॉफ़िकल सोसायटी के भवन में रहता है। वह कह रहा है, "मैं अनेक सम्प्रदायों में जाता हूँ, किन्तु सत्य क्या है, यह निर्णय नहीं कर पा रहा हूँ।"

स्वामी जी अत्यन्त स्नेहपूर्ण स्वर में कह रहे हैं, "देखो बच्चा, मेरी भी एक दिन तुम्हारी जैसी अवस्था थी। फिर भय क्या? अच्छा, भिन्न भिन्न लोगों ने तुमसे क्या क्या कहा था, और तुमने क्या क्या किया, बताओ तो सही?"

युवक कहने लगा, "महाराज, हमारी सोसाइटी में भवानीशंकर नामक एक विद्वान् प्रचारक हैं। मूर्तिपूजा के द्वारा आध्यात्मिक उन्नति में जो विशेष सहायता मिलती है, उसे उन्होंने मुझे बहुत सुन्दर ढंग से समझा दिया। मैंने भी तदनुसार कुछ दिनों तक खूब पूजा-अर्चना की, किन्तु उससे शान्ति नहीं मिली। उसी समय एक महाशय ने मुझे उपदेश दिया—'देखो, मन को बिल्कुल शून्य करने की कोशिश करो, उससे तुम्हें परम शान्ति मिलेगी।' मैं बहुत दिनों तक उसी कोशिश में लगा रहा, किन्तु उससे भी मेरा मन शान्त न हुआ। महाराज, मैं अब भी एक कोठरी में, दरवाज़ा बन्द कर, जब तक बन पड़ता है, बैठा रहता हूँ, किन्तु शान्ति तो किसी भी तरह नहीं मिल रही है। क्या आप दया कर यह बता सकेंगे, शान्ति किससे मिलेगी?"

स्वामी जी स्नेहभरे स्वर में कहने लगे, "बच्चा, यदि तुम मेरी बात सुनो, तो तुम्हें अब पहले अपनी कोठरी का दरवाज़ा खुला रखना होगा। तुम्हारे घर के पास, बस्ती के पास कितने अभावग्रस्त लोग रहते हैं, उनकी तुम्हें यथासाध्य सेवा करनी होगी। जो पीड़ित है, उसके लिए औषधि और पथ्य का प्रबन्ध करो और शरीर के द्वारा उसकी सेवा-शुश्रूषा करो। जो भूखा है, उसके लिए खाने का प्रबन्ध करो। तुमने तो इतना पढ़ा-लिखा है, अतः जो अज्ञानी है, उसे वाणी द्वारा जहाँ तक हो सके, समझाओ। यदि तुम मेरा परामर्श मानो, तो इस प्रकार लोगों की यथासाध्य सेवा करो। यदि तुम इस प्रकार कर सकोगे, तो तुम्हारे मन को अवश्य शान्ति मिलेगी।"

युवक बोला, "अच्छा, महाराज, मान लीजिए, मैं एक रोगी की सेवा करने के लिए गया; किन्तु उसके लिए रात भर जगने से, समय पर भोजन आदि न करने तथा अधिक परिश्रम से यदि मैं स्वयं ही रोगग्रस्त हो जाऊँ तो?"

स्वामी जी अब तक उस युवक के साथ स्नेहपूर्ण स्वर में सहानुभूति के साथ बातें कर रहे थे। इस अन्तिम वाक्य से ऐसा जान पड़ा कि वे कुछ विरक्त से हो गये। वे कुछ व्यंग-भाव से कह उठे, "देखो जी, रोगी की सेवा करने के लिए जाने पर तुम अपने रोग की आशंका कर रहे हो किन्तु तुम्हारी बातचीत सुनने पर और तुम्हारा मनोभाव देखने पर मुझे तो मालूम पड़ता है—और जो यहाँ उपस्थित हैं, वे भी खूब अच्छी तरह समझ सकते हैं—कि तुम ऐसे रोगी की सेवा कभी भी नहीं करोगे, जिससे तुम्हें खुद को ही रोग हो जाय।"

युवक के साथ और कोई विशेष बातचीत नहीं हुई। हम लोग समझ गये, यह व्यक्ति 'कैंची' श्रेणी का है; अर्थात् जैसे कैंची जो कुछ भी मिले, उसीको काट देती है, उसी प्रकार एक श्रेणी के मनुष्य हैं, जो कोई सदुपदेश सुनने से ही उसमें त्रुटि निकालते हैं, जिनकी निगाह इन उपदिष्ट विषयों में दोष देखने के लिए बड़ी पैनी रहती है। ऐसे लोगों से चाहे कितनी ही अच्छी बात क्यों न कहिए, सभी की बात वे तर्क द्वारा काट देते हैं।

एक दूसरे दिन मास्टर महाशय (श्री रामकृष्ण वचनामृत के प्रणेता श्री 'म') के साथ वार्तालाप हो रहा है। मास्टर महाशय कह रहे हैं, "देखो, तुम जो दया, परोपकार और जीव-सेवा आदि की बातें करते हो, वे तो माया के राज्य की बातें हैं। जब वेदान्त-मत में मानव का चरम लक्ष्य मुक्ति-लाभ और माया-बन्धन का विच्छेद है, तो फिर उन सब माया-व्यापारों में लिप्त होकर लोगों को दया, परोपकार आदि विषयों का उपदेश देने में क्या लाभ?"

स्वामी जी ने तत्क्षण उत्तर दिया, "मुक्ति भी क्या माया के अन्तर्गत नहीं? आत्मा तो नित्य मुक्त है, फिर उसकी मुक्ति के लिए चेष्टा क्यों?"

मास्टर महाशय चुप हो गये।

मैं समझ गया, मास्टर महाशय दया, सेवा, परोपकार आदि सब छोड़कर, सभी प्रकार के अधिकारियों के लिए केवल जप-तप, ध्यान-धारणा या भक्ति का ही एकमात्र साधन के रूप में समर्थन कर रहे थे; किन्तु स्वामी जी के मतानुसार, एक प्रकार के अधिकारियों के लिए इन सबका अनुष्ठान जिस तरह मुक्ति-लाभ के लिए आवश्यक है, उसी प्रकार ऐसे भी बहुत से अधिकारी हैं, जिनके लिए परोपकार, दान, सेवा आदि आवश्यक हैं। एक को उड़ा देने से दूसरे को भी उड़ा देना होगा, एक को स्वीकार करने पर दूसरे को भी स्वीकार करना पड़ेगा। स्वामी जी के इस प्रत्युत्तर से यह बात अच्छी तरह समझ में आ गयी कि मास्टर महाशय दया, सेवा आदि को 'माया' शब्द से उड़ाकर और जप-ध्यान आदि को ही मुख्य रखकर संकीर्ण भाव का परिपोषण कर रहे थे। परन्तु स्वामी जी का उदार हृदय और छुरे की धार के समान उनकी तीक्ष्ण बुद्धि उसे सहन न कर सकी। अपनी अद्‌भुत युक्ति से उन्होंने मुक्ति-लाभ की चेष्टा को भी माया के अन्तर्गत ही निर्धारित किया एवं दया, सेवा आदि के साथ उसको एक श्रेणी में लाकर उन्होंने कर्मयोग के पथिक को भी आश्रय दिया।

थॉमस-ए-केम्पिस के 'ईसा-अनुसरण' (Imitation of Christ) का प्रसंग उठा। बहुत से लोग जानते होंगे कि स्वामी जी संसार-त्याग करने से कुछ पहले इस ग्रन्थ की विशेष रूप से चर्चा किया करते थे, और बराहनगर मठ में रहते

समय उनके सभी गुरुभाई उन्हींके समान इस ग्रन्थ को साधक-जीवन में विशेष सहायक समझकर सर्वदा इस पर विचार किया करते थे। स्वामी जी इस ग्रन्थ के इतने अनुरागी थे कि उस समय के 'साहित्य-कल्पद्रुम' नामक मासिक पत्र में उसकी एक प्रस्तावना लिखकर उन्होंने 'ईसा-अनुसरण' नाम से उसका सुन्दर अनुवाद करना भी आरम्भ कर दिया था। प्रस्तावना पढ़ने से ही यह मालूम हो जाता है कि स्वामी जी इस ग्रन्थ तथा ग्रन्थकार को कितनी गम्भीर श्रद्धा से देखते थे। वास्तव में, उसमें विवेक, वैराग्य, दीनता, दास्य, भक्ति आदि के ऐसे सैकड़ों ज्वलन्त उपदेश हैं कि जो उसे पढ़ेंगे, उनके हृदय में वे भाव कुछ न कुछ अवश्य उद्दीपित होंगे। उपस्थित व्यक्तियों में से एक सज्जन यह जानने के लिए कि स्वामी जी का इस समय उस ग्रन्थ के प्रति कैसा भाव है, उस ग्रन्थ में वर्णित दीनता के उपदेश का प्रसंग उठाते हुए बोले, "अपने को इस प्रकार अत्यन्त हीन समझे बिना आध्यात्मिक उन्नति कैसे हो सकती है?" स्वामी जी यह सुनकर कहने लगे, "हम लोग हीन कैसे? हम लोगों के लिए अन्धकार कहाँ? हम लोग तो ज्योति के राज्य में वास करते हैं, हम लोग तो ज्योति के तनय हैं!"

उनका इस प्रकार प्रत्युत्तर सुनकर मैं समझ गया कि स्वामी जी उक्त ग्रन्थ-निर्दिष्ट इन प्राथमिक साधन-सोपानों को पारकर साधना-राज्य की कितनी उच्च भूमि में पहुँच गये हैं।

हम लोग यह विशेष रूप से देखते थे कि संसार की अत्यन्त सामान्य घटनाएँ भी उनकी तीक्ष्ण दृष्टि को धोखा नहीं दे सकती थीं। वे उन घटनाओं की सहायता से भी उच्च धर्मभाव का प्रचार करने की चेष्टा करते थे।

श्री रामकृष्ण देव के भतीजे श्रीयुत रामलाल चट्टोपाध्याय (मठ के पुराने साधुगण, जिन्हें रामलाल दादा कहकर पुकारते हैं) दक्षिणेश्वर से एक दिन स्वामी जी से मिलने आये। स्वामी जी ने एक कुर्सी मँगवाकर उनसे बैठने के लिए अनुरोध किया और स्वयं टहलने लगे। श्रद्धाविनम्र दादा इससे कुछ संकुचित होकर कहने लगे, "आप बैठें, आप बैठें।" पर स्वामी जी उन्हें किसी तरह छोड़नेवाले नहीं थे। बहुत कह-सुनकर दादा को कुर्सी पर बिठाया और स्वयं टहलते टहलते कहने लगे, "गुरुवत् गुरुपुत्रेषु।" (गुरु के पुत्र एवं सम्बन्धियों के साथ गुरु जैसा ही व्यवहार करना चाहिए।) मैंने देखा, इतना ऐश्वर्य, इतना मान पाकर भी हमारे स्वामी जी को थोड़ा सा भी अभिमान नहीं हुआ है। यह भी समझा, गुरुभक्ति इसी तरह की जाती है।

बहुत से छात्र आये हुए हैं। स्वामी जी एक कुर्सी पर बैठे हुए हैं। सभी उनके पास बैठकर उनकी दो-चार बातें सुनने के लिए उत्सुक हैं। वहाँ पर और

कोई आसन नहीं है, जिस पर स्वामी जी लड़कों से बैठने को कह सकें; इसलिए उन लोगों को भूमि पर बैठना पड़ा। ऐसा ज्ञात हुआ कि स्वामी जी मन में सोच रहे हैं, यदि इनके बैठने के लिए कोई आसन होता, तो अच्छा है। किन्तु ऐसा लगा कि दूसरे ही क्षण उनके हृदय में दूसरा भाव उत्पन्न हो गया। वे बोल उठे, "सो ठीक है, तुम लोग ठीक बैठे हो, थोड़ी थोड़ी तपस्या करना भी ठीक है।"

एक दिन अपने मुहल्ले के चंडीचरण बर्धन को साथ लेकर मैं स्वामी जी के पास गया। चंडी बाबू 'हिन्दू ब्वायेज़' स्कूल' नामक एक संस्था के मालिक थे। वहाँ अंग्रेज़ी स्कूल की तृतीय श्रेणी तक पढ़ाया जाता था। वे पहले से ही खूब ईश्वरानुरागी थे, बाद में स्वामी जी की वक्तृता आदि पढ़कर उनके प्रति अत्यन्त श्रद्धालु हो गये। पहले कभी कभी धर्म-साधना के लिए व्याकुल हो संसार परित्याग करने की भी उन्होंने चेष्टा की थी, किन्तु उसमें सफल नहीं हो सके। कुछ दिन शौक़ के लिए थियेटर में अभिनय आदि एवं एकाध नाटक की रचना भी की थी। ये भावुक व्यक्ति थे। विख्यात प्रजातन्त्रवादी एडवर्ड कारपेन्टर जब भारत-भ्रमण कर रहे थे, उस समय उनके साथ चंडी बाबू का परिचय और बातचीत हुई थी। उन्होंने 'एडम्स पीक टु एलिफ़ेन्टा' नामक अपने ग्रन्थ में चंडी बाबू के साथ हुए वार्तालाप का संक्षिप्त विवरण और उनका एक चित्र भी दिया था।

चंडी बाबू आकर भक्ति-भाव से स्वामी जी को प्रणाम कर पूछने लगे, "स्वामी जी, किस प्रकार के व्यक्ति को गुरु बनाना चाहिए?"

स्वामी जी—"जो तुम्हें तुम्हारा भूत-भविष्य बतला सके, वही तुम्हारा गुरु है। देखो न, मेरे गुरु ने मेरा भूत-भविष्य सब बतला दिया था।"

चंडी बाबू ने पूछा, "अच्छा स्वामी जी, कौपीन पहनने से क्या काम-दमन में कुछ विशेष सहायता मिलती है।"

स्वामी जी—"थोड़ी-बहुत सहायता मिल सकती है। किन्तु इस वृत्ति के प्रबल हो उठने पर कौपीन भी भला क्या करेगा? जब तक मन भगवान् में तन्मय नहीं हो जाता, तब तक किसी भी बाह्य उपाय से काम पूर्णतया रोका नहीं जा सकता। फिर भी बात क्या है जानते हो, जब तक मनुष्य उस अवस्था को पूर्णतया लाभ नहीं कर लेता, तब तक अनेक प्रकार के बाह्य उपायों के अवलम्बन की चेष्टा स्वभावतः ही किया करता है।"

ब्रह्मचर्य के सम्बन्ध में चंडी बाबू स्वामी जी से बहुत से प्रश्न पूछने लगे। स्वामी जी भी बड़े सरल ढंग से सभी प्रश्नों का उत्तर देने लगे। चंडी बाबू धर्म-साधना के लिए आन्तरिक भाव से प्रयत्न करते थे, किन्तु गृहस्थ होने के कारण इच्छानुसार नहीं कर पाते थे। यद्यपि उनकी यह दृढ़ धारणा थी कि ब्रह्मचर्य

धर्म-साधन के लिए अत्यन्त प्रयोजनीय है, तथापि वे पूर्ण रूप से उसका अनुष्ठान नहीं कर पाते थे। वे सर्वदा लड़कों को लेकर अध्यापन-कार्य में ही लगे रहते थे, इसलिए धर्म-साधन और सत्-शिक्षा के अभाव एवं कुसंगति के कारण अत्यन्त अल्प अवस्था में ही उन लोगों का ब्रह्मचर्य किस तरह नष्ट हो जाता है, इसे वे अच्छी तरह जानते थे, और किस उपाय से उसे रोका जाय, इसकी शिक्षा उन बच्चों को देने के लिए वे सर्वदा प्रयत्नशील रहते थे। किन्तु **स्वयमसिद्धः कथं परान् साधयेत्**—अर्थात् 'स्वयं असिद्ध होकर दूसरों को कैसे सिद्ध किया जा सकता है!' अतएव किसी भी तरह अपने या दूसरे के भीतर ब्रह्मचर्य-भाव को प्रविष्ट करने में असमर्थ हो समय समय पर वे अत्यन्त दुःखित हो जाते थे। इस समय परम ब्रह्मचारी स्वामी जी की ज्वलन्त उपदेशावली और ओजस्विनी वाणी सुनकर अकस्मात् उनके हृदय में यह भाव उदित हुआ कि ये महापुरुष एक बार इच्छा करने पर मेरे तथा बालकों के भीतर उस प्राचीन ब्रह्मचर्य भाव को निश्चित ही उद्दीप्त कर सकते हैं। पहले ही कहा जा चुका है कि ये एक भावुक व्यक्ति थे। वे एकाएक पूर्वोक्त रूप से उत्तेजित हो अंग्रेज़ी में चिल्लाकर बोल उठे, "Oh Great Teacher ! tear up the veil of hypocrisy and teach the world the one thing needful—how to conquer lust." अर्थात् "हे आचार्यवर, जिस कपटता के आवरण से अपने यथार्थ स्वभाव को छिपाकर हम लोग दूसरों के निकट अपने को शिष्ट, शान्त या सभ्य बतलाने की चेष्टा करते हैं, उसे आप अपनी दिव्य शक्ति के बल से छिन्न करके दूर कर दें एवं लोगों के भीतर जो घोर काम-प्रवृत्ति विद्यमान है, उसका जिससे समूल विनाश हो, वैसी शिक्षा दें।"

स्वामी जी ने चंडी बाबू को शान्त और आश्वस्त किया।

बाद में एडवर्ड कारपेन्टर का प्रसंग उपस्थित हुआ। स्वामी जी ने कहा, "लन्दन में ये बहुधा मेरे पास आते रहते थे। और भी बहुत से समाजवादी, प्रजातन्त्रवादी आदि आया करते थे। वे सब वेदान्तोक्त धर्म में अपने अपने मत की पोषकता पाकर उसके प्रति विशेष आकृष्ट होते थे।"

स्वामी जी उक्त कारपेन्टर साहब की 'एडम्स पीक टु एलिफ़ेन्टा' नामक पुस्तक पढ़ चुके थे। इसी समय उक्त पुस्तक में दी हुई चंडी बाबू की तस्वीर उन्हें याद आयी; वे बोले, "आपका चेहरा तो पुस्तक में पहले ही देख चुका हूँ।" और भी कुछ देर बातचीत करने के बाद सन्ध्या हो जाने के कारण स्वामी जी विश्राम के लिए उठे। उठने के समय चंडी बाबू को सम्बोधित करके बोले, "चंडी बाबू आप तो बहुत से लड़कों के संसर्ग में आते हैं। क्या आप मुझे कुछ सुन्दर सुन्दर लड़के दे सकते हैं?" शायद चंडी बाबू कुछ अन्यमनस्क थे।

स्वामी जी के कथन का सम्पूर्ण मर्म न समझ सकने के कारण वे जब विश्राम-घर में प्रवेश कर रहे थे, तब आगे बढ़कर उनके पास आकर चंडी बाब बोले, "सुन्दर लड़कों की आप क्या बात कर रहे थे?"

स्वामी जी ने कहा, "जिनकी मुखाकृति सुन्दर हो, ऐसे लड़के मैं नहीं चाहता—मैं तो चाहता हूँ, खूब स्वस्थ शरीर, कर्मठ एवं सत्प्रकृतियुक्त कुछ लड़के। उन्हें train करना (शिक्षा देना) चाहता हूँ, जिससे वे अपनी मुक्ति के लिए और जगत् के कल्याण के लिए प्रस्तुत हो सकें।"

और एक दिन जाकर देखा, स्वामी जी टहल रहे हैं, श्रीयुत शरच्चन्द्र चक्रवर्ती ('स्वामी-शिष्य-संवाद' नामक पुस्तक के रचयिता) स्वामी जी के साथ खूब घनिष्ठ भाव से बातें कर रहे हैं। स्वामी जी से एक प्रश्न पूछने की हमें अत्यधिक उत्कण्ठा हुई। प्रश्न यह था—अवतार और मुक्त या सिद्ध पुरुष में क्या अन्तर है? हमने शरत् बाबू से स्वामी जी के सम्मुख इस प्रश्न को उठाने के लिए विशेष अनुरोध किया। अतः उन्होंने स्वामी जी से यह प्रश्न पूछा। हम लोग शरत् बाबू के पीछे पीछे यह सुनने के लिए गये कि देखें, स्वामी जी इस प्रश्न का क्या उत्तर देते हैं। स्वामी जी उस प्रश्न के सम्बन्ध में बिना कोई प्रकट उत्तर दिये कहने लगे, "विदेह-मुक्त ही सर्वोच्च अवस्था है—यही मेरा सिद्धान्त है। जब मैं साधनावस्था में भारत के अनेक स्थानों में भ्रमण कर रहा था, उस समय कितनी निर्जन गुफाओं में अकेले बैठकर कितना समय बिताया है, मुक्ति प्राप्त नहीं हुई, यह सोचकर कितनी बार प्रायोपवेशन द्वारा देह त्याग देने का भी संकल्प किया है, कितना ध्यान, कितना साधन-भजन किया है! किन्तु अब मुक्ति-लाभ के लिए वह 'विजातीय' आग्रह नहीं रहा। इस समय तो मन में केवल यही होता है कि जब तक पृथ्वी पर एक भी मनुष्य अमुक्त है, तब तक मुझे अपनी मुक्ति की कोई आवश्यकता नहीं!"

मैं तो स्वामी जी की उक्त वाणी सुनकर उनके हृदय की अपार करुणा की बात सोचकर विस्मित हो गया और सोचने लगा, इन्होंने क्या अपना दृष्टान्त देकर अवतार पुरुषों का लक्षण समझाया है? क्या ये भी एक अवतार हैं? सोचा, स्वामी जी अब मुक्त हो गये हैं, इसीलिए, मालूम होता है, उन्हें अपनी मुक्ति के लिए अब आग्रह नहीं है।

और एक दिन सन्ध्या के बाद मैं और खगेन (स्वामी विमलानन्द) स्वामी जी के पास गये। हरमोहन बाबू (श्री रामकृष्ण देव के भक्त) हम लोगों को स्वामी जी के साथ विशेष रूप से परिचित कराने के लिए बोले, "स्वामी जी, ये दोनों आपके खूब admirers (प्रशंसक) हैं, और वेदान्त का अध्ययन भी

खूब करते हैं।" हरमोहन बाबू के वाक्य का प्रथम अंश सम्पूर्ण सत्य होने पर भी, द्वितीयांश कुछ अतिरंजित था, क्योंकि हम लोगों ने उस समय केवल गीता का ही अध्ययन किया था। हम लोगों ने वेदान्त के छोटे छोटे कुछ ग्रन्थ और दो-एक उपनिषदों का अनुवाद एकाध बार देखा था, परन्तु इन सब शास्त्रों की हम लोगों ने विद्यार्थी के समान उत्तम रूप से आलोचना नहीं की थी और न मूल संस्कृत ग्रन्थों को भाष्य आदि की सहायता से पढ़ा था। जो हो, स्वामी जी वेदान्त की बात सुनकर बोल उठे, "उपनिषद् कुछ पढ़ा है?"

मैंने कहा, "जी हाँ, थोड़ा-बहुत देखा है।"

स्वामी जी ने पूछा, "कौन सा उपनिषद् पढ़ा है?"

मैंने मन के भीतर टटोलकर और कुछ न पाकर कह डाला, "कठोपनिषद् पढ़ा है।"

स्वामी जी ने कहा, "अच्छा, कठ ही सुनाओ; कठोपनिषद् खूब grand (सुन्दर) है—कवित्व से भरा है।"

क्या मुसीबत! स्वामी जी ने शायद समझा कि मुझे कठोपनिषद् कण्ठस्थ है, इसीलिए मुझसे सुनाने के लिए कहा। मैंने उसके संस्कृत मंत्रों को यद्यपि एकाध बार देखा था, किन्तु कभी भी अर्थानुसन्धानपूर्वक पढ़ने और मुखाग्र करने की चेष्टा नहीं की थी। सो बड़ी मुश्किल में पड़ गया। क्या करूँ? इसी समय एक बात स्मरण आयी। इसके कुछ वर्ष पहले से ही प्रत्यह नियमपूर्वक थोड़ा थोड़ा गीता का पाठ किया करता था। इस कारण गीता के अधिकांश श्लोक मुझे कण्ठस्थ थे। सोचा, जैसे भी हो, कुछ शास्त्रीय श्लोकों की आवृत्ति यदि न करूँ, तो फिर स्वामी जी को मुँह दिखाते न बनेगा। अतएव बोल उठा, "कठ तो कण्ठस्थ नहीं है—गीता से कुछ सुनाता हूँ।"

स्वामी जी बोले, "अच्छा, वही सही।"

तब गीता के ग्यारहवें अध्याय के अन्तिम भाग से **स्थाने हृषीकेश! तव प्रकीर्त्या** से आरम्भ करके अर्जुनकृत संपूर्ण स्तव स्वामी जी को सुना दिया। स्वामी जी उत्साह देते हुए "बहुत अच्छा, बहुत अच्छा" कहने लगे।

इसके दूसरे दिन मैं अपने मित्र राजेन्द्र घोष के पास गया। उससे मैंने कहा, "भाई, कल उपनिषद् के कारण स्वामी जी के सम्मुख बड़ा लज्जित हुआ। तुम्हारे पास यदि कोई उपनिषद् हो, तो जेब में लेते चलो। यदि कल की तरह उपनिषद् की बात निकालेंगे, तो पढ़ने से ही हो जायगा।" राजेन्द्र के पास प्रसन्नकुमार शास्त्रीकृत ईश-केन-कठ आदि उपनिषद् और उनके बंगानुवाद का एक गुटका संस्करण था। उसे जेब में रखकर हम लोग स्वामी जी के दर्शनार्थ चले। आज

अपराह्न में स्वामी जी का कमरा लोगों से भरा हुआ था। जो सोचा था, वही हुआ। आज भी, यह तो ठीक स्मरण नहीं कि कैसे, पर कठोपनिषद् का ही प्रसंग उठा। मैंने झट जेब से उपनिषद् निकाला और उसे शुरू से पढ़ना आरम्भ किया। पाठ के बीच में स्वामी जी नचिकेता की श्रद्धा की कथा—जिस श्रद्धा के बल से वे निर्भीक चित्त से यम-सदन जाने के लिए भी साहसी हुए थे—कहने लगे। जब नचिकेता के द्वितीय वर स्वर्ग-प्राप्ति की कथा का पाठ प्रारम्भ हुआ, तब स्वामी जी ने उस स्थल को अधिक न पढ़कर कुछ कुछ छोड़कर तृतीय वर का प्रसंग पढ़ने के लिए कहा।

नचिकेता के प्रश्न—मृत्यु के बाद लोगों का सन्देह—शरीर छूट जाने पर कुछ रहता है या नहीं;—उसके बाद यम का नचिकेता को प्रलोभन दिखाना और नचिकेता का दृढ़ भाव से उन सभी का प्रत्याख्यान,—इन सब स्थलों का पाठ हो जाने के बाद स्वामी जी ने अपनी स्वभाव-सुलभ ओजस्विनी भाषा में क्या क्या कहा—क्षीण स्मृति सोलह वर्षों में उसका कुछ भी चिह्न न रख सकी।

किन्तु इन दो दिनों के उपनिषद्-प्रसंग में स्वामी जी की उपनिषद् के प्रति श्रद्धा और अनुराग का कुछ अंश मेरे अन्तःकरण में भी संचरित हो गया, क्योंकि उसके दूसरे ही दिन से जब कभी सुयोग पाता, परम श्रद्धा के साथ उपनिषद् पढ़ने की चेष्टा करता था। और यह कार्य आज भी कर रहा हूँ। विभिन्न समय में उनके श्रीमुख से उच्चरित, अपूर्व स्वर, लय और तेजस्विता के साथ पठित उपनिषद् के एक एक मन्त्र मानो आज भी मेरे कानों में गूँज रहे हैं। जब परचर्चा में मग्न हो आत्म-चर्चा भूल जाता हूँ, तो सुन पाता हूँ—उनके उस सुपरिचित किन्नरकण्ठ से उच्चरित उपनिषद्-वाणी की दिव्य गंभीर घोषणा—

तमेवैकं जानथ आत्मानमन्या वाचो विमुञ्चथामृतस्यैष सेतुः[१]—'एकमात्र उस आत्मा को ही पहचानो, अन्य सब बातें छोड़ दो—वही अमृत का सेतु है।'

जब आकाश में घोर घटाएँ छा जाती हैं और दामिनी दमकने लगती है, उस समय मानो सुन पाता हूँ—स्वामी जी उस आकाशस्थ सौदामिनी की ओर इंगित करते हुए कह रहे हैं—

न तत्र सूर्यो भाति न चन्द्रतारकम्।
नेमा विद्युतो भान्ति कुतोऽयमग्निः।
तमेव भान्तमनुभाति सर्वं।
तस्य भासा सर्वमिदं विभाति॥[२]

---

१. मुण्डकोपनिषद् ॥२।२।५॥ २. कठोपनिषद् ॥२।२।१५॥

—'वहाँ सूर्य भी प्रकाशित नहीं होता—चन्द्रमा और तारे भी नहीं, ये सब विद्युत् भी वहाँ प्रकाशित नहीं होतीं—फिर इस सामान्य अग्नि की भला बात ही क्या? उनके प्रकाशित होने से फिर सभी प्रकाशित होते हैं, उनका प्रकाश इन सबको प्रकाशित करता है।'

पुनः, जब तत्त्वज्ञान को असाध्य जान हृदय हताश हो जाता है, तब जैसे सुन पाता हूँ—स्वामी जी आनन्दोत्फुल्ल हो उपनिषद् की आश्वासन देनेवाली इस वाणी की आवृत्ति कर रहे हैं—

शृण्वन्तु विश्वे अमृतस्य पुत्रा
आ ये धामानि दिव्यानि तस्थुः॥
वेदाहमेतं पुरुषं महान्तम्
आदित्यवर्णं तमसः परस्तात्॥
तमेव विदित्वाऽति मृत्युमेति
नान्यः पन्था विद्यतेऽयनाय॥[1]

—'हे अमृत के पुत्रो, हे दिव्यधामनिवासियो, तुम लोग सुनो। मैंने उस महान् पुरुष को जान लिया है, जो आदित्य के समान ज्योतिर्मय और अज्ञानान्धकार से अतीत है। उसको जानने से ही लोग मृत्यु का अतिक्रमण करते हैं—मुक्ति का और दूसरा कोई मार्ग नहीं।'

अस्तु, और एक दिन की घटना का विषय यहाँ पर संक्षेप में कहूँगा। इस दिन की घटना का शरत् बाबू ने 'विवेकानन्द जी के संग में' नामक अपने ग्रन्थ में विस्तृत रूप से वर्णन किया है।

मैं उस दिन दोपहर में ही जा उपस्थित हुआ था। देखा, कमरे में बहुत से गुजराती पण्डित बैठे हैं, स्वामी जी उनके पास बैठकर धाराप्रवाह रूप से संस्कृत भाषा में धर्मविषयक विचार कर रहे हैं। भक्ति-ज्ञान आदि अनेक विषयों की चर्चा हो रही थी। इसी बीच हल्ला हो उठा। ध्यान देने पर समझा कि स्वामी जी संस्कृत भाषा में बोलते बोलते कोई एक व्याकरण की भूल कर गये। इस पर पण्डित-गण ज्ञान-भक्ति-विवेक-वैराग्य आदि विषय की चर्चा छोड़कर इस व्याकरण की त्रुटि को लेकर, 'हमने स्वामी जी को हरा दिया' यह कहते हुए खूब शोर-गुल मचा रहे हैं और प्रसन्न हो रहे हैं। उस समय श्री रामकृष्ण देव की वह बात याद आ गयी—'गिद्ध उड़ता तो खूब ऊपर है, किन्तु उसकी दृष्टि रहती है मरे पशुओं पर!'

---

१ **श्वेताश्वतरोपनिषद् ॥२।५; ३।८॥**

जो हो, स्वामी जी किंचित् भी विचलित नहीं हुए और कहा, **पण्डितानां दासोऽहं क्षन्तव्यमेतत्स्खलनम्।** थोड़ी देर के बाद स्वामी जी उठ गये और पण्डितगण गंगा जी में हाथ-मुँह धोने के लिए गये। मैं भी बगीचे में घूमते घूमते गंगा जी के तट पर गया। वहाँ पण्डितगण स्वामी जी के सम्बन्ध में आलोचना कर रहे थे। सुना, वे कह रहे थे––"स्वामी जी उस प्रकार के पण्डित नहीं हैं, परन्तु उनकी आँखों में एक मोहिनी शक्ति है। उसी शक्ति के बल से उन्होंने अनेक स्थानों में दिग्विजय की है।"

सोचा, पण्डितों ने तो ठीक ही समझा है। आँखों में यदि मोहिनी शक्ति न होती, तो क्या यों ही इतने विद्वान्, धनी-मानी, प्राच्य-पाश्चात्य देश के विभिन्न प्रकृति के स्त्री-पुरुष इनके पीछे पीछे दास के समान दौड़ते! यह तो विद्या के कारण नहीं, रूप के कारण नहीं, ऐश्वर्य के भी कारण नहीं––यह सब उनकी आँखों की उस मोहिनी शक्ति के ही कारण है।

पाठकगण! आँखों में यह मोहिनी शक्ति स्वामी जी को कहाँ से मिली, इसे जानने का यदि कौतूहल हो, तो अपने श्री गुरु के साथ उनके दिव्य सम्बन्ध एवं उनके अपूर्व साधन-वृत्तान्त पर श्रद्धा के साथ एक बार मनन करो––इसका रहस्य ज्ञात हो जायगा।

सन् १८९७, अप्रैल मास का अन्तिम भाग। आलमबाज़ार मठ। अभी चार-पाँच दिन ही हुए हैं, घर छोड़कर मठ में रह रहा हूँ। पुराने संन्यासियों में केवल स्वामी प्रेमानन्द, स्वामी निर्मलानन्द और स्वामी सुबोधानन्द हैं। स्वामी जी दार्जिलिंग से आये––साथ में स्वामी ब्रह्मानन्द, स्वामी योगानन्द, स्वामी जी के मद्रासी शिष्य आलासिंगा पेरुमल, किडी और जी० जी० आदि हैं।

स्वामी नित्यानन्द, कुछ दिन हुए, स्वामी जी द्वारा संन्यासव्रत में दीक्षित हुए हैं। इन्होंने स्वामी जी से कहा, "इस समय बहुत से नये नये लड़के संसार छोड़कर मठवासी हुए हैं, उनके लिए एक निर्दिष्ट नियम से शिक्षा-दान की व्यवस्था करना अत्युत्तम होगा।"

स्वामी जी उनके अभिप्राय का अनुमोदन करते हुए बोले, "हाँ, हाँ, नियम बनाना तो अच्छा ही है। बुलाओ सभी को।" सब आकर बड़े कमरे में जमा हुए। तब स्वामी जी ने कहा, "कोई एक व्यक्ति लिखना शुरू करो, मैं बोलता जाता हूँ।" उस समय सब एक दूसरे को ठेलकर आगे करने लगे––कोई अग्रसर नहीं होना चाहता था, अन्त में मुझे ढकेलकर आगे कर दिया। उस समय मठ में लिखाई-पढ़ाई के प्रति साधारणतया एक प्रकार की उपेक्षा थी। यही धारणा प्रबल थी कि साधन-भजन करके भगवान् का साक्षात्कार करना ही एकमात्र सार है; लिखने-पढ़ने से तो मान और यश की इच्छा होती है। जो भगवान् के द्वारा

आदिष्ट होकर प्रचार-कार्य आदि करेंगे, उनके लिए भले वह आवश्यक हो, पर साधकों के लिए तो उसका कोई प्रयोजन नहीं है, उलटे वह हानिकारक ही है। जो हो, मैं पहले ही कह चुका हूँ कि स्वभाव से मैं ज़रा forward (अग्रिम) और लापरवाह हूँ—मैं अग्रसर हो गया। स्वामी जी ने एक बार आकाश की ओर देखकर पूछा, "यह क्या रहेगा?" (अर्थात् क्या मैं ब्रह्मचारी होकर वहाँ रहूँगा, अथवा दो-एक दिन मठ में घूमने के लिए ही आया हूँ और बाद में चला जाऊँगा।) संन्यासियों में से एक ने कहा, "हाँ।" तब मैंने काग़ज़-क़लम आदि ठीक से लेकर गणेश का आसन ग्रहण किया। नियम लिखाने से पहले स्वामी जी कहने लगे, "देखो, हम ये सब नियम बना तो रहे हैं, किन्तु पहले हमें समझ लेना होगा कि इन नियमों के पालन का मूल लक्ष्य क्या है। हम लोगों का मूल उद्देश्य है—सभी नियमों से परे होना। तो भी, नियम बनाने का अर्थ यही है कि हममें स्वभावतः बहुत से कुनियम हैं—सुनियमों के द्वारा उन कुनियमों को दूर कर देने के बाद हमें सभी नियमों से परे जाने की चेष्टा करनी होगी। जैसे काँटे से काँटा निकालकर अन्त में दोनों ही काँटों को फेंक दिया जाता है।"

उसके बाद स्वामी जी ने नियम लिखाने प्रारम्भ किये। प्रातःकाल और सायंकाल जप-ध्यान, मध्याह्न विश्राम के बाद स्वस्थ होकर शास्त्र-ग्रन्थों का अध्ययन और अपराह्न सबको मिलकर एक अध्यापक के निकट किसी निर्दिष्ट शास्त्र-ग्रन्थ का श्रवण करना होगा—यह व्यवस्था हुई। प्रत्येक दिन प्रातः और सायं थोड़ा थोड़ा 'डेल्सर्ट' व्यायाम करना होगा, यह भी निश्चित हुआ। अन्त में लिखाना समाप्त कर स्वामी जी ने कहा, "देख, इन नियमों को ज़रा देख-भालकर अच्छी तरह प्रतिलिपि करके रख ले—देखना, यदि कोई नियम negative (निषेधवाचक) भाव से लिखा गया हो, तो उसे positive (विधिवाचक) कर देना।"

इस अन्तिम आदेश का पालन करते समय हमें ज़रा कठिनाई मालूम हुई। स्वामी जी का उपदेश था कि किसीको ख़राब कहना, उसके विरुद्ध आलोचना करना, उसके दोष दिखाना, उससे 'तुम ऐसा मत करो, वैसा मत करो' कहकर negative (निषेधात्मक) उपदेश देना—इस सबसे उसकी उन्नति में विशेष सहायता नहीं होती, किन्तु उसको यदि एक आदर्श दिखा दिया जाय, तो फिर उसकी उन्नति सरलता से हो सकती है, उसके दोष अपने आप चले जाते हैं। यही स्वामी जी का अभिप्राय था।

४

आज अपराह्न में बड़ा कमरा लोगों से भरा हुआ है। स्वामी जी उनके बीच

अपूर्व शोभा धारण कर बैठे हुए हैं। अनेक प्रसंग चल रहे हैं। वहाँ हम लोगों के मित्र विजयकृष्ण बसु (आजकल अलीपुर अदालत के विख्यात वकील) महाशय भी उपस्थित हैं। उस समय विजय बाबू समय समय पर अनेक सभाओं में और कभी कभी कांग्रेस में खड़े होकर अंग्रेज़ी में व्याख्यान दिया करते थे। उनकी इस व्याख्यान-शक्ति का उल्लेख किसीने स्वामी जी के समक्ष किया। इस पर स्वामी जी ने कहा, "सो बहुत अच्छा है। अच्छा, यहाँ पर बहुत से लोग एकत्र हैं—ज़रा खड़े होकर एक व्याख्यान तो दो, soul (आत्मा) के सम्बन्ध में तुम्हारी जो idea (धारणा) है, उसी पर कुछ कहो।" विजय बाबू अनेक प्रकार के बहाने बनाने लगे। स्वामी जी एवं और भी बहुत से लोग उनसे खूब आग्रह करने लगे। १५ मिनट तक अनुरोध करने पर भी जब कोई उनके संकोच को दूर करने में सफल नहीं हुआ, तब अन्ततोगत्वा हार मानकर उन लोगों की दृष्टि विजय बाबू से हटकर मेरे ऊपर पड़ी। मैं मठ में सहयोग देने से पूर्व कभी कभी धर्म के सम्बन्ध में बंगला भाषा में व्याख्यान देता था, और हम लोगों का एक 'डिबेटिंग क्लब' (वाद-विवाद समिति) भी था—उसमें अंग्रेज़ी बोलने का अभ्यास करता था। मेरे सम्बन्ध में इन सब बातों का किसीने उल्लेख किया ही था कि बस, मेरे ऊपर बाज़ी पलटी। पहले ही कह चुका हूँ, मैं बहुत कुछ लापरवाह सा था। Fools rush in where angels fear to tread. (जहाँ देवता भी जाने में भयभीत होते हैं, वहाँ मूर्ख घुस पड़ते हैं।) मुझसे उन्हें अधिक कहना नहीं पड़ा। मैं एकदम खड़ा हो गया और बृहदारण्यक उपनिषद् के याज्ञवल्क्य-मैत्रेयी संवाद के अन्तर्गत आत्म-तत्त्व को लेकर आत्मा के सम्बन्ध में लगभग आध घंटे तक जो मुँह में आया, बोलता गया। भाषा या व्याकरण की भूल हो रही है अथवा भाव का असामंजस्य हो रहा है, इस सबका मैंने विचार ही नहीं किया। दया के सागर स्वामी जी मेरी इस चपलता पर थोड़ा भी विरक्त न हो मुझे उत्साहित करने लगे। मेरे बाद स्वामी जी द्वारा अभी अभी संन्यासाश्रम में दीक्षित स्वामी प्रकाशानन्द[१] लगभग दस मिनट तक आत्मतत्त्व के सम्बन्ध में बोले। वे स्वामी जी की व्याख्यान-शैली का अनुकरण कर बड़े गम्भीर स्वर में अपना वक्तव्य देने लगे। उनके व्याख्यान की भी स्वामी जी ने खूब प्रशंसा की।

---

१. ये सैन फ्रांसिस्को (यू० एस० ए०) की वेदान्त-समिति के अध्यक्ष थे। अमेरिका में इनका कार्य-काल १९०६ ई० से १९२७ ई० तक था। ८ जुलाई, सन् १८७४ को कलकत्ते में इनका जन्म हुआ था एवं १३ फ़रवरी, १९२७ ई० को सैन फ्रांसिस्को की वेदान्त-समिति में इनका देहान्त हुआ। स०

अहा ! स्वामी जी सचमुच ही किसीका दोष नहीं देखते थे। वे, जिसमें जो भी कुछ गुण या शक्ति देखते, उसीके अनुसार उसे उत्साह देकर, जिससे उसके भीतर की अव्यक्त शक्तियाँ प्रकाशित हो जायँ, इसीकी चेष्टा करते थे। किन्तु, पाठक, आप लोग इससे ऐसा न समझ बैठें कि वे सबको सभी कार्यों में प्रश्रय देते थे। क्योंकि अनेक बार देख चुका हूँ, लोगों के, विशेषतः अपने अनुगामी गुरु-भ्राता और शिष्यों के, दोष दिखलाने में समय समय पर वे कठोर रूप भी धारण करते थे। किन्तु वह हम लोगों के दोषों को हटाने के लिए—हम लोगों को सावधान करने के लिए ही होता था, हमें निरुत्साह करने या हम लोगों के समान केवल परछिद्रान्वेषण वृत्ति को सार्थक करने के लिए नहीं। ऐसा उत्साह और भरोसा देनेवाला हम अब और कहाँ पायेंगे ? कहाँ पायेंगे ऐसा व्यक्ति, जो शिष्यवर्ग को लिख सके, "I want each one of my children to be a hundred times greater than I could ever be. Everyone of you must be a giant—*must*, that is my word."—'मैं चाहता हूँ कि तुम लोगों में से प्रत्येक, मैं जितना हो सकूं, तदपेक्षा सौगुना बड़ा होवे। तुम लोगों में से प्रत्येक को आध्यात्मिक दिग्गज होना पड़ेगा—होना ही होगा, न होने से नहीं बनेगा।'

५

इसी समय स्वामी जी द्वारा इंग्लैण्ड में दिये गये ज्ञानयोग सम्बन्धी व्याख्यानों को लन्दन से ई० टी० स्टर्डी साहब छोटी छोटी पुस्तिकाओं के आकार में प्रकाशित करने लगे। मठ में भी उनकी एक एक दो दो प्रतियाँ आने लगीं। स्वामी जी उस समय दार्जिलिंग से नहीं लौटे थे। हम लोग विशेष आग्रह के साथ अद्वैत तत्त्व के अपूर्व व्याख्यारूप, उद्दीपना से भरे उन व्याख्यानों को पढ़ने लगे। वृद्ध स्वामी अद्वैतानन्द अंग्रेजी अच्छी तरह नहीं जानते थे, किन्तु उनकी यह विशेष इच्छा थी कि नरेन्द्र ने वेदान्त के सम्बन्ध में विलायत में क्या कहकर लोगों को मुग्ध किया है, यह सुनें। अतः उनके अनुरोध से हम लोग उन्हें उन पुस्तिकाओं को पढ़कर, उनका अनुवाद करके सुनाने लगे। एक दिन स्वामी प्रेमानन्द नये संन्यासियों और ब्रह्मचारियों से बोले, "तुम लोग स्वामी जी के इन व्याख्यानों का बंगला अनुवाद करो न।" तब हममें से कई लोगों ने अपनी अपनी इच्छानुसार उन पुस्तिकाओं में से एक एक को चुन लिया और उनका अनुवाद करना आरम्भ कर दिया। इसी बीच स्वामी जी लौट आये। एक दिन स्वामी प्रेमानन्द जी स्वामी जी से बोले, "इन लड़कों ने आपके व्याख्यानों का अनुवाद करना प्रारम्भ कर दिया है।" बाद में हम लोगों को लक्ष्य करके कहा, "तुम लोगों में से कौन क्या अनुवाद कर रहा है, यह स्वामी जी

को सुनाओ।" तब हम लोगों ने अपना अपना अनुवाद लाकर स्वामी जी को थोड़ा थोड़ा सुनाया। स्वामी जी ने भी अनुवाद के बारे में अपने कुछ विचार प्रकट किये, और अमुक शब्द का अमुक अनुवाद ठीक रहेगा, इस प्रकार दो-एक बातें भी बतायीं। एक दिन स्वामी जी के पास केवल मैं ही बैठा था, उन्होंने अचानक मुझसे कहा, "राजयोग का अनुवाद कर न।" मेरे समान अनुपयुक्त व्यक्ति को स्वामी जी ने इस प्रकार आदेश कैसे दिया? मैं उसके बहुत दिन पहले से ही राजयोग का अभ्यास करने की चेष्टा किया करता था। इस योग के ऊपर कुछ दिन मेरा इतना अनुराग हुआ था कि भक्ति, ज्ञान और कर्मयोग को मानो एक प्रकार से अवज्ञा से ही देखने लगा था। सोचता था, मठ के साधु लोग योग-याग कुछ भी नहीं जानते, इसीलिए वे योग-साधना में उत्साह नहीं देते। पर जब मैंने स्वामी जी का 'राजयोग' ग्रन्थ पढ़ा, तो मालूम हुआ कि स्वामी जी केवल राजयोग में ही पटु नहीं, वरन् भक्ति, ज्ञान प्रभृति अन्यान्य योगों के साथ उसका सम्बन्ध भी उन्होंने अत्यन्त सुन्दर ढंग से दिखलाया है। राजयोग के सम्बन्ध में मेरी जो धारणा थी, उसका उत्तम स्पष्टीकरण भी मुझे उनके उस 'राजयोग' ग्रन्थ में मिला। स्वामी जी के प्रति मेरी विशेष श्रद्धा का यह भी एक कारण हुआ। तो क्या इस उद्देश्य से कि राजयोग का अनुवाद करने से उस ग्रन्थ की चर्चा उत्तम रूप से होगी और उससे मेरी भी आध्यात्मिक उन्नति में सहायता पहुँचेगी, उन्होंने मुझे इस कार्य में प्रवृत्त किया? अथवा बंग देश में यथार्थ राजयोग की चर्चा का अभाव देखकर, सर्वसाधारण के भीतर इस योग के यथार्थ मर्म का प्रचार करने के लिए ही उन्होंने ऐसा किया? उन्होंने स्व० प्रमदादास मित्र को एक पत्र में लिखा था, 'बंगाल में राजयोग की चर्चा का बिल्कुल अभाव है। जो कुछ है, वह भी नाक दबाना इत्यादि छोड़ और कुछ नहीं।'

जो भी हो, स्वामी जी की आज्ञा पा, अपनी अनुपयुक्तता आदि की बात मन में न सोचकर उसका अनुवाद करने में उसी समय लग गया।

६

एक दिन अपराह्न काल में बहुत से लोग बैठे हुए थे। स्वामी जी के मन में आया कि गीता-पाठ होना चाहिए। गीता लायी गयी। सभी दत्तचित्त होकर सुनने लगे कि देखें, स्वामी जी गीता के सम्बन्ध में क्या कहते हैं। गीता के सम्बन्ध में उस दिन उन्होंने जो कुछ भी कहा था, वह सब दो-चार दिन के बाद ही स्वामी प्रेमानन्द जी की आज्ञा से मैंने स्मरण करके यथासाध्य लिपिबद्ध कर लिया। वह पहले 'गीता-तत्त्व' के नाम से 'उद्बोधन' के द्वितीय वर्ष में प्रकाशित हुआ और

बाद में 'भारत में विवेकानन्द' पुस्तक में अन्तर्भूत कर दिया गया। अतएव उन बातों की पुनरावृत्ति कर प्रस्तुत लेख का कलेवर बढ़ाने की इच्छा नहीं है; किन्तु उस दिन गीता की व्याख्या के सिलसिले में स्वामी जी ने जो एक नयी ही भावधारा बहायी थी, उसीको यहाँ लिपिबद्ध करने की इच्छा है। हम लोग महापुरुषों की वचनावली को अनेक बार यथासम्भव लिपिबद्ध तो करते हैं, किन्तु जिन भावों से अनुप्राणित होकर वे वाक्य उनके श्रीमुख से निकलते हैं, वे प्रायः लिपिबद्ध नहीं रहते। फिर एसे महापुरुषों के साक्षात् संस्पर्श में आये बिना हज़ार वर्णन करने पर भी लोग उनकी बातों के भीतर का गूढ़ मर्म नहीं समझ सकते। तो भी, जिन्हें उन लोगों के साथ साक्षात् सम्पर्क में आने का सौभाग्य नहीं मिला है, उनके लिए उन महापुरुषों के सम्बन्ध में लिपिबद्ध थोड़ी सी भी बातें बहुत आदर की वस्तु होती हैं, और उनकी आलोचना एवं ध्यान से उनका कल्याण होता है। पाठक-वर्ग! उन महापुरुष की जिस आकृति को मैं मानो आज भी अपनी आँखों के सामने देख रहा हूँ, वह मेरे इस क्षुद्र प्रयास से आपके मनश्चक्षु के सामने भी उद्भासित हो। उनकी कथा का स्मरण कर मेरे मनश्चक्षु के सामने आज उन्हीं महापण्डित, महातेजस्वी, महाप्रेमी की तस्वीर आ खड़ी हुई है। आप लोग भी एक बार देश-काल के व्यवधान का उल्लंघन कर मेरे साथ हमारे स्वामी जी के दर्शन करने की चेष्टा करें।

हाँ, तो जब उन्होंने व्याख्या आरम्भ की, उस समय वे एक कठोर समालोचक मालूम पड़े। कृष्ण, अर्जुन, व्यास, कुरुक्षेत्र की लड़ाई आदि को ऐतिहासिकता के बारे में सन्देह की कारण-परम्परा का विवरण जब वे सूक्ष्मातिसूक्ष्म भाव से करने लगे, तब बीच बीच में ऐसा बोध होने लगा कि इस व्यक्ति के सामने तो कठोर समालोचक भी हार मान जाय। यद्यपि स्वामी जी ने ऐतिहासिक तत्त्व का इस प्रकार तीव्र विश्लेषण किया, किन्तु इस विषय में वे अपना मत विशेष रूप से प्रकाशित किये बिना ही आगे समझाने लगे कि धर्म के साथ इस ऐतिहासिक गवेषणा का कोई सम्पर्क नहीं है। ऐतिहासिक गवेषणा में शास्त्रोल्लिखित व्यक्ति यदि काल्पनिक भी ठहरे, तो भी उससे सनातन धर्म को कोई ठेस नहीं पहुँचती। अच्छा, यदि धर्म-साधना के साथ ऐतिहासिक गवेषणा का कोई सम्पर्क न हो, तो ऐतिहासिक गवेषणा का क्या फिर कोई मूल्य नहीं है?—इसका उत्तर देते हुए स्वामी जी ने समझाया कि निर्भीक भाव से इन सब ऐतिहासिक सत्यानु-सन्धानों का भी एक विशेष प्रयोजन है। उद्देश्य महान् होने पर भी उसके लिए मिथ्या इतिहास की रचना करने का कोई प्रयोजन नहीं! प्रत्युत यदि मनुष्य सभी विषयों में सत्य का सम्पूर्ण रूप से आश्रय लेने के लिए प्राणपण से यत्न करे,

तो वह एक दिन सत्यस्वरूप भगवान् का भी साक्षात्कार कर सकता है। उसके बाद उन्होंने गीता के मूल तत्त्व सर्वधर्मसमन्वय और निष्काम कर्म की संक्षेप में व्याख्या करके श्लोक पढ़ना आरम्भ किया। द्वितीय अध्याय के **क्लैब्यं मा स्म गमः पार्थ** इत्यादि में, युद्ध के लिए अर्जुन के प्रति श्री कृष्ण के जो उत्तेजनात्मक वचन हैं, उन्हें पढ़कर वे स्वयं सर्वसाधारण को जिस भाव से उपदेश देते थे, वह उन्हें स्मरण हो आया—**नैतत्त्वय्युपपद्यते**—'यह तो तुम्हें शोभा नहीं देता'—तुम सर्वशक्तिमान हो, तुम ब्रह्म हो, तुममें जो अनेक प्रकार के विपरीत भाव देख रहा हूँ, वह सब तो तुम्हें शोभा नहीं देता। मसीहा के समान ओजस्विनी भाषा में इन सब तत्त्वों को समझाते समझाते उनके भीतर से मानो तेज निकलने लगा। स्वामी जी कहने लगे, "जब सबको ब्रह्म-दृष्टि से देखना है, तो महापापी को भी घृणा-दृष्टि से देखना उचित न होगा।" "महापापी से घृणा मत करो", यह कहते कहते स्वामी जी के मुख पर जो भावान्तर हुआ, वह छबि आज भी मेरे मानसपटल पर अंकित है—मानो उनके श्रीमुख से प्रेम शतधारा बन बह निकला। श्रीमुख मानो प्रेम से दीप्त हो उठा—उसमें कठोरता का लेशमात्र भी नहीं।

इस एक श्लोक में ही सम्पूर्ण गीता का सार निहित देखकर स्वामी जी ने अन्त में यह कहते हुए उपसंहार किया, "इस एक श्लोक को पढ़ने से ही समग्र गीता के पाठ का फल होता है।"

७

एक दिन स्वामी जी ने ब्रह्मसूत्र लाने के लिए कहा। कहने लगे, "ब्रह्मसूत्र के भाष्य को बिना पढ़े इस समय स्वतन्त्र रूप से तुम सब लोग सूत्रों का अर्थ समझने की चेष्टा करो।" प्रथम अध्याय के प्रथम पाद के सूत्रों का पढ़ना प्रारम्भ हुआ। स्वामी जी शुद्ध रूप से संस्कृत उच्चारण करने की शिक्षा देने लगे; कहने लगे, "संस्कृत भाषा का उच्चारण हम लोग ठीक ठीक नहीं करते। इसका उच्चारण तो इतना सरल है कि थोड़ी चेष्टा करने से ही सब लोग संस्कृत का शुद्ध उच्चारण कर सकते हैं। हम लोग बचपन से ही दूसरे प्रकार का उच्चारण करने के आदी हो गये हैं, इसीलिए इस प्रकार का उच्चारण अभी हम लोगों को इतना नया और कठिन मालूम होता है। हम लोग 'आतमा' शब्द का उच्चारण 'आत्मा' न करके 'आत्ताँ' क्यों करते हैं? महर्षि पतंजलि अपने महाभाष्य में कहते हैं—'अपशब्द उच्चारण करनेवाला म्लेच्छ है।' अतः उनके मत से हम सब तो म्लेच्छ ही हुए।" तब नवीन ब्रह्मचारी और संन्यासीगण एक एक करके, जहाँ तक बन सका, ठीक ठीक उच्चारण करके ब्रह्मसूत्र पढ़ने लगे। बाद में स्वामी जी वह उपाय बतलाने

लगे, जिससे सूत्र का प्रत्येक शब्द लेकर उसका अक्षरार्थ किया जा सके। उन्होंने कहा, "कौन कहता है कि ये सूत्र केवल अद्वैत मत के परिपोषक हैं? शंकर अद्वैत-वादी थे, इसलिए उन्होंने सभी सूत्रों की केवल अद्वैत मतपरक व्याख्या करने की चेष्टा की है, किन्तु तुम लोग सूत्र का अक्षरार्थ करने की चेष्टा करना—व्यास का यथार्थ अभिप्राय क्या है, यह समझने की चेष्टा करना। उदाहरण के रूप में देखो —**अस्मिन्नस्य च तद्योगं शास्ति**[१]—मेरे मतानुसार इस सूत्र की ठीक ठीक व्याख्या यह है कि यहाँ अद्वैत और विशिष्टाद्वैत, दोनों ही वाद भगवान् वेदव्यास द्वारा इंगित हुए हैं।

स्वामी जी एक ओर जैसे गम्भीर प्रकृतिवाले थे, उसी तरह दूसरी ओर रसिक भी थे। पढ़ते पढ़ते **कामाच्च नानुमानापेक्षा**[२] सूत्र आया। स्वामी जी इस सूत्र को लेकर स्वामी प्रेमानन्द के निकट इसका विकृत अर्थ करके हँसने लगे। सूत्र का सच्चा अर्थ यह है—जब उपनिषद् में, जगत्कारण के प्रसंग में 'सोऽकामयत' (उन्होंने अर्थात् उन्हीं जगत्कारण ने कामना की) इस तरह का वचन है, तब 'अनुमानगम्य' (अचेतन) प्रधान या प्रकृति को जगत्कारण रूप में स्वीकार करने की कोई आव-श्यकता नहीं। जिन्होंने शास्त्र-ग्रन्थों का अपनी अपनी अद्भुत रुचि के अनुसार कुत्सित अर्थ करके ऐसे पवित्र सनातन धर्म को घोर विकृत कर डाला है और ग्रन्थकार का जो अर्थ किसी भी काल में अभिप्रेत नहीं था, ग्रन्थकार ने जिसे स्वप्न में भी नहीं सोचा था, ऐसे सभी विषयों को जिन्होंने ग्रन्थ-प्रतिपाद्य बातें सिद्ध करते हुए धर्म को शिष्ट जनों से 'दूरात्परिहर्तव्य' कर डाला है, क्या स्वामी जी उन्हीं लोगों का तो उपहास नहीं कर रहे थे? अथवा, वे जैसे कभी कभी कहा करते थे, कठिन शुष्क ग्रन्थ की धारणा कराने के लिए वे बीच बीच में साधारण मन के उपयुक्त रसिकता लाकर दूसरों को अनायास ही उस ग्रन्थ की धारणा करा देते थे, तो सम्भवतः कहीं वही चेष्टा तो नहीं कर रहे थे?

जो भी हो, पाठ चलने लगा। बाद में **शास्त्रदृष्ट्या तूपदेशो वामदेववत्**[३] सूत्र आया। इस सूत्र की व्याख्या करके स्वामी जी स्वामी प्रेमानन्द की ओर देख-कर कहने लगे, "देखो, तुम्हारे ठाकुर[४] जो अपने को भगवान् कहते थे, सो इसी भाव से कहते थे।" पर यह कहकर ही स्वामी जी दूसरी ओर मुँह फेरकर कहने

---

१. ब्रह्मसूत्र ॥१।१।१९॥

२. वही, १८

३. वही, ३०

४. भगवान् श्री रामकृष्ण देव।

लगे, "किन्तु उन्होंने मुझसे अपने अन्तिम समय में कहा था—'जो राम, जो कृष्ण, वही अब रामकृष्ण; तेरे वेदान्त की दृष्टि से नहीं।'" यह कहकर दूसरा सूत्र पढ़ने के लिए कहा।

यहाँ पर इस सूत्र के सम्बन्ध में कुछ व्याख्या करनी आवश्यक है। कौषीतकी उपनिषद् में इन्द्र-प्रतर्दन संवाद नामक एक आख्यायिका है। उसमें लिखा है, प्रतर्दन नामक एक राजा ने देवराज इन्द्र को सन्तुष्ट किया। इन्द्र ने उसे वर देना चाहा। इस पर प्रतर्दन ने उनसे यह वर माँगा कि आप मानव के लिए जो सबसे अधिक कल्याणकारी समझते हैं, वही वर मुझे दें। इस पर इन्द्र ने उसे उपदेश दिया—**मां विजानीहि**—'मुझे जानो।' यहाँ पर सूत्रकार ने यह प्रश्न उठाया है कि 'मुझे' के अर्थ में इन्द्र ने किसको लक्ष्य किया है। सम्पूर्ण आख्यायिका का अध्ययन करने पर पहले अनेक सन्देह होते हैं—'मुझे' कहने से स्थान स्थान पर ऐसा ज्ञात होता है कि उसका आशय 'देवता' से है, कहीं कहीं पर ऐसा मालूम होता है कि उसका आशय 'प्राण' से है, कहीं पर 'जीव' से, तो कहीं पर 'ब्रह्म' से। यहाँ पर अनेक प्रकार के विचार द्वारा सूत्रकार सिद्धान्त करते हैं कि इस स्थल में 'मुझे' पद का आशय है 'ब्रह्म' से। 'शास्त्रदृष्ट्या' इत्यादि सूत्र के द्वारा सूत्रकार ऐसा एक उदाहरण दिखलाते हैं, जिससे इन्द्र का उपदेश इसी अर्थ में संगत होता है। उपनिषद् के एक स्थल में है कि वामदेव ऋषि ब्रह्मज्ञान लाभ कर बोले थे —'मैं मनु हुआ हूँ, मैं सूर्य हुआ हूँ।' इन्द्र ने भी इसी प्रकार शास्त्र-प्रतिपाद्य ब्रह्म-ज्ञान को प्राप्त कर कहा था—**मां विजानीहि** (मुझे जानो)। यहाँ पर 'मैं' और 'ब्रह्म' एक ही बात है।

स्वामी जी भी स्वामी प्रेमानन्द से कहने लगे, "श्री रामकृष्ण देव जो कभी कभी अपने को भगवान् कहकर निर्देश करते थे, सो वह इस ब्रह्मज्ञान की अवस्था प्राप्त होने के कारण ही करते थे। वास्तव में वे तो सिद्ध पुरुष मात्र थे, अवतार नहीं।" पर यह बात कहकर ही उन्होंने धीरे से एक दूसरे व्यक्ति से कहा, "श्री रामकृष्ण स्वयं अपने सम्बन्ध में कहते थे, 'मैं केवल ब्रह्मज्ञ पुरुष ही नहीं हूँ, मैं अवतार हूँ।'" अतः, जैसा कि हमारे एक मित्र कहा करते थे, श्री रामकृष्ण को एक साधु या सिद्ध पुरुष मात्र नहीं कहा जा सकता; यदि उनकी बातों पर विश्वास करना है, तो उन्हें अवतार कहकर मानना होगा, नहीं तो ढोंगी कहना होगा।

जो हो, स्वामी जी की बात से मेरा एक विशेष उपकार हुआ। सामान्य अंग्रेजी पढ़कर चाहे और कुछ सीखा हो या न सीखा हो, किन्तु सन्देह करना तो अच्छी तरह सीखा था। मेरी यह धारणा थी कि महापुरुषों के शिष्यगण अपने गुरु की बड़ाई कर उन्हें अनेक प्रकार की कल्पना और अतिरंजना का विषय बना

देते हैं। परन्तु स्वामी जी की अद्भुत अकपटता और सत्यनिष्ठा को देखकर, वे भी किसी प्रकार की अतिरंजना कर सकते हैं, यह धारणा एकदम दूर हो गयी। स्वामी जी के वचन ध्रुव सत्य हैं, यही धारणा हुई। इसलिए उनके वाक्य में श्री रामकृष्ण देव के सम्बन्ध में एक नवीन प्रकाश पाया। जो राम, जो कृष्ण, वही अब रामकृष्ण—यह बात उन्होंने स्वयं कही है; अभी यही बात हम समझने की चेष्टा कर रहे हैं। स्वामी जी में अपार दया थी, वे हम लोगों से सन्देह छोड़ देने को नहीं कहते थे, चट से किसीकी बात में विश्वास कर लेने के लिए उन्होंने कभी नहीं कहा। वे तो कहते थे, "इस अद्भुत रामकृष्ण-चरित्र की तुम लोग अपनी विद्या-बुद्धि के द्वारा जहाँ तक हो सके, आलोचना करो, इसका अध्ययन करो—मैं तो इसका एक लक्षांश भी समझ न पाया। उनको समझने की जितनी चेष्टा करोगे, उतना ही सुख पाओगे, उतना ही उनमें डूब जाओगे।"

८

स्वामी जी एक दिन हम सबको पूजा-गृह में ले जाकर साधन-भजन सिखलाने लगे। उन्होंने कहा, "पहले सब लोग आसन लगाकर बैठो; चिन्तन करो—मेरा आसन दृढ़ हो, यह आसन अचल-अटल हो, इसीकी सहायता से मैं संसार-समुद्र के पार होऊँगा।" सभी ने बैठकर कई मिनट तक इस प्रकार चिन्तन किया। उसके बाद स्वामी जी फिर कहने लगे, "चिन्तन करो—मेरा शरीर नीरोग और स्वस्थ है, वज्र के समान दृढ़ है, इसी देह की सहायता से मैं संसार को पार करूँगा।" इस प्रकार कुछ देर तक चिन्तन करने के बाद स्वामी जी फिर कहने लगे, "अब इस प्रकार चिन्तन करो कि मेरे निकट से पूर्व, पश्चिम, उत्तर, दक्षिण चारों दिशाओं में प्रेम का प्रवाह बह रहा है—हृदय के भीतर से सम्पूर्ण जगत् के लिए शुभकामना हो रही है—सभी का कल्याण हो, सभी स्वस्थ और नीरोग हों। इस प्रकार चिन्तन करने के बाद कुछ देर प्राणायाम करना, अधिक नहीं, तीन प्राणायाम करने से ही काफ़ी है। इसके बाद हृदय में अपने अपने इष्टदेव की मूर्ति का चिन्तन और मन्त्र-जप लगभग आध घंटे तक करना।" सब लोग स्वामी जी के उपदेशानुसार चिन्तन आदि की चेष्टा करने लगे।

इस प्रकार सामूहिक साधनानुष्ठान मठ में दीर्घ काल तक होता रहा है, एवं स्वामी जी की आज्ञा से स्वामी तुरीयानन्द नवीन संन्यासियों और ब्रह्मचारियों को लेकर बहुत समय तक, 'इस बार इस प्रकार चिन्तन करो, उसके बाद ऐसा करो,' इस तरह बतला बतलाकर और स्वयं अनुष्ठान कर स्वामी जी द्वारा बतलायी गयी साधना-प्रणाली का अभ्यास कराते थे।

९

एक दिन सबेरे ९-१० बजे मैं एक कमरे में बैठकर कुछ कर रहा था, उसी समय सहसा तुलसी महाराज (स्वामी निर्मलानन्द) आकर बोले, "स्वामी जी से दीक्षा लोगे?" मैंने कहा, "जी हाँ।" इसके पहले मैंने कुलगुरु या और किसीके पास किसी प्रकार मन्त्र-दीक्षा नहीं ली थी। एक योगी के पास प्राणायाम आदि कुछ योग-क्रियाओं का मैंने तीन वर्ष तक साधन किया था और उससे बहुत कुछ शारीरिक उन्नति और मन की स्थिरता भी मुझे प्राप्त हुई थी, किन्तु वे गृहस्थाश्रम का अवलम्बन करना अत्यावश्यक बतलाते थे, और प्राणायाम आदि योग-क्रिया को छोड़कर ज्ञान, भक्ति आदि अन्यान्य मार्गों को बिल्कुल व्यर्थ कहते थे। इस प्रकार की कट्टरता मुझे बिल्कुल अच्छी नहीं लगती थी। दूसरी ओर, मठ के कोई कोई संन्यासी और उनके भक्तगण योग का नाम सुनते ही बात को हँसी में उड़ा देते थे। 'उससे विशेष कुछ नहीं होता, श्री रामकृष्ण देव उसके उतने पक्षपाती नहीं थे,' इत्यादि बातें मैं उन लोगों से सुना करता था। पर जब मैंने स्वामी जी का राजयोग पढ़ा, तो समझा कि इस ग्रन्थ के प्रणेता जैसे योगमार्ग के समर्थक हैं, वैसे ही अन्यान्य मार्गों के प्रति भी श्रद्धालु हैं; अतएव कट्टर तो हैं ही नहीं, अपितु इस प्रकार के उदार भावसम्पन्न आचार्य मुझे कभी दृष्टिगोचर नहीं हुए; तिस पर वे संन्यासी भी हैं;—अतएव उनके प्रति यदि मेरे हृदय में विशेष श्रद्धा हो, तो उसमें आश्चर्य ही क्या? बाद में मैंने विशेष रूप से जाना कि श्री रामकृष्ण देव साधारणतया प्राणायाम आदि योग-क्रिया का उपदेश नहीं दिया करते थे। वे जप और ध्यान पर ही विशेष रूप से जोर देते थे। वे कहा करते थे, "ध्यानावस्था के प्रगाढ़ होने पर अथवा भक्ति की प्रबलता आने पर प्राणायाम स्वयमेव हो जाता है, इन सब दैहिक क्रियाओं का अनुष्ठान करने से अनेक बार मन देह की ओर आकृष्ट हो जाता है।" किन्तु अन्तरंग शिष्यों से वे योग के उच्च अंगों की साधना कराते थे, उन्हें स्पर्श करके अपनी आध्यात्मिक शक्ति के बल से उन लोगों की कुण्डलिनी शक्ति को जाग्रत कर देते थे, एवं षट्चक्र के विभिन्न चक्रों में मन की स्थिरता की सुविधा के लिए समय समय पर शरीर के किसी विशिष्ट अंग में सुई चुभाकर वहाँ मन को स्थिर करने के लिए कहते थे। स्वामी जी ने अपने पाश्चात्य शिष्यों में से बहुतों को प्राणायाम आदि क्रियाओं का जो उपदेश दिया था, वह, मैं समझता हूँ, उनका अपना कपोलकल्पित नहीं था, वरन् उनके गुरु द्वारा उपदिष्ट मार्ग था। स्वामी जी एक बात कहा करते थे कि यदि किसीको सचमुच सन्मार्ग में प्रवृत्त करना हो, तो उसीकी भाषा में उसे उपदेश देना होगा। इसी भाव का अनुसरण करके वे व्यक्तिविशेष अथवा अधिकारीविशेष को भिन्न भिन्न साधना-

प्रणाली की शिक्षा देते थे और इस तरह सभी प्रकार की प्रकृतिवाले मनुष्यों को थोड़ी-बहुत आध्यात्मिक सहायता देने में सफल होते थे।

जो हो, मैं इतने दिनों से उनका उपदेश सुन रहा हूँ, किन्तु उनके पास से मुझे अभी तक किसी प्रकार की प्रत्यक्ष आध्यात्मिक सहायता नहीं मिली, और उसके लिए मैंने चेष्टा भी नहीं की। चेष्टा न करने का कारण यह था कि मुझे करने का साहस नहीं होता था, और शायद मन के भीतर यह भी भाव था कि जब मैं इनके आश्रित हुआ हूँ, तो जो जो मेरे लिए आवश्यक है, सभी पाऊँगा। किस प्रकार वे मेरी आध्यात्मिक सहायता करेंगे, यह मैं नहीं जानता था। इस समय स्वामी निर्मलानन्द के ऐसे बिनमाँगे आह्वान से मन में और किसी प्रकार की दुविधा नहीं रही। 'लूँगा' ऐसा कहकर उनके साथ पूजा-गृह की ओर बढ़ा। मैं नहीं जानता था कि उस दिन श्रीयुत शरच्चन्द्र चक्रवर्ती भी दीक्षा ले रहे हैं। उस समय दीक्षा-दान समाप्त नहीं हुआ था, इसलिए, स्मरण है, पूजा-गृह के बाहर कुछ देर तक मुझे प्रतीक्षा करनी पड़ी थी। बाद मे शरत् बाबू बाहर आये, तो उसी समय तुलसी महाराज मुझे ले जाकर स्वामी जी से बोले, "यह दीक्षा लेगा।" स्वामी जी ने मुझसे बैठने के लिए कहा। पहले ही उन्होंने पूछा, "तुझे साकार अच्छा लगता है या निराकार?"

मैंने कहा, "कभी साकार अच्छा लगता है, कभी निराकार।"

इसके उत्तर में वे बोले, "वैसा नहीं; गुरु समझ सकते हैं, किसका क्या मार्ग है; हाथ देखूँ।" ऐसा कहकर मेरा दाहिना हाथ कुछ देर तक लेकर थोड़ी देर जैसे ध्यान करने लगे। उसके बाद हाथ छोड़कर बोले, "तूने कभी घट-स्थापना करके पूजा की है?" घर छोड़ने के कुछ पहले घट-स्थापना करके मैंने बहुत देर तक कोई पूजा की थी। वह बात मैंने उनसे बतायी। तब एक देवता का मन्त्र बताकर उन्होंने उसे अच्छी तरह मुझे समझा दिया और कहा, "इस मन्त्र से तेरा कल्याण होगा। और घट-स्थापना करके पूजा करने से तेरा कल्याण होगा।" उसके बाद मेरे सम्बन्ध में एक भविष्यवाणी करके, उन्होंने सामने पड़े हुए कुछ फलों को गुरु-दक्षिणा के रूप में देने के लिए मुझसे कहा।

मैंने देखा, यदि मुझे भगवान् के शक्तिस्वरूप किन्हीं देवता की उपासना करनी हो, तो मुझे स्वामी जी ने जिन देवता के मन्त्र का उपदेश दिया है, वे ही देवता मेरी प्रकृति के साथ पूर्णरूपेण मेल खाते हैं। सुना था—सच्चे गुरु शिष्य की प्रकृति को समझकर मन्त्र देते हैं। स्वामी जी में आज उसका प्रत्यक्ष प्रमाण मिला।

दीक्षा-दान के कुछ देर बाद स्वामी जी का भोजन हुआ। स्वामी जी की थाली में से मैंने और शरच्चन्द्र बाबू ने प्रसाद ग्रहण किया।

उस समय श्रीयुत नरेन्द्रनाथ सेन द्वारा सम्पादित 'इन्डियन मिरर' नामक अंग्रेज़ी दैनिक मठ में बिना मूल्य दिया जाता था, किन्तु मठ के संन्यासियों की ऐसी स्थिति नहीं थी कि उसका डाक-खर्च भी दे सकते। वह पत्र एक पत्रवाहक द्वारा वराहनगर तक वितरित होता था। वराहनगर में 'देवालय' के प्रतिष्ठाता सेवाव्रती श्री शशिपद बन्द्योपाध्याय द्वारा प्रतिष्ठित एक विधवाश्रम था। वहाँ पर इस आश्रम के लिए उक्त पत्र की एक प्रति आती थी। 'इन्डियन मिरर' का पत्रवाहक बस वहीं तक आता था, इसलिए मठ का समाचारपत्र भी वहीं दे जाता था। वहाँ से प्रतिदिन पत्र को मठ में लाना पड़ता था। उक्त विधवाश्रम के ऊपर स्वामी जी की यथेष्ट सहानुभूति थी। अमेरिका-प्रवास में इस आश्रम की सहायता के लिए स्वामी जी ने अपनी इच्छा से एक व्याख्यान दिया था और उस व्याख्यान के टिकट बेचकर जो कुछ आय हुई, उसे इस आश्रम में दे दिया था। अस्तु, उस समय मठ के लिए बाज़ार करना, पूजा का आयोजन करना आदि सभी कार्य कन्हाई महाराज (स्वामी निर्भयानन्द) को करना पड़ता था। इस 'इन्डियन मिरर' पत्र को लाने का भार भी उन्हींके ऊपर था। उस समय मठ में हम लोग बहुत से नवदीक्षित संन्यासी-ब्रह्मचारी आ जुटे थे, किन्तु तब भी मठ के सब कार्यों का भार सब पर नहीं बाँटा गया था। इसलिए स्वामी निर्भयानन्द को यथेष्ट कार्य करना पड़ता था। अतएव उनके भी मन में आता था कि अपने कार्यों में से थोड़ा थोड़ा कार्य यदि नवीन साधुओं को दे सकें, तो कुछ अवकाश मिले। इस उद्देश्य से उन्होंने मुझसे कहा, "देखो, जिस जगह 'इन्डियन मिरर' आता है, उस स्थान को तुम्हें दिखला दूँगा, —तुम वहाँ से प्रतिदिन समाचारपत्र ले आना।" मैंने उसे अत्यन्त सरल कार्य समझकर एवं इससे एक व्यक्ति का कार्य-भार कुछ हलका होगा, ऐसा सोचकर, सहज में ही स्वीकार कर लिया। एक दिन दोपहर के भोजन के बाद कुछ देर विश्राम कर लेने पर निर्भयानन्द जी ने मुझसे कहा, "चलो, वह विधवाश्रम तुम्हें दिखला दूँ।" मैं उनके साथ जाने के लिए तैयार हुआ। इसी बीच स्वामी जी ने मुझे देखकर वेदान्त पढ़ने के लिए बुलाया। मैंने कहा कि मैं अमुक कार्य से जा रहा हूँ। इस पर स्वामी जी कुछ नहीं बोले। मैं कन्हाई महाराज के साथ बाहर जाकर उस स्थान को देख आया। लौटकर जब मठ में आया, तो अपने एक ब्रह्मचारी मित्र से सुना कि मेरे चले जाने के कुछ देर बाद स्वामी जी किसीसे कह रहे थे, "यह लड़का कहाँ गया है? क्या स्त्रियों को तो देखने नहीं गया?" इस बात को सुनकर मैंने कन्हाई महाराज से कहा, "भाई, मैं स्थान देख तो आया, पर समाचारपत्र लाने के लिए अब वहाँ न जा सकूँगा।"

शिष्यों के, विशेषतः नवीन ब्रह्मचारियों के चरित्र की जिससे रक्षा हो, उस विषय में स्वामी जी विशेष सावधान थे। कलकत्ते में विशेष प्रयोजन के बिना कोई साधु-ब्रह्मचारी रहे या रात बिताये—यह उन्हें बिल्कुल पसन्द न था, और विशेषतः वह स्थान, जहाँ स्त्रियों के संस्पर्श में आना होता था। इसके सैकड़ों उदाहरण देख चुका हूँ।

स्वामी जी जिस दिन मठ से रवाना होकर अल्मोड़ा जाने के लिए कलकत्ता गये, उस दिन सीढ़ी के बग़ल के बरामदे में खड़े होकर अत्यन्त आग्रह के साथ नवीन ब्रह्मचारियों को सम्बोधन करके ब्रह्मचर्य के बारे में उन्होंने जो बातें कही थीं, वे मानो अभी भी मेरे कानों में गूँज रही हैं। उन्होंने कहा—

"देखो बच्चो, ब्रह्मचर्य के बिना कुछ भी न होगा। धर्म-जीवन का लाभ करना हो, तो उसमें ब्रह्मचर्य ही एकमात्र सहायक है। तुम लोग स्त्रियों के संस्पर्श में बिल्कुल न आना। मैं तुम लोगों को स्त्रियों से घृणा करने के लिए नहीं कहता, वे तो साक्षात् भगवतीस्वरूपा हैं; किन्तु अपने को बचाने के लिए तुम लोगों को उनसे दूर रहने के लिए कहता हूँ। मैंने अपने व्याख्यानों में बहुत जगह जो कहा है कि संसार में रहकर भी धर्म होता है, सो वह पढ़कर मन में ऐसा न समझ लेना कि मेरे मत में ब्रह्मचर्य या संन्यास धर्म-जीवन के लिए अत्यावश्यक नहीं है। क्या करता, उन सब भाषणों के सुननेवाले सभी संसारी थे, सभी गृही थे—उनके सामने पूर्ण ब्रह्मचर्य की बात यदि एकदम कहने लगता, तो दूसरे दिन से कोई भी मेरा व्याख्यान सुनने न आता। ऐसे लोगों के लिए छूट-ढिलाई दिये जाने पर, वे क्रमशः पूर्ण ब्रह्मचर्य की ओर आकृष्ट होते हैं, इसीलिए मैंने उस प्रकार के भाषण दिये थे। किन्तु अपने मन की बात तुम लोगों से कहता हूँ—ब्रह्मचर्य के बिना तनिक भी धर्मलाभ न होगा। काया, मन और वाणी से तुम लोग ब्रह्मचर्य का पालन करना।"

१०

एक दिन विलायत से कोई पत्र आया। उसे पढ़कर स्वामी जी उसी प्रसंग में, धर्म-प्रचारक में कौन कौन से गुण रहने पर वह सफल हो सकेगा, यह बताने लगे। अपने शरीर के भिन्न भिन्न अवयवों की ओर लक्ष्य करके कहने लगे कि धर्म-प्रचारक का अमुक अंग खुला रहना आवश्यक है और अमुक अंग बन्द। अर्थात् उसका सिर, हृदय और मुख खुला रहना चाहिए, यानी उसे प्रबल मेधावी, सहृदय और वाग्मी होना चाहिए। और उसके अधोदेश के अंगों का कार्य बन्द होगा, अर्थात् वह पूर्ण ब्रह्मचारी होगा। एक प्रचारक को लक्ष्य करके कहने लगे,

"उसमें सभी गुण हैं, केवल एक हृदय का अभाव है—ठीक है, क्रमशः हृदय भी खुल जायगा।"

उस पत्र में यह संवाद था कि भगिनी निवेदिता (उस समय कुमारी नोबल) इंग्लैण्ड से भारत के लिए शीघ्र ही रवाना होंगी। निवेदिता की प्रशंसा करने में स्वामी जी शतमुख हो गये। कहने लगे, "इंग्लैण्ड में इस प्रकार की पवित्र-चरित महानुभाव नारियाँ बहुत कम हैं। मैं यदि कल मर जाऊँ, तो वह मेरे काम को चालू रखेगी।" स्वामी जी की यह भविष्यवाणी सफल हुई थी।

११

स्वामी जी के पास पत्र आया है कि वेदान्त के श्रीभाष्य के अंग्रेज़ी अनुवादक तथा स्वामी जी की सहायता द्वारा मद्रास से प्रकाशित होनेवाले विख्यात 'ब्रह्म-वादिन्' पत्र के प्रधान लेखक एवं मद्रास के प्रतिष्ठित अध्यापक श्रीयुत रंगाचार्य तीर्थ-भ्रमण के सिलसिले में शीघ्र ही कलकत्ता जायँगे। स्वामी जी मध्याह्न समय मुझसे बोले, "पत्र लिखने के लिए काग़ज़ और क़लम लाकर ज़रा लिख तो; और देख, थोड़ा पीने के लिए पानी भी लेता आ।" मैंने एक गिलास पानी लाकर स्वामी जी को दिया और डरते हुए धीरे धीरे बोला, "मेरे हाथ की लिखावट उतनी अच्छी नहीं है।" मैंने सोचा था, शायद विलायत या अमेरिका के लिए कोई पत्र लिखना होगा। स्वामी जी इस पर बोले, "कोई हरज नहीं, आ, लिख, foreign letter (विलायती पत्र) नहीं है।" तब मैं काग़ज़-क़लम लेकर पत्र लिखने के लिए बैठा। स्वामी जी अंग्रेज़ी में बोलने लगे। उन्होंने अध्यापक रंगाचार्य को एक पत्र लिखाया और एक पत्र किसी दूसरे को; किसे—यह ठीक स्मरण नहीं है। मुझे याद है—रंगाचार्य को बहुत सी दूसरी बातों में एक यह भी बात लिखायी थी: 'बंगाल में वेदान्त की वैसी चर्चा नहीं है, अतएव जब आप कलकत्ता आ रहे हैं, तो कलकत्तावासियों को ज़रा हिलाकर जायँ।' कलकत्ते में जिससे वेदान्त की चर्चा बढ़े, कलकत्तावासी जिससे थोड़ा सचेत हों, उसके लिए स्वामी जी कितने सचेष्ट थे! स्वामी जी ने अस्वस्थ होने के कारण चिकित्सकों के साग्रह अनुरोध से कलकत्ते में केवल दो व्याख्यान देकर फिर व्याख्यान देना बन्द कर दिया था; किन्तु तो भी जब कभी सुविधा पाते, कलकत्तावासियों की धर्म-भावना को जाग्रत करने की चेष्टा करते रहते थे। स्वामी जी के इस पत्र के फलस्वरूप, इसके कुछ दिन बाद कलकत्तावासियों ने स्टार रंगमंच पर उक्त पण्डित प्रवर का 'दि प्रीस्ट ऐण्ड दि प्रॉफ़ेट' (पुरोहित और ऋषि) नामक सारगर्भित व्याख्यान सुनने का सौभाग्य प्राप्त किया था।

१२

इसी समय, एक बंगाली युवक मठ में आया और उसने वहाँ साधु होकर रहने की इच्छा प्रकट की। स्वामी जी तथा वहाँ के अन्यान्य साधु उसके चरित्र से पहले ही से विशेषतया परिचित थे। उसको आश्रमवासी होने में अनुपयुक्त समझकर कोई भी उसे मठ में रखने के पक्ष में नहीं था। पर उसके पुनः पुनः प्रार्थना करने पर स्वामी जी ने उससे कहा, "मठ के साधुओं का यदि मत हो, तो तुम्हें रख सकता हूँ।" यह कहकर पुराने साधुओं को बुलाकर उन्होंने पूछा, "इसको मठ में रखने के बारे में तुम लोगों का क्या मत है?" उस पर सभी साधुओं ने उसे मठ में रखने में अनिच्छा प्रदर्शित की। अतः उस युवक को मठ में नहीं रखा गया। इसके कुछ दिनों बाद सुना कि वह व्यक्ति किसी तरह विलायत गया, और पास में पैसा-कौड़ी न रहने के कारण उसे 'वर्क-हाउस' में रहना पड़ा।

१३

एक दिन अपराह्न काल में स्वामी जी मठ के बरामदे में हम लोगों को लेकर वेदान्त पढ़ाने बैठे। सन्ध्या होने ही वाली थी। स्वामी रामकृष्णानन्द को इससे कुछ दिन पहले स्वामी जी ने प्रचार-कार्य के लिए मद्रास भेजा था। इसीलिए उस समय मठ में पूजा-आरती आदि उनके एक दूसरे गुरुभ्राता सँभालते थे। आरती आदि में जो लोग उनकी सहायता करते थे, उन्हें भी लेकर स्वामी जी वेदान्त पढ़ाने बैठे थे। उसी समय उक्त गुरुभ्राता आकर नवीन संन्यासी-ब्रह्मचारियों से कहने लगे, "चलो जी, चलो, आरती करनी होगी, चलो।" उस समय एक ओर स्वामी जी के आदेश से सभी वेदान्त पढ़ने में लगे हुए थे, और दूसरी ओर इनके आदेश से ठाकुर जी की आरती में सहयोग देना चाहिए। अतएव नवीन साधु लोग कुछ समय असमंजस में पड़ गये। तब स्वामी जी अपने गुरुभ्राता को सम्बोधित करके उत्तेजित होकर कहने लगे, "यह जो वेदान्त पढ़ा जा रहा था, यह क्या ठाकुर की पूजा नहीं है? केवल एक चित्र के सामने जलती हुई बत्ती घुमाना और झाँझ पीटना——मालूम होता है, इसीको तुम भगवान् की आराधना समझते हो! तुम्हारी बुद्धि बड़ी ओछी है।" इस तरह कहते कहते, जरा और भी अधिक उत्तेजित हो इस प्रकार वेदान्त-पाठ में बाधा उपस्थित करने के कारण कुछ और भी अधिक कड़े वाक्य कहने लगे। फल यह हुआ कि वेदान्त-पाठ बन्द हो गया। कुछ देर बाद आरती भी समाप्त हो गयी। किन्तु आरती के बाद उक्त गुरुभ्राता चुपके से कहीं चले गये। तब तो स्वामी जी भी अत्यन्त व्याकुल होकर बारम्बार "वह कहाँ गया, क्या वह मेरी गाली खाकर गंगा में तो नहीं

डूब गया।" इस तरह कहने लगे और सभी लोगों को उन्हें ढूंढ़ने के लिए चारों ओर भेजा। बहुत देर बाद मठ की छत पर चिन्तित भाव से उन्हें बैठे हुए देखकर एक व्यक्ति उन्हें स्वामी जी के पास ले आये। उस समय स्वामी जी का भाव एकदम परिवर्तित हो गया। उन्होंने उनका कितना दुलार किया, और कितनी मधुर वाणी में उनसे बातें करने लगे। हम लोग स्वामी जी का गुरुभाई के प्रति अपूर्व प्रेम देखकर मुग्ध हो गये। तब हम लोगों को मालूम हुआ कि गुरुभाइयों के ऊपर स्वामी जी का अगाध विश्वास और प्रेम है। उनकी आन्तरिक चेष्टा यही रहती थी कि वे लोग अपनी निष्ठा को सुरक्षित रखकर अधिकाधिक उन्नत एवं उदार बन सकें। बाद में स्वामी जी के श्रीमुख से अनेक बार सुना है कि स्वामी जी जिनकी अधिक भर्त्सना करते थे, वे ही उनके विशेष प्रीति-पात्र थे।

१४

एक दिन बरामदे में टहलते-टहलते उन्होंने मुझसे कहा, "देख, मठ की एक डायरी रखना और प्रत्येक सप्ताह मठ की एक रिपोर्ट भेजना।" स्वामी जी के इस आदेश का मैंने, और बाद में अन्य व्यक्तियों ने भी, पालन किया था। अभी भी मठ की वह आंशिक (छोटी) डायरी मठ में सुरक्षित है। उससे अभी भी मठ के क्रम-विकास और स्वामी जी के सम्बन्ध में बहुत से तथ्य संग्रह किये जा सकते हैं।

प्रश्नोत्तर

प्रश्नोत्तर

१

(बेलूड़ मठ की डायरी से)

प्रश्न—गुरु किसे कह सकते हैं?

उत्तर—जो तुम्हारे भूत-भविष्य को बता सकें, वे ही तुम्हारे गुरु हैं।

प्रश्न—भक्ति-लाभ किस प्रकार होता है?

उत्तर—भक्ति तो तुम्हारे भीतर ही है—केवल उसके ऊपर काम-कांचन का एक आवरण सा पड़ा हुआ है। उसको हटाते ही भीतर की वह भक्ति स्वयमेव प्रकट हो जायगी।

प्रश्न—हमें आत्मनिर्भर होना चाहिए—इस कथन का सच्चा अर्थ क्या है?

उत्तर—यहाँ 'आत्म' का अर्थ है, चिरंतन नित्य आत्मा। फिर भी, इस 'अनित्य अहं' पर निर्भरता का अभ्यास भी हमें धीरे धीरे सच्चे लक्ष्य पर पहुँचा देगा; क्योंकि जीवात्मा भी तो वस्तुतः नित्यात्मा की मायिक अभिव्यक्ति ही तो है।

प्रश्न—यदि सचमुच एक ही वस्तु सत्य हो, तो फिर यह द्वैत-बोध, जो सदा-सर्वदा सबको हो रहा है, कहाँ से आया?

उत्तर—किसी विषय के प्रत्यक्ष में कभी द्वैत-बोध नहीं होता। प्रत्यक्ष के पुनः उपस्थित होने में ही द्वैत का बोध होता है। यदि विषय-प्रत्यक्ष के समय द्वैत-बोध रहता, तो ज्ञेय ज्ञाता से सम्पूर्ण स्वतन्त्र रूप में तथा ज्ञाता भी ज्ञेय से स्वतन्त्र रूप में रह सकता।

प्रश्न—चरित्र का सामंजस्यपूर्ण विकास करने का सर्वोत्तम उपाय कौन सा है?

उत्तर—जिनका चरित्र उस रूप से गठित हुआ हो, उनका संग करना ही इसका सर्वोत्कृष्ट उपाय है।

प्रश्न—वेद के विषय में हमारा दृष्टिकोण किस प्रकार का होना चाहिए?

उत्तर—वेदों के केवल उन्हीं अंशों को प्रमाण मानना चाहिए, जो युक्ति-विरोधी नहीं हैं। पुराणादि अन्यान्य शास्त्र वहीं तक ग्राह्य हैं, जहाँ तक वे वेद से अविरोधी हैं। वेद के पश्चात् इस संसार में जहाँ कहीं जो भी धर्म-भाव आविर्भूत हुआ है, उसे वेद से ही गृहीत समझना चाहिए।

प्रश्न—यह चार युगों का काल-विभाजन क्या ज्योतिषशास्त्र की गणना के अनुसार सिद्ध है अथवा केवल रूढ़िगत ही है?

उत्तर—वेदों में तो कहीं ऐसे विभाजन का उल्लेख नहीं है। यह पौराणिक युग की निराधार कल्पना मात्र है।

प्रश्न–शब्द और भाव के बीच क्या सचमुच कोई नित्य सम्बन्ध है? अथवा मात्र संयोगज और रूढ़िगत?

उत्तर—इस विषय में अनेक तर्क किये जा सकते हैं, किसी स्थिर सिद्धान्त पर पहुँचना बड़ा कठिन है। मालूम होता है कि शब्द और अर्थ के बीच नित्य सम्बन्ध है, पर पूर्णतया नहीं; जैसा भाषाओं की विविधता से सिद्ध होता है। हाँ, कोई सूक्ष्म सम्बन्ध हो सकता है, जिसे हम अभी नहीं पकड़ पा रहे हैं।

प्रश्न—भारत में कार्य-प्रणाली कैसी होनी चाहिए?

उत्तर—पहले तो, व्यावहारिक और शरीर से सबल होने की शिक्षा देनी चाहिए। ऐसे केवल बारह नर-केसरी संसार पर विजय प्राप्त कर सकते हैं; परन्तु लाख-लाख भेड़ों द्वारा यह नहीं होने का। और दूसरे, किसी व्यक्तिगत आदर्श के अनुकरण की शिक्षा नहीं देनी चाहिए, चाहे वह आदर्श कितना ही बड़ा क्यों न हो।

इसके पश्चात् स्वामी जी ने कुछ हिन्दू प्रतीकों की अवनति का वर्णन किया। उन्होंने ज्ञानमार्ग और भक्तिमार्ग का भेद समझाया। वास्तव में ज्ञानमार्ग आर्यों का था, और इसलिए उसमें अधिकारी-विचार के इतने कड़े नियम थे। भक्ति-मार्ग की उत्पत्ति दाक्षिणात्य से—आर्येतर जाति से हुई है, इसलिए उसमें अधि-कारी-विचार नहीं है।

प्रश्न—भारत के इस पुनरुत्थान में रामकृष्ण मिशन क्या कार्य करेगा?

उत्तर—इस मठ से चरित्रवान व्यक्ति निकलकर सारे संसार को आध्या-त्मिकता की बाढ़ से प्लावित कर देंगे। इसके साथ साथ दूसरे क्षेत्रों में भी पुन-रुत्थान होगा। इस तरह ब्राह्मण, क्षत्रिय और वैश्य जाति का अभ्युदय होगा। शूद्र जाति का अस्तित्व समाप्त हो जायगा—वे लोग आज जो काम कर रहे हैं, वे सब यंत्रों की सहायता से किये जायँगे। भारत की वर्तमान आवश्यकता है—क्षत्रिय-शक्ति।

प्रश्न—क्या मनुष्य के उपरान्त अधोगामी पुनर्जन्म संभव है?

उत्तर—हाँ, पुनर्जन्म कर्म पर निर्भर रहता है। यदि मनुष्य पशु के समान आचरण करे, तो वह पशु-योनि में खिंच जाता है।

एक समय (सन् १८९८ ई०) में इस प्रकार के प्रश्नोत्तर-काल में स्वामी जी ने मूर्ति-पूजा की उत्पत्ति बौद्ध युग में मानी थी। उन्होंने कहा था—पहले बौद्ध चैत्य, फिर स्तूप, और तत्पश्चात् बुद्ध का मन्दिर निर्मित हुआ। उसके साथ ही हिन्दू देवताओं के मन्दिर खड़े हुए।

प्रश्न—क्या कुण्डलिनी नाम की कोई वास्तविक वस्तु इस स्थूल शरीर के भीतर है?

उत्तर—श्री रामकृष्ण देव कहते थे, 'योगी जिन्हें पद्म कहते हैं, वास्तव में वे मनुष्य के शरीर में नहीं हैं। योगाभ्यास से उनकी उत्पत्ति होती है।'

प्रश्न—क्या मूर्ति-पूजा के द्वारा मुक्ति-लाभ हो सकता है?

उत्तर—मूर्ति-पूजा से साक्षात् मुक्ति की प्राप्ति नहीं हो सकती, फिर भी वह मुक्ति-प्राप्ति में गौण कारणस्वरूप है—सहायक है। मूर्ति-पूजा की निन्दा करना उचित नहीं, क्योंकि बहुतों के लिए मूर्ति-पूजा ही अद्वैत ज्ञान की उपलब्धि के लिए मन को तैयार कर देती है—और केवल इस अद्वैत-ज्ञान की प्राप्ति से ही मनुष्य मुक्त हो सकता है।

प्रश्न—हमारे चरित्र का सर्वोच्च आदर्श क्या होना चाहिए?

उत्तर—त्याग।

प्रश्न—बौद्ध धर्म ने अपने दाय के रूप में भ्रष्टाचार कैसे छोड़ा?

उत्तर—बौद्धों ने प्रत्येक भारतवासी को भिक्षु या भिक्षुणी बनाने का प्रयत्न किया था। परन्तु सब लोग तो वैसा नहीं हो सकते। इस तरह किसी भी व्यक्ति के साधु बन जाने से भिक्षु-भिक्षुणियों में क्रमशः शिथिलता आती गयी। और भी एक कारण था—धर्म के नाम पर तिब्बत तथा अन्यान्य देशों के बर्बर आचारों का अनुकरण करना। वे इन स्थानों में धर्म-प्रचार के हेतु गये और इस प्रकार उनके भीतर उन लोगों के दूषित आचार प्रवेश कर गये। अन्त में उन्होंने भारत में इन सब आचारों को प्रचलित कर दिया।

प्रश्न—माया क्या अनादि और अनन्त है?

उत्तर—समष्टि रूप से अनादि-अनन्त अवश्य है, पर व्यष्टि रूप से सान्त है।

प्रश्न—ब्रह्म और माया का बोध युगपत् नहीं होता। अतः उनमें से किसी-की भी पारमार्थिक सत्ता एक दूसरे से अद्भुत कैसे सिद्ध की जा सकती है?

उत्तर—उसको केवल साक्षात्कार द्वारा ही सिद्ध किया जा सकता है। जब व्यक्ति को ब्रह्म का साक्षात्कार हो जाता है, तो उसके लिए माया की सत्ता नहीं रह जाती, जैसे रस्सी की वास्तविकता जान लेने पर सर्प का भ्रम फिर उत्पन्न नहीं होता।

प्रश्न—माया क्या है?

उत्तर—वास्तव में वस्तु केवल एक ही है—चाहे उसको चैतन्य कहो या जड़। पर उनमें से एक को दूसरे से नितांत स्वतंत्र मानना केवल कठिन ही नहीं, असम्भव है। इसीको माया या अज्ञान कहते हैं।

प्रश्न—मुक्ति क्या है?

उत्तर—मुक्ति का अर्थ है पूर्ण स्वाधीनता—शुभ और अशुभ, दोनों प्रकार के बन्धनों से मुक्त हो जाना। लोहे की श्रृंखला भी श्रृंखला ही है, और सोने की श्रृंखला भी श्रृंखला है। श्री रामकृष्ण देव कहते थे, पैर में काँटा चुभने पर उसे निकालने के लिए एक दूसरे काँटे की आवश्यकता होती है। काँटा निकल जाने पर दोनों काँटे फेंक दिये जाते हैं। इसी तरह सत्प्रवृत्ति के द्वारा असत् प्रवृत्तियों का दमन करना पड़ता है, परन्तु बाद में सत्प्रवृत्तियों पर भी विजय प्राप्त करनी पड़ती है।'

प्रश्न—भगवत्कृपा बिना क्या मुक्ति-लाभ हो सकता है?

उत्तर—मुक्ति के साथ ईश्वर का कोई सम्बन्ध नहीं है। मुक्ति तो पहले से ही वर्तमान है।

प्रश्न—हमारे भीतर जिसे 'मैं' या 'अहं' कहा जाता है, वह देह आदि से उत्पन्न नहीं है, इसका क्या प्रमाण है?

उत्तर—अनात्मा की भाँति 'मैं' या 'अहं' भी देह-मन आदि से ही उत्पन्न होता है। वास्तविक 'मैं' के अस्तित्व का एकमात्र प्रमाण है साक्षात्कार।

प्रश्न—सच्चा ज्ञानी और सच्चा भक्त किसे कह सकते हैं?

उत्तर—जिसके हृदय में अथाह प्रेम है और जो सभी अवस्थाओं में अद्वैत तत्त्व का साक्षात्कार करता है, वही सच्चा ज्ञानी है। और सच्चा भक्त वह है, जो परमात्मा के साथ जीवात्मा की अभिन्न रूप से उपलब्धि कर यथार्थ ज्ञानसम्पन्न हो गया है, जो सबसे प्रेम करता है और जिसका हृदय सबके लिए रुदन करता है। ज्ञान और भक्ति में से किसी एक का पक्ष लेकर जो दूसरे की निन्दा करता है, वह न तो ज्ञानी है, न भक्त—वह तो ढोंगी और धूर्त है।

प्रश्न—ईश्वर की सेवा करने की क्या आवश्यकता है?

उत्तर—यदि तुम एक बार ईश्वर के अस्तित्व को मान लेते हो, तो उनकी सेवा करने के यथेष्ट कारण पाओगे। सभी शास्त्रो के मतानुसार भगवत्सेवा का अर्थ है 'स्मरण'। यदि तुम ईश्वर के अस्तित्व में विश्वास रखते हो, तो तुम्हारे जीवन में पग पग पर उनको स्मरण करने का हेतु सामने आयेगा।

प्रश्न—क्या मायावाद अद्वैतवाद से भिन्न है?

उत्तर—नहीं, दोनों एक ही हैं। मायावाद को छोड़ अद्वैतवाद की और कोई भी व्याख्या सम्भव नहीं।

प्रश्न—ईश्वर तो अनन्त हैं, वे फिर मनुष्य रूप धारण कर इतने छोटे किस प्रकार हो सकते हैं?

उत्तर—यह सत्य है कि ईश्वर अनन्त है। परन्तु तुम लोग अनन्त का जो अर्थ सोचते हो, अनन्त का वह अर्थ नहीं है। अनन्त कहने से तुम एक विराट् जड़ सत्ता समझ बैठते हो। इसी समझ के कारण तुम भ्रम में पड़ गये हो। जब तुम यह कहते हो कि भगवान् मनुष्य रूप धारण नहीं कर सकते, तो इसका अर्थ तुम ऐसा समझते हो कि एक विराट् जड़ पदार्थ को इतना छोटा नहीं किया जा सकता। परन्तु ईश्वर इस अर्थ में अनन्त नहीं है। उसका अनन्तत्व चैतन्य का अनन्तत्व है। इसलिए मानव के आकार में अपने को अभिव्यक्त करने पर भी उनके स्वरूप को कुछ भी क्षति नहीं पहुँचती।

प्रश्न—कोई कोई कहते हैं कि पहले सिद्ध बन जाओ, फिर तुम्हें कर्म करने का ठीक ठीक अधिकार होगा; परन्तु कोई कहते हैं कि शुरू से ही कर्म करना, दूसरों की सेवा करना उचित है। इन दो विभिन्न मतों का सामंजस्य किस प्रकार हो सकता है?

उत्तर—तुम तो दो अलग अलग बातों को एक में मिलाये दे रहे हो, इसलिए भ्रम में पड़ गये हो। कर्म का अर्थ है मानव जाति की सेवा अथवा धर्म-प्रचार-कार्य। यथार्थ प्रचार-कार्य में अवश्य ही सिद्ध पुरुष के अतिरिक्त और किसीका अधिकार नहीं है, परन्तु सेवा में तो सभी का अधिकार है; इतना ही नहीं, जब तक हम दूसरों से सेवा ले रहे हैं, तब तक हम दूसरों की सेवा करने को बाध्य भी हैं।

२

(ब्रुकलिन नैतिक सभा, ब्रुकलिन, अमेरिका)

प्रश्न—आप कहते हैं कि सब कुछ मंगल के लिए ही है; परन्तु देखने में आता है कि संसार सब ओर अमंगल और दुःख-कष्ट से घिरा है। तो फिर आपके मत के साथ इस प्रत्यक्ष दीखनेवाले व्यापार का सामंजस्य किस प्रकार हो सकता है?

उत्तर—आप यदि पहले अमंगल के अस्तित्व को प्रमाणित कर सकें, तभी मैं इस प्रश्न का उत्तर दे सकूँगा। परन्तु वैदान्तिक धर्म तो अमंगल का अस्तित्व ही स्वीकार नहीं करता। सुख से रहित अनन्त दुःख कहीं हो, तो उसे अवश्य प्रकृत अमंगल कहा जा सकता है। पर यदि सामयिक दुःख-कष्ट हृदय की कोमलता

और महत्ता में वृद्धि कर मनुष्य को अनन्त सुख की ओर अग्रसर कर दे, तो फिर उसे अमंगल नहीं कहा जा सकता, बल्कि उसे तो परम मंगल कहा जा सकता है। जब तक हम यह अनुसन्धान नहीं कर लेते कि किसी वस्तु का अनन्त के राज्य में क्या परिणाम होता है, तब तक हम उसे बुरा नहीं कह सकते।

शैतान की उपासना हिन्दू धर्म का अंग नहीं है। मानव जाति क्रमोन्नति के मार्ग पर चल रही है, परन्तु सब लोग एक ही प्रकार की स्थिति में नहीं पहुँच सके हैं। इसीलिए पार्थिव्र जीवन में कोई कोई लोग अन्यान्य व्यक्तियों की अपेक्षा अधिक महान् और पवित्र देखे जाते हैं। प्रत्येक मनुष्य के लिए उसके अपने वर्तमान उन्नति-क्षेत्र के भीतर स्वयं को उन्नत बनाने के लिए अवसर विद्यमान है। हम अपना नाश नहीं कर सकते, हम अपने भीतर की जीवनी शक्ति को नष्ट या दुर्बल नहीं कर सकते, परन्तु उस शक्ति को विभिन्न दिशा में परिचालित करने के लिए हम स्वतन्त्र हैं।

प्रश्न—पार्थिव जड़ वस्तु की सत्यता क्या हमारे मन की केवल कल्पना नहीं है?

उत्तर—मेरे मत में बाह्य जगत् की अवश्य एक सत्ता है—हमारे मन के विचार के बाहर भी उसका एक अस्तित्व है। चैतन्य के क्रमविकास-रूप महान् विधान का अनुवर्ती होकर यह समग्र विश्व उन्नति के पथ पर अग्रसर हो रहा है। चैतन्य का यह क्रमविकास जड़ के क्रमविकास से पृथक् है। जड़ का क्रमविकास चैतन्य की विकास-प्रणाली का सूचक या प्रतीकस्वरूप है, किन्तु उसके द्वारा इस प्रणाली की व्याख्या नहीं हो सकती। वर्तमान पार्थिव परिस्थिति में बद्ध रहने के कारण हम अभी तक व्यक्तित्व नहीं प्राप्त कर सके हैं। जब तक हम उस उच्चतर भूमि में नहीं पहुँच जाते, जहाँ हम अपनी अन्तरात्मा के परम लक्षणों को प्रकट करने के उपयुक्त यन्त्र बन जाते हैं, तब तक हम प्रकृत व्यक्तित्व की प्राप्ति नहीं कर सकते।

प्रश्न—ईसा मसीह के पास एक जन्मान्ध शिशु को ले जाकर उनसे पूछा गया था कि शिशु अपने किये हुए पाप के फल से अन्धा हुआ है अथवा अपने माता-पिता के पाप के फल से—इस समस्या की मीमांसा आप किस प्रकार करेंगे?

उत्तर—इस समस्या में पाप की बात को ले आने का कोई भी प्रयोजन नहीं दीख पड़ता। तो भी मेरा दृढ़ विश्वास है कि शिशु की यह अन्धता उसके पूर्व जन्म-कृत किसी कर्म का ही फल होगी। मेरे मत में, पूर्व जन्म को स्वीकार करने पर ही ऐसी समस्याओं की मीमांसा हो सकती है।

प्रश्न—मृत्यु के पश्चात् हमारी आत्मा क्या आनन्द की अवस्था को प्राप्त करती है?

उत्तर—मृत्यु तो केवल अवस्था का परिवर्तन मात्र है। देश-काल आपके ही भीतर वर्तमान हैं, आप देश-काल के अन्तर्गत नहीं हैं। बस इतना जानने से ही यथेष्ट होगा कि हम, इहलोक में या परलोक में, अपने जीवन को जितना पवित्र और महान् बनायेंगे, उतना ही हम उन भगवान् के निकट होते जायँगे, जो सारे आध्यात्मिक सौन्दर्य और अनन्त आनन्द के केन्द्रस्वरूप हैं।

३

(ट्वेन्टिएथ सेन्चुरी क्लब, बोस्टन, अमेरिका)

प्रश्न—क्या वेदान्त का प्रभाव इसलाम धर्म पर कुछ पड़ा है?

उत्तर—वेदान्त मत की आध्यात्मिक उदारता ने इसलाम धर्म पर अपना विशेष प्रभाव डाला था। भारत का इसलाम धर्म संसार के अन्यान्य देशों के इसलाम धर्म की अपेक्षा पूर्ण रूप से भिन्न है। जब दूसरे देशों के मुसलमान यहाँ आकर भारतीय मुसलमानों को फुसलाते हैं कि तुम विधर्मियों के साथ मिल जुलकर कैसे रहते हो, तभी अशिक्षित कट्टर मुसलमान उत्तेजित होकर दंगा-फ़साद मचाते हैं।

प्रश्न—क्या वेदान्त जाति-भेद मानता है?

उत्तर—जाति-भेद वेदान्त धर्म का विरोधी है। जाति-भेद एक सामाजिक प्रथा मात्र है और हमारे बड़े बड़े आचार्यों ने उसे तोड़ने के प्रयत्न किये हैं। बौद्ध धर्म से लेकर सभी सम्प्रदायों ने जाति-भेद के विरुद्ध प्रचार किया है, परन्तु ऐसा प्रचार जितना ही बढ़ता गया, जाति-भेद की श्रृंखला उतनी ही दृढ़ होती गयी। जाति-भेद की उत्पत्ति भारत की राजनीतिक संस्थाओं से हुई है। वह तो वंश-परम्परागत व्यवसायों का समवाय (trade guild) मात्र है। किसी प्रकार के उपदेश की अपेक्षा यूरोप के साथ व्यापार-वाणिज्य की प्रतियोगिता ने जाति-भेद को अधिक मात्रा में तोड़ा है।

प्रश्न—वेदों की विशेषता किस बात में है?

उत्तर—वेदों की एक विशेषता यह है कि सारे शास्त्र-ग्रन्थों में एकमात्र वेद ही बारम्बार कहते हैं कि वेदों के भी अतीत हो जाना चाहिए। वेद कहते हैं कि वे केवल बाल-बुद्धि व्यक्तियों के लिए लिखे गये हैं। इसलिए विकास कर चुकने पर वेदों के परे जाना पड़ेगा।

प्रश्न—आपके मत में प्रत्येक जीवात्मा क्या नित्य सत्य है?

उत्तर—जीवात्मा मनुष्य की वृत्तियों की समष्टिस्वरूप है, और इन वृत्तियों का प्रतिक्षण परिवर्तन होता रहता है। इसलिए यह जीवात्मा अनन्त काल के

लिए कभी सत्य नहीं हो सकती। इस मायिक जगत्-प्रपंच के भीतर ही उसकी सत्यता है। जीवात्मा तो विचार और स्मृति की समष्टि है—वह नित्य सत्य कैसे हो सकती है?

प्रश्न—भारत में बौद्ध धर्म का पतन क्यों हुआ?

उत्तर—वास्तव में भारत में बौद्ध धर्म का लोप नहीं हुआ। वह एक विराट् सामाजिक आन्दोलन मात्र था। बुद्ध के पहले, यज्ञ के नाम से तथा अन्य विभिन्न कारणों से बहुत प्राणिहिंसा होती थी और लोग बहुत मद्यपान एवं आमिष-आहार करते थे। बुद्ध के उपदेश के फल से मद्यपान और जीव-हत्या का भारत से प्रायः लोप सा हो गया है।

४

(अमेरिका के हार्डफ़ोर्ड में 'आत्मा, ईश्वर और धर्म'[१] विषय पर स्वामी जी का एक भाषण समाप्त होने पर वहाँ के श्रोताओं ने कुछ प्रश्न पूछे थे। वे प्रश्न तथा उनके उत्तर नीचे दिये गये हैं।)

दर्शकों में से एक ने कहा—अगर पुरोहित लोग नरक की ज्वाला के बारे में बातें करना छोड़ दें, तो लोगों पर से उनका प्रभाव ही उठ जाय।

उत्तर—उठ जाय, तो अच्छा ही हो। अगर आतंक से कोई किसी धर्म को मानता है, तो वस्तुतः उसका कोई भी धर्म नहीं। इससे तो मनुष्य को उसकी पाशविक प्रकृति के बजाय उसकी दैवी प्रकृति के बारे में उपदेश देना कहीं अच्छा है।

प्रश्न—जब प्रभु (ईसा) ने यह कहा कि स्वर्ग का राज्य इस संसार में नहीं है, तो इससे उनका क्या तात्पर्य था?

उत्तर—यह कि स्वर्ग का राज्य हमारे अन्दर है। यहूदी लोगों का विश्वास था कि स्वर्ग का राज्य इसी पृथ्वी पर है। पर ईसा मसीह ऐसा नहीं मानते थे।

प्रश्न—क्या आप मानते हैं कि मनुष्य का विकास पशु से हुआ है?

उत्तर—मैं मानता हूँ कि विकास के नियम के अनुसार ऊँचे स्तर के प्राणी अपेक्षाकृत निम्न स्तर से विकसित हुए हैं।

प्रश्न—क्या आप किसी ऐसे व्यक्ति को मानते हैं, जो अपने पूर्व जन्म की बातें जानता हो?

उत्तर—हाँ, कुछ ऐसे लोगों से मेरी भेंट हुई है, जो कहते हैं कि उन्हें अपने पिछले जीवन की बातें याद हैं। वे इतना ऊपर उठ चुके हैं कि अपने पूर्व जन्म की बातें याद कर सकते हैं।

---

१. यह भाषण 'विवेकानन्द साहित्य', द्वितीय खंड में प्रकाशित हुआ है। स०

प्रश्न—ईसा मसीह के क्रूस पर चढ़ने की बात में क्या आपको विश्वास है ?

उत्तर—ईसा मसीह ईश्वर के अवतार थे। कोई उन्हें मार नहीं सकता था। देह, जिसको क्रूस पर चढ़ाया गया, एक छाया मात्र थी, एक मृगतृष्णा थी।

प्रश्न—अगर वे ऐसे छाया-शरीर का निर्माण कर सके, तो क्या यह सबसे बड़ा चमत्कारपूर्ण कार्य नहीं है ?

उत्तर—चमत्कारपूर्ण कार्यों को मैं आध्यात्मिक मार्ग का सबसे बड़ा रोड़ा मानता हूँ। एक बार बुद्ध के शिष्यों ने उनसे एक ऐसे व्यक्ति की चर्चा की, जो तथाकथित चमत्कार दिखाता था—वह एक कटोरे को बिना छुए ही काफ़ी ऊँचाई पर रोके रखता था। उन लोगों ने बुद्ध को वह कटोरा दिखाया, तो उन्होंने उसे अपने पैरों से कुचल दिया और कहा—कभी तुम इन चमत्कारों पर अपनी आस्था मत आधारित करो, बल्कि शाश्वत सिद्धान्तों में सत्य की खोज करो। बुद्ध ने उन्हें सच्चे आन्तरिक प्रकाश की शिक्षा दी—वह प्रकाश, जो आत्मा की देन है और जो एकमात्र ऐसा विश्वसनीय प्रकाश है, जिसके सहारे चला जा सकता है। चमत्कार तो केवल मार्ग के रोड़े हैं। उन्हें हमें रास्ते से अलग हटा देना चाहिए।

प्रश्न—क्या आप मानते हैं कि 'शैलोपदेश' सचमुच ईसा मसीह के हैं ?

उत्तर—हाँ, मैं ऐसा मानता हूँ। और इस सम्बन्ध में मैं अन्य विचारकों की तरह पुस्तकों पर ही भरोसा करता हूँ, यद्यपि मैं यह भी समझता हूँ कि पुस्तकों को प्रमाण बनाना बहुत ठोस आधार नहीं है। पर इन सारी बातों के बावजूद हम सभी 'शैलोपदेश' को निःसंकोच अपना पथप्रदर्शक मान सकते हैं। जो हमारी अन्तरात्मा को जँचे, उसे हमें स्वीकार करना है। ईसा के पाँच सौ साल पहले बुद्ध ने उपदेश दिया था और सदा उनके उपदेश आशीषों से भरे रहते थे। कभी उन्होंने अपने जीवन में अपने कार्यों अथवा अपने शब्दों से किसीकी हानि नहीं की, और न जरथुष्ट्र अथवा कन्फ़्यूशस ने ही।

५

(निम्नलिखित प्रश्नोत्तर अमेरिका में दिये हुए विभिन्न भाषणों के अन्त में हुए थे। वहीं से इनका संग्रह किया गया है। इनमें से यह अमेरिका के एक संवाद-पत्र से संगृहीत है।)

प्रश्न—आत्मा के आवागमन का हिंदू सिद्धान्त क्या है ?

उत्तर—वैज्ञानिकों का ऊर्जा या जड़-संधारण (conservation of energy or matter) का सिद्धान्त, जिस भित्ति पर प्रतिष्ठित है, आवागमन का सिद्धान्त भी उसी भित्ति पर स्थापित है। इस सिद्धान्त (conservation of energy or matter) का प्रवर्तन सर्वप्रथम हमारे देश के एक दार्शनिक ने ही किया था। प्राचीन ऋषि 'सृष्टि' पर विश्वास नहीं करते थे। 'सृष्टि' कहने से तात्पर्य निकलता है--'कुछ नहीं' से 'कुछ' का होना, 'अभाव' से 'भाव' की उत्पत्ति। यह असम्भव है। जिस प्रकार काल का आदि नहीं है, उसी प्रकार सृष्टि का भी आदि नहीं है। ईश्वर और सृष्टि मानो दो समानान्तर रेखाओं के समान हैं—उनका न आदि है, न अन्त—वे नित्य पृथक् हैं। सृष्टि के बारे में हमारा मत यह है—'वह थी, है, और रहेगी।' पाश्चात्य देशवासियों को भारत से एक बात सीखनी है—वह है परधर्म-सहिष्णुता। कोई भी धर्म बुरा नहीं है, क्योंकि सब धर्मों का सार एक ही है।

प्रश्न—भारत की स्त्रियाँ उतनी उन्नत क्यों नहीं हैं?

उत्तर—विभिन्न समयों में अनेक असभ्य जातियों ने भारत पर आक्रमण किया था, प्रधानतः उसीके कारण भारतीय महिलाएँ इतनी अनुन्नत हैं। फिर, इसमें कुछ दोष तो भारतवासियों के निजी भी हैं।

किसी समय अमेरिका में स्वामी जी से कहा गया था कि हिन्दू धर्म ने कभी किसी अन्य धर्मावलम्बी को अपने धर्म में नहीं मिलाया है। इसके उत्तर में उन्होंने कहा, "जैसे पूर्व के लिए बुद्धदेव के पास एक विशेष सन्देश था, उसी प्रकार पश्चिम के लिए मेरे पास भी एक सन्देश है।"

प्रश्न—आप क्या यहाँ (अमेरिका में) हिन्दू धर्म के क्रियाकलाप, अनुष्ठान आदि को चलाना चाहते हैं?

उत्तर—मैं तो केवल दार्शनिक तत्त्वों का ही प्रचार कर रहा हूँ।

प्रश्न—क्या आपको ऐसा नहीं मालूम होता कि यदि भावी नरक का डर मनुष्य के सामने से हटा दिया जाय, तो किसी भी रूप से उसे क़ाबू में रखना असम्भव हो जायगा?

उत्तर—नहीं; बल्कि मैं तो यह समझता हूँ कि भय की अपेक्षा हृदय में प्रेम और आशा का संचार होने से वह अधिक अच्छा हो सकेगा।

६

(स्वामी जी ने २५ मार्च, सन् १८९६ ई० को संयुक्त राष्ट्र अमेरिका के हॉर्वर्ड विश्वविद्यालय की 'ग्रेजुएट दार्शनिक सभा' में वेदान्त दर्शन के बारे में एक व्याख्यान दिया था। व्याख्यान समाप्त होने पर श्रोताओं के साथ निम्नलिखित प्रश्नोत्तर हुए।)

प्रश्न—मैं यह जानना चाहता हूँ कि भारत में दार्शनिक चिन्तन की वर्तमान अवस्था कैसी है? इन सब बातों की वहाँ आजकल कहाँ तक आलोचना होती है?

उत्तर—मैंने पहले ही कहा है कि भारत में अधिकांश लोग द्वैतवादी हैं। अद्वैतवादियों की संख्या बहुत अल्प है। उस देश में (भारत में) आलोचना का प्रधान विषय है मायावाद और जीव-तत्त्व। मैंने इस देश में आकर देखा कि यहाँ के श्रमिक संसार की वर्तमान राजनीतिक परिस्थिति से भली भाँति परिचित हैं, परन्तु जब मैंने उनसे पूछा, 'धर्म कहने से तुम क्या समझते हो, अमुक अमुक सम्प्रदाय का धर्म-मत किस प्रकार का है', तो उन्होंने कहा, 'ये सब बातें हम नहीं जानते—हम तो बस चर्च में जाते भर हैं।' परन्तु भारत में किसी किसान के पास जाकर यदि मैं पूछूँ कि तुम्हारा शासनकर्ता कौन है, तो वह उत्तर देगा, 'यह बात मैं नहीं जानता, मैं तो केवल टैक्स (कर) दे देता हूँ।' पर यदि मैं उससे धर्म के विषय में पूछूँ, तो वह तत्काल बता देगा कि वह द्वैतवादी है, और माया तथा जीव-तत्त्व के सम्बन्ध में वह अपनी धारणा को विस्तृत रूप से कहने के लिए भी तैयार हो जायगा। वे लिखना-पढ़ना नहीं जानते, परन्तु इन बातों को उन्होंने साधु-संन्यासियों से सीखा है, और इन विषयों पर विचार करना उन्हें बहुत अच्छा लगता है। दिन भर काम करने के पश्चात् पेड़ के नीचे बैठकर किसान लोग इन सब तत्त्वों पर विचार किया करते हैं।

प्रश्न—कट्टर या असल हिन्दू किसे कह सकते हैं? हिन्दू धर्म में कट्टरता (orthodoxy) का क्या अर्थ है?

उत्तर—वर्तमान काल में तो खान-पान अथवा विवाह के विषय में जातिगत विधि-निषेध का पालन करने से ही कट्टर या असल हिन्दू हो जाता है। फिर वह चाहे जिस किसी धर्म-मत में विश्वास क्यों न करे, कुछ बनता-बिगड़ता नहीं। भारत में कभी भी कोई नियमित धर्मसंघ या चर्च नहीं था; इसलिए कट्टर या असल हिन्दूपन गठित तथा नियमित करने के लिए संघबद्ध रूप से कभी चेष्टा नहीं हुई। संक्षेप में हम कह सकते हैं कि जो वेदों में विश्वास रखते हैं, वे ही असल या कट्टर हिन्दू हैं। पर वास्तव में, देखने में यह आता है कि द्वैतवादी सम्प्रदायों में से अनेक केवल वेद-विश्वासी न होकर पुराणों में ही अधिक विश्वास रखते हैं।

प्रश्न—आपके हिन्दू दर्शन ने यूनानियों के स्टोइक दर्शन[1] पर किस प्रकार प्रभाव डाला था?

---

१. सम्भवतः ईसा से ३०८ वर्ष पूर्व ग्रीस के दार्शनिक जीनो (Zeno) ने इस दर्शन का प्रचार किया था। इनके मत से, सुख-दुःख, भला-बुरा, सब विषयों में समभावसम्पन्न रहना और अविचलित रहकर सबको सहना ही मनुष्य जीवन का परम पुरुषार्थ है। सं०

उत्तर—बहुत सम्भव है कि उसने सिकन्दरिया निवासियों द्वारा उस पर कुछ प्रभाव डाला था। ऐसा सन्देह किया जाता है कि पाइथागोरस के उपदेशों में सांख्य दर्शन का प्रभाव विद्यमान है। जो हो, हमारी यह धारणा है कि सांख्य दर्शन ही वेदों में निहित दार्शनिक तत्त्वों का युक्ति-विचार द्वारा समन्वय करने का सबसे प्रथम प्रयत्न है। हम वेदों तक में कपिल के नाम का उल्लेख पाते हैं—**ऋषिं प्रसूतं कपिलं यस्तमग्रे।**[1]

—'जिन्होंने उन कपिल ऋषि को पहले प्रसव किया था।'

प्रश्न—पाश्चात्य विज्ञान के साथ इस मत का विरोध कहाँ पर है?

उत्तर—विरोध कुछ भी नहीं है। बल्कि हमारे इस मत के साथ पाश्चात्य विज्ञान का सादृश्य ही है। हमारा परिणामवाद तथा आकाश और प्राण तत्त्व ठीक आपके आधुनिक दर्शनों के सिद्धान्त के समान है। आपका परिणामवाद या क्रमविकास हमारे योग और सांख्य दर्शन में पाया जाता है। दृष्टान्तस्वरूप देखिए—पतंजलि ने बतलाया है कि प्रकृति के आपूरण के द्वारा एक जाति अन्य जाति में परिणत होती है—**जात्यन्तरपरिणामः प्रकृत्यापूरात्।** केवल इसकी व्याख्या के विषय में पतंजलि के साथ पाश्चात्य विज्ञान का मतभेद है। पतंजलि की परिणाम की व्याख्या आध्यात्मिक है। वे कहते हैं—जब एक किसान अपने खेत में पानी देने के लिए पास के ही जलाशय से पानी लेना चाहता है, तो वह बस पानी को रोक रखनेवाले द्वार को खोल भर देता है—**निमित्तमप्रयोजकं प्रकृतीनां वरणभेदस्तु ततः क्षेत्रिकवत्।** उसी प्रकार प्रत्येक मनुष्य पहले से ही अनन्त है, केवल इन सब विभिन्न अवस्था-चक्ररूपी द्वारों या प्रतिबन्धों ने उसे बद्ध कर रखा है। इन प्रतिबन्धों को हटाने मात्र से ही उसकी वह अनन्त शक्ति बड़े वेग के साथ अभिव्यक्त होने लगती है। तिर्यक् योनि में मनुष्यत्व गूढ़ भाव से निहित है; अनुकूल परिस्थिति उपस्थित होने पर वह तत्क्षण ही मानव रूप में अभिव्यक्त हो जाता है। उसी प्रकार उपयुक्त सुयोग तथा अवसर उपस्थित होने पर मनुष्य के भीतर जो ईश्वरत्व विद्यमान है, वह अपने को अभिव्यक्त कर देता है। इसलिए आधुनिक नूतन मतवादवालों के साथ विवाद करने को विशेष कुछ नहीं है। उदाहरणार्थ, विषय-प्रत्यक्ष के सिद्धान्त के सम्बन्ध में सांख्य मत के साथ आधुनिक शरीर विज्ञान (Physiology) का बहुत ही थोड़ा मतभेद है।

प्रश्न—परन्तु आप लोगों की पद्धति भिन्न है।

---

१. **श्वेताश्वतरोपनिषद् ॥५।२॥**

उत्तर---हाँ, हमारे मतानुसार मन की समस्त शक्तियों को एकमुखी करना ही ज्ञान-लाभ का एकमात्र उपाय है। बहिर्विज्ञान में बाह्य विषयों पर मन को एकाग्र करना होता है और अन्तर्विज्ञान में मन की गति को आत्माभिमुखी करना पड़ता है। मन की इस एकाग्रता को ही हम योग कहते हैं।

प्रश्न---एकाग्रता की दशा में क्या इन सब तत्त्वों का यथार्थ ज्ञान आप ही आप प्रकट होता है ?

उत्तर---योगी कहते हैं कि इस एकाग्रता शक्ति का फल अत्यन्त महान् है। उनका कहना है कि मन की एकाग्रता के बल से संसार के सारे सत्य---बाह्य और अन्तर दोनों जगत् के सत्य---करामलकवत् प्रत्यक्ष हो जाते हैं।

प्रश्न---अद्वैतवादी सृष्टि-तत्त्व के विषय में क्या कहते हैं ?

उत्तर---अद्वैतवादी कहते हैं कि यह सारा सृष्टि-तत्त्व तथा इस संसार में जो कुछ भी है, सब माया के, इस आपातप्रतीयमान प्रपंच के अन्तर्गत है। वास्तव में इस सबका कोई अस्तित्व नहीं है। परन्तु जब तक हम बद्ध हैं, तब तक हमें यह दृश्य जगत् देखना पड़ेगा। इस दृश्य जगत् में घटनाएँ कुछ निर्दिष्ट क्रम के अनुसार घटती रहती हैं। परन्तु उसके परे न कोई नियम है, न क्रम। वहाँ सम्पूर्ण मुक्ति ---सम्पूर्ण स्वाधीनता है।

प्रश्न---अद्वैतवाद क्या द्वैतवाद का विरोधी है ?

उत्तर---उपनिषद् प्रणालीबद्ध रूप से लिखित न होने के कारण जब कभी दार्शनिकों ने किसी प्रणालीबद्ध दर्शनशास्त्र की रचना करनी चाही, तब उन्होंने इन उपनिषदों में से अपने अभिप्राय के अनुकूल प्रामाणिक वाक्यों को चुन लिया है। इसी कारण सभी दर्शनकारों ने उपनिषदों को प्रमाण रूप से ग्रहण किया है,---अन्यथा उनके दर्शन को किसी प्रकार का आधार ही नहीं रह जाता। तो भी हम देखते हैं कि उपनिषदों में सब प्रकार की विभिन्न चिन्तन-प्रणालियाँ विद्यमान हैं। हमारा यह सिद्धान्त है कि अद्वैतवाद द्वैतवाद का विरोधी नहीं है। हम तो कहते हैं कि चरम ज्ञान में पहुँचने के लिए जो तीन सोपान हैं, उनमें से द्वैतवाद एक है। धर्म में सर्वदा तीन सोपान देखने में आते हैं। प्रथम---द्वैतवाद। उसके बाद मनुष्य अपेक्षाकृत उच्चतर अवस्था में उपस्थित होता है---वह है विशिष्टाद्वैतवाद। और अन्त में उसे यह अनुभव होता है कि वह समस्त विश्व-ब्रह्माण्ड के साथ अभिन्न है। यही चरम दशा अद्वैतवाद है। इसलिए इन तीनों में परस्पर विरोध नहीं है, बल्कि वे आपस में एक दूसरे के सहायक या पूरक हैं।

प्रश्न---माया या अज्ञान के अस्तित्व का क्या कारण है ?

उत्तर—कार्य-कारण संघात की सीमा के बाहर 'क्यों' का प्रश्न नहीं पूछा जा सकता। माया-राज्य के भीतर ही 'क्यों' का प्रश्न पूछा जा सकता है। हम कहते हैं कि यदि न्यायशास्त्र के अनुसार यह प्रश्न पूछ सका जाय, तभी हम उसका उत्तर देंगे। उसके पहले उसका उत्तर देने का हमें अधिकार नहीं है।

प्रश्न—सगुण ईश्वर क्या माया के अन्तर्गत है ?

उत्तर—हाँ; पर यह सगुण ईश्वर मायारूपी आवरण के भीतर से परिदृश्यमान उस निर्गुण ब्रह्म के अतिरिक्त और कुछ नहीं है। माया या प्रकृति के अधीन होने पर वही निर्गुण ब्रह्म जीवात्मा कहलाता है, और मायाधीश या प्रकृति के नियन्ता के रूप में वही ईश्वर या सगुण ब्रह्म कहलाता है। यदि कोई व्यक्ति सूर्य को देखने के लिए यहाँ से ऊपर की ओर यात्रा करे, तो जब तक वह असल सूर्य के निकट नहीं पहुँचता, तब तक वह सूर्य को क्रमशः अधिकाधिक बड़ा ही देखता जायगा। वह जितना ही आगे बढ़ेगा, उसे ऐसा मालूम होगा कि वह भिन्न भिन्न सूर्यों को देख रहा है, परन्तु वास्तव में वह उसी एक सूर्य को देख रहा है, इसमें सन्देह नहीं। इसी प्रकार, हम जो कुछ देख रहे हैं, सभी उसी निर्गुण ब्रह्मसत्ता के विभिन्न रूप मात्र हैं, इसलिए उस दृष्टि से ये सब सत्य हैं। इनमें से कोई भी मिथ्या नहीं है, परन्तु यह कहा जा सकता है कि ये निम्नतर सोपान मात्र हैं।

प्रश्न—उस पूर्ण निरपेक्ष सत्ता को जानने की विशेष प्रणाली कौन सी है ?

उत्तर—हमारे मत में दो प्रणालियाँ हैं। उनमें से एक तो अस्तिभावद्योतक या प्रवृत्ति मार्ग है और दूसरी नास्तिभावद्योतक या निवृत्ति मार्ग है। प्रथमोक्त मार्ग से सारा विश्व चलता है—इसी पथ से हम प्रेम के द्वारा उस पूर्ण वस्तु को प्राप्त करने की चेष्टा कर रहे हैं। यदि प्रेम की परिधि अनन्त गुनी बढ़ा दी जाय, तो हम उसी विश्व-प्रेम में पहुँच जायँगे। दूसरे पथ में 'नेति', 'नेति' अर्थात् 'यह नहीं', 'यह नहीं' इस प्रकार की साधना करनी पड़ती है। इस साधना में चित्त की जो कोई तरंग मन को बहिर्मुखी बनाने की चेष्टा करती है, उसका निवारण करना पड़ता है। अन्त में मन ही मानो मर जाता है, तब सत्य स्वयं प्रकाशित हो जाता है। हम इसीको समाधि या ज्ञानातीत अवस्था या पूर्ण ज्ञानावस्था कहते हैं।

प्रश्न—तब तो यह विषयी (ज्ञाता या द्रष्टा) को विषय (ज्ञेय या दृश्य) में डुबा देने की अवस्था हुई ?

उत्तर—विषयी को विषय में नहीं, वरन् विषय को विषयी में डुबा देने की। वास्तव में यह जगत् विलीन हो जाता है, केवल 'मैं' रह जाता है—एकमात्र 'मैं' ही वर्तमान रहता है।

प्रश्न––हमारे कुछ जर्मन दार्शनिकों का मत है कि भारतीय भक्तिवाद सम्भवतः पाश्चात्य प्रभाव का ही फल है।

उत्तर––इस विषय में मैं उनसे सहमत नहीं हूँ। इस प्रकार का अनुमान एक क्षण के लिए भी नहीं टिक सकता। भारतीय भक्ति पाश्चात्य देशों की भक्ति के समान नहीं है। भक्ति के सम्बन्ध में हमारी मुख्य धारणा यह है कि उसमें भय का भाव बिल्कुल ही नहीं रहता––रहता है केवल भगवान् के प्रति प्रेम। दूसरी बात यह है कि ऐसा अनुमान बिल्कुल अनावश्यक है। भक्ति की बातें हमारी प्राचीनतम उपनिषदों तक में विद्यमान हैं और ये उपनिषद् ईसाइयों की बाइबिल से बहुत प्राचीन हैं। संहिता में भी भक्ति का बीज देखने में आता है। फिर 'भक्ति' शब्द भी कोई पाश्चात्य शब्द नहीं है। वेद-मन्त्र में 'श्रद्धा' शब्द का जो उल्लेख है, उसीसे क्रमशः भक्तिवाद का उद्भव हुआ था।

प्रश्न––ईसाई धर्म के सम्बन्ध में भारतवासियों की क्या धारणा है?

उत्तर––बड़ी अच्छी धारणा है। वेदान्त सभी को ग्रहण करता है। दूसरे देशों की तुलना में भारत में हमारी धर्म-शिक्षा का एक विशेषत्व है। मान लीजिए, मेरे एक लड़का है। मैं उसे किसी धर्ममत की शिक्षा नहीं दूंगा, मैं उसे प्राणायाम सिखाऊँगा, मन को एकाग्र करना सिखाऊँगा और थोड़ी-बहुत सामान्य प्रार्थना की शिक्षा दूंगा; परन्तु वैसी प्रार्थना नहीं, जैसी आप समझते हैं, वरन् इस प्रकार की कुछ प्रार्थना––'जिन्होंने इस विश्व-ब्रह्माण्ड की सृष्टि की है, मैं उनका ध्यान करता हूँ––वे मेरे मन को ज्ञानालोक से आलोकित करें।'[1] इस प्रकार उसकी धर्म-शिक्षा चलती रहेगी। इसके बाद वह विभिन्न मतावलम्बी दार्शनिकों एवं आचार्यों के मत सुनता रहेगा। उनमें से जिनका मत वह अपने लिए सबसे अधिक उपयुक्त समझेगा, उन्हींको वह गुरु रूप से ग्रहण करेगा और वह स्वयं उनका शिष्य बन जायगा। वह उनसे प्रार्थना करेगा, 'आप जिस दर्शन का प्रचार कर रहे हैं, वही सर्वोत्कृष्ट है; अतएव आप कृपा करके मुझे उसकी शिक्षा दीजिए।'

हमारी मूल बात यह है कि आपका मत मेरे लिए तथा मेरा मत आपके लिए उपयोगी नहीं हो सकता। प्रत्येक का साधन-पथ भिन्न भिन्न होता है। यह भी हो सकता है कि मेरी लड़की का साधन-मार्ग एक प्रकार का हो, मेरे लड़के का दूसरे प्रकार का, और मेरा इन दोनों से बिल्कुल भिन्न प्रकार का। अतः प्रत्येक व्यक्ति का इष्ट या निर्वाचित पथ भिन्न भिन्न हो सकता है,––और सब लोग अपने अपने साधन-मार्ग की बातें गुप्त रखते हैं। अपने साधन-पथ के विषय में केवल

---

१. ॐ तत्सवितुर्वरेण्यं भर्गो देवस्य धीमहि धियो यो नः प्रचोदयात्।

मैं जानता हूँ और मेरे गुरु--किसी तीसरे व्यक्ति को यह नहीं बताया जाता; क्योंकि हम दूसरों से वृथा विवाद करना नहीं चाहते। फिर, इसे दूसरों के पास प्रकट करने से उनका कोई लाभ नहीं होता; क्योंकि प्रत्येक को ही अपना अपना मार्ग चुन लेना पड़ता है। इसीलिए सर्वसाधारण को केवल सर्वसाधारणोपयोगी दर्शन और साधना-प्रणाली का ही उपदेश दिया जा सकता है। एक दृष्टान्त लीजिए--अवश्य उसे सुनकर आप हँसेंगे। मान लीजिए, एक पैर पर खड़े रहने से शायद मेरी उन्नति में कुछ सहायता होती हो; परन्तु इसी कारण यदि मैं सभी को एक पैर पर खड़े होने का उपदेश देने लगूँ, तो क्या यह हँसी की बात न होगी? हो सकता है कि मैं द्वैतवादी होऊँ और मेरी स्त्री अद्वैतवादी। मेरा कोई लड़का, इच्छा करे तो ईसा, बुद्ध या मुहम्मद का उपासक बन सकता है, वे उसके इष्ट हैं। हाँ, यह अवश्य है कि उसे अपने जातिगत सामाजिक नियमों का पालन करना पड़ेगा।

प्रश्न—क्या सब हिन्दुओं का जाति-विभाग में विश्वास है?

उत्तर—उन्हें बाध्य होकर जातिगत नियम मानने पड़ते हैं। उनका भले ही उनमें विश्वास न हो, पर तो भी वे सामाजिक नियमों का उल्लंघन नहीं कर सकते।

प्रश्न--इस प्राणायाम और एकाग्रता का अभ्यास क्या सब लोग करते हैं?

उत्तर--हाँ; पर कोई कोई लोग बहुत थोड़ा करते हैं--धर्मशास्त्र के आदेश का उल्लंघन न करने के लिए जितना करना पड़ता है, बस उतना ही करते हैं। भारत के मन्दिर यहाँ के गिरजाघ ों के समान नहीं हैं। चाहे तो कल ही सारे मन्दिर ग़ायब हो जायँ, तो भी लोगों को उनका अभाव महसूस नहीं होगा। स्वर्ग की इच्छा से, पुत्र की इच्छा से, अथवा इसी प्रकार की और किसी कामना से लोग मन्दिर बनवाते हैं। हो सकता है, किसीने एक बड़े भारी मन्दिर की प्रतिष्ठा कर उसमें पूजा के लिए दो-चार पुरोहितों को भी नियुक्त कर दिया; पर मुझे वहाँ जाने की कुछ भी आवश्यकता नहीं है; क्योंकि मेरा जो कुछ पूजा-पाठ है, वह मेरे घर में ही होता है। प्रत्येक घर में एक अलग कमरा होता है, जिसे 'ठाकुर-घर' या 'पूजा-गृह' कहते हैं। दीक्षा-ग्रहण के बाद प्रत्येक बालक या बालिका का यह कर्तव्य हो जाता है कि वह पहले स्नान करे, फिर पूजा, सन्ध्या, वन्दनादि। उसकी इस पूजा या उपासना का अर्थ है--प्राणायाम, ध्यान तथा किसी मन्त्र विशेष का जप। और एक बात की ओर विशेष ध्यान देना पड़ता है; वह है--साधना के समय शरीर को हमेशा सीधा रखना। हमारा विश्वास है कि मन के बल से शरीर को स्वस्थ और सबल रखा जा सकता है। एक व्यक्ति इस प्रकार पूजा

आदि करके चला जाता है, फिर दूसरा आकर वहाँ बैठकर अपना पूजा-पाठ आदि करने लगता है। सभी निस्तब्ध भाव से अपनी अपनी पूजा करके चले जाते हैं। कभी कभी एक ही कमरे में तीन-चार व्यक्ति बैठकर उपासना करते हैं, परन्तु उनमें से हर एक की उपासना-प्रणाली भिन्न भिन्न हो सकती है। इस प्रकार की पूजा प्रतिदिन कम से कम दो बार करनी पड़ती है।

प्रश्न---आपने जिस अद्वैत-अवस्था के बारे में कहा है, वह क्या केवल एक आदर्श है, अथवा उसे लोग प्राप्त भी करते हैं?

उत्तर---हम कहते हैं कि वह यथार्थ है---हम कहते हैं कि वह अवस्था उपलब्ध होती है। यदि वह केवल थोथी बात हो, तब तो उसका कुछ भी मूल्य नहीं। उस तत्त्व की उपलब्धि करने के लिए वेदों में तीन उपाय बतलाये गये हैं---श्रवण, मनन और निदिध्यासन। इस आत्म-तत्त्व के विषय में पहले श्रवण करना होगा। श्रवण करने के बाद इस विषय पर विचार करना होगा---आँखें मूँदकर विश्वास न कर, अच्छी तरह विचार करके समझ-बूझकर उस पर विश्वास करना होगा। इस प्रकार अपने सत्यस्वरूप पर विचार करके उसके निरन्तर ध्यान में नियुक्त होना होगा, तब उसका साक्षात्कार होगा। यह प्रत्यक्षानुभूति ही यथार्थ धर्म है। केवल किसी मतवाद को स्वीकार कर लेना धर्म का अंग नहीं है। हम तो कहते हैं कि यह समाधि या ज्ञानातीत अवस्था ही धर्म है।

प्रश्न---यदि आप कभी इस समाधि अवस्था को प्राप्त कर लें, तो क्या आप उसका वर्णन भी कर सकेंगे?

उत्तर---नहीं; परन्तु समाधि अवस्था या पूर्ण ज्ञान की अवस्था प्राप्त हुई है या नहीं, इस बात को हम जीवन के ऊपर उसके फलाफल को देखकर जान सकते हैं। एक मूर्ख व्यक्ति जब सोकर उठता है, तो वह पहले जैसा मूर्ख था, अब भी वैसा ही मूर्ख रहता है; शायद पहले से और भी खराब हो सकता है। परन्तु जब कोई व्यक्ति समाधि में स्थित होता है, तो वहाँ से व्युत्थान के बाद वह एक तत्त्वज्ञ, साधु, महापुरुष हो जाता है। इसीसे स्पष्ट है कि ये दोनों अवस्थाएँ कितनी भिन्न भिन्न हैं।

प्रश्न---मैं प्राध्यापक---के प्रश्न का सूत्र पकड़ते हुए यह पूछना चाहता हूँ कि क्या आप ऐसे लोगों के विषय में जानते हैं, जिन्होंने आत्म-सम्मोहन विद्या (self-hypnotism) का कुछ अध्ययन किया है? अवश्य ही प्राचीन भारत में इस विद्या की बहुत चर्चा होती थी---पर अब उतनी दिखायी नहीं देती। मैं जानना चाहता हूँ कि जो लोग आजकल उसकी चर्चा और साधना करते हैं, उनका इस विद्या के विषय में क्या कहना है, और वे इसका अभ्यास या साधना किस तरह करते हैं।

उत्तर—आप पाश्चात्य देश में जिसे सम्मोहन-विद्या कहते हैं, वह तो असली व्यापार का एक सामान्य अंग मात्र है। हिन्दू लोग उसे 'आत्मापसम्मोहन' (self-de-hypnotisation) कहते हैं। वे कहते हैं, आप तो पहले से ही सम्मोहित (hypnotised) हैं—इस सम्मोहित-भाव को दूर करना होगा, अपसम्मोहित (de-hypnotised) होना होगा—

न तत्र सूर्यो भाति न चन्द्रतारकम्
नेमा विद्युतो भान्ति कुतोऽयमग्निः।
तमेव भान्तमनुभाति सर्वम्
तस्य भासा सर्वमिदं विभाति।।

—'वहाँ सूर्य प्रकाशित नहीं होता, चन्द्र, तारक, विद्युत् भी नहीं—तो फिर इस सामान्य अग्नि की बात ही क्या! उन्हींके प्रकाश से समस्त प्रकाशित हो रहा है।'[1]

यह तो सम्मोहन (hypnotism) नहीं है—यह तो अपसम्मोहन (de-hypnotisation) है। हम कहते हैं कि वह प्रत्येक धर्म, जो इस प्रपंच की सत्यता की शिक्षा देता है, एक प्रकार से सम्मोहन का प्रयोग कर रहा है। केवल अद्वैतवादी ही ऐसे हैं, जो सम्मोहित होना नहीं चाहते। एकमात्र अद्वैतवादी ही समझते हैं कि सभी प्रकार के द्वैतवाद से सम्मोहन या मोह उत्पन्न होता है। इसीलिए अद्वैतवादी कहते हैं, 'वेदों को भी अपरा विद्या समझकर उनके अतीत हो जाओ, सगुण ईश्वर के भी परे चले जाओ, सारे विश्वब्रह्माण्ड को भी दूर फेंक दो, इतना ही नहीं, अपने शरीर-मन आदि को भी पार कर जाओ—कुछ भी शेष न रहने पाये, तभी तुम सम्पूर्ण रूप से मोह से मुक्त होओगे।'

यतो वाचो निवर्तन्ते अप्राप्य मनसा सह।
आनन्दं ब्रह्मणो विद्वान् न बिभेति कदाचन।।

—'मन के सहित वाणी जिसे न पाकर जहाँ से लौट आती है, उस ब्रह्म के आनन्द को जानने पर फिर किसी प्रकार का भय नहीं रह जाता।'[2] यही अपसम्मोहन है।

---

१. **कठोपनिषद् ।।२।२।१५।।**
२. **तैत्तिरीयोपनिषद् ।।२।४।१।।**

न पुण्यं न पापं न सौख्यं न दुःखम्
न मन्त्रो न तीर्थं न वेदा न यज्ञाः।
अहं भोजनं नैव भोज्यं न भोक्ता
चिदानन्दरूपः शिवोऽहं शिवोऽहम्॥

—'मेरे न कोई पुण्य है, न पाप; न सुख है, न दुःख; मेरे लिए मन्त्र, तीर्थ वेद या यज्ञ कुछ भी नहीं है। मैं भोजन, भोज्य या भोक्ता कुछ भी नहीं हूँ—मैं तो चिदानन्दरूप शिव हूँ, मैं ही शिव (मंगलस्वरूप) हूँ।'[1]

हम लोग सम्मोहन-विद्या के सारे तत्त्व जानते हैं। हमारी जो मनस्तत्त्व-विद्या है, उसके विषय में पाश्चात्य देशवालों ने हाल ही में थोड़ा थोड़ा जानना प्रारम्भ किया है; परन्तु दुःख की बात है कि अभी तक वे उसे पूर्ण रूप से नहीं जान सके हैं।

प्रश्न—आप लोग 'ऐस्ट्रल बॉडी' (astral body) किसे कहते हैं?

उत्तर—हम उसे लिंग-शरीर कहते हैं। जब इस देह का नाश होता है, तब दूसरे शरीर का ग्रहण किस प्रकार होता है? जड़-भूत को छोड़कर शक्ति नहीं रह सकती। इसलिए सिद्धान्त यह है कि देहत्याग होने के पश्चात् भी सूक्ष्म-भूत का कुछ अंश हमारे साथ रह जाता है। भीतर की इन्द्रियाँ इस सूक्ष्म-भूत की सहायता से और एक नूतन देह तैयार कर लेती हैं; क्योंकि प्रत्येक ही अपनी अपनी देह बना रहा है—मन ही शरीर को तैयार करता है। यदि मैं साधु बनूँ, तो मेरा मस्तिष्क साधु के मस्तिष्क में परिणत हो जायगा। योगी कहते हैं कि वे इसी जीवन में अपने शरीर को देव-शरीर में परिणत कर सकते हैं।

योगी अनेक चमत्कार दिखाते हैं। कोरे मतवादों की राशि की अपेक्षा अल्प अभ्यास का मूल्य अधिक है। अतएव मुझे यह कहने का अधिकार नहीं है कि अमुक अमुक बातें घटती मैंने नहीं देखीं, इसलिए वे मिथ्या हैं। योगियों के ग्रन्थों में लिखा है कि अभ्यास के द्वारा सब प्रकार के अति अद्भुत फलों की प्राप्ति हो सकती है। नियमित रूप से अभ्यास करने पर अल्प काल में ही थोड़े-बहुत फल की प्राप्ति हो जाती है, जिससे यह जाना जा सकता है कि इसमें कुछ कपट या धोखेबाजी नहीं है। और इन सब शास्त्रों में जिन अलौकिक बातों का उल्लेख है, योगी वैज्ञानिक रीति से उनकी व्याख्या करते हैं। अब प्रश्न यह है कि संसार की सभी जातियों में इस प्रकार के अलौकिक कार्यों का विवरण कैसे लिपिबद्ध किया गया? जो व्यक्ति कहता है कि ये सब मिथ्या हैं, अतः इनकी व्याख्या करने

---

१. निर्वाणषट्कम् ॥४॥

की कोई आवश्यकता नहीं, उसे युक्तिवादी विचारक नहीं कहा जा सकता। जब तक आप उन बातों को भ्रमात्मक प्रमाणित नहीं कर सकते, तब तक उन्हें अस्वीकार करने का अधिकार आपको नहीं है। आपको यह प्रमाणित करना होगा कि इन सबका कोई आधार नहीं है, तभी उनको अस्वीकार करने का अधिकार आपको होगा। परन्तु आप लोगों ने तो ऐसा किया नहीं। दूसरी ओर, योगी कहते हैं कि ये सब व्यापार वास्तव में अद्भुत नहीं हैं और वे इस बात का दावा करते हैं कि ऐसी क्रियाएँ वे अभी भी कर सकते हैं। भारत में आज भी अनेक अद्भुत घटनाएँ होती रहती हैं, परन्तु उनमें से कोई भी किसी चमत्कार द्वारा नहीं घटती। इस विषय पर अनेक ग्रन्थ विद्यमान हैं। जो हो, यदि वैज्ञानिक रूप से मनस्तत्त्व की आलोचना करने के प्रयत्न को छोड़कर इस दिशा में अधिक और कुछ न हुआ हो, तो भी इसका सारा श्रेय योगियों को ही देना चाहिए।"

प्रश्न---योगी क्या क्या चमत्कार दिखा सकते हैं, इसके उदाहरण क्या आप दे सकते हैं?

उत्तर---योगियों का कथन है कि अन्य किसी विज्ञान की चर्चा करने के लिए जितने विश्वास की आवश्यकता होती है, योग विद्या के निमित्त उससे अधिक विश्वास की जरूरत नहीं। किसी विषय को स्वीकार करने के बाद एक भद्र व्यक्ति उसकी सत्यता की परीक्षा के लिए जितना विश्वास करता है, उससे अधिक विश्वास करने को योगी लोग नहीं कहते। योगी का आदर्श अतिशय उच्च है। मन की शक्ति से जो सब कार्य हो सकते हैं, उनमें से निम्नतर कुछ कार्यों को मैंने प्रत्यक्ष देखा है; अतः मैं इस पर अविश्वास नहीं कर सकता कि उच्चतर कार्य भी मन की शक्ति द्वारा हो सकते हैं। योगी का आदर्श है---सर्वज्ञता और सर्वशक्तिमत्ता की प्राप्ति कर उनकी सहायता से शाश्वत शान्ति और प्रेम का अधिकारी हो जाना। मैं एक योगी को जानता हूँ, जिन्हें एक बड़े विषैले सर्प ने काट लिया था। सर्पदंश होते ही वे बेहोश हो ज़मीन पर गिर पड़े। सन्ध्या के समय वे होश में आये। उनसे जब पूछा गया कि क्या हुआ था, तो वे बोले, 'मेरे प्रियतम के पास से एक दूत आया था।' इन महात्मा की सारी घृणा, क्रोध और हिंसा का भाव पूर्ण रूप से दग्ध हो चुका है। कोई भी चीज़ उन्हें बदला लेने के लिए प्रवृत्त नहीं कर सकती। वे सर्वदा अनन्त प्रेमस्वरूप हैं और प्रेम की शक्ति से सर्वशक्तिमान हो गये हैं। बस, ऐसा व्यक्ति ही यथार्थ योगी है, और यह सब शक्तियों का विकास---अनेक प्रकार के चमत्कार दिखलाना---गौण मात्र है। यह सब प्राप्त कर लेना योगी का लक्ष्य नहीं है। योगी कहते हैं कि योगी के अतिरिक्त अन्य सब मानो गुलाम हैं---खाने-पीने के गुलाम, अपनी स्त्री के गुलाम, अपने लड़के-बच्चों के गुलाम, रुपये-पैसे के

गुलाम, स्वदेशवासियों के ग़ुलाम, नाम-यश के ग़ुलाम, जलवायु के ग़ुलाम, इस संसार के हज़ारों विषयों के ग़ुलाम ! जो मनुष्य इन बन्धनों में से किसीमें भी नहीं फँसें, वे ही यथार्थ मनुष्य हैं---यथार्थ योगी हैं।

इहैव तैर्जितः सर्गो येषां साम्ये स्थितं मनः।
निर्दोषं हि समं ब्रह्म तस्माद्ब्रह्मणि ते स्थिताः॥[1]

---'जिनका मन साम्यभाव में अवस्थित है, उन्होंने यहीं संसार पर जय प्राप्त कर ली है। ब्रह्म निर्दोष और समभावापन्न है, इसलिए वे ब्रह्म में अवस्थित हैं।'

प्रश्न---क्या योगी जाति-भेद को विशेष आवश्यक समझते हैं?

उत्तर---नहीं, जाति-विभाग तो उन लोगों को, जिनका मन अभी अपरिपक्व है, शिक्षा प्रदान करने का एक विद्यालय मात्र है।

प्रश्न---इस समाधि-तत्त्व के साथ भारत की गर्म जलवायु का तो कुछ सम्बन्ध नहीं है?

उत्तर---मैं तो ऐसा नहीं समझता। कारण, समुद्र-धरातल से पन्द्रह हज़ार फ़ीट की ऊँचाई पर, सुमेरु के समान जलवायुवाले हिमालय में ही तो योगविद्या का उद्भव हुआ था।

प्रश्न---ठण्डी जलवायु में क्या योग में सिद्धि प्राप्त हो सकती है?

उत्तर---हाँ, अवश्य हो सकती है। और संसार में इसकी प्राप्ति जितनी सम्भव है, उतनी सम्भव और कुछ भी नहीं है। हम कहते हैं, आप लोग---आपमें से प्रत्येक, जन्म से ही वेदान्ती है। आप अपने जीवन के प्रत्येक मुहूर्त में संसार की प्रत्येक वस्तु के साथ अपने एकत्व की घोषणा कर रहे हैं। जब कभी आपका हृदय संसार के कल्याण के लिए उन्मुख होता है, तभी आप अनजान में सच्चे वेदान्तवादी हो जाते हैं। आप नीतिपरायण हैं, पर यह नहीं जानते कि आप क्यों नीतिपरायण हो रहे हैं। एकमात्र वेदान्त दर्शन ही नीति-तत्त्व का विश्लेषण कर मनुष्य को ज्ञानपूर्वक नीतिपरायण होने की शिक्षा देता है। वह सब धर्मों का सारस्वरूप है।

प्रश्न---आपके मत में क्या हम पाश्चात्यों में ऐसा कुछ असामाजिक भाव है, जिसके कारण हम इस तरह बहुवादी और भेदपरायण बन रहे हैं, और जिसके अभाव के कारण प्राच्य देश के लोग हमसे अधिक सहानुभूतिसम्पन्न हैं?

---

१. गीता ॥५।१९॥

उत्तर—मेरे मत में, पाश्चात्य जाति अधिक निर्दय स्वभाव की है, और प्राच्य देश के लोग सब भूतों के प्रति अधिक दयासम्पन्न हैं। परन्तु इसका कारण यही है कि आपकी सभ्यता बहुत ही आधुनिक है। किसीके स्वभाव को दयालु बनाने के लिए समय की आवश्यकता होती है। आपमें शक्ति काफ़ी है, परन्तु जिस मात्रा में शक्ति का संचय हो रहा है, उस मात्रा में हृदय का विकास नहीं हो पा रहा है। विशेषकर मनःसंयम का अभ्यास बहुत ही अल्प परिमाण में हुआ है। आपको साधु और शान्त प्रकृति बनने में बहुत समय लगेगा। पर भारत-वासियों के प्रत्येक रक्त-बिन्दु में यह भाव प्रवाहित हो रहा है। यदि मैं भारत के किसी गाँव में जाकर वहाँ के लोगों को राजनीति की शिक्षा देनी चाहूँ, तो वे उसे नहीं समझेंगे। परन्तु यदि मैं उन्हें वेदान्त का उपदेश दूँ, तो वे कहेंगे, 'हाँ, स्वामी जी, अब हम आपकी बात समझ रहे हैं—आप ठीक ही कह रहे हैं।' आज भी भारत में सर्वत्र यह वैराग्य या अनासक्ति का भाव देखने में आता है। आज हमारा बहुत पतन हो गया है, परन्तु अभी भी वैराग्य का प्रभाव इतना अधिक है कि राजा भी अपने राज्य को त्यागकर, साथ में कुछ भी न लेता हुआ देश में सर्वत्र पर्यटन करेगा।

कहीं कहीं पर गाँव की एक साधारण लड़की भी अपने चरखे से सूत कातते समय कहती है—मुझे द्वैतवाद का उपदेश मत सुनाओ, मेरा चरखा तक 'सोऽहं' 'सोऽहं' कह रहा है। इन लोगों के पास जाकर उनसे वार्तालाप कीजिए और उनसे पूछिए कि जब तुम इस प्रकार 'सोऽहं' कहते हो, तो फिर उस पत्थर को प्रणाम क्यों करते हो? इसके उत्तर में वे कहेंगे, 'आपकी दृष्टि में तो धर्म एक मतवाद मात्र है, पर हम तो धर्म का अर्थ प्रत्यक्षानुभूति ही समझते हैं।' उनमें से कोई शायद कहेगा, 'मैं तो तभी यथार्थ वेदान्तवादी होऊँगा, जब सारा संसार मेरे सामने से अन्तर्हित हो जायगा, जब मैं सत्य के दर्शन कर लूँगा। जब तक मैं उस स्थिति में नहीं पहुँचता, तब तक मुझमें और एक साधारण अज्ञ व्यक्ति में कोई अन्तर नहीं है। यही कारण है कि मैं प्रस्तर-मूर्ति की उपासना कर रहा हूँ, मन्दिर में जाता हूँ, जिससे मुझे प्रत्यक्षानुभूति हो जाय। मैंने वेदान्त का श्रवण किया तो है, पर मैं अब उस वेदान्त प्रतिपाद्य आत्म-तत्त्व को देखना चाहता हूँ—उसका प्रत्यक्ष अनुभव कर लेना चाहता हूँ।'

वाग्वैखरी शब्दझरी शास्त्रव्याख्यानकौशलम्।
वैदुष्यं विदुषां तद्वद्भुक्तये न तु मुक्तये॥[१]

---

१. विवेकचूड़ामणि ॥५८॥

—'धाराप्रवाह रूप से मनोरम सद्वाक्यों की योजना, शास्त्रों की व्याख्या करने के नाना प्रकार के कौशल—ये केवल पण्डितों के आमोद के लिए ही हैं, इनके द्वारा मुक्ति-लाभ की कोई सम्भावना नहीं है।' ब्रह्म के साक्षात्कार से ही हमें उस मुक्ति की प्राप्ति होती है।

प्रश्न—आध्यात्मिक विषय में जब सर्वसाधारण के लिए इस प्रकार की स्वाधीनता है, तो क्या इस स्वाधीनता के साथ जाति-भेद का मानना मेल खाता है?

उत्तर—कदापि नहीं। लोग कहते हैं कि जाति-भेद नहीं रहना चाहिए; इतना ही नहीं, बल्कि जो लोग भिन्न भिन्न जातियों के अन्तर्गत हैं, वे भी कहते हैं कि जाति-विभाग कोई बहुत उच्च स्तर की चीज़ नहीं है। पर साथ ही वे यह भी कहते हैं कि यदि तुम इससे अच्छी कोई अन्य वस्तु हमें दो, तो हम इसे छोड़ देंगे। वे पूछते हैं कि तुम इसके बदले हमें क्या दोगे? जाति-भेद कहाँ नहीं है, बोलो? आप भी तो अपने देश में इसी प्रकार के एक जाति-विभाग की सृष्टि करने का प्रयत्न सर्वदा कर रहे हैं। जब कोई व्यक्ति कुछ अर्थ संग्रह कर लेता है, तो वह कहने लगता है कि 'मैं भी तुम्हारे चार सौ धनिकों में से एक हूँ।' केवल हमीं लोग एक स्थायी जाति-विभाग का निर्माण करने में सफल हुए हैं। अन्य देशवाले इस प्रकार के स्थायी जाति-विभाग की स्थापना के लिए प्रयत्न कर रहे हैं, किन्तु वे सफल नहीं हो पा रहे हैं। यह सच है कि हमारे समाज में काफ़ी कुसंस्कार और बुरी बातें हैं; पर क्या आपके देश के कुसंस्कारों तथा बुरी बातों को हमारे देश में प्रचलित कर देने से ही सब ठीक हो जायगा? जाति-भेद के कारण ही तो आज भी हमारे देश के तीस करोड़ लोगों को खाने के लिए रोटी का एक टुकड़ा मिल रहा है। हाँ, यह सच है कि रीति-नीति की दृष्टि से इसमें अपूर्णता है। पर यदि यह जाति-विभाग न होता, तो आज आपको एक भी संस्कृत ग्रन्थ पढ़ने के लिए न मिलता। इसी जाति-विभाग के द्वारा ऐसी मजबूत दीवालों की सृष्टि हुई थी, जो शत शत बाहरी चढ़ाइयों के बावजूद भी नहीं गिरीं। आज भी वह प्रयोजन मिटा नहीं है, इसीलिए अभी तक जाति-विभाग बना हुआ है। सात सौ वर्ष पहले जाति-विभाग जैसा था, आज वह वैसा नहीं है। उस पर जितने ही आघात होते गये, वह उतना ही दृढ़ होता गया। क्या आप यह नहीं जानते कि केवल भारत ही एक ऐसा राष्ट्र है, जो दूसरे राष्ट्रों पर विजय प्राप्त करने अपनी सीमा से बाहर कभी नहीं गया? महान् सम्राट् अशोक यह विशेष रूप से कह गये थे कि उनके कोई भी उत्तराधिकारी पर-राष्ट्र विजय के लिए प्रयत्न न करें। यदि कोई अन्य जाति हमारे यहाँ प्रचारक भेजना चाहती है, तो भेजे; पर वह हमारी वास्तविक सहायता ही करे, जातीय सम्पत्ति-

स्वरूप हमारा जो धर्म-भाव है, उसे क्षति न पहुँचावे। ये सब विभिन्न जातियाँ हिन्दू जाति पर विजय प्राप्त करने के लिए क्यों आयीं? क्या हिन्दुओं ने अन्य जातियों का कुछ अनिष्ट किया था? बल्कि जहाँ तक सम्भव था, उन्होंने संसार का उपकार ही किया था। उन्होंने संसार को विज्ञान, दर्शन और धर्म की शिक्षा दी, तथा संसार की अनेक असभ्य जातियों को सभ्य बनाया। परन्तु उसके बदले में उनको क्या मिला?—रक्तपात! अत्याचार!! और दुष्ट 'काफ़िर' यह शुभ नाम!!! वर्तमान काल में भी, पाश्चात्य व्यक्तियों द्वारा लिखित भारत सम्बन्धी ग्रन्थों को पढ़कर देखिए तथा वहाँ (भारत में) भ्रमण करने के लिए जो लोग गये थे, उनके द्वारा लिखित आख्यायिकाओं को पढ़िए। आप देखेंगे, उन्होंने भी हिन्दुओं को 'हिदन' कहकर गालियाँ दी हैं। मैं पूछता हूँ, भारतवासियों ने ऐसा कौन सा अनिष्ट किया है, जिसके प्रतिशोध में उनके प्रति इस प्रकार की लांछनपूर्ण बातें कही जाती हैं?

प्रश्न—सभ्यता के विषय में वेदान्त की क्या धारणा है?

उत्तर—आप दार्शनिक लोग हैं—आप यह नहीं मानते कि रुपये की थैली पास रहने से ही मनुष्य मनुष्य में कुछ भेद उत्पन्न हो जाता है। इन सब कल-कारखानों और जड़-विज्ञानों का मूल्य क्या है? उनका तो बस एक ही फल देखने में आता है—वे सर्वत्र ज्ञान का विस्तार करते हैं। आप अभाव अथवा दारिद्रच की समस्या को हल नहीं कर सके, बल्कि आपने तो अभाव की मात्रा और भी बढ़ा दी है। यन्त्रों की सहायता से 'दारिद्रच-समस्या' का कभी समाधान नहीं हो सकता। उनके द्वारा जीवन-संग्राम और भी तीव्र हो जाता है, प्रतियोगिता और भी बढ़ जाती है। जड़-प्रकृति का क्या कोई स्वतन्त्र मूल्य है? कोई व्यक्ति यदि तार के माध्यम से बिजली का प्रवाह भेज सकता है, तो आप उसी समय उसका स्मारक बनाने के लिए उद्यत हो जाते हैं। क्यों! क्या प्रकृति स्वयं यह कार्य लाखों बार नित्य नहीं करती? प्रकृति में सब कुछ क्या पहले से ही विद्यमान नहीं है? आपको उसकी प्राप्ति हुई भी, तो उससे क्या लाभ? वह तो पहले से ही वहाँ वर्तमान है। उसका एकमात्र मूल्य यही है कि वह हमें भीतर से उन्नत बनाता है। यह जगत् मानो एक व्यायामशाला के सदृश है—इसमें जीवात्माएँ अपने अपने कर्म के द्वारा अपनी अपनी उन्नति कर रही हैं और इसी उन्नति के फलस्वरूप हम देवस्वरूप या ब्रह्मस्वरूप हो जाते हैं। अतः, किस विषय में ईश्वर की कितनी अभिव्यक्ति है, यह जानकर ही उस विषय का मूल्य या सार निर्धारित करना चाहिए। सभ्यता का अर्थ है, मनुष्य में इसी ईश्वरत्व की अभिव्यक्ति।

प्रश्न—क्या बौद्धों में भी किसी प्रकार का जाति-विभाग है?

उत्तर—बौद्धों में कभी कोई विशेष जाति-विभाग नहीं था, और भारत में बौद्धों की संख्या भी बहुत थोड़ी है। बुद्ध एक समाज-सुधारक थे। फिर भी मैंने बौद्ध देशों में देखा है, वहाँ जाति-विभाग की सृष्टि करने के बहुत प्रयत्न होते रहे हैं, पर उसमें सफलता नहीं मिली। बौद्धों का जाति-विभाग वास्तव में नहीं जैसा ही है, परन्तु मन ही मन वे स्वयं को उच्च जाति मानकर गर्व करते हैं।

बुद्ध एक वेदान्तवादी संन्यासी थे। उन्होंने एक नये सम्प्रदाय की स्थापना की थी, जैसे कि आजकल नये नये सम्प्रदाय स्थापित होते हैं। जो सब भाव आजकल बौद्ध धर्म के नाम से प्रचलित हैं, वे वास्तव में बुद्ध के अपने नहीं थे। वे तो उनसे भी बहुत प्राचीन थे। बुद्ध एक महापुरुष थे—उन्होंने इन भावों में शक्ति का संचार कर दिया था। बौद्ध धर्म का सामाजिक भाव ही उसकी नवीनता है। ब्राह्मण और क्षत्रिय ही सदा से हमारे आचार्य रहे हैं। उपनिषदों में से अधिकांश तो क्षत्रियों द्वारा रचे गये हैं, और वेदों का कर्मकाण्ड भाग ब्राह्मणों द्वारा। समग्र भारत में हमारे जो बड़े बड़े आचार्य हो गये हैं, उनमें से अधिकांश क्षत्रिय थे, और उनके उपदेश भी बड़े उदार और सार्वजनीन हैं; परन्तु केवल दो ब्राह्मण आचार्यों को छोड़कर शेष सब ब्राह्मण आचार्य अनुदार भावसम्पन्न थे। भगवान् के अवतार के रूप में पूजे जानेवाले राम, कृष्ण, बुद्ध—ये सभी क्षत्रिय थे।

प्रश्न—सम्प्रदाय, अनुष्ठान, शास्त्र—ये सब क्या तत्त्व की उपलब्धि में सहायक हैं?

उत्तर—तत्त्व-साक्षात्कार हो जाने पर मनुष्य सब कुछ छोड़ देता है। विभिन्न सम्प्रदाय, अनुष्ठान, शास्त्र आदि की वहीं तक उपयोगिता है, जहाँ तक वे उस पूर्णत्व की अवस्था में पहुँचने के लिए सहायक हैं। परन्तु जब उनसे कोई सहायता नहीं मिल पाती, तब अवश्य उनमें परिवर्तन करना चाहिए।

सक्ताः कर्मण्यविद्वांसो यथा कुर्वन्ति भारत।
कुर्याद्विद्वांस्तथासक्तश्चिकीर्षुर्लोकसंग्रहम् ॥
न बुद्धिभेदं जनयेदज्ञानां कर्मसंगिनाम्।
जोषयेत्सर्वकर्माणि विद्वान् युक्तः समाचरन् ॥[1]

—अर्थात् 'ज्ञानी व्यक्ति को कभी भी अज्ञानी की अवस्था के प्रति घृणा प्रदर्शित नहीं करनी चाहिए और न उनकी अपनी अपनी साधन-प्रणाली में उनके विश्वास

१. गीता ॥३।२५-६॥

को नष्ट ही करना चाहिए; बल्कि ज्ञानी व्यक्ति को चाहिए कि वह उनको ठीक ठीक मार्ग प्रदर्शित करे, जिससे वे उस अवस्था में पहुँच जायँ, जहाँ वह स्वयं पहुँचा हुआ है।'

प्रश्न—वेदान्त व्यक्तित्व[1] (individuality) और नीतिशास्त्र की व्याख्या किस प्रकार करता है?

उत्तर—वह पूर्ण ब्रह्म यथार्थ अविभाज्य व्यक्तित्व ही है—माया द्वारा उसने पृथक् पृथक् व्यक्ति के आकार धारण किये हैं। केवल ऊपर से ही इस प्रकार का बोध हो रहा है, पर वास्तव में वह सदैव वही पूर्ण ब्रह्मस्वरूप है। वास्तव में सत्ता एक है, पर माया के कारण वह विभिन्न रूपों में प्रतीत हो रही है। यह समस्त भेद-बोध माया में है। पर इस माया के भीतर भी सर्वदा उसी एक की ओर लौट जाने की प्रवृत्ति चली हुई है। प्रत्येक राष्ट्र के समस्त नीतिशास्त्र और समस्त आचरणशास्त्र में यही प्रवृत्ति अभिव्यक्त हुई है, क्योंकि यह तो जीवात्मा का स्वभावगत प्रयोजन है। यह उसी एकत्व की प्राप्ति के लिए प्रयत्न कर रही है—और एकत्व लाभ के इस संघर्ष को हम नीतिशास्त्र और आचरण-शास्त्र कहते हैं। इसीलिए हमें सर्वदा उन्हें अभ्यास करना चाहिए।

प्रश्न—नीतिशास्त्र का अधिकांश भाग क्या विभिन्न व्यक्तियों के पारस्परिक सम्बन्ध को ही लेकर नहीं है?

उत्तर—नीतिशास्त्र एकदम यही है। पूर्ण ब्रह्म कभी माया की सीमा के भीतर नहीं आ सकता।

प्रश्न—आपने कहा कि 'मैं' ही वह पूर्ण ब्रह्म है—मैं आपसे पूछनेवाला था कि इस 'मैं' या 'अहं' का कोई ज्ञान रहता है या नहीं?

उत्तर—यह 'अहं' या 'मैं' उसी पूर्ण ब्रह्म की अभिव्यक्ति है, और इस अभिव्यक्त दशा में उसमें जो प्रकाश-शक्ति कार्य कर रही है, उसीको हम 'ज्ञान' कहते हैं। इसलिए उस पूर्ण ब्रह्म के ज्ञानस्वरूप में 'ज्ञान' शब्द का प्रयोग ठीक नहीं है, क्योंकि वह पूर्णावस्था तो इस सापेक्ष ज्ञान के परे है।

प्रश्न—यह सापेक्ष ज्ञान क्या पूर्ण ज्ञान के अन्तर्गत है?

---

१. अंग्रेजी के individual शब्द में 'अ-विभाज्य' और 'व्यष्टि' दोनों भाव निहित हैं। स्वामी जी जब उत्तर में कहते हैं कि 'ब्रह्म ही यथार्थ individual है', तब प्रथमोक्त भाव को अर्थात् उपचय-अपचय-हीन अविभाज्यता को वे लक्ष्य करते हैं। फिर वे कहते हैं कि उस सत्ता ने माया के कारण पृथक् पृथक व्यक्ति के आकार धारण किये हैं। स०

उत्तर—हाँ, एक दृष्टि से सापेक्ष ज्ञान को पूर्ण ज्ञान के अन्तर्गत कहा जा सकता है। जिस प्रकार सोने की मुहर, भुनाने पर, रुपये, आने, पैसे में बदल ली जा सकती है, उसी प्रकार इस पूर्ण अवस्था से सब प्रकार के ज्ञान की उत्पत्ति की जा सकती है। इस अतिचेतन अवस्था को ज्ञानातीत या पूर्ण ज्ञान की अवस्था कहते हैं—चेतन और अचेतन दोनों उसके अन्तर्गत हैं। जो व्यक्ति इस पूर्ण ज्ञानावस्था को प्राप्त कर लेता है, उसमें यह सापेक्ष साधारण ज्ञान भी पूर्ण रूप से विद्यमान रहता है। जब वह ज्ञान की इस दूसरी अवस्था अर्थात् हमारी परिचित सापेक्ष ज्ञानावस्था का अनुभव करना चाहता है, तो उसे एक सीढ़ी नीचे उतर आना पड़ता है। यह सापेक्ष ज्ञान एक निम्नतर अवस्था है—केवल माया के भीतर ही इस प्रकार का ज्ञान हो सकता है।

७

(योग, वैराग्य, तपस्या, प्रेम)

प्रश्न—क्या योग शरीर को पूर्ण स्वास्थ्य और जीवनी शक्ति प्रदान करने में सहायक होता है?

उत्तर—हाँ, सहायक है, यह रोगों को दूर रखता है। स्वयं अपने शरीर को मन से बहिर्वस्तु समझना कठिन है, अतः दूसरों के सम्बन्ध में यह बड़ा कारगर है। फल और दूध योगियों के लिए सर्वोत्तम आहार हैं।

प्रश्न—क्या वैराग्य के साथ ही आनन्द-लाभ होता है?

उत्तर—वैराग्य का प्रथम सोपान बड़ा कष्टदायक होता है। जब वह पक्का हो जाता है, तब निरतिशय आनन्द-लाभ होता है।

प्रश्न—तपस्या क्या है?

उत्तर—तपस्या त्रिविध है—शरीर की, वाणी की और मन की। प्रथम है लोकसेवा, द्वितीय है सत्य बोलना और तृतीय है मन को जीतना और उसकी एकाग्रता।

प्रश्न—हमें यह क्यों नहीं सुझायी पड़ता कि एक ही चेतना चींटी और मुनि दोनों में है।

उत्तर—इस व्यक्त सृष्टि के एकत्व का ज्ञान होने में केवल समय की बात रहती है।

प्रश्न—सम्यक् ज्ञान के पूर्व क्या उपदेश देना सम्भव है?

उत्तर—नहीं। प्रभु से मेरी प्रार्थना है कि मेरे गुरुदेव के सभी संन्यासी शिष्यों को सम्यक् ज्ञान हो जाय, जिससे वे धर्म-प्रचार के योग्य बन सकें!

प्रश्न—क्या गीता में श्री कृष्ण के विश्व रूप में जिस दिव्य ऐश्वर्य का दर्शन कराया गया है, वह श्री कृष्ण के रूप में निहित अन्य सगुण उपाधियों के बिना गोपियों से उनके सम्बन्ध में व्यक्त प्रेम भाव के प्रकाश से श्रेष्ठतर है?

उत्तर—दिव्य ऐश्वर्य के प्रकाश की अपेक्षा निश्चय ही वह प्रेम हीनतर है, जो प्रिय के प्रति भगवद्भावना से रहित हो। यदि ऐसा न होता, तो हाड़-मांस के शरीर से प्रेम करनेवाले सभी लोग मोक्ष प्राप्त कर लेते।

८

(गुरु, अवतार, योग, जप, सेवा)

प्रश्न—वेदान्त के लक्ष्य तक कैसे पहुँचा जा सकता है?

उत्तर—श्रवण, मनन और निदिध्यासन द्वारा। किसी सद्गुरु से ही श्रवण करना चाहिए। चाहे कोई नियमित रूप से शिष्य न हुआ हो, पर अगर जिज्ञासु सुपात्र है और वह सद्गुरु के शब्दों का श्रवण करता है, तो उसकी मुक्ति हो जाती है।

प्रश्न—सद्गुरु कौन है?

उत्तर—सद्गुरु वह है, जिसे गुरु-परम्परा से आध्यात्मिक शक्ति प्राप्त हुई है। अध्यात्म गुरु का कार्य बड़ा कठिन है। दूसरों के पापों को स्वयं अपने ऊपर लेना पड़ता है। कम समुन्नत व्यक्तियों के पतन की पूरी आशंका रहती है। यदि शारीरिक पीड़ा मात्र हो, तो उसे अपने को भाग्यवान समझना चाहिए।

प्रश्न—क्या अध्यात्म गुरु जिज्ञासु को सुपात्र नहीं बना सकता?

उत्तर—कोई अवतार बना सकता है। साधारण गुरु नहीं।

प्रश्न—क्या मोक्ष का कोई सरल मार्ग नहीं है?

उत्तर—'प्रेम को पंथ कृपाण की धारा'—केवल उन लोगों के लिए आसान है, जिन्हें किसी अवतार के सम्पर्क में आने का सौभाग्य प्राप्त हुआ हो। परमहंस देव कहा करते थे, "जिसका यह आखिरी जन्म है, वह किसी न किसी प्रकार से मेरा दर्शन कर लेगा।"

प्रश्न—क्या उसके लिए योग सुगम मार्ग नहीं है?

उत्तर—(मजाक में) आपने खूब कहा, समझा!—योग सुगम मार्ग! यदि आपका मन निर्मल न होगा और आप योगमार्ग पर आरूढ़ होंगे, तो आपको कुछ अलौकिक सिद्धियाँ मिल जायँगी, परन्तु वे रुकावटें होंगी। इसलिए मन की निर्मलता प्रथम आवश्यकता है।

प्रश्न—इसका उपाय क्या है?

उत्तर—सुकृत द्वारा। सुकृत दो प्रकार के हैं: सकारात्मक और नकारात्मक। 'चोरी मत करो'—यह नकारात्मक निर्देश है, 'परोपकार करो'—यह सकारात्मक है।

प्रश्न—परोपकार उच्च अवस्था में क्यों न किया जाय, क्योंकि निम्न अवस्था में वैसा करने से साधक भवबन्धन में पड़ सकता है?

उत्तर—प्रथम अवस्था में ही इसे करना चाहिए। आरम्भ में जिसे कोई कामना रहती है, वह भ्रान्त होता है और बन्धन में पड़ता है, अन्य लोग नहीं। धीरे धीरे यह बिल्कुल स्वाभाविक बन जायगा।

प्रश्न—स्वामी जी! कल रात आपने कहा था, 'तुममें सब कुछ है।' तब यदि मैं विष्णु जैसा बनना चाहूँ, तो क्या मुझे केवल इस मनोरथ का ही चिन्तन करना चाहिए अथवा विष्णु रूप का ध्यान करना चाहिए?

उत्तर—सामर्थ्य के अनुसार इनमें से किसी मार्ग का अनुसरण किया जा सकता है।

प्रश्न—आत्मानुभूति का साधन क्या है?

उत्तर—गुरु ही आत्मानुभूति का साधन है। 'गुरु बिनु होइ कि ज्ञान।'

प्रश्न—कुछ लोगों का कहना है कि ध्यान लगाने के लिए किसी पूजा-गृह में बैठने की आवश्यकता नहीं है। यह कहाँ तक ठीक है?

उत्तर—जिन्होंने प्रभु की विद्यमानता का ज्ञान प्राप्त कर लिया है, उनके लिए इसकी आवश्यकता नहीं है, लेकिन औरों के लिए है। किन्तु साधक को सगुण ब्रह्म की उपासना से ऊपर उठकर निर्गुण ब्रह्म की उपासना की ओर अग्रसर होना चाहिए, क्योंकि सगुण या साकार उपासना से मोक्ष नहीं मिल सकता। साकार के दर्शन से आपको सांसारिक समृद्धि प्राप्त हो सकती है। जो माता की भक्ति करता है, वह इस दुनिया में सफल होता है; जो पिता की पूजा करता है, वह स्वर्ग जाता है; किन्तु जो साधु की पूजा करता है, वह ज्ञान तथा भक्ति लाभ करता है।

प्रश्न—इसका क्या अर्थ है **क्षणमिह सज्जन संगतिरेका** आदि—'सत्संग का एक क्षण भी मनुष्य को इस भवलोक के परे ले जाता है'?

उत्तर—सच्चे साधु के सम्पर्क में आने पर सत्पात्र मुक्तावस्था प्राप्त कर लेता है। सच्चे साधु बिरले होते हैं, किन्तु उनका प्रभाव इतना होता है कि एक महान् लेखक ने लिखा है, 'पाखंड वह कर है, जो दुष्टता सज्जनता को देती है।' दुष्ट जन सज्जन होने का ढोंग करते हैं। किन्तु अवतार कपाल-मोचन होते हैं, अर्थात् वे लोगों का दुर्भाग्य पलट सकते हैं। वे सारे विश्व को हिला सकते

हैं। सबसे कम खतरनाक और पूजा का सर्वोत्तम तरीक़ा किसी मनुष्य की पूजा करना है, जिसने मानव में ब्रह्म के होने का विचार प्रतिष्ठित कर लिया, उसने विश्व-व्यापी ब्रह्म का साक्षात्कार कर लिया। विभिन्न परिस्थितियों के अनुसार संन्यस्त जीवन तथा गृहस्थ जीवन दोनों ही श्रेयस्कर हैं। केवल ज्ञान आवश्यक वस्तु है।

प्रश्न—ध्यान कहाँ लगाना चाहिए—शरीर के भीतर या बाहर? मन को भीतर समेटना चाहिए अथवा बाह्य प्रदेश में स्थापित करना चाहिए?

उत्तर—हमें भीतर ध्यान लगाने का यत्न करना चाहिए। जहाँ तक मन के इधर-उधर भागने का सवाल है, मनोमय कोष में पहुँचने में लम्बा समय लगेगा। अभी तो हमारा संघर्ष शरीर से है। जब आसन सिद्ध हो जाता है, तभी मन से संघर्ष आरम्भ होता है। आसन सिद्ध हो जाने पर अंग-प्रत्यंग निश्चल हो जाता है—और साधक चाहे जितने समय तक बैठा रह सकता है।

प्रश्न—कभी कभी जप से थकान मालूम होने लगती है। तब क्या उसकी जगह स्वाध्याय करना चाहिए, या उसी पर आरूढ़ रहना चाहिए?

उत्तर—दो कारणों से जप में थकान मालूम होती है। कभी कभी मस्तिष्क थक जाता है और कभी कभी आलस्य के परिणामस्वरूप ऐसा होता है। यदि प्रथम कारण है, तो उस समय कुछ क्षण तक जप छोड़ देना चाहिए, क्योंकि हठपूर्वक जप में लगे रहने से विभ्रम या विक्षिप्तावस्था आदि आ जाती हैं। परन्तु यदि द्वितीय कारण है, तो मन को बलात् जप में लगाना चाहिए।

प्रश्न—कभी कभी जप करते समय पहले आनन्द की अनुभूति होती है, लेकिन तब आनन्द के कारण जप में मन नहीं लगता। ऐसी स्थिति में क्या जप जारी रखना चाहिए?

उत्तर—हाँ, वह आनन्द आध्यात्मिक साधना में बाधक है। उसे रसास्वादन कहते हैं। उससे ऊपर उठना चाहिए।

प्रश्न—यदि मन इधर-उधर भागता रहे, तब भी क्या देर तक जप करते रहना ठीक है?

उत्तर—हाँ, उसी प्रकार जैसे अगर किसी बदमाश घोड़े की पीठ पर कोई अपना आसन जमाये रखे, तो वह उसे वश में कर लेता है।

प्रश्न—आपने अपने 'भक्तियोग' में लिखा है कि यदि कोई कमजोर आदमी योगाभ्यास का यत्न करता है, तो घोर प्रतिक्रिया होती है। तब क्या किया जाय?

उत्तर—यदि आत्मज्ञान के प्रयास में मर जाना पड़े, तो भय किस बात का! ज्ञानार्जन तथा अन्य बहुत सी वस्तुओं के लिए मरने में मनुष्य को भय नहीं होता और धर्म के लिए मरने में आप भयभीत क्यों हों?

प्रश्न—क्या जीव-सेवा मात्र से मुक्ति मिल सकती है?

उत्तर—जीव-सेआ प्रत्यक्ष रूप से तो नहीं, परोक्ष रूप से आत्मशुद्धि द्वारा मुक्ति प्रदान कर सकती है। किन्तु यदि आप समुचित रूप से किसी कार्य के करने की इच्छा रखते हैं, तो सम्प्रति उसे ही पूर्ण पर्याप्त समझिए। किसी भी पंथ में खतरा है मुमुक्षा के अभाव का। निष्ठा का होना आवश्यक है, अन्यथा विकास न होगा। इस समय कर्म पर ज़ोर देना आवश्यक हो गया है।

प्रश्न—कर्म में हमारी भावना क्या होनी चाहिए—परोपकारमूलक करुणा या अन्य कोई भावना?

उत्तर—करुणाजन्य परोपकार उत्तम है, परन्तु शिव ज्ञान से सर्व जीव की सेवा उससे श्रेष्ठ है।

प्रश्न—प्रार्थना की उपादेयता क्या है?

उत्तर—सोयी हुई शक्ति प्रार्थना से आसानी से जाग उठती है और यदि सच्चे दिल से की जाय, तो सभी इच्छाएँ पूरी हो सकती हैं; किन्तु अगर सच्चे दिल से न की जाय, तो दस में से एक की पूर्ति होती है। परन्तु इस तरह की प्रार्थना स्वार्थपूर्ण होती है, अतः वह त्याज्य है।

प्रश्न—नर-रूपधारी अवतार की पहचान क्या है?

उत्तर—जो मनुष्यों के विनाश के दुर्भाग्य को बदल सके, वह भगवान् है। कोई भी साधु, चाहे वह कितना भी पहुँचा हुआ क्यों न हो, इस अनुपम पद के लिए दावा नहीं कर सकता। मुझे कोई ऐसा व्यक्ति नहीं दिखायी पड़ता, जो रामकृष्ण को भगवान् समझता हो। हमें कभी कभी इसकी धुँधली प्रतीति मात्र हो जाती है, बस। उन्हें भगवान् के रूप में जान लेने और साथ ही संसार से आसक्ति रखने में संगति नहीं है।

९

(भगिनी निवेदिता के कुछ प्रश्नों के उत्तर[1])

प्रश्न—पृथ्वीराज एवं चंद जिस समय कन्नौज में स्वयंवर के लिए जाने को प्रस्तुत हुए, उस समय उन्होंने किनका छद्मवेश धारण किया था—मुझे याद नहीं आ रहा है?

उत्तर—दोनों ही भाट का वेष धारण कर गये थे।

---

१. ये उत्तर स्वामी जी ने सैन फ्रांसिस्को से मई २४, १९०० ई० को एक पत्र में लिखे थे। स०

प्रश्न—क्या पृथ्वीराज ने संयुक्ता के साथ इसलिए विवाह करना चाहा था कि वह अलौकिक रूपवती थी तथा उसके प्रतिद्वन्द्वी की पुत्री थी? संयुक्ता की परिचारिका होने के लिए क्या उन्होंने अपनी एक दासी को सिखा-पढ़ाकर वहाँ भेजा था? और क्या इसी वृद्धा धात्री ने राजकुमारी के हृदय में पृथ्वीराज के प्रति प्रेम का बीज अंकुरित किया था?

उत्तर—दोनों ही परस्पर के रूप-गुणों का वर्णन सुनकर तथा चित्र अवलोकन कर एक दूसरे के प्रति आकृष्ट हुए थे। चित्र-दर्शन के द्वारा नायक-नायिका के हृदय में प्रेम का संचार भारत की एक प्राचीन रीति है।

प्रश्न—गोप बालकों के में कृष्ण का प्रतिपालन कैसे हुआ?

उत्तर—ऐसी भविष्यवाणी हुई थी कि कृष्ण कंस को सिंहासन से विच्युत करेंगे। इस भय से कि जन्म लेने के बाद कृष्ण कहीं गुप्त रूप से प्रतिपालित हों, दुराचारी कंस ने कृष्ण के माता-पिता को (यद्यपि वे कंस की बहन और बहनोई थे) क़ैद में डाल रखा था तथा इस प्रकार का आदेश दिया कि उस वर्ष से राज्य में जितने बालक पैदा होंगे, उन सबकी हत्या की जायगी। अत्याचारी कंस के हाथ से रक्षा करने के लिए ही कृष्ण के पिता ने उन्हें गुप्त रूप से यमुना पार पहुँचाया था।

प्रश्न—उनके जीवन के इस अध्याय की परिसमाप्ति किस प्रकार हुई थी?

उत्तर—अत्याचारी कंस के द्वारा आमन्त्रित होकर वे अपने भाई बलदेव तथा अपने पालक पिता नन्द के साथ राजसभा में पधारे। (अत्याचारी ने उनकी हत्या करने का षड़यन्त्र रचा था।) उन्होंने अत्याचारी का वध किया। किन्तु स्वयं राजा न बनकर कंस के निकटतम उत्तराधिकारी को उन्होंने राजसिंहासन पर बैठाया। उन्होंने कभी कर्म के फल को स्वयं नहीं भोगा!

प्रश्न—इस समय की किसी नाटकीय घटना का उल्लेख क्या आप कर सकते हैं?

उत्तर—इस समय का जीवन अलौकिक घटनाओं से परिपूर्ण था। बाल्यावस्था में वे अत्यन्त ही चंचल थे। चंचलता के कारण उनकी गोपिका माता ने एक दिन उन्हें दधिमन्थन की रस्सी से बाँधना चाहा था। किन्तु अनेक रस्सियों को जोड़कर भी वे उन्हें बाँधने में समर्थ न हुईं। तब उनकी दृष्टि खुली और उन्होंने देखा कि जिनको वे बाँधने जा रही हैं, उनके शरीर में समग्र ब्रह्माण्ड अधिष्ठित है। डरकर काँपती हुई वे उनकी स्तुति करने लगीं। तब भगवान् ने उन्हें पुनः माया से आवृत किया और एकमात्र वही बालक उन्हें दृष्टिगोचर हुआ।

देवश्रेष्ठ ब्रह्मा को यह विश्वास न हुआ कि परब्रह्म ने ही गोप बालक का रूप धारण किया है। इसलिए परीक्षा के निमित्त एक दिन उन्होंने समस्त गायों को तथा गोप बालकों को चुराकर एक गुफा में निद्रित कर रखा। किन्तु वहाँ से लौटकर उन्होंने देखा कि वे ही गायें तथा गोप बालक कृष्ण के चारों ओर विद्यमान हैं। वे फिर उनको भी चुरा कर ले गये एवं उन्हें भी छिपाकर रखा। किन्तु लौटने पर फिर उन्हें वे ही ज्यों के त्यों दिखायी देने लगे। तब उनके ज्ञान-नेत्र खुले, उन्होंने देखा कि अनन्तकोटि ब्रह्माण्ड तथा सहस्र सहस्र ब्रह्मा कृष्ण की देह में विराजमान हैं।

कालिय नाग ने यमुना के जल को विषाक्त कर डाला था, इसलिए उन्होंने उसके फन पर नृत्य किया था। उनके ारा इन्द्र की पूजा बन्द किये जाने के फलस्वरूप कुपित होकर इन्द्र ने जब इस प्रकार प्रबल वेग से जल बरसाना प्रारम्भ किया कि समस्त ब्रजवासी मानो उसमें डूबकर मर जायँगे, तब कृष्ण ने गोवर्धन-धारण किया। कृष्ण ने एक अंगुली से छत्र की तरह गोवर्धन पर्वत को ऊपर उठाकर धारण किया, और उसके नीचे सभी ने आश्रय लिया।

बाल्यकाल से ही वे नाग-पूजा तथा इन्द्र-पूजा के विरोधी थे। इन्द्र-पूजा एक वैदिक अनुष्ठान है। गीता में सर्वत्र यह स्पष्ट है कि वे वैदिक अनुष्ठानों के पक्षपाती नहीं थे।

अपने जीवन में इसी समय उन्होंने गोपियों के साथ लीला की थी! उस समय उनकी आयु ग्यारह वर्ष की थी।

अनुक्रमणिका